Karl-Rudolf Korte · Jan Schoofs
(Hrsg.)

Die Bundestagswahl 2017

Analysen der Wahl-, Parteien-, Kommunikations- und Regierungsforschung

Springer VS

Hrsg.
Karl-Rudolf Korte
NRW School of Governance,
Universität Duisburg-Essen
Duisburg, Deutschland

Jan Schoofs
Industrie- und Handelskammer Mittlerer
Niederrhein, Ehemaliger wissenschaftlicher Mitarbeiter am Lehrstuhl von
Univ.-Prof. Dr. Karl-Rudolf Korte
Krefeld, Deutschland

ISBN 978-3-658-25049-2   ISBN 978-3-658-25050-8   (eBook)
https://doi.org/10.1007/978-3-658-25050-8

Die Deutsche Nationalbibliothek verzeichnet diese Publikation in der Deutschen Nationalbibliografie; detaillierte bibliografische Daten sind im Internet über http://dnb.d-nb.de abrufbar.

Springer VS
© Springer Fachmedien Wiesbaden GmbH, ein Teil von Springer Nature 2019
Das Werk einschließlich aller seiner Teile ist urheberrechtlich geschützt. Jede Verwertung, die nicht ausdrücklich vom Urheberrechtsgesetz zugelassen ist, bedarf der vorherigen Zustimmung des Verlags. Das gilt insbesondere für Vervielfältigungen, Bearbeitungen, Übersetzungen, Mikroverfilmungen und die Einspeicherung und Verarbeitung in elektronischen Systemen.
Die Wiedergabe von allgemein beschreibenden Bezeichnungen, Marken, Unternehmensnamen etc. in diesem Werk bedeutet nicht, dass diese frei durch jedermann benutzt werden dürfen. Die Berechtigung zur Benutzung unterliegt, auch ohne gesonderten Hinweis hierzu, den Regeln des Markenrechts. Die Rechte des jeweiligen Zeicheninhabers sind zu beachten.
Der Verlag, die Autoren und die Herausgeber gehen davon aus, dass die Angaben und Informationen in diesem Werk zum Zeitpunkt der Veröffentlichung vollständig und korrekt sind. Weder der Verlag, noch die Autoren oder die Herausgeber übernehmen, ausdrücklich oder implizit, Gewähr für den Inhalt des Werkes, etwaige Fehler oder Äußerungen. Der Verlag bleibt im Hinblick auf geografische Zuordnungen und Gebietsbezeichnungen in veröffentlichten Karten und Institutionsadressen neutral.

Verantwortlich im Verlag: Jan Treibel

Springer VS ist ein Imprint der eingetragenen Gesellschaft Springer Fachmedien Wiesbaden GmbH und ist ein Teil von Springer Nature.
Die Anschrift der Gesellschaft ist: Abraham-Lincoln-Str. 46, 65189 Wiesbaden, Germany

Danksagung

Der vorliegende Konzeptband zur Bundestagswahl 2017 ist das Ergebnis einer intensiven Kooperation der NRW School of Governance an der Universität Duisburg-Essen mit den im Buch vertretenen Wissenschaftlerinnen und Wissenschaftlern. Die Beiträge sind im Rahmen eines *call for papers* ausgewählt worden. Die historisch erstmalig blockierte Regierungsbildung ließ uns den Publikationsprozess hinauszögern. Es war über Monate unklar, ob es nicht doch vielleicht noch zu Neuwahlen – über den Weg einer auflösungsorientierten Vertrauensfrage – kommen würde. Insofern erscheint unser Band zur Bundestagswahl 2017 – abweichend von den Vorgängerbänden – zeitlich später als bei den vorherigen Bundestagswahlen. Die Perspektive der einzelnen Aufsätze hat sich dadurch komplex angereichert. Entstanden sind Beiträge, die einen umfassenden Blick auf den Kontext der Wahlen von 2017 offenlegen.

Anliegen dieses Konzeptbands ist es, wie schon bei den Analysen zu den vorherigen Bundestagswahlen, über die reine Vermessung des Wählerverhaltens hinaus zu gehen und Beiträge aus den jeweiligen Perspektiven der Parteien-, Kommunikations- und Regierungsforschung heranzuziehen, um der Komplexität des Untersuchungsgegenstandes gerecht zu werden. Durch die Berücksichtigung der unterschiedlichen Stränge politikwissenschaftlicher Forschung kann so ein umfassendes Bild der Bundestagswahl 2017 nachgezeichnet werden.

Dr. Jan Treibel von Springer VS sorgte für die reibungslose Umsetzung dieses Buchprojektes.

Die wissenschaftliche und redaktionelle Koordination des Gesamtprojektes oblag Arno von Schuckmann M.A. Unterstützt wurde er von Anne Goldmann M.A. sowie von Philipp Richter B.A. Ihnen gilt unser besonderer Dank.

Duisburg,
im November 2018

Univ.-Prof. Dr. Karl-Rudolf Korte
NRW School of Governance
Universität Duisburg-Essen

Jan Schoofs M.A.
Industrie- und Handelskammer
Mittlerer Niederrhein
Ehemaliger wissenschaftlicher Mitarbeiter
am Lehrstuhl von Univ.-Prof. Dr. Karl-Rudolf Korte

Inhaltsverzeichnis

Die Bundestagswahl 2017: Ein Plebiszit über die Flüchtlingspolitik. . . .   1
Karl-Rudolf Korte

Teil I   Wahlforschung

Bedingt regierungsbereit – Eine Analyse der Bundestagwahl 2017.   23
Matthias Jung, Yvonne Schroth und Andrea Wolf

Who were the Voters behind the Schulz Effect? An Analysis
of Voter Trajectories in the Run-up to the 2017 German
Federal Election.   47
Alexander Wuttke and Harald Schoen

Schöner wählen: Der Einfluss der physischen Attraktivität
des politischen Personals bei der Bundestagswahl 2017.   63
Anna Gaßner, Lena Masch, Ulrich Rosar und Sabrina Schöttle

Wählen in Zeiten der Unsicherheit. Wie beeinflusste das
individuelle Sicherheitsempfinden das Wahlverhalten
bei der Bundestagswahl 2017?.   83
Toralf Stark und Theresia Smolka

Interdependentes Wahlverhalten? Eine Analyse der
Auswirkung europaweiter Krisen auf die Wahlabsicht
bei der Bundestagswahl 2017.   115
Ann-Kathrin Reinl und Melanie Walter-Rogg

Die Wahl der AfD. Frustration, Deprivation, Angst
oder Wertekonflikt? 145
Susanne Pickel

Der erste Eindruck trügt 177
Stefan Haußner und Michael Kaeding

Teil II Parteienforschung

Über Jamaika zur Fortsetzung der Großen Koalition.
Die Entwicklung des Parteiensystems vor und nach
der Bundestagswahl 2017 201
Frank Decker

Die Wiederauferstehung der FDP 225
Benjamin Höhne und Uwe Jun

Gekommen, um zu bleiben? Zum Zusammenhang des
Institutionalisierungsprozesses der AfD und ihrer
Erfolgschancen nach der Bundestagswahl 2017 245
Anne Böhmer und Kristina Weissenbach

Die politische Landschaft zur Bundestagswahl 2017 267
Jan Philipp Thomeczek, Michael Jankowski und André Krouwel

Regierungsoptionen zwischen Bürgerwille und
Issue-Nähe – Eine Analyse von Koalitionspräferenzen
vor der Bundestagswahl 2017 293
L. Constantin Wurthmann, Stefan Marschall und Maike Billen

Modernisierung und asymmetrische Demobilisierung 323
Matthias Jung

Teil III Kommunikationsforschung

Dealing and dancing with Bots: Der Umgang der
Parteien mit disruptiven Phänomenen im Bundestagswahlkampf 343
Isabelle Borucki und Andrea Meisberger

**Migrationspolitik im Bundestagswahlkampf 2017:
Die Kluft zwischen Entscheidungs- und Darstellungspolitik** 363
Andreas Blätte, Simon Gehlhar, Jan Gehrmann,
Andreas Niederberger, Julia Rakers und Eva Weiler

**Am Thema vorbei? Wahlwerbung zur Bundestagswahl 2017
und ihre Funktionen für den politischen Prozess aus
Sicht der Medien**... 389
Stephanie Geise, Damian Garrell, Sebastian Hollekamp,
Maike Kreyenborg, Claudia Martin, Katharina Maubach
und Maria Voskoboynikova

**Die europapolitische Parteienagenda im
Bundestagswahlkampf 2017 – Eine Analyse
auf Grundlage von Pressemitteilungen**.......................... 411
Stefan Thierse und Jennifer Kaczynska

**Parallele Welten – Die Kanzlerkandidaten und ihre
Botschaften in sozialen Netzwerken und Fernsehnachrichten** 431
Matthias Degen

**Alle gegen Alle? Die Mehrpersonendebatte der kleinen
Parteien in der Analyse**...................................... 461
Uwe Wagschal, Thomas Waldvogel, Thomas Metz, Samuel
Weishaupt, Linus Feiten, Bernd Becker und Kamal Singh

Teil IV   Regierungsforschung

**Am Ende doch wieder Schwarz-Rot – Die Koalitionsfindung
nach der Bundestagswahl 2017 aus koalitionstheoretischer
Perspektive**... 485
Eric Linhart und Niko Switek

Koalitionsverhandlungen und Koalitionsvertrag................... 513
Thomas Saalfeld, Matthias Bahr, Julian Hohner und Olaf Seifert

**Blockierte Regierungsbildung Institutionelle
Transformationsprozesse der Regierungsorganisation 2018** 539
Martin Florack

Who is who in der Großen Koalition? Zur Rollenverteilung von CDU, CSU und SPD in der Großen Koalition im Bereich der Außen- und Sicherheitspolitik.............................. 567
Sven Morgen

Krise, Stillstand und Reformen: Das Policyprofil der dritten Regierung Merkel....................................... 591
Reimut Zohlnhöfer

Große Koalition, kleine Opposition. Oppositionsstrategien zwischen konstruktiver Mitarbeit und Blockadehaltung............ 613
Arne Jungjohann und Niko Switek

Autorenverzeichnis

Matthias Bahr, M.A. Lehrbeauftragter für Vergleichende Politikwissenschaft an der Universität Bamberg.

Prof. Dr. Bernd Becker Albert-Ludwigs-Universität Freiburg, Technische Fakultät, Institut für Informatik, Professur für Rechenarchitektur.

Maike Billen, M.A. Institut für Sozialwissenschaften der Heinrich-Heine-Universität Düsseldorf; Wissenschaftliche Mitarbeiterin.

Prof. Dr. Andreas Blätte Institut für Politikwissenschaft der Universität Duisburg-Essen; NRW School of Governance; Professur für Public Policy und Landespolitik.

Anne Böhmer, M.A. Landtag Nordrhein-Westfalen, Wissenschaftliche Mitarbeiterin.

Dr. Isabelle Borucki Institut für Politikwissenschaft der Universität Duisburg-Essen; Akademische Rätin a. Z. an der NRW School of Governance; Nachwuchsgruppenleiterin des Projektes „DIPART – Digitale Parteienforschung, Parteien im digitalen Wandel".

Prof. Dr. Frank Decker Institut für Politische Wissenschaft und Soziologie der Rheinischen Friedrich-Wilhelms-Universität Bonn.

Prof. Dr. Matthias Degen Direktor des Instituts für Journalismus und Public Relations der Westfälischen Hochschule Gelsenkirchen.

Dipl. Inf. Linus Feiten Albert-Ludwigs-Universität Freiburg; Technische Fakultät; Institut für Informatik; Professur für Rechenarchitektur.

Dr. Martin Florack Institut für Politikwissenschaft der Universität Siegen; Vertretungsprofessor für das politische System der Bundesrepublik Deutschland (bis März 2019); Institut für Politikwissenschaft der Universität Duisburg-Essen; NRW School of Governance.

Damian Garrell, B.A. Studium am Institut für Kommunikationswissenschaft (IfK) Münster.

Anna Gaßner, M.A. Institut für Sozialwissenschaften der Heinrich-Heine-Universität Düsseldorf; Wissenschaftliche Mitarbeiterin.

Simon Gehlhar, M.A. Institut für Politikwissenschaft der Universität Duisburg-Essen; NRW School of Governance; Wissenschaftlicher Mitarbeiter im Projekt „Mercator Forum Migration und Demokratie".

Jan Gehrmann, M.A. Institut für Philosophie der Universität Duisburg-Essen; Wissenschaftlicher Mitarbeiter.

Priv.-Doz. Dr. habil. Stephanie Geise Institut für Kommunikationswissenschaft der Westfälischen Wilhelms-Universität Münster.

Stefan Haußner, M.A. Institut für Politikwissenschaft der Universität Duisburg-Essen; Wissenschaftlicher Mitarbeiter am Jean-Monnet-Lehrstuhl für Europäische Integration und Europapolitik.

Dr. Benjamin Höhne stellv. Leiter des Instituts für Parlamentarismusforschung der Stiftung Wissenschaft und Demokratie.

Julian Hohner, B.A. studiert Politikwissenschaft an der Otto-Friedrich-Universität Bamberg und leitet die Abteilung Programmkoordination der Bamberg Graduate School of Social Sciences.

Sebastian Hollekamp, M.A. Studium am Institut für Kommunikationswissenschaft (IfK) Münster.

Dr. Michael Jankowski Institut für Sozialwissenschaften der Universität Oldenburg.

Prof. Dr. Uwe Jun Fach Politikwissenschaft der Universität Trier, Professor für das politische System der Bundesrepublik Deutschland.

Dipl.-Volkswirt Matthias Jung Forschungsgruppe Wahlen e. V.; Mitglied des Vorstandes.

Dipl. Pol. Arne Jungjohann Autor, freischaffender Berater und Mitglied der Grünen Akademie der Heinrich-Böll-Stiftung.

Jennifer Kaczynska, M.A. Institut Arbeit und Qualifikation (IAQ) an der Universität Duisburg-Essen, Wissenschaftliche Mitarbeiterin.

Prof. Dr. Michael Kaeding Institut für Politikwissenschaft der Universität Duisburg-Essen; Jean-Monnet-Professor für Europäische Integration und Europapolitik.

Prof. Dr. Karl-Rudolf Korte Institut für Politikwissenschaft der Universität Duisburg-Essen, Professor für das politische System der Bundesrepublik Deutschland und moderne Staatstheorien; Direktor der NRW School of Governance.

Maike Kreyenborg, M.A. Wissenschaftliche Mitarbeiterin im Fachgebiet Kommunikationswissenschaft bei Prof. Dr. Stefan Jarolimek, Deutsche Hochschule der Polizei (DHPol).

Dr. Andre Krouwel Freie Universität Amsterdam; Associate Professor für Politikwissenschaft und Kommunikationswissenschaft; Gründer des Wahlkompasses (Election Compass/Kieskompas).

Prof. Dr. Eric Linhart Institut für Politikwissenschaft der Technischen Universität Chemnitz. Professor für Politische Systeme.

Prof. Dr. Stefan Marschall Institut für Sozialwissenschaften der Heinrich-Heine- Universität Düsseldorf; Professor für Politikwissenschaft mit dem Schwerpunkt Politisches System Deutschlands.

Claudia Martin, B.A. Studium am Institut für Kommunikationswissenschaft (IfK) Münster

Lena Masch, M.Sc., M.A. Institut für Sozialwissenschaften der Heinrich-Heine-Universität Düsseldorf; Wissenschaftliche Mitarbeiterin.

Katharina Maubach, M.A. Wissenschaftliche Mitarbeiterin im Arbeitsbereich von Prof. Dr. Volker Gehrau, Institut für Kommunikationswissenschaft (IfK) Münster.

Andrea Meisberger, B.A. Masterstudentin im Studiengang „Demokratische Politik und Kommunikation" am Fach Politikwissenschaft der Universität Trier, freie Reporterin beim SWR.

Thomas Metz, M.A. Albert-Ludwigs-Universität Freiburg; Seminar für Wissenschaftliche Politik; Professur für Vergleichende Regierungslehre.

Sven Morgen, M.A. Institut für Politikwissenschaft der Friedrich-Schiller-Universität Jena; Wissenschaftlicher Mitarbeiter am Lehrstuhl für Internationale Beziehungen.

Prof. Dr. Andreas Niederberger Institut für Philosophie der Universität Duisburg-Essen; Professor für Philosophie mit dem Schwerpunkt Praktische Philosophie.

Prof. Dr. Susanne Pickel Institut für Politikwissenschaft der Universität Duisburg-Essen; Professur für Politikwissenschaft mit dem Schwerpunkt Vergleichende Politikwissenschaft.

Julia Rakers, M. Sc. Institut für Politikwissenschaft der Universität Duisburg-Essen; NRW School of Governance; Wissenschaftliche Mitarbeiterin im Projekt „Mercator Forum Migration und Demokratie"; Wissenschaftliche Leitung von regierungsforschung.de.

Ann-Kathrin Reinl M.Sc. Datenarchiv für Sozialwissenschaften des Leibniz-Instituts für Sozialwissenschaften GESIS; wissenschaftliche Mitarbeiterin am GESIS Standort Köln.

Prof. Dr. Ulrich Rosar Institut für Sozialwissenschaften der Heinrich-Heine-Universität Düsseldorf; Inhaber des Lehrstuhls Soziologie II mit den Arbeitsschwerpunkten Methoden der empirischen Sozialforschung, Politische Soziologie sowie Vorurteils- und Ungleichheitsforschung.

Prof. Dr. Thomas Saalfeld Inhaber des Lehrstuhls für Vergleichende Politikwissenschaft an der Otto-Friedrich-Universität Bamberg und Sprecher der Bamberg Graduate School of Social Sciences.

Prof. Dr. Harald Schoen Professor für Politische Psychologie an der Universität Mannheim.

Sabrina Schöttle, M.A. Institut für Sozialwissenschaften der Heinrich-Heine-Universität Düsseldorf; Wissenschaftliche Mitarbeiterin. NRW-Forschungskolleg „Online-Partizipation".

Dr. Yvonne Schroth Forschungsgruppe Wahlen e. V.; Mitglied des Vorstandes.

Olaf Seifert, M.A. studiert Politikwissenschaft an der Otto-Friedrich-Universität Bamberg und leitet die Abteilung Event-Management der Bamberg Graduate School of Social Sciences.

Kamal Singh Albert-Ludwigs-Universität Freiburg; Technische Fakultät; Institut für Informatik; Professur für Rechenarchitektur.

Theresia Smolka, M.A. Promovendin am Institut für Politikwissenschaft, Universität Duisburg-Essen.

Dr. Toralf Stark Institut für Politikwissenschaft der Universität Duisburg-Essen; Wissenschaftlicher Mitarbeiter.

Dr. Niko Switek DAAD Visiting Assistant Professor for German Studies, The Henry M. Jackson School of International Studies & Department of Political Science, University of Washington.

Dr. Stefan Thierse Institut für Sozialwissenschaften der Heinrich-Heine-Universität Düsseldorf; Akademischer Oberrat auf Zeit.

Jan Phillip Thomeczek, M.A. Institut für Politikwissenschaft an der Westfälischen Wilhelms-Universität Münster; Wissenschaftlicher Mitarbeiter.

Maria Voskoboynikova, B.A. Studium am Institut für Kommunikationswissenschaft (IfK)

Prof. Dr. Uwe Wagschal Albert-Ludwigs-Universität Freiburg, Seminar für Wissenschaftliche Politik, Professur für Vergleichende Regierungslehre.

Thomas Waldvogel Albert-Ludwigs-Universität Freiburg, Seminar für Wissenschaftliche Politik, Professur für Vergleichende Regierungslehre.

Prof. Dr. Melanie Walter-Rogg Universitätsprofessorin für Politikwissenschaft mit dem Schwerpunkt Methoden an der Universität Regensburg.

Eva Weiler, M.A. Institut für Philosophie der Universität Duisburg-Essen; Wissenschaftliche Mitarbeiterin.

Samuel Weishaupt Albert-Ludwigs-Universität Freiburg; Technische Fakultät; Institut für Informatik; Professur für Rechenarchitektur.

Dr. Kristina Weissenbach Institut für Politikwissenschaft der Universität Duisburg-Essen; Akademische Rätin an der NRW School of Governance.

Dipl. Oecotrophologin Andrea Wolf Forschungsgruppe Wahlen e. V.; Mitglied des Vorstandes.

Lucas Constantin Wurthmann, M.A. Institut für Sozialwissenschaften der Heinrich-Heine-Universität Düsseldorf; Wissenschaftlicher Mitarbeiter am Lehrstuhl „Politisches System der Bundesrepublik Deutschland".

Alexander Wuttke, M.A. Wissenschaftlicher Mitarbeiter am Mannheimer Zentrum für Europäische Sozialforschung.

Prof. Dr. Reimut Zohlnhöfer Institut für Politische Wissenschaft der Ruprecht-Karls-Universität Heidelberg; Professor für Politikwissenschaft.

Abbildungsverzeichnis

Bedingt regierungsbereit – Eine Analyse der Bundestagwahl 2017
Abb. 1   Weil schon klar ist, wer die Bundestagswahl gewinnt   25
Abb. 2   Lieber als Bundeskanzler/in 2017   28
Abb. 3   Beurteilung von CDU und CSU.   29
Abb. 4   SPD, Union, Linke und AfD: Arbeiter.   42
Abb. 5   SPD, Union, Linke und AfD: Gewerkschaftsmitglieder
         seit 1990 – nur Westdeutschland   43
Abb. 6   SPD, Union, Linke und AfD: Arbeiter in einer
         Gewerkschaft seit 1990 – nur Westdeutschland.   44

Who were the Voters behind the Schulz Effect? An Analysis
of Voter Trajectories in the Run-up to the 2017 German Federal Election
Fig. 1   Voting trajectories from Sep16–Sep17 among
         SPD voters in Feb 2017   52
Fig. 2   Determinants of switching to the SPD in February
         2017, by voting intention in fall 2016   55
Fig. 3   Determinants of final vote choice for SPD, by voting
         intention in October 2016   58

Wählen in Zeiten der Unsicherheit. Wie beeinflusste das individuelle
Sicherheitsempfinden das Wahlverhalten bei der Bundestagswahl 2017?
Abb. 1   Kausalitätstrichter nach Campbell   87
Abb. 2   Eigene Positionierung auf der sozioökonomischen
         Dimension, der libertär-autoritären Dimension und
         der Dimension Klimawandel nach Partei. 100

Interdependentes Wahlverhalten? Eine Analyse der Auswirkung europaweiter Krisen auf die Wahlabsicht bei der Bundestagswahl 2017
Abb. 1   Ausstrahlungseffekte der landes- und europapolitischen Ebene auf die Wahlabsicht bei der Bundestagswahl 2017....... 121
Abb. 2   Beabsichtigte und berichtete Stimmabgabe bei der Bundestagswahl 2017................................. 122
Abb. 3   Beabsichtigte Stimmabgabe bei der Bundestagswahl 2017 und Wahlentscheid bei der Europawahl 2014............ 123
Abb. 4   Beabsichtigte Stimmabgabe bei der Bundestagswahl 2017 und berichtete Stimmabgabe bei der vergangenen Landtagswahl 124
Abb. 5   Beabsichtigte Stimmabgaben bei der Bundestagswahl und den Landtagswahlen 2017........................... 124

Die Wahl der AfD. Frustration, Deprivation, Angst oder Wertekonflikt?
Abb. 1   Wahl der AfD: Sozialstrukturelle Erklärungsfaktoren.......... 155
Abb. 2   Gründe der Wahlentscheidung 2017 – Überzeugung vs. Enttäuschung 158
Abb. 3   Selbstpositionierung der Wähler*innen auf der ideologischen Skala 2013 und 2017...................... 159
Abb. 4   Zufriedenheit mit Merkels Flüchtlingspolitik – Bundestagswahl 2017.................................. 166
Abb. 5   Das politische Netzwerk auf Facebook 171

Der erste Eindruck trügt
Abb. 1   Wahlbeteiligung bei Bundestagswahlen 1949–2017 179
Abb. 2   Wahlbeteiligung in den Wahlkreisen Deutschlands bei der Bundestagswahl 2017........................... 182
Abb. 3   Veränderung der Wahlbeteiligung zur Bundestagswahl 2013 auf Wahlkreisebene 183
Abb. 4   Zusammenhang zwischen Wahlbeteiligung und Arbeitslosigkeit in den Ländern......................... 185
Abb. 5   Zusammenhang zwischen Wahlbeteiligung und Einkommen in den Ländern.............................. 186
Abb. 6   Einfluss von Arbeitslosigkeit auf die Wahlbeteiligung auf Stadtteilebene in deutschen Großstädten................. 190
Abb. 7   Einfluss von Arbeitslosigkeit auf die Wahlbeteiligung auf Stadtteilebene in europäischen Hauptstädten.............. 192

Abbildungsverzeichnis

Abb. 8　Vergleich der sozialen Schieflage bei der Bundestagswahl 2017 und der Europawahl 2014 in deutschen Großstädten 194

Über Jamaika zur Fortsetzung der Großen Koalition. Die Entwicklung des Parteiensystems vor und nach der Bundestagswahl 2017
Abb. 1　Zusammengefasste Stimmenanteile der linken (SPD, Grüne, PDS/Die Linke) und rechten Parteien (CDU/CSU, FDP, AfD) bei Bundestagswahlen seit 1994 203
Abb. 2　Politische Stimmung in Deutschland 2013 bis 2017 209
Abb. 3　Parteipolitische Herkunft der AfD-Wähler 214

Die Wiederauferstehung der FDP
Abb. 1　Die FDP bei der Sonntagsfrage, 2013–2018 227
Abb. 2　FDP-Mandatsträger, 2013–2018 233

Gekommen, um zu bleiben? Zum Zusammenhang des Institutionalisierungsprozesses der AfD und ihrer Erfolgschancen nach der Bundestagswahl 2017
Abb. 1　Stufenmodell der Parteieninstitutionalisierung 248

Die politische Landschaft zur Bundestagswahl 2017
Abb. 1　Positionen (links) und Klarheit der Positionen (rechts) der Parteien basierend auf dem Chapel Hill Expert Survey 2013 und 2017 (links) 273
Abb. 2　Positionen Parteien basierend auf dem Bundeswahlkompass 274
Abb. 3　Parteien und ihre Sympathisanten in der politischen Landschaft zur Bundestagswahl 2017 278
Abb. 4　Agreement-Index der sieben Bundestagsparteien auf Basis der Antworten des Kandidaten-Checks von abgeordnetenwatch.de 282

Modernisierung und asymmetrische Demobilisierung
Abb. 1　Wahlbeteiligung BTW 2005 und 2013 336
Abb. 2　Selbsteinschätzung der Wahlberechtigten und Potential der CDU/CSU 338
Abb. 3　Gewünschter Kurs der CDU 339

Dealing and dancing with Bots: Der Umgang der Parteien mit
disruptiven Phänomenen im Bundestagswahlkampf
Abb. 1 Wortwolke Social Bots auf Basis der
 Medienberichterstattung. 350
Abb. 2 Wortwolke Parteidokumente 355

Migrationspolitik im Bundestagswahlkampf 2017: Die
Kluft zwischen Entscheidungs- und Darstellungspolitik
Abb. 1 Zahl der Asylanträge von 2015–2017 370
Abb. 2 Zeitreihe mit den Häufigkeiten zentraler
 Schlagworte der Migrationsdebatte in der
 Berichterstattung von *Süddeutscher Zeitung*
 und *Frankfurter Allgemeiner Zeitung* 375
Abb. 3 Schlagworte der Migrationsdebatte im Wahljahr 2017 378
Abb. 4 Schlagworte der Migrationsdebatte 04/2017–09/2017 378

Am Thema vorbei? Wahlwerbung zur Bundestagswahl 2017
und ihre Funktionen für den politischen Prozess aus Sicht der Medien
Abb. 1 Berichterstattung über Wahlwerbung im Zeitverlauf. 399
Abb. 2 Anzahl der Nennungen von Wahlwerbeformen 399
Abb. 3 Bezüge auf Funktionen von Wahlwerbung
 gesplittet nach Parteien 402
Abb. 4 Nennung von Strategien in Bezug auf die Parteien 404
Abb. 5 Aussagen mit thematisierten Funktionen und
 Strategien in Häufigkeiten 405

Die europapolitische Parteienagenda im Bundestagswahlkampf
2017 – Eine Analyse auf Grundlage von Pressemitteilungen. . . . .
Abb. 1 Wichtigste Probleme aus Sicht der Wähler 421
Abb. 2 Pressemitteilungen mit Nennung der EU als
 Handlungsebene nach Partei 423

Parallele Welten – Die Kanzlerkandidaten und ihre Botschaften
in sozialen Netzwerken und Fernsehnachrichten
Abb. 1 Facebook-Post von Martin Schulz vom 25.
 August 2017/Screenshot Facebook 440
Abb. 2 Negative Attribution Merkels von Schulz und
 vom TV im Zeitverlauf 443

Abb. 3	Anteil Politische Sachfragen und Wahlkampf als zentrale Themen der Beiträge in den Kanälen	444
Abb. 4	Facebook-Post von Angela Merkel vom 31. August 2017/Screenshot Facebook.	445
Abb. 5	Anteil der Themen in den untersuchten Kanälen.	446
Abb. 6	Thematisierung des Themenkomplexes Arbeit und Soziales im Zeitverlauf auf den Kanälen von Martin Schulz und im Fernsehen.	447
Abb. 7	Thematisierung des Themenkomplexes Migration auf den Kanälen im Zeitverlauf.	448
Abb. 8	Thematisierung der Stärken der Kanzlerkandidaten im Fernsehen.	449
Abb. 9	Thematisierung der Schwächen der Kanzlerkandidaten im Fernsehen.	450
Abb. 10	Tweet von Schulz zur SPD/Screenshot Twitter.	451
Abb. 11	Facebook-Post von Martin Schulz zur AfD/ Screenshot Facebook.	451
Abb. 12	Facebook-Post von Angela Merkel vom 17. September 2017/Screenshot Facebook.	452

Alle gegen Alle? Die Mehrpersonendebatte der kleinen Parteien in der Analyse

Abb. 1	Grafische Oberfläche des Debat-O-Meter beim „Duell vor dem Duell".	466
Abb. 2	Echtzeitbewertungen durch die Unentschlossenen.	470
Abb. 3	Bevorzugung durch den Moderator Strunz im „Duell vor dem Duell".	475
Abb. 4	Die wichtigsten Gründe für die Wahlentscheidung.	477

Am Ende doch wieder Schwarz-Rot – Die Koalitionsfindung nach der Bundestagswahl 2017 aus koalitionstheoretischer Perspektive

Abb. 1	Nutzenmaximierende Koalitionen bei verschiedenen Kombinationen von Ämter-, Policy- und Wiederwahlmotivation der Parteien auf Grundlage des WahlNavis.	503
Abb. 2	Nutzenmaximierende Koalitionen bei verschiedenen Kombinationen von Ämter-, Policy- und Wiederwahlmotivation für CDU und CSU auf Grundlage des ParteieNavis.	506

Koalitionsverhandlungen und Koalitionsvertrag
Abb. 1   Parteipositionen auf sieben ausgewählten
         Politikfeldern und deren Bedeutung für eine Partei............ 520
Abb. 2   Länge von Koalitionsvereinbarungen und -verträgen
         1949–2018 524
Abb. 3   Betrag des maximalen ideologischen Abstandes in
         der Koalition für 14 Politikbereiche auf einer
         Skala von 0 bis 10 (2014)............................... 527
Abb. 4   Ideologische Heterogenität der Großen Koalition
         (2014) und Ausführlichkeit des Koalitionsvertrags
         von 2018 in 14 Politikbereichen 528

Blockierte Regierungsbildung Institutionelle Transformationsprozesse der Regierungsorganisation 2018
Abb. 1   Ein gegenstandsbezogener Analyseansatz................... 547
Abb. 2   Modi institutioneller Transformation..................... 549

Große Koalition, kleine Opposition. Oppositionsstrategien zwischen konstruktiver Mitarbeit und Blockadehaltung
Abb. 1   Themen der Kleinen Anfragen von der Fraktion
         Bündnis 90/Die Grünen in der 17. und 18. Wahlperiode........ 620
Abb. 2   Themen der Kleinen Anfragen von der Fraktion
         Die Linke in der 17. und 18. Wahlperiode.................. 621
Abb. 3   Zustimmung/Ablehnung der Fraktion Bündnis
         90/Die Grünen zu Initiativen der Bundesregierung
         bei namentlichen Abstimmungen......................... 622
Abb. 4   Zustimmung/Ablehnung der Fraktion Die Linke zu
         Initiativen der Bundesregierung bei namentlichen
         Abstimmungen.. 623
Abb. 5   Übereinstimmung von Ja-/Nein-Stimmen der
         Fraktionen Bündnis 90/Die Grünen und Die Linke
         bei namentlichen Abstimmungen in der 17. und
         18. Wahlperiode...................................... 624
Abb. 6   Regierungsbeteiligungen von Bündnis 90/Die
         Grünen in den Ländern seit 2005......................... 625
Abb. 7   Professionalisierung der G-Koordination von
         Bündnis 90/Die Grünen 626
Abb. 8   Koalitionskonstellationen der G-Länder 628
Abb. 9   Die G-Koordination 630

Tabellenverzeichnis

Bedingt regierungsbereit – Eine Analyse der Bundestagwahl 2017
Tab. 1 Alter und Geschlecht 35
Tab. 2 Bildung. 36
Tab. 3 Bildung – Ost 38
Tab. 4 Berufsgruppen und Erwerbsstatus 39
Tab. 5 Berufsgruppen und Erwerbsstatus – Ost 41

Schöner wählen: Der Einfluss der physischen Attraktivität des politischen Personals bei der Bundestagswahl 2017
Tab. 1 Lineare Mehrebenen-Regressionsmodelle der Erst- und Zweitstimmenanteile bei der Bundestagswahl 2017. 72
Tab. 2 Logistische und lineare Mehrebenen-Regressionsmodelle der Bekanntheit und Bewertung der Kandidierenden bei der Bundestagswahl 2017 75
Tab. 3 Lineare Regressionen der Wahlbeteiligung bei der Bundestagswahl 2017 79

Wählen in Zeiten der Unsicherheit. Wie beeinflusste das individuelle Sicherheitsempfinden das Wahlverhalten bei der Bundestagswahl 2017?
Tab. 1 Dimensionen von Sicherheit 91
Tab. 2 Einstellungen zum Sozialstaat, Klimapolitik und Mulitkulturalismus. 94
Tab. 3 Emotionale Einschätzung relevanter politischer Themen 98
Tab. 4 Einstellungsorientierte Einschätzung relevanter politischer Themen. 99
Tab. 5 Vergleich der Erklärungsfaktoren für das parteispezifische Wahlverhalten zur Bundestagswahl 2017 102

Interdependentes Wahlverhalten? Eine Analyse der Auswirkung
europaweiter Krisen auf die Wahlabsicht bei der Bundestagswahl 2017
Tab. 1 Übersicht der verwendeten Variablen[a] 130
Tab. 2 Einfluss der europaweiten Stimmabgabe auf
die Bundestagswahl 2017. 134
Tab. 3 Einfluss der landesweiten Stimmabgabe auf die
Bundestagswahl 2017. 138
Tab. 4 Einfluss der Wahlabsicht bei aktuellen Landtagswahlen
auf die Bundestagswahl 2017. 141

Die Wahl der AfD. Frustration, Deprivation, Angst oder Wertekonflikt?
Tab. 1 Erklärungsfaktoren für die Wahl der AfD im Vergleich
zu den anderen Parteien 161
Tab. 2 Hauptkomponentenanalyse 168
Tab. 3 Sechs final extrahierten Erklärungsdimensionen 170
Tab. 4 Wahl der AfD und Gefühl der kulturellen Bedrohung 171

Der erste Eindruck trügt
Tab. 1 Regressionsmodell zum Einfluss sozioökonomischer
Indikatoren auf die Wahlbeteiligung 187

Über Jamaika zur Fortsetzung der Großen Koalition. Die Entwicklung
des Parteiensystems vor und nach der Bundestagswahl 2017
Tab. 1 Wahlergebnisse der AfD seit 2013 211
Tab. 2 Koalitionsformate in den Ländern seit
den neunziger Jahren 215

Die Wiederauferstehung der FDP
Tab. 1 Policy-Kompetenzen der FDP aus Sicht der
Bevölkerung, 2017. 231
Tab. 2 Mitgliederentwicklung der FDP, 2008–2017 233
Tab. 3 Mitglieder-, Delegierten- und Finanzverteilung
nach Landesverbänden. 235

Gekommen, um zu bleiben? Zum Zusammenhang des Institutionalisierungsprozesses der AfD und ihrer Erfolgschancen nach der Bundestagswahl 2017
Tab. 1 Stufen und Indikatoren der Parteieninstitutionalisierung. 249

| Tab. 2 | Parlamentarische Präsenz der AfD in deutschen Landtagen gemessen in Abgeordneten. | 254 |
| Tab. 3 | Vergleich der Umfragewerte der AfD in der Sonntagsfrage bezogen auf die Bundesebene | 256 |

Die politische Landschaft zur Bundestagswahl 2017

| Tab. 1 | Agreement-Index der sieben Bundestagsparteien auf Basis der Antworten des Kandidaten-Checks von abgeordnetenwatch.de. | 283 |

Regierungsoptionen zwischen Bürgerwille und Issue-Nähe – Eine Analyse von Koalitionspräferenzen vor der Bundestagswahl 2017

Tab. 1	Issue-Nähe von Regierungsoptionen sowie Koalitionspräferenzen im Elektorat zur Bundestagswahl 2017.	305
Tab. 2	Einflüsse auf elektorale Koalitionspräferenzen	311
Tab. A1	Sozio-demografische Informationen zu Befragten im Online-Panel (Welle 1) und Zensusdaten im Vergleich	317

Dealing and dancing with Bots: Der Umgang der Parteien mit disruptiven Phänomenen im Bundestagswahlkampf

| Tab. 1 | Worthäufigkeiten in der Medienberichterstattung | 351 |
| Tab. 2 | Worthäufigkeiten aus politischen Dokumenten | 356 |

Die europapolitische Parteienagenda im Bundestagswahlkampf 2017 – Eine Analyse auf Grundlage von Pressemitteilungen

| Tab. 1 | Pressemitteilungen je *issue*-Kategorie nach Partei. | 422 |

Alle gegen Alle? Die Mehrpersonendebatte der kleinen Parteien in der Analyse

| Tab. 1 | Durchschnittsbewertungen nach Themenfelder. | 471 |

Am Ende doch wieder Schwarz-Rot – Die Koalitionsfindung nach der Bundestagswahl 2017 aus koalitionstheoretischer Perspektive

| Tab. 1 | Wahlergebnis bei der Bundestagswahl 2017 | 489 |
| Tab. 2 | Ämternutzenanteile unter Annahme proportionaler Ämteraufteilungen. | 496 |

Tab. 3   Bewertungen von Koalitionen durch
          Parteien aus Policysicht 500

Koalitionsverhandlungen und Koalitionsvertrag
Tab. 1   Portfolioallokation der Staatsminister und Parlamentarischen
          Staatssekretäre im Kabinett Merkel IV (2018) 530
Tab. 2   Partei der Ausschussvorsitzenden und Minister (2018) 533

Who is who in der Großen Koalition? Zur Rollenverteilung
von CDU, CSU und SPD in der Großen Koalition im Bereich
der Außen- und Sicherheitspolitik
Tab. 1   Typen von Koalitionskonstellationen im Bereich
          der Außen- und Sicherheitspolitik 572

Krise, Stillstand und Reformen: Das Policyprofil der dritten
Regierung Merkel
Tab. 1   Veränderungen bei qualitativen Policy-Indikatoren
          zwischen SGI 2014 und 2018 594

Große Koalition, kleine Opposition. Oppositionsstrategien
zwischen konstruktiver Mitarbeit und Blockadehaltung
Tab. 1   Parlamentarische Kontrolltätigkeit von Bündnis 90/Die
          Grünen und Die Linke in der 17. und 18. Wahlperiode 619

Die Bundestagswahl 2017: Ein Plebiszit über die Flüchtlingspolitik

Karl-Rudolf Korte

Zusammenfassung

Wenn Wahlen seismografisch Momentaufnahmen zur Lage des Landes offenbaren, so hatte Deutschland 2017 gleich mehrfach die Möglichkeit zur Nabelschau. Von vier Landtagswahlen gesäumt, unterschied sich der Bundestagswahlkampf aufgrund des übergeordneten Flüchtlingsthemas von den vorhergehenden vor allem in der Themenzentrierung und Polarisierung. Letztere führte im Ergebnis auch zu einer Fragmentierung im Parlament. Die re-politisierte Gesellschaft machte erstmals wieder steigenden Gebrauch von ihrem Wahlrecht, fügte den Regierungsparteien erhebliche Verluste zu und stärkte Neu- und Wiedereinsteiger in den Deutschen Bundestag. Als ungewöhnlich wird die Dauer der Regierungsbildung in Erinnerung bleiben insbesondere aufgrund der vertanen Chance auf eine Jamaika-Koalition sowie das historisch bisher einmalige Eingreifen des Bundespräsidenten in den Prozess.

1 Besonderheiten

Bundestagswahlen enthalten immer Elemente von Kontinuität und Diskontinuität. Gegenwartseitelkeiten führen allzu schnell zu voreiligen Beschreibungen von Krisenszenarien und qualitativen Bewertungen (Weissenbach und Korte 2006):

K.-R. Korte (✉)
Institut für Politikwissenschaft/NRW School of Governance,
Universität Duisburg-Essen, Duisburg, Deutschland
E-Mail: krkorte@uni-due.de

© Springer Fachmedien Wiesbaden GmbH, ein Teil von Springer Nature 2019
K.-R. Korte und J. Schoofs (Hrsg.), *Die Bundestagswahl 2017*,
https://doi.org/10.1007/978-3-658-25050-8_1

Abstrafung der Volksparteien, Aufstieg radikaler Parteien, Unmöglichkeiten von Regierungsbildungen, Untergang der Demokratie. Wählerische Wählerinnen und Wähler potenzieren Volatilität. Insofern sind die nachfolgend aufgelisteten Besonderheiten zunächst Momentaufnahmen, die zu weiteren Spekulationen einladen. Ob sich aus den Befunden Trends entwickeln, bleibt abzuwarten. Gewissheitsschwund ist nicht nur Kennzeichen der Risiko-Moderne. Er gilt auch für das Wahlverhalten und Regierungsbildungen. Folgende markante Besonderheiten ließen sich bei der Bundestagswahl 2017 beobachten (Hilmer und Gagné 2018; Jesse 2018; Niedermayer 2018):

- Die Wahlbeteiligung stieg erstmals seit der Bundestagswahl 1998 wieder an (um 4,6 Prozentpunkte auf 76,2 %). Fast drei Millionen Wählerinnen und Wähler ließen sich im Vergleich zur Wahl von 2013 zusätzlich mobilisieren. Die seit Sommer 2015 deutlich politisierte Gesellschaft nutzte den Wahlzettel zur politischen Partizipation.
- Die politisierte Gesellschaft ist auch polarisierter unterwegs. Mit der AfD ist erstmals seit 1961 wieder eine Partei deutlich rechts von der Union in den Bundestag eingezogen. Mit 12,6 % ist die AfD Ausdruck einer rechten Konsensverschiebung in Deutschland. Wählerinnen und Wähler erhielt die Partei nicht nur aus dem Protest- und Nicht-Wählerlager, sondern auch aus allen anderen parteipolitischen Lagern.
- Die Fragmentierung hat zugenommen: Wie zuletzt 1953 zogen sieben Parteien, in sechs Fraktionen, in den 19. Deutschen Bundestag ein. Da es sich um die erste Bundestagswahl ohne eine Koalitionsaussage handelte, gestaltete sich die Regierungsbildung mit einer Dauer von insgesamt 170 Tagen als schwierig. Nach 70 Jahren wurde der Bundespräsident zum Kanzlermacher – durch Ausnutzung seiner verfassungsrechtlich vorgegebenen Reservemacht. Die breite politische Mitte (73,1 %) – alle Parteien außer AfD und Linke – schien über Monate unfähig und unwillig zur stabilen Regierungsbildung.
- Wie nach der Großen Koalition von 2009 schnitten vor allem die Volksparteien 2017 in der Wählergunst sehr schlecht ab. Die parlamentarische (56,3 % der Bundestagsmandate) und die elektorale (53,4 % der Stimmen) Dominanz der Union und der SPD waren in fast 70 Jahren nie so gering.
- Die FDP zog nach einer einmaligen Auszeit wieder in den Deutschen Bundestag ein. Die Opposition ist mit vier Parteien (AfD, FDP, Linke, Grüne) gegenüber einer Großen Koalition stärker und vielfältiger denn je.
- Das Wahlrecht blähte erwartungsgemäß den Bundestag erstmals über die symbolische Grenze von 700 Abgeordneten auf.

2 Strukturmuster der Wahlentscheidung

„Obwohl unser Land (…) gut dasteht, (…) machen sich viele Menschen Sorgen um die Zukunft, ist der Ton der Auseinandersetzung rauer geworden, ist der Respekt vor unterschiedlichen Meinungen zurückgegangen, ist die Angst vor falschen Informationen gewachsen, sind die Sorgen um den Zusammenhalt unserer Gesellschaft größer geworden (…)." (Merkel 2018). Nie zuvor hatte die Bundeskanzlerin so selbstkritisch ihre jeweilige Kanzlerschaft begonnen. Nach sechs Monaten des Verhandelns stellte Merkel am 21. März 2018 ihre erste Regierungserklärung – der zweiten Großen Koalition in Folge – im Bundestag zur Aussprache. Vielfältige Gründe gehörten zu den Ursachen des komplizierten Regierungsbildungsprozesses. Aber maßgeblich änderte vor allem, geradezu überwölbend, die Flüchtlingspolitik die Koordinaten der deutschen Politik ab 2015: Einwanderung, Flüchtlinge, Integration, Zusammenhalt. Merkel ergänzte gleich zu Beginn ihrer Regierungserklärung: „(…) vielmehr hat (…) die Debatte über den richtigen Weg (…) wie wir langfristig die Integration bewältigen, unser Land bis heute gespalten und polarisiert, und zwar so sehr, dass ein an sich unglaublich banaler Satz, wie ‚Wir schaffen das!', den ich im August 2015 gesagt habe und den ich zuvor mehr oder weniger wortgleich in meinem ganzen politischen Leben, (…) schon unzählige Mal gesagt hatte, zu einer Art Kristallisationspunkt dieser Auseinandersetzung werden konnte." (Merkel 2018).[1]

Flüchtlinge bestimmten den Ausgang der Bundestagswahl 2017.[2] Die folgenreiche Flüchtlings-Entscheidung der Bundeskanzlerin vom 4. September 2015 – über die begrenzte Aufnahme syrischer Flüchtlinge aus Ungarn – war der Prägestempel der Großen Koalition.[3] Der Sommer 2015 gehörte zu den Kipp-Punkten des Regierens, der die Bundestagswahl entschieden hat. Der Globalisierungsschub für die deutsche Einwanderungsgesellschaft wirkte als externer Schock nach. Kaum ein Thema ist so lebensnah und emotional im Alltag der Bürgerinnen und Bürger verankert wie der Umgang mit den neuen Fremden. Es ist eine Mixtur aus Verteilungs- und Gerechtigkeitsfragen, aus Identität und Sicherheit. Es ist die Übersetzung des sperrigen Begriffs der Globalisierung in den familiären Alltag. Es umfasst die interpersonale Kommunikation und die Richtung der wahlentscheidenden Anschlussgespräche (Podschuweit und Geise 2015). Und es

---

[1] Was der Bundespräsident Joachim Gauck dem Satz entgegensetze, dazu vgl. Korte 2019.
[2] Vgl. dazu auch Korte 2017a sowie Korte 2017b.
[3] Zum Verlauf und Hintergrund vgl. Alexander 2017.

prägte die Ausdifferenzierung des Parteienspektrums ebenso wie die Regierungsbildung. Die Flüchtlingspolitik markiert bis heute die Machtfragen bei der Ausdifferenzierung des gesamten Parteienwettbewerbs.[4] Die Bundestagswahl war ein für Schlüsselentscheidungen typisch nachgelagertes Plebiszit über die Grenzöffnung im Sommer 2015. Für viele Bürgerinnen und Bürger war die Bundeskanzlerin persönlich verantwortlich, mithin ursächlich haftbar für den zeitweiligen Kontrollverlust an den Grenzen. Ihr Popularitäts-Panzer schrumpfte binnen weniger Wochen. Merkel schien seit dem Sommer 2015 nicht mehr unbesiegbar. Für andere wiederum wurde Merkel zur Ikone des humanitären Helferstolzes. Die Flüchtlingspolitik prägte die Zäsur: Einzug einer rechtspopulistischen, rechts-konservativen und in Teilen rechtsextremen Partei nach rund 60 Jahren und damit die Rechts-Verschiebung der Achse im Parteiensystem.[5]

Hinter der Chiffre „Flüchtlingspolitik" verbarg sich ein politisches Amalgam: Wo endet das gemeinsame Wir? Wer hält sich an welche Regeln? Wer lindert die wachsenden Gefühle der Unsicherheit und des Unbehagens? Die Ethnisierung vieler politischer Diskurse nahm zu. Die Flüchtlinge waren der Auslöser, der Katalysator einer Diskussion, die schon länger schlummerte und sich in der sogenannten „Sarrazin-Debatte" erstmals öffentlichkeitswirksam Bahn brach. Die bis dahin bleierne integrationspolitische Debatte eines faktischen Einwanderungslandes öffnete sich in Richtung von Identitätsnachfragen und Zugehörigkeits-Definitionen. Die Chiffre „Flüchtlingspolitik" löste eine Veränderungskraft im Parteienwettbewerb aus. Sie stabilisierte sich über eine Rechtsverschiebung in den Parlamenten mit ebenso großer Vehemenz wie vormals die Umwelt- und Ökologiebewegung über eine Linksverschiebung (Korte et al. 2018).

Durch die neue Themensetzung auf Sicherheit und Identität und die damit einhergehende Repolitisierung der Gesellschaft sortierte sich die politische Mitte neu und mit der AfD zog eine Protestpartei in die Parlamente. Abweichend von den vorhergehenden beiden Bundestagswahljahren führte der emotionale Klimawandel der Republik wieder zu einer polarisierenden Auseinandersetzung um Mobilisierungsthemen. Privat wie öffentlich lieferten bis heute die Herausforderungen der deutschen Einwanderungsgesellschaft den Stoff für laute, emotionale, rationale, irrationale und diskursive Auseinandersetzungen. Das Krisen-Momentum vom Sommer 2015 war somit ein komplexes und emergentes

---

[4]Zu den komplexen Konsequenzen für das Regieren und den Parteienwettbewerb, vgl. Bieber et al. 2017. Konkret zu den langfristigen Folgen des Parteienwettbewerbs vgl. Korte et al. 2018.

[5]Vgl. dazu der Beitrag von Frank Decker in diesem Band.

Großereignis – ein folgenreiches Signum der Großen Koalition.[6] Die Suchbewegungen sind seitdem sehr grundsätzlich entlang wichtiger Grundbedürfnisse ausgerichtet: kognitiv – ob die Wählerinnen und Wähler die Welt, in der sie leben und handeln, verstehen; emotional – ob sie das Gefühl für Sicherheit und Geborgenheit haben; politisch – ob sie den Eindruck haben, dass es fair, gerecht, sozial, demokratisch zugeht; partizipativ – ob sie sich einbringen und teilhaben können. Wählerinnen und Wähler wollen darauf Antworten von den Parteien erhalten. Eine neue Konfliktlinie der Demokratie zwischen Begrenzung und Öffnung zeichnet sich ab. Die Bruchlinien verlaufen zwischen Globalisierungsskeptikern und ungebundenen Kosmopoliten. Diese neue gesellschafts- und parteipolitische Konfliktlinie hat mit den alten links-rechts Antagonismen praktisch keine Überschneidungen.[7]

Die Angst vor Entgrenzung stieg seit dem Sommer 2015. Eine Sehnsucht nach Begrenzung, nach Grenzen, nach territorialer und normativer Übersichtlichkeit ergriff die stets skeptische politische Mitte. Die Wahltagserhebung der Forschungsgruppe Wahlen im September 2017 zeigte, dass das Themenfeld „Flüchtlinge/Ausländer/Integration" für 44 % der Befragten das wichtigste Problem darstellte. Erst mit erheblichem Abstand folgten andere Themen wie Rente (24 %) und soziale Gerechtigkeit (16 %). Seit Sommer 2015 hatte sich nichts an dieser Priorisierung geändert (Debus 2017; Schoofs 2017). Der besondere Aufregungszyklus dieses medialen Großthemas unterminierte die Zustimmungswerte zur Bundesregierung. Diese erhielt in anderen Politikfeldern und auch in der Leistungsbewertung einzelner Regierungsmitglieder durchaus positive Werte. Doch das Flüchtlings- und Migrationsthema avancierte zum Inbegriff einer angeblichen staatlichen Ohnmacht.[8] Davon profitierte die AfD als Protest- und Anti-Flüchtlingspartei. Die politische Mitte zeigte sich strukturell nervös und zukunftssensibel. Sie forderte bei der Bundestagswahl und bis weit ins Jahr 2018 hinein eine Rückgewinnung nationaler Souveränität, Entschlackung des europäischen Apparates und kontrollierte Zuwanderung.

Wie unsicher die Zeiten sein können, war vielen Bundesbürgerinnen und -bürgern bis zum Sommer 2015 nicht mehr bewusst. Sicher gab es Kriege in

---

[6]Zu den multiplen Krisen vgl. Korte 2016a.
[7]Zu den neuen Cleavages vgl. Merkel 2015, S. 492; Eith und Mielke 2017; Dieser neue Grundkonflikt taucht in der Literatur mit unterschiedlichen Begrifflichkeiten immer wieder auf: Bude (Angst der Mitte, Statuspanik), Rosa (Resonanzverluste), Nassehi (digital vs. analoge Lebenswelten), Reckwitz (Öffnung und Schließung).
[8]Das gilt auch noch bis weit in das Jahr 2018 hinein, vgl. Köcher 2018.

europäischer Nähe oder extreme Turbulenzen mit dem Euro. Doch den konkreten Alltag der Bürgerinnen und Bürger erreichten diese medial vermittelten Krisen nicht. Auch faktisch befand sich die deutsche Demokratie nicht in einer Krise, wie politikwissenschaftlich vergleichende empirische Studien belegen (Merkel 2015). Doch durch den neuen und plötzlichen Zustrom von über einer Millionen Flüchtlinge nach Deutschland stand das politische System unter erheblichem Belastungsdruck. Angst beherrschte über Monate erstmals die öffentliche Stimmung. Viele Bürgerinnen und Bürger sahen sich mit Unsicherheit konfrontiert: bei den Spitzenpolitikern, den Parteien, der öffentlichen Verwaltung.

Für die Mehrheit der Bürgerinnen und Bürger hatte Bundeskanzlerin Merkel im Sommer 2015 „die Grenzen geöffnet". Merkels Migrations-Misere, ihr Merkel-Malus im Wahljahr haben diesen thematischen Ausgangspunkt. „Staatsversagen" – lautete der Vorwurf, trotz glänzender Erfolge im Katastrophenschutz-Management, den hunderttausenden Menschen in Not professionelle Hilfe anzubieten. CSU-Chef Seehofer beschwor die „Herrschaft des Unrechts". Merkels Politikmanagement – die begrenzte Aufnahme syrischer Flüchtlinge – ordnet die Publizistin Ursula Weidenfeld in Merkels Handlungslogik von „radikalen Interventionen" ein: „Die Bundeskanzlerin scheint geradezu auf Ereignisse zu warten (gemeint waren die Katastrophe von Fukushima und Lehmann-Bank-Pleite, d. Verf.) die politisches Handeln erfordern, um sie anschließend durch allgemeine politische Erwägungen anreichern zu können, die dem Gebot der Zeit, nicht dem eventueller eigener Vorstellungen folgen." (Weidenfeld 2016, S. 120; Glaab 2017).[9] Demnach beherrscht die Kanzlerin nicht nur den erklärungsarmen Pragmatismus, sondern auch die abrupte Kehrtwende. Doch bei der Flüchtlingspolitik schien dieses Prinzip erstmals überreizt. Es stieß an seine Grenzen. Merkel hatte große Mühe, die Mehrheit in ihrer Partei und – je nach Fragestellung der Umfragen – auch in der Bevölkerung zu halten. Merkels Macht erodierte ebenso wie ihr öffentliches Ansehen.

Flüchtlinge haben somit über den Ausgang der Bundestagswahl 2017 entschieden. Das Superwahljahr 2017 kannte aber auch andere Wahlereignisse: Zur Wahl standen der Bundespräsident und drei Ministerpräsidenten (Saarland, Schleswig-Holstein, Nordrhein-Westfalen). Der Parteienmarkt war gefordert. Noch immer gruppiert sich das Parteiensystem in Deutschland um drei wichtige große gesellschaftspolitische Konfliktlinien (Eith und Mielke 2017): Um die Verteilung

---

[9] Ausführlicher dazu vgl. Weidenfeld 2017.

des gesellschaftlichen Reichtums, um kulturelle Differenzen der politischen Partizipation sowie um das relative Gewicht von Staat und Markt.

Doch seit einiger Zeit kommt eine neue, vierte wichtige gesellschaftspolitische Konfliktlinie wirkungsmächtig hinzu. Es ist das ideologische Konfliktpotenzial zwischen kosmopolitischen und kommunitaristischen Werten (Merkel 2015, S. 492; Eith und Mielke 2017). Gemeint ist das Spannungsfeld zwischen globalisierten Weltbürgerinnen und -bürgern und nationalkonservativen Gemeinschaften. Kommunitaristische Einstellungen favorisieren die Zugehörigkeit und Mitgliedschaft in nationalen und kommunalen Kontexten. Kosmopolitische Einstellungen betonen hingegen universelle Verpflichtungen. Dementsprechend können dann neobiedermeierliche Rückzüge und kulturelle Schutzargumente des eigenen Marktes einem internationalen Freihandelsabkommen wie TTIP entgegenstehen. Da wird die innere Globalisierung – auch als humanitäre Aufgabe, immer mehr Flüchtlinge aufzunehmen – infrage gestellt. Letztlich triumphiert im nationalen Kommunitarismus die Volksgemeinschaft gegenüber internationalen Verpflichtungen, die Idee, primär der eigenen Gesellschaft Verantwortung zuschulden gegen universelle Werte der global denkenden Eliten. So ist auch erklärbar, dass die Macht der Provinz, die Betonung, den ländlichen Raum zu fördern, der Ausbau der sozialen Infrastrukturen die Vorbereitungen der Wahlkampfprogramme prägte.

Es wäre vereinfacht zu sagen, hier stehen Globalisierungsgewinner gegen Globalisierungsverlierer. Zumal nicht immer eine klare Dichotomie erkennbar ist, sondern eher ambivalente Spannungsfelder. Die globalen Bürgermeistertypen zeigen Dilemmata auf, wenn der Rückzug in kommunale Projekte zugleich mit kosmopolitischen Weltethos begründet daherkommt. Die dahinterliegende gesellschaftspolitische Konfliktlinie orientiert sich an den Globalisierungsverängstigten. Solche Wählerinnen und Wähler fühlen sich entfremdet im eigenen Land und mit der Beschleunigung des Alltags überfordert. Der Soziologe Armin Nassehi übersetzt diese Konfliktlinie mit der Sprache des Internets: „Gelebt wird in analogen Welten, verarbeitet werden diese aber digital" (Nassehi 2015, S. 176). Damit wird auch deutlich, dass die Dimension des Konfliktes nicht ab-, sondern eher noch zunehmen wird. Doch der Bedarf gerade in der verunsicherten Angst-Mitte der bürgerlichen Wählerinnen und Wähler für eine Partei, die diese gesellschaftspolitische Konfliktlinie aktiv bedient, wächst. Gerade diese Konfliktlinie eines neuen gesellschaftlichen Diskurses verrät viel über widersprüchliches, paradoxes, auf jeden Fall nicht-rationales Wählerverhalten. Wie die Bürgerinnen und Bürger sich auf dieser Konfliktdimension positionieren, hat sehr viel mit weich, aber eminent politisch wirkenden Faktoren zu tun: Anerkennungsverhältnisse,

Wahrnehmungen, lebenskulturelle Modernisierung und auch modernen Artikulations- und Teilhabemöglichkeiten (Schmidt 2018). Die AfD als Protestpartei profitiert von diesen weichen, oft emotionalen Faktoren. Thomas Schmidt fasst dies eindrucksvoll in einem Essay zusammen:

> Dass die AfD für viele Bürgerliche so attraktiv erscheint, liegt nicht daran, dass sich die von den Volksparteien vernachlässigten Strömungen plötzlich in ihr wiederfinden würden. Die AfD markiert vielmehr eine Leerstelle. Wenn sie überhaupt etwas repräsentiert, dann ist es die Polarität in den politischen Verhältnissen, und zwar dort, wo eine solche vermisst wird. Sie steht dann für das Andere, das Jenseits all jener Normen, die anderweitig und nicht etwas durch eine Willensbildung gesetzt wurden. Nun ist es der Ort der Verdammten oder der Verlierer oder der Wütenden (Schmidt 2018).

3 Personalisierung und Stil-Pluralität

Status-quo-Wählerinnen und -Wähler stärken immer das Bekannte vor dem Unbekannten. Die Vorstellungen darüber, wie politisches Spitzenpersonal zu agieren hat, waren über viele Jahre relativ konstant. Anders wären die Wiederwahlen von Angela Merkel – mit ihrem politischen Führungspersonal der bürgerlichen Mitte – nur schwer zu erklären.

In Zeiten von dramatischen Risikoentscheidungen kommt dieses Personal größtenteils unaufgeregt-nüchtern-geschäftsmäßig und unprätentiös-schlicht daher. Merkel lebt eine Empörungsverweigerung vor. Ihre permanente Deeskalation gleicht einem Ruhe-Regiment. Kalkuliert unauffällig und mit erklärungsarmem Pragmatismus ausgestattet, arbeitet es effektiv und geschäftsmäßig Probleme stellvertretend für die Bürgerinnen und Bürger ab, die sie gewählt haben. Die Wählerinnen und Wähler wollen damit möglichst nicht belangt werden, sobald der Wahltag vorbei ist. Weit und breit grassiert Risiko-Unlust. Status-quo-Wählerinnen und -Wähler stärkten Merkel.

Die deutschen Wählerinnen und Wähler favorisierten auch 2017 keine Power-Entscheider, die kraftstrotzend, darstellungsreich wegentscheiden (Korte 2015a). Stattdessen bevorzugen die Deutschen Politikerinnen und Politiker, die den Bescheidenheits-Imperativ vorleben. Sie dienen problemlösend, ohne sich selbst zu inszenieren. Sie sind eher Amtsinhaber als Staatsmänner (Kirsch und Mackscheidt 1985). In Zeiten der täglich medial vermittelten Krisendynamik goutieren die Deutschen mehrheitlich diesen Politikstil, der auf Problemlotsen abzielt. Es sind im besten Fall Orientierungs-Autoritäten, die als Solidaritäts-Garanten für uns als Bürgerinnen und Bürger außenpolitische Probleme abarbeiten. Früher passte das Führungscharisma zum Bild des Steuermanns, der hierarchisch mit viel Überblick navigierte. Noch 2017 galt es sich postheroisch im Verbund mit vielen anderen permanent und gipfelbeseelt abzustimmen: Kleinteiliges Vielfaltsmanagement. Die politische Lage ändert sich so rasch, das Risiko-Kompetenz als Führungsressource unersetzbar wurde: Eine Sensibilitätsschulung für das Eintreten unerwarteter Ereignisse (Korte 2011; Korte 2014).

Doch die Begeisterung weicht sukzessive einem Trend zur heroischen Führung – nach durchsetzungsstarken Führungsfiguren. Weltweit gewinnt ein Führungstypus an Zustimmung, der weniger auf Kompromisse als auf unilaterale Durchsetzung pocht. Wenn sich diese Sehnsucht nach narzisstischen Populisten durchsetzen sollte, könnte die Bundesregierung schnell wie aus der Zeit gefallen wirken. Die Neugierde der Wählerinnen und Wähler an anderen Führungstypen nimmt ebenso zu wie die Emotion im politischen Geschäft (Korte 2015b). Das ist zunächst ein international sichtbares Phänomen, was sich an der Renaissance von autokratischen, autoritären und populistischen Regimen zeigt, die mit identitärer Stärke und halbstarken Typen voller Rauflust und Eskalations-Gehabe punkten – immer mit absichtsvoller demokratischer Regelverletzung (Müller 2016). Charismatische Züge trägt aber auch der Typus von sogenannter „muskulärer Politik". Dieser Stil stellt emotionale Leidenschaft laut und polarisiert-angriffsbereit ins Zentrum der eigenen Darstellungspolitik.

Auch in Deutschland zeigen sich Varianten unterschiedlicher Führungsstile, die in der politischen Mitte demokratisch verortet sind. Mit Martin Schulz hatte die SPD einen Kandidaten für das Bundeskanzleramt benannt, der auf die Wählerinnen und Wähler als Stil-Kontrast zu Merkel wirkte (Korte 2017a). Er kam als vertrauter Nachbar daher: Würselen ist überall! Das kommunale Basislager der Demokratie hatte ihn geprägt. Im Blick auf die Bundespolitik verfügte der Brüssel-Rückkehrer über den Charme des Anti-Etablierten. Er hatte in der Berliner Republik nie einen öffentlich sichtbaren politischen Job.[10] Er konnte konfrontieren, musste nicht kooperieren. Schulz weckte in der SPD Hoffnungen und er formulierte erstmals auch offensiv den Anspruch, Bundeskanzler zu werden. Innerhalb der SPD löste er damit nicht nur Erwartungen und Sehnsüchte aus, sondern auch leidenschaftliche Bekenntnisse. Nüchtern-kühl-pragmatisch konterte er mit Ideologie, Emotion und lauter, zivilisierter Streitkultur. Die innerparteilichen und öffentlichen Zustimmungswerte für Martin Schulz zu Beginn des Jahres 2017 dokumentieren die Mischung aus Autosuggestion der SPD und

---

[10]Martin Schulz war seit 1999 Mitglied des SPD-Parteivorstandes und des Parteipräsidiums.

öffentlicher Neugierde. Stil-Pluralität war somit im Super-Wahljahr zumindest über einige Monate im Frühjahr erkennbar. Am Ende siegte wieder das bewährte Nüchtern-Abarbeitende-Deeskalierende-Sichernde und nicht das Leidenschaftlich-Gestaltende-Gerechtigkeitsgetriebene.

4 Thematisierung und Agenda-Setting

Bislang galt für die zurückliegenden Wahlkämpfe: nicht Gerechtigkeits- und Bürgerrechtsthemen, sondern Wohlfahrtsversprechen dominierten. Sicherheit ist in der Wahl-Arena wichtiger als Gerechtigkeit. Nicht wer am meisten Veränderungen versprach – rechts wie links – wurde seit 2005 gewählt, sondern wer am plausibelsten machen konnte, die Bürgerinnen und Bürger vor den Unbilden der Zukunft zu schützen. Bürgerliche Wählerinnen und Wähler fordern Stabilitätsgarantien (Korte 2016b). Sie möchten, dass die Politik den Status quo sichert. Angesichts einer Wählerklientel, die bei der Bundestagswahl 2017 mehrheitlich älter als 56 Jahre alt ist, bleibt dies nachvollziehbar. Noch immer führt darüber hinaus die Schnittmenge aus drei Bereichen zum Wahlerfolg: ökonomische Effizienz, soziale Gerechtigkeit, kulturelle Modernisierung. Wer in allen drei Bereichen über zugeschriebene Problemlösungskompetenz und personelle Sichtbarkeit verfügt, steigt in der Wählergunst. Nicht direkte Verteilungsfragen sind besonders wichtig, sondern eher Ligaturen, die ein Minimum an sozialer Sicherheit und Planbarkeit der eigenen Biografie für das Familien- und Arbeitsleben garantieren und gleichzeitig den Charme von Modernität versprühen.

Mit Schulz änderten sich nicht nur das öffentliche Agenda-Setting, sondern auch die Betroffenheits-Szenarien. Das Navigieren dicht am Alltagsleben spielte in der Projektionsfläche des Schulz-Hypes eine große Rolle. Schulz navigierte mit seinen Projektionen im unmittelbaren Wohn- und Lebensumfeld der Bürgerinnen und Bürger. Zudem vergrößerte er seine Perspektive durch ein Eintreten für Europa als Herz- und Leidenschaftsthema, was wie ein Kontrastprogramm zum rationalen Duktus der Kanzlerin in Sachen europäischer Integration daherkam – zumindest kurzzeitig.

Das Primat der Sicherheit stand auch 2017 im Zentrum, aber mit veränderten Ausprägungen. Innere und äußere Sicherheit waren den Bürgerinnen und Bürgern extrem wichtig, ohne in Panik-Stimmung angesichts von drohenden terroristischen Gewalttaten zu verfallen.[11] Soziale Sicherheit als Absicherung des sozialen

---

[11]Zum Thema Gelassenheit vgl. Köcher 2016.

Status spielte eine viel größere Rolle als in zurückliegenden Wahlkämpfen. Der gesellschaftliche Deutungskonsens, in einer Abstiegsgesellschaft zu leben, hatte die sogenannte Mittelschicht über Ungleichheitsdiskurse erreicht (Nachtwey 2016; van Treeck 2016; Smith Ochoa und Yildiz 2018). Die Diskussionen über Ungerechtigkeiten und extreme Verzerrungen im Bereich von Einkommen und Vermögen prägten die öffentliche Arena. Die SPD fühlte sich deshalb berufen, einen stärker an traditionellen und neuen Gerechtigkeitsthemen orientierten Wahlkampf zu führen. Aus Sicht der SPD sollte mehr Gerechtigkeit auch zu mehr Sicherheit führen – um beide Themenbereiche zusammenzuführen. Sie schaffte es damit in der frühen Phase des Wahlkampfs, die Agenda-2010-Thematik „abzuräumen" und eröffnete sich neue Themen-Korridore für die Hauptphase des Wahlkampfs. Der Schulz-Schub korrespondierte über zwei Monate mit einer Merkel-Müdigkeit.

Neue Akzente setzte der Begriff der kulturellen Sicherheit. Hier werden Identitätsfragen mit Sicherheitsvariablen angereichert. Wer gehört zu uns? Solidarität und Zugehörigkeiten stehen auf dem Prüfstand. Wieviel Heterogenität verträgt eine globalisierte Nation? Wie viel Vielfalt ist dysfunktional? Diese Thematisierungen greifen die Impulse auf, die sich im Kontext der Einwanderungsgesellschaft stellen und seit dem Sommer 2015 die Diskussion um Flüchtlinge und Asyl in Deutschland öffentlich charakterisieren (Korte 2016c).

Bürgerinnen und Bürger fordern nicht nur ökonomische Teilhabe, sondern auch kulturelle Teilhabe als Facette kultureller Sicherheit ein.[12] Anti-elitäre Wut von Protestwählerinnen und -wählern ist weiterhin messbar, wenngleich sich die Richtung des Protestes nicht mehr eindimensional am Flüchtlingsthema entzündet. Bundespräsident Gauck sagte dazu im Juni 2016 in Bukarest: „Dazu müssen wir immer auch alle wieder lernen, Argumente an uns heranzulassen, die unserem eigenen Milieu zunächst unplausibel erscheinen können. Wir müssen wieder lernen, an die intellektuelle und moralische Tradition des argumentativen Disputs anzuknüpfen (…)" (Gauck 2016). Gemeint ist Überforderungen durch zu viel Neues oder zu viel empfundene Fremdheit anzuerkennen. Die Einübung ins Fremde sollte idealerweise erstritten und ausgehandelt sein (Korte 2017b). Um kulturelle Teilhabe auch gegen bürgerliche Diskurs-Wächter durchzusetzen, bedarf es bei den Befürwortern einer einzufordernden kulturellen Sicherheit einer Offenheit, die bei Argumenten ohne vorschnelle Stigmatisierung auskommen sollte (Kielmansegg 2017). „Robuste Zivilität" (Garton Ash 2016) setzt nicht

---

[12]Gerade der US-Präsidentschaftswahlkampf 2016 zeigte die Mischung aus Klassen- und Kulturkampf, vgl. Bieber und Kamps 2017.

Streit-Grenzen, soweit der normative Gehalt des Grundgesetzes nicht verletzt wird. Protest-Wählerinnen und -wähler fühlen sich auch kulturell marginalisiert, worauf etablierte Politik zu reagieren hat.

5 Die Gleichzeitigkeit von Ungleichzeitigkeiten

Wahlen entscheiden nicht nur über Machtverteilungen und rechnerische Optionen für Koalitionsbildungen. Wahlen legen immer auch Identitätsfragen offen, beschreiben neue soziale Räume und Werte, bilden Meinungsströme und Lebensformen ab. Insofern sind gerade Bundestagswahlen Einschnitte, die seismografisch auch Momentaufnahmen zur Lage des Landes offenbaren (Korte 2017c).

Der Wählermarkt zeigte sich 2017 geteilt. Fast ein Drittel der Wählerinnen und Wähler (28,6 %) sind inzwischen Briefwähler (Jesse 2018). Für die Spätwähler gilt: Die von der Demoskopie transportierten Trenddaten zeigen sehr deutlich, dass über Wochen Aufholjagden von 10 bis 15 % möglich sind. Unabhängig davon, wie valide diese Daten sind, spielen sie in der Autosuggestion der Parteien im Wahlmodus eine sehr große Rolle im Hinblick auf Motivation bzw. Demotivation des eigenen Lagers.

Die Wahlbeteiligung stieg. Die Repolitisierung der Mitte kennzeichnete die Wahl-Arena 2017. Die öffentliche Polarisierung führte zur Fragmentierung im Parlament. Der Bundestagswahlkampf unterschied sich durch das übergeordnete Flüchtlingsthema von den vorhergehenden: themenzentrierter, polarisierter, emotionaler, lauter, lagerzentrierter. Viele Bürgerinnen und Bürger wollten wieder eine Wahl haben und entschieden sich gegen die Berliner Macht-Monotonie. Anders sind die herben Verluste für die Regierungsparteien nicht zu erklären. Gleichzeitig sympathisierte man mit dem Bekannten, nicht dem Unbekannten. In dieser Ambivalenz bleibt der Spielraum der Wahlkampagnen. Begrenzte Aggressivität, Sicherheitsbotschaften und Zukunftskompetenz bleiben die Variablen auf der Angebotsseite der Parteien.

Die Gleichzeitigkeit von Ungleichzeitigkeiten wurde zum Signum dieses multidimensionalen Wahljahres. Trends und Gegentrends gelten zeitgleich: Globalisierungsfurcht und Entgrenzungssorgen befeuerten eine Diskussion um Identität und Sicherheit. Gleichzeitig wuchs der Zulauf für Europabefürworter und es zeigten sich neue Fans des internationalen Freihandels. Nüchterne Weiter-So-Politiker („Keine Experimente") konkurrierten mit leidenschaftlichen Gestaltern. Protest- und Empörungspotenziale, vor allem im Hinblick auf anti-elitäre Wut blieben in einer Einwanderungsgesellschaft virulent. Gleichzeitig erstarkte die politische Mitte, allerdings in Form von Vielparteienparlamenten und degradierten Volksparteien. Globale kommunikative und politische Ereignisse bestimmten wirkungsmächtig die öffentliche Agenda, gleichzeitig blieben große Spielräume für regionale Besonderheiten und Einstellungen.

Aus der Konsumentenforschung sind Käuferinnen und Käufer als multiple Persönlichkeiten bekannt. Die paradoxen Eigenschaften führen dazu, dass Kundinnen und Kunden verschiedene Konsum-Muster in einer Person vereinen. Das gilt heute auch für eine Vielzahl von Wählerinnen und Wählern mit inneren Widersprüchen, die über Kognitionen verfügen, die nur schwer alle miteinander zu vereinbaren sind: stabile Ambivalenzen, sorgenvolle Zufriedenheit. Verlässliche Szenarien lassen sich daraus weder für Partei- noch für Wahlkampfstrategen ableiten. Einmal mehr gilt, dass Wahlkämpfe Marathonläufe mit Foto-Finish sein können.

6 Zum Sammelband

Wie dieser einführende Beitrag zeigt, kann eine eindimensionale Betrachtung des zurückliegenden Wahlkampfs und der Bundestagswahl den jeweils vielschichtigen Elementen und dem Nebeneinander gegensätzlicher Phänomene nicht gerecht werden. Daher wird in bewährter Weise auch für den vorliegenden Band ein multiperspektivischer Zugang gewählt. Die Beiträge gliedern sich somit in die vier Bereiche: Wahl-, Parteien-, Kommunikations- und Regierungsforschung.

Den Auftakt machen die insgesamt sieben Beiträge zur Wahlforschung. Zunächst analysieren *Matthias Jung, Yvonne Schroth* und *Andrea Wolf* in einer klassischen, empirisch basierten Wahlanalyse sowohl die Ausgangsvoraussetzungen, als auch das Wahlergebnis in seiner regionalen Struktur sowie das Abschneiden der Parteien in den jeweiligen demografischen und sozialstrukturellen Untergruppen. Anschließend befassen sich *Alexander Wuttke* und *Harald Schoen* mit einem der wohl meist zitierten Phänomene der Bundestagswahl – dem „Schulz-Effekt". Auf Basis einer mehrwelligen Panelbefragung untersuchen sie das Abstimmungsverhalten von rund 8000 Bürgerinnen und Bürger 2017, um so die dem „Schulz-Effekt" zugrunde liegenden Vorgänge nachzeichnen zu können. Während *Ulrich Rosar* und Kolleginnen den Einfluss der physischen Attraktivität des politischen Personals auf den Wahlerfolg in den Blick nehmen, befassen sich *Toralf Stark* und *Theresia Smolka* mit den Bedürfnissen der Wählerinnen und Wähler. In ihrem Beitrag beantworten sie die Frage, inwieweit das individuelle Sicherheitsempfinden das Wahlverhalten beeinflusst. Unter Verwendung der GLES-Nachwahlquerschnittsbefragung zeigen sie, dass es sich bei Sicherheitsthemen um Positionissues handelt, die insbesondere für die Wahlentscheidung der kleineren Parteien relevant sind. Ebenfalls aus einer Kombination von GLES-Daten baut die Analyse von *Ann-Kathrin Reinl* und *Melanie Walter-Rogg* auf, in der sie zeigen, dass die zu Beginn der 1980er Jahre entwickelte Nebenwahltheorie noch immer von Bedeutung ist. Aufgrund der zunehmenden Verflechtungen im Mehrebenensystem plädieren die Autoren jedoch dafür, den Ansatz zu erweitern und das zunehmend interdependente Abstimmungsverhalten zu berücksichtigen.

Nach zahlreichen Erfolgen in den Landesparlamenten zog die AfD 2017 mit mehr als zwölf Prozent der Stimmen auch erstmals in den Deutschen Bundestag ein. *Susanne Pickel* widmet sich in ihrem Beitrag der Frage, wie es der Partei gelang, eine so beachtliche Zahl an Wählerinnen und Wählern zu mobilisieren. Unter Einbezug von Umfragedaten zeigt sich, dass politische und soziale Einstellungen die Wahl der AfD besser erklären können als soziostrukturelle Faktoren. Pickel zeigt weiter, dass insbesondere Gefühle der kulturellen Bedrohung, des Ethnozentrismus sowie des Misstrauens gegenüber etablierten Parteien dazu führen, dass Wählerinnen und Wähler ihr Kreuz bei der AfD machen. *Stefan Haußner* und *Michael Kaeding* runden die Beiträge zur Wahlforschung schließlich ab, indem sie die Wahlbeteiligung auf Bundes-, Landes- und Städteebene im europäischen Kontext analysieren. Sie verweisen auf die erheblichen Unterschiede in der Partizipation der Bürgerinnen und Bürger, die trotz der insgesamt gestiegenen Wahlbeteiligung auch bei der zurückliegenden Bundestagswahl zu verzeichnen waren. Anschließend betrachten sie mittels einer Regressionsanalyse den Einfluss sozioökonomischer Ressourcen auf die Wahlbeteiligung und können so zeigen, dass insbesondere die Arbeitslosenquote einen negativen Effekt auf die Wahlbeteiligung ausübt.

Im sich anschließend zweiten Teil zum Thema Parteienforschung zeigt zunächst der Beitrag von *Frank Decker* die Entwicklung des Parteiensystems vor und nach der Bundestagswahl auf und verweist auf die erstmalige Besonderheit der unmittelbaren Fortsetzung einer bestehenden Großen Koalition. *Benjamin Höhne* und *Uwe Jun* befassen sich ebenfalls mit einem Novum in der Geschichte des Deutschen Bundestags – dem Ausscheiden und Wiedereinzug der FDP. Dabei beleuchten sie sowohl die programmatische, als auch organisatorische und personelle Neuaufstellung der Partei in den zurückliegenden vier Jahren. Während die FDP den Wiedereinzug ins Parlament schaffte, zog die AfD, welche 2013 noch knapp an der 5 %-Hürde gescheitert war, nun ebenfalls in den Deutschen Bundestag als drittstärkste Kraft ein. *Anne Böhmer* und *Kristina Weissenbach* rekonstruieren in ihrem Beitrag Genese und Institutionalisierung der AfD im deutschen Parteiensystem und analysieren anschließend, welche Aspekte für die Wettbewerbsfähigkeit der jungen Partei nach der Bundestagswahl ausschlaggebend sein werden.

In ihrem Beitrag zur politischen Landschaft zur Bundestagswahl 2017 stützen Jan *Philipp Thomeczek, Michael Jankowski* und *Andre Krouwel* ihre Analyse unter anderem auf Daten, die mithilfe sogenannter „Voting Advice Applications" erhoben wurden. Anhand des Nutzungsverhaltens beim Bundeswahlkompass lässt sich so der Schluss ziehen, dass diejenigen Nutzerinnen und Nutzer, die eine Parteipräferenz angaben, sich selbst näher an der politischen Mitte verorteten als die von ihnen bevorzugte Partei. Ebenfalls mit den Präferenzen der Wählerinnen und Wähler setzen sich *Constantin Wurthmann, Stefan Marschall* und *Maike Billen* auseinander, indem sie sowohl die Koalitionspräferenzen des Elektorats allgemein als auch die von Parteianhängern im Besonderen für die Regierungsbildung nach der Bundestagswahl 2017 untersuchen. In seiner Analyse zur Union befasst sich *Matthias Jung* mit den strategischen Rahmenbedingungen und Grundzügen der Wahlkampfausrichtung der Schwesternparteien seit 2005. Hierbei zeigt er, inwiefern das Konzept der „asymmetrischen Demobilisierung" im Zusammenhang mit der von Angela Merkel über die letzten Jahre betriebenen Modernisierung der Partei steht und welche Auswirkungen durch die thematische Positionierung der Union Richtung Mitte auf das Wahlverhalten zu beobachten sind.

Die Beiträge zur Kommunikationsforschung verbindet ein prägnantes Merkmal unserer Zeit: das Nebeneinander unterschiedlichster Medienformate und die Gleichzeitigkeit traditioneller sowie sozialer Medien. Den Auftakt bildet der Beitrag von *Isabelle Borucki* und *Andrea Meisberger,* indem sie sich mit der Frage auseinandersetzen, wie Parteien den Umgang mit disruptiven Phänomenen während des Bundestagswahlkampfs gestalteten. Die Autorinnen erörtern, welchen Stellenwert soziale Medien, Bots, Fake News und hate speech eingenommen haben, indem sie sowohl die Lösungsvorschläge der Parteien hierzu vergleichen als auch die Diskussion um das Netzwerkdurchsetzungsgesetz, das im Sommer 2017 verabschiedet wurde. Dass Entscheidungs- und Darstellungspolitik im Bereich der Migrationspolitik vor der Bundestagswahl 2017 folgenreich auseinanderklafften, zeigen *Andreas Blätte et al.* in ihrem Beitrag. Ausgehend vom Herbst 2015 zeichnen die Autoren das Regierungshandeln und besonders das Akteursverhalten im Wahlkampf nach und kommen zu dem Schluss, dass das Syndrom der fame avoidance nachweislich zur Schwäche der Regierungsparteien beigetragen und populistischen Akteuren in die Hände gespielt hat.

Stephanie Geise et al. analysieren in ihrem Beitrag Online-Nachrichtenbeiträge aus den Wochen rund um die Bundestagswahl und gehen dabei der Frage nach, wie Medien über die Wahlwerbung der Parteien berichtet haben. Auffällig hierbei ist, dass traditionelle Wahlwerbung häufiger Anlass für journalistische

Berichterstattung ist als neue und alternative Online- und Social-Media-Formate, die insgesamt auch kritischer bewertet wurden. Sowohl die Bundeskanzlerin Angela Merkel als auch ihr Herausforderer Martin Schulz schafften es nicht, ihre Inhalte mithilfe ihrer eigenen Auftritte in den sozialen Netzwerken in die TV-Nachrichtenmagazine zu übertragen. *Matthias Degen* zeigt in seiner Untersuchung, dass sowohl tagesthemen als auch heute journal in ihrer Darstellung unabhängig von der Eigendarstellung der Kandidaten blieben. *Stefan Thierse* und *Jennifer Kaczynska* befassen sich wiederum mit der direkten und traditionelleren Kommunikation der Parteien selbst mittels Pressemitteilungen. In ihrer Untersuchung kommen sie zu dem Schluss, dass europapolitische Sachfragen während des Wahlkampfs nur marginal von den Parteien in ihren Pressemitteilungen bearbeitet wurden und die Zukunftsfragen der Europäischen Union so allenfalls einen Randaspekt darstellten. *Uwe Wagschal et al.* schließen die Beiträge zur Kommunikationsforschung ab, indem sie sich mit einem bereits seit Beginn der 2000er Jahre in Deutschland bekanntem Wahlkampfmittel auseinandersetzen: Fernsehdebatten. In ihrer Untersuchung argumentieren die Autoren, dass die Fokussierung auf das Duell-Format und damit auf zwei Spitzenkandidaten unzureichend ist. Anhand des Beispiels einer Mehrpersonendebatte des Senders SAT1 zeigen sie, dass die Erforschung von TV-Diskussionen mit einem Mehrpersonenpodium unter Beteiligung mehrerer Parteien anschlussfähig an das bestehende Methodenrepertoire ist.

Im abschließenden Teil zur Regierungsforschung fokussieren die Beiträge zwei Schwerpunkte. Zum einen die Rückschau auf die zurückliegenden vier Jahre, zum anderen der langwierige Weg zur erneuten Regierungsbildung. *Reimut Zohlnhöfer* zieht eine übergreifende Bilanz zum Policyprofil der vergangenen Legislaturperiode und kommt zu einem gemischten Ergebnis seitens der Regierung. *Sven Morgen* wiederum betrachtet in seinem Beitrag ausschließlich den Bereich der Außen- und Sicherheitspolitik. Hierbei fokussiert er auf die Position der CSU innerhalb der Großen Koalition und zeigt am Beispiel der Sanktionspolitik gegenüber Russland und der Reaktion Deutschlands auf die Flüchtlingsbewegung 2015/2016 ihre Einflussmöglichkeit innerhalb der Regierung. *Arne Jungjohann* und *Niko Switek* hingegen betrachten die Arbeit der Opposition während der letzten Großen Koalition. Sie erörtern dabei einerseits die Frage, welche erkennbaren Konsequenzen die ungewöhnlich große Koalition aus Union und SPD auf die Arbeit von Bündnis 90/Die Grünen und Die Linke hatte. Andererseits weiten sie den Blick auch über den Bundestag hinaus aus und zeigen am Beispiel der Grünen, inwiefern die Partei in den zurückliegenden Jahren innerhalb des Mehrebenensystems eine Oppositionsstrategie aufgebaut hat.

Gemeinsam mit *Eric Linhart* untersucht *Niko Switek* außerdem die Koalitionsfindung nach der Bundestagswahl aus koalitionstheoretischer Perspektive. Dabei suchen sie nach Gründen für die Zurückhaltung von SPD und FDP, zunächst Regierungsverantwortung übernehmen zu wollen, erklären anschließend die gestiegene Motivation der Sozialdemokraten nach den gescheiterten Jamaika-Sondierungen und begründen schließlich, warum auch die Union in der Neuauflage der Großen Koalition eine bessere Alternative gefunden hat. *Thomas Saalfeld* analysiert anschließend Zustandekommen und Inhalt des Koalitionsvertrages und kommt zu dem Schluss, dass entgegen zahlreicher Prognosen strittige Fragen ausgeklammert wurden und der Koalitionsvertrag stattdessen von einer klaren thematischen Aufteilung der Einflusssphären gekennzeichnet ist. Dass die sich anschließende Regierungsbildung der Kernexekutive nicht innerhalb einer bestimmten Frist abgeschlossen ist, sondern sich im Laufe einer Legislaturperiode unter wechselnden Rahmenbedingungen verändert, zeigt schließlich *Martin Florack* in seinem Beitrag.

Literatur

Alexander, Robin. 2017. *Die Getriebenen. Merkel und die Flüchtlingspolitik: Report aus dem Inneren der Macht*, München: Siedler Verlag.

Bieber, Christoph, und K. Kamps. 2017. *Nach Obama. Amerika auf der Suche nach den Vereinigten Staaten*. Frankfurt: Campus Verlag.

Bieber, C., A. Blätte, K.-R., Korte, und N. Switek, Hrsg. 2017. *Regieren in der Einwanderungsgesellschaft. Impulse zur Integrationsdebatte aus Sicht der Regierungsforschung*. Wiesbaden: Springer VS.

Debus, Marc. 2017. Die Thematisierung der Flüchtlingskrise im Vorfeld der Landtagswahlen 2016: Mangelnde Responsivität als eine Ursache für den Erfolg der AfD? In *Regieren in der Einwanderungsgesellschaft. Impulse zur Integrationsdebatte aus Sicht der Regierungsforschung*, Hrsg. C. Bieber, A. Blätte, K.-R. Korte, N. Switek, 109–114. Wiesbaden: Springer.

Eith, U., und G. Mielke. 2017. Gesellschaftlicher Strukturwandel und soziale Verankerung der Parteien. In *Parteien und soziale Ungleichheit*, Hrsg. E. Wiesendahl, 39–61. Wiesbaden: Springer VS.

Forschungsgruppe Wahlen. 2017. Wichtige Probleme in Deutschland, http://www.forschungsgruppe.de/Umfragen/Politbarometer/Langzeitentwicklung_-_Themen_im_Ueberblick/Politik_II/. Zugegriffen: 18. Juli 2018.

Garton Ash, Timothy. 2016. *Redefreiheit. Prinzipien für eine vernetzte Welt*. München: Carl Hanser Verlag.

Gauck, Joachim. 2016. Besuch der Rumänischen Nationalbibliothek – Rede zu Europa. http://www.bundespraesident.de/SharedDocs/Reden/DE/Joachim-Gauck/Reden/2016/06/160621-Rumaenien-Europa-Rede.html. Zugegriffen: 18. Juli 2018.

Glaab, Manuela. 2017. Politische Führung und Koalitionsmanagement Angela Merkels – eine Zwischenbilanz zu den Regierungen Merkel I, II und III. In *Koalitionen in der Bundesrepublik. Bildung, Management und Krisen von Adenauer bis Merkel*, Hrsg. P. Grasselt, und H. J. Hennecke, 247–286. Paderborn: Schöningh.

Hilmer, R., und J. Gagné. 2018. Die Bundestagswahl 2017: GroKo – ohne Alternative für Deutschland. *Zeitschrift für Parlamentsfragen* H2: 372–406.

Jesse, E. 2018. Die Bundestagwahl 2017 im Spiegel der repräsentativen Wahlstatistik. *ZParl*, H.2: 223–242.

Kielmansegg, P., Graf von 2017. Populismus ohne Grenzen. *Frankfurter Allgemeine Zeitung 37 (06)*.

Kirsch, Guy, und K. Mackscheidt. 1985. *Staatsmann, Demagoge, Amtsinhaber. Eine psychologische Ergänzung der ökonomischen Theorie der Politik.* Göttingen: Vandenhoeck & Ruprecht.

Köcher, R. 2016. Deutschland ist anders. Frankfurter Allgemeinen Zeitung 299 (08).

Köcher, R. 2018. Sehnsucht nach starker Führung. *Frankfurter Allgemeine Zeitung 164 (08)*.

Korte, K.-R. 2011. Risiko als Regelfall. Über Entscheidungszumutungen in der Politik. *Zeitschrift für Politikwissenschaft* 21 (3): 465–477.

Korte, Karl-Rudolf. 2014. Politisches Entscheiden unter den Bedingungen des Gewißheitsschwundes. Konzeptionelle Antworten der Regierungsforschung. In *Zufall als Quelle von Unsicherheit*, Hrsg. P. Neuner, V. M. Fasen, 123–163. Freiburg: Alber.

Korte, K.-R. 2015a. Mit uns gähnt die neue Zeit. *Tagesspiegel 22324 (14)*.

Korte, Karl-Rudolf. 2015b. Emotionen und Politik. Begründungen, Konzeptionen und Praxisfelder einer politikwissenschaftlichen Emotionsforschung. In *Emotionen und Politik. Begründungen, Konzeptionen und Praxisfelder einer politikwissenschaftlichen Emotionsforschung*, Hrsg. Karl-Rudolf Korte, 9–24. Baden-Baden: Nomos.

Korte, Karl-Rudolf. 2016a. Politik in unsicheren Zeiten. Einwanderungspolitik als Krisen-Symptom. In *Politik in unsicheren Zeiten. Kriege, Krisen und neue Antagonismen*, Hrsg. Karl-Rudolf Korte, 9–24. Baden-Baden: Nomos.

Korte, Karl-Rudolf. 2016b. Bürgerliche Mitte. Wie die etablierten Parteien sie neu erkämpfen können. *Die politische Meinung* 540: 14–21.

Korte, Karl-Rudolf. 2016c. Flüchtlinge verändern unsere Demokratie. *Zeitschrift für Politikwissenschaft* 26 (1): 87–94.

Korte, Karl-Rudolf. 2017a. Der Sog der Mitte. Die Repolitisierung der Wähler im Wahljahr 2017. *Zeitschrift für Politikwissenschaft* H.2/2017: 221–231.

Korte, Karl-Rudolf. 2017b. Was entscheidet die Wahl? Themen und Wahlmotive im Superwahljahr 2017. *Aus Politik und Zeitgeschichte* 38-39: 4–9.

Korte, Karl-Rudolf. 2017c. Wahlen in Deutschland. Grundsätze, Verfahren und Analysen. Bonn: Bundeszentrale für politische Bildung.

Korte, Karl-Rudolf. 2019. *Gesichter der Macht. Über die Gestaltungspotenziale der Bundespräsidenten.* Frankfurt/M.: Campus Verlag.

Korte, Karl-Rudolf, D. Michels, J. Schoofs, N. Switek, und K. Weissenbach. 2018. *Parteiendemokratie in Bewegung: Organisations- und Entscheidungsmuster der deutschen Parteien im Vergleich.* Baden-Baden: Nomos.

Merkel, Angela. 2018. Regierungserklärung von Dr. Angela Merkel. https://www.bundesregierung.de/breg-de/service/bulletin/regierungserklaerung-von-bundeskanzlerin-dr-angela-merkel-862358. Zugegriffen: 18. Juli 2018.

Merkel, Wolfgang. 2015. Schluss. Ist die Krise der Demokratie eine Erfindung. In *Demokratie und Krise*, Hrsg. Wolfgang Merkel, 473–498. Wiesbaden: Springer VS.
Müller, Jan-Werner. 2016. *Was ist Populismus? Ein Essay*. Berlin: Suhrkamp.
Nachtwey, Oliver. 2016. *Die Abstiegsgesellschaft. Über das Aufbegehren in der regressiven Moderne*. Berlin: Suhrkamp.
Nassehi, Armin. 2015. *Die letzte Stunde der Wahrheit. Warum rechts und links keine Alternativen mehr sind und Gesellschaft ganz anders beschrieben werden muss*. Hamburg: Murmann.
Niedermayer, O. 2018. Die Entwicklung des deutschen Parteiensystems. *ZParl* H.2: 286–303.
Podschuweit, N., und S. Geise. 2015. Wirkungspotenziale interpersonaler Wahlkampfkommunikation. *Zeitschrift für Politik* 62 (4): 400–420.
Schmidt, T. 2018. Zuviel Mitte. Union und SPD haben so viel normativen Konsens hergestellt, dass Abweichungen nur noch am rechten Rand möglich sind. *Die Zeit 42*.
Schoofs, Jan. 2017. Der flüchtlings- und integrationspolitische Wettbewerb bei den Landtagswahlen im März 2016. Die Wahl-O-Mat-Positionen der Parteien im Vergleich. In *Regieren in der Einwanderungsgesellschaft. Impulse zur Integrationsdebatte aus Sicht der Regierungsforschung*, Hrsg. C. Bieber, A. Blätte, K.-R. Korte, N. Switek, 109–114. Wiesbaden: Springer.
Smith Ochoa, Christopher, und T. Yildiz. 2018. Umstrittene Faktenlage. Eine Diskursanalyse der öffentlichen Diskussion um sozioökonomische Ungleichheit in Deutschland. Hans-Böckler-Stiftung i. E.
van Treeck, Till. 2016. Politik in Zeiten von ökonomischer Ungleichheit und gesamtwirtschaftlichen Ungleichgewichten. In *Politik in unsicheren Zeiten. Kriege, Krisen und neue Antagonismen*, Hrsg. Karl-Rudolf Korte, 131–144. Baden-Baden: Nomos.
Weidenfeld, Ursula. 2016. Nur in der Krise kommt das Land voran. In *Politik in unsicheren Zeiten. Kriege, Krisen und neue Antagonismen*, Hrsg. Karl-Rudolf Korte, 117–130. Baden-Baden: Nomos.
Weidenfeld, Ursula. 2017. *Regierung ohne Volk. Warum unser politisches System nicht mehr funktioniert*. Berlin: Rowohlt.
Weissenbach, K., und K.-R. Korte. 2006. Wahlsysteme und Wahltypen. Wählen als Qualifikationskennzeichen einer Demokratie. In *Wahlsysteme und Wahltypen*, Hrsg. C. Derichs, T. Heberer, 26–48. Wiesbaden: VS Verlag für Sozialwissenschaften.

Teil I
Wahlforschung

Bedingt regierungsbereit – Eine Analyse der Bundestagwahl 2017

Matthias Jung, Yvonne Schroth und Andrea Wolf

Zusammenfassung

Der Betrag enthält eine klassische, empirisch basierte Wahlanalyse. Im ersten Teil werden die Ausgangsvoraussetzungen und die wesentlichen Entwicklungen des Wahlkampfes dargestellt. Dabei spielt auch das Abschneiden der Parteien bei den Landtagswahlen des Jahres 2017 eine wichtige Rolle. In einem zweiten Teil wird auf das Wahlergebnis in seiner regionalen Struktur eingegangen. Der dritte Teil befasst sich ausführlich mit dem Abschneiden der Parteien in den jeweiligen demografischen und sozialstrukturellen Untergruppen. Dabei werden auch längerfristige Entwicklungen auf der Basis der vorliegenden Zeitreihen aufgezeigt. Empirische Grundlage dafür ist die umfangreiche Befragung der Forschungsgruppe Wahlen am Tag der Wahl vor den Wahllokalen.

1 Ausgangslage und Wahlkampf

Die Bundestagswahl 2017 hat Deutschland eine sehr lange Phase der Regierungsbildung beschert, weil sowohl bei SPD als auch FDP nur ein bedingter Wille zur Regierungsbeteiligung vorhanden war und mit dem Einzug der AfD die Koalitionsbildung grundsätzlich erschwert worden ist.

M. Jung (✉)
Forschungsgruppe Wahlen e. V., Mannheim, Deutschland
E-Mail: matthias.jung@forschungsgruppe.de

© Springer Fachmedien Wiesbaden GmbH, ein Teil von Springer Nature 2019
K.-R. Korte und J. Schoofs (Hrsg.), *Die Bundestagswahl 2017*,
https://doi.org/10.1007/978-3-658-25050-8_2

Viele Kommentatoren haben mit dem Abschluss der Etablierung der AfD eine Zäsur in der Geschichte des bundesrepublikanischen Parteiensystems diagnostiziert. Bei näherer Betrachtung erscheint das Wahlergebnis unspektakulärer. Auch wenn das Abschneiden der CDU/CSU und der SPD Negativrekorde darstellen, sind das keine Ergebnisse einer neuen Qualität in deren jüngerer Geschichte. Bereits 2009 bewegten sie sich auf ähnlichem Niveau. Das wird deutlich, wenn man das Ergebnis von 2017 mit dem Ergebnis von 2009 vergleicht. Dann schneiden jetzt CDU/CSU (−0,9), SPD (−2,5), Linke (−2,7), Grüne (−1,8) und FDP (−3,9) nicht so grundsätzlich anders ab als bei der vorletzten Bundestagswahl, während die AfD mit 12,6 % erstmals im Bundestag vertreten ist. Diese Verluste bei allen anderen Parteien sind schon ein erster Fingerzeig auf die Herkunft der AfD-Stimmen. Auch wenn im journalistischen Umfeld und in manchen Unionskreisen das Erstarken der AfD vor allem als Reaktion auf den programmatischen Modernisierungskurs der CDU und der Kanzlerin zurückgeführt wurde, weisen Gewinne und Verluste bei den Landtagswahlen seit 2014 ebenso wie die Umfragewerte vor der Bundestagswahl eher darauf hin, dass die AfD ihre deutlichen Stimmenzuwächse ehemaligen Wählern ganz verschiedener Parteien und dem Kreis der vormaligen Nichtwähler verdankte. Man sollte den Angaben der Befragten über ihr zurückliegendes Wahlverhalten zwar eine gewisse Vorsicht entgegenbringen, aber auf der Basis dieser Daten zeigt sich, dass rund jede vierte Stimme für die AfD von ehemaligen Union- oder FDP-Wählern und knapp jede Fünfte aus dem Lager von SPD, Linke und Grünen stammte.

Die weiter zunehmende Volatilität hat die Bundestagswahl entscheidend geprägt. Dies wird nicht nur beim Vergleich zum Wahlergebnis 2013 deutlich, sondern auch bei den extrem starken Schwankungen in den Umfrageergebnissen im Verlauf des Bundestagswahlkampfes, die insbesondere die Volksparteien SPD und Union getroffen haben. Selbst eine Woche vor der Wahl konnten sich lediglich 29 % aller Befragten vorstellen, nur eine bestimmte Partei zu wählen. Alle anderen nannten noch mindestens eine weitere Partei, für die eine Stimmabgabe für sie denkbar war. Wahlrelevant wurde die hohe Volatilität vor allem, weil sich der Eindruck bei den Wählern verfestigt hatte, dass die Wahl spätestens nach dem TV Duell zwischen Merkel und Schulz entschieden war: 84 % und damit noch einmal deutlich mehr als 2013 (72 %) erwarteten in der Woche vor der Wahl, dass die CDU/CSU bzw. Merkel gewinnen wird. Von der geringen Unsicherheit über den Ausgang der Wahl profitierte in erster Linie die AfD. So stimmten 26 % aller Befragten, aber 67 % der AfD-Anhänger dem Statement „Weil schon klar ist, wer die Bundestagswahl gewinnt, kann man auch mal eine andere Partei als sonst wählen" zu, wie Abb. 1 zeigt.

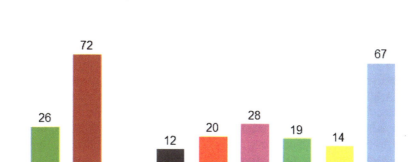

Abb. 1 Weil schon klar ist, wer die Bundestagswahl gewinnt

Entschieden war die Wahl jedoch keineswegs von Anfang an. Zu Beginn des Jahres 2017 schien das Rennen viel offener zu sein als 2009 und 2013. Nachdem Ende 2016 die zum vierten Mal antretende Angela Merkel gegen den damals im Gespräch befindlichen SPD-Kanzlerkandidaten Sigmar Gabriel ähnlich deutlich vorne lag wie gegen ihre vormaligen Herausforderer Peer Steinbrück und Frank-Walter Steinmeier, wurde der in weiten Teilen der bundesrepublikanischen Bevölkerung relativ unbekannte und überraschend präsentierte Spitzenkandidat Martin Schulz mit vielen Vorschusslorbeeren überhäuft und kurzzeitig zu einem ernsthaften Konkurrenten für die amtierende Kanzlerin. Die SPD versuchte dabei ohne langfristig vorbereitete Strategie Schulz als fast übernatürlichen Heilsbringer zu positionieren, welcher der SPD seit 2002 erstmals wieder den Sieg bringen sollte. Schulz profitierte dabei ähnlich wie Rudolf Scharping 1993/1994 gegen den damals auch schon zwölf Jahre im Amt befindlichen Helmut Kohl davon, dass ein gewisser Teil des Publikums sowohl bei den Wählern als auch bei den Journalisten von der Amtsinhaberin gelangweilt war und neue Impulse vermisste, ohne die Defizite dabei explizit benennen zu können. Dazu kam, dass Martin Schulz zunächst sehr erfolgreich das Thema „soziale Gerechtigkeit" ansprach, ohne allzu konkret zu werden. Diese fehlende Konkretheit, die sich gut als Projektionsfläche für ganz unterschiedliche Vorstellungen eignete, erlaubte es anfangs perfekt eine maximale Zahl von Wählern anzusprechen, die Defizite in diesem Bereich wahrgenommen hatten. Die dadurch ausgelöste Welle der Euphorie, die vor allem die engste SPD-Anhängerschaft bis hin zur Parteibasis in den SPD-Ortsvereinen erfasste, konnte zunächst verdecken, dass weder Schulz noch die SPD ein ausgearbeitetes und konkretisiertes Konzept zum Gesamtkomplex „soziale Gerechtigkeit" vorliegen hatte. Neben den programmatischen Defiziten einer Partei, die vier Jahre in der Regierung mit der Union für das Soziale in Gestalt der Bundessozialministerin verantwortlich war, erwies sich zudem einmal mehr die Koalitionsfrage als Achilles-Ferse für die SPD. Schließlich war die SPD gefordert, zu sagen mit welchen Koalitionspartnern sie ihr in Aussicht gestelltes Einstehen für mehr soziale Gerechtigkeit machtpolitisch durchsetzen wollte. Bei realistischer Betrachtung der parteipolitischen Größenordnung kam dafür eigentlich nur Rot-Rot-Grün infrage. Der medial generierte Schulz-Hype sollte dabei auf der Basis von mehr sozialer Gerechtigkeit und der Perspektive eines Bündnisses mit der Linken erstmals bei der Landtagswahl im Saarland Zählbares an der Wahlurne bringen. Auf dieser Erfolgswelle sollte mit einem anschließenden Sieg von Martin Schulz in seinem Heimatland NRW die gefühlt „ewige Kanzlerin" schon vor dem eigentlichen Wahlkampf für die Bundestagswahl entscheidend geschwächt werden, um endlich mal wieder auf Augenhöhe mit der Union in einen Bundestags-Wahlkampf ziehen zu können.

Dabei hatte die SPD allerdings die Wirkungsmacht eines zu allgemeinen Versprechens von mehr „sozialer Gerechtigkeit" überschätzt und die Ablehnung einer Regierungsbeteiligung der Linken unterschätzt. Jedenfalls gelang es der CDU im Saarland und ihrer angesehenen Amtsinhaberin Annegret Kramp-Karrenbauer, die anders als die CDU-Spitzenkandidaten bei den Landtagswahlen in Rheinland-Pfalz und Baden-Württemberg nicht auf Distanz zur Kanzlerin gegangen war, bürgerliche Wähler sehr selektiv gegen ein rot-rotes Bündnis an der Saar zu mobilisieren. Bei deutlicher Zunahme der Wahlbeteiligung brachte sie der SPD beim ersten Wählertest ihres Hoffnungsträgers Martin Schulz eine entscheidende Niederlage bei. Martin Schulz erlebte danach ähnlich wie Scharping nach der verlorenen Europawahl 1994 einen dramatischen Absturz in den Umfragen, der in seiner Intensität so unbegründet war wie der vorausgegangene Hype. Der grundsätzliche Ansatz der SPD bei der Landtagswahl im Saarland war einer der frühen strategischen Fehler der Bundes-SPD. Die Einschätzung, man könne mithilfe eines frisch nominierten Kanzlerkandidaten, eine gut bewertete Ministerpräsidentin mit einem vom Elektorat mehrheitlich abgelehnten Koalitionsbündnis aus dem Amt jagen, zeugte bereits im März von wenig politischem Gespür.

Endgültig besiegelt wurde dessen Fiasko durch den Verlust von NRW, das von vielen, nicht nur in der SPD, fälschlicherweise als SPD-Stammland betrachtet wird. Danach hatte der Wahlkampf der SPD und ihres Kanzlerkandidaten jede erkennbare Richtung und Gestalt verloren und blieb völlig erratisch mit wöchentlich wechselnden Durchhalteparolen, von denen die vermessenste darin bestand, Merkel das Amt des Vizekanzlers in einer von der SPD geführten Bundesregierung anzubieten. Spätestens nach dem TV-Duell, bei dem es Schulz nicht gelungen war, entscheidend gegen Merkel zu punkten, war das Rennen um das Kanzleramt gelaufen.

Naturgemäß konnte Merkels Versuch, zum vierten Mal Kanzlerin zu werden, nur unter dem Motto eines leicht modifizierten „Weiter so" stehen. Alles andere wäre nicht glaubwürdig vermittelbar gewesen. Erschwert wurde eine solche Wahlkampfausrichtung in erster Linie durch die Flüchtlingsproblematik, welche die bundesrepublikanische Gesellschaft jenseits der klassischen Parteilager gespalten und Merkel ihres präsidentiellen Images beraubt hat, das ihr seit der Etablierung der ersten großen Koalition ab 2005 die politische Dominanz über die eigenen Parteigrenzen hinaus gesichert hatte. Es war aber nicht nur die Flüchtlingsproblematik, die eigentlich Anfang 2017 schon an Bedeutung verloren hatte, sondern gewisse Ermüdungserscheinungen, die aus der langen Regierungstätigkeit Merkels resultierten. Es hat sich mindestens unterschwellig ein Gefühl festgesetzt, dass zwölf Jahre an der Spitze der Bundesregierung eigentlich genug waren, ohne dass große Teile der Bevölkerung ihr die Befähigung zur Fortführung der Regierungsgeschäfte abgesprochen hätten. Nur vor diesem Hintergrund ist der Schulz-Hype erklärbar, da von der SPD wie aus dem Nichts eine vermeintlich attraktive Alternative zu Merkel präsentiert wurde. In dieser Situation gelang es Martin Schulz bei der K-Frage kurzzeitig die Amtsinhaberin mit 49 %:38 % zu überrunden (siehe Abb. 2), während gleichzeitig 71 % der Befragten die Meinung vertraten, dass Angela Merkel ihre Arbeit als Bundeskanzlerin eher gut macht (24 % eher schlecht).

Dass Angela Merkel, die neben der lang anhaltenden positiven Wirtschaftsentwicklung das entscheidende Argument für einen Wahlsieg der Union sein musste, angeschlagen in den Wahlkampf zog, verdankte sie weniger dem politischen Gegner als vielmehr der bayerischen Schwesterpartei. Die CSU und Seehofer hatten kaum eine Gelegenheit ausgelassen, die Flüchtlingspolitik der Kanzlerin zu kritisieren und dabei auch nicht auf persönlich demütigende Inszenierungen verzichtet. Wenn aber schon Seehofer als CSU-Chef von Merkels Politik als einer „Herrschaft des Unrechts" sprach, musste das zweifelsfrei zu einer Aufwertung ähnlicher Intentionen der AfD führen. Nach dieser monatelangen heftigen Kritik der CSU an Merkel wirkte dann der grundlos erscheinende

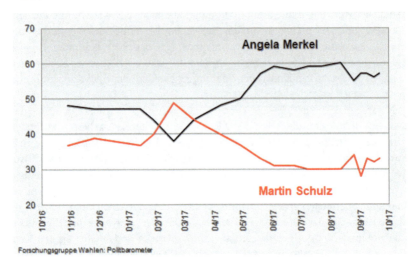

Abb. 2 Lieber als Bundeskanzler/in 2017

radikale Schwenk zum Wahlkampfauftakt gänzlich unglaubwürdig, bei dem Seehofer verkündete, er könne sich gut auch noch eine fünfte Legislaturperiode von Merkel als Kanzlerin vorstellen. Die CSU hatte sich mit ihrer Profilierung gegen die Amtsinhaberin wohl versprochen, auf jeden Fall die absolute Mehrheit für die CSU in Bayern zu sichern, egal welchen Preis die Union als Ganzes dabei auf Bundesebene zahlen musste. Im Ergebnis hatte die CSU auch in Bayern sowohl am rechten Rand als auch Richtung Mitte jedwede Glaubwürdigkeit verspielt, stand im eigenen Bundesland ohne jeden Bayern-Bonus da und stellte für die CDU und Merkel in der restlichen Republik eine schwere Hypothek bei dem Versuch dar, aus dem Ansehen der Kanzlerin jenseits der etablierten Unions-Wählerschaft an der Wahlurne zu profitieren. Eine Kumulation der Politbarometer-Umfragen im dritten Quartal 2017 zeigte, dass die Wähler in Bayern insgesamt die CDU sogar etwas positiver bewerteten als die CSU, während die CSU außerhalb Bayerns deutlich schlechter eingestuft wurde als die Christdemokraten (siehe Abb. 3). Selbst bei den CSU-Anhängern in Bayern war das Ansehen von CSU und CDU fast identisch positiv.

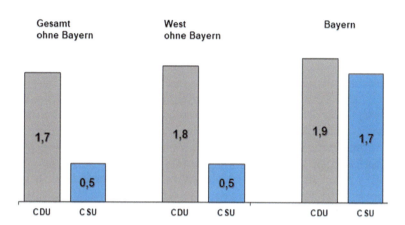

Abb. 3 Beurteilung von CDU und CSU

Mit ihren Profilierungsversuchen ruinierte die CSU aber nicht nur ihre Glaubwürdigkeit, was zu überdurchschnittlichen Verlusten der CSU in Bayern führte, sondern sie erleichterte es auch der AfD, die eigentlich durch heftige innerparteiliche Auseinandersetzungen und den objektiven Bedeutungsrückgang der Flüchtlingsproblematik einen Abwärtstrend hinnehmen musste, im Wahlkampf wieder Tritt zu fassen. Allein dadurch, dass die Flüchtlingsproblematik CSU-bedingt wieder stärker in der politischen Debatte präsent war, wurde die AfD gestärkt, da sie die pointiertesten Antipositionen zu einem relativ breiten Konsens auf diesem Feld bei den anderen Parteien vertrat. Im Laufe des Wahlkampfs hat es Alexander Gauland als Chefstratege der AfD durch eine Vielzahl gezielter Provokationen geschafft, dass die AfD immer häufiger Gesprächsthema im Wahlkampf wurde. Viele Gegner der AfD haben dabei nicht gesehen, dass der AfD für die Mobilisierung ihres Wählerpotenzials völlig ausreichte, medial präsent zu sein – egal ob positiv oder negativ. Insofern zahlte jede sichtbare Antifa-Aktion mehr auf das AfD-Konto ein als es ein Ignorieren dieser Partei durch ihre politischen Gegner mit sich gebracht hätte.

Traditionell sind die sich ergebenden Koalitionsperspektiven von großer Bedeutung für das Abschneiden der kleineren Parteien. Besonders deutlich wird das bei der FDP, deren extrem schwankende Ergebnisse bei Bundestagswahlen stark davon abhängig sind, wie sehr sie für die Bildung einer bürgerlichen Regierungsmehrheit mit der Union gebraucht wird. Auch wenn 2017 kaum jemand mit einer schwarz-gelben Mehrheit rechnete, und auch nur 40 % eine solche gut gefunden hätten, beförderte die traditionelle Aversion eines Teils des bürgerlichen Wählerpotenzials gegen die große Koalition ein koalitionspolitisches Wahlverhalten zugunsten der FDP. So gab auch dieses Mal ein erheblicher Teil (38 %) der FDP-Wähler an, dass ihnen eigentlich die CDU/CSU am besten gefällt. Für die FDP war diese Anti-Groko-Stimmung in bürgerlichen Wählerkreisen entscheidend für den Wiedereinzug in den Bundestag. Erleichtert wurde das Wiedererstarken der FDP dadurch, dass im Jahr der Bundestagswahl auch in den beiden Bundesländern Nordrhein-Westfalen und Schleswig-Holstein gewählt wurde, in denen die FDP mit Christian Lindner und Wolfgang Kubicki über überzeugende Spitzenkandidaten verfügte, mit denen sie zweistellige Landtags-Wahlergebnisse erzielte. Dadurch war es der FDP gelungen, Zweifel an einem Überspringen der 5 %-Hürde bei der Bundestagswahl zu zerstreuen. Die unklaren Mehrheitsverhältnisse vor der Wahl und die fehlende Bereitschaft auch der anderen Parteien, sich eindeutig auf bestimmte Koalitionen festzulegen, erlaubten es der FDP, sich nur sehr vage zur Jamaika-Koalition zu positionieren, die die einzig realistische Alternative zur Fortsetzung der großen Koalition gewesen wäre.

Ähnlich vage blieben auch die Grünen, die mangels realistischer Alternativen im linken Parteienspektrum auf eine Koalitionsfestlegung verzichteten. Allerdings hatten sie mit den programmatischen Festlegungen im Wahlprogramm, trotz der Nominierung zweier Realos als Spitzenduo, eine allzu weitgehende Annäherung an eine schwarz-grüne Alternative indirekt von sich gewiesen. Damit liefen die Grünen aber Gefahr weder für koalitionstaktische Wähler aus dem linken noch aus dem bürgerlichen Lager attraktiv zu sein. Letztlich profitierten die Grünen aber gegen Ende des Wahlkampfs von der miserablen Performance der SPD, die immer mehr gemäßigt linke Wähler vergraulte.

Von dieser Schwäche der SPD profitierte auch die Linke, nachdem die SPD das Thema „Soziale Gerechtigkeit" im Wahlkampf zwar aufgerufen hatte, dann aber inhaltlich für dezidiert linke Wähler viel zu sehr im Ungefähren blieb. Da letztlich nicht mit einer Mehrheit für Rot-Rot-Grün zu rechnen war, blieb es der Linken erspart, den innerparteilichen Streit über die Frage einer Regierungsbeteiligung auf offenem Markt auszutragen.

2 Wahlergebnis

Zum ersten Mal seit 1998 ist die Wahlbeteiligung bei einer Bundestagswahl wieder deutlich angestiegen. 76,2 % (+4,6) aller Wahlberechtigen haben 2017 ihre Stimme abgegeben, das sind 2.666.416 Wähler mehr als bei der Vorwahl. Auch wenn die Zunahme der Beteiligungsquote in den neuen Bundesländern etwas stärker ausfiel als in den alten, liegt die Wahlbeteiligung im Westen (76,8 %) weiterhin über der im Osten (73,2 %).

Profitiert von dieser Entwicklung haben aber nicht die beiden großen Parteien, die auch absolut betrachtet massiv an Stimmen verloren haben und ebenso wenig die beiden kleineren in der letzten Legislaturperiode im Parlament vertretenen Parteien Linke und Grüne. Profitiert haben vor allem AfD und FDP, 2013 knapp an der 5 %-Hürde gescheitert, können sie jetzt deutliche Zuwächse verzeichnen.

Mit 32,9 % und Einbußen von über acht Prozentpunkten erzielt die Union ihr schlechtestes Ergebnis seit 1949, das gilt auch für das Abschneiden der CSU in Bayern, die mit zweistelligen Verlusten im Freistaat nur noch auf 38,8 % kommt. Für die SPD stellen die erreichten 20,5 % einen Negativrekord dar, wobei die Differenz zur Vorwahl mit gut minus fünf Prozentpunkten den zweitstärksten Absturz auf Bundesebene bedeutet – nach der letzten großen Koalition 2009 (minus elf Prozentpunkte) war dieser noch viel heftiger ausgefallen. Nahezu unverändert gehen die Linke mit 9,2 % und die Grünen mit 8,9 % aus der Bundestagswahl. Zweistellig, mit einem jeweils mehr als doppelt so guten Ergebnis wie 2013, schneiden AfD (12,6 %) und FDP (10,7 %) ab. Für die sonstigen Parteien entscheiden sich mit 5 % nur geringfügig weniger Wähler als vor vier Jahren.

Das geänderte Sitzzuteilungsverfahren, das 2013 erstmals zum Einsatz kam, führte 2017 erwartungsgemäß zu einem Aufblähen des Parlaments. Erstmals sitzen jetzt mehr als 700 Abgeordnete im Deutschen Bundestag und ein Novum ist auch die Anzahl von sechs Fraktionen, denen sie angehören. Die nach CDU/CSU (246 Sitze) und SPD (153 Sitze) stärkste Fraktion stellt mit anfangs 94, nach dem Austritt von Frauke Petry und Mario Mieruch jetzt noch 92 Abgeordneten, die AfD. Auf die FDP entfallen 80 Sitze, auf die Linke 69 und auf die Grünen 67. Von den 299 Wahlkreisen können CDU und CSU mit 231 die weitaus meisten gewinnen, die SPD erzielt 59 Direktmandate, die Linke fünf, davon vier in Berlin und die Grünen eines, ebenfalls in Berlin. Auch die AfD erringt in drei Wahlkreisen, die alle in Sachsen liegen, die meisten Erststimmen.

Sachsen ist auch das Bundesland mit dem besten Zweitstimmenergebnis für die AfD, mit 27,0 % wird sie hier ganz knapp vor der CDU (26,9 %) stärkste Partei. In den übrigen ostdeutschen Bundesländern erreicht die AfD jeweils rund 20 % und in Berlin 12 %. Im Westen zeigt sich bei den AfD-Ergebnissen ein Süd-Nord-Gefälle, über 12 % erzielt sie in Bayern und Baden-Württemberg, lediglich einstellig schneidet sie in Nordrhein-Westfalen, Niedersachsen, Schleswig-Holstein und Hamburg ab. Die FDP kann dagegen nur in den westlichen Bundesländern zweistellige Ergebnisse aufweisen. In Nordrhein-Westfalen, wo ihr Vorsitzender Christian Lindner als Spitzenkandidat antrat, kommt sie auf ihr bestes Resultat von 13,1 % und auch in Baden-Württemberg, Schleswig-Holstein und Hessen schneidet sie überdurchschnittlich ab. Die Grünen haben ihre besten Ergebnisse in den Stadtstaaten Berlin, Hamburg und Bremen, aber auch in Baden-Württemberg, dem einzigen Bundesland mit einem grünen Ministerpräsidenten sowie in Schleswig-Holstein erzielen sie Spitzenergebnisse. Auf kommunaler Ebene punkten sie wie gewohnt vor allem in westlichen Groß- und Universitätsstädten. Dagegen bleiben die Grünen in vier von fünf ostdeutschen Bundesländern unter der 5 %-Marke, lediglich in Brandenburg, wo sie im Wahlkreis Potsdam (9,8 %) nach Leipzig II (10,4 %) ihr zweitbestes Ostergebnis einfahren, kommen sie auf genau 5 %. Ein ganz anderes Bild zeigt sich erwartungsgemäß für die Linke, mit jeweils recht ähnlichen Resultaten zwischen 16 % und knapp 18 % in den neuen Bundesländern und einem Spitzenwert von 18,8 % in Berlin. Im Westen erzielt die Linke nur in Bremen, im Saarland und in Hamburg zweistellige Ergebnisse – die geringste Unterstützung erfährt sie in Bayern und Baden-Württemberg mit jeweils gut 6 %. Schließlich Union und SPD, die beiden Wahlverlierer: Die größten Einbußen hat die CDU/CSU in Sachsen, Baden-Württemberg, Sachsen-Anhalt, Bayern und Thüringen, also im Osten und im Süden der Republik. Die SPD erleidet dagegen hohe Verluste im Norden, in Schleswig-Holstein, Hamburg und Bremen. Dennoch bleibt sie im Vergleich zum Gesamtergebnis in Bremen überdurchschnittlich erfolgreich, genauso wie in Niedersachsen, Nordrhein-Westfalen und im Saarland. Die CDU/CSU schneidet in den westlichen Bundesländern in Bayern und Rheinland-Pfalz besonders gut ab, in den östlichen Bundesländern in Mecklenburg-Vorpommern und Sachsen-Anhalt, wo sie ein Ergebnis von über 30 % erreicht.

Insgesamt liegt die Union in den neuen Bundesländern bei 27,6 %, was, anders als die 34,1 % im Westen dort nicht ihr schlechtestes Ergebnis markiert – 2005 kam die CDU im Osten nur auf 25,3 %. Hier wie dort bleibt die CDU/CSU 2017 stärkste Partei, in den alten Bundesländern gefolgt von der SPD (21,9 %), die in beiden Teilen Deutschlands auf einen Tiefstwert fällt. Mit mageren 13,9 % ist die SPD in den neuen Bundesländern nicht nur wie schon seit 2009 schwächer als die Linke, beide Parteien fallen jetzt auch deutlich hinter die AfD zurück. Denn anders als im Westen, wo die Linke mit 7,4 % leicht zulegen kann, führt im Osten auch die Konkurrenz von rechts zu starken Verlusten für die Linke, die hier mit 17,8 % ihr schlechtestes Ergebnis seit 2002 hinnehmen muss. Die geringsten Ost-West-Unterschiede zeigen sich bei der FDP, die, wie bei allen Bundestagswahlen nach 1990 auch jetzt in den alten Ländern (11,5 %) besser abschneidet als in den neuen (7,5 %). Das trifft auch auf die Grünen zu, die jedoch anders als die erstarkte FDP, im Ergebnis stagnieren. Im Westen erzielen sie 9,8 %, in den neuen Bundesländern, in denen sie immer knapp über oder unter der 5 %-Marke lagen, reiht sich ihr Ergebnis von 5,0 % in den langjährigen Trend ein. Wie schon nach den Landtagswahlen in den letzten Jahren zu erwarten war, erfährt die AfD auch bei der Bundestagswahl im Osten, wo sie mit 21,9 % zweitstärkste Partei wird, wesentlich mehr Unterstützung als in den alten Bundesländern (10,7 %) und legt dort im Vergleich zu 2013 16 Prozentpunkte zu. Schwächere Parteibindungen der Wahlberechtigten in den neuen Ländern erleichtern nicht nur ein erfolgreiches Abschneiden neuer Parteien, sie bilden auch die Voraussetzung für volatileres Wahlverhalten und führten bei den Bundestagswahlen seit 1990 im Osten durchschnittlich zu weit größeren Veränderungen der Parteiergebnisse im Vergleich zur jeweiligen Vorwahl als dies in den alten Bundesländern der Fall war.

Dem neuen Bundestag gehören so viele Parteien an wie seit 1953 nicht mehr. Damit hat die stärkere Fragmentierung der Parlamente, die sich auf Landesebene mit dem Einzug von Freien Wählergruppen, den Piraten oder der AfD bereits seit einigen Jahren zeigt, nun auch den Bund erreicht und erschwert per se die Regierungsbildung. Neben einer erneuten und eher ungeliebten Großen Koalition waren bei den aktuellen Mehrheitsverhältnissen lediglich, auf Bundesebene neue, Bündniskonstellationen aus mindestens drei Parteien möglich.

3 Parteien und Sozialstruktur

Das Wahlergebnis und die Wählergruppen müssen im Wahljahr 2017 vor allem im West-Ost Vergleich betrachtet werden. Einmal mehr wird bei dieser Bundestagswahl deutlich, wie unterschiedlich die Parteienstärken sowie ihre Anhänger in beiden Teilen Deutschlands verteilt sind.

Die SPD und die Linken wurden von Männern und Frauen gleichermaßen gewählt (siehe Tab. 1). Geschlechtsspezifische Unterschiede im Wahlverhalten sind bei der Union und bei den Grünen zu erkennen, die etwas häufiger von Frauen (Union: 37 % Frauen und 29 % Männer; Grüne: 11 % Frauen und 8 % Männer) gewählt wurden. Männer hingegen wählten häufiger die FDP (9 % Frauen und 12 % Männer) und die AfD (9 % Frauen und 16 % Männer). In Ostdeutschland (ohne Tabelle) wird die AfD bei den Männern mit 27 % die stärkste

Partei, gefolgt von der CDU mit nur 23 %. Bei den ostdeutschen Frauen schneidet die AfD mit 17 % vergleichsweise schlechter ab.

Die Union wird wie auch 2013 in allen Altersgruppen die stärkste Partei (siehe Tab. 1). Am schlechtesten schneidet sie bei den unter 30-Jährigen mit 25 % ab. Nur bei den über 60-Jährigen kommt sie mit 41 % auf ein überdurchschnittliches Ergebnis. Die Verluste sind mit 11 Prozentpunkten bei den 30- bis 44-Jährigen am höchsten, in den anderen Altersgruppen verliert sie nur 8 bzw. 9 Prozentpunkte. Auch die SPD kommt bei den über 60-Jährigen mit 24 % auf ihren besten und bei den 30- bis 44-Jährigen mit 16 % auf ihren niedrigsten Wert. Sie hat mit minus 7 Punkten bei den 45- bis 59-Jährigen die höchsten Verluste, in den anderen Altersgruppen sind sie durchschnittlich. Die Grünen gewinnen in jeder Altersgruppe einen Punkt dazu und schneiden bei den unter 60-Jährigen Wählern mit 10 % bzw. 11 % deutlich besser ab als bei den älteren Wählern mit 5 %. Die FDP gewinnt in allen Altersgruppen dazu und hat bei den jungen Wählern mit 13 % ihr bestes Ergebnis. Bei den Altersgruppen über 30 Jahre kommt sie auf 10 % bzw. 11 %. Bei der Linken gibt es auf Bundesebene kaum altersspezifische Unterschiede im Wahlverhalten. Während die Linke in Westdeutschland (ohne Tabelle) bei den jungen Wählern mit 10 % (Ost 17 %) ihr bestes Ergebnis und die meisten Zugewinne erreicht, schneidet sie in Ostdeutschland (ohne Tabelle) bei den über 60-Jährigen trotz Verlusten mit 23 % (West 6 %) am besten ab. Am meisten verliert die Linke im Osten bei den mittleren Altersgruppen, wo sie auf 13 % bzw. 16 % kommt. In der gesamtdeutschen Betrachtung schneidet die AfD bei den mittleren Altersgruppen mit 15 % bzw. 14 % am besten ab. Bei den unter 30-Jährigen kommt sie auf ein Ergebnis von 11 % und bei den über 60-Jährigen auf 9 %. In Ostdeutschland sieht die Verteilung der AfD in den Altersgruppen anders aus. Da erhält die AfD in den Altersgruppen unter 60 Jahren fast identische Anteile wie die CDU. Bei den jungen Wählern unter 30 Jahren und den Wählern von 45 bis 59 Jahren bekommt die AfD mit 19 % bzw. 27 % genauso viel Unterstützung wie die CDU. In der Altersgruppe von 30 bis 44-Jahren wird die AfD in Ostdeutschland mit 25 % sogar die stärkste Partei vor der CDU mit 24 %. Nur bei den über 60-Jährigen kommt die AfD mit 16 % auf ein schlechteres Ergebnis als die CDU (34 %), die Linke (23 %) und sogar die SPD mit 17 %, die bei älteren ostdeutschen Wählern am besten abschneidet.

Bei der Bundestagswahl sind vor allem bildungsspezifische Unterschiede im Wahlverhalten auszumachen (siehe Tab. 2). So schneiden Union, SPD und vor allem die AfD besonders gut bei Wählern mit formal niedrigem Bildungsgrad ab. Die Grünen, die FDP und die Linke im Osten sind hingegen bei Wählern mit höheren Bildungsabschlüssen erfolgreicher. Die Union bleibt in allen Bildungsgruppen stärkste Partei, wobei sie bei Wählern mit Hauptschulabschluss 37 %

Tab. 1 Alter und Geschlecht

GESAMT – Befragung am Wahltag

Wahlentscheidung in sozialen Gruppen

Zeilen-Prozentwerte	ZWEITSTIMME 2017 CDU/CSU	SPD	LINKE	GRÜNE	FDP	AfD	Sonstige
Gesamt	32,9	20,5	9,2	8,9	10,7	12,6	5,0
GESCHLECHT							
Männlich	29	21	9	8	12	16	5
Weiblich	37	20	9	11	9	9	6
ALTER							
18–29 Jahre	25	19	11	11	13	11	11
30–44 Jahre	30	16	9	10	11	15	8
45–59 Jahre	31	20	9	11	10	14	4
ab 60 Jahre	41	24	9	5	10	9	2
ALTER + GESCHLECHT							
18–29 Jahre Mann	23	18	10	9	16	13	12
18–29 Jahre Frau	27	19	11	14	10	8	11
30–44 Jahre Mann	27	16	9	9	13	19	8
30–44 Jahre Frau	34	17	9	12	9	11	8
45–59 Jahre Mann	29	21	9	9	11	18	4
45–59 Jahre Frau	34	20	9	13	9	10	5
Ab 60 Jahre Mann	35	26	9	4	11	13	2
Ab 60 Jahre Frau	46	23	8	6	9	6	2

Tab. 2 Bildung

GESAMT – Befragung am Wahltag

Wahlentscheidung in sozialen Gruppen

Zeilen-Prozentwerte	ZWEITSTIMME 2017						
	CDU/CSU	SPD	LINKE	GRÜNE	FDP	AfD	Sonstige
Gesamt	32,9	20,5	9,2	8,9	10,7	12,6	5,0
SCHULBILDUNG							
Hauptschulabschluss	37	28	6	4	7	14	4
Mittlere Reife	34	19	9	6	10	17	6
Hochschulreife	31	18	11	11	13	10	7
Hochschulabschluss	30	16	11	17	15	7	4
ALTER+SCHULBILDUNG							
–34 Hauptschule/Mittlere Reife	24	21	8	7	8	20	12
–34 Hochschulreife/-abschluss	27	17	12	15	14	7	9
–59 Hauptschulabschluss	28	26	7	5	7	21	7
–59 Mittlere Reife	33	19	9	6	9	19	5
–59 Hochschulreife/-abschluss	32	16	9	16	14	9	5
60+ Hauptschulabschluss	44	31	6	3	7	8	2
60+ Mittlere Reife	42	20	9	5	11	12	2
60+ Hochschulreife/-abschluss	33	19	14	9	14	9	1

erzielt und bei Wählern mit Abitur oder Hochschulabschluss nur 31 % und 30 %. Bei der SPD fällt der bildungsspezifische Unterschied im Wahlverhalten deutlicher aus, denn sie kommt bei Wählern mit formal niedrigster Bildung auf 28 % und bei denjenigen mit hohem Bildungsabschluss lediglich auf 18 % oder 16 % und verliert in diesen Gruppen auch stärker. Die Grünen und die FDP bekommen unter Wählern mit formal hoher Bildung deutlich bessere Ergebnisse als unter formal niedrig Gebildeten. Unter Wählern mit Hochschulabschluss kommen die Grünen auf 17 % und die FDP auf 15 %, liegen also deutlich über ihrem Gesamtergebnis. Unter Wählern mit Hauptschulabschluss kommen die Grünen nur auf 4 % und die FDP auf 7 %. Bei der Linken ist der Unterschied weniger ausgeprägt, sie erhalten von Wählern mit Abitur oder Hochschulabschluss jeweils 11 % und bei den beiden niedrigeren Abschlüssen 6 % und 9 %. Die Unterschiede beim Merkmal Bildung sind für die Grünen und die FDP in Westdeutschland (ohne Tabelle) noch etwas stärker ausgeprägt. Bei der Linken gilt das für Westdeutschland deutlich weniger, dafür gibt es nach wie vor in Ostdeutschland (siehe Tab. 3) einen deutlichen Bildungsunterschied. So kommt im Osten die Linke bei Wählern mit Hochschulabschluss auf 24 % und ist fast gleichauf mit der CDU, die in dieser Gruppe mit 26 % die stärkste Partei ist. Bei den Wählern mit Hauptschulabschluss und mittlerer Reife kommt die Linke nur auf 16 % bzw. 15 % und verliert in beiden Gruppen 8 Punkte. Vor allem wird erneut deutlich, dass die Linke bei älteren Wählern mit formal hohem Bildungsgrad sehr gut abschneidet. Bei den über 60-Jährigen mit Abitur oder Hochschulabschluss schneidet die Linke mit 32 % am besten ab. In allen anderen Alters- und Bildungsgruppen bekommt sie deutlich weniger Unterstützung. Die AfD schneidet bei den unteren Bildungsgruppen klar besser ab. Bei den Wählern mit Hauptschulabschluss kommt sie auf 14 % und bei denjenigen mit mittlerer Reife sogar auf 17 %. Unter Wählern mit Abitur oder Hochschulabschluss bleibt sie mit 10 % bzw. 7 % unter ihrem Gesamtergebnis.

Die bildungsspezifischen Unterschiede bei der AfD sind in Ostdeutschland besonders ausgeprägt. So kommt die AfD unter ostdeutschen Wählern mit Hauptschulabschluss oder mittlerer Reife auf Ergebnisse von 26 % und 27 %, wobei sie bei Wählern mit Hochschulreife oder Hochschulabschluss nur 19 % und 11 % erzielt. Betrachtet man zum Bildungsgrad noch das Alter, so wird deutlich, dass im Osten ein Drittel (32 %) der jungen Wähler mit formal niedriger Bildung die AfD wählen. Bei der Altersgruppe von 35 bis 59 Jahren mit Hauptschulabschluss kommt die AfD sogar auf 41 % und wird mit Abstand die stärkste Partei. In derselben Altersgruppe mit Realschulabschluss schneidet sie mit 31 % ebenfalls am besten ab.

Tab. 3 Bildung – Ost

OST – Befragung am Wahltag

Wahlentscheidung in sozialen Gruppen

Zeilen-Prozentwerte	ZWEITSTIMME 2017						
	CDU	SPD	LINKE	GRÜNE	FDP	AfD	Sonstige
Gesamt	27,6	13,9	17,8	5,0	7,5	21,9	6,4
SCHULBILDUNG							
Hauptschulabschluss	28	17	16	3	5	26	6
Mittlere Reife	29	13	15	3	6	27	7
Hochschulreife	26	11	19	8	9	19	9
Hochschulabschluss	26	13	24	10	10	11	6
ALTER+SCHULBILDUNG							
−34 Hauptschule/Mittlere Reife	18	14	12	4	6	32	13
−34 Hochschulreife/-abschluss	22	11	18	13	10	12	13
−59 Hauptschulabschluss	17	12	13	3	6	41	8
−59 Mittlere Reife	27	12	14	3	7	31	6
−59 Hochschulreife/-abschluss	27	10	17	11	10	18	7
60+ Hauptschulabschluss	38	19	18	2	5	15	3
60+ Mittlere Reife	37	16	19	1	6	18	3
60+ Hochschulreife/-abschluss	28	16	32	4	9	10	1

Bindungen von Berufsgruppen an Parteien haben seit Jahren an Relevanz verloren. Der Einfluss der beruflichen Stellung auf das Wahlverhalten ist daher seit Jahren abnehmend. Bei der Bundestagswahl 2017 sind recht wenig Unterschiede im Wahlverhalten bei den (hier recht heterogenen) Berufsgruppen auszumachen. Die Union erreicht in allen Berufsgruppen ähnliche Anteile (siehe Tab. 4), bei den Arbeitern mit 29 % am wenigsten. Bei den Angestellten kommt sie auf 33 %, bei den Beamten auf 35 % und bei den Selbstständigen auf 34 %. Auch die SPD schneidet bei Arbeitern (23 %) und bei Angestellten und Beamten (jeweils 21 %) ähnlich ab. Die präferierte Partei der Arbeiterschaft ist die SPD definitiv nicht mehr. Bei den Selbstständigen kommt sie, mit den Grünen gleichauf, nur auf

Tab. 4 Berufsgruppen und Erwerbsstatus
GESAMT – Befragung am Wahltag
Wahlentscheidung in sozialen Gruppen

Zeilen-Prozentwerte	ZWEITSTIMME 2017						
	CDU/CSU	SPD	LINKE	GRÜNE	FDP	AfD	Sonstige
Gesamt	32,9	20,5	9,2	8,9	10,7	12,6	5,0
ERWERBSSTATUS							
Berufstätig	30	19	9	10	11	14	6
Rentner	40	25	9	5	9	10	2
Arbeitslos	17	22	15	12	7	17	11
BERUFSGRUPPE							
Arbeiter	29	23	10	5	8	18	6
Angestellte	33	21	9	10	11	11	5
Beamte	35	21	6	12	12	9	4
Selbstständige	34	12	9	12	18	12	4
Landwirte	61	5	4	5	14	8	4
GEWERKSCHAFTSMITGLIED							
Ja	24	29	12	8	7	15	5
Nein	34	19	9	9	12	12	5
GEWERKSCHAFT + ARBEITER							
Mitglied	22	31	12	5	5	19	6
Kein Mitglied	31	21	10	5	9	18	7
GEWERKSCHAFT + ANGESTELLTE							
Mitglied	21	28	14	10	8	14	6
Kein Mitglied	35	20	8	10	12	10	5

einen Anteil von 12 %, die FDP bekommt mit 18 % deutlich mehr. Die FDP und die Grünen haben unter den Arbeitern mit 8 % und 5 % etwas geringere Anteile als bei den Angestellten und Beamten. Bei den Angestellten erhalten die Grünen 10 % und die FDP 11 %, bei den Beamten kommen beide Parteien auf einen Anteil von 12 %. Die AfD erreicht bei den Arbeitern mit 18 % ein beachtliches Ergebnis und kommt dem SPD-Ergebnis sehr nahe, die im Vergleich zu 2013 bei den Arbeitern 6 Prozentpunkte verliert. Bei den Angestellten (11 %), Beamten (9 %) und Selbstständigen (12 %) sind die AfD-Anteile deutlich geringer.

In Ostdeutschland wird die AfD unter den Arbeitern mit 26 % sogar die stärkste Partei (siehe Tab. 5), die SPD kommt nur auf 14 %. Auch bei Angestellten (19 %), Beamten (24 %) und Selbstständigen (22 %) wird die AfD in Ostdeutschland zweitstärkste Partei und bekommt daher von allen gesellschaftlichen Gruppen Zulauf.

Arbeiter spielen quantitativ im Elektorat keine bedeutende Rolle mehr, dennoch sind sie ein Gradmesser für den generellen Erfolg der SPD bei Wahlen. Seit 2009 ist die Union unter den Arbeitern die stärkste Partei und nicht mehr die SPD, wie es bei den Bundestagswahlen 1998, 2002 und 2005 noch der Fall war (siehe Abb. 4). Die SPD hat beginnend mit 2005 massiv in ihrer Stammklientel, der Arbeiterschaft, an Boden verloren. Im Wahljahr 2017 gaben 18 % der Arbeiter der AfD und nur noch 23 % der SPD ihre Stimme.

Betrachtet man neben der beruflichen Stellung noch die Mitgliedschaft in einer Gewerkschaft, kann man auch hier einen weiteren Schritt in Richtung Auflösung der traditionellen Allianz zwischen Sozialdemokratie und Gewerkschaften erkennen. Seit Jahrzehnten wählten Gewerkschaftsmitglieder überdurchschnittlich SPD. In den Jahren 1990 bis 2005 bekam die SPD von gewerkschaftlich organisierten Wählern in Westdeutschland noch mehr als 50 % der Stimmen (siehe Abb. 5). Ausgelöst durch die Agendapolitik der Regierung Schröder bröckelte diese traditionelle Beziehung und unter Gewerkschaftsmitgliedern kam die SPD danach nur noch auf 36 % (2009) und 39 % (2013). In beiden Jahren konnten davon die Linke (14 % 2009) und die Union (32 % 2013) profitieren. Bei der Bundestagswahl 2017 profitiert vor allem die AfD von dieser abnehmenden traditionellen Bindung und kommt unter westdeutschen Gewerkschaftlern auf 14 %. Die SPD erhält nur noch 31 %, gefolgt von der Union mit 24 % und der Linken mit 11 %.

Auch unter gewerkschaftlich organisierten Arbeitern bekommt die SPD 2017 ihr bisher schlechtestes Ergebnis (siehe Abb. 6). Kam sie in ihrer einstmals treuesten Wählergruppe in den Jahren von 1990 bis 2005 noch auf Ergebnisse von

Tab. 5 Berufsgruppen und Erwerbsstatus – Ost

OST – Befragung am Wahltag

Wahlentscheidung in sozialen Gruppen

Zeilen-Prozentwerte	ZWEITSTIMME 2017						
	CDU	SPD	LINKE	GRÜNE	FDP	AfD	Sonstige
Gesamt	27,6	13,9	17,8	5,0	7,5	21,9	6,4
ERWERBSSTATUS							
Berufstätig	26	12	15	6	9	24	8
Rentner	31	19	22	2	6	18	2
Arbeitslos	17	12	21	7	4	30	11
BERUFSGRUPPE							
Arbeiter	25	14	19	2	6	26	7
Angestellte	28	15	17	6	8	19	7
Beamte	29	12	15	4	11	24	5
Selbstständige	28	8	15	8	13	22	6
Landwirte	26	9	18	5	8	33	3
GEWERKSCHAFTSMITGLIED							
Ja	24	18	22	3	6	22	5
Nein	27	13	17	5	9	22	7
GEWERKSCHAFT+ARBEITER							
Mitglied	22	21	22	1	4	23	8
Kein Mitglied	26	13	19	3	6	27	7
GEWERKSCHAFT+ANGESTELLTE							
Mitglied	24	16	22	6	9	20	4
Kein Mitglied	29	15	16	6	8	19	7

nahezu 50–60 %, erhält sie 2017 mit 33 % lediglich noch ein Drittel ihrer Stimmen. Die AfD kommt hingegen bei gewerkschaftlich organisierten Arbeitern auf beachtliche 18 % und die Linke 10 %. Die SPD hat keine elektoralen Schwerpunkte mehr. Weder was die berufliche Stellung, noch was andere sozio-demografische Merkmale betrifft.

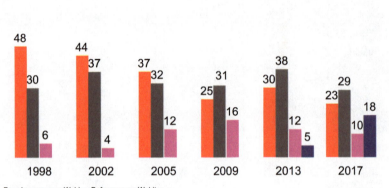

Abb. 4 SPD, Union, Linke und AfD: Arbeiter

In vielen europäischen Staaten konnte bei vergangenen Wahlen festgestellt werden, dass die „Arbeiterklasse" nicht mehr von vornherein sozialdemokratische Parteien wählt, sondern entweder den Wahlen fernbleibt oder zu populistischen Parteien neigt (Schäfer 2017). Das konnte nicht nur in Frankreich bei der Front Nationale, in Österreich bei der FPÖ, in Großbritannien bei der UKIP oder bei skandinavischen rechtspopulistischen Parteien beobachtet werden, sondern ist auch bei der AfD seit den Landtagswahlen 2016 (Jung 2016, 31) und bei der Bundestagswahl 2017 klar zu erkennen. Zwar wählte nicht die Mehrheit der Arbeiter in Österreich, Dänemark, Belgien und Frankreich rechtspopulistische Parteien, jedoch war ihr Anteil im Vergleich zu anderen Berufsgruppen deutlich höher (Schäfer 2017, Abb. 2). Erklärungsversuche für dieses Phänomen liefern u. a. Inglehart und Norris (2016) anhand den „economic inequality perspektive" und der These des „cultural backlash". Auch Meyer (2018) erklärt das Reüssieren der AfD als sozialdemokratisches Unvermögen auf die Sorgen der durch Massenimmigration verunsicherten Teile der Unter- und Mittelschichten glaubhafte

SPD, Union, Linke und AfD:
Gewerkschaftsmitglieder seit 1990 - nur Westdeutschland

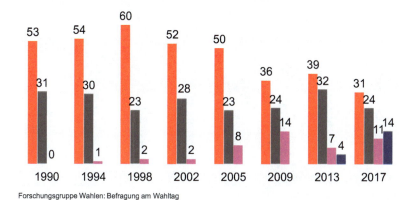

Forschungsgruppe Wahlen: Befragung am Wahltag

Abb. 5 SPD, Union, Linke und AfD: Gewerkschaftsmitglieder seit 1990 – nur Westdeutschland

soziale und kulturelle Antworten zu geben. Die Sozialdemokratie, so Meyer, habe sich fast in ganz Europa auf kulturelle Werte und ökonomische Interessen einer großen Mittelschicht konzentriert, und die Berufssituation und kulturelle Identität der alten Mittel- und der neuen Unterklasse aus dem Blick verloren.

Die These, die AfD sei die Partei der „Modernisierungsverlierer" bzw. der „left-behinds", wird nicht in allen Studien geteilt (Lengfeld, 2017 S. 223). Auch bei dieser Bundestagswahl wird deutlich, dass die AfD vor allem in Ostdeutschland, von deutlich mehr Wahlberechtigen mit niedrigem Bildungsstatus gewählt wurde. Aber mit einem Parteianteil von 21,9 % kamen die Wähler nicht ausschließlich aus bildungsfernen Schichten. Die AfD wurde in Ostdeutschland quer durch alle Alters- und Berufsgruppen gewählt. Von Männern allerdings deutlich öfter.

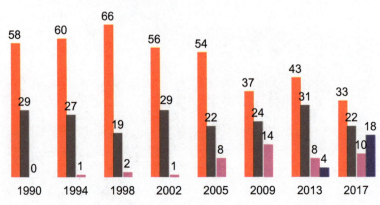

Abb. 6 SPD, Union, Linke und AfD: Arbeiter in einer Gewerkschaft seit 1990 – nur Westdeutschland

4 Fazit

Diese Bundestagswahl hat die seit vielen Jahren gewachsene Volatilität eindrucksvoll sichtbar werden lassen. Auch wenn heute ein Wahlkampf immer noch dazu führt, dass grundsätzliche Parteiorientierungen wahlrelevanter sind, wäre ein Bundestagswahlergebnis 2017 anders ausgefallen, wenn der Schulz-Hype nicht durch den Realitätstest bei den Landtagswahlen 2017 völlig verpufft wäre. Insofern wird es zukünftig nicht nur für die Parteien und ihre Wahlkampfplanung, sondern auch für die Frage der Regierungsbildung von immer größerer Bedeutung sein, an welchem Auf und Ab der politischen Stimmungsschwankungen die Wahl dann tatsächlich stattfindet.

Diese partielle Undeterminiertheit des Wahlergebnisses wurde bei dieser Bundestagswahl noch verstärkt durch die Weigerung der Parteien, sich koalitionspolitisch festzulegen und damit eine Strukturierung des Wählerwillens in Richtung einer Regierungsbildung zu erleichtern. Diese Weigerung der Parteien ist auch der weiteren Ausdifferenzierung des Parteiensystems geschuldet, die nicht nur beim Wähler eine gewachsene Unübersichtlichkeit hervorgebracht hat. Auch für die Parteien wird es immer schwerer, die Mobilisierungseffekte einer Koalitionsaussage bei wachsenden Alternativen der Stimmabgabe abzuschätzen.

Mit der Etablierung der AfD ist das „unfertige" Parteiensystem der Nachkriegszeit auch an seinem rechten Rand vervollständigt worden. Diese für ein Parteiensystem mit einem Verhältniswahlrecht typische Ausprägung vergrößert die Schwierigkeit der Mehrheitsfindung bei der Regierungsbildung, einer der zentralen Aufgaben eines Wahlaktes. Die Ausweitung des den Wählern zur Verfügung stehenden Angebots an Parteien verringert grundsätzlich die Integrationsfähigkeit und die Reichweite der Volksparteien, die bei der Regierungsbildung den Sockel für eine Mehrheit liefern müssen. Wenn dann auch noch hinzukommt, dass die scheinbare Selbstverständlichkeit für Parteien nach der Macht zu streben, nicht mehr selbstverständlich ist, wird Regierungsbildung extrem schwierig und hat – wie jetzt 2017 – erzwungene Lösungen zur Folge, die maximal als second best charakterisiert werden können.

In der Summe hat die Wahl inklusive Wahlkampf und Regierungsbildung zu einem erheblichen Stillstand der politischen Entscheidungsfähigkeit der Bundesrepublik für mehr als ein Jahr geführt. Angesichts der auch international gewachsenen Bedeutung und Verantwortung Deutschlands stellt sich die Frage, ob wir uns das alle vier Jahre leisten können.

Literatur

Inglehart, Ronald and Pippa Norris. 2016. Trump, Brexit and the rise of populism: Economic have-nots and cultural backlash. Harvard Kennedy School Faculty Research Paper Series. RWP16-026. https://research.hks.harvard.edu/publications/getFile.aspx?Id=1401 *(21. November 2017)*

Jung, Matthias. 2016. Fleisch vom Fleisch der Union? Die Wahlergebnisse und der Kurs der CDU. Die Politische Meinung 539: 28–32.

Lengfeld, Holger. 2017. Die „Alternative für Deutschland": eine Partei der Modernisierungsverlierer? Kölner Zeitschrift für Soziologie und Sozialpsychologie Vol. 69: 209–232.

Meyer, Thomas. 2018. SPD, was nun? Neue Gesellschaft. Frankfurter Hefte. Heft ½ 2018

Schäfer, Armin. 2017. Return with a Vengeance: Working Class Anger and the Rise of Populism. Blog des Social Science Research Council. http://items.ssrc.org/return-with-a-vengeance-working-class-anger-and-the-rise-of-populism/ August 8, 2017.

Who were the Voters behind the Schulz Effect? An Analysis of Voter Trajectories in the Run-up to the 2017 German Federal Election

Alexander Wuttke and Harald Schoen

Abstract

In early 2017, after the nomination of Martin Schulz as candidate for chancellor, the SPD experienced a rapid surge in public support as measured in public opinion polls. Yet, the upward trend proved short-lived and the SPD ended up with the worst election result since 1949. Using data from a multi-wave panel survey, this analysis examines the voting trajectories of eight thousand German citizens over the course of one year in order to investigate the processes underlying the so called 'Schulz effect'. The voter trajectories show that the surge and decline of public support for the SPD were accompanied by some reshuffling in the composition of its electorate. Moreover, different explanations of the party's swaying in the polls are tested, showing that the SPD achieved the activation of dormant party identifiers but attracted and then lost other voters with diverse characteristics and policy preferences.

Electronic supplementary material
The online version of this chapter (doi:10.1007/978-3-658-25050-8_3) contains supplementay material, which is available to authorized users.

A. Wuttke (✉)
Mannheimer Zentrum für Europäische Sozialforschung, Universität Mannheim, Mannheim, Deutschland
E-Mail: alexander.wuttke@uni-mannheim.de

H. Schoen
Lehrstuhl Politische Psychologie, Universität Mannheim, Mannheim, Deutschland
E-Mail: Harald.schoen@uni-mannheim.de

1 Introduction[1]

Among other features of the 2017 election the so-called "Schulz effect" deserves scholarly attention. Early in 2017, quite surprisingly, SPD chairman Gabriel announced that Martin Schulz would become the party's chancellor candidate (for an account of the flow of the events see Feldenkirchen 2018; SPD 2018). In the wake of this announcement, Mr. Schulz gained tremendously in popularity as did the SPD. The Social Democrats unanimously made Mr. Schulz their new chairman and attempted to keep the momentum ("Schulz-Zug" ["Schulz train"]) as long as possible. Yet, the SPD's surge in public support proved not durable. Rather, the SPD support declined again and the Social Democrats ended up with the worst result in federal elections since the founding of the Federal Republic.

From a public opinion perspective, this process squares nicely with the notion of a volatile electorate (e.g., Weßels et al. 2014). Taking a closer look, however, it raises questions about the underlying dynamics. Contemporaneous accounts and prior research on the dynamics of public opinion suggest different explanations. We shall focus on four of them. According to the floating voter hypothesis (Daudt 1961), less involved voters are particularly prone to volatility and will switch between parties that manage to get public attention (see also, e.g., Converse 1962; Zaller 1989, 1992; Wuttke 2019). From this perspective, the so-called Schulz effect was a publicity effect that had nothing to do with the candidate's qualities or policies. Instead, it merely reflected effects of the availability heuristic, according to which human evaluations of objects depend on their saliency in our memory. Hence, according to this perspective, if the SPD had managed to sustain the public attention until September, it would have fared well on Election Day.

The nomination of Mr. Schulz could also be read as the start of a long campaign preceding the 2017 federal election. This signal could have caused an activation effect (e.g., Lazarsfeld et al. 1944: 75 f., Finkel/Schrott 1995), leading some SPD supporters back to the fold who before had switched to a different party, indecision, or abstention. This effect is unlikely to fade away until Election Day. By implication, the decrease in support for the SPD was not caused by the same voters that caused its surge. Instead, partisan independents and supporters of other parties may have left the SPD, probably in response to the unfolding campaigns of competing parties.

---

[1]Supplementary Appendices (Question wordings and additional information about the analysis) and replication material (Stata syntaxes) can be retrieved from http://osf.io/gdms6. Readers without the necessary software can run and extend the analysis in the browser at https://dx.doi.org/10/cqsg.

Focusing on the substantive implications of Mr. Schulz's nomination, the new candidate may have been perceived as changing key attributes of the SPD—and voters may have responded to these changes by switching their votes to the SPD (Feldenkirchen 2018). Leaving aside the personality of the candidate, the new leader may have signaled a policy change of the SPD. As a high-profile politician at the EU level, Mr. Schulz may have established a more pro-European stance of the SPD or a stronger focus on this topic. When Mr. Schulz was nominated, the SPD talked much about social justice, thereby signaling a different policy focus—and attracting voters with these policy preferences. Fourth, Mr. Schulz was widely perceived as a newcomer to the national political scene. Aside from a genuine novelty effect, he may thus have succeeded in attracting politically disenchanted voters.

These four accounts suggest that the SPD attracted voters for quite different reasons.[2] Though not completely impossible, combining these different appeals over the course of a campaign is quite difficult. It is thus little wonder that after a few weeks, Mr. Schulz made policy choices. Under his leadership, the SPD did not focus on European integration during the campaign (Schoen 2019). Social justice was more central to the campaign, but the party did not come up with clear policy proposals (Feldenkirchen 2018). Given the policy accounts, staunch supporters of European integration among the new SPD supports may have left the party again. Likewise, Mr. Schulz was no longer an outsider to the national political scene. The SPD may thus have faced difficulties capitalizing on anti-politics feelings in the electorate. Finally, as the SPD surge ended and the other parties started their campaigns, the SPD may have run into difficulties capitalizing on popularity effects and keeping adherents of other parties.

Against this backdrop, we aim at shedding light on the dynamics of public opinion that gave rise to the increase in support of the SPD in the wake of Mr. Schulz's nomination and the ensuing decline. The analysis starts by addressing the question from which partisan sources the SPD attracted new supporters and for whom they cast their final vote. We then turn to the question how the four selected accounts perform in explaining the increase and the ensuing decrease in SPD support. We conclude by summing up key findings and discussing implications, limitations, and suggestions for future research.

---

[2]These explanations may interact as, e.g., some policy arguments may be of particular importance for highly involved voters or partisan independents.

2 The Flow of Voters

In our analysis of the anatomy of the so-called Schulz effect, we start by addressing the question from which (partisan) sources the sharp increase in SPD support derived and which voters left the Social Democrats until Election Day. To tackle these questions, we draw on data from the online (campaign) panel survey conducted in the framework of the German Longitudinal Election Study (GLES). Respondents were drawn from an online-access panel maintained by the service provider Respondi AG, using a quota design (combined marginal distributions of age, sex, and education). The respondents were first interviewed in fall 2016. Six additional interviews took place before the 2017 federal election; another survey wave was carried out immediately after Election Day (Roßteutscher et al. 2018). These data are thus well-suited to analyze the dynamics of attitudes, behavioral intentions, and behavior (as reported by respondents) at the aggregate and the individual level.

For this analysis, we rely on information from three survey waves. The interviews conducted in fall 2016 (October 6th–November 10th, 2016) provide information about attitudes and behavioral intentions well before the nomination of Mr. Schulz. The second survey wave was carried out from February 16th to March 3rd, 2017 when the surge of public support (as measured in published polls) almost peaked. Finally, we use information from the post-election survey carried out from September 27th 2017 to October 9th 2017. This set-up serves to address our research question concerning the surge of SPD support and its decline until Election Day. At the same time, we omit information from four additional pre-election waves conducted from May to September 2017 and thereby we underestimate the intra-individual volatility in attitudes and behavior in the run-up to the 2017 election (Steinbrecher and Schoen 2013). In the 2016 survey, 18,079 persons participated. For 9,658 of these participants we also have information from the surveys carried out in February 2017 and after the 2017 election. This decline in the number of respondents indicates considerable panel attrition and, alongside with the non-probability based selection of respondents and panel conditioning, suggests caution when generalizing findings.

Using data on respondents who participated in the three selected survey waves, in a first step we analyzed the intra-individual trajectories of voting intentions (in the two pre-election surveys) and reported voting behavior (in the post-election survey). Specifically, we focused on those respondents that reported the intention to vote for the Social Democrats in the survey conducted in February 2017. For these voters, we figured out voting intentions in fall 2016, i.e., before the nomination of Mr. Schulz, and voting behavior in the 2017 election, as measured in the post-election survey. Using this information, we distinguish between four trajectories of voting behavior. First, some voters already intended to vote for the Social Democrats in fall 2016 and actually did so in September 2017. The second category contains voters who switched to the SPD after the nomination of Martin Schulz and voted for it in September 2017. As some kind of mirror image, a third category intended to vote for the SPD in fall 2016 and in February 2017 but defected until Election Day. Finally, we consider voters who switched to the SPD from fall 2016 to February 2017 but did not vote for the Social Democrats in September 2017.

Examining these types of voter trajectories toward and away from the Social Democrats, we find that the party's surge and decline in the popular support derived from a more complex pattern than a simple flow-and-ebb model may suggest. To begin with, a significant portion (38%) of voters who intended to cast a ballot for the SPD in February 2017 had already voiced this intention in fall 2016 and ultimately voted for this party in September 2017. Among voters with changing voting trajectories, a sizable number switched to the Social Democrats after the nomination of Mr. Schulz but defected again until September 2017 (31% of all respondents with an intention to vote for the SPD in February). At the same time, the SPD attracted new voters in the wake of the nomination of its chancellor candidate. 19% of all respondents with SPD vote intention in February 2017 had reported a different voting intention in fall 2016 but ended up voting for the SPD in the federal election. Adding to the complexity of individual-level trajectories, the party also lost a sizable portion of voters who intended to vote for the SPD in fall 2016 and February 2017 until Election Day (13% of all respondents with SPD voting intention in February). Altogether, in 2017 the aggregate-level polls displayed an increase and ensuing decrease of SPD party shares which suggests that some voters turned to the SPD and then defected from it. In fact, the individual-level trajectories are more diverse than that. The party retained some of its new supporters but simultaneously lost old and new supporters in the run-up to Election Day.

In an attempt to take a closer look at the dynamics underlying the surge and decline in public support of the SPD, we investigated the individual-level trajectories of respondents who intended to vote for the SPD in February 2017 by their voting intention in fall 2016 and their ultimate electoral decision. In Fig. 1, the percentages in brackets on the x-scale report how many voters the SPD won from each party. Not surprisingly, 50% of those who reported an intention to vote for the SPD in February had already intended to vote for this party some months before. Turning to party switchers, a large share of SPD voters came from the Greens (eleven percent) and the Left party (eight percent). Another large source of new voters

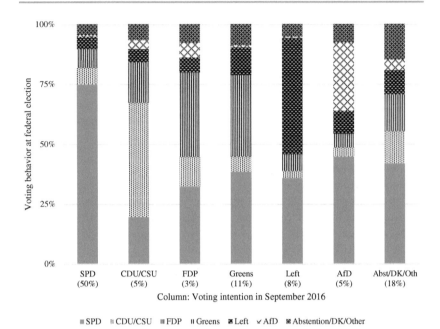

Fig. 1 Voting trajectories from Sep16–Sep17 among SPD voters in Feb 2017 (Note: The analysis only includes respondents who intended to vote SPD in February 2017. Columns indicate voting intentions in October 2016. The segments in each column indicate the respective voters' ultimate vote choice in September 2017. The residual category contains voters who intended to abstain, to vote for one of the smaller party, or who did not know whom to vote for. N = 2275)

came to SPD from the pool of voters who previously exhibited no voting intention, i.e., wanted to abstain or did not know whom to vote for (16%). In addition, in early 2017 the SPD attracted some voters from parties which may not be considered usual suspects when it comes to the partisan sources of SPD voters. Five percent of SPD voters in February 2017 previously intended to vote for CDU/CSU, another five for the AfD, and three percent for the FDP. Hence, it is impossible to pinpoint the origins of the SPD's surge in popularity to a specific partisan source or to a specific set of parties. Instead, voters with diverse partisan backgrounds saw reason to switch to the SPD after the nomination of Mr. Schulz.

We now turn to the question of how these voters ended up voting in September 2017. In Fig. 1, the segments of each column indicate which parties the respective voters finally cast their ballot for. The first column presents the results for voters who already intended to vote for the SPD in the fall of 2016. It shows that three out of four of these respondents stayed with the party until Election Day. About seven percent of voters with an SPD voting intention in fall 2016 and early 2017 decided to vote for the CDU/CSU, another five percent for the Greens. This means that there is not a specific party that attracted all SPD defectors in this group.

Turning to those respondents who did not already intend to vote for the SPD in the fall of 2016, the analysis yields two groups of voters which deserve particular attention. First, roughly one in three voters was persuaded to favor the SPD by early 2017 and stayed with the party until Election Day. For a second group of voters, sympathy with the SPD was only a brief interlude. After switching to the SPD in the wake of Mr. Schulz's nomination, these voters returned to their previous vote choices until Election Day. The respondents who intended to vote for the FDP in fall 2016 are a case in point. One out of three previous FDP voters stuck with the SPD, another third returned to the FDP until Election Day, and the remaining third cast a vote for one of the other parties.

In summary, the evidence lends credence to the notion that the aggregate-level increase and decline of popular support of the SPD in 2017 resulted from a complex pattern of individual-level trajectories. In early 2017, the SPD attracted new voters from diverse partisan sources. Some of these voters ended up casting their vote for the SPD, while others returned to their previously preferred party or defected to another one. Likewise, some of the voters who intended to vote for the SPD both in fall 2016 and in early 2017 ended up not casting an SPD vote. The remarkable level of volatility in popular support of the SPD goes hand in hand with considerable partisan heterogeneity of its sources.

3 Exploring Determinants of Switching to and Defecting from the SPD

The heterogeneity of individual-level trajectories that gave rise to the surge and decline in popular support for the SPD fits with the existence of various accounts for the up and down in SPD support. It is tempting to conclude that one account applies to one type of partisan trajectories, while others help to explain other trajectories. Yet, the number of individual-level patterns does not say anything about the explanatory power of the four models outlined above. In this section we explore the explanatory power of the different accounts presented in the introduction.

We begin by analyzing the question of how the four accounts perform in explaining the vote changes to the SPD from fall 2016 to early 2017. We ran a logistic regression with the dependent variable indicating whether a person switched to the SPD in February 2017 or not. Given the possibility that some accounts may apply to some partisan subgroups but not to others, we include interaction terms that indicate if specific effects are stronger based on the respondent's prior voting intention. To test the floating voter hypothesis, we utilized the self-reported level of political interest as an indicator of involvement. In attempt to explore activation effects, we considered whether a respondent reported identifying with the SPD or not. Turning to the notion that Mr. Schulz's nomination helped the SPD to attract voters with specific policy convictions, we relied on respondents' attitudes toward European integration ('promote European integration' vs. 'European integration has gone too far') and social policy ('lower taxes and fewer welfare state benefits' vs. 'higher taxes and more welfare state benefits'). As the refugee crisis increased the saliency of immigration as an issue, we included attitudes toward immigration policy ('relax immigration restrictions' vs. 'make immigration restrictions tougher') as a control variable in order to avoid biased estimates. Finally, to assess the role of political disenchantment in accounting for the surge in popular support of the SPD, we created a summary index of four indicators measuring disenchantment with the political parties (e.g., 'The parties' only concern is their power').

Each explanatory variable was measured in October 2016, i.e. before the nomination of Mr. Schulz and the ensuing increase in support of the SPD took place. For ease of interpretation, continuous variables were dichotomized at the scale mid-point or the sample average (political disenchantment). Replicating the analyses with continuous variables, however, yields results that do not differ substantially from the ones presented here (see Supplementary Appendices 2 and 4). Employing this analytical strategy, we compare, e.g., the likelihood of switching to the SPD among politically highly and lowly interested respondents. All independent variables were included in the same model in order to tease out the variables' unique explanatory power while holding all others constant. Question wordings and operationalization details are documented in Appendix 1.

In order to make the results of the analysis easily accessible, Fig. 2 reports the main results in graphical form.[3] The markers in the figure reflect the difference in the likelihood of switching to the SPD from fall 2016 to early 2017 between the two groups each independent variable comprises. In order to account for the statistical uncertainty of the results, each marker is enclosed in 95% confidence

---

[3]Supplementary Appendix 2 contains the full regression tables and shows the predicted probabilities of switching to the SPD for each category of the explanatory variables.

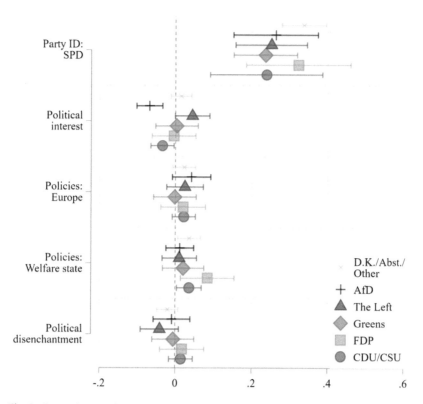

Fig. 2 Determinants of switching to the SPD in February 2017, by voting intention in fall 2016 (Note: The graph shows differences in predicted mean probabilities to vote for the SPD in early 2017 comparing the explanatory variables' binary categories (e.g. high/low). Baseline of party switching toward SPD: 14% of all respondents. Based on logistic regressions among respondents who did not intend to vote for the SPD in October 2016, $N = 8019$, Pseudo $R^2 = .09$. The residual category contains voters who intended to abstain, to vote for one of the smaller party or who did not know who to vote for. Full regression tables are reported in Supplementary Appendix 2. Interpretation example: Among respondents who previously intended to vote for the FDP, the probability to switch to the SPD in February 2017 is eight percentage points higher when they support a larger welfare state than among respondents who oppose a larger welfare state)

intervals. In this vein, Fig. 2 shows consistent and large effects for party identification in the decision to switch a vote to the SPD. For example, among those voters who had intended to vote for the CDU/CSU in fall 2016, SPD identifiers were by some 24% points more likely to switch to the SPD than other voters. The influence of party identification applies to all subgroups alike. The fact that party identifiers switched to the party they identify with might seem like a truism, but it is by no means self-evident. Sometimes, voters feel long-standing ties to a party but still decide not to vote for this party for one reason or the other. Regarding the SPD, in fall 2016, four out of ten SPD identifiers did not intend to vote for the SPD. After Schulz was declared the party's candidate, this share fell to 27%. The evidence thus appears to lend support to the idea that the nomination of Mr. Schulz helped the SPD to lead some adherents back to the fold.

Where the remaining accounts are concerned, the evidence is less supportive. The markers in Fig. 2 show inconsistent associations of political interest with changing vote intentions in favor of the SPD. Among voters who intended to cast a vote for the CDU/CSU or the AfD, high levels of political involvement appear to be associated with a lower likelihood of switching to the SPD. In other words, the SPD could disproportionately draw support from lowly involved voters among adherents of these parties. Among respondents who intended to vote for the Left, the direction of the relationship is the opposite. In any case, the effects of political interest are small and hardly distinguishable from zero (see Supplementary Appendix 2, Table 2 for average marginal effects in the full sample). Accordingly, the idea that Schulz mainly attracted floating voters with low levels of political involvement does not receive strong support. Political disenchantment also is not a strong predictor of switching to the SPD. Even within specific partisan subgroups (e.g., AfD voters) political disenchantment does not make much of a difference in predicting vote switching to the SPD.

Turning to policy attitudes, the evidence provides rather weak support for their relevance as drivers of vote switching between fall 2016 and early 2017. Voters who support the European integration were a bit more likely to switch to the SPD after the nomination of Mr. Schulz. However, even though Mr. Schulz's background as the former president of the European Parliament was widely discussed in the first days of his campaign (Schoen 2019), pro-European attitudes were not the defining characteristic of his supporters. In fact, the far-from-strong statistical relationships imply that many voters who oppose further EU-integration also switched to the SPD.[4] Likewise, support for higher taxes and more welfare state expenses is associated with a slightly increased likelihood to switch to the SPD in

---

[4]The distributions of the responses on the original seven-point scale show that policy attitudes of vote switchers to the SPD were almost normally distributed (i.e., comprising supporters and opponents) and did not deviate substantially from other groups of voters (see Supplementary Appendix 3).

early 2017. This relationship is most pronounced, albeit not strong, among former supporters of the FDP, probably the party which is most skeptical of high welfare expenses. This pattern suggests that some people learned that their policy preferences were at odds with the positions of their then preferred party and switched to SPD which appeared to be a better fit.[5] Overall, these results suggest that Mr. Schulz did not attract a group of like-minded voters with common policy preferences but that the SPD's chancellor candidate assembled a coalition with diverse and sometimes contradictory points of view on important political issues.

Thus far, the analysis demonstrated that the increase in popular support of the SPD in the wake of the announcement of Mr. Schulz's candidacy was driven by SPD adherents returning to their fold. The nomination of the chancellor candidate activated dormant party attachments. In comparison, political involvement, policy attitudes, and political disenchantment did not play an important role, if any. This does not imply that there are no individuals who exhibited behavioral trajectories in line with the selected theories. Even if some voters were driven by the theoretically suggested motivations, many others also exhibited the opposite pattern. In other words, Mr. Schulz and his statements may have meant different things to different people and people with quite different political views switched to the SPD.

In a final step of our analysis we turn to the question whether the selected arguments help to account for the decrease of popular support the SPD experienced in the run-up to the 2017 election. We ran a logistic regression model for all respondents who intended to vote for the SPD in early 2017. The dependent variable indicates whether respondents ended up voting for the SPD or not. As decline was driven by some of the switchers in early 2017 but also by voters who supported the SPD before the nomination of Mr. Schulz (see Sect. 2 above), we included both groups of SPD voters into the analysis. The independent variables are the same as in the previous analysis. The only exception is a variable capturing whether respondents identified with any party other than the SPD. It was included as an additional control variable to explore whether the evolving campaigns led some party identifiers from the SPD back to their original predisposition (not shown in the main text, see Supplementary Appendix 4, Fig. 8). Because the analysis does not reveal meaningful differences depending on the respondents' prior voting intention, to ease the interpretation we show only the variables' average effects (see Supplementary Appendix 4 for results by subgroups). Figure 3 reports the main results in graphical form.

---

[5]Attitudes toward immigration have no effect on vote switching (not plotted, see Supplementary Appendix 2).

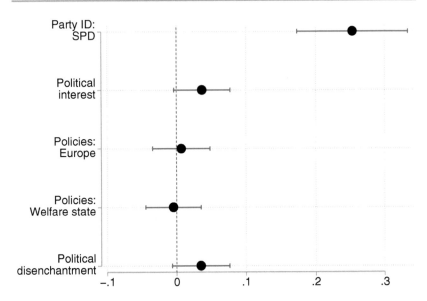

Fig. 3 Determinants of final vote choice for SPD, by voting intention in October 2016 (Note: The graph shows differences in predicted mean probabilities to vote for SPD at the federal election comparing the explanatory variables' binary categories (e.g., high/low). Based on a multivariate logistic regression on respondents with SPD vote intention in February 2017, N = 2,120, Pseudo R^2 = .16. SPD vote share among these respondents: 57%. Full regression table in Supplementary Appendix 4)

The results strongly support the idea that identifying with the SPD increased the likelihood of casting an SPD vote. SPD identifiers are 25% points more likely to stick with the party until Election Day than voters without long-standing ties to the SPD. This finding is noteworthy because during campaigns even party identifiers may defect (e.g., Schoen et al. 2017: 137–139). Moreover, we should keep in mind that SPD attachments facilitated some voters' decision to switch their votes to the SPD in early 2017. The evidence thus suggests that SPD identifiers brought their voting intentions in line with their predispositions and often remained with the party until Election Day.

The other accounts on the Schulz effect do no contribute much to the explanation of which voters left the SPD between early 2017 and the federal election. There is only limited evidence for the argument that Martin Schulz had built his short-lived success on floating voters with low levels of political involvement. The analysis shows that politically interested voters tended to be more likely to stay with the SPD than voters who are not interested in politics. However, a closer examination reveals that the positive effect of political interest is driven primarily by SPD voters who intended to vote for the party even before the Schulz effect, whereas political interest does not explain final vote choice among voters who had switched to the SPD in early 2017 (see Supplementary Appendix 4, Fig. 8). The small role of political interest coincides with the absence of meaningful associations between political disenchantment and SPD voting. Politically frustrated voters were no more likely to switch their vote choices to a different party or to abstain from voting altogether. Altogether, the analysis does not provide evidence for the idea that the party's quick decline in the polls could be attributed to voters who are more distant to and disenchanted with politics and left the party (again) after the initial elation in early 2017.

Policy opinions are not associated with a vote choice for the SPD among the investigated group of voters. What someone thinks about European integration or the welfare state does not predict whether he or she will remain with the SPD or switch to another party. Even though the SPD had made the strategic decision not to emphasize the European experiences of the chancellor candidate (cf. Feldenkirchen 2018), thereby possibly alienating adherents with pro-European attitudes, the evidence does not support such an interpretation. Even when the electorate is broken down by partisan groups, there is no association between attitudes towards European integration and stability in SPD voting intentions (see Supplementary Appendix 4, Fig. 8). Likewise, whether SPD adherents from early 2017 finally cast their votes for the party did not depend on welfare state preferences. Opponents and supporters of a larger welfare state were equally likely to turn their backs on the party. Altogether, policy orientations do not have great explanatory value with regards to the final voting decision for the SPD.

In testing the explanatory power of the four theoretical accounts, the analysis investigating vote choices in the federal election suggests similar conclusions as the analysis investigating party switching in February 2017. Party identification plays an important role in explaining both the ups and downs of the social democrats as the party achieved the activation of dormant adherents in the beginning of the year and party identification functioned as a stabilizing force of voting behavior in the year's remainder when public opinion turned against the party. However, neither policy preferences nor levels of political disenchantment or involvement distinguish SPD voting decisions.

4 Conclusion

Early in 2017, after the nomination of Martin Schulz as candidate for chancellor, the SPD experienced a rapid surge in public support as measured in public opinion polls. For a short period of time, the SPD seemed capable of becoming the largest party in the 2017 German federal election. Yet, the upward trend proved short-lived and the SPD ended up with the worst election result since 1949. Using data from a multi-wave panel survey, this analysis demonstrated that the party's surge and decline in public support was not solely driven by voters switching to the SPD and then leaving it again. Rather, the party also attracted a substantial number of voters who stayed with the party until Election Day and, at the same time, lost voters who had intended to vote for the Social Democrats before the nomination of Martin Schulz. Put differently, the surge and decline of public support for the SPD was accompanied by some reshuffling among the composition of its electorate.

Taking a closer look at the individual-level trajectories, voters from diverse partisan sources switched to the SPD or left it again. We furthermore found considerable heterogeneity when it comes to voter attitudes and characteristics that predicted switching to the SPD and finally voting for this party. To be sure, some of the selected theoretical accounts proved valuable in accounting for voter trajectories. Activation effects appear to have played a role as SPD attachments made voters more likely to switch to this party in early 2017 and to stick to it until Election Day. However, even though one popular explanation attributes the party's rapid rise and decline to lowly involved voters who were attracted by spectacle rather than political substance, there is no evidence for a significant role of political interest in voting decisions for the SPD. Likewise, politically disenchanted voters were not more likely to turn to or away from the party at any stage of the electoral campaign. Policy-based accounts did not have much explanatory value either as voter attitudes towards Europe or towards the welfare state did not significantly predict SPD voting behavior. This means, e.g., that almost as many opponents as supporters of further European integration switched to the SPD. In other words, aside from the activation of SPD adherents, the surge of SPD support in the wake of Mr. Schulz's nomination brought together a broad coalition of voters from diverse sources and holding quite diverse attitudes. There appears to be no overriding theme that united these voters. Hence, the party managed to activate dormant party adherents and to assemble a heterogeneous coalition of different segments of the electorate but failed to uphold this disparate alliance until the federal election took place.

The rather poor performance of most arguments we put to test in this analysis may be accounted for in different ways. First, potentially these arguments simply did not matter for voting trajectories i.e., there is not a distinct group of voters that accounts for the temporary Schulz effect. Other forces, not covered by our analysis, may have driven them. If, e.g., overall trends in media coverage affected all switchers alike, then this effect would be invisible in an analysis that focuses on individual differences. Second, these arguments may actually have played a role, but we did not manage to include the appropriate indicators in the analysis. Finally, the poor performance may reflect our decision to not take a close look at additional subgroups. Consider the possibility that Martin Schulz served as an object of projection for diverse and even contradictory hopes. One segment of the switchers to the SPD might have comprised politically highly involved European federalists who expected Mr. Schulz to fulfill a visionary agenda for transnational politics, whereas other lowly involved voters supported Mr. Schulz even though they were skeptical of the European project and politics in general but were driven by the expectation that an outsider might stir up the status quo. The heterogeneity of origins and attitudes among voters who switched to the SPD in the wake of the candidate's nomination suggests that this line of reasoning deserves further investigation in future research.

As is every empirical analysis, this study also is subject to various limitations. First, the analyses are based on an online sample of self-selected individuals in which respondents with higher education and higher levels of political involvement are over-represented. Because individuals are not equally likely to respond to survey invitations, further biases in the sample might have arisen from panel attrition. These observations call for caution in generalizing findings to the electorate as a whole. Even though the original data source measured voters' attitudes and behaviors eight times in the run-up to the federal election, this study only used measurements at three points in time to reduce complexity. Therefore, this analytical strategy assumes stability when a respondent reports the same attitude between two survey waves and thereby might under-estimate the extent of attitudinal dynamics. Thus, a more fine-grained analysis may have revealed even more changes in voting intentions and higher degrees of complexity in voter trajectories than suggested by the results presented here. Finally, the research design warrants caution in making causal claims about the origins of voting decisions. On one hand, theoretically plausible statistical associations between voter characteristics and voter behavior as those shown in this study do not constitute sufficient evidence of causal relationships. Moreover, we should keep in mind that not all dynamics in voting behavior regarding the SPD are due to its chancellor candidate as many other events and considerations might have influenced voting decisions during the electoral campaign. Despite these limitations, this article demonstrated the potential of panel data to investigate voter trajectories over long periods, which may refine and enhance the insights from polling methods that take snapshots of political attitudes at only one point in time.

References

Converse, Philip E. 1962. Information Flow and the Stability of Partisan Attitudes. *Public Opinion Quarterly* 26: 578–599.

Daudt, Harry. 1961. *Floating Voters and the Floating Vote. A Critical Analysis of American and English Election Studies*. Leiden: Stenfert Kroese.

Feldenkirchen, Markus. 2018. *Die Schulz-Story*. München: Deutsche Verlagsanstalt.

Finkel, Steven E./Schrott, Peter R. 1995. Campaigns Effects on Voter Choice in the German Election of 1990. *British Journal of Political Science* 25: 349–377.

Lazarsfeld, Paul F./Berelson, Bernard/Gaudet, Hazel. 1944. *The People's Choice: How Voters Make Up Their Mind in a Presidential Campaign*. New York. Columbia University Press.

Roßteutscher, Sigrid/Schmitt-Beck, Rüdiger/Schoen, Harald/Weßels, Bernhard/Wolf, Christof/Preißinger, Maria/Kratz, Agatha/Wuttke, Alexander. 2018. Wahlkampfpanel (GLES 2017). GESIS Datenarchiv, Köln: ZA6804 Datenfile Version 4.0.0. https://doi.org/10.4232/1.12971.

Schoen, Harald. 2018. Not a powerful electoral issue yet: On the role of European integration in the 2017 German federal election. *Journal of European Public Policy* (forthcoming). https://doi.org/10.1080/13501763.2018.1478444.

Schoen, Harald/Rattinger, Hans/Preißinger, Maria/Gavras, Konstantin/Steinbrecher, Markus (assisted by Elena Werner). 2017. *Election Campaigns and Voter Decision-Making in a Multi-Party System: The 2009 and 2013 German Federal Elections*. Baden-Baden: Nomos.

SPD (Faus, Jana/Knaup, Horand/Rüter, Michael/Schroth, Yvonne/Stauss, Frank). 2018. Aus Fehlern lernen. Eine Analyse der Bundestagswahl 2017. Retrieved from https://www.spd.de/fileadmin/Dokumente/Sonstiges/Evaluierung_SPD__BTW2017.pdf, last time accessed 06/14/2018.

Steinbrecher, Markus/ Harald Schoen. 2013. Not All Campaign Panels Are Created Equal: Exploring How the Number and Timing of Panel Waves Affect Findings Concerning the Time of Voting Decision. *Electoral Studies* 32: 892–899.

Weßels, Bernhard /Rattinger, Hans/Roßteutscher, Sigrid/Schmitt-Beck, Rüdiger (eds.). 2014. *Voters on the Move or on the Run?* Oxford: Oxford University Press.

Wuttke, Alexander. 2019. New political parties through the voters' eyes, in: *West European Politics, Online First*, https://doi.org/10.1080/01402382.2019.160394

Zaller, John R. 1989. Bringing Converse Back. Modeling Information Flow in Political Campaigns. *Political Analysis* 1: 181–234.

Zaller, John R. 1992. *The Nature and Origins of Mass Opinion*. Cambridge: Cambridge University Press.

Schöner wählen: Der Einfluss der physischen Attraktivität des politischen Personals bei der Bundestagswahl 2017

Anna Gaßner, Lena Masch, Ulrich Rosar und Sabrina Schöttle

Zusammenfassung

Attraktivere Menschen haben in vielen Lebensbereichen einen systematischen Wettbewerbsvorteil. Dies lässt sich auch in Bezug auf die Erfolgschancen von Politikerinnen und Politikern bei Wahlen feststellen. So konnte bei der Bundestagswahl 2017 erneut gezeigt werden, dass die physische Attraktivität von Direktkandidierenden empirisch einen Einfluss auf den Wahlerfolg, konkret auf die Erst- und Zweitstimmenanteile, hat. Dabei liegen die kausalen Annahmen zugrunde, dass sich eine stärker ausgeprägte Attraktivität auf die Bekanntheit der Kandidierenden, ihre Bewertung sowie die ihrer Parteien seitens der Bevölkerung positiv auswirkt. Empirisch bestätigte sich dieser positive Effekt der Attraktivität auf die Bekanntheit der Kandidierenden und die Bewertung der jeweiligen Parteien.

A. Gaßner (✉) · L. Masch · U. Rosar · S. Schöttle
Institut für Sozialwissenschaften, HHU Düsseldorf, Düsseldorf, Deutschland
E-Mail: anna.gassner@uni-duesseldorf.de

L. Masch
E-Mail: lena.masch@uni-duesseldorf.de

U. Rosar
E-Mail: ulrich.rosar@uni-duesseldorf.de

S. Schöttle
E-Mail: sabrina.schoettle@uni-duesseldorf.de

1 Einleitung: Die Bundestagswahl 2017

Während Angst und Aggression die letzten Wahlkämpfe in den USA, in Frankreich oder in der Türkei prägten, die Bevölkerung polarisierten und in jüngster Zeit ein Aufstieg des Populismus auf internationaler Ebene nicht nur in ausländischen Wahlkämpfen konstatiert wird, trifft dies auf den bundesdeutschen Wahlkampf nur in geringem Maße zu. Zwar führte das Streben der rechtspopulistischen AfD nach dem Einzug in den Bundestag mitunter zu *Negative Campaigning* sowie zu mancherlei Überraschungsmomenten wie beispielsweise dem scheinbar spontanen Abgang der Spitzenkandidatin Alice Weidel aus einer politischen Fernsehshow[1]. Jedoch zeichnete sich der deutsche Wahlkampf alles in allem durch wenige Kontroversen sowie gemäßigte Nuancen aus, wie dies schon in den vergangenen Jahren der Fall war (z. B. Tenscher 2013). Sowohl Wahlumfragen als auch der Medienberichterstattung während des Wahlkampfes zufolge schien Angela Merkel erneut als Kanzlerin gesetzt. Nur einzelne thematische Überraschungen oder gar Wendepunkte in den Zukunftsentwürfen der Parteien prägten den Verlauf des Wahlkampfes 2017. Diese thematische Ungenauigkeit war möglicherweise Ursache für den leichten Anstieg der Wahlbeteiligung, verglichen mit den letzten Bundestagswahlen. Die Wahlentscheidung nach politischen Schwerpunkten sowie nach einst relativ stabiler Parteibindung wird zunehmend durch eine Personalisierung der Politik ersetzt (Hans 2017; Holtz-Bacha et al. 2014). Im Zuge der Personalisierung der Politik kommt dem Auftreten, dem Erscheinungsbild und der Inszenierung der Bewerberinnen und Bewerber für ein politisches Amt ein immer größerer Stellenwert zu. Vor dem Hintergrund der Digitalisierung wussten die Kandidierenden unter anderem die sozialen Medien für sich zu nutzen. So war zum Beispiel die Inszenierung Christian Linders zeitweise stärker im Fokus der Medien, als die Inhalte seiner Partei. Das äußere Erscheinungsbild eines Spitzenkandidaten zum deutschen Bundestag bekam in diesem Fall mehr Aufmerksamkeit als das eigentliche Parteiprogramm.

Das Erscheinungsbild von Kandidierenden und somit auch deren physische Attraktivität können die Wahlentscheidung und den Erfolg einer Partei beeinflussen (Jäckle und Metz 2016; Rosar 2009; Rosar und Klein 2010, 2013, 2015; Rosar et al. 2008, 2012; Todorov et al. 2005). Wie in den Jahren zuvor, waren

---

[1]ZDF-Sendung „Wie geht's Deutschland" vom 05.September 2017, online verfügbar: https://www.zdf.de/nachrichten/heute-sendungen/videos/alice-weidel-von-afd-verlaesst-talk-im-zdf-100.html (zuletzt aufgerufen am 2. Mai 2019).

der spannungsarme Wahlkampf sowie der parteipolitische Wettbewerb zur Bundestagswahl 2017 wenig überraschungsreich, wodurch zunächst auf ähnliche Rahmenbedingungen wie bei den letzten Bundestagswahlen geschlossen werden könnte. Andererseits ist das bildstarke Auftreten der Kandidierenden im Zuge der fortschreitenden Digitalisierung noch wichtiger geworden, unter anderem in den sozialen Medien sowie auf Internetplattformen. Möglicherweise hat dies zu einem verstärkten Fokus der Wählerschaft auf die Kandidierenden als Person und auf ihr äußeres Erscheinungsbild geführt – zulasten der Wahlentscheidung nach politischen Inhalten. Weil nach vorherrschender Meinung vorwiegend gemäßigte Töne den Wahlkampf zur Bundestagswahl 2017 prägten und die inhaltlichen Kontroversen weitgehend unauffällig waren, blieb umso mehr Spielraum für den Einfluss sachfremder Aspekte wie Äußerlichkeiten der Kandidierenden auf die Wählerinnen und Wähler.

Ziel dieses Beitrages ist es, Einflüsse der physischen Attraktivität des politischen Personals im Kontext der Bundestagswahl 2017 umfassend zu überprüfen. Ausgangspunkt der Analysen sind theoretische Betrachtungen der politisch-soziologischen Rahmenbedingungen, die den Einfluss physischer Attraktivität auf Wahlen ermöglichen. Daran anknüpfend werden zwei Kausalpfade skizziert, über die die physische Attraktivität der Kandidierenden das Ergebnis politischer Wahlen beeinflussen kann. Wie und mit welchem Einfluss sie bei der Bundestagswahl 2017 tatsächlich wirksam war, wird anhand der Befunde (hierarchischer) Regressionsmodelle geprüft und diskutiert. Den Abschluss bildet ein kurzes einordnendes Fazit der Befunde.

2 Die zunehmende Volatilität und Mediatisierung als Kontextfaktoren der Wahlentscheidung

Die Personalisierung der Politik in etablierten Demokratien hat in den letzten Jahren zunehmend politikwissenschaftliche Beachtung gefunden (Bittner 2011; Garzia 2014; Karvonen 2010; Lobo und Curtice 2015). Umstritten ist jedoch, ob der Einfluss der Personalisierung auf die Wahlentscheidung kontinuierlich von Wahl zu Wahl an Bedeutung gewonnen hat oder zumindest seit dem Aufkommen elektronischer Massenmedien weitestgehend konstant verläuft (Hayes 2009). 1960 kamen die ersten TV-Duelle und Debatten auf, in denen das elektronische Medium die visuelle Inszenierung des Politikbetriebs maßgeblich veränderte (Druckman 2003; Kraus 1996; Meyrowitz 1986, S. 281). Seit einigen Jahren bietet das digitale Zeitalter zudem neue Plattformen der Politikinszenierung. Das Web 2.0 ermöglicht es Kandidierenden, sich während des Wahlkampfs in Szene zu setzen, um so vor allem jüngere Wählerschaften anzusprechen, die auf den Konsum der traditionellen Print- und TV-Medien verzichten. In diesem Bundestagswahlkampf nutzten nicht mehr nur Spitzenpolitiker und Spitzenpolitikerinnen, sondern eine Vielzahl Kandidierender aller Parteien Twitter, Facebook oder Instagram-Accounts neben den klassischen Auftritten in Talkshows und TV-Duellen, um die Bevölkerung online zu erreichen. Zum ersten Mal während eines Bundestagswahlkampfes ließen sich Angela Merkel und Martin Schulz von YouTube-Stars interviewen.[2] Damit bietet das digitale Zeitalter zusätzliche Plattformen der Inszenierung, die der Personalisierungsthese weiteren Antrieb geben könnten (Garzia 2017; Hans 2017).

Die Digitalisierung fördert zudem die lang anhaltende Entwicklung der gesellschaftlichen Individualisierung (Beck 1986; Beck und Beck-Gernsheim 1994), die mitunter eine Abnahme langfristiger Parteibindungen begünstigt. Eine Abnahme der Bindungen von gesellschaftlichen Gruppierungen an Parteien, das *Dealignment,* wird in modernen Industriestaaten, auch für die Bundesrepublik, seit den 1970er Jahren nicht zuletzt durch die abnehmende Bedeutung der klassischen Konfliktstrukturen von Arbeit-Kapital und Kirche-Staat beobachtet (z. B. Arzheimer 2006), wobei diese Konfliktlinien sich vor allem noch auf die Mobilisierung der potenziellen Wählenden und die Wahlteilnahme auswirken (z. B. Elff und Roßteutscher 2016). Als Folge nimmt die Zahl der Wechselwählenden und kurzfristigen Wahlentscheidungen zu (Roth und Wüst 2008, S. 405). Darüber hinaus bleibt bei schwächeren oder ausbleibenden Parteiidentifikationen das politische Personal neben Sachthemen als Entscheidungsgrundlage für die individuelle Wahlentscheidung relevant (Campbell et al. 1960).

Durch die zunehmende Personalisierung der Politik (z. B. Poguntke 2005) verstärkt sich der Fokus auf persönliche Attribute und Charakteristika der Politiker und Politikerinnen. Die Bewertung der Spitzenpolitiker und -politikerinnen erfolgt dabei über rollenferne und rollennahe Attribute. Beide Arten von Zuschreibungen beeinflussten die Kandidatenorientierung bei bisherigen Bundestagswahlen (Brettschneider 2002; Gabriel und Keil 2007; Gabriel et al. 2009; Klein und Ohr 2000; Ohr et al. 2013). Im Hinblick auf die tatsächliche Wahlentscheidung können sich die Effekte neben der Kanzlerpräferenz auf

---

[2]Das Youtube-Interview mit Angela Merkel, Youtube LiveStream vom 16.August 2017 #DeineWahl – YouTuber fragen Angela Merkel|Mit Ischtar Isik, AlexiBexi, MrWissen2go, ItsColeslaw, online verfügbar: https://youtu.be/Uq2zIzscPgY (zuletzt aufgerufen am 2. Mai 2019).

die Erststimme der Direktkandidierenden im Wahlkreis und die Zweitstimme niederschlagen (Klein und Rosar 2005; Rosar et al. 2008).

Als Heuristiken oder *information shortcuts* können Auftritte und Erscheinungen der Kandidierenden dabei die Wahlentscheidung der Wählerinnen und Wähler beeinflussen. Dies trifft vor allem für Wählende zu, die ein geringes politisches Interesse aufweisen (Lau und Redlawsk 2001; Popkin 1995). In einer komplexen und schnelllebigen Welt mit in der Regel unvollständigen Informationen zu politischen Entscheidungen sind solche *shortcuts* als Entscheidungshilfen demnach nicht wegzudenken, so orientieren sich nahezu alle Gruppen der Wählenden – auch diejenigen mit einem hohen Grad an politischem Interesse und Wissen – an den Kandidierenden (Bucy 2000, S. 194). Dabei hat die bisherige Forschung zugleich gezeigt, dass Wählerinnen und Wähler allgemein weniger rational agieren, als es aus Sicht der normativen Demokratietheorie wünschenswert erscheint, da sie sich von Emotionen und Stimmungen leiten lassen (z. B. Brader 2006; Schoen 2010).

Neben den rollenfernen Eigenschaften wie Attraktivität und Sympathie, scheint eine Orientierung an rollennahen Eigenschaften wie der politischen Problemlösungskompetenz allgemein als normativ erstrebenswerter. Solche Attributszuschreibungen können letztlich durch das Erscheinungsbild der Kandidierenden beeinflusst werden (Todorov et al. 2005). Durch die zumeist unbewusste und schnelle Bildung eines Attraktivitätsurteils ist keine Gruppe von Wählenden vor dem potenziellen Effekt gefeit, den die physische Attraktivität eines Kandidierenden auf die individuelle Wahlentscheidung ausüben kann. Durch einen Fokus auf rollenferne Charakteristika wie Sympathiezuschreibungen oder Attraktivität der Politikerinnen und Politiker, wurde die Personalisierung der Politik lange Zeit in ihrer normativen Implikation als wenig wünschenswert und bisweilen oberflächlich oder irrational betrachtet (Dalton 2006, S. 217; Rosar et al. 2008, S. 65).

3 Die physische Attraktivität von Kandidierenden

Grundsätzlich lassen sich zwei Kausalpfade entwickeln, über die die physische Attraktivität von Kandidierenden das Ergebnis einer Wahl beeinflusst. Der eine führt über die Person der Kandidierenden (vgl. dazu ausführlich Rosar und Klein 2015), der andere über ihre jeweilige Partei (siehe dazu Rosar und Klein 2018). Beide Pfade bauen jedoch gleichermaßen auf dem sogenannten *Attractiveness Consensus* auf, also der Tatsache, dass die Schönheit eines Menschen nicht vorrangig im Auge des Betrachters liegt, sondern ein objektives Merkmal der betrachteten Person ist. Daher gelangen alle Betrachtenden zu sehr ähnlichen, nahezu konsensuellen Urteilen über die physische Attraktivität der betrachteten Person. Darauf aufbauend ergeben sich mit dem *Attractiveness Attention Boost,* dem *Attractiveness Stereotype,* dem *Attractiveness Glamour Effect* und dem *Attractiveness Treatment Advantage* (Rosar et al. 2008, S. 66–69) vier attraktivitätsbezogene soziale Diskriminierungsmechanismen, die attraktiven Menschen einen systematischen Wettbewerbsvorteil gegenüber ihren weniger ansehnlichen Zeitgenossinnen und -genossen sichern. Bei dem Kausalpfad, der über die Person des Kandidaten bzw. der Kandidatin zum Wahlerfolg führt, sind sie zentral, da sie im Wesentlichen dafür sorgen sollten, dass attraktive Kandidierende während des Wahlkampfes mehr Aufmerksamkeit erhalten, besser erinnert werden, positiver bewertet werden und schließlich mehr Stimmen für sich und ihre Parteien erringen können.

Dieser Kausalpfad ist jedoch analytisch möglicherweise komplex und empirisch relativ voraussetzungsvoll (Rosar und Klein 2015, S. 220–222). Rosar und Klein (2018) haben daher einen alternativen, konzeptuell weniger anspruchsvollen Kausalpfad vorgeschlagen, bei dem nicht die Kandidierenden, sondern die Parteien im Fokus stehen. Hier werden Kandidierende nicht als eigenständige Wahrnehmungs- und Bewertungsobjekte konzeptualisiert, sondern als eines unter mehreren Attributen, die eine Partei aufweisen kann. Die physische Attraktivität ist dann wiederum lediglich eine unter mehreren Eigenschaften, die dieses Attribut aufweist. Die prozedurale, quasi beiläufige Wahrnehmung dieser Eigenschaft kann über einen simplen *Halo Effect* die Bewertung der Gesamtpartei und die Wahlchancen beeinflussen.

Tatsächlich lassen sich beide Kausalpfade empirisch gegeneinander testen. Ist der personenbezogene Pfad (auch) relevant, so müsste sich zeigen lassen, dass attraktive Kandidierende dem Elektorat häufiger bekannt sind, als ihre weniger ansehnliche Konkurrenz, und dass sie von den Wählerinnen und Wählern, die Kandidierende memorieren können, tendenziell positiver beurteilt werden. Ist der parteienbezogene Kausalpfad empirisch (ebenfalls) bedeutsam, sollte sich unabhängig davon zeigen, dass eine Partei von den Wählerinnen und Wählern tendenziell positiver bewertet wird, wenn sie über eine attraktive Kandidatin bzw. einen attraktiven Kandidaten verfügt. Wesentlich für die empirische Relevanz beider Pfade ist aber selbstverständlich auch, dass sich am Ende ein signifikanter, erwartungskonformer und substanzieller Effekt der physischen Attraktivität der Kandidierenden auf den Wahlausgang nachweisen lässt.

4 Die Datenbeschreibung

Um die hier angenommenen Zusammenhänge zu untersuchen, wurden Daten unterschiedlicher Ebenen herangezogen. Einerseits werden sowohl Merkmale der Kandidierenden als auch weitere kontextbezogene Wahlkreisinformationen der 299 Bundestagswahlkreise berücksichtigt.[3] Andererseits wird auf Umfragedaten, die unter anderem die Bekanntheit und die Bewertung der Direktkandidierenden und ihrer Parteien im Zeitraum vor der Bundestagswahl 2017 erfassen, zurückgegriffen. Diese Herangehensweise hat den Vorteil, dass der angenommene Einfluss physischer Attraktivität auf den Wahlerfolg von Kandidierenden der relevanten Parteien – AfD, Bündnis'90/Die Grünen, CDU/CSU, die Linke, FDP und SPD – auch auf der Mikroebene der Wählerinnen und Wähler modelliert werden kann.

Der hier im Fokus stehenden Kandidierendeneigenschaft der Attraktivität, liegt eine Messung zugrunde, die im Rahmen eines Online-Experiments als *Within Subject-Design* stattfand.[4] Grundlage waren hier Porträtfotografien der Direktkandidierenden, die den Internetauftritten der Parteien während des Wahlkampfes entnommen wurden.[5] Insgesamt wurden so Fotografien aller 1,779 Direktkandidierenden der sechs Parteien gefunden, einheitlich höhenskaliert und in eine Online-Befragung eingepflegt. In 15 der 299 Wahlkreise sind dabei bei jeweils einer der Parteien keine Direktkandidierenden angetreten. Die Attraktivitätsbewertung der Wahlkreiskandidierenden wurde anschließend von insgesamt 24 Studierenden der Heinrich-Heine-Universität Düsseldorf gegen eine Aufwandsentschädigung vorgenommen. Dabei handelte es sich um 12 weibliche und 12 männliche Studierende der Sozialwissenschaften im Alter von 18 bis 26 Jahren, die nicht darüber informiert wurden, dass es sich bei den gezeigten Personen um Politikerinnen und Politiker handelt. Dank des *Attractiveness Consensus* (vgl. Cunningham 1986, Grammer et al. 2003, Henss 1987, 1992; Iliffe 1960)

---

[3]Für die Unterstützung bei der Datenerhebung möchten wir uns bei Felicitas Reick und Jordy de Vries bedanken.

[4]Bei einem Within Subject-Design werden den Probanden und Probandinnen mehrere Stimuli in wiederholter Messung vorgelegt.

[5]Soweit dies möglich war, wurden hier Fotografien verwendet, die einem klassischen Porträt entsprechen, das heißt der Kandidierenden im Mittelpunkt steht. Insgesamt konnten so Fotografien für alle angetretenen Politikerinnen und Politiker gefunden werden. Konnte in wenigen Fällen aufgrund von etwa Fotoqualität oder fehlenden Bildern kein geeignetes Bild den offiziellen Parteiauftritten im Internet entnommen werden, wurde auf Abbildungen in anderen öffentlichen Darstellungen, wie zum Beispiel den Online-Ausgaben von Regionalzeitungen zurückgegriffen.

reicht bereits eine relativ geringe Anzahl von Raterinnen oder Ratern aus, um zu einer zuverlässigen Attraktivitätsmessung zu gelangen. Empfohlen wird, etwa eine Gruppengröße von zwei oder sogar lediglich einem Dutzend Personen zu befragen (Henss 1992, S. 308).

In der Online-Befragung wurden ausschließlich die zu bewertenden Fotografien ohne weitere Informationen zu den präsentierten Personen gezeigt.[6] Dabei waren die Reihenfolge, in der die Kandidierenden innerhalb ihres Wahlkreises im Fragebogen präsentiert wurden, sowie die Abfolge der Wahlkreise an sich, zufällig. Die Probandinnen und Probanden bewerteten auf diese Weise unabhängig voneinander die Attraktivität der Direktkandidierenden auf einer siebenstufigen Skala von ‚unattraktiv' (0) bis ‚attraktiv' (6).

Auf Basis der einzelnen Attraktivitätsbewertungen der Probandinnen und Probanden konnte anschließend gemäß der *Truth of Consensus Method* (Patzer 1985) durch die Errechnung von Mittelwerten konsistente Attraktivitätsscores für die Kandidierenden gebildet werden. Die Auswertung der Reliabilität der Attraktivitätsbeurteilungen der 24 Probandinnen und Probanden, ergab einen Cronbach's Alpha-Wert von 0,95 und kann so eine hohe Übereinstimmung der einzelnen Attraktivitätsbewertungen empirisch bestätigen. Der Mittelwert der Attraktivitätsurteile liegt in etwa bei 1,80, wobei der maximale Attraktivitätsscore bei 5,33 und der geringste Attraktivitätsscore bei 0,04 liegen.

Neben der Attraktivitätsbewertung wurden weitere Eigenschaften der Kandidierenden erfasst. Dazu gehören soziodemografische Angaben wie Alter und Geschlecht, Parteizugehörigkeit, Informationen darüber, ob die Kandidatinnen und Kandidaten einen Migrationshintergrund haben, einen akademischen Titel führen oder aber ein Adelsprädikat im Namen tragen. Zudem wurde erfasst, ob die Kandidierenden zum Zeitpunkt der Wahl bereits Mitglied des Bundestages waren oder aber eine positionsbezogene politische Prominenz aufweisen wie beispielsweise Spitzenkandidierende oder Parteivorsitzende. Darüber hinaus wurden wahlkreisbezogene Informationen erfasst, konkret die Wahlbeteiligung sowie Erst- und Zweitstimmenanteile im jeweiligen Wahlkreis, die Anzahl der Wählerinnen und Wähler und die Anzahl der Wahlberechtigten in einem Wahlkreis, die

---

[6]So wurden im Vorfeld Merkmale, die Rückschlüsse auf die politische Funktion der Personen zulassen, durch Bildbearbeitung entfernt. Dazu gehören beispielsweise Parteilogos im Hintergrund oder aber Anstecknadeln von Parteien. Ebenso wurde darauf geachtet, dass weder status- noch religionsbezogene Merkmale auf den Fotografien gezeigt wurden.

Wahlregion sowie die Anzahl der Direktkandidierenden, die in einem Wahlkreis angetreten sind.[7]

Um den Bekanntheitsgrad, die Bewertung der Kandidierenden und ihrer Parteien seitens der Bevölkerung in der Analyse berücksichtigen zu können, wurde ergänzend auf den Vorwahl-Querschnitt der German Longitudinal Election Study (GLES) zurückgegriffen (Roßteutscher et al. 2017). Dort wurden persönlich-mündliche Interviews (Computer Assisted Personal Interviews – CAPI) im Zeitraum vom 31. Juli bis zum 23. September 2017 und somit bis unmittelbar vor der Bundestagswahl mit 2179 Befragten durchgeführt, die im Zuge einer Registerstichprobe ausgewählt wurden. In dieser Umfrage wurden die Befragten unter anderem offen danach gefragt, ob ihnen die Direktkandidierenden ihres Wahlkreises bekannt sind. Dabei konnten die Befragten Namen und Parteizugehörigkeit der ihnen bekannten Wahlkreiskandidierenden nennen.[8] Diese Angaben wurden in ein dichotomes Maß umkodiert, sofern zumindest der richtige Name genannt wurde (0 = unbekannt; 1 = bekannt). Im Anschluss wurden diejenigen Befragten, die sowohl die Namen der Wahlkreiskandidierenden als auch die dazugehörige Partei korrekt benennen konnten, gebeten, die ihnen bekannten Kandidierenden auf einer Skala von −5 ‚halte überhaupt nichts von der Person' bis +5 ‚halte sehr viel von der Person' zu bewerten.[9] Die Vorwahl-Studie erfasst darüber hinaus standardmäßig die Skalometer-Bewertung der Parteien, das heißt die Befragten wurden ebenfalls gebeten, ebenso auf einer Skala von −5 ‚halte überhaupt nichts von dieser Partei' bis +5 ‚halte sehr viel von dieser Partei' anzugeben, wie sie die entsprechenden Parteien bewerten.[10]

---

[7]Die Angaben basieren auf Angaben, die den Internetauftritten des Bundeswahlleiters (http://www.bundeswahlleiter.de) und des Bundestages (http://www.bundestag.de) entnommen werden konnten.

[8]Gefragt wurde: „Kennen Sie den Namen von einem oder vielleicht sogar mehreren der hiesigen Wahlkreiskandidaten und können Sie mir sagen, für welche Partei diese bei der Bundestagswahl am 24. September 2017 antreten? Bitte nennen Sie mir den Namen und die Partei der Kandidaten".

[9]Die Frageformulierung lautete: „Und sagen Sie mir bitte, ob Sie viel oder nicht so viel von [Name des Wahlkreiskandidaten] halten. Bitte nennen Sie mir den entsprechenden Wert auf dieser Liste". Im Datensatz wurde die Variable dann mit den Werten 1 bis 11 codiert.

[10]„Was halten Sie so ganz allgemein von den einzelnen politischen Parteien? Sagen Sie es mir bitte anhand dieser Skala. −5 heißt, dass Sie überhaupt nichts von der Partei halten, +5 heißt, dass Sie sehr viel von der Partei halten. Mit den Werten dazwischen können Sie Ihre Meinung abstufen. Was halten Sie von der...?". Im Datensatz wurde die Variable dann den Werten 1 bis 11 codiert.

Tab. 1 Lineare Mehrebenen-Regressionsmodelle der Erst- und Zweitstimmenanteile bei der Bundestagswahl 2017

	Abhängige Variablen	
	Erststimmenanteil in %	Zweitstimmenanteil in %
	(1)	(2)
Fixe Effekte		
Anzahl der Direktkandidaten im Wahlkreis	−0,452***	−0,294***
Parteizugehörigkeit des Kandidaten (Referenzkategorie: CDU/CSU)		
SPD	−11,436***	−11,660***
FDP	−27,229***	−20,256***
Bündnis'90/Die Grünen	−26,757***	−22,505***
Die Linke (Westdeutschland)	−27,706***	−23,503***
Die Linke (Ostdeutschland)	−17,042***	−14,502***
AfD (Westdeutschland)	−23,906***	−19,981***
AfD (Ostdeutschland)	−12,255***	−8,740***
Geschlecht des Kandidaten: weiblich	−1,033***	−0,468*
Alter des Kandidaten zum Wahlzeitpunkt (Ref.kat.: jünger als 30 Jahre)		
30 bis 39 Jahre	1,348**	1,117*
40 bis 49 Jahre	2,303***	1,823***
50 bis 59 Jahre	1,652**	1,269**
60 Jahre und älter	1,678**	1,223**
Kandidat hat Migrationshintergrund	0,004	0,246
Kandidat führt einen akademischen Titel	0,210	−0,358
Kandidat führt ein Adelsprädikat	−1,281	−1,286
Kandidat ist zum Wahlzeitpunkt MdB	3,571***	2,375***
Kandidat ist in einer prominenten Position	6,886***	3,807***
Attraktivität des Kandidaten	1,007***	0,607***
Interzept	34,711***	31,170***

(Fortsetzung)

Tab. 1 (Fortsetzung)

	Abhängige Variablen	
	Erststimmenanteil in %	Zweitstimmenanteil in %
	(1)	(2)
Zufallseffekte		
Varianz des Interzepts	0,000	0,000
Level-1-N	1779	1779
Level-2-N	299	299
Log Likelihood	−5.358,326	−5.083,739
Akaike Inf. Crit.	10.760,650	10.211,480

$^*p < 0{,}050$; $^{**}p < 0{,}010$; $^{***}p < 0{,}001$; Anmerkung: Einträge sind unstandardisierte Regressionskoeffizienten

5 Die empirischen Analysen

Da es für die in diesem Beitrag problematisierte Thematik von essentieller Bedeutung ist, ob sich überhaupt eine Ergebnisrelevanz der physischen Attraktivität nachweisen lässt, wird zunächst überprüft, ob sich ein signifikanter Einfluss der physischen Attraktivität auf die errungenen Erststimmenanteile und Zweitstimmenanteile der jeweiligen Parteien feststellen lässt. Erst im Anschluss daran ist es sinnvoll, den Kausalpfaden, über die sich die Attraktivität der Kandidierenden in Wahlerfolg ummünzt, empirisch nachzuspüren.

Tab. 1 zeigt die Ergebnisse zweier linearer Mehrebenen-Regressionsmodelle, die den prozentualen Anteil der in den Wahlkreisen erhaltenen Erststimmen (Modell 1) und den prozentualen Anteil der in den Wahlkreisen erhaltenen Zweitstimmen (Modell 2) bei der Bundestagswahl 2017 auf die Attraktivität der Kandidierenden sowie weitere Drittvariablen regrediert. Der Aufbau der Modelle und die Codierung der Variablen wurden in Anlehnung an frühere einschlägige Analysen konzeptualisiert (vgl. exemplarisch Rosar und Klein 2015, 2018). Trotz der Berücksichtigung weiterer personenbezogener Eigenschaften der Kandidierenden, der Konkurrenzsituation im Wahlkreis und der Parteizugehörigkeit in

Verbindung mit der Wahlregion[11] zeigen die Modelle signifikant positive Effekte der Attraktivität auf die Erststimmenanteile der Kandidierenden sowie die Zweitstimmenanteile ihrer jeweiligen Parteien von gut einem Prozentpunkt bzw. fast zwei Drittel eines Prozentpunktes, um die der Stimmenanteil im Durchschnitt ansteigt, wenn sich der Attraktivitätsscore um einen Skalenpunkt erhöht. Dieses Ergebnis ist an sich bereits beachtlich. Um die tatsächliche Relevanz des Effekts abschätzen zu können, muss man sich jedoch vergegenwärtigen, dass die Attraktivität, anders als fast alle anderen Prädiktorvariablen, nicht dichotom codiert ist, sondern empirisch einen Range von 5,29 Skalenpunkten aufweisen kann. Berücksichtigt man diesen Range, so kann der statistisch abgesicherte maximale Effekt der Attraktivität der vorliegenden Messung berechnet werden, indem die beobachtete Spannweite von 5,29 mit dem unstandardisierten Regressionskoeffizienten der Attraktivität multipliziert wird. So ergibt sich ein durchschnittlicher Maximaleffekt der Attraktivität von 5,33 Prozentpunkten auf den Erststimmenanteil (Modell 1). Bezogen auf den Zweitstimmenanteil einer Partei im Wahlkreis zeigt sich immerhin noch ein Maximaleffekt von 3,21 Prozentpunkten (Modell 2). Damit beeinflusst die Attraktivität die Erst- und Zweitstimmenanteile stärker als fast alle anderen personenbezogenen Eigenschaften der Kandidierenden. Lediglich eine etwaige herausgehobene politische Stellung einer Politikerin oder eines Politikers hat noch einen stärkeren Einfluss auf die Erst- und Zweitstimmenanteile.

Die physische Attraktivität wirkte sich also auch bei der Bundestagswahl 2017 in erwartungskonformer, substantieller und signifikanter Weise auf den Wahlerfolg der relevanten Parteien aus.

Um zu klären, ob sie über den kandidierenden- oder parteibezogenen Kausalpfad wirkt, wurden drei Mehrebenen-Regressionsmodelle berechnet (Tab. 2). Diese berücksichtigen neben den Merkmalen der Kandidierenden, Umfragedaten aus der GLES-Vorwahlbefragung. Auch diese Modelle wurden in Aufbau, Datenstruktur und Variablencodierung an einschlägigen früheren Untersuchungen ausgerichtet (vgl. Rosar und Klein 2015, S. 227–231). Im ersten Modell (1), einem logistischen Mehrebenen-Regressionsmodell, bildet die abhängige Variable ab, ob die Direktkandidierenden des eigenen Wahlkreises den Befragten im Vorfeld der Wahl bekannt waren. Die ausgewiesenen Logit-Koeffizienten ermöglichen es, die Richtung und Signifikanz des Zusammenhangs zu bestimmen. Der signifikant positive Koeffizient für die Attraktivität der Kandidierenden deutet in

---

[11]Die Parteizugehörigkeiten zu den Parteien der Linken und der AfD wurden hier nach Wahlregion differenziert betrachtet, um den Unterschieden in den zu erwartenden Stimmenanteilen in den alten und neuen Bundesländern Rechnung zu tragen.

Tab. 2 Logistische und lineare Mehrebenen-Regressionsmodelle der Bekanntheit und Bewertung der Kandidierenden bei der Bundestagswahl 2017

	Abhängige Variablen		
	Bekanntheit (0/1) (1)	Bewertung Kandidat (1 bis 11) (2)	Bewertung Partei (1 bis 11) (3)
Fixe Effekte			
Geschlecht des Kandidaten: weiblich	−0,432***	0,217	0,087
Alter des Kandidaten zum Wahlzeitpunkt (Ref.kat.: jünger als 30 Jahre)			
30 bis 39 Jahre	−0,044	0,422	0,304**
40 bis 49 Jahre	−0,140	−0,075	−0,151
50 bis 59 Jahre	−0,351*	−0,074	−0,213*
60 Jahre und älter	−0,106	0,155	−0,327**
Kandidat hat Migrationshintergrund	−0,838***	−0,720*	−0,300***
Kandidat führt ein Adelsprädikat	0,200	0,425	0,550**
Kandidat führt einen akademischen Titel	0,326***	0,105	0,274***
Kandidat ist zum Wahlzeitpunkt MdB	1,098***	0,327*	1,001***
Kandidat ist in einer prominenten Position	0,756***	−0,100	−0,279
Attraktivität des Kandidaten	0,112**	−0,091	0,189***
Befragter mit Parteiidentifikation zugunsten der Partei des Kandidaten	1,627***	1,609***	3,579***
Befragter mit politischem Interesse	0,173***		
Befragter mit (Fach-)Hochschulreife	1,627		
Interzept	−4,422***	6,572***	5,217***
Zufallseffekte			

(Fortsetzung)

Tab. 2 (Fortsetzung)

	Abhängige Variablen		
	Bekanntheit (0/1) (1)	Bewertung Kandidat (1 bis 11) (2)	Bewertung Partei (1 bis 11) (3)
Varianz des Interzepts	2,066	0,000	0,390
Level-1-N	12304	1376	12021
Level-2-N	2063	832	2053
Log Likelihood	−4430,400	−3054,300	−28882,150
Akaike Inf. Crit.	8892,700	6138,600	57794,300

$^*p < 0,050$; $^{**}p < 0,010$; $^{***}p < 0,001$; Anmerkung: Einträge sind unstandardisierte Regressionskoeffizienten (Spalte 1: Logit-Koeffizienten; Spalte 2 und 3: OLS-Koeffizienten)

diesem Modell auf einen zugrundeliegenden *Attractiveness Attention Boost* hin: Je attraktiver die Kandidierenden, desto höher ist die Wahrscheinlichkeit, dass diese den Befragten bekannt sind. Ein lineares Mehrebenen-Regressionsmodell mit der Bewertung der Direktkandidatinnen und -kandidaten anhand der Skalometer-Bewertung zeigt hingegen keinen signifikanten Einfluss der Attraktivität auf die Bewertung der Direktkandidierenden (Modell 2).

Ein zweites lineares Mehrebenen-Regressionsmodell wurde für die abhängige Variable der Bewertungen der jeweiligen Parteien der Direktkandidierenden anhand der Partei-Skalometer durchgeführt (Modell 3). Dieses Modell zeigt trotz Kontrolle der individuellen Parteiidentifikation einen signifikant positiven Effekt der physischen Attraktivität der Direktkandidierenden auf die Bewertung der jeweiligen Parteien durch die Befragten: Je attraktiver die Kandidierenden, desto positiver wird die jeweils vertretene Partei insgesamt eingeschätzt. Tab. 2 liefert damit vergleichsweise starke Evidenz dafür, dass für die Übersetzung der physischen Attraktivität in Wahlerfolg der Kausalpfad relevant ist, der über die Parteien führt. Weniger eindeutig stellt sich die Situation für den über die Kandidierenden führenden Kausalpfad dar. Hier zeigt sich ein Effekt auf die Bekanntheit, jedoch keiner auf die Bewertung der Kandidierenden. Damit ist die Plausibilität des Kausalpfades über die Parteien deutlich geschwächt. Dieser Kausalpfad sollte jedoch noch nicht voreilig als empirisch irrelevant verworfen werden, da der fehlende Effekt der Attraktivität auf die Kandidatenbewertung auch Resultat der Filterführung im Fragebogen sein könnte. Da diese Skalometer-Bewertungen allerdings nur für die Befragten erhoben wurden, die Direktkandidierende bei der vorherigen Frage nach der Bekanntheit einigermaßen korrekt identifizieren konnten, kann der ausbleibende Effekt in diesem Falle in der fehlenden oder fehlerhaften Kenntnisnahme der unattraktiveren Kandidierenden begründet sein. Zudem ist eine frühere Studie hier durchaus zu erwartungskonformen Ergebnissen gelangt (Rosar und Klein 2015, S. 231).

6 Das Fazit

Um es auf den Punkt zu bringen: Physische Attraktivität wirkt – auch bei der Bundestagswahl 2017. Die Effekte, die sich bei den durchgeführten empirischen Analysen gezeigt haben, sind durchaus beachtlich. Dies gilt für den Erststimmenanteil und ebenso für den Zweitstimmenanteil, den die Parteien in den Wahlkreisen erringen konnten. Dies bestätigt zunächst die Annahme, dass die äußerliche Anmutung Kandidierender durchaus eine Rolle bei der Wahlentscheidung der Bürgerinnen und Bürgern gespielt hat und unterstützt die diskutierte Vermutung, dass rollenfernen Eigenschaften bei der letzten Bundestagswahl eine Bedeutung im Sinne der diskutierten Personalisierung der Politik zukam.

Aus Sicht der normativen Demokratietheorie sind diese Ergebnisse als durchaus bedenklich einzustufen, da nicht davon auszugehen ist, dass physische Attraktivität in irgendeiner Weise mit individuellen politikrelevanten Kompetenzen der Kandidierenden korreliert ist. Zwar könnte man nach der Reform des Bundestagswahlrechts argumentieren, dass der Einfluss der Attraktivität auf den Erststimmenanteil mit Blick auf die Mehrheitsverhältnisse bedeutungslos geworden ist und damit vernachlässigt werden kann. In diesem Fall gilt jedoch immer noch, dass der Erstimmenanteil in legitimatorisch problematischer Weise beeinflussen kann, wer für eine Partei in den Bundestag einzieht, da er mittelbar immer noch darüber mitentscheiden kann, bis zu welchem Platz die Landesliste einer Partei zieht. Zudem bleibt der problematische Aspekt des Zweitstimmeneffekts der physischen Attraktivität davon unberührt. Mit Blick auf die kleineren Parteien, die Sperrklausel oder einen knappen Wahlausgang insgesamt, könnte der Zweitstimmeneffekt mit dazu beitragen, welche Parteien am Ende wie und unter welcher Führung die Bundesregierung bilden können. Dabei dürften die Schwellenwerte für eine Beeinflussung des Wahlausgangs mit zunehmender Fragmentierung des bundesdeutschen Parteiensystems sogar absinken, da bei zunehmender Zahl relevanter Parteien kleinere Verschiebungen in den Zweitstimmenanteilen genügen dürften, um das Tableau politisch möglicher Koalitionen nachhaltig zu beeinflussen. Dass die Wirkung der physischen Attraktivität der Direktkandidatinnen und -kandidaten über den Kausalpfad der Parteien führt, gibt dabei wenig Anlass zu der Vermutung, dass sich an dem Zusammenhang zwischen Attraktivität der Kandidierenden und Wahlerfolg zukünftig grundsätzlich etwas ändern wird. Nichtsdestotrotz offenbart sich hier, dass die Einflussnahme der äußeren Anmutung so subtil und niedrigschwellig sein kann, dass vollständig auf die visuelle Präsentation von Kandidierenden verzichten werden müsste, um diese zu verhindern.

Um aber nicht mit dieser eher dystopisch anmutenden Schlussfolgerung zu enden, möchten wir abschließend kurz einen Wirkungsaspekt der physischen Attraktivität adressieren, der aus Sicht der normativen Demokratietheorie positiv bewertet werden kann. Wenn die äußere Anmutung der Kandidierenden die eigenen Wahlchancen und die ihrer Parteien erhöhen, dann sollte sich das nicht nur auf die Aufteilung der abgegebenen Stimmen auswirken, sondern auch auf ihre Anzahl, vulgo die Wahlbeteiligung. Zumindest Wahlberechtigte, die noch unentschlossen sind, ob sie sich am Urnengang beteiligen, sollten durch attraktive Kandidierende zur Wahlteilnahme motiviert werden und dies sollte umso mehr gelten, je mehr attraktivere Kandidierende antreten. Tatsächlich zeigen entsprechende Analysen, die wir auf Wahlkreisebene für die Bundestagwahl 2017 mit unseren Daten durchgeführt und deren Ergebnisse wir in Tab. 3 im Anhang wiedergegeben haben, dass mit einer steigenden Durchschnittsattraktivität der Kandidierenden in einem Wahlkreis die Wahlbeteiligung in Prozent im Mittel substantiell ansteigt. Die durchschnittliche Attraktivität ist dabei unter allen einbezogenen Merkmalen neben der Wahlregion der einzige Prädiktor mit einem signifikanten Effekt. So lässt sich abschließend festhalten, dass sie bei allen diskutierten normativ negativ zu bewertenden Implikationen das einzige Merkmal der Kandidierenden zu sein scheint, welches dem langfristigen Trend einer sinkenden Wahlbeteiligung in Deutschland entgegenwirkt.

Anhang

(Siehe Tab. 3).

Tab. 3 Lineare Regressionen der Wahlbeteiligung bei der Bundestagswahl 2017

	Abhängige Variable	
	Wahlbeteiligung in %	
	(1)	(2)
Region Ostdeutschland	−4,102***	−3,699***
Anzahl Direktkandidaten im Wahlkreis	0,112	
Anzahl weibliche Kandidaten	−0,266	
Alter Kandidaten zum Wahlzeitpunkt (Ref.kat.: jünger als 30 Jahre)		
Anzahl der Kandidaten im Alter von 30 bis 39 Jahren	0,402	
Anzahl Kandidaten im Alter von 40 bis 49 Jahren	0,332	
Anzahl Kandidaten im Alter von 50 bis 59 Jahren	0,337	
Anzahl Kandidaten im Alter von 60 Jahren und älter	0,209	
Anzahl Kandidaten mit Migrationshintergrund	−0,270	
Anzahl Kandidaten, die einen akademischen Titel führen	0,324	
Anzahlen Kandidaten, die ein Adelsprädikat führen	−0,073	
Anzahl Kandidaten, die zum Wahlzeitpunkt MdB	0,179	
Anzahl der Kandidaten in einer prominenten Position	1,029	
Attraktivität des Kandidaten	1,535*	0,899*
Range der Attraktivität der relevanten Kandidaten	−0,277	
Konstante	71,927***	75,156***
N	299	299
R^2	0,233	0,187
Adjustiertes R^2	0,196	0,182
F-Statistik	6,176***	34,065***

*p < 0,050; **p < 0,010; ***p < 0,001; Anmerkung: Anzahl Kandidierender bezieht sich auf den entsprechenden Wahlkreis; Einträge sind unstandardisierte Regressionskoeffizienten

Literatur

Arzheimer, Kai. 2006. Dead men walking? Party identification in Germany, 1977-2002. *Electoral Studies* 25: 791–807.

Beck, Ulrich. 1986. *Risikogesellschaft. Auf dem Weg in eine andere Moderne.* Frankfurt am Main: Suhrkamp.

Beck, Ulrich, und Elisabeth Beck-Gernsheim, Hrsg. 1994. *Riskante Freiheiten. Individualisierung in modernen Gesellschaften.* Frankfurt am Main: Suhrkamp.

Bittner, Amanda. 2011. *Platform or personality? The role of party leaders in elections.* Oxford: Oxford University Press.

Brader, Ted. 2006. *Campaigning for hearts and minds: How emotional appeals in political ads work.* Chicago: University of Chicago Press.

Brettschneider, Frank. 2002. *Spitzenkandidaten und Wahlerfolg. Personalisierung – Kompetenz – Parteien. Ein internationaler Vergleich.* Wiesbaden: Westdeutscher Verlag.

Bucy, Erik P. 2000. Emotional and Evaluative Consequences of Inappropriate Leader Displays. *Communication Research* 27: 194-226.

Campbell, Angus, Philip E. Converse, Warren E. Miller, und Donald E. Stokes. 1960. *The American Voter.* Chicago: The University of Chicago Press.

Cunningham, Michael R. 1986. Measuring the physical in physical attractiveness. Quasi-Experiments on the sociobiology of female beauty. *Journal of Personality and Social Psychology* 50: 925–935.

Dalton, Russel. 2006. *Citizen politics: public opinion and political parties in advanced industrial democracies.* Washington, DC: CQ Press.

Druckman, James N. 2003. The Power of Television Images. The First Kennedy-Nixon Debate Revisited. *Journal of Politics* 65: 559–571.

Elff, Martin, und Sigrid Roßteutscher. 2016. Parteiwahl und Nichtwahl. Zur Rolle sozialer Konfliktlinien. In *Wahlen und Wähler. Analysen aus Anlass der Bundestagswahl 2013,* Hrsg. H. Schoen, und B. Weßels, 45-69. Wiesbaden: VS Verlag für Sozialwissenschaften.

Gabriel, Oscar W., und Silke I. Keil. 2007. Kandidatenorientierungen in Teilelektoraten und Wahlverhalten. In *Der gesamtdeutsche Wähler. Stabilität und Wandel des Wählerverhaltens im wiedervereinigten Deutschland,* Hrsg. O. W. Gabriel, H. Rattinger, und J. W. Falter, 357–381. Baden-Baden: Nomos.

Gabriel, Oscar W., Silke I. Keil, und S. Isabell Thaidigsmann. 2009. Kandidatenorientierungen und Wahlentscheid bei der Bundestagswahl 2005. In *Wahlen und Wähler. Analysen aus Anlass der Bundestagswahl 2005,* Hrsg. O. W. Gabriel, B. Weßels, und J. W. Falter, 267–303. Wiesbaden: VS Verlag für Sozialwissenschaften.

Garzia, Diego. 2014. *Personalization of Politics and Electoral Change.* Basingstoke: Palgrave Macmillan.

Garzia, Diego. 2017. Voter evaluations of candidates. In *The SAGE Handbook of Electoral Behavior,* Hrsg. K. Arzheimer. J. Evans, und M. S. Lewis-Beck, 633–654. London: Sage Publications Ltd.

Grammer, Karl, Bernhard Fink, Andreas P. Møller, und Randy Thornhill. 2003. Darwinian aesthetics. Sexual selection and the biology of beauty. *Biological Review* 78: 385–407.

Hans, Barbara. 2017. *Inszenierung von Politik. Zur Funktion von Privatheit, Authentizität, Personalisierung und Vertrauen.* Wiesbaden: VS Verlag für Sozialwissenschaften.

Hayes, Danny. 2009. Has television personalized voting behavior? *Political Behavior* 31: 231–260.

Henss, Ronald. 1987. Zur Beurteilerübereinstimmung bei der Einschätzung der physischen Attraktivität junger und alter Menschen. *Zeitschrift für Sozialpsychologie* 18: 118–130.

Henss, Ronald. 1992. *Spieglein, Spieglein an der Wand... Geschlecht, Alter und physische Attraktivität.* Weinheim: Psychologie Verlags Union.

Holtz-Bacha, Christina, Ana I. Langer, und Susanne Merkle. 2014. The personalization of politics in comparative perspective. Campaign coverage in Germany and the United Kingdom. *European Journal of Communication* 29: 153–170.

Iliffe, Alan H. 1960. A study of preferences in feminine beauty. *British Journal of Psychology* 51: 267–273.

Jäckle, Sebastian, und Thomas Metz. 2016. Brille, Blazer oder Bart? Das Aussehen als Determinante des Wahlerfolgs von Bundestags-Direktkandidaten. *Politische Vierteljahresschrift* 57: 217–246.

Karvonen, Lauri. 2010. *The personalisation of politics. A study of parliamentary democracies*. Colchester: ECPR Press.

Klein, Markus, und Dieter Ohr. 2000. Gerhard oder Helmut? ‚Unpolitische' Kandidateneigenschaften und ihr Einfluss auf die Wahlentscheidung bei der Bundestagswahl 1998. *Politische Vierteljahresschrift* 41: 199–224.

Klein, Markus, und Ulrich Rosar. 2005. Physische Attraktivität und Wahlerfolg. Eine empirische Analyse am Beispiel der Wahlkreiskandidaten bei der Bundestagswahl 2002. *Politische Vierteljahresschrift* 46: 263–287.

Kraus, Sidney. 1996. Winners of the First 1960 Televised Presidential Debate Between Kennedy and Nixon. *Journal of Communication* 46: 78–96.

Lau, Richard R., und David P. Redlawsk. 2001. Advantages and disadvantages of cognitive heuristics in political decision making. *American Journal of Political Science* 45: 951–971.

Lobo, Marina Costa, und John Curtice, Hrsg. 2015. *Personality politics? The role of leader evaluations in democratic elections*. Oxford: Oxford University Press.

Meyrowitz, Joshua. 1986. *No sense of place. The impact of electronic media on social behavior*. New York: Oxford University Press.

Ohr, Dieter, Markus Klein, und Ulrich Rosar. 2013. Bewertungen der Kanzlerkandidaten und Wahlentscheidung bei der Bundestagswahl 2009. In *Wahlen und Wähler. Analysen aus Anlass der Bundestagswahl 2009*, Hrsg. B. Weßels, H. Schoen, und O. W. Gabriel, 206–230. Wiesbaden: Springer Fachmedien Wiesbaden.

Patzer, Gordon L. 1985. *The Physical Attractiveness Phenomena*. New York: Plenum.

Poguntke, Thomas. 2005. A Presidentializing Party State? The Federal Republic of Germany. In *The Presidentialization of Politics*, Hrsg. T. Poguntke, und P. Webb, 63–87. Oxford: Oxford University Press.

Popkin, Samuel L. 1995. Information shortcuts and the reasoning voter. In *Information, participation and choice: An economic theory of democracy in perspective*, Hrsg. B. N. Grofman, 17–35. Ann Arbor: University of Michigan Press.

Rosar, Ulrich. 2009. Fabulous Front-Runners. Eine Analyse zur Bedeutung der physischen Attraktivität von Spitzenkandidaten für den Wahlerfolg ihrer Parteien. *Politische Vierteljahresschrift* 50: 754–773.

Rosar, Ulrich, Markus Klein, und Tilo Beckers. 2008. The frog pond beauty contest. Physical attractiveness and electoral success of the constituency candidates at the North Rhine-Westphalia state election of 2005. *European Journal of Political Research* 47: 64–79.

Rosar, Ulrich, und Markus Klein. 2010. And the Winner is… Ein Drei-Länder-Vergleich zum Einfluss der physischen Attraktivität von Direktkandidaten auf den Wahlerfolg bei nationalen Parlamentswahlen. In *Komparative empirische Sozialforschung*, Hrsg. T. Beckers, K. Birkelbach, J. Hagenah, und U. Rosar, 307–335. Wiesbaden: VS Verlag für Sozialwissenschaften.

Rosar, Ulrich, Markus Klein, und Tilo Beckers. 2012. Magic Mayors. Predicting Electoral Success from Candidates' Physical Attractiveness under the Conditions of a Presidential Electoral System. *German Politics* 21: 372–391.

Rosar, Ulrich, und Markus Klein. 2013. Pretty Politicians. Die physische Attraktivität von Spitzenkandidaten, ihr Einfluss bei Wahlen und die These der Personalisierung des Wahlverhaltens. In *Die Bundestagswahl 2009*, Hrsg. T. Faas, K. Arzheimer, S. Roßteutscher, und B. Weßels, 149–170. Wiesbaden: Springer VS Verlag für Sozialwissenschaften.

Rosar, Ulrich, und Markus Klein. 2015. Politische Wahlen als Schönheitskonkurrenz. Ursachen – Mechanismen – Befunde. *Politische Vierteljahresschrift*, Sonderheft Politische Psychologie 50: 217–240.

Rosar, Ulrich, und Markus Klein. 2018. Der Einfluss der physischen Attraktivität der Wahlkreiskandidaten bei den Bundestagswahlen 2005, 2009 und 2013 auf das Zweitstimmen-Wahlkreisergebnis ihrer Partei. In *Grund-lagen, Methoden Anwendungen in den Sozialwissenschaften*, Hrsg. Methodenzentrum Sozialwissenschaften Universität Göttingen. Wiesbaden: VS Verlag für Sozialwissenschaften (im Druck).

Roßteutscher, Sigrid; Schmitt-Beck, Rüdiger; Schoen, Harald; Weßels, Bernhard; Wolf, Christof; Bieber, Ina; Stövsand, Lars-Christopher; Dietz, Melanie; Scherer, Philipp (2017): Vorwahl-Querschnitt (GLES 2017). GESIS Datenarchiv, Köln. ZA6800 Datenfile Version 2.0.0, https://doi.org/10.4232/1.12927.

Roth, Dieter, und Andreas M. Wüst. 2008. Emanzipiert und ungeliebt. Nicht-, Wechsel-und Protestwähler in Deutschland. In *Res publica semper reformanda. Wissenschaft und politische Bildung im Dienste des Gemeinwohls*, Hrsg. W. J. Patzelt, M. Sebaldt, und U. Kranenpohl, 390-412. Wiesbaden: VS Verlag für Sozialwissenschaften.

Schoen, Harald. 2010. Die Wirtschaftskrise, Angst und politische Urteilsbildung. Eine Analyse zum Affective-Intelligence-Modell am Beispiel der Bundestagswahl 2009. *Österreichische Zeitschrift für Politikwissenschaft* 39: 205–222.

Tenscher, Jens. 2013. Ein Hauch von Wahlkampf. In *Wahlen und Wähler. Analysen aus Anlass der Bundestagswahl 2009*, Hrsg. B. Weßels, H. Schoen, und O. W. Gabriel, 63–78. Wiesbaden: Springer Fachmedien Wiesbaden.

Todorov, Alexander, Anesu N. Mandisodza, Amir Gorem, und Crystal C. Hall. 2005. Inferences of Competence from Faces Predict Election Outcome. *Science* 308: 1623–1626.

Wählen in Zeiten der Unsicherheit. Wie beeinflusste das individuelle Sicherheitsempfinden das Wahlverhalten bei der Bundestagswahl 2017?

Toralf Stark und Theresia Smolka

> **Zusammenfassung**
>
> Der Beitrag untersucht, welchen Einfluss das individuelle Sicherheitsempfinden auf die Wahlentscheidung bei der Bundestagswahl 2017 ausübte. Mit den Daten der GLES-Nachwahl-Querschnittsbefragung wird gezeigt, dass die Themen der Inneren, Sozialen und Umweltsicherheit stark umstritten und vor allem für die Wahl kleinerer Parteien relevant sind. In Kombination mit der Parteiidentifikation (PID) und Kanzlerpräferenz sinkt allerdings die Erklärungskraft. Darüber hinaus beeinflussen soziostrukturelle und einstellungsbasierte Determinanten die Wahlentscheidung.

1 Einleitung, Hintergrund und Fragestellung

Obwohl der Höhepunkt der Flüchtlingsbewegung im Jahr 2015 schon einige Zeit zurückliegt und die Zuwanderung seitdem deutlich abgenommen hat, stellt sie für die Bürger bis heute das wichtigste Problem dar (Politbarometer 2018a; Eurobarometer 2018). Kurz vor der Bundestagswahl wiesen knapp 50 % der Bürger diesem

---

T. Stark (✉)
Institut für Politikwissenschaft, Universität Duisburg-Essen, Duisburg, Deutschland
E-Mail: toralf.stark@uni-due.de

T. Smolka
Düsseldorf, Deutschland
E-Mail: Theresia.Smolka@googlemail.com

Problem eine hohe Priorität zu. Allerdings hat sich im Vergleich zu 2015 damit die Bedeutung des Themas um 40 Prozentpunkte verringert. In der politischen Debatte wurde Zuwanderung häufig mit dem Thema *Innere Sicherheit* verknüpft. Dadurch wurde der Begriff, der sich allgemein auf „den Schutz der Gesellschaft und des Staates vor Kriminalität, Terrorismus und vergleichbaren Bedrohungen, die sich aus dem Inneren der Gesellschaft selbst heraus entwickeln" (Pickel et al. 2018, S. 10), bezog, erweitert. Inzwischen werden unter dem Begriff faktisch alle Vorkommnisse subsummiert, die den Schutz des Bürgers als Individuum einer Gesellschaft berühren (Pickel et al. 2018, S. 11). Auch wenn diese Zusammenhänge konstruiert und, weil ideologisch aufgeladen, unzulässig sind (Bauböck 2004), hinterließen sie bei der Bevölkerung Eindruck: 82 % der Bürger haben Angst vor Terroranschlägen in Deutschland. Insgesamt geben zwar 51 % der Befragten an, dass Deutschland genug für den Schutz der Bürger vor Terror unternimmt, allerdings sehen 41 % Verbesserungsbedarf (Politbarometer 2018b). Als zweitwichtigstes Problem wird von den Bürgern die zunehmende soziale Schieflage in unserem Land eingestuft (Eurobarometer 2018). Objektiv betrachtet ist die wirtschaftliche Entwicklung der Bundesrepublik Deutschland positiv zu bewerten, da seit 2013 ein stetiges, moderates Wachstum vorliegt (destatis 2018). Werden jedoch neben wirtschaftlichen Aspekten auch die Chancengleichheiten bei den Themen Bildung, Arbeitsmarkt und Gesundheitsversorgung berücksichtigt, steigt die (wahrgenommene) soziale Ungleichheit an (Grüning et al. 2015, S. 5–6). Die von den Bürgern als relevant empfundenen Probleme führen zu einem Gefühl der Unsicherheit – und daraus resultierend einem individuellen Bedürfnis nach Sicherheit. Dieses Bedürfnis bildet „[…] – folgt man der Entwicklungspsychologie – hinter der Grundbefriedigung von existentiellen Überlebensbedürfnissen die zweitwichtigste Anforderung, die Menschen an ihre Umwelt stellen" (Pickel et al. 2018, S. 9). Die Bürger weisen dem Staat die Aufgabe zu, insbesondere wirtschaftliche, persönliche und gesellschaftliche Sicherheit zu gewährleisten. Das heißt sie erwarten die Schaffung von Rahmenbedingungen, die eine relativ stabile Beschäftigungssituation und ein Mindesteinkommen (Wohlfahrtsstaatsmodell) ermöglichen, den Schutz der körperlichen und psychischen Integrität sowie die Stärkung gemeinsamer demokratischer und rechtsstaatlicher Grundwerte und Einstellungen (Nieberg 2013). Aus diesem Grund geht der Beitrag der Frage nach: Welchen Einfluss hat das persönliche Sicherheitsempfinden auf die Wahlentscheidung bei der Bundestagswahl 2017?

Zur Beantwortung der Frage wird zunächst der sozialpsychologische Ansatz der Wahlforschung dargelegt und damit der theoretische Rahmen abgesteckt. Vor allem in Zeiten einer nachlassenden Parteiidentifikation (PID) sind Themen- und

Kandidatenorientierungen zentrale Erklärungsfaktoren für die individuelle Wahlentscheidung. Ergänzt werden sie durch sozioökonomische Faktoren wie Einkommen und Bildungsgrad sowie politische Kultur und politisches Interesse. Darüber hinaus wird der Begriff *Sicherheit* theoretisch konzeptualisiert und in sieben Dimensionen untergliedert. In der anschließenden Analyse werden erstens die zentralen Variablen deskriptiv ausgewertet – die individuelle Wahlentscheidung sowie Fragen zur Einschätzung der sozialen und Inneren Sicherheit. Zweitens folgt die inferenzstatistische Auswertung des Wahlverhaltens mit einer binär logistischen Regression. Sie ermöglicht es anzugeben, ob individuelle Einstellungen zu den Sicherheitsdimensionen die Chance der Wahl einer bestimmten Partei erhöhen. Die GLES-Nachwahl-Querschnittsbefragung 2017 bildet hierfür die Datengrundlage. Abschließend werden die Ergebnisse unter Berücksichtigung theoretischer Annahmen interpretiert und mit einem kurzen Forschungsausblick verknüpft.

2 Theoretischer Rahmen

Innerhalb der vergangenen 40 Jahre lässt sich, geprägt durch einen gesellschaftlichen Wandel, eine umfassende Veränderung des Wahlverhaltens der deutschen Bevölkerung beobachten. Gekennzeichnet ist dieser Wandel durch verschiedene Prozesse, z. B. einer zunehmenden Individualisierung der Bürger verbunden mit einer Bildungsexpansion, einer höheren sozialen Mobilität, einer nachlassenden Gruppenbindung und der damit einhergehenden Schwächung sozialer Milieus (Gibowski 1997, S. 79). In der Folge schmelzen bestehende Parteiloyalitäten *(dealignment)*, d. h., die Prägekraft der einzelnen Parteien auf bestimmte Bevölkerungsgruppen verringert sich (Dalton 1984, 2000; Kellermann 2007, S. 300). Immer mehr Wähler besitzen nur noch eine schwache affektive Bindung an Parteien, geben sie ganz auf oder bilden keine aus. In Deutschland steigt seit den 1970er-/1980er-Jahren der Anteil der Wähler ohne feste PID (Kellermann 2007, S. 300; Dalton und Wattenberg 1993, S. 205; Roth 1998, S. 43). Das Wahlverhalten wird infolgedessen zunehmend anhand von politischen Einstellungen zu Kandidaten oder Themen analysiert (Debus 2010, S. 734). Im Nachgang zu den Bundestagswahlen 1998 und 2002 wurde zahlreich diskutiert, „ob die Wähler vor allem wegen ihrer Haltung zu den Kanzlerkandidaten oder eher wegen ihrer Einstellungen zu Positionen und Kompetenzen der verschiedenen Parteien für einen Sieg einer rot-grünen Koalition gesorgt hätten" (Schoen und Weins 2014, S. 242; siehe hierzu u. a. Brettschneider 2000; Gabriel und Brettschneider 1998; Pappi 1999; Pappi und Shikano 2003; Weßels 2000).

Gleichwohl können analog zum sozialpsychologischen Modell (Michigan-Ansatz) von Campbell et al. (1960, S. 185–187) Sachfragenorientierungen durch langfristige Parteiloyalitäten oder auch Kandidatenpräferenzen – sofern vorhanden – geprägt werden. Diese politischen Einstellungen der Wähler haben im Vergleich zu sozialstrukturellen Hintergrundvariablen (u. a. soziale Schicht, Gruppenloyalitäten, Wertevorstellungen, Cleavages) einen größeren Einfluss auf die Wahlentscheidung (Pappi und Shikano 2007, S. 22). Der von Campbell und seinen Kollegen entwickelte Kausalitätstrichter *(funnel of causality)* verdeutlicht, dass die Sozialstruktur nicht direkt auf die Wahlentscheidung, sondern indirekt über die politischen Einstellungen auf das Wahlverhalten wirkt (Abb. 1). Die zentrale Position im Rahmen dieser Einstellungen nimmt die angesprochene PID ein. Es wird angenommen, dass sie als langfristige, stabile Komponente, die Kandidatenorientierung und die *Issue-Einstellung*[1] hingegen als kurzfristige Komponenten wirken. Campbell et al. (1960, S. 168–169) folgend, werden unter dem Begriff *Issue* in der Literatur vorrangig politische Sachfragen, die Bezug zu staatlichen Policies aufweisen, gefasst (Roller 1998, S. 177). Die Issue- und Kandidatenorientierung müssen nicht per se politisch sein, gewinnen allerdings, je näher eine Wahlentscheidung rückt, an politischer Relevanz. Da die PID die Kandidaten- und die Themenorientierung beeinflusst, prägt sie die Wahlentscheidung sowohl direkt als auch indirekt (Pappi und Shikano 2007, S. 22). Demzufolge ist es notwendig, den Einfluss der PID und der Kandidatenorientierung zu kontrollieren, um den Einfluss der Issue-Orientierung auf das Wahlverhalten zu bestimmen. Nur dann kann von „genuin sachfragenorientiertem Stimmverhalten" (Schoen und Weins 2014, S. 288) gesprochen werden.

Themenorientiertes Wahlverhalten erfährt in der Wahlforschung nicht nur aufgrund der nachlassenden PID, sondern auch aus theoretischer Perspektive Bedeutung. Denn, „der Einfluß [sic!] von Sachfragenorientierungen auf das Wahlverhalten [ist] eine notwendige Voraussetzung dafür, Wahlen als kollektive Entscheidungen über den politischen Kurs eines Gemeinwesens zu betrachten […]" (Schoen und Weins 2014, S. 284). Die Umsetzung bestimmter Policies kann durch die ins Amt gewählte(n) Partei(en) mit Verweis auf den erhaltenen Wählerauftrag begründet

---

[1]Mit Issues werden Sachfragen beschrieben, zu denen Parteien eine Position einnehmen.

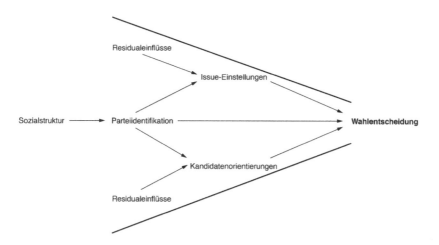

Abb. 1 Kausalitätstrichter nach Campbell et al. (Quelle: Eigene Darstellung, angelehnt an Pappi und Shikano 2007, S. 23)

werden (u. a. Schoen und Weins 2014; Campbell et al. 1954; Converse 1975).[2] Issueorientiertes Wählen lässt sich in eine zeitliche und eine inhaltliche Dimension differenzieren. Erstere Klassifikation umfasst retrospektive und prospektive Urteile, d. h. für die Wahlentscheidung werden entweder gesammelte Erfahrungen oder zukünftige Erwartungen berücksichtigt. Die inhaltliche Klassifikation staffelt Issues hingegen in *Valenz-* und *Positionsissues* (Stokes 1963, S. 373). *Valenzissues* umfassen Sachfragen, deren gesellschaftliche Ziele von der Mehrheit der Bürger weitestgehend positiv bewertet werden, z. B. wirtschaftlicher Wohlstand oder Frieden. Werden diese Ziele und/oder ihre erfolgreiche Umsetzung von Wählern mit Parteien oder Kandidaten assoziiert, können Valenzissues als für die Wahlentscheidung relevant eingestuft werden (Debus 2010, S. 734; Schoen und Weins 2014, S. 286). Im Gegensatz dazu beziehen sich *Positionsissues* auf in der Gesellschaft strittige Politikinhalte, z. B. Auslandseinsätze der Bundeswehr. Damit Wähler ihre Wahlentscheidung auf der Grundlage von Sachfragen treffen, müssen sie eine Sachfrage zunächst wahrnehmen *(issue familiarity),* diese als bedeutsam einstufen und sich eine Meinung bilden *(intensity of issue opinion).* Zusätzlich müssen sie Lösungsvorschläge der Parteien und Kandidaten unterscheiden *(issue positions of parties)* und mit ihren eigenen

---

[2]Nicht alle Autoren folgen dieser Sichtweise. Für Berelson et al. (1954, S. 182) stellen alle Fragen, die in der politischen Auseinandersetzung auftreten können, Issues dar.

Einstellungen abgleichen (Bürklin und Klein 1998; Campbell et al. 1960; Schoen und Weins 2014, S. 287–288). Allerdings beeinflussen nicht alle Sachfragen die Wahlentscheidung gleichermaßen: Zu allgemeinen Fragen und Themen entwickeln Wähler einfacher einen Standpunkt als zu spezifischen (Campbell et al. 1960, S. 175). Gleiches gilt für Leistungsbewertungen und retrospektive Urteile im Vergleich zu Parteipositionen und prospektive Einschätzungen. Darüber hinaus wird angenommen, dass es Wählern leichter fällt, „eine eigene Meinung und Wahrnehmungen der Parteipositionen zu entwickeln, je länger ein Thema von den Parteien mit stabilen Standpunkten intensiv diskutiert wird" (Schoen und Weins 2014, S. 289).

Aber auch persönliche Merkmale der Wähler beeinflussen das sachfragenorientierte Wahlverhalten: Die These der kognitiven Mobilisierung (Dalton 1984) postuliert, dass Issues die Wahlentscheidung umso stärker prägen, je höher der Bildungsgrad, das politische Interesse und die politischen Kompetenzen des Wählers sind. Dies trifft jedoch nicht auf Wähler mit einer ausgeprägten Parteiloyalität zu – bei ihnen reduziert eine enge Parteibindung die Wahrscheinlichkeit einer genuin sachfragenorientierten Wahlentscheidung. Überdies ist die subjektive Bedeutung eines Themas (Salienz) für die Wahlentscheidung relevant. Je wichtiger ein Thema aus der Sicht divergenter Bevölkerungsgruppen ist, desto stärker wird es ihre Wahl beeinflussen. Eine Gesellschaft setzt sich folglich aus einer Vielzahl von verschiedenen *issue publics* zusammen (Campbell et al. 1960, S. 176–177; Fournier et al. 2003; Schoen und Weins 2014).

Neben den aufgeführten Aspekten beeinflussen die politischen Eliten das sachfragenorientierte Wahlverhalten der Bürger (Miller 1978; Prewitt und Nie 1971). Sie können Sachfragen im Vorfeld von Wahlen – durch externen Druck oder Agenda-Setting – gezielt in den Fokus der Öffentlichkeit rücken bzw. fernhalten. Lassen sich bei Sachfragen für den Wähler zwischen Parteien bzw. Kandidaten keine Unterschiede feststellen, ist es für ihn schwer, seine Wahlentscheidung basierend auf diesen Issues zu fällen. Ebenso schwierig gestaltet sich die themenorientierte Wahl, wenn Parteien diffuse inhaltliche Positionen vertreten (Downs 1957; Campbell et al. 1960). Im Umkehrschluss sollten Parteien mit klaren inhaltlichen Aussagen außerordentlich stark von issueorientierten Wählern profitieren (Schmitt 1998; Schoen und Weins 2014). Dabei ist anzunehmen, dass kleine Parteien mit höherer Wahrscheinlichkeit Positionsissues formulieren als (Volks-)Parteien. Denn große Parteien „müssen von klaren Sachpositionen eine Aufspaltung ihrer heterogenen Wählerschaft befürchten und besitzen daher einen Anreiz, größeren Wert auf Kompetenzzuschreibungen zu legen" (Schoen und Weins 2014, S. 290).

Die theoretischen Vorüberlegungen werden nun auf die Bedeutung des Valenzissues Sicherheit bei der Bundestagswahl 2017 übertragen. Den Rahmen bildet die Frage, welchen Stellenwert Bürger diesem Thema beigemessen haben und welchen Einfluss es auf die Wahlentscheidung hatte.

Das Thema Sicherheit ist spätestens seit den Terroranschlägen in New York sowie in europäischen (Haupt-)Städten (u. a. Paris, Nizza, Brüssel, Berlin) im öffentlichen Bewusstsein verankert und prägt die politische Praxis (Schmelzle 2016, S. 157; Schneckener 2016). Dabei greift es zu kurz, den Begriff ausschließlich auf die nationale bzw. innere Sicherheit im Sinne von territorialer Integrität zu verengen (Abels 2016, S. 48; Müller 2016, S. 66; Schneiker 2017). Vielmehr umfasst der Begriff Sicherheit heutzutage eine Vielzahl verschiedener Dimensionen (Abels 2016; Nieberg 2013, o. S.; Wenzelburger 2016, S. 800; Lau 1991).

Ursprünglich bezog sich Sicherheit allgemein auf „den Schutz vor Angriffen auf Leib und Leben durch den Staat oder Dritte" (Abels 2016, S. 48). Die Gewährleistung von innerer und äußerer Sicherheit als vorrangige Funktion und zentrale Legitimationsressource des Staates wurzelt in der politischen Theorie. Bereits Hobbes (1984) formulierte diesen Zusammenhang. Die Gewährung von Sicherheit stellte für ihn das entscheidende staatstheoretische Argument für die Einsetzung eines Leviathans dar (Abels 2016, S. 47; Schmelzle 2016, S. 157; Waldron 2011). Sicherheit wies damit, historisch betrachtet, frühzeitig einen hohen Stellenwert auf, wohingegen Freiheit – wenngleich beide Prinzipien heute im liberalen Demokratieverständnis gleichwertige, zentrale Staatsziele sind (Glaeßner 2003, S. 33) – erst später folgte. „Sicherheit gehörte über Jahrhunderte hinweg zu den anthropologischen Grundbedürfnissen der Menschen – im Gegensatz zu Freiheit […]" (Reinhard zitiert in Abels 2016, S. 46).

Eine erste Erweiterung erfuhr der Sicherheitsbegriff Anfang des 20. Jahrhunderts, als Fragen nach sozialer Sicherheit auftraten. Europäische Länder entwickelten sich zu Sozial- bzw. Wohlfahrtsstaaten und wurden mit der Entstehung sozialer Rechte konfrontiert. Soziale Rechte umfassten „vor allem das Recht auf ein Mindestmaß an wirtschaftlicher Wohlfahrt und Sicherheit sowie auf ein zivilisiertes Leben entsprechend des gesellschaftlichen Standards [sic!]" (Auth 2016, S. 334). Sie ermöglichen es den Bürgern, ihre Freiheitsrechte auszuüben. Soziale Sicherheit steht allerdings nicht nur in Verbindung mit „Sozialversicherungen und Grundsicherungsleistungen, sondern [bezieht] sich auch auf Aspekte wie soziale Teilhabe, die Schaffung von Chancengleichheit und die Verhinderung von Risiken durch präventive Maßnahmen oder Primärverteilungsmechanismen" (Auth 2016, S. 335). Durch nationale (u. a. demografischer Wandel) und internationale (u. a. Globalisierung, Neoliberalisierung) Prozesse werden die Systeme sozialer Sicherung seit einiger Zeit herausgefordert (Abels 2016, S. 49).

Seit den 1970er-Jahren lässt sich eine weitere Ausdehnung des Sicherheitsbegriffs attestieren. Die strenge Unterscheidung zwischen innerer und äußerer sowie nationaler und internationaler Sicherheit löste sich zunehmend auf. Unsicherheiten, die aus technologischen Entwicklungen resultieren (u. a. Cyberkriminalität), wurden von Politik und Öffentlichkeit vermehrt als relevant eingestuft (Abels 2016, S. 49; Beck 1986; Wenzelburger 2016, S. 800). Der Begriff Sicherheit wird mittlerweile zahlreich spezifiziert, z. B. in Umwelt-, Versorgungs-, Energie- oder Lebensmittelsicherheit. Damit geht eine Veränderung der Staatsaufgaben einher – der Staat wandelt sich zu einem „Präventionsstaat" (Abels 2016, S. 49). Basierend auf dem Human Development Report (1994, S. 22–33) identifiziert Nieberg (2013, o. S.) sieben Dimensionen von Sicherheit: wirtschaftliche Sicherheit, Ernährungssicherheit, gesundheitliche Sicherheit, Umweltsicherheit, persönliche Sicherheit, Sicherheit der Gemeinschaft und politische Sicherheit (Tab. 1).

Es wird deutlich, dass der Begriff Sicherheit zahlreiche Facetten umfasst. Im Rahmen der Bundestagswahl 2017 wurden diese von den Parteien[3] mit größere Intensität behandelt, als noch bei der Wahl 2013 (lpd-BW 2018a). Zur Wahrung der persönlichen Sicherheit versprachen beispielsweise einige Parteien (CDU/CSU, SPD, AfD) die Zahl der Polizisten zu erhöhen. Unterschiedliche Auffassungen bestanden bei der Videoüberwachung und dem Einsatz der Bundeswehr im Inneren: Die Union befürwortete eine Unterstützung der Polizei durch die Bundeswehr, die LINKE und die GRÜNEN lehnten diese entschieden ab. Für die Videoüberwachung an öffentlichen Gefahrenorten oder Bahnhöfen setzten sich CDU/CSU, SPD und AfD ein, die FDP, LINKE und die GRÜNEN sprachen sich gegen eine generelle und lückenlose Überwachung aus (tageschau.de 2017). Die wirtschaftliche Sicherheit thematisierten die Parteien unter anderem über die Aspekte Rente und Steuern. Steuerliche Entlastungen kleiner und mittelgroßer Einkommen forderten alle Parteien. SPD, GRÜNE und LINKE wollten hierzu den Spitzensteuersatz anheben, eine Vermögenssteuer einführen und die Erbschaftsteuer reformieren, wohingegen CDU/CSU, FDP und AfD diese Pläne ablehnten (tageschau.de 2017). Die skizzierten Parteipositionen und das Bedürfnis der Bürger nach Sicherheit unterstreichen kursorisch die Bedeutung des Begriffs bei der Bundestagswahl 2017. In der empirischen Analyse wird folgend untersucht, ob und wenn ja, welche Sicherheitsdimensionen die Wahlentscheidung der Bürger bei der Bundestagswahl 2017 beeinflusst haben.

---

[3]Der Artikel berücksichtigt ausschließlich die Parteien, die nach der Wahl im Bundestag vertreten sind.

Tab. 1 Dimensionen von Sicherheit

Sicherheitsdimension	Erläuterung
Wirtschaftliche Sicherheit	Ein Gefühl von Sicherheit, das aus dem Zugang zu Arbeit oder einer relativ stabilen Beschäftigungssituation bzw. einem garantierten Mindesteinkommen entspringt, welches entweder durch diese Arbeit oder staatliche Wohlfahrt erzielt wird
Ernährungssicherheit	Ein Gefühl von Sicherheit, das auf der Möglichkeit basiert, Zugang zu einer bestimmten Menge und Auswahl an Nahrung zu haben, die ausreicht, um die menschlichen Grundbedürfnisse abzudecken
Gesundheitliche Sicherheit	Ein Gefühl von Sicherheit, das auf dem Schutz vor Infektionen und Krankheiten beruht sowie auf der Möglichkeit des Zugangs zu professioneller medizinischer Versorgung
Umweltsicherheit	Ein Gefühl von Sicherheit, das auf dem Schutz vor Gefahren basiert, die dem natürlichen Lebensumfeld entspringen. Dazu gehören plötzlich auftretende Gefahren wie Erdbeben, Wirbelstürme und Überschwemmungen ebenso wie sich über einen längeren Zeitraum entwickelnde Gefahren, z. B. Luftverschmutzung oder Wüstenbildung (Desertifikation)
Persönliche Sicherheit	Ein Gefühl von Sicherheit, das auf dem Schutz der körperlichen und psychischen Integrität der Person beruht
Sicherheit der Gemeinschaft	Ein Gefühl von Sicherheit, das aus dem Bewusstsein hervorgeht, Teil einer größeren Gruppe von Menschen zu sein, die ähnliche Ansichten und Einstellungen haben
Politische Sicherheit	Ein Gefühl von Sicherheit, das damit einhergeht, Mitglied einer Gesellschaft zu sein, die nicht unterdrückt wird und in der die sie zusammenhaltenden Autoritäten die grundlegenden Menschenrechte wahren

Quelle: Eigene Darstellung nach Nieberg (2013, o. S.)

3 Daten, Operationalisierung und Analysestrategie

3.1 Datenbasis

Die Datengrundlage für die Untersuchungen bildet die Nachwahl-Querschnittsbefragung zur Bundestagswahl 2017 (Roßteutscher et al. 2018) der German Longitudinal Election Study (GLES). Sie ist die bislang größte nationale Wahlstudie. Wie bei den Bundestagswahlen 2009 und 2013 wurden auch 2017 im Rahmen der GLES politische Einstellungen und Themenorientierungen sowie das politische Verhalten durch Vor- und Nachwahlbefragungen erhoben. Für die genutzte Erhebung wurden basierend auf Zufallsstichproben zwischen dem 25.09.2017 und 30.11.2017, 2112 computergestützte, persönliche Interviews (CAPI) geführt. Die Teilnehmer der Befragung mussten mindestens 16 Jahre alt und bei der Bundestagswahl am 24.09.2017 wahlberechtigt sein.[4] Für die deskriptiven und inferenzstatistischen Analysen wird ein Anpassungsgewicht verwendet, das regionale und soziodemografische Unterschiede ausgleicht (Roßteutscher et al. 2018).

3.2 Abhängige Variable

Um den Einfluss von sicherheitsbezogenen Sachthemen auf das Wahlverhalten zu bestimmen, ist die tatsächliche Wahlentscheidung der Bürger am Wahltag relevant. Die GLES-Nachwahl-Querschnittsbefragung bietet aufgrund ihrer spezifischen Konzeption die Möglichkeit, die Befragten basierend auf ihrer Wahlentscheidung zu untersuchen. Vergleichbare Surveys (World Values Survey, European Values Study und European Social Survey) zu politischen Einstellungen erfassen lediglich Wahlabsichten. Angaben zur getroffenen Wahlentscheidung führen im Vergleich zu Wahlabsichtsbefragungen zu deutlich valideren Ergebnissen, da die Befragten sowohl das Gefühl eine sozial angemessene Antwort geben zu müssen, als auch Überlegungen zu einer potenziellen Begründung für die hypothetische Entscheidung ausblenden können. Als abhängige Variable wird folglich die Frage ausgewählt, *Welche Partei haben Sie bei der Bundestagswahl 2017 gewählt?* In ihrer Ursprungsform ist diese Variable kategorial konstruiert, für die Analyse wird sie in Parteidummies gesplittet. Dabei bilden alle Wähler einer Partei eine Gruppe (1 entspricht bspw. CDU/CSU), wohingegen die Wähler der übrigen Parteien die Referenzgruppe darstellen (alle nicht CDU/CSU-Wähler erhalten eine 0). In der Untersuchung werden alle Parteien berücksichtigt, die im aktuell im Bundestag vertreten sind.[5] Die Erststimme wird in die Analyse nicht einbezogen, da die Wahl eines Direktkandidaten die Berücksichtigung weiterer Einflussfaktoren erfordern würde, beispielsweise die Persönlichkeitsmerkmale des Kandidaten oder Themen des Wahlkreises.

---

[4]Bei unter 18-Jährigen wurde die theoretische Wahlberechtigung, basierend auf der Staatsangehörigkeit geprüft.
[5]Dabei handelt es sich um die CDU/CSU, SPD, FDP, GRÜNE, DIE LINKE und die AfD.

3.3 Unabhängige Variablen

Die zentralen unabhängigen Variablen leiten sich aus dem Themenfeld Sicherheit ab. Wie im theoretischen Abschnitt verdeutlicht, handelt es sich um einen mehrdimensionalen Begriff. Im Datensatz finden die Aspekte der wirtschaftlichen Sicherheit, der Umweltsicherheit, die persönliche Sicherheit sowie die Sicherheit der Gemeinschaft empirische Entsprechungen (Roßteutscher et al. 2018).

Die GLES-Studie umfasst verschiedene Itembatterien, die umfangreiche Antworten der Bürger zu einigen der angesprochenen Dimensionen des Konzepts der Sicherheit beinhalten. Eine erste Fragebatterie enthält sechs Items, welche nach den Ängsten bezüglich der Herausforderungen und Themen fragt, die in der deutschen Politik als wichtig betrachtet werden. Dazu zählen die Themen 1) *Flüchtlingskrise,* 2) *globale Klimaerwärmung,* 3) *internationaler Terrorismus,* 4) *Globalisierung* und 5) *Nutzung der Kernenergie.* Die Bürger können auf einer Skala angeben, ob sie sehr viel (7) oder keine Angst (1) vor diesen Themen haben. Für die Zuordnung der Items zu den theoretischen Dimensionen wird auf die Ergebnisse einer Hauptachsenanalyse rekurriert.[6] Die Themen zwei und sechs laden sowohl bei den explorativen als auch den konfirmatorischen Modellen auf eine Dimension, die dem Thema Umweltsicherheit zugeordnet werden. Bei den Themen *Globalisierung, Flüchtlingskrise* und *internationaler Terrorismus* ist die Sachlage deutlich komplexer. Hier laden in einer explorativen Faktoranalyse alle drei Items auf eine Dimension und sind der persönlichen bzw. gesellschaftlichen Sicherheitsdimension zuzuordnen. Die konfirmatorische Faktorenanalyse mit drei vorgegebenen latenten Faktoren führt dazu, dass der internationale Terrorismus und die *Flüchtlingskrise* eine gemeinsame Dimension bilden. Eine Erklärung für die Verschiebung könnte darin bestehen, dass die *Globalisierung* sowohl Aspekte der persönlichen als auch der wirtschaftlichen Sicherheit abbildet. Die Globalisierung wird der wirtschaftlichen Sicherheitsdimension zugeordnet. Um Multikollinearitäten in den Regressionsmodellen zu minimieren, wird anstatt der Einzelvariablen die jeweilige Faktorvariable der drei Dimensionen in die Analysen aufgenommen.

Ein zweiter großer Fragenblock beschäftigt sich mit der Zustimmung bzw. Ablehnung bestimmter Themen. Wie bei der ersten Fragebatterie lässt sich das

---

[6]Es wird eine Hauptachsenanalyse durchgeführt, weil es sich bei den hier verwendeten Themenitems nur um eine Auswahl handelt, mit denen das theoretisch begründete, latente Konstrukt Sicherheit empirisch abgebildet werden kann (Backhaus et al. 2005, S. 290–295).

Item für die Messung der Umweltsicherheit eindeutig zuordnen. Die Bürger werden hierfür nach ihrer Meinung gefragt, ob sie die *Sicherung der Energieversorgung durch Atomkraft* befürworten oder ablehnen. Die Fragen nach einer *Obergrenze für Geflüchtete* (Pearson r = 0,504) und die *Anpassung von Ausländern an die deutsche Kultur* (Pearson r = 0,434) korrelieren recht stark mit der *Angst vor der Intensität der Flüchtlingskrise*. Sie ergänzen folglich die gewählten Items zur Bestimmung der persönlichen und gesellschaftlichen Sicherheitsdimension.[7] Die Frage nach der Zustimmung zu *politischen Maßnahmen, welche die Einkommensungleichheit mindern,* erweitert die Dimension der wirtschaftlichen Sicherheit. Die übrigen Items dieser Fragebatterie können keiner der theoretisch begründeten Sicherheitsdimensionen zugeordnet werden, sodass sie aus den Analysen ausgeschlossen werden. Neben den thematischen Fragen erhebt die GLES-Studie die individuelle Einstellung der Bürger zu drei zentralen Themenspektren. Dafür müssen sich die Bürger auf einer Skala von eins bis elf verorten, wobei die Endpunkte für die Maximalpositionen auf der jeweiligen Dimension stehen. Wie die übrigen Items, die in den Regressionsmodellen Berücksichtigung finden, wurden auch diese Skalen auf einen Wertebereich zwischen 0 und 1 standardisiert. Die nachfolgende Tab. 2 fasst die Informationen zusammen.

Tab. 2 Einstellungen zum Sozialstaat, Klimapolitik und Mulitkulturalismus. (Quelle: eigene Zusammenstellung)

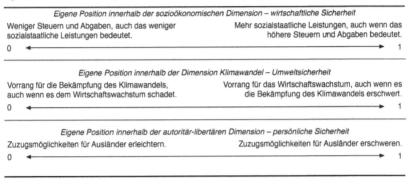

---

[7]Diese Zuordnung wurde mit einer konfirmatorischen Hauptachsenanalyse überprüft.

Im theoretischen Abschnitt zur Bedeutung von Issues für das Wahlverhalten wird neben dem Wissen über Themen und der damit verbundenen Fähigkeit, eine Position zu entwickeln, auf die persönliche Relevanz verwiesen (Salienz). Diese Annahme wird in der Analyse dadurch einkalkuliert, dass die Salienz als moderierender Faktor mit Interaktionsvariablen (beispielsweise: *Positionierung gegenüber dem Klimawandel × Wichtigkeit des Klimawandels*) in das Regressionsmodell aufgenommen wird.[8]

Das sozialpsychologische Modell der Wahlforschung ermöglicht es, die Konzepte zur Erklärung des Wahlverhaltens um weitere theoretisch begründete Items zu erweitern. Ein zentraler Einflussfaktor für die Wahlentscheidung liegt in der wertegebundenen Identifikation mit einer Partei. Neben der angesprochenen *PID* wird nach der individuellen *Verortung auf der Links-rechts-Dimension* gefragt (Bauer-Kaase 2001, S. 208). Personen, deren Wertepräferenzen sich in der Selbstverwirklichung, einer hohen Priorität für Freiheit und einer humanen Welt manifestieren, neigen zu einer politischen Vertretung ihrer Interessen im linken Parteienspektrum. Bürger mit einem traditionellen Wertemuster (Sicherheit, berufliche Karriere, Tradition und Moral) tendieren hingegen eher zu Parteien rechts der Mitte (Inglehart 1979, S. 310; Uehlinger 1988, S. 182–184). Neben Issues und der PID ist die Kandidatenorientierung essenzieller Bestandteil des sozialpsychologischen Modells. Diese drei Items stehen in einem direkten Abhängigkeitsverhältnis. Im vorliegenden Modell wird die Kandidatenorientierung auf die beiden *Spitzenkandidaten der CDU/CSU und SPD* beschränkt. Das Analysemodell wird darüber hinaus um individuelle Einstellungen aus dem Konzept der politischen Kulturforschung komplettiert (Pickel und Pickel 2016).

Neben der Systemunterstützung, gemessen durch die Frage nach der *Zufriedenheit mit der Demokratie im eigenen Land,* wird die Performanzbewertung des politischen Systems mit dem Item *Zufriedenheit mit der Leistung der Bundesregierung* einbezogen. Hierbei handelt es sich um eine eher abstrakte Erfassung demokratischer Einstellungen. Die Literatur schlägt deutlich komplexere Item Batterien vor (Alvarez und Welzel 2017; Cho 2014, 2015; Ferrín und Kriesi 2016; Pickel 2016;), die in der GLES-Studie jedoch nicht enthalten sind. Das Item *Politisches Interesse* wird zur Operationalisierung des Konzept der kognitiven Mobilisierung in die Analyse aufgenommen.

---

[8]Diese Interaktionsvariable wird für alle drei Dimensionsvariablen (q78, q79, q80) multiplikativ berechnet.

Die themenspezifischen und einstellungsbezogenen Einflussfaktoren werden durch soziökonomische und soziostrukturelle Merkmale der Befragten erweitert.[9] Die Variable *Bildungsgrad* unterscheidet zwischen sechs Ausprägungen (1 – noch Schüler, 2 – kein Abschluss, 3 – Hauptschulabschluss, 4 – Realschulabschluss, 5 – Fachhochschulreife, 6 – Abitur). Das Haushaltsnettoeinkommen gliedert sich in 10 Stufen, von < 500 € bis über 10 000 € netto pro Monat. In der Literatur (Kersting und Woyke 2012, S. 37; Schäfer 2013, S. 43) finden sich Hinweise darauf, dass jüngere Menschen seltener wählen als ältere, da das Wahlverhalten im Lebenszyklus s-förmig verläuft. Nachdem häufig der erste Wahltermin wahrgenommen wird, wächst im mittleren Alter das Bewusstsein, dass wählen eine Staatsbürgerpflicht ist und nimmt erst im hohen Alter aufgrund eingeschränkter Mobilität ab. Das *Geschlecht* wird als dichotome Variable mit 0 – männlich und 1 – weiblich aufgenommen. Aus dem soziologischen Modell, das dem sozialpsychologischen Modell vorgelagert ist, wird die *subjektive Schichtzugehörigkeit* als Kontrollvariable ergänzt. Dabei wird sowohl die aktuelle Einschätzung als auch die zukünftige Erwartung berücksichtigt.

3.4 Analysestrategie

Die ausgewählten Einflussfaktoren werden aufgrund der dichotomen abhängigen Variable – Wahl einer Partei – mit binär-logistischen Regressionsmodellen[10] getestet (Backhaus et al. 2005, S. 426–427). Die inferenzstatistischen Analysen werden mit einer deskriptiven Auswertung der Häufigkeitsverteilungen des Wahlverhaltens und seiner Erklärungsfaktoren eingeleitet. Diese ermöglicht es, Erkenntnisse zu Gemeinsamkeiten und Unterschieden zwischen den Parteien und Besonderheiten in den Verteilungen zu gewinnen. Die anschließenden Regressionsmodelle geben die Effekte der Einzelprädiktoren unter Beachtung der anderen Einflussfaktoren aus, wobei die PID einmal in den Modellen enthalten ist und einmal nicht. Durch die Bestimmung der Effekte der Einzelprädiktoren wird beleuchtet, welches Sicherheitsthema den größten Einfluss auf die Wahlentscheidung hat. Für die Modellierung wurden alle unabhängigen Variablen[11]

---

[9]Gemäß des *funnels of causality* umfasst das Analysemodell Schichtzugehörigkeit, Bildungsgrad, Haushaltseinkommen, Alter und Geschlecht.
[10]Sowohl bei den deskriptiven als auch bei den inferenzstatistischen Analysen wurden die Fälle sozial- und regionalstrukturell gewichtet.
[11]Mit Ausnahme der drei Faktorwerte aus den Faktoranalyse.

auf das Intervall 0 und 1 normiert, wobei 0 für eine niedrige und 1 für eine hohe Ausprägung steht. Bei den Fragen nach den Ängsten bedeutet das demzufolge, dass 0 für keine Angst und 1 für sehr große Angst steht.[12] Um Aussagen über die Einflussstärke der jeweiligen unabhängigen Variablen zu treffen, wird die *odds ratio* (Effektkoeffizient, Exp(b)) interpretiert (Backhaus et al. 2005, S. 443–445). Der Effektkoeffizient bildet nicht die Wahrscheinlichkeit, sondern das relative Chancenverhältnis ab. Es werden nur die standardisierten Koeffizienten inhaltlich berücksichtigt, die ein Signifikanzniveau unter $p \leq 0{,}05$ aufweisen. Dadurch wird sichergestellt, dass der Effekt überzufällig ist und nicht durch die Stichprobenkonstellation hervorgerufen wird (Backhaus et al. 2005, S. 446).

4 Ergebnisse: Sicherheit – ein wesentlicher Einflussfaktor für die Wahlentscheidung?

Der direkte Vergleich der Wahlentscheidung zwischen den Jahren 2013 und 2017 zeigt, dass CDU/CSU und SPD 2017 einen erheblichen Stimmenverlust hinnehmen mussten. Gaben im Jahr 2013 noch 41,2 bzw. 29,8 % an, sich für diese Parteien entschieden zu haben, verringerte sich ihr Anteil 2017 auf 31,2 bzw. 23,3 % und damit auf den niedrigsten Stand seit sechs Jahrzehnten. Im Gegensatz zu den beiden Volksparteien konnten die kleineren Parteien FDP, AfD und die LINKEN ihren Stimmenanteil ausbauen. Am deutlichsten wird das bei der AfD sichtbar, bei der 2017 insgesamt 10,4 % der Befragten angaben, sie gewählt zu haben, ein Zuwachs von 8,8 Prozentpunkten. Die GRÜNEN mindern ihren Stimmenanteil basierend auf den GLES-Daten von 13,2 auf 12,7 %.[13].

Einen ersten Hinweis, wie bedeutsam das Thema Sicherheit für die Wahlentscheidung der Bürger möglicherweise war, gibt Tab. 3. Sie illustriert die Zustimmungsraten der Befragten, zu den fünf relevanten Themen aus der ersten Fragebatterie. Neben der Umweltsicherheit, werden mit diesen Items die Dimensionen der persönlichen, gesellschaftlichen und wirtschaftlichen Sicherheit abgebildet.

---

[12]Eine Tabelle mit allen Items und Codierungen findet sich im Appendix.
[13]Der Abgleich mit der amtlichen Wahlstatistik (Bundeswahlleiter 2017) zeigt, dass die Verteilung der Wahlentscheidungen in der GLES-Studie mit kleineren Abweichungen dem amtlichen Endergebnis der Bundestagswahl entspricht.

Tab. 3 Emotionale Einschätzung relevanter politischer Themen

Angst vor der…	CDU/CSU	SPD	FDP	GRUENE	DIE LINKE	AfD
Persönliche und gesellschaftliche Sicherheit						
Intensität der Flüchtlingskrise	51,0 (493)	55,2 (360)	53,6 (186)	22,7 (196)	34,0 (150)	86,3 (161)
Intensität des internationalen Terrorismus	83,1 (488)	80,0 (357)	78,0 (180)	63,3 (196)	64,5 (150)	84,7 (161)
Wirtschaftliche Sicherheit						
Intensität der Globalisierung	27,7 (493)	36,0 (360)	33,8 (186)	26,7 (194)	38,4 (150)	48,7 (161)
Umweltsicherheit						
Intensität der globalen Klirnaerwarmung	68,1 (470)	74,1 (343)	67,5 (178)	88,1 (194)	74,7 (150)	49,4 (154)
Intensität der Nutzung der Kernenergie	52,6 (478)	67,2 (357)	51,4 (184)	76,8 (196)	61,8 (150)	43,2 (160)

Quelle: GLES 2017; Anmerkungen: Zustimmungswerte in Prozent (Summe der höchsten drei Ausprägungen); gültige Fälle in Klammern.

Die Zustimmungswerte offenbaren deutliche Unterschiede zwischen den Positionen der Wähler der einzelnen Parteien zu den verschiedenen Sicherheitsthemen. Das Thema Flüchtlinge, das in der vorliegenden Arbeit mit der Dimension der persönlichen und gesellschaftlichen Sicherheit verknüpft wird, ist für die Wähler der AfD mit Abstand am wichtigsten. Mehr als vier Fünftel der AfD-Wähler haben Angst vor der Intensität der Flüchtlingskrise und fürchten den internationalen Terrorismus. Diese Ängste teilen sie jedoch mit einer großen Mehrheit der Wähler von CDU/CSU, FDP und SPD. Lediglich die Wähler der LINKEN und der GRÜNEN sehen diese Situation etwas gelassener. Letztere weisen der Umweltsicherheit die größte Bedeutung zu. Der Anteil der Wähler, den die globale Klimaerwärmung besorgt, ist bei den GRÜNEN am höchsten (88,1 %). Demgegenüber stufen nur 49,4 % der AfD-Wähler die Klimaerwärmung als beunruhigend ein. Darüber hinaus stuft jeder dritte GRÜNEN-Wähler die intensive Nutzung von Kernenergie als bedrohlich ein. Die Mehrheit der GRÜNEN- und CDU/CSU-Wähler geben zudem an, dass sie mit der Globalisierung (wirtschaftliche Sicherheit) kein größeres Problem haben. Nur jeweils rund ein Viertel der Wähler schätzt die Intensität der Globalisierung als beängstigend ein. Das lässt vermuten, dass diese Wähler in der zunehmenden globalen Verflechtung nicht nur negative (sicherheitsrelevante) Aspekte erkennen.

So verweisen beispielsweise die GRÜNEN in ihrem Programm darauf, dass durch faire Handelsabkommen und die konsequente Umsetzung des Pariser Klimaabkommens Armut und soziale Ungleichheit abgebaut werden kann. Internationale Kooperation sind zudem notwendig um Fluchtursachen zu minimieren (GRÜNE 2018).

Die Zustimmungswerte zu den aktuellen Themen, die in der deutschen Gesellschaft diskutiert werden, divergieren ähnlich stark zwischen den Parteien (Tab. 4) wie die emotionale Einschätzung der Sicherheitsdimensionen. Auch hier unterscheiden sich die Einstellungen der AfD-Wähler beträchtlich von denen der anderen Bundestagsparteien. Während durchschnittlich 73 % der Wähler der CDU/CSU, SPD, FDP und der LINKEN eine Intensivierung der europäischen Einigung befürworten, lehnen dies knapp zwei Drittel der AfD-Wähler ab. Eindeutiger sind die Unterschiede beim Thema Obergrenze für Flüchtlinge: Diese Forderung unterstützen durchschnittlich 30 % mehr AfD-Wähler als Wähler der übrigen Parteien. Der Unterschied zu den GRÜNEN-Anhängern beträgt sogar annähernd 70 Prozentpunkte. Die AfD-Wähler nehmen Flüchtlinge damit als wesentlich stärkeres (persönliches und gesellschaftliches) Sicherheitsrisiko wahr, als die Wähler aller anderen Parteien.

Tab. 4 Einstellungsorientierte Einschätzung relevanter politischer Themen

Zustimmung zu der folgenden Aussage	CDU/CSU	SPD	FDP	GRÜNE	DIE LINKE	AID
Persönliche und gesellschaftliche Sicherheit						
Für Flüchtlinge sollte eine Obergrenze eingeführt werden	67,4 (478)	60,3 (351)	62,4 (184)	23,4 (191)	46,7 (149)	92,4 (158)
Ausländer müssen sich an die deutsche Kultur anpassen	67,0 (490)	61,7 (359)	65,5 (185)	25,4 (196)	40,0 (150)	77,8 (161)
Wirtschaftliche Sicherheit						
Staatliche Maßnahmen, um Ein-kommensunterschiede zu verringern	66,7 (479)	80,8 (358)	69,0 (186)	85,9 (195)	92,2 (150)	77,6 (161)
Umweltsicherheit						
Sicherung der Energieversorgung durch Atomkragt ist sinnvoll	23,9 (482)	11,7 (357)	18,3 (179)	2,5 (192)	9,5 (147)	34,8 (156)

Quelle: GLES 2017; Anmerkungen: Zustimmungswerte in Prozent (Summe der höchsten drei Ausprägungen), gültige Fälle in Klammern.

Wenig überraschend ist die breite Zustimmung der Wähler der *Volksparteien* und der FDP zu der Aussage, dass sich Ausländer an die deutsche Kultur anpassen müssen. Hier beträgt die Differenz zu den Wählern der AfD nur 10 bis 15 Prozentpunkte. Die Wähler dieser vier Parteien stufen die persönliche und gesellschaftliche Sicherheitsdimension folglich ähnlich ernst ein. Der deskriptive Teil schließt mit der Positionierung der Wähler der sechs Parteien auf den drei zentralen Dimensionen libertär-autoritär, sozioökonomisch und Klimawandel ab (Abb. 2). Die Verortung der Befragten basiert dabei auf den Antworten zu den Fragen, wie der Zuzug von Ausländern geregelt werden soll, wie viel der Steuern und Abgaben in den Ausbau des Sozialstaats investiert werden sollen und welches Verhältnis zwischen Umwelt und Wirtschaft vorherrschen soll.

Auf der sozioökonomischen Dimension sind die Differenzen zwischen den Wählern der jeweiligen Parteien moderat. Auffällig ist jedoch, dass die Wähler der CDU/CSU, FDP und AfD mehrheitlich ein steuerfinanziertes Sozialstaatsmodell zurückweisen. Das ist interessant, da sich bei den Wählern der AfD

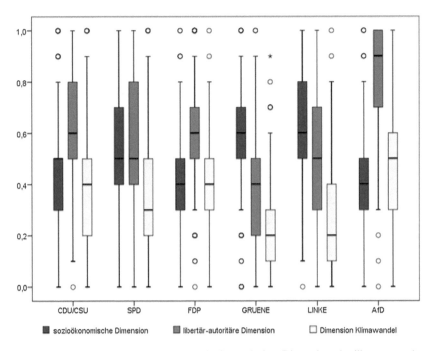

Abb. 2 Eigene Positionierung auf der sozioökonomischen Dimension, der libertär-autoritären Dimension und der Dimension Klimawandel nach Partei. (Quelle: GLES 2017; Eigene Berechnungen)

häufig sozial-deprivierte Personen finden (Stark et al. 2017, S. 16; Schmitt-Beck et al. 2017, S. 274). Dennoch scheint unter den AfD-Wählern die Ablehnung gegenüber der sozialen Marktwirtschaft und staatlicher Steuerung zu überwiegen. Deutliche Unterschiede zeigen sich zwischen den Wählern der Parteien in der autoritär-libertären Dimension. Positioniert sich die Mehrheit der Wähler von CDU/CSU, SPD, FDP und der LINKEN mittig, zeigt sich bei den GRÜNEN-Wählern eine mehrheitliche Tendenz zur libertären Position. Die Wähler der AfD offenbaren hingegen eine autoritäre Haltung. Auf der Klimadimension sind, wie erwartet, die Wähler der GRÜNEN und LINKEN für strengere Umweltstandards, auch wenn sie der Wirtschaft schaden. Zusammenfassend ist basierend auf den Ergebnissen der deskriptiven Analyse festzuhalten, dass die sich die AfD-Wähler in ihrem politischen und gesellschaftlichen Sicherheitsempfinden teilweise erheblich von den übrigen Wählergruppen unterscheiden. Zur Frage der Umweltsicherheit weichen die GRÜNEN-Wähler von den Wählern der anderen Parteien ab – für sie stellen die Umwelt und das Klima relevante Sicherheitsfaktoren dar.

Der folgende Abschnitt dokumentiert die Ergebnisse der inferenzstatistischen Analyse (Tab. 5). Insgesamt können die sozialpsychologischen Einflussfaktoren PID, Issue- und Kandidatenorientierung in Kombination mit den Kontrollvariablen im Durchschnitt 60 % der Varianz des individuellen Wahlverhaltens erklären.[14] Das Modell für die AfD-Wähler bietet die höchste Erklärungskraft, gefolgt von den Wahlmodellen für CDU/CSU, SPD und GRÜNEN. Die hohe Varianzaufklärung ist – mit Ausnahme der Wahlentscheidung für DIE LINKE – vor allem auf die PID zurückzuführen. Wird dieser Erklärungsfaktor aus dem Modell genommen, sinkt die Erklärungskraft im Durchschnitt um 20 Prozentpunkte. Gleichzeitig nimmt die Bedeutung der übrigen Faktoren für die Erklärung der Wahl zu.

Mit Blick auf die hier analysierten Sicherheitsthemen wird konstatiert, dass sie – abgesehen von der gesellschaftlichen Sicherheit – für die Mehrheit der CDU/CSU- und SPD-Wähler keinen Einfluss auf ihre Wahlentscheidung ausüben. Vielmehr wird die Wahl von der jeweiligen Kanzlerpräferenz, der PID und der Zufriedenheit mit der Bundesregierung beeinflusst. Mit Blick auf die gesellschaftliche Sicherheit ist jedoch die Chance höher, der CDU/CSU oder FDP

---

[14]Es wurden Partialmodelle mit den Items der jeweiligen Sicherheitsthemen gerechnet. Die Varianzaufklärung der Modelle ist jedoch sehr gering. Werden die Kontrollvariablen einbezogen, verlieren sie ihren signifikanten Erklärungsgehalt.

Tab. 5 Vergleich der Erklärungsfaktoren für das parteispezifische Wahlverhalten zur Bundestagswahl 2017

	CDU/CSU		SPD		FDP		Grüne		Die Linke		AfD	
	Modell I	Modell II	Modell I	Modell II	Modell I	Modell II	Modell I	Modell II	Modell I	Modell II	Modell I	Modell II
Position libertär-autoritär moderiert	1,677 (0,89)	1,579 (0,46)	0,218 (0,92)	0,451 (0,59)	0,711 (1,13)	**0,186*** (0,73)	0,152 (1,24)	0,509 (0,75)	23,095** (1,26)	6,950* (0,79)	5,361 (1,59)	17,062** (1,00)
Angst vor der Flüchtlingskrise und Terrorismus	0,684 (0,26)	0,821 (0,17)	1,035 (0,25)	0,757 (0,17)	1,191 (0,33)	0,966 (0,22)	1,206 (0,32)	1,389 (0,20)	1,043 (0,33)	1,062 (0,22)	1,438 (0,51)	0,940 (0,29)
Anpassung an deutsche Kultur	1,881 (0,52)	**2,361*** (0,35)	0,735 (0,55)	1,242 (0,35)	1,837 (0,70)	**2,485*** (0,445)	0,798 (0,68)	0,474 (0,41)	0,611 (0,71)	**0,316*** (0,47)	0,282 (1,14)	**0,268*** (0,636)
Obergrenze für Flüchtlinge	0,648 (0,45)	1,111 (0,30)	1,331 (0,49)	0,946 (0,31)	0,762 (0,53)	1,243 (0,359)	0,501 (0,58)	**0,443*** (0,38)	2,245 (0,68)	1,694 (0,45)	**19,357*** (1,19)	**23,470*** (0,75)
Position sozioökonomisch moderiert	0,787 (0,76)	0,480 (0,54)	1,124 (0,74)	0,767 (0,49)	0,275 (0,96)	**0,227*** (0,643)	0,361 (1,00)	0,964 (0,62)	**9,996*** (0,96)	**6,753*** (0,63)	0,184 (1,39)	0,368 (0,85)
Angst vor der Globalisierung	0,735 (0,30)	0,771 (0,20)	1,263 (0,29)	0,823 (0,19)	1,430 (0,37)	0,979 (0,239)	1,043 (0,38)	1,092 (223,00)	0,718 (0,37)	1,064 (0,24)	1,627 (0,66)	1,210 (0,35)
Einkommensunterschiede verringern	0,928 (0,47)	0,795 (0,31)	0,82 (0,53)	0,791 (0,35)	0,373 (0,55)	0,517 (0,37)	3,119 (0,71)	3,328 (0,46)	2,661 (0,88)	**4,891*** (6,95)	2,927 (1,06)	0,939 (0,59)

(Fortsetzung)

Tab. 5 (Fortsetzung)

	CDU/CSU		SPD		FDP		Grüne		Die Linke		AfD	
	Modell I	Modell II	Modell I	Modell II	Modell I	Modell II	Modell I	Modell II	Modell I	Modell II	Modell I	Modell II
Position Klimawandel moderiert	0,827 (0,78)	1,471 (0,54)	1,161 (0,85)	1.934 (0,54)	4,150 (1,04)	10,394** (0,67)	1,290 (1,15)	**0,201*** (0,75)	0,677 (1,04)	0,357 (1,91)	1,934 (1,58)	1,847 (0,90)
Angst vor Kernenergie und Klimawandel	1,127 (0,22)	1,182 (0,32)	11,438 (0,23)	(1,166 (0,15)	0,847 (0,27)	0,706 (0,18)	0,706 (0,32)	**0,652*** (0,20)	0,814 (0,33)	1,178 (0,60)	1,033 (0,45)	1,312 (0,26)
Sicherung der Energieversorgung durch Atomkraft	0,827 (0,44)	1,620 (0,32)	0,410 (0,51)	**0,379*** (0,34)	2,125 (0,55)	**2,351*** (0,38)	0,993 (0,77)	**0,337*** (0,51)	0,573 (0,77)	0,606 (1,05)	4,354 (0,92)	3,783 (0,54)
PID (CDU/CSU)[a]	**25,063*** (0,71)	./.	./.	./.	./.	./.	./.	./.	./.	./.	./.	./.
PID (SPD)[b]	1,132 (0,77)	./.	**59,701** (0,47)	./.	0,716 (0,51)	./.	2,191 (0,60)	./.	./.	./.	0,203 (0,82)	./.
PID (FDP)[c]	1,407 (0,80)	./.	2,870 (0,68)	./.	**25,114** (0,39)	./.	0,641 (1,03)	./.	./.	./.	0,183 (1,10)	./.
PID (GRUE-NE)[b]	0,654 (0,85)	./.	2,042 (0,58)	./.	0,251 (0,78)	./.	**99,442*** (0,55)	./.	./.	./.	0,000 (2897,02)	./.
PID (LINKE)[b]	1,202 (0,87)	./.	1,283 (0,69)	./.	0,265 (1,16)	./.	0,773 (0,96)	./.	./.	./.	1,039 (1,12)	./.

(Fortsetzung)

Tab. 5 (Fortsetzung)

	CDU/CSU		SPD		FDP		Grüne		Die Linke		AfD	
	Modell I	Modell II	Modell I	Modell II	Modell I	Modell II	Modell I	Modell II	Modell I	Modell II	Modell I	Modell II
PID (AfD)[b]	./.	./.	0,000 (5025,65)	./.	0,000 (4996,09)	./.	0,000 (5017,29)	./.	./.	./.	62,644 (0,90)	./.
Kanzler-präferenz (Merkel)[c]	4,796** (0,40)	6,572** (0,26)	0,412* (0,39)	,200** (0,25)	0,878 (0,45)	0,99 (0,28)	2,545 (0,51)	2,036** (0,33)	0,259* (0,59)	0,502* (0,34)	0,217* (0,69)	0,503 (0,38)
Kanzler-präferenz (Schulz)[c]	0,716 (0,60)	0,292** (0,45)	1,402 (0,34)	2,964** (0,22)	0,455 (0,67)	0,528 (0,38)	1,251 (0,51)	1,029 (0,34)	0,598 (0,44)	0,615 (0,30)	0,570 (0,79)	0,603 (0,40)
Schichtzuge-hörigkeit	0,599 (0,86)	0,839 (0,58)	1,356 (0,85)	1,267 (0,56)	16,995* (1,27)	9,329** (0,80)	0,393 (1,09)	0,930 (0,69)	1,863 (1,10)	1,231 (0,73)	0,406 (1,77)	0,076* (1,00)
Rechts-Links-Einstufung	0,462 (0,76)	,0850** (0,50)	4,442 (0,81)	6,123** (0,49)	0,364 (0,92)	0,200** (0,60)	0,558 (1,17)	3,143 (0,68)	31,489** (1,24)	412,646** (0,75)	0,003** (1,46)	0,009** (0,83)
Demokratie-zufriedenheit	2,170 (0,68)	2,049 (0,50)	0,519 (0,70)	0,887 (0,43)	0,751 (0,87)	2,624 (0,53)	4,139 (0,90)	4,124* (0,56)	1,393 (0,88)	1,130 (0,57)	0,251 (1,24)	0,082** (0,70)
Zufrieden-heit mit der Bundes-regierung	2,338 (0,77)	12,559** (0,53)	1,875 (0,73)	5,082** (0,43)	1,671 (0,94)	0,817 (0,56)	0,658 (0,96)	0,942 (0,58)	1,512 (0,90)	0,487 (0,58)	0,334 (1,25)	0,058** (0,69)
Politisches Interesse	0,234* (0,64)	0,370 (0,41)	0,908 (0,65)	0,698 (0,41)	1,643 (0,76)	1,572 (0,49)	1,955 (0,80)	0,670 (0,51)	0,346 (0,90)	1,035 (0,56)	5,287 (1,25)	2,051 (0,66)

(Fortsetzung)

Tab. 5 (Fortsetzung)

	CDU/CSU		SPD		FDP		Grüne		Die Linke		AfD	
	Modell I	Modell II	Modell I	Modell II	Modell I	Modell II	Modell I	Modell II	Modell I	Modell II	Modell I	Modell II
Schulabschluss	0,444 (0,59)	0,446* (0,39)	0,347 (0,62)	,379* (0,42)	1,358 (0,89)	1,245 (0,48)	2,996 (0,81)	4,078*** (0,50)	1,271 (0,95)	1,304 (0,61)	4,219 (1,34)	1,921 (0,77)
Monatliches Haushaltseinkommen	0,517 (0,71)	1,662 (0,50)	0,924 (0,80)	0,640 (0,53)	2,703 (0,32)	3,176 (0,63)	1,827 (0,94)	0,982 (0,56)	3,636 (1,07)	0,843 (0,66)	0,713 (1,67)	0,581 (0,92)
Geschlecht[c]	1,022 (0,26)	0,812 (0,17)	0,522* (0,29)	0,940 (0,18)	0,686 (0,01)	0,682 (0,22)	1,244 (0,36)	1,059 (0,22)	1,924 (0,40)	2,060** (2,53)	2,999 (0,59)	1,240 (0,32)
Alter	0,996 (0,01)	1,006 (0,01)	1,020* (0,01)	1,015 (0,06)	0,995 (1,69)	0,992 (0,01)	0,995 (0,01)	0,995 (0,01)	0,995 (0,01)	1,007 (0,01)	0,986 (0,02)	0,983 (0,01)
KT (Gesamtprozente)	89,6 %	79,1 %	89,8 %	82,8 %	93,3 %	88,5 %	94,5 %	85,3 %	95,1 %	91,3 %	97,6 %	94,6 %
Chi-Quadrat	589,562	465,170	503,345	287,021	222,678	105,076	412,592	205,143	325,300	190,051	387,984	405,957
−2 Log-Likelihood	500,931	948,309	447,138	952,953	342,576	716,212	304,056	690,474	253,843	560,768	144,381	352,993
Nagelkerke	0,688	0,468	0,660	0,333	0,472	0,171	0,672	0,301	0,641	0,317	0,786	0,615
DF	25	21	25	21	25	21	25	21	25	21	25	21

Anmerkungen: Effektkoeffizienten der logistischen Regression (Methode: Einschluss); *p<0,05; **p<0,02; ***p<0,001; Exp(b) = Effektkoeffizient; KT = Klassifikationstabelle; %-gesamt = Anteil der richtigen Zuordnung zwischen allen beobachteten und allen vorhergesagten Elementen; [a]Referenzkategorie = PID für die AfD; [b]Referenzkategorie = PID für die CDU/CSU; [c]Referenzkategorie = keine Kanzlerpräferenz; [d]Referenzkategorie = Mann; Quelle: GLES 2017 eigene Berechnungen.

die Stimme zu geben, wenn die Wähler die Meinung vertreten, dass sich Ausländer der deutschen Kultur anpassen müssen. Die Chance der Wahl der LINKEN oder der AfD ist bei dieser Wählergruppe geringer – wenn auch aus unterschiedlichen Motiven. Während die libertär eingestellten Wähler der LINKEN das Konzept des Multikulturalismus befürworten, lehnen die Wähler der AfD die Idee einer Einwanderungsgesellschaft ab. Sie dulden den Verbleib von Ausländern in Deutschland nicht bzw. fordern die Einführung einer Obergrenze für die Aufnahme von Ausländern. Insgesamt weist die AfD-Wählerschaft im Vergleich zu den anderen Wählergruppen die größten persönlichen und gesellschaftlichen Sicherheitsbedenken auf. In der Konsequenz prädisponierten diese Bedenken ihre Wahlentscheidung.

Die wirtschaftliche Sicherheit animiert nur die Wähler der Linkspartei. Sofern Bürger der Meinung sind, dass der Staat Steuern und Abgaben zum Ausbau des Sozialstaats einsetzten oder Maßnahmen gegen die soziale Ungleichheit ergreifen sollte, geben sie ihre Zweitstimme mit einer deutlich höheren Chance den LINKEN. Vergleichbare Ergebnisse liegen beim Thema Umweltsicherheit für die Wähler der GRÜNEN vor. Sie sind die einzige Wählergruppe, bei der positive Einstellungen gegenüber einer nachhaltigen Umweltpolitik die Wahlchance dieser Partei erhöht. Die Wahlentscheidungen für die übrigen Parteien werden von diesen beiden Sicherheitsthemen nicht beeinflusst.

Indes erhöht – im Einklang mit der Theorie – eine positive Einstellung gegenüber dem Spitzenkandidaten der beiden *Volksparteien* CDU/CSU und SPD die Chance der Wahl der jeweiligen Partei. Während die Wähler der GRÜNEN ebenfalls eine Präferenz für Angela Merkel zeigen, lehnen die Wähler der LINKEN und der AfD Angela Merkel als Kanzlerin ab. Das Modell belegt damit das theoretische Argument, dass die PID die Kandidatenorientierung beeinflusst. Die Zustimmung zu den jeweiligen Spitzenkandidaten erhöht die Chance der Wahlentscheidung nur bei den Anhängern der entsprechenden Partei.

Für die FDP bestätigt sich in der Analyse, dass sie die *Partei der Besserverdienenden* ist (Butzlaff 2017, S. 169). Die Chance der FDP bei der Bundestagswahl 2017 gewählt zu werden steigt um ein Vielfaches, wenn sich der Befragte der Oberschicht zuordnet. Die AfD ist hingegen bei den Wählern der Unterschicht beliebt (Pickel und Pickel 2018a). Ein weiterer bedeutsamer Indikator ist die Selbstverortung der Wähler auf der LR-Skala. Wähler, die sich eher rechts der politischen Mitte einordnen, wählen mit einer höheren Chance die CDU/CSU, FDP und AfD. Dabei fällt das Ergebnis für die letztgenannte Wählergruppe am deutlichsten aus. Linksorientierte Wähler tendieren bei ihrer Wahlentscheidung eher zur SPD, verstärkt jedoch zur LINKEN. Ein Blick auf die Zufriedenheit mit der Performanz der Bundesregierung zeigt, dass die Wähler der CDU/CSU mit der Arbeit ihrer Partei in der Regierung zufrieden sind. Im Gegensatz dazu sind die AfD-Wähler ausgesprochen unzufrieden mit der Leistung. Die soziostrukturellen Faktoren belegen schließlich, dass höher gebildete Bürger zur Wahl der GRÜNEN tendieren und Frauen im Vergleich zu Männern eher die LINKE wählen.

5 Fazit: Individuelles Sicherheitsempfinden nicht maßgeblich für die Wahlentscheidung.

Das Thema Sicherheit wurde von den Bürgern – u. a. durch die vermehrte Zuwanderung im Rahmen der Flüchtlingskrise, die Angst vor Terroranschlägen oder die zunehmende soziale Ungleichheit – im Vorfeld der Bundestagswahl 2017 als bedeutsam eingestuft (Politbarometer 2018a; Grüning et al. 2015, S. 5–6). Die im 19. Bundestag vertretenen Parteien griffen die verschiedenen Facetten von Sicherheit im Wahlkampf auf und thematisierten sie wesentlich stärker als bei der Wahl 2013 (lpd-BW 2018a; tagesschau.de 2017). Welchen Einfluss das persönliche Sicherheitsempfinden der Wähler auf ihre Wahlentscheidung ausübte, wurde basierend auf den Daten der GLES-Nachwahl-Querschnittsstudie analysiert. Die Daten ermöglichten es, von den insgesamt sieben Sicherheitsdimensionen des theoretischen Sicherheitskonzeptes (Nieberg 2013) das politische, gesellschaftliche und wirtschaftliche Sicherheitsempfinden sowie die Umweltsicherheit zu betrachten. In Anlehnung an das sozialpsychologische Modell zur Erklärung von Wahlverhalten (Campbell et al. 1960) wurde das Sicherheitsempfinden als Issueorientierung konzeptualisiert. Die PID und Kandidatenorientierung wurden – entsprechend dem sozialpsychologischen Modell – für die Bestimmung des Einflusses der Issues auf die Wahlentscheidung berücksichtigt. Sozioökonomische und soziostrukturelle Merkmale sowie Aspekte der politischen Kulturforschung ergänzten das Analysemodell. Die Erkenntnisse zu den Determinanten, die das Wahlverhalten bei der Bundestagswahl 2017 erklären, werden abschließend in Thesen zusammengefasst:

1. Die Wähler der sechs im Bundestag vertretenen Parteien unterscheiden sich bei ihren Einstellungen zum Thema Sicherheit deutlich. Vor allem die Wähler der AfD zeigen ausgeprägte persönliche Ängste mit Blick auf die Flüchtlingskrise und Menschen aus Einwandererfamilien (siehe auch Pickel und Pickel 2018b). Die Wähler der GRÜNEN sind hingegen besorgt über den Zustand der Umwelt und zeigen eine klare Präferenz für eine nachhaltige Klimapolitik.

2. Die überprüften Sicherheitsthemen werden von den GRÜNEN, LINKEN, FDP und der AfD als *Positionsissues* aufgegriffen. Bei einer Kontrolle ihrer individuellen Erklärungskraft zeigen sich signifikante Einflüsse in der angenommenen Ausprägung. Die Wähler der GRÜNEN verknüpfen ihre Partei eindeutig mit dem Thema Umweltsicherheit. Personen mit einer ablehnenden Haltung gegenüber Geflüchteten und Ausländern finden in der AfD ihre parteipolitische Vertretung. Die soziale bzw. wirtschaftliche Sicherheit wird indes als zentrales Thema von den Wählern der LINKEN betrachtet. Allerdings besitzen diese Erklärungsmodelle nur eine geringe Varianzaufklärung, sodass eine fundierte Auswertung der Einflussstärke der Issueorientierung nur in den Gesamtmodellen zulässig ist.
3. Wenngleich die Relevanz der PID für die Wahl von Parteien abnimmt, übt sie, sofern vorhanden, einen wesentlichen Einfluss auf die Wahlentscheidung aus. Zugleich lässt sich aus den Ergebnissen aber nicht verallgemeinernd ableiten, dass die Kandidaten- und Themenorientierung für die Wahlentscheidung maßgeblich an Bedeutung gewinnt. Während bei den Wählern der Volksparteien eine positive Einstellung zu den Spitzenkandidaten die Wahlchance erhöht, zeigt sich bei den übrigen Parteien ein eher themenspezifisches Wahlverhalten. Das lässt die Schlussfolgerung zu, dass sich – anders als von Schoen und Weins (2014, S. 301) vermutet – die drei zentralen Faktoren zur Erklärung der Wahlforschung nicht gegenseitig ersetzen, sondern weiterhin ergänzen. Die Ergänzung des sozialpsychologischen Modells um weitere Erklärungsfaktoren, beispielsweise das Demokratieverständnis (Schmitt-Beck et al. 2017), erscheint zielführend.
4. Die themen- und kandidatenorientierte Perspektive muss weiterhin um soziostrukturelle und einstellungsorientierten Determinanten ergänzt werden. Die Ergebnisse der Studie bestätigen bisherige Erkenntnisse (u. a. Debus 2010, S. 746; Schoen und Weins 2014, S. 311), dass die individuelle Zufriedenheit mit der Bundesregierung, politisches Interesse und ein Zugehörigkeitsgefühl zu sozialen Großgruppen signifikante Einflussfaktoren für die politischen Entscheidungen der Bürger darstellen.

Insgesamt zeigt die Analyse zum Einfluss des subjektiven Sicherheitsempfindens auf das Wahlverhalten ein weiteres Mal, dass die Wahlentscheidung durch eine Vielzahl von Faktoren bestimmt wird. In der Kombination mit soziostrukturellen Merkmalen bietet das sozialpsychologische Modell daher auch weiterhin einen hohen analytischen Wert für die Erklärung des individuellen Wahlverhaltens.

Literatur

Abels, Gabriele. 2016. Vorsicht Sicherheit! Legitimationsprobleme der Ordnung von Freiheit. In ders.: Vorsicht Sicherheit! Legitimationsprobleme der Ordnung von Freiheit. 26. wissenschaftlicher Kongress der Deutschen Vereinigung für Politische Wissenschaft, 45–61. Baden-Baden: Nomos.

Alvarez, Alejandro Moreno und Christian Welzel. 2017. How values shape people's views on democracy: A global comparison.

Auth, Diana. 2016. Soziale Sicherheit in Zeiten der Ökonomisierung: Wandel von Pflegearbeit in Großbritannien, Schweden und Deutschland. In Vorsicht Sicherheit! Legitimationsprobleme der Ordnung von Freiheit. 26. wissenschaftlicher Kongress der Deutschen Vereinigung für Politische Wissenschaft, Hrsg. Gabriele Abels, 333–353. Baden-Baden: Nomos.

Backhaus, Klaus, Bernd Erichson, Wulff Plinke und Rolf Weiber. 2005. Multivariate Analysemethoden: Eine anwendungsorientierte Einführung: Springer.

Bauböck, Rainer 2004. Migration und innere Sicherheit: Komplexe Zusammenhänge, paradoxe Effekte und politische Simplifizierung. Österreichische Zeitschrift für Politikwissenschaft (ÖZP), 33 Jg./H1: 49–66.

Bauer-Kaase, Petra. 2001. Politische Ideologie im Wandel? Eine Längsschnittanalyse der Inhalte der politischen Richtungsbegriffe ‚links' und ‚rechts'. In Wahlen und Wähler. Analysen aus Anlass der Bundestagswahl 1998, Hrsg. Hans-Dieter Klingemann und Max Kaase, 207–243: Springer.

Beck, Ulrich. 1986. Risikogesellschaft. Auf dem Weg in eine andere Moderne. Frankfurt am Main: Suhrkamp.

Benney, Mark, A. P. Gray und Richard H. Pear. 1956. How People Vote. London: Routledge and Kegan Paul.

Berelson, Bernard, Paul F. Lazarsfeld und William N. McPhee. 1954. Voting. A Study of Opinion Formation in a Presidential Campaign. Chicago: University of Chicago Press.

Brettschneider, Frank. 2000. Kohls Niederlage? Schröders Sieg! Die Bedeutung der Spitzenkandidaten bei der Bundestagswahl 1998. In Deutschland nach den Wahlen. Befunde zur Bundestagswahl 1998 und zur Zukunft des deutschen Parteiensystems, Hrsg. Gert Pickel, Dieter Walz, und Wolfram Brunner, 109–140. Wiesbaden: VS Verlag für Sozialwissenschaften.

Bundeswahlleiter. 2017. Bundestagswahl 2017. Endgültiges Wahlergebnis. Zugegriffen: 25.06.2018.

Butzlaff, Felix. 2017. Die FDP. In Parteien und soziale Ungleichheit, Hrsg. Elmar Wiesendahl, 169–190. Wiesbaden: Springer Fachmedien Wiesbaden.

Bürklin, Wilhelm/Klein, Markus, 1998. Wahlen und Wahlverhalten. Eine Einführung. Leske und Budrich

Campbell, Angus, Philip E. Converse, Warren E. Miller und Donald E. Stokes. 1960. The American Voter. Chicago: The University of Chicago Press.

Campbell, Angus, Gerald Gurin und Warren E. Miller. 1954. The Voter Decides. Evanston/Illinois: Row: Peterson and Company.

Cho, Youngho. 2014. To know democracy is to love it: A cross-national analysis of democratic understanding and political support for democracy. Political Research Quarterly 67: 478–488.

Cho, Youngho. 2015. How well are global citizenries informed about democracy? Ascertaining the breadth and distribution of their democratic enlightenment and its sources. Political Studies 63: 240–258.

Converse, Philip E. 1975. Public Opinion and Voting Behavior. In Handbook of Political Science. Vol. 4: Nongovernmental Politics, Hrsg. Fred I. Greenstein, und Nelson W. Polsby, 75–169: Addison-Wesley.

Dalton, Russell und Martin P. Wattenberg. 1993. The Not So Simple Act of Voting. In Political science II. The state of the discipline, Hrsg. Ada W. Finifter, 198–206. Washington, DC: American Political Science Association.

Dalton, Russell J. 1984. Cognitive Mobilization and Partisan Dealignment in Advanced Industrial Democracies. The Journal of Politics 46: 264–284. https://doi.org/10.2307/2130444.

Dalton, R. J. (2000). The Decline of Party Identifications. In R. J. Dalton &M. P. Wattenberg (Hrsg.), Parties without Partisans. Political Change in Advanced Industrial Democracies (S. 19–36). Oxford: Oxford University Press.

Debus, Marc. 2010. Soziale Konfliktlinien und Wahlverhalten. Eine Analyse der Determinanten der Wahlabsicht bei Bundestagswahlen von 1969 bis 2009. KZfSS Kölner Zeitschrift für Soziologie und Sozialpsychologie 62: 731–749. https://doi.org/10.1007/s11577-010-0114-1.

destatis. 2018. Wirtschaftswachstum 2013 – 2018. https://www.destatis.de/DE/ZahlenFakten/GesamtwirtschaftUmwelt/VGR/Inlandsprodukt/Tabellen/VJ_BIP.html. Zugegriffen: 25.06.2018.

Downs, Anthony. 1957. An Economic Theory of Democracy. Boston: Addison-Wesley.

Eurobarometer 2018: Die öffentliche Meinung in der Europäischen Union. Standard Eurobarometer 89 – Welle EB89.1 – TNS optional & social: S. 21–23. European Commission.

Ferrín, Mónica und Hanspeter Kriesi. 2016. How Europeans view and evaluate democracy: Oxford University Press.

Fournier, Patrick, André Blais, Richard Nadeau, Elisabeth Gidengil und Neil Nevitte. 2003. Issue Importance and Performance Voting. Political Behavior 25: 51–67. https://doi.org/10.1023/A:1022952311518

Gabriel, Oscar W. und Frank Brettschneider. 1998. Die Bundestagswahl 1998: Ein Plebiszit gegen Kanzler Kohl? Aus Politik und Zeitgeschichte: 20–32.

Gibowski, Wolfgang G. 1997. Gesellschaftlicher Wandel, politische Eliten, Mediendemokratie. In Politik und Demokratie in der Informationsgesellschaft, Hrsg. Karl Rohe, 79–85. Baden-Baden: Nomos.

Glaeßner, Gert-Joachim. 2003. Sicherheit und/oder? Freiheit. Humboldt-Spektrum 10: 32–35.

Grüning, Patrick, Thomas Theobald und Till van Treeck. 2015. Income Inequality and Germany's Current Account Surplus: IMK Working Paper.

Hobbes, Thomas. 1984. Leviathan oder Stoff, Form und Gewalt eines kirchlichen und bürgerlichen Staates. Frankfurt/M.: Suhrkamp.

Inglehart, Ronald. 1979. Value priorities and socioeconomic change. Political action: Mass participation in five Western democracies: 305–342.

Kellermann, Charlotte. 2007. Trends and Constellations: Klassische Bestimmungsfaktoren des Wahlverhaltens bei den Bundestagswahlen 1990–2005. In Der gesamtdeutsche Wähler. Stabilität und Wandel des Wählerverhaltens im wiedervereinigten Deutschland, Hrsg. Hans Rattinger, 297–328. Baden-Baden: Nomos.

Kersting, Norbert, und Wichard Woyke. 2012. Vom Musterwähler zum Wutbürger? Politische Beteiligung im Wandel: Aschendorff.

Lau, Christoph. 1991. Neue Risiken und gesellschaftliche Konflikte. In Politik in der Risikogesellschaft. Essays und Analysen, 248–265. Frankfurt a. M.: Suhrkamp.

lpd-BW. 2018. Sicherheit. Wahlthemen im Parteivergleich. http://www.bundestagswahl-bw.de/sicherheit_btwahl2017.html. Zugegriffen: 25.06.2018.

Miller, Arthur H. 1978. Partisanship Reinstated? A Comparison of the 1972 and 1976 U.S. Presidential Elections. British Journal of Political Science 8: 129–152. https://doi.org/10.1017/s0007123400001277.

Müller, Harald. 2016. Freiheit – Sicherheit – Frieden: Spannungen, Widersprüche, Synthesen. In Vorsicht Sicherheit! Legitimationsprobleme der Ordnung von Freiheit. 26. wissenschaftlicher Kongress der Deutschen Vereinigung für Politische Wissenschaft, Hrsg. Gabriele Abels, 63–79. Baden-Baden: Nomos.

Nieberg, Thorsten. 2013. Menschliche Sicherheit. http://www.bpb.de/gesellschaft/migration/kurzdossiers/164862/menschliche-sicherheit. Zugegriffen: 19.06.2018.

Pappi, Franz Urban. 1999. Die Abwahl Kohls. Hauptergebnis der Bundestagswahl 1998? Zeitschrift für Politik 46: 1–29.

Pappi, Franz Urban, und Susumu Shikano. 2003. Schröders knapper Sieg bei der Bundestagswahl 2002. Zeitschrift für Politik: 1–16.

Pappi, Franz Urban, und Susumu Shikano. 2007. Wahl- und Wählerforschung. Baden-Baden: Nomos.

Pickel, Gert und Susanne Pickel. 2018b. Migration als Gefahr für die politische Kultur? Kollektive Identitäten und Religionszugehörigkeit als Herausforderung demokratischer Gemeinschaften. Zeitschrift für Vergleichende Politikwissenschaft 12 (1) doi.org/https://doi.org/10.1007/s12286-018-0380-2

Pickel, Gert, Yendell, Alexander und Karolin Dörner. 2018. Vorwort: Innere Sicherheit in Sachsen. Innere Sicherheit – heute wieder eine Thematik? In Innere Sicherheit in Sachsen. Beiträge zu einer kontroversen Debatte. Hrsg. Alexander Yendell, Gert Pickel und Karolin Dörner. Edition Leipzig.

Pickel, Susanne und Gert Pickel. 2018b. Im postfaktischen Zeitalter? Wie subjektive Wahrnehmungen zu Ängsten bei den Bürger*innen führen – und die Ängste zur Anfälligkeit für Rechtspopulismus und AfD-Wahl. In Populismus und Politische Bildung. Hrsg. Laura Möllers und Sabine Manzel. Schriftenreihe der Gesellschaft für Politikdidaktik und politische Jugend- und Erwachsenenbildung, Bd. 17. Schwalbach/Ts.: Wochenschau Verlag.

Pickel, Susanne und Gert Pickel. 2016. Politische Kultur in der Vergleichenden Politikwissenschaft. In Handbuch Vergleichende Politikwissenschaft, Hrsg. Hans-Joachim Lauth, Marianne Kneuer, und Gert Pickel. Wiesbaden: Springer VS.

Pickel, Susanne. 2016. Konzepte und Verständnisse von Demokratie in Ost- und Westeuropa. In: Demokratie jenseits des Westens. PVS-Sonderheft 51, S. Schubert, A. Weiß (Hrsg.), Baden-Baden: Nomos, 318–342.

Politbarometer. 2018b. Deutliche Mehrheit für wirtschaftlichen Druck auf Türkei. https://www.zdf.de/politik/politbarometer/mehrheit-fuer-wirtschaftlichen-druck-auf-tuerkei-100.html. Zugegriffen: 25.06.2018.

Politbarometer. 2018a. Wichtige Probleme in Deutschland. Erhebungszeitraum 16.01.2015–15.09.2018. http://www.forschungsgruppe.de/Umfragen/Politbarometer/Langzeitentwicklung_-_Themen_im_Ueberblick/Politik_II/#Probl1. Zugegriffen: 25.06.2018.

Prewitt, Kenneth und Norman Nie. 1971. Election Studies of the Survey Research Center. British Journal of Political Science 1: 479–502.

Roller, Edeltraud. 1998. Positions- und performanzbasierte Sachfragenorientierungen und Wahlentscheidung: Eine theoretische und empirische Analyse aus Anlaß der Bundestagswahl 1994. In Wahlen und Wähler. Analysen aus Anlaß der Bundestagswahl 1994, Hrsg. Max Kaase und Hans-Dieter Klingemann, 173–219. Wiesbaden: VS Verlag für Sozialwissenschaften.

Roßteutscher, Sigrid, Harald Schoen, Rüdiger Schmitt-Beck, Bernhard Wesels, Christof Wolf, Aiko Wagner. 2018. Nachwahl-Querschnitt (GLES 2017). GESIS Datenarchiv, Köln: ZA6801 Datenfile Version 2.0.0, https://doi.org/10.4232/1.12991. gles.eu; www.gesis.org/wahlen/gles/daten/

Roth, Dieter. 1998. Empirische Wahlforschung. Opladen: Leske+Budrich.

Schäfer, Armin. 2013. Wahlbeteiligung und Nichtwähler. Aus Politik und Zeitgeschichte 63: 39–46.

Schmelzle, Cord. 2016. Legitimität durch Sicherheit? Zu den Grenzen einer klassischen Rechtfertigung politischer Herrschaft. In Vorsicht Sicherheit! Legitimationsprobleme der Ordnung von Freiheit. 26. wissenschaftlicher Kongress der Deutschen Vereinigung für Politische Wissenschaft, Hrsg. Gabriele Abels, 157–176. Baden-Baden: Nomos.

Schmitt, Hermann. 1998. Issue-Kompetenz oder Policy-Distanz? Zwei Modelle des Einflusses politischer Streitfragen auf das Wahlverhalten und die empirische Evidenz aus drei Nachwahlumfragen zur Bundestagswahl 1994. In Wahlen und Wähler. Analysen aus Anlaß der Bundestagswahl 1994, Hrsg. Max Kaase, und Hans-Dieter Klingemann, 145–172. Wiesbaden: VS Verlag für Sozialwissenschaften.

Schmitt-Beck, Rüdiger, Jan W. van Deth und Alexander Staudt. 2017. Die AfD nach der rechtspopulistischen Wende. Zeitschrift für Politikwissenschaft 27: 273–303. https://doi.org/10.1007/s41358-017-0104-1.

Schneckener, Ulrich. 2016. „Ein Teil dieser Antwort würde die Bevölkerung verunsichern": Zum staatlichen Umgang mit dem Terrorrisiko. In Vorsicht Sicherheit! Legitimationsprobleme der Ordnung von Freiheit. 26. wissenschaftlicher Kongress der Deutschen Vereinigung für Politische Wissenschaft, Hrsg. Gabriele Abels, 99–115. Baden-Baden: Nomos.

Schneiker, Andrea. 2017. Sicherheit in den Internationalen Beziehungen. Wiesbaden: Springer Fachmedien Wiesbaden.

Schoen, Harald und Cornelia Weins. 2014. Der sozialpsychologische Ansatz zur Erklärung von Wahlverhalten. In Handbuch Wahlforschung, Hrsg. Jürgen W. Falter und Harald Schoen, 241–330. Wiesbaden: Springer Fachmedien Wiesbaden GmbH.

Stark, Toralf, Carsten Wegscheider, Elmar Brähler, und Oliver Decker. 2017. SIND RECHTS EXTREMISTEN SOZIAL AUSGEGRENZT? Eine Analyse der sozialen Lage und Einstellungen zum Rechtsextremismus, PAPERS 2.

Stokes, Donald E. 1963. Spatial Models of Party Competition. The American Political Science Review 57: 368–377. https://doi.org/10.2307/1952828.

tageschau.de. 2017. Programme im Vergleich. Was die wichtigsten Parteien versprechen. https://www.tagesschau.de/inland/btw17/programmvergleich/programmvergleich-start-101.html. Zugegriffen: 25.06.2018.

Uehlinger, Hans-Martin. 1988. Politische Partizipation in der Bundesrepublik. Opladen: Springer Fachmedien Wiesbaden GmbH.

United Nations Development Programme. 1994. Human Development Report 1994. http://hdr.undp.org/sites/default/files/reports/255/hdr_1994_en_complete_nostats.pdf. Zugegriffen: 19.06.2018.

Waldron, Jeremy. 2011. Safety and Security. Nebraska Law Review 2: 453–507. https://doi.org/10.1017/cbo9781139035286.003.

Wenzelburger, Georg. 2016. Innere Sicherheit in der Vergleichenden Politikwissenschaft. In Handbuch Vergleichende Politikwissenschaft, Hrsg. Hans-Joachim Lauth, Marianne Kneuer und Gert Pickel, 797–814. Wiesbaden: Springer VS.

Weßels, Bernhard. 2000. Kanzler- oder Politikwechsel? Bestimmungsgründe des Wahlerfolgs der SPD bei der Bundestagswahl 1998. In Die Republik auf dem Weg zur Normalität? Wahlverhalten und politische Einstellungen nach acht Jahren Einheit, Hrsg. Jan W. van Deth, Hans Rattinger, und Edeltraud Roller, 35–65. Opladen: Leske+Budrich.

Interdependentes Wahlverhalten? Eine Analyse der Auswirkung europaweiter Krisen auf die Wahlabsicht bei der Bundestagswahl 2017

Ann-Kathrin Reinl und Melanie Walter-Rogg

Zusammenfassung

Der vorliegende Beitrag prüft, ob die im Jahr 1980 von Reif und Schmitt entwickelte Nebenwahltheorie in Zeiten europaweiter Krisen an Erklärungskraft für das Wahlverhalten im deutschen Mehrebenensystem einbüßte. Europäische und landespolitische Themen sowie sub- und supranationales Wahlverhalten könnten durch überstaatliche Krisen an Einfluss im nationalen Wahlentscheid gewonnen haben. Mittels einer Kombination von GLES-Daten, welche unmittelbar vor der Bundestagswahl 2017 erhoben wurden, wird untersucht, ob eine zunehmende Interdependenz der politischen Ebenen zu beobachten ist. Die Ergebnisse zeigen, dass die Bundestagswahl 2017 noch immer als Hauptwahl klassifiziert werden kann. Gleichzeitig ist aber auch eine Relevanz europäischer und landespolitischer Begebenheiten für die Wahlabsicht bei der Bundestagswahl 2017 festzustellen. Folglich plädieren wir dafür, den Ansatz der Nebenwahltheorie zu erweitern und in künftigen Studien ein zunehmend interdependentes Abstimmungsverhalten im politischen Mehrebenensystem der Bundesrepublik zu berücksichtigen.

A.-K. Reinl (✉)
Leibniz Institut für Sozialwissenschaften, Datenarchiv für Sozialwissenschaften, Köln, Deutschland
E-Mail: Ann-Kathrin.Reinl@gesis.org

M. Walter-Rogg
Institut für Politikwissenschaft, Universität Regensburg, Regensburg, Deutschland
E-Mail: Melanie.Walter-Rogg@politik.uni-regensburg.de

1 Einleitung

In den vergangenen Dekaden beschäftigte sich die Wahlforschung zunehmend mit dem Zusammenspiel europaweiter, nationaler und regionaler Wahlen im europäischen Mehrebenensystem (Schmitt 2005; Schmitt und Toygür 2016). Die überwiegende Zahl dieser Studien bestätige die im Jahr 1980 von Reif und Schmitt entwickelte Nebenwahltheorie. Dabei klassifizieren die beiden Autoren nationalstaatliche Wahlen als Hauptwahlen und sowohl Europawahlen als auch föderale Wahlentscheidungen als Abstimmungen zweiter Ordnung. Der vorliegende Beitrag prüft, ob jene Theorie nationaler Hauptwahlen in Zeiten europaweiter Krisen für das politische System Deutschlands an Erklärungskraft einbüßte. Unsere Annahme ist, dass sich aufgrund der weltweiten Finanzkrise, die Europa Ende 2009 erreichte, und dem Höhepunkt der europäischen Migrationskrise im Jahr 2015, eine zunehmende Interdependenz der politischen Ebenen einstellte. Europäische Themen gewannen aufgrund der überstaatlichen Krisen an Einfluss im nationalen politischen Entscheidungsprozess und dies führte zu einer differenzierteren Positionierung politischer Parteien gegenüber europäischen Sachverhalten. Vor allem eurokritische Parteien nutzten jenen Umstand dazu, gesellschaftliche und politische Relevanz zu erlangen (Abou-Chadi 2015).

Die Politik begegnete den Auswirkungen europäischer Krisen jedoch nicht nur auf supranationaler Ebene, sondern auch auf den unteren Ebenen des europäischen Mehrebenensystems. Sinkende regionale Wirtschaftsperformanz auf der einen und Erfahrungen mit ankommenden Flüchtlingsströmen auf der anderen Seite stellten die deutschen Bundesländer in unterschiedlichem Ausmaß auf eine Bewährungsprobe. Deshalb gehen wir davon aus, dass nicht nur europäische Themen, sondern auch landespolitische Herausforderungen in Zeiten europaweiter Krisen für den nationalen Wahlentscheid an Relevanz gewannen.

Die Frage ist somit, inwiefern das individuelle Abstimmungsverhalten in sub- sowie supranationalen Wahlen mit der Wahlabsicht für die Bundestagswahl 2017 korreliert und landes- sowie europapolitische Themenorientierungen die nationale Wahlentscheidung bedingen. Es besteht die Vermutung, dass sowohl die europäische Finanzkrise als auch die Flüchtlingskrise die Salienz überstaatlicher Themen im politischen Meinungsbildungsprozess erhöhten und somit deren Einfluss auf die Stimmabgabe in Hauptwahlen anstieg.

Nach einer kurzen Skizze zur Anwendung der Nebenwahltheorie im politischen Mehrebenensystem der Europäischen Union (EU), werden die gewonnenen Annahmen auf die Bundestagswahl 2017 übertragen und mittels Daten der German Longitudinal Election Study (GLES) überprüft. Die Ergebnisse zeigen, dass bundespolitische Themen, die Angst vor der Flüchtlingskrise, die Parteibindung sowie ökonomisches Wählen als Erklärungsfaktoren für den nationalen Wahlentscheid dominieren. Jedoch beeinflussen auch europäische, und in geringerem Maße regionale Themen sowie sub- und supranationale Stimmabgaben das nationale Wahlverhalten im Jahr 2017. Folglich plädieren unsere Resultate dafür, den einseitigen Ansatz der Nebenwahltheorie zu erweitern und in künftigen Studien ein zunehmend interdependentes Abstimmungsverhalten im politischen Mehrebenensystem der Bundesrepublik zu berücksichtigen.

2 Die Nebenwahltheorie – Ein noch immer aktueller Forschungsansatz?

Die im Jahr 1980 von Reif und Schmitt entwickelte Nebenwahltheorie beschreibt die Abhängigkeit individuellen Wahlverhaltens in regionalen und europaweiten Wahlen von nationalstaatlichen Abstimmungen. Nationale Wahlen werden dabei als Hauptwahlen gesehen. Hingegen seien Europawahlen und regionale Wahlentscheidungen von nationalstaatlichen Themen beeinflusst und somit Wahlen zweiter Ordnung. Einige Autoren klassifizieren die Wahlen des Europaparlaments aufgrund ihrer untergeordneten Stellung sogar als Abstimmungen dritten Ranges (Langer et al. 2013). Nach der Nebenwahltheorie ist den Wählern bewusst, dass das supra- und subnationale Wahlergebnis im Vergleich zur Nationalstaatsebene geringere politische Konsequenzen hat. Deshalb zeichnen sich nationale Wahlen im Vergleich zu Nebenwahlen durch eine höhere Wahlbeteiligung und weniger Stimmen für Nischenparteien aus. Nach Reif und Schmitt (1980, S. 9; Anderson und Ward 1996) dienen Nebenwahlen primär als Stimmungsbarometer nationaler Regierungen, weshalb diese dort oft abgestraft werden und Wählerstimmen verlieren. Trotz vielfältiger Bestätigung der Nebenwahltheorie in der empirischen Wahlforschung (Schmitt 2005; Schmitt und Toygür 2016), mehren sich die kritischen Stimmen im Hinblick auf die Gültigkeit dieses Ansatzes. Für unseren Beitrag steht der Erklärungswert der Nebenwahltheorie für den nationalen Wahlentscheid im Vordergrund, weshalb sich unser Überblick über die relevanten Forschungsergebnisse auf diesen Aspekt konzentriert.

Das politische System der Bundesrepublik Deutschland eignet sich für eine Analyse interdependenten Wahlverhaltens, da es sich durch ein hohes Maß an Kooperation und Gewaltenteilung zwischen den politischen Ebenen auszeichnet (Roßteutscher et al. 2015, S. 5).

Die vorgelegten Studien zum Zusammenhang des Wahlverhaltens auf europäischer und nationaler Ebene zeigen für die aktuellen Europawahlen keine ausschließliche Relevanz nationalstaatlicher Themen sondern eine zunehmende Bedeutung europäischer Fragestellungen. Nationale Sachverhalte spielen nach wie vor eine wichtige Rolle für die Wahlentscheidung auf der europäischen Ebene, dennoch galt die Performanz der Europäischen Union als entscheidende Determinante für die Wahl euroskeptischer Parteien bei der Europawahl 2014 (Hobolt und de Vries 2016). Ebenso ist festzuhalten, dass sich politische Parteien zunehmend differenzierter zum Thema „Europäische Integration" in nationalen Abstimmungen positionieren. Hoeglinger (2016) konnte im Hinblick auf die Politisierung Europäischer Integration in nationalen Wahlkämpfen zeigen, dass primär konservative Parteien und Parteien am rechten Rand das Thema Europa in ihre politische Agenda aufnehmen.

Giebler und Wagner (2015) vergleichen das Abstimmungsverhalten bei der Bundestagswahl und der Europawahl im Jahr 2009. Nach ihrer Analyse unterschied sich das Wahlverhalten der Befragten nicht maßgeblich zwischen den politischen Ebenen und wies keine Charakteristika der Nebenwahltheorie auf. Umgekehrt konnten zwei Studien zur Bundestagswahl 2013 zeigen, dass europäische Themen an Bedeutung für den nationalen Wahlentscheid gewinnen. Sowohl Abou-Chadi (2015) wie auch Schoen und Rudnik (2016) weisen nach, dass das sogenannte *EU issue voting* vor allem Stimmen für die Randparteien einbrachte. Die politischen Parteien haben sich im Bundestagswahlkampf 2013 unterschiedlich auf der EU Dimension positioniert und vor allem die Linkspartei sowie die Alternative für Deutschland (AfD) konnten von den euroskeptischen Haltungen der Wähler profitieren (Abou-Chadi 2015). Schoen und Rudnik (2016) stellen sowohl für die wahrgenommene Regierungsperformanz in europäischen Krisenzeiten als auch für die Zustimmung zur finanziellen Solidarität gegenüber wirtschaftlich schwachen EU-Mitgliedsstaaten maßgeblich Effekte auf den nationalen Wahlentscheid fest. Dies bedeutete in erster Linie ein Stimmenzuwachs für die AfD.

Auch für das Zusammenspiel von regionalen und nationalen Wahlen liegen Studien vor, die es ermöglichen, die Nebenwahltheorie in europäischen Krisenzeiten zu prüfen. Unter anderem betrachten Schakel und Jeffery (2013) in 17 Ländern die Stimmabgabe für nationalweit antretende Parteien in regionalen Wahlen und können damit lediglich 18 % der untersuchten Wahlen als reine Nebenwahlen klassifizieren. Sie empfehlen, dass künftige Studien stärker untersuchen, ob regionale Wahlentscheidungen nationale Wahlausgänge beeinflussen. Dies sei bereits für mehrere Regionen, beispielsweise in Bremen und Brandenburg, bestätigt worden (Schakel und Jefferey 2013, S. 339).

Wie dieser kurze Literaturüberblick verdeutlicht, untersuchen die bislang vorliegenden Wahlstudien meist die Beziehungen zwischen zwei politischen Ebenen innerhalb des europäischen Mehrebenensystems. Auf Basis des GLES

Multi-Level-Panels 2009 liegen jedoch für Deutschland zwei aktuelle Studien vor, die das individuelle Wahlverhalten bei Landtags-, Bundestags- und Europawahlen vergleichen. Giebler (2014) analysiert sowohl die Determinanten der Wahlbeteiligung als auch jene der individuellen Wahlentscheidung auf diesen drei politischen Ebenen. Die Ergebnisse zeigen im Gegensatz zu Europawahlen eine starke Kongruenz zwischen nationalen und regionalen Wahlen bezüglich der Wahlentscheidung. Dem Autor zufolge bildet die binäre Einteilung in Haupt- und Nebenwahl die Realität im europäischen Mehrebenensystem nicht adäquat ab. Die Klassifizierung einzelner Wahlebenen sollte viel mehr als kontinuierliche Abstufung begriffen werden. Insgesamt bestätigt die Studie von Giebler (2014) die Annahmen der Nebenwahltheorie nur in sehr eingeschränktem Maße.

Schließlich prüfen Langer et al. (2013), ebenfalls auf Basis des GLES Multi-Level-Panels 2009, für fünf Bundesländer, ob und inwiefern die Stimmabgabe in einer Hauptwahl durch das Abstimmungsverhalten in einer Nebenwahl beeinflusst wird. Die Ergebnisse zeigen einen Einfluss des Wahlverhaltens von den 2009 durchgeführten Landtagswahlen auf die Wahlentscheidung bei der Bundestagswahl 2009. Im Vergleich dazu beeinflusste das Wahlverhalten bei der Europawahl 2009 die individuelle Wahlentscheidung bei der Bundestagswahl 2009 deutlich schwächer (Langer et al. 2013, S. 467).

3 Welche Rolle spielt die sub- und supranationale Ebene für die Wahlabsicht bei der Bundestagswahl 2017?

Die der Bundestagswahl 2017 vorausgegangene Legislaturperiode stellte die Europäische Union vor viele Herausforderungen im Zusammenhang mit der Wirtschafts- und Finanzkrise, der Flüchtlingspolitik sowie dem Brexit. Folglich dominierten europäische Themen die öffentliche Debatte jener Zeit und viele deutsche Parteien integrierten europäische Fragestellungen in ihren Wahlkampf und ihr Wahlprogramm für die Bundestagswahl 2017. Im Ergebnis zeigte die Bundestagswahl 2017 einen schwindenden Rückhalt der CDU/CSU und der SPD in der Bevölkerung. Die beiden großen Volksparteien schnitten deutlich schlechter ab als vier Jahre zuvor, die Union verlor über acht, die SPD über fünf Prozentpunkte. Kleinere Parteien konnten hingegen deutlich an Stimmen zulegen. Der FDP gelang mit einem Zuwachs von sechs Prozentpunkten der Wiedereinzug in den Bundestag und auch die AfD konnte mit einem Plus von fast acht Prozentpunkten im Gegensatz zur Wahl 2013 erstmalig in den deutschen Bundestag einziehen (Bundeswahlleiter 2018). Das Resultat der Bundestagswahl 2017 zeigt folglich ein Bild, welches eher den Charakteristika einer Nebenwahl zuzuordnen wäre. Deshalb möchten wir prüfen, ob die aktuelle Bundestagswahl in Folge europaweiter Krisen maßgeblich durch Themen und Wahlentscheide der sub- und supranationalen Ebene beeinflusst wurde.

Der Effekt von Nebenwahlen auf Hauptwahlen findet in der politikwissenschaftlichen Forschung bislang nur wenig Beachtung (Rossteutscher et al. 2015, S. 4). Für das Fallbeispiel der Bundesrepublik Deutschland liegen zudem kaum Ergebnisse zum Einfluss von sub- sowie supranationalen Themensetzungen auf bundespolitische Wahlen vor. Der vorliegende Beitrag möchte diese Forschungslücke minimieren und knüpft deshalb an einige Vorarbeiten an, erweitert diese jedoch in wesentlichen Punkten. Wir berücksichtigen ebenfalls das Abstimmungsverhalten auf der regionalen, der bundespolitischen und der europäischen Ebene und untersuchen den Einfluss des Themas „Europäische Integration" auf die Wahlabsicht bei der Bundestagswahl 2017, allerdings ergänzt um weitere landespolitische Themen.

Wir vermuten, dass internationale Herausforderungen im Bereich der Wirtschafts-, Finanz- und Asylpolitik nicht ausschließlich auf die nationalstaatliche Ebene wirken, sondern ebenfalls europäische Institutionen und Landesregierungen von den wirtschaftlichen, finanziellen und politischen Konsequenzen europaweiter Krisen betroffen sind. Als Folge dessen könnten Themensetzungen der europäischen sowie landespolitischen Ebene an Bedeutung in der Gesellschaft gewonnen haben und für den Wahlentscheid bei der Bundestagswahl 2017 relevant gewesen sein.

Wir möchten somit die Frage beantworten, *ob die Bundestagswahl 2017 noch als Hauptwahl klassifizierbar ist oder diese auch Eigenschaften von Nebenwahlen aufweist.* Hierzu betrachten wir den Zusammenhang des Wahlverhaltens auf den politischen Ebenen und prüfen zudem die Ausstrahlungseffekte sub- und supranationaler Themen und Wahlentscheide auf die Wahlabsicht bei der Bundestagswahl 2017. Abb. 1 verdeutlicht unser Untersuchungsdesign, auf dessen Basis wir die folgenden Hypothesen prüfen:

H_1: Die Wahlentscheidungen bei den aktuellsten Landtags- und Europawahlen korrelieren hoch mit der Wahlabsicht bei der Bundestagswahl 2017.

H_2: Europäische Themen beeinflussen die Wahlabsicht bei der Bundestagswahl 2017.

H_3: Landespolitische Themen beeinflussen die Wahlabsicht bei der Bundestagswahl 2017.

H_4: Kleinere Rand- und Nischenparteien profitieren von der Wichtigkeit sub- sowie supranationaler Themen bei der Wahlabsicht für die Bundestagswahl 2017.

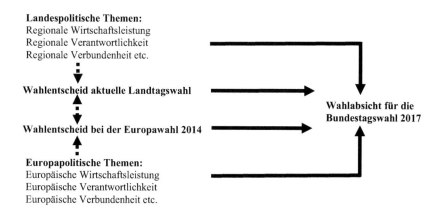

Abb. 1 Ausstrahlungseffekte der landes- und europapolitischen Ebene auf die Wahlabsicht bei der Bundestagswahl 2017 (*Durchgehend gezeichnete Pfeile stellen die in dieser Arbeit überprüften Zusammenhänge dar, nicht-durchgehend gezeichnete Pfeile markieren jene Beziehungen, die hier nicht getestet werden)

4 Datengrundlage, Variablen und Analysemethoden

Für die Analyse der Ausstrahlungseffekte von landes- sowie europapolitischen Themen und Wahlentscheiden auf die Wahlabsicht bei der Bundestagswahl 2017 nutzen wir mehrere GLES-Umfragen. Die Vorwahlbefragung zur Bundestagswahl 2017 (N = 2,181, Roßteutscher et al. 2018) eignet sich für unsere Untersuchung, da sie im Gegensatz zur Nachwahlstudie Angaben zur regionalen Wirtschaftsleistung und zur Wahlentscheidung bei der Europawahl 2014 enthält. Zudem zeigt der Vergleich der Stimmenanteile der Parteien für die beabsichtigte und berichtete Stimmabgabe bei der Bundestagswahl 2017 nur geringe Abweichungen. Lediglich die Union-Wähler sind etwas über- und die AfD-Wähler etwas unterrepräsentiert (siehe Abb. 2).

Hinzu kommen Daten des Langfrist-Online-Trackings T37 (N = 1,085), welches Einschätzungen zur Europäischen Union sowie zur Bewältigung der Flüchtlingskrise erhebt (Roßteutscher et al. 2017a). Neben diesen Umfragen, die unmittelbar vor der Bundestagswahl erfasst wurden, verwenden wir Umfragen zu den Landtagswahlen in Nordrhein-Westfalen und Schleswig-Holstein im Frühjahr 2017 (N = 1,033, Roßteutscher et al. 2017b, 2017c). Diese Datenkombination ermöglicht die Untersuchung des Zusammenspiels von landes-, europa- und

Abb. 2 Beabsichtigte und berichtete Stimmabgabe bei der Bundestagswahl 2017. (Quelle: GLES-Vor- und Nachwahlbefragung 2017)

bundespolitischem Wahlverhalten im Jahr 2017. Zudem enthalten die Landtagswahlumfragen Variablen zu drei politischen Ebenen des deutschen Mehrebenensystems. Leider können wir mittels der Landtagswahlbefragungen jedoch keine Aussagen über Gesamtdeutschland treffen, da diese nur in westdeutschen Bundesländern durchgeführt wurden.

Zudem enthält keine der genannten Erhebungen Fragen zur Wahlabsicht bzw. Wahlentscheidung auf der landespolitischen, nationalen und europäischen Ebene, wodurch immer nur zwei Wahlen pro Analyse miteinander verglichen werden können.

Die Wahlabsicht bei der Bundestagswahl 2017 stellt in unseren Analysen die abhängige Variable dar. Als Erklärungsfaktoren dienen Einstellungen der Wähler zur europäischen Integration, wie auch zur Verantwortlichkeit der politischen Ebenen in Zeiten der Finanz- und Migrationskrise in Europa. Mithilfe dieser Informationen möchten wir prüfen, *welchen Anteil europäische und landespolitische Themen bzw. Herausforderungen am Wahlentscheid auf Bundesebene im Jahr 2017* hatten. Zudem kontrollieren wir für den Einfluss der Wahlentscheidung bzw. der Wahlabsicht auf der europäischen und landespolitischen Ebene auf den nationalen Wahlentscheid. Nach den Ergebnissen verschiedener Landtagswahlstudien (Korte 2016; Schoofs 2017, S. 109) waren der wahrgenommene Effekt der Flüchtlingskrise und die damit verbundenen Emotionen wahlentscheidend. Von Interesse ist, inwieweit dieser Aspekt ebenfalls die Wahlabsicht bei der Bundestagswahl 2017 beeinflusst hat. Schließlich nehmen wir weitere Kontrollvariablen wie die Einschätzung der eigenen oder allgemeinen Wirtschaftslage, der politischen Ideologie oder der Demokratiezufriedenheit in unsere Analysen auf. Während die abhängige Variable „Wahlabsicht bei der Bundestagswahl 2017" in allen Datenquellen abgefragt wurde, ist dies bei den Erklärungs- und Kontrollvariablen nicht der Fall (vgl. Tab. 1 im Anhang).

Der erste Analyseschritt vergleicht die angegebene Wahlabsicht bzw. Wahlentscheidung bei der Europawahl 2014 sowie der vorausgegangenen Landtagswahl mit der Wahlabsicht bei der Bundestagswahl 2017. Im zweiten Schritt dienen multinominale logistische Regressionsanalysen dazu, die Determinanten individuellen Wahlverhaltens zu ermitteln. Dadurch soll die Relevanz von Wahlentscheidungen auf anderen politischen Ebenen sowie europa- und landespolitischer Themen für die Wahlabsicht auf Bundesebene im Herbst 2017 verdeutlicht werden. Aufgrund dieser Analysestrategie ist es möglich, die Effekte unserer unabhängigen Variablen getrennt nach politischen Parteien zu betrachten. Die CDU/CSU dient dabei als Referenzkategorie, da sie den großen Koalitionspartner in der Regierung der betrachteten Legislaturperiode von 2013 bis 2017 darstellt.

5 Übereinstimmung der Wahlebenen in Zeiten europaweiter Krisen?

Der Vergleich zwischen den Parteipräferenzen der deutschen Wähler bei der Europawahl 2014 und der Wahlabsicht bei der Bundestagswahl 2017 zeigt einen relativ hohen Zusammenhang (Cramer's V ,64***). Lediglich die Parteien der großen Koalition verlieren merklich an Unterstützung bei der Bundestagswahl 2017 (Union: minus 13 PP, SPD: minus 8 PP, vgl. Abb. 3). Für die FDP beabsichtigen etwas mehr Personen ihre Stimme abzugeben als drei Jahre zuvor.

Hingegen ist zwischen der Wahlabsicht bei der Bundestagswahl 2017 und der bekundeten Wahlentscheidung bei der letzten Landtagswahl im jeweiligen Bundesland eine etwas schwächere Beziehung zu beobachten (Cramer's V ,56***). Auch

Abb. 3 Beabsichtigte Stimmabgabe bei der Bundestagswahl 2017 und Wahlentscheid bei der Europawahl 2014. (Quelle: GLES-Vorwahlbefragung 2017)

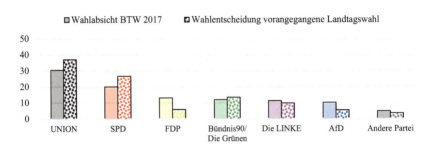

Abb. 4 Beabsichtigte Stimmabgabe bei der Bundestagswahl 2017 und berichtete Stimmabgabe bei der vergangenen Landtagswahl. (Quelle: GLES-Langfrist-Online-Panel T37, 2017)

hier erhalten die Koalitionsparteien bei den Landtagswahlen mehr Unterstützung als bei der Bundestagswahl 2017 (vgl. Abb. 4). Für die Alternative für Deutschland beabsichtigen hingegen mehr Wähler zu stimmen als bei den vorherigen Landtagswahlen (AfD: plus 5 PP).

Schließlich weist der Vergleich zwischen den beabsichtigen Stimmabgaben bei den Landtagswahlbefragungen in Nordrhein-Westfalen sowie Schleswig-Holstein und der Bundestagswahl im Jahr 2017 den höchsten Zusammenhang der Wahlebenen auf (Cramer's V ,80***). Hier sind nur marginale Unterschiede zwischen den Parteipräferenzen bezüglich der anstehenden Wahl zu beobachten (vgl. Abb. 5). Diese hohe Korrelation ist vermutlich der zeitlichen Nähe der Wahlen geschuldet. Beide Landtagswahlen fanden im Frühjahr, die Bundestagwahl im Herbst 2017 statt. Somit scheinen sich die Ergebnisse von Reif und Schmitt (1980) zu bestätigen, dass bei geringer zeitlicher Distanz zur Bundestagswahl 2017 die

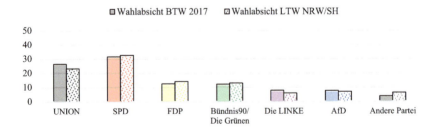

Abb. 5 Beabsichtigte Stimmabgaben bei der Bundestagswahl und den Landtagswahlen 2017. (Quelle: GLES Landtagswahlbefragungen Nordrhein-Westfalen und Schleswig-Holstein 2017)

Wahlentscheidungen der politischen Ebenen stärker miteinander korrelieren. Allerdings ist hierbei zu beachten, dass bei den zuvor betrachteten Befragungen die Wahlentscheidungen in Nebenwahlen (Europa- und Landtagsebene) nur retrospektiv erhoben werden konnten und die beiden Landtagswahlbefragungen die Wahlabsicht bei der bevorstehenden Landtagswahl prospektiv abfragen.

6 Inwieweit liegt für die Bundestagswahl 2017 interdependentes Wahlverhalten vor?

Stimmt unsere Annahme, dass in Zeiten europaweiter Krisen ein stärker interdependentes Wahlverhalten festzustellen ist, so müssten wir Ausstrahlungseffekte von vorhergehenden Nebenwahlen der europäischen und landespolitischen Ebene auf die Wahlabsicht bei der Bundestagswahl 2017 beobachten können. Zudem erwarten wir auch Effekte europapolitischer Einstellungen und landespolitischer Themen auf die nationale Wahlabsicht. Für diese Untersuchung präsentieren wir im Folgenden fünf Erklärungsmodelle für die beabsichtigte Stimmabgabe bei der Bundestagswahl 2017 für die Parteien CDU/CSU, SPD, FDP, Bündnis90/Die Grünen, die Linke und die AfD. Die Wahlabsicht für andere Parteien wurde nicht berücksichtigt. Erklärt werden soll, welche Determinanten für die Wahlabsicht bei der Bundestagswahl 2017 maßgeblich sind und inwieweit sich die Annahmen der Nebenwahltheorie dabei bestätigen lassen.

6.1 Einfluss der europaweiten Stimmabgabe auf die Bundestagswahl 2017

Im ersten Modell auf Basis der Vorwahlumfrage zur Bundestagswahl 2017 wird zunächst der Einfluss des Wahlentscheids bei der Europawahl 2014 außen vorgelassen, da dieser hoch mit der nationalen Wahlabsicht 2017 korreliert (Pearson's r .60***). Uns interessiert in diesem ersten Schritt, inwieweit europaspezifische sowie landespolitische Einstellungen und Bewertungen eine Rolle für die Wahlabsicht auf nationaler Ebene spielen. Dafür dient die CDU/CSU als Referenzkategorie in unseren statistischen Modellen.

Die regionale Wirtschaftsperformanz – also die Einschätzung, wie gut die Wirtschaftslage in der Region ist, in der die Befragten in Deutschland leben – liefert im gesamten Modell keine Erklärung (vgl. Tab. 2, Modell 1 im Anhang). Hingegen ist für die Absicht, die SPD oder die Grünen zu wählen, die

Befürwortung der finanziellen Unterstützung anderer EU-Staaten durchaus relevant. Je mehr ein Befragter für die Unterstützung anderer EU-Mitglieder stimmt, umso wahrscheinlicher wählt er die SPD oder die Grünen im Gegensatz zur CDU/CSU auf Bundesebene. Für die Stimmabgabe bezüglich der Linkspartei sowie der AfD im Vergleich zur Union ist förderlich, dass die Befragten dagegen sind, die europäische Einigung weiter voranzutreiben. Allerdings ist dieser Effekt deutlich stärker bei den potenziellen AfD-Wählern als bei den Wählern der Linkspartei. Außerdem wirkt die (negative) Beurteilung der europäischen Wirtschaftslage stark auf die Wahlabsicht der AfD bei der Bundestagswahl 2017.

Modell 2 beinhaltet im Gegensatz zu Modell 1 zusätzlich die Wahlentscheidung bei der Europawahl 2014. Durch die Hinzunahme dieser Variable erhöht sich die Erklärungskraft des Modells deutlich. Für alle Parteien bestätigt sich ein hochsignifikanter Einfluss der Wahlentscheidung bei der Europawahl 2014 auf die Wahlabsicht bei der Bundestagswahl 2017. Erneut zeigt sich kein Effekt der regionalen Wirtschaftsleistung auf die Wahlabsicht 2017. Die Relevanz europäischer Themen für die AfD-Wahlabsicht wird zudem etwas schwächer. Die Zustimmung zum Vorantreiben Europäischer Einigung weist im Vergleich zur Basiskategorie CDU/CSU keinen Einfluss mehr auf die Wahlentscheidung für die AfD auf. Dafür zeigt jedoch die Zustimmung zur finanziellen Umverteilung innerhalb der EU einen Effekt auf die Wahl von FDP und AfD, für die übrigen Parteien ist dies nicht mehr der Fall. Auch die Performanz der europäischen Wirtschaft ist nach wie vor hochsignifikant für die AfD-Wahlabsicht im Vergleich zur CDU/CSU.

Es lässt sich festhalten, dass europäische Themensetzungen auf Bundesebene vor allem für die AfD-Wahlabsicht und weniger für die Absicht eine andere Partei zu wählen, relevant waren. Hingegen beeinflusste die Angst in Zeiten der Flüchtlingskrise die nationale Wahlabsicht für fast alle Parteien signifikant. Je weniger Angst die Menschen vor der Flüchtlingskrise haben, umso eher beabsichtigen sie, für die SPD, die Linke oder das Bündnis90/Die Grünen zu stimmen und nicht für die Unionsparteien. Je mehr Angst angegeben wird, umso wahrscheinlicher wird die Wahl der AfD im Vergleich zur CDU/CSU. Der landespolitische Einfluss, der über die regionale Wirtschaftsleistung gemessen wurde, stellt keine Erklärungsgröße dar. Vielmehr spielten über das gesamte Modell hinweg nationale Themen wie die Bewertung der Bundesregierung, deren Verantwortlichkeit für die Wirtschaft sowie die Stärke der Parteiidentifikation und die politische Verortung der Wähler im Links-Rechts Spektrum eine weitaus größere Rolle.

6.2 Einfluss der landesweiten Stimmabgabe auf die Bundestagswahl 2017

Der nächste Schritt unserer Analyse bezieht sich auf GLES-Daten, die im Gegensatz zu Modell 1 und 2 die Frage nach der Wahlentscheidung bei der vergangenen Landtagswahl enthalten (siehe Tab. 3 im Anhang,). Erneut zeigt die regionale Wirtschaftsleistung keinen Effekt auf die Wahlabsicht in Modell 3. Die FDP-Wahl wird durch die Angst um den Zustand der EU bestimmt und für die Wahlabsicht der Grünen spielt die finanzielle Unterstützung anderer EU Staaten eine große Rolle.

Das Modell ändert sich erneut stark mit Hinzunahme der Information, wie die Befragten bei der vorausgegangenen Landtagswahl abgestimmt haben (Modell 4). Die Modellgüte verbessert sich deutlich. Ebenso wie für den Einfluss des europäischen Wahlentscheids (Modell 2) ist für alle Parteien ein hochsignifikanter Einfluss der vergangenen Landtagswahl auf die Wahlabsicht bei der Bundestagswahl 2017 zu sehen. Die regionale Wirtschaftsperformanz erklärt die Wahlabsicht für die FDP im Gegensatz zur CDU/CSU. Für potenzielle Wähler der SPD, FDP, Grünen und Linken spielt nun zudem die Zustimmung zur finanziellen Umverteilung zwischen EU-Mitgliedsstaaten eine Rolle. Überraschend ist, dass die Europapolitik keinen Einfluss auf die Wahlabsicht für die AfD im Gegensatz zur CDU/CSU zeigt. Hier scheinen primär – wie auch bei anderen Parteien – bundespolitische und emotionale Themen, wie die allgemeine Zufriedenheit mit der Regierung sowie deren Performanz in Zeiten der Migrationskrise und die Angst vor der Flüchtlingskrise, einflussreich zu sein. Darüber hinaus zeigen (wie bereits in Modell 1 und 2) die persönliche Wirtschaftslage sowie die Selbstverortung im Links-Rechts Spektrum einen Effekt auf die nationale Wahlabsicht. Im Gegensatz dazu spielt die Einschätzung, ob die Flüchtlingskrise den Zusammenhalt der EU gefährdet, sowohl in Modell 3 als auch in Modell 4 keine Rolle für die Erklärung der Stimmabgabe bei der Bundestagswahl 2017. Folglich wird die Angst vor der Flüchtlingskrise nicht auf die europäische Ebene übertragen.

6.3 Einfluss der Wahlabsicht bei aktuellen Landtagswahlen auf die Bundestagswahl 2017

Für die Untersuchung der Landtagswahlbefragungen konnte aufgrund der hohen Korrelation (Pearson's r ,80***) der Wahlabsichten der bundes- sowie landespolitischen Ebene kein Modell gerechnet werden, das für die Stimmenvergabe bei der Landtagswahl kontrolliert. In Modell 5 zeigt sich, dass die Demokratiezufriedenheit innerhalb des jeweiligen Bundeslandes eine positive Wirkung auf die Wahlabsicht für die Parteien SPD, FDP, Bündnis90/Die Grünen sowie für die Linke bei der Bundestagswahl 2017 hat. Dieser Effekt lässt sich nicht für die AfD beobachten (vgl. Tab. 4 im Anhang). Die Zufriedenheit mit der Demokratie innerhalb der EU beeinträchtigt hingegen die Stimmabgabe für die AfD. Auch die Verantwortlichkeit des Landes für die eigene ökonomische Situation ist nur für die AfD-Wahl relevant. Die Verbundenheit mit der Europäischen Union ist für die Absicht, die AfD sowie die SPD zu wählen, von Bedeutung. Wenn sich die Befragten wenig mit der europäischen Ebene verbunden fühlen, wählen sie eher die AfD oder die SPD auf der Bundesebene als die Unionsparteien. Bei der AfD gilt dies auch für Befragte, die eine relativ geringe Verbundenheit mit der Landesebene angeben.

Zusammenfassend lässt sich für unsere Analysen zu den Landtagswahlbefragungen im Frühjahr 2017 festhalten, dass die Ergebnisse im Gegensatz zu den vorherigen Modellen einen stärkeren Effekt regionaler Variablen bestätigen. Dies könnte zum einen darin begründet sein, dass diese Umfragen mehr Informationen zur landespolitischen Ebene erfassen. Zum anderen ist auch wahrscheinlich, dass regionale Themen für die Befragten kurz vor anstehenden Landtagswahlen präsenter sind als zu einem anderen Zeitpunkt im Wahlzyklus.

Es lässt sich somit über alle Erklärungsmodelle hinweg ein gewisser Einfluss von Nebenwahl-Themen und Wahlentscheidungen auf landespolitischer sowie europäischer Ebene auf die Wahlabsicht bei der Bundestagswahl 2017 erkennen. Damit sehen wir auf Basis der verwendeten Datenquellen unsere Annahme eines interdependenten Wahlverhaltens im deutschen Mehrebenensystem in Zeiten europäischer Krisen bestätigt.

7 Europäische Krisen als Katalysatoren interdependenten Wahlverhaltens

Der vorliegende Beitrag untersucht die Frage, ob und wenn ja, inwieweit die Bundestagswahl 2017 von vorausgegangenen Nebenwahlen sowie Themen der europäischen und der landespolitischen Ebene geprägt war. Unsere Analysen bestätigen die Hypothesen über ein interdependentes Wahlverhalten im deutschen Mehrebenensystem. Die Wahlentscheidungen der aktuellsten Landtags- und Europawahlen haben einen signifikanten Einfluss auf die Wahlabsicht bei der Bundestagswahl 2017. Dies können wir über alle geprüften Erklärungsmodelle hinweg beobachten. Zudem beeinflussen europäische Themen die Wahlabsicht bei der Bundestagswahl 2017. Vor allem kleinere Rand- und Nischenparteien profitieren von der Wichtigkeit europäischer Themen bei der nationalen Wahlentscheidung. Landespolitische Sachverhalte scheinen für die nationale Wahlabsicht hingegen weniger bedeutend zu sein. Lediglich in Befragungen unmittelbar vor zwei Landtagswahlen im Frühjahr 2017 spielen landespolitische Sachverhalte eine stärkere Rolle für die bundesweite Wahlabsicht im Herbst 2017.

Unsere Ergebnisse werden durch zwei Aspekte eingeschränkt. Zum einen, konnten wir landespolitische Effekte auf die nationale Wahlabsicht nur bedingt erfassen. Informationen zum Einfluss der Regionalpolitik sollten deshalb bei Befragungen zum Wahlverhalten im deutschen Mehrebenensystem künftig regelmäßig erfasst werden. Zudem konnte nur die Wahlabsicht nicht der reale Wahlentscheid als abhängige Variable dienen.

Insgesamt zeigt sich für die Wahlabsicht bei der Bundestagswahl 2017, dass bundespolitische Themen, die Angst vor der Flüchtlingskrise, die Parteibindung sowie ökonomisches Wählen maßgebliche Erklärungsfaktoren sind. Allerdings beeinflussten auch europäische, und in geringerem Maße regionale Themen sowie sub- und supranationale Stimmabgaben die geplante Wahlentscheidung auf der Nationalstaatsebene. Vor allem die AfD konnte von europäischen Diskursen in Krisenzeiten profitieren. Die SPD schaffte es hingegen mit ihrem Kanzlerkandidaten Martin Schulz nicht, an Wählerstimmen zu gewinnen. Dies ist umso überraschender, da der frühere Präsident des Europäischen Parlaments durchaus europäische Themen in seinen Wahlkampf auf Bundesebene integrierte.

Die Bundestagswahl 2017 kann schlussfolgernd noch immer als Hauptwahl klassifiziert werden, der Einfluss von sub- sowie supranationalen Themen auf die nationale Wahlabsicht ist jedoch klar erkennbar. Die Relevanz europäischer Themen für das nationale Abstimmungsverhalten zeigte sich bereits in Analysen zur Bundestagswahl 2013 (Abou-Chadi 2015). Unsere Untersuchung bestätigt eine Fortsetzung dieses Trends. Es bleibt abzuwarten, ob sich diese Entwicklung auch in der kommenden Legislaturperiode beobachten lässt. Die Bundestagswahl 2017 war die erste bundesweite Abstimmung nach Beginn der europäischen Flüchtlingskrise. Denkbar ist, dass dieser Umstand sowie die zeitliche Nähe zur europäischen Finanzkrise die Bedeutung Europas erhöht und regionale Verantwortung und Problemlösungskompetenz bedingt haben. Vor welchen Herausforderungen die Europäische Union in der kommenden Legislaturperiode Deutschlands stehen wird, ist zum jetzigen Zeitpunkt noch nicht absehbar. Doch liegt die Vermutung nahe, dass sub- sowie supranationale Themen vermehrt in Zeiten europaweiter Krisen Einfluss auf die nationale Wahlentscheidung in der Bundesrepublik Deutschland gewinnen.

Anhang

(Siehe Tab. 1, 2, 3 und 4).

Tab. 1 Übersicht der verwendeten Variablen[a]

Variablen	GLES Vorwahl-Querschnitt BTW 2017	GLES Langfrist-Online- Tracking, T37	GLES NRW & SH LTW 2017
Wahlabsicht Bundestagswahl 2017	X	X	X
Wahlentscheidung Europawahl 2014	X		
Wahlentscheidung vorangegangene Landtagswahl		X	
Wahlabsicht Landtagswahl			X
Europäische Einigung vorantreiben (1 Stimme überhaupt nicht zu – 5 Stimme voll und ganz zu)	X		
Europäische wirtschaftliche Lage, aktuell (0 Nicht gut, 1 Gut)	X		
Regionale wirtschaftliche Lage, aktuell (0 Nicht gut, 1 Gut)	X	X	X
Finanzielle Unterstützung schwacher EU-Staaten durch Deutschland (1 Stimme überhaupt nicht zu – 5 Stimme voll und ganz zu)	X	X	

(Fortsetzung)

Tab. 1 (Fortsetzung)

Variablen	GLES Vorwahl-Querschnitt BTW 2017	GLES Langfrist-Online- Tracking, T37	GLES NRW & SH LTW 2017
Flüchtlingskrise gefährdet EU Zusammenhalt (1 Stimme überhaupt nicht zu – 5 Stimme voll und ganz zu)		X	
Angst, der Zustand der Europäischen Union (1 Überhaupt keine Angst – 7 Sehr große Angst)		X	
Politisches Interesse (Land) (0 Nicht stark, 1 Stark)			X
Politisches Interesse (Europa) (0 Nicht stark, 1 Stark)			X
Verbundenheit (Bundesland) (0 Nicht verbunden, 1 Verbunden)			X
Verbundenheit (Europäische Union) (0 Nicht verbunden, 1 Verbunden)			X
Ebene Problemlösung Flüchtlinge, Land (0 Nicht Land, 1. Land)			X
Ebene Problemlösung Flüchtlinge, Europa (0 Nicht EU, 1 EU)			X
Demokratiezufriedenheit (Land) (0 Nicht zufrieden, 1 Zufrieden)			X

(Fortsetzung)

Tab. 1 (Fortsetzung)

Variablen	GLES Vorwahl-Querschnitt BTW 2017	GLES Langfrist-Online- Tracking, T37	GLES NRW & SH LTW 2017
Demokratiezufriedenheit (Europa) (0 Nicht zufrieden, 1 Zufrieden)			X
Eigene wirtschaftliche Lage, Verantwortlichkeit Landesregierung (0 Nicht stark, 1 Stark)			X
Eigene wirtschaftliche Lage, Verantwortlichkeit Europäische Union (0 Nicht stark, 1 Stark)			X
Allgemeine wirtschaftliche Lage, Verantwortlichkeit Landesregierung (0 Nicht stark, 1 Stark)			X
Allgemeine wirtschaftliche Lage, Verantwortlichkeit Europäische Union (0 Nicht stark, 1 Stark)			X
Eigene wirtschaftliche Lage, aktuell (0 Nicht gut, 1 Gut)	X	X	X
Allgemeine wirtschaftliche, Lage aktuell (0 Nicht gut, 1 Gut)	X		X

(Fortsetzung)

Tab. 1 (Fortsetzung)

Variablen	GLES Vorwahl-Querschnitt BTW 2017	GLES Langfrist-Online- Tracking, T37	GLES NRW & SH LTW 2017
Eigene wirtschaftliche Lage, Verantwortlichkeit Bundesregierung (0 Nicht stark, 1 Stark)	X	X	
Allgemeine wirtschaftliche Lage, Verantwortlichkeit Bundesregierung (0 Nicht stark, 1 Stark)	X	X	
Leistung Bundesregierung (−5 Völlig unzufrieden – +5 Völlig zufrieden)	X	X	X
Flüchtlingskrise, Zufriedenheit, Bundesregierung (0 Nicht zufrieden, 1 Zufrieden)		X	
Angst, Flüchtlingskrise (1 Überhaupt keine Angst – 7 Sehr große Angst)	X	X	X
Stärke Parteiidentifikation (0 Nicht stark, 1 Stark)	X	X	X
Politisches Interesse (0 Nicht stark, 1 Stark)	X	X	
Demokratiezufriedenheit (0 Nicht zufrieden, 1 Zufrieden)	X	X	
Links-Rechts-Selbsteinstufung (1 Links – 11 Rechts)	X	X	X

(Fortsetzung)

Tab. 1 (Fortsetzung)

Variablen	GLES Vorwahl-Querschnitt BTW 2017	GLES Langfrist-Online- Tracking, T37	GLES NRW & SH LTW 2017
Geschlecht (1 Männlich, 2 Weiblich)	X	X	X
Alter	X	X	X
Schulabschluss	X	X	X
Wohnort Ost-Westdeutschland (0 Ostdeutschland, 1 Westdeutschland)	X	X	

[a]Die kursiv gedruckte Variable bildet die abhängige Variable; die nicht fett gedruckten Variablen kennzeichnen unsere Kontrollvariablen

Tab. 2 Einfluss der europaweiten Stimmabgabe auf die Bundestagswahl 2017

Wahlabsicht Bundestagswahl 2017		Modell 1	Modell 2
2_SPD	**Wahlentscheidung Europawahl 2014**		
	SPD		5,68 (0,42)***
	Grüne		3,40 (0,59)***
	Die Linke		2,66 (0,89)***
	Finanzielle Unterstützung schwacher EU-Staaten durch Deutschland	0,19 (0,10)*	
	Angst Flüchtlingskrise	−0,13 (0,05)**	−0,16 (0,09)*
	Eigene wirtschaftliche Lage, aktuell	−0,59 (0,22)***	
	Allgemeine wirtschaftliche Lage, Verantwortlichkeit Reg.	−0,65 (0,19)***	
	Leistung Bundesregierung	−0,29 (0,05)***	−0,20 (0,07)***
	Stärke Parteiidentifikation		−0,65 (0,37)*
	Politisches Interesse	0,58 (0,19)***	0,61 (0,31)*
	Links-Rechts-Selbsteinstufung	−0,55 (0,07)***	−0,26 (0,08)***
	Alter	0,013 (0,00)**	0,02 (0,00)***

(Fortsetzung)

Tab. 2 (Fortsetzung)

Wahlabsicht Bundestagswahl 2017		Modell 1	Modell 2
	Schulabschluss		−0,27 (0,14)*
	_cons	5,49 (1,00)***	2,10 (1,65)
3_FDP	**Wahlentscheidung Europawahl 2014**		
	SPD		1,35 (0,55)**
	FDP		3,71 (0,49)***
	Die Linke		2,20 (0,96)**
	Finanzielle Unterstützung schwacher EU-Staaten durch Deutschland	n. s.	−0,35 (0,18)*
	Allgemeine wirtschaftliche, Lage aktuell	n. s.	0,89 (0,45)**
	Eigene wirtschaftliche Lage, Verantwortlichkeit Reg.	n. s.	0,57 (0,32)*
	Allgemeine wirtschaftliche Lage, Verantwortlichkeit Reg.	−0,64 (0,24)**	−0,82 (0,32)**
	Leistung Bundesregierung	−0,26 (0,07)***	n. s.
	Stärke Parteiidentifikation	−0,66 (0,24)***	−0,51 (0,29)*
	Politisches Interesse	0,42 (0,23)*	0,75 (0,29)**
	Links-Rechts-Selbsteinstufung	0,13 (0,07)*	0,27 (0,09)***
	_cons	0,42 (1,42)	−2,30 (1,50)
4_Grüne	**Wahlentscheidung Europawahl 2014**		
	SPD		3,05 (0,45)***
	FDP		−13,57 (0,48)***
	Grüne		4,71 (0,56)***
	AfD		−25,43 (1,17)***
	Finanzielle Unterstützung schwacher EU-Staaten durch Deutschland	0,25 (0,14)*	n. s.
	Angst Flüchtlingskrise	−0,16 (0,06)**	n. s.

(Fortsetzung)

Tab. 2 (Fortsetzung)

Wahlabsicht Bundestagswahl 2017			Modell 1	Modell 2
		Allgemeine wirtschaftliche Lage, Verantwortlichkeit Reg.	−0,54 (0,23)**	n. s.
		Leistung Bundesregierung	−0,29 (0,06)***	n. s.
		Stärke Parteiidentifikation	−0,59 (0,27)**	n. s.
		Links-Rechts-Selbsteinstufung	−0,68 (0,08)***	−0,42 (0,09)***
		Schulabschluss	0,33 (0,13)**	n. s.
		Westdeutschland	0,88 (0,30)***	0,68 (0,41)*
		_cons	1,91 (1,17)	−2,88 (2,00)
5_Die Linke		**Wahlentscheidung Europawahl 2014**		
		SPD		**2,70 (0,73)***
		FDP		**−12,78 (0,72)***
		Grüne		**2,62 (0,80)***
		Die Linke		**5,62 (0,88)***
		Europäische Einigung vorantreiben	**−0,27 (0,16)***	n. s.
		Angst Flüchtlingskrise	−0,30 (0,09)***	−0,30 (0,14)**
		Eigene wirtschaftliche Lage, aktuell	−0,89 (0,34)***	n. s.
		Allgemeine wirtschaftliche Lage, Verantwortlichkeit Reg.	−0,59 (0,30)**	n. s.
		Leistung Bundesregierung	−0,62 (0,07)***	−0,56 (0,11)***
		Politisches Interesse	0,59 (0,34)*	n. s.
		Demokratiezufriedenheit	n. s.	1,07 (0,60)*
		Links-Rechts-Selbsteinstufung	−1,12 (0,13)***	−0,96 (0,18)***
		Westdeutschland	−1,26 (0,32)***	−0,92 (0,50)*
		_cons	11,72 (1,36)***	7,47 (2,72)***

(Fortsetzung)

Tab. 2 (Fortsetzung)

Wahlabsicht Bundestagswahl 2017		Modell 1	Modell 2
6_AfD	**Wahlentscheidung Europawahl 2014**		
	SPD		2,30 (0,96)**
	FDP		2,88 (1,51)*
	Grüne		−11,74 (1,53)***
	Die Linke		3,64 (1,34)***
	AfD		6,61 (1,49)***
	Finanzielle Unterstützung schwacher EU-Staaten durch Deutschland		0,94 (0,41)**
	Europäische Einigung vorantreiben	−0,52 (0,16)***	n. s.
	Angst Flüchtlingskrise	0,30 (0,12)**	n. s.
	Eigene wirtschaftliche Lage, aktuell	0,75 (0,43)*	n. s.
	Europäische wirtschaftliche Lage, aktuell	−2,22 (0,80)***	−3,65 (1,13)***
	Eigene wirtschaftliche Lage, Verantwortlichkeit Reg.	0,77 (0,44)*	n. s.
	Leistung Bundesregierung	−0,73 (0,08)***	−0,66 (0,16)***
	Stärke Parteiidentifikation	−0,91 (0,40)**	n. s.
	Demokratiezufriedenheit	−1,14 (0,47)**	−1,57 (0,81)*
	Links-Rechts-Selbsteinstufung	0,25 (0,14)*	n. s.
	Alter	−0,03 (0,01)**	n. s.
	_cons	5,48 (1,76)***	−2,38 (3,51)
	N	1208	1047
	Pseudo R^2 (McFadden)	0,27	0,58

Angaben: Multinominale logistische Regression mit **Regressionskoeffizienten** aller signifikanten Variablen, Standardfehler in Klammern und Signifikanzen (*** $p<,01$, ** $p<,05$, * $p<,10$, n. s. nicht signifikant). Basiskategorie (1) = Wahlabsicht CDU/CSU, gewichtet nach sozial- und regionalstrukturellem Gewicht für Gesamtdeutschland; Quelle: GLES Vorwahl-Querschnitt zur BTW 2017

Tab. 3 Einfluss der landesweiten Stimmabgabe auf die Bundestagswahl 2017

	Wahlabsicht Bundestagswahl 2017	Modell 3	Modell 4
2_SPD	**Wahlentscheidung Landtagswahl**		
	SPD		**6,35 (0,81)***
	FDP		**3,00 (1,28)**
	Grüne		**5,07 (1,02)***
	Die Linke		**5,33 (1,29)***
	AfD		**−16,87 (1,57)***
	Finanzielle Unterstützung schwacher EU-Staaten durch Deutschland	n. s.	**−0,74 (0,27)***
	Eigene wirtschaftliche Lage, aktuell	−1,09 (0,38)***	−1,97 (0,58)***
	Leistung Bundesregierung	−0,46 (0,08)***	−0,37 (0,12)***
	Links-Rechts-Selbsteinstufung	−0,77 (0,12)***	−0,59 (0,16)***
	Weiblich	−1,01 (0,35)***	−1,06 (0,47)**
	Alter	0,02 (0,01)*	n. s.
	Westdeutschland	1,07 (0,46)**	n. s.
	_cons	8,52 (1,57)***	2,54 (2,78)
3_FDP	**Wahlentscheidung Landtagswahl**		
	FDP		**3,92 (0,77)***
	Grüne		**1,87 (0,82)**
	AfD		**2,01 (1,14)***
	Finanzielle Unterstützung schwacher EU-Staaten durch Deutschland		**0,40 (0,21)***
	Angst, der Zustand der Europäischen Union	−0,24 (0,11)**	n. s.
	Eigene wirtschaftliche Lage, aktuell	n. s.	−0,96 (0,46)**
	Angst Flüchtlingskrise	n. s.	0,22 (0,13)*
	Regionale wirtschaftliche Lage, aktuell	n. s.	**−0,95 (0,44)**

(Fortsetzung)

Tab. 3 (Fortsetzung)

	Wahlabsicht Bundestagswahl 2017	Modell 3	Modell 4
	Leistung Bundesregierung	−0,27 (0,11)**	−0,29 (0,11)***
	Allgemeine wirtschaftliche Lage, Verantwortlichkeit Reg.	−0,98 (0,33)***	−1,47 (0,46)***
	Politisches Interesse	0,85 (0,35)**	
	Westdeutschland		1,02 (0,48)**
	_cons	2,52 (1,50)*	1,40 (1,70)
4_Grüne	**Wahlentscheidung Landtagswahl**		
	SPD		4,18 (0,95)***
	FDP		−10,97 (1,24)***
	Grüne		6,72 (1,10)***
	Die Linke		6,11 (1,35)***
	AFD		−16,10 (1,44)***
	Finanzielle Unterstützung schwacher EU-Staaten durch Deutschland	0,71 (0,24)***	−1,20 (0,32)***
	Eigene wirtschaftliche Lage, aktuell	−1,30 (0,42)****	−2,18 (0,66)***
	Angst, Flüchtlingskrise	−0,45 (0,13)***	−0,41 (0,20)**
	Leistung Bundesregierung	−0,49 (0,10)***	−0,33 (0,14)**
	Links-Rechts-Selbsteinstufung	−0,72 (0,11)***	−0,53 (0,15)***
	Westdeutschland	−1,00 (0,46)**	1,38 (0,71)*
	_cons	6,12 (1,92)***	1,18 (3,10)
5_Die Linke	**Wahlentscheidung Landtagswahl**		
	SPD		3,64 (0,94)***
	FDP		−9,24 (1,24)***
	Grüne		3,46 (1,30)***
	Die Linke		6,29 (1,21)***
	AfD		−15,09 (1,24)***

(Fortsetzung)

Tab. 3 (Fortsetzung)

	Wahlabsicht Bundestagswahl 2017	Modell 3	Modell 4
	Finanzielle Unterstützung schwacher EU-Staaten durch Deutschland	n. s.	**0,81 (0,39)****
	Eigene wirtschaftliche Lage, aktuell	−1,05 (0,49)**	−2,23 (0,65)***
	Angst, Flüchtlingskrise	−0,39 (0,16)**	−0,34 (0,20)*
	Flüchtlingskrise, Zufriedenheit, Reg.	−1,95 (0,80)**	−2,05 (0,89)**
	Leistung Bundesregierung	−0,87 (0,12)***	−0,69 (0,15)***
	Demokratiezufriedenheit	−1,42 (0,58)**	−1,72 (0,71)**
	Links-Rechts-Selbsteinstufung	−1,55 (0,18)***	−1,41 (0,20)***
	Weiblich	−1,23 (0,52)**	
	_cons	16,84 (2,59)***	11,63 (3,51)***
6_AfD	**Wahlentscheidung Landtagswahl**		
	FDP		**−14,70 (1,46)*****
	Grüne		**−10,75 (1,28)*****
	Die Linke		**2,50 (1,50)***
	AfD		**5,99 (1,15)*****
	Angst, Flüchtlingskrise	0,66 (0,17)***	0,71 (0,30)**
	Leistung Bundesregierung	−0,74 (0,11)***	−0,58 (0,17)***
	Demokratiezufriedenheit	n. s.	−1,84 (0,76)**
	Politisches Interesse	n. s.	1,30 (0,65)**
	_cons	0,06 (2,45)	−3,48 (3,69)
	N	651	558
	Pseudo R² (McFadden)	0,38	0,62

Angaben: Multinominale logistische Regression mit Regressionskoeffizienten aller signifikanten Variablen, Standardfehler in Klammern und Signifikanzen (*** $p < ,01$, ** $p < ,05$, * $p < ,10$, n. s. nicht signifikant). Basiskategorie (1) = Wahlabsicht CDU/CSU, gewichtet nach sozial- und regionalstrukturellem Gewicht für Gesamtdeutschland; Quelle: Langfrist-Online-Tracking T37

Tab. 4 Einfluss der Wahlabsicht bei aktuellen Landtagswahlen auf die Bundestagswahl 2017

	Wahlabsicht Bundestagswahl 2017	Modell 5
2_SPD	**Demokratiezufriedenheit (Land)**	**1,49 (0,43)***
	Verbundenheit (Europäische Union)	**−0,68 (0,41)***
	Leistung Bundesregierung	−0,56 (0,10)***
	Links-Rechts-Selbsteinstufung	−0,71 (0,11)***
	Alter	0,02 (0,01)**
	Schulabschluss	−0,42 (0,13)***
	_cons	9,49 (1,65)***
3_FDP	**Demokratiezufriedenheit (Land)**	**0,75 (0,44)***
	Leistung Bundesregierung	−0,31 (0,13)**
	Links-Rechts-Selbsteinstufung	−0,22 (0,11)**
	_cons	9,49 (1,65)***
4_Grüne	**Demokratiezufriedenheit (Land)**	**1,67 (0,53)***
	Angst, Flüchtlingskrise	−0,28 (0,14)**
	Leistung Bundesregierung	−0,66 (0,13)***
	Links-Rechts-Selbsteinstufung	−0,99 (0,13)***
	Weiblich	1,27 (0,50)**
	_cons	8,45 (2,05)***
5_Die Linke	**Demokratiezufriedenheit (Land)**	**1,02 (0,60)***
	Eigene wirtschaftliche Lage, aktuell	−1,13 (0,65)*
	Leistung Bundesregierung	−0,96 (0,13)***
	Stärke Parteiidentifikation	−1,35 (0,58)**
	Links-Rechts-Selbsteinstufung	−1,07 (0,22)***
	_cons	10,62 (2,19)***
6_AfD	**Demokratiezufriedenheit (Europa)**	**3,06 (0,82)***
	Eigene wirtschaftliche Lage, Verantwortlichkeit Landesregierung	**2,10 (1,00)***
	Verbundenheit (Bundesland)	**−1,73 (0,91)***
	Verbundenheit (Europäische Union)	**−1,95 (0,78)***
	Angst, Flüchtlingskrise	0,77 (0,27)***
	Leistung Bundesregierung	−1,08 (0,20)***

(Fortsetzung)

Tab. 4 (Fortsetzung)

Wahlabsicht Bundestagswahl 2017	Modell 5
Alter	−0,04 (0,02)*
Schulabschluss	−1,22 (0,37)***
_cons	8,29 (2,98)***
N	736
Pseudo R^2 (McFadden)	0,34

Angaben: Multinominale logistische Regression mit Regressionskoeffizienten aller signifikanten Variablen, Standardfehler in Klammern und Signifikanzen (*** $p < ,01$, ** $p < ,05$, * $p < ,10$). Basiskategorie (1) = Wahlabsicht CDU/CSU, gewichtet nach sozial- und regionalstrukturellem Gewicht für Gesamtdeutschland; Quelle: GLES Landtagswahlen in NRW und SH, 2017

Literatur

Abou-Chadi, Tarik. 2015. Das Thema europäische Integration und die Wahlentscheidung bei der Bundestagswahl 2013. In *Wirtschaft, Krise und Wahlverhalten*, Hrsg. H. Giebler und A. Wagner, 84–106. Baden-Baden: Nomos.

Anderson, C. J., und D. S. Ward. 1996. Barometer Elections in Comparative Perspective. *Electoral Studies* 15(4): 447–460.

Bundeswahlleiter. 2018. Bundestagswahl 2017. https://www.bundeswahlleiter.de/bundestagswahlen/2017/ergebnisse.html. Zugegriffen: 26. Februar 2018.

Giebler, Heiko. 2014. Contextualizing Turnout and Party Choice. Electoral Behaviour on Different Political Levels. In *Voters on the Move or on the Run?*, Hrsg. B. Weßels, H. Rattinger, S. Rossteutscher und R. Schmitt-Beck, 115–138. Oxford: Oxford University Press.

Giebler, H. und A. Wagner. 2015. Contrasting First- and Second-Order Electoral Behaviour. Determinants of Individual Party Choice in European and German Federal Elections. *German Politics* 24(1): 46–66.

Hobolt, S. B. und C. E. De Vries. 2016. Turning against the union? The impact of the crisis on the Eurosceptic vote in the 2014 European Parliament elections. *Electoral Studies* 44: 504–514.

Hoeglinger, D. 2016. The politicisation of European integration in domestic election campaigns. *West European Politics* 39(1): 44–63.

Korte, K.-R. 2016. Flüchtlinge verändern unsere Demokratie. *Zeitschrift für Politikwissenschaft* 26(1): 87–94.

Langer, W., C. Rademacher und K. Völkl. 2013. Rationale Wähler im Mehrebenensystem? Individuelle Wahlabsichten bei Bundestags-, Landtags- und Europawahlen 2009. In *Wahlen und Wähler*, Hrsg. B. Weßels, H. Schoen, O. W. Gabriel, 452–474. Wiesbaden: Springer VS.

Reif, K., und H. Schmitt. 1980. Nine Second-Order National Elections – A Conceptual Framework For The Analysis Of European Election Results. *European Journal of Political Research* 8(1): 3–44.

Rossteutscher, S., Thorsten Faas, und Kai Arzheimer 2015. Votersand Voting in Multilevel Systems – An Introduction, German Politics, 24:1, 1-7, https://doi.org/10.1080/09644008.2014.984692

Roßteutscher, S., T. Faas und K. Arzheimer. 2015. Voters and Voting in Multilevel Systems – An Introduction. *German Politics* 24(1): 1–7.

Roßteutscher, S., R. Schmitt-Beck, H. Schoen, B. Weßels, C. Wolf, I. Bieber, L. Stövsand, M. Dietz, M. und P. Scherer. 2018. Vorwahl-Querschnitt (GLES 2017). GESIS Datenarchiv, Köln. ZA6800 Datenfile Version 3.0.0, https://doi.org/10.4232/1.12990.

Roßteutscher, S., R. Schmitt-Beck, H. Schoen, B. Weßels, C. Wolf, M. Dietz, I. Bieber und P. Scherer. 2017a. Langfrist-Online-Tracking T37 (GLES). GESIS Datenarchiv, Köln. ZA6817 Datenfile Version 1.0.0, https://doi.org/10.4232/1.12917.

Roßteutscher, S., R. Schmitt-Beck, H. Schoen, B. Weßels, C. Wolf, S. Henckel, I. Bieber und P. Scherer. 2017b. Langfrist-Online-Tracking zur Landtagswahl in Schleswig-Holstein 2017 (GLES). GESIS Datenarchiv, Köln. ZA6819 Datenfile Version 1.0.0, https://doi.org/10.4232/1.12851.

Roßteutscher, S., R. Schmitt-Beck, H. Schoen, B. Weßels, C. Wolf, S. Henckel, I. Bieber und P. Scherer. 2017c. Langfrist-Online-Tracking zur Landtagswahl in Nordrhein-Westfalen 2017 (GLES). GESIS Datenarchiv, Köln. ZA6820 Datenfile Version 1.0.0, https://doi.org/10.4232/1.12852.

Schakel, A. H., und C. Jefferey. 2013. Are regional elections really 'second-order elections'? *Regional Studies* 47(3): 323–341.

Schmitt, H. 2005. The European Parliament Elections of June 2004: Still Second-Order? *West European Politics* 28(3): 650–679.

Schmitt, H. und I. Toygür. 2016. European Parliament Elections of May 2014: Driven by National Politics or EU Policy Making? *Politics and Governance* 4(1): 167–181.

Schoen, H. und A. Rudnik. 2016. Wirkungen von Einstellungen zur europäischen Schulden- und Währungskrise auf das Wahlverhalten bei der Bundestagswahl 2013. In *Wahlen und Wähler*, Hrsg. H. Schoen und B. Weßels, 135–160.Wiesbaden: Springer VS.

Schoofs, Jan. 2017. Der flüchtlings- und integrationspolitische Wettbewerb bei den Landtagswahlen im März 2016. Die Wahl-O-Mat-Positionen der Parteien im Vergleich. In *Regieren in der Einwanderungsgesellschaft, Studien der NRW School of Governance*, Hrsg. C. Bieber, A. Blätte, K. Korte und N. Switek, 109–113. Wiesbaden: Springer VS.

Die Wahl der AfD. Frustration, Deprivation, Angst oder Wertekonflikt?

Susanne Pickel

Zusammenfassung

Spätestens seit der Bundestagswahl 2017 ist die AfD ein ernst zu nehmender Akteur in der bundesdeutschen Parteienlandschaft. Nicht nur Politiker fragen sich, warum es ihr gelang eine so beachtliche Zahl an Wähler*innen zu mobilisieren. Der Beitrag untersucht diese Frage unter Einbezug von Umfragedaten der German Longitudinal Election Study (GLES) 2017. Es zeigt sich, dass politische und soziale Einstellungen die Wahl der AfD und ihr Wählerpotenzial besser erklären können als sozialstrukturelle Faktoren. Besonders Gefühle der kulturellen Bedrohung, des Ethnozentrismus und des Misstrauens gegenüber etablierten Parteien und Politiker*innen bringen Bürger*innen dazu, für die AfD zu stimmen. Die Wähler*innen drücken ihre Unzufriedenheit mit der aktuellen Politik als Protestwahl („Voice") aus und frühere Nichtwähler*innen („Exit") werden mobilisiert.

1 Einleitung – die Alternative für Deutschland, eine Erfolgsgeschichte?

Bislang ist die Geschichte der Alternative für Deutschland (AfD) vor allem eine Geschichte des Wahlerfolgs. 2013 hatten sich ihre Gründer noch als „liberale" Euroskeptiker bezeichnet, traten im gleichen Jahr erstmals zu nationalen Wahlen an und konnten 4,7 % der Zweitstimmen auf sich vereinigen. Seither kämpfte

S. Pickel (✉)
Institut für Politikwissenschaft, Universität Duisburg-Essen, Duisburg, Deutschland
E-Mail: susanne.pickel@uni-due.de

die Partei mit Spaltungen und Kurskorrekturen (2015), innerparteilichen Auseinandersetzungen und kurzfristigen Fraktionsteilungen auf Landesebene sowie dem Austritt prominenter Mitglieder, u. a. ihrer ehemaligen Vorsitzenden Frauke Petry und ihres Ehemannes Markus Pretzell (Korte et al. 2015). All dies hatte scheinbar keinen Effekt auf ihre Attraktivität bei den Wähler*innen.[1] Im Gegenteil, bei den Wahlen zum Deutschen Bundestag 2017 erhielt die AfD 12,6 % der Zweitstimmen bei einer Wahlbeteiligung von 76,2 %[2] (Bundeswahlleiter 2017). Nach der erneuten Bildung einer Großen Koalition aus CDU, CSU und SPD stellt die AfD nun die größte Oppositionsfraktion mit den dazugehörigen parlamentarischen Rechten wie z. B. der Eröffnung der Redebeiträge zur Haushaltsdebatte.[3]

Auch auf regionaler und lokaler Ebene ist die AfD seit 2013 erfolgreich. Außer in Bayern und Hessen[4] – hier wird im Oktober 2018 gewählt – ist die AfD mit mindestens 5,5 % der Wählerstimmen (Bremen 2015) bis maximal 24,2 % (Sachsen-Anhalt 2016) in 14 Bundesländern in die Parlamente gewählt worden. In den neuen Bundesländern ist die AfD deutlich erfolgreicher als in den alten Bundesländern. Bei den Bundestagswahlen 2017 erzielte die AfD mit 27,0 % der Zweitstimmen in Sachsen ihr bestes Ergebnis und wurde mit einem hauchdünnen Vorsprung von 0,1 Prozentpunkten in diesem Bundesland sogar zur stärksten Partei (Bundeswahlleiter 2017).

2 Motivlagen – Annahmen zur Wählerschaft der AfD

Was motiviert die Bürger*innen, der AfD ihre Stimme zu geben? Annahmen zur Struktur der Wählerschaft der AfD bzw. zur Motivation, die Wahlstimme der AfD zu überlassen, speisen sich aus unterschiedlichen sozial- und politikwissenschaftlichen

---

[1] Die Wählerschaft der AfD hat sich hingegen seit 2015 verändert und ist heute im Durchschnitt weiter rechts auf dem ideologischen Spektrum zu finden (Kroh und Fetz 2016; Niedermayer und Hofrichter 2016).
[2] In den ABL erhielt die AfD 10,7 % der Wählerstimmen, in den NBL 21,9. Die Wahlbeteiligung stieg um 4,4 bzw. 5,6 Prozentpunkte.
[3] Hierin spiegelt sich die haushaltspolitische Kontrollfunktion des Bundestages gegenüber der Regierung wider. Im parlamentarischen Regierungssystem und Gewaltenverschränkung zwischen Regierungspartei(en) und Mehrheitspartei(en) im Bundestag kommt der stärksten Oppositionspartei eine besondere Rolle zu: Sie stellt z. B. den Vorsitzenden im Haushaltsausschuss.
[4] In Bayern hat die AfD bislang nicht kandidiert. In Hessen hat sie den Einzug ins Landesparlament mit 4,1 % der Wählerstimmen verfehlt.

Ansätzen. Nicht alle sind neu und beziehen sich exklusiv auf die AfD. So finden sich Ähnlichkeiten zur Wählerschaft, z. B. der Deutschen Volksunion (DVU). Bereits 2002 ermittelt Holtmann (2002) als Ursachen der Wahlentscheidung zugunsten der (rechtsextremen) DVU bei der Landtagswahl in Sachsen-Anhalt eine hohe Mobilisierung bisheriger Nichtwähler*innen zum Urnengang, starke Effekte der Sozialstruktur (junge Männer, Arbeiter, Auszubildende und Arbeitslose), eine ausgeprägte relative Deprivation[5], politische Unzufriedenheit, ein sozial homogenes Wohngebiet (Großwohnsiedlungen), fundamentalen politischen Protest, Benachteiligungsgefühle infolge prekärer Arbeitsverhältnisse und eine Orientierung am rechten ideologischen Spektrum. All diese Aspekte werden auch für die Wahl der AfD immer wieder thematisiert. Bis zu den Bundestagswahlen 2017 fanden zudem gesellschaftliche Ereignisse – z. B. Euro-Krise, Brexit, Migration und Fluchtbewegungen – statt, die nur zeitweise oder gar nicht im Wahlkampf thematisiert wurden, aber ebenfalls zur Erklärung der AfD-Wahl herangezogen werden können. Seit der Gründung der AfD versuchen Wahl- und Sozialforscher*innen den (Wahl-) Erfolg der AfD mit verschiedenen Ansätzen, monokausal oder in diversen Kombinationen, zu erklären[6]. Bevorzugt kamen die übergreifend angesetzte Modernisierungsverliererthese, die cultural backlash-These und die politische Entfremdungsthese zum Einsatz. Im Detail sind (aus Platzgründen nur skizzenhaft dargestellt) folgende Ansätze von Interesse:

1. *Modernisierungsverliererthese* (u. a. Bergmann et al. 2017; Kroh und Fetz 2016; Lengfeld 2017, 2018; Bremmer 2018; Lux 2018; Tutić und von Hermanni 2018; Rippl und Seibel 2018): Vor allem die Arbeiter*innen und Menschen mit geringer formaler Bildung unterliegen im Zuge von Globalisierungsprozessen erhöhten ökonomischen und Erwerbsunsicherheiten (Arbeitsplatzverlust, prekäre Arbeitsverhältnisse). Diese Unsicherheit erfasst zunehmend weitere soziale Schichten: Angehörige des Mittelstandes fürchten um den Verlust an Wohlstand und an traditionellen Werten. Faktoren sind:
a) prekäre Arbeits- und Lebensbedingungen
b) relative Deprivation und Benachteiligungsgefühle
c) Angst vor Globalisierung

---

[5] Mit relativer Deprivation wird die negative Beurteilung der eigenen finanziellen Situation im Verhältnis zu anderen Personen, meist aus der gleichen sozialen Lage, bezeichnet.
[6] Zum Forschungsstand bis 2015 vgl. Lewandowsky 2015 und Arzheimer 2015; zum intensiven Vergleich der AfD mit anderen Parteien vgl. Hambauer und Mays 2018; zur Debatte um die Erklärungskraft der Modernisierungsverliererthese vgl. Lengfeld 2017, 2018; Lux 2018; Tutić und von Hermanni 2018; Rippl und Seibel 2018.

Im Zusammenhang mit der Modernisierungsverliererthese werden häufig zusätzlich sozialstrukturelle Eigenschaften der Wähler diskutiert.
2. *(Sozial-)Strukturelle Ungleichheit* (u. a. Häusler et al. 2013; Lengfeld 2017, 2018; Hambauer und Mays 2018): Strukturelle Unterschiede der menschlichen Ressourcenverteilung in der Bevölkerung legen den Grundstein für die Abwendung von einer sozial ungleichen Gesellschaft. Speziell Bildungs- und Einkommensnachteile fördern die AfD-Wahl.
   a) Alter, Geschlecht
   b) Bildung, Einkommen
   c) Subjektive Schichtzuordnung

Die prominente *cultural backlash*-These (Inglehart und Norris 2016; Inglehart 2018) umfasst verschiedene Komponenten und Einzelerklärungsansätze, die im Folgenden aufgeführt werden (3, 4, 5). Sie stellt auf einer theoretisch-konzeptionellen Ebene einen Zusammenhang zwischen den Einstellungsdimensionen kultureller und ökonomischer Bedrohung, Nationalismus und dem möglichen neuen Cleavage offene vs. geschlossene Gesellschaft her. Gleichzeitig macht es durchaus – und unter einer empirischen Erklärungsperspektive – Sinn, die einzelnen Komponenten zu differenzieren.

3. *These der kulturellen Bedrohung* (u. a. Schmitt-Beck 2014; Pickel 2017; Pickel und Pickel 2018a; Pickel und Yendell 2016): In enger Verbindung mit der Nationalismusthese steht die sozialpsychologisch in der *Integrated Threat Theory* verankerte Wahrnehmung einer Bedrohung der eigenen Kultur. Angstdiskurse dienen der Externalisierung von Quellen der Verunsicherung bzw. bündeln bestehende gruppenbezogene Vorurteile und emotionale Ablehnung (derzeit speziell gegenüber dem Islam). Als Ausweg wird teilweise auf Anbieter radikaler Lösungen gegenüber der empfundenen Bedrohung zurückgegriffen.
   a) Kulturelle Bedrohung – z. B. Islamophobie
   b) Ökonomische Bedrohung – Arbeitsplatzkonkurrenz
4. *Nationalismusthese* (u. a. Schmitt-Beck 2014; Köcher 2014; Arzheimer 2015; Wagner et al. 2015; Decker et al. 2016; Häusler 2016; Inglehart und Norris 2016; Niedermayer und Hofrichter 2016; Schwarzbözl und Fatke 2016; Pickel 2017): Konservative bis völkisch-nationale Einstellungen und die Forderung nach einer „völkisch-nationalen Kultur" prägen die Wähler*innen der AfD, das Parteiprogramm sowie die Zielstellungen der AfD-Politiker*innen und verorten die Partei in der Kategorie „Rechts-Populismus" (zu fließenden Übergängen

zum Rechtsextremismus Priester 2007, 2016). Entsprechend kommt es zu Abgrenzung und Abwertung vor allem von Migrant*innen und Fremden.
  a) Ethnozentrismus und Nativismus
  b) Xenophobie und Annahme nationaler Überlegenheit
  c) Orientierung am rechten ideologischen Spektrum
5. *Kosmopolitismus vs. Kommunitarismus* (u. a. Zürn und de Wilde 2016; Merkel 2017): Aus den sozialen, ökonomischen und kulturellen Folgen der Globalisierung wird ein neues Cleavage abgeleitet, das Globalisierungsgewinner – Kosmopoliten, die mit umfassenden Humanressourcen ausgestattet sind und für offene Gesellschaften und eine liberale Demokratie eintreten – und Globalisierungsverlierer – Kommunitaristen, die über geringere Ressourcen verfügen, nach national geschlossenen Gesellschaften verlangen und dabei Qualitätsverluste der Demokratie in Kauf nehmen – gegenübergestellt. Aspekte der Modernisierungsverliererthese werden mit Annahmen der Nationalismusthese und Gefühlen der kulturellen Bedrohung verbunden und demonstrieren zugleich, dass die Erklärungsansätze nicht unabhängig voneinander sind, sondern in engem Zusammenhang gesehen werden müssen.
6. *Politische Entfremdung und Offenheit für Populismus* (u. a. Norris 2005; Arzheimer 2008; Niedermayer und Hofrichter 2016; Schmitt-Beck et al. 2017; Pickel 2017; Pickel und Pickel 2018a): Es besteht eine Unzufriedenheit mit den herrschenden Eliten, den etablierten Parteien oder „dem Establishment". Das daraus resultierende mangelnde Vertrauen in politische Institutionen, Parteien und Autoritäten wird nicht mehr stillschweigend hingenommen („exit"), sondern findet ihren Ausdruck in der Wahl einer Partei („voice"), die den Gegensatz zwischen „Volk" und Eliten betont und Raum und Inhalt für ein Protest-Wahlverhalten bietet. „Die Bürger" werden als bessere Alternative für politische Entscheidungen offeriert. Gleichzeitig distanziert sich die AfD vom Repräsentativsystem der westlichen liberalen Demokratien.
  a) Protestwahl und Motivation ehemaliger Nichtwähler*innen: nach „exit" kommt „voice"
  b) Politische Entfremdung von der liberalen Demokratie und politische Kultur:
     i. illiberale Einstellungen
     ii. Unzufriedenheit mit politischen Amtsträgern
     iii. Vertrauensverlust/mangelndes Vertrauen in Parteien und Politiker*innen
     iv. Frustration mit den politischen Eliten
     v. mangelnde Responsivität der „etablierten" politischen Elite
     vi. negative Emotionen insbesondere Wut auf einzelne Politiker*innen
     vii. Nicht-Wahl wird zu Protest-Wahl

7. *Parteiidentifikation mit der AfD* (u. a. Kroh und Fetz 2016; Schmitt-Beck et al. 2017): Obwohl die AfD erst seit fünf Jahren besteht, gibt es Hinweise darauf, dass sich bei einigen ihrer Wähler*innen bereits eine PID ausgebildet hat. Das bedeutet, dass man sich als psychologisches Mitglied der AfD und durch ihr Programm und ihre Kandidat*innen repräsentiert fühlt. Menschen mit einer PID für eine bestimmte Partei wählen diese normalerweise. Es könnte sein, dass sich ein Stammwählerpotenzial für die AfD ausbildet.
8. *Soziale Integration* (u. a. Schmitt-Beck et al. 2017; Hegelich und Shahrezaye 2017): Die politischen und sozialen Prozesse der modernisierten, individualisierten Gesellschaft führen zum Bedürfnis einer Komplexitätsreduktion. Ein homogenes soziales Umfeld und virtuelles Netzwerk verstärkt den Glauben an scheinbar einfache Lösungen und bestärkt die negativen politischen Einstellungen gegenüber der liberalen Demokratie und der offenen Gesellschaft.
   a) Verstärkereffekt durch homogenes soziales Umfeld
   b) alternative politische Informationsbeschaffung im Internet (Filterblasen, Echo-Kammern etc.)

Die aufgeführten Ansätze sind nicht voneinander unabhängig und überschneiden sich in mehreren Punkten. So ist es nicht verwunderlich, dass in der Diskussion über die Ursachen einer Wahlentscheidung zugunsten der AfD häufig vor allem ein Gegensatz zwischen den Konzepten der Modernisierungsverliererthese, der *cultural backlash*-These und gelegentlich auch der These der politischen Entfremdung aufgemacht wird (z. B. Lengfeld 2018; Rippl und Seipel 2018). Gleichzeitig können die Erklärungsansätze in dieser Differenzierung gut als Ausgangspunkt für die empirische Suche nach Erklärungen für die Wahl der AfD genutzt werden. Ich werde sie ergänzen und in einer empirischen, multivariaten Analyse, die mehrere mögliche Ursachenbündel heranzieht, zusammenführen, um die Wahlentscheidung zugunsten der AfD multikausal zu erklären.

Meine untersuchungsleitenden Hypothesen sind:

1. Politische und soziale Einstellungen erklären die Wahl der AfD besser als Faktoren der Sozialstruktur.
2. Vor allem eine *Kombination* aus der
   a) Wahrnehmung einer ökonomischen und
   b) kulturellen Bedrohung,
   c) ethnozentrischen Überzeugungen und
   d) politischer Entfremdung

begünstigen die die Wahl der AfD.

3 Datengrundlage und Operationalisierung

Die Analysen erfolgen, so weit nicht abweichend kenntlich gemacht, auf der Basis der Nachwahlbefragung der German Longitudinal Election Study (GLES) vom 25.09.2017–30.11.2017; Pre-Release 2.0.0.[7] Der Datensatz enthält 2115 Befragte, davon 161 (7,6 %) Wähler*innen der AfD. Für die Analyse ergeben sich 108 Fälle, die alle für die Analyse benötigten Fragen beantwortet haben. Damit ergibt sich eine hinreichende Stichprobe für die Untersuchungsgruppe, die in Umfragen häufig unterrepräsentiert ist. Weitere Informationen zum Datensatz sind unter www.gesis.org/wahlen/gles/ erhältlich.

Die GLES erhebt Indikatoren, die sich aus den theoretischen Ansätzen zur Erklärung der Wahlentscheidung zugunsten der AfD ableiten lassen: Der Datensatz bietet Skalen zu Populismus und Emotionen, zu Nativismus, *outgroup*-Einstellungen[8], zur eigenen sozialen Integration, Einstellungen zu Parteien, Politikern, zur eigenen Rolle im politischen System und der Responsivität der Regierenden *(internal* und *external efficacy).* Befürchtungen, Ängste und die Bewertung der Leistung von Politiker*innen bzw. der Regierung und der eigenen ökonomischen Lage im Verhältnis zu anderen (relative Deprivation) – sind ebenso enthalten wie Informationen zum Wahlverhalten 2013 und 2017, zur Parteienidentifikation und zur Parteipräferenz. Die Variablen hängen erwartungsgemäß erheblich miteinander zusammen (Binnenkorrelationen) und bilden Erklärungsdimensionen oder Syndrome. Um die Indikatoren für eine Kausalanalyse nutzen zu können, werden Variablenbündel aus der Theorie abgeleitet und vorab einem dimensionsreduktionierenden Verfahren (Hauptkomponentenanalyse) unterzogen (siehe Anhang Tab. 2). Dadurch lassen sich die Erklärungsdimensionen extrahieren und den theoretischen Ansätzen zuordnen (siehe Anhang Tab. 3). Die Kausalanalysen werden mit den Faktorwerten der extrahierten sechs Dimensionen durchgeführt. Als abhängige Variable dient die Wahl der AfD mit der Zweitstimme. Bei

---

[7]In ihrem Debattenbeitrag in der Kölner Zeitschrift für Soziologie und Sozialpsychologie im Juli 2018 belegen Tutić und von Hermanni anhand von Analysen der GLES 2016, der Allgemeinen Bevölkerungsumfrage (ALLBUS) 2016 und des European Social Survey (ESS) von 2016, dass diese Daten annähern gleich gut geeignet sind, die Wahlentscheidung zugunsten der AfD zumindest hinsichtlich der Modernisierungsverliererthese zu analysieren.
[8]Der Begriff stammt aus der Vorurteils- und Stereotypenforschung und bezeichnet Einstellungen gegenüber Menschen, die nicht zur eigenen, in diesem Falle ethnischen oder Volksgruppe (Ingroup) gehören (Bremmer 2018).

der „recall-Frage" nach der Stimmabgabe bei der Bundestagswahl 2017[9] handelt es sich um eine binär kodierte Variable – der/die Befragte hat die AfD oder eine der anderen Parteien im Deutschen Bundestag entweder gewählt oder nicht. Daher wird als kausalanalytische Methode eine binäre logistische Regression verwendet. Präsentiert wird ein Gesamtmodell aus den Faktorwerten der ermittelten Dimensionen, den sozialstrukturellen Variablen, der Information, ob der/die Befragte bei der Bundestagswahl 2013 zur Gruppe der Nichtwähler gehörte, der Selbsteinschätzung auf der ideologischen Links-Rechts-Skala, der sozialen Integration (Kirchgangshäufigkeit)[10] und der relativen Deprivation.

4 Wer wählt warum die AfD? – Empirische Befunde

4.1 Nach exit folgt voice – die AfD als Partei der bislang Unbeteiligten?

Die klassische Frage der Wahlforschung richtet sich sowohl auf den Personenkreis der Wähler*innen als auch auf denen Entscheidungsmotive. Der Personenkreis kann über die sozialstrukturellen Eigenschaften der Wähler*innen beschrieben werden (Hypothese 1), die Motive sind u. a. aus den theoretischen Annahmen abzuleiten (Hypothese 2). Zunächst versteht es die AfD hohem Maße ehemalige Nichtwähler*innen an die Urnen zu bringen. Obwohl Deutschland,

---

[9]Frageformulierung der Recall-Sonntagsfrage: „Bei der Bundestagswahl konnten Sie ja zwei Stimmen vergeben. Die Erststimme für einen Kandidaten aus Ihrem Wahlkreis, die Zweitstimme für eine Partei. Hier ist ein Musterstimmzettel, ähnlich wie Sie ihn bei der Bundestagswahl erhalten haben. Wie haben Sie auf Ihrem Stimmzettel angekreuzt? Bitte nennen Sie mir jeweils die Kennziffer für Ihre Erst- und Zweitstimme."

[10]Neben der Kirchgangshäufigkeit als Indikator für die Intensität der Bindung an die Institution Kirche könnte als Maß für die soziale Integration auch die Anzahl der Mitgliedschaften in weiteren zivilgesellschaftlichen Organisationen benutzt werden. Die Kirchgangshäufigkeit bietet sich hier jedoch aus zwei Gründen an: Zum einen schließt dieser Blick auf soziale Integration an eine Debatte zu den Einstellungen von Christen gegenüber Geflüchteten und Menschen mit Migrationshintergrund an (PEW Studie: Europe's Growing Muslim Population), zum anderen ging es der AfD und der ihr nahestehenden Pegida um die Rettung des christlichen Abendlandes. Aus dieser Perspektive ist v. a. das Wahlverhalten der kirchengebundenen Gläubigen interessant.

insbesondere bei Wahlen zum nationalen Parlament immer noch als Hochbeteiligungsland gilt, ist seit zwei Jahrzehnten eine Abnahme des Anteils der Wähler*innen nicht von der Hand zu weisen. Seit 2009, als die Wahlbeteiligung mit 70,8 % einen historischen Tiefststand erreicht hatte, steigt die Wahlbeteiligung allerdings wieder und erreicht annähernd die Quoten der 1990er Jahre. Eine relativ hohe Wahlbeteiligung hatte in der Vergangenheit meist für hohe Stimmanteile der großen Parteien gesorgt. Sie gilt als Ausdruck einer hohen, konventionellen bzw. verfassten Partizipationsbereitschaft und als Ideal einer Anerkennung des Kernmerkmals (liberaler) Demokratien, der freien und fairen Wahlen. Manche Autoren gehen sogar so weit, eine hohe Wahlbeteiligung als Ausdruck der Legitimität des demokratischen politischen Systems im Land zu werten (Bertelsmann Stiftung 2013; Heinrich Böll Stiftung 2016; zur legitimierenden Rolle von Wahlen Kneip und Merkel 2017). Dass man mit dieser Einschätzung fehlen kann, zeigen die Analysen der Bundestagswahlen 2017. Mit der AfD war eine gemeinhin seit 2015 als rechts-populistisch identifizierte Partei 2017 in der Lage, in hohem Maße von der gestiegenen Wahlbeteiligung zu profitieren und 12,6 % der Wähler*innen für sich zu gewinnen.

Wer erhebt seine Stimme und lässt sich motivieren, für eine Partei zu stimmen, die mit populistischem Auftreten[11] (Priester 2007, 2016; Mudde und Kaltwasser 2017; Pickel 2018a) völkisch-nationalistische politische Ziele verfolgt (Holtmann 2018), die glaubt, das (homogene) deutsche Volk vor seinen politischen Eliten (dem Establishment) und v.a. vor den vorgeblichen „Migrantenhorden" schützen und dem authentischen „Volkswillen" gegen das Repräsentationsprinzip zu Durchsetzung verhelfen zu müssen (Levitsky und Ziblatt 2018; Minkenberg 2018; Wodak 2018)?

Wahlanalysen der Forschungsgruppe Wahlen (2017a) nach der Bundestagswahl 2017 zeigen, dass die AfD besonders davon profitiert, dass Wahlberechtigte, die sich noch 2013 der Wahl enthalten haben, 2017 ihre Wahlstimme eingesetzt haben. *35 % der AfD-Wähler*innen haben nicht an der Bundestagswahl 2013 teilgenommen*. Etwa 20 Prozent sind ehemalige Unionswähler, 10 % kommen von der SPD und 6 Prozent von den LINKEN. Von Bündnis'90/Die GRÜNEN konnten nahezu keine Wähler*innen abgeworben werden. Es scheint so, als ob die AfD im bürgerlichen Lager, aber auch bei ehemaligen Wähler*innen

---

[11]Populismus wird hier nicht in Sinne von Politikstil, sondern als Begriff verstanden, der fasst, welche politische Positionen und Ziele populistische Parteien vertreten (Priester 2012; Jörke und Selk 2017; Mounk 2018).

der Linken die stärksten Erfolge verzeichnen könnte[12], allerdings nur die Anhänger*innen einer Partei wirklich resistent gegenüber dem AfD-Angebot seien. Bemerkenswert ist, dass sich möglicherweise bereits eine „Stammwählerschaft" ausbildet. Ein Viertel der ihrer Wähler hat bereits 2013 für die AfD gestimmt. 4,5 % der Befragten der GLES 2017 Nachwahlstudie gaben an, sie würden sich mit der AfD identifizieren – angesichts der relativ kurzen Zeit, seit der die Partei existiert und im Vergleich zu den anderen Parteien[13] – ist dies ein relativ hoher Anteil. Hier deutet sich ein Identifikationspotenzial an, das eine Stammwählerschaft begründen (Neu und Pokorny 2017) und zu dauerhaftem Wahlverhalten aus Überzeugung führen könnte.

4.2 Wer hat die AfD gewählt? Sozialstrukturelle Eigenschaften der AfD-Wähler

Die sozialstrukturellen Eigenschaften der AfD-Wähler*innen unterscheiden sich vom Wählerklientel anderer Parteien durch die geschlechtsspezifische Verteilung und die ausgeübten Berufe (Abb. 1). Es sind insbesondere Männer, die sich für die AfD entscheiden, Frauen geben der Partei seltener ihre Stimme. Der Ruf rechts-populistischer Parteien, Männerparteien zu sein, bestätigt sich auch im Fall der AfD. Die Verteilung über diverse Berufskategorien zeigt, dass eine große Gruppe von AfD-Wähler*innen aus einfachen bis gehobenen Berufen der Arbeiterschicht[14] stammt und eine weitere Gruppe, deren Anteil an AfD-Wähler'*innen deutlich über dem Stimmenanteil der AfD liegt, sich aus dem Kreis der einfachen und mittleren Beamten speist. Diese Verortung deckt sich in etwa mit der subjektiven Schichtzuweisung[15] der Wähler*innen. Demnach entscheiden

---

[12]Die Union hat 2018 ca. 980.000 von 18.165.446 Wählerstimmen in 2013 und die Linke 400.000 Wählerstimmen von 3.755.699 an die AfD verloren (Neu 2013; Neu und Pokorny 2017). Somit wiegen die Wahlverluste der Linken deutlich schwerer als die der Union. Von der FDP konnten keine Wähler*innen abgeworben werden, weil die Partei 2013 nicht in den Bundestag eingezogen war.

[13]Eine Parteiidentifikation nennen insgesamt 39,7 % der Wähler*innen, 12,9 % für die CDU, 2,7 für die CSU, 17,5 für die SPD, 4,8 % für die FDP und 6,3 für DIE LINKE.

[14]Der Arbeiteranteil der AfD liegt bei 21 %, der Anteil der CDU 25, SPD 23, DIE LINKE 10, FDP 5, GRÜNE 5 (Tagesschau 2017).

[15]Hier ist zu beachten, dass lediglich neun Personen der Oberschicht erfasst wurden, von denen eine für die AfD gestimmt hat.

Die Wahl der AfD. Frustration, Deprivation

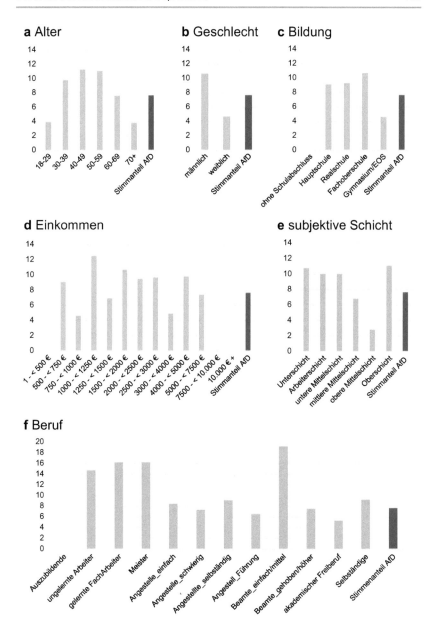

Abb. 1 Wahl der AfD: Sozialstrukturelle Erklärungsfaktoren. (Quelle: GLES 2017; eigene Berechnung; N = 2115; AfD-Wähler*innen = 108; Fälle gewichtet nach Sozial- und regionalstrukturelles Gewicht, gesamt)

sich mitnichten lediglich unterprivilegierte, in prekären Verhältnissen lebende Geringverdiener (hohe Streuung der Einkommen der AfD-Wähler*innen), die auf dem Arbeitsmarkt mit Billiglohnkräften aus dem Ausland konkurrieren müssen, für die AfD. Deren Ziele sprechen auch Angehörige höherer Schichten an. Wähler*innen aus der (unteren) Mittelschicht mit EU-skeptischen und nationalkonservativen Einstellungen sympathisierten schon zur Bundestagswahl 2013 mit der AfD (Häusler et al. 2013). Als Hauptgründe gelten eine Anti-Haltung zur Globalisierung, die eine vermutete Konkurrenzverschärfung um Arbeitsplätze zur Folge hat, die ebenfalls vermutete höhere Beteiligung an den durch die Geflüchteten steigenden Sozialkosten sowie Protestwahl Lux (2018). Die AfD bricht jedoch auch in die klassische Wählerklientel der SPD und der Union ein und kann v. a. dort Stimmen gewinnen, wo dieser Personenkreis sich von seiner „alten" Partei nicht mehr vertreten fühlt.

Hinsichtlich der Altersverteilung unterscheiden sich die AfD-Anhänger*innen dagegen kaum von der FDP und der LINKEN. CDU/CSU- und SPD-Wähler*innen sind im Durchschnitt älter; Die GRÜNEN sprechen wie schon immer seit ihrer Gründung eher jüngere Menschen an, auch wenn die Wählerschaft mit der Partei altert. AfD-Wähler*innen besitzen eher eine niedrige bis mittlere formale Schulbildung; Wähler*innen mit Abitur geben ihre Stimme anderen Parteien, v. a. der FDP und den GRÜNEN.[16]

4.3 Sag, warum hast du AfD gewählt?

Es gibt wenige direkte Fragen an AfD-Wähler*innen, warum sie diese Partei gewählt haben. Es ist anzunehmen, dass die in bundesweiten Umfragen als drängendste politische Probleme bezeichneten Themen auch für die Wahl der AfD von hoher Bedeutung sind. Problem Nummer eins für 44 % der Deutschen sind

---

[16]Zur Erklärungskraft der Modernisierungsverliererthese, die sich zu weiten Teilen aus sozialstrukturellen Unterschieden speist, wurde 2017 und 2018 eine intensive Debatte in der Kölner Zeitschrift für Soziologie und Sozialpsychologie geführt. Die hier präsentierten Ergebnisse werden durch die Befunde bei Lux (2018), Tutić und von Hermanni (2018) sowie Rippl und Seipel (2018) unterstützt. Sie widersprechen teilweise den Befunden bei Lengfeld (2017), wobei ihm zuzustimmen ist, dass die Wirksamkeit der Modernisierungsverliererthese durch die Effekte von Einstellungsvariablen, die die *cultural backlash*-These abbilden, überlagert bzw. moderiert werden (Lengfeld 2018).

Flüchtlinge und Ausländer[17]. 35 % sind der Ansicht, dass die Union das Problem am besten lösen könnte, 12 % trauen dies der AfD zu (Forschungsgruppe Wahlen 2017b). In der Umfrage „Politik in Sachsen" im Dezember 2017 wurden 208 AfD-Wähler*innen direkt nach ihren Gründen für ihre Entscheidung bei der Wahl zum Bundestag 2017 gefragt (Pickel 2018b). Die selbsterklärten Hauptmotive der AfD-Wahl waren die Flüchtlingspolitik (77 %) und der Wunsch, seinen/ihren Protest gegen die „heutigen Zustände" (72), „die derzeitige Regierung" (68) oder die „etablierten politischen Parteien" (58) auszudrücken (Sächsische Zeitung 2018). Erst danach werden spezifischere Begründungen wie EU-Kritik (57) und lokale (39) bzw. regionale (37) Entwicklungen als Gründe angegeben. Die Orientierung der sächsischen AfD-Wähler*innen nimmt somit Kurs in Richtung einer Mischung aus Ethnozentrismus, Protest und Unzufriedenheit. Es ist zu vermuten, dass sich die hier geäußerten Motive auf die AfD-Wähler*innen aus dem Bundesgebiet übertragen lassen.

4.4 Wahl der AfD als Protestwahl

Mehr als 60 % der Wähler*innen der AfD geben an, sie hätten „nur" aus Enttäuschung für die AfD gestimmt, würden sich aber nicht mit der Partei identifizieren. Das Phänomen, aus Enttäuschung oder Protest für eine rechts-populistische oder rechtsextreme Partei zu stimmen, ist nicht neu. Die Erfolge waren im Fall der Republikaner und der DVU jedoch eher vorübergehend. Im Fall der Nationaldemokratischen Partei Deutschlands (NPD) hat sich Protest stärker mit politischer Überzeugung gemischt. Ihr Auftreten, ihre teils radikalen Forderungen und ihre ideologische Programmatik machten diese Parteien als „echte" Protestpartei jedoch für viele Wähler*innen weniger attraktiv als die AfD (Abb. 2).

Ein Scheitern der AfD, im Sinne einer Lösung der politischen Spannungslage im polarisierten Parteiensystem durch Abwarten und Selbstauflösung, wie im Fall der DVU nach 2006 in Sachsen-Anhalt, die mit der NPD fusionierte, ist allerdings vorerst nicht zu erwarten. Anders als die DVU (Holtmann 2002), ist die AfD kaum einer Konkurrenz aus dem rechten politischen Lager ausgesetzt.

---

[17] Abgeschlagen werden „klassische" politische Probleme genannt: Rente 24 %, soziale Gerechtigkeit 16, Bildung/Schule 13, Kriminalität/innere Sicherheit 9 und Arbeitsplätze 8 (Forschungsgruppe Wahlen 2017 wahltool.zdf.de/wahlergebnisse/2017-09-24-BT-DE.html?i=2, Einsicht: 12.11.18).

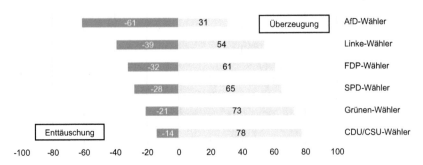

Abb. 2 Gründe der Wahlentscheidung 2017 – Überzeugung vs. Enttäuschung. (Quelle: Daten aus wahl.tagesschau.de/wahlen/2017-09-24-BT-DE/umfrage-aktuellethemen.shtml)

Vielmehr hat zwar eine Sammlung eines Großteils des rechtsextremen politischen Spektrums in der AfD stattgefunden, allerdings gelingt es ihr auch bürgerliche und konservative Wählergruppen sowie von den etablierten Parteien enttäuschte Bürger*innen anzusprechen. Selbst wenn seit 2014 eine gewisse Radikalisierung in der Wählerschaft zu beobachten ist (Brähler u. a. 2016, S. 90), bleibt die AfD eine Art Sammlungsbewegung im ideologisch rechtskonservativen bis rechten Spektrum. Die AfD verfügt über einiges Führungspersonal, das politisch erfahren ist, sie ist zu einem umfassenden, bundesweiten Wahlkampf in der Lage und verbreitet bislang für ihre Wähler*innen glaubwürdig, deren drängendste Probleme lösen zu können – und auch anders als andere, etablierte Parteien zu sein.

4.5 Erklärung der AfD-Wahl aus den politischen Einstellungen der Bürger*innen

Die AfD findet, wie ihre politischen Aussagen, Forderungen und Programmpunkte erwarten lassen, ihre Wähler*innen insbesondere unter Personen, die sich rechts auf dem ideologischen Spektrum einordnen. Im Durchschnitt der Wähler*innen befinden sich die Anhänger*innen der AfD deutlich rechts der Wähler*innen der CDU/CSU und sind seit der Bundestagswahl 2013 noch weiter nach rechts gerückt. Allerdings ist zu beachten, dass im gleichen Zeitraum die Wähler*innen aller Parteien mit Ausnahme der LINKEN sich weiter links der Mitte orientierten und sich somit der ideologische Abstand der Wähler*innen der AfD von den Wähler*innen der „etablierten" Parteien vergrößert hat (Abb. 3).

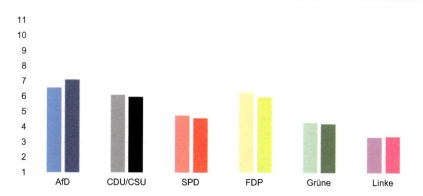

Abb. 3 Selbstpositionierung der Wähler*innen auf der ideologischen Skala 2013 und 2017. (Quelle: GLES 2017 Nachwahlbefragung; eigene Berechnungen; LRS: 11-stufige Skala, 1 = links bis 11 = rechts; erster Balken = 2013, zweiter Balken = 2017)

Gleichzeitig streuen die Wähler*innen der AfD deutlich höher über die ideologischen Positionen als die Wähler*innen aller anderen Parteien: Etwa 5 % vertreten ideologisch linke Positionen (1), 25 % platzieren sich in der Mitte (6), 36 % im gemäßigten rechten Spektrum (7 und 8), 18 % rechts davon (9 und 10) und 7 % am äußersten rechten Rand (11). Sie bilden den harten Kern des rechtsextremistischen Klientel[18]. Bei den Wähler*innen aus der Mitte handelt es sich eher um enttäuschte Anhänger*innen der CDU und CSU oder der SPD.

Die Selbsteinstufung auf der ideologischen Links-Rechts-Skala ist einer der wirkmächtigsten Erklärungsfaktoren einer Wahlentscheidung überhaupt. Die ideologische Verortung prägt im sog. *„Funnel of Causality"* der Wahlentscheidung die Parteienidentifikation u. a. durch gefilterte politische Wahrnehmung und eine Einordnung der Parteien in politische Lager. Gehört man einem ideologischen Lager an, kommen die Parteien des anderen Lagers bei der Stimmabgabe nicht infrage. Auch nach räumlichen Modellen der Wahlentscheidung finden nur selten lagerübergreifende Parteiewechsel statt (Arzheimer und Schmitt 2014). Parteienidentifikation sowie die Kandidaten- und Sachfragebewertungen werden durch die ideologische Ausrichtung der Wähler*innen geprägt (Schoen

---

[18]Niedermayer und Hofrichter (2016) identifizieren 29 % der AfD-Wähler*innen mit rechtsextremistischen Einstellungsmustern, während der Anteil in der Gesamtbevölkerung 9 % beträgt.

und Weins 2014). Aus den Ergebnissen der logistischen Regressionsanalyse[19] (Tab. 1) ist ersichtlich, dass die Wahlentscheidung zugunsten *jeder* Partei maßgeblich von der ideologischen Selbsteinstufung abhängt. Ersichtlich ist auch, dass sich Wähler*innen der sechs Parteien im Deutschen Bundestag zu zwei politischen Lagern entlang des politisch-ideologischen Links-Rechts-Spektrums gruppieren.[20]

Die deskriptiven sozialstrukturellen Eigenschaften der AfD-Wähler*innen bestätigen sich in der logistischen Regression. Die Wahrscheinlichkeit, dass ein *Mann* für die AfD stimmt, ist fast 40 % höher als eine Stimmabgabe einer Frau zugunsten der AfD. Vergleicht man die Häufigkeitsverteilungen der Einstellungssyndrome, dann ist die Zustimmung zwischen Männern und Frauen nahezu gleichverteilt. Frauen haben etwas mehr Angst vor Globalisierung, Terrorismus und der Flüchtlingskrise, was sie aber offenbar nicht dazu animiert, besonders häufig für die AfD zu stimmen. Ein niedriger oder mittlerer *Schulabschluss* hebt die Stimmwahrscheinlichkeit für die AfD deutlich. Hier ist ein Mediationseffekt anzusetzen: Menschen mit niedrigerer Bildung scheinen eine ökonomische und kulturelle Bedrohung besonders intensiv wahrzunehmen (Rippl und Seipel 2018; Lengfeld 2018). Diese Variablen zur Verortung der Wähler*innen innerhalb der Sozialstruktur erklären zusammen lediglich 4,1 % des Wahlverhaltens zugunsten der AfD. *Weitere Faktoren, die über strukturelle Einflüsse hinausgehen, sind demnach erheblich besser zur Erklärung der Wahl der AfD geeignet als die sozialstrukturellen Basisvariablen (Hypothese 1).*

Wähler*innen, die in eine *Kirchengemeinde* integriert sind, wählen mit einer deutlich verringerten Wahrscheinlichkeit die AfD – häufige Kirchgänger*innen (einmal pro Woche und mehr) begeistern sich kaum für die AfD. Sie bleiben „ihrer" Partei, der CDU oder CSU, treu. Sie können sich demnach nicht für das Anliegen der AfD und Pegida begeistern, das christliche Abendland zu retten, und halten sich eher an die Wertevorgaben bzw. auch die öffentlichen Positionierungen ihrer christlichen Kirchen.

---

[19]Die Variablen Einkommen und subjektive Schichtzugehörigkeit werden aufgrund hoher Binnenkorrelationen mit der Variable Bildung ausgeschlossen.

[20]Das bedeutet nicht, dass die ideologische Links-Rechts-Einordnung (LRS) der Wähler die Dimensionierung der ideologischen Positionen und Sachfrageorientierungen der Parteien und ihrer Wähler*innen vollständig erklären könnte. Dass größere Variationen insbesondere bei den AfD-Wähler*innen zu finden sind, zeigt bereits die Streuung der Werte um den Mittelwert. Die LRS kann jedoch einen Großteil der Orientierungen der Parteien und ihrer Wähler*innen in einer Dimension abbilden, die sich an das Grundverständnis linker und rechter Ideologie bindet.

Tab. 1 Erklärungsfaktoren für die Wahl der AfD im Vergleich zu den anderen Parteien

Odds-Ratios	AfD	CDU/CSU	SPD	FDP	Grüne	Linke
Alter (Geburtsjahr)	1,028**	,999	,987*	,994	,999	,992
Geschlecht (1 Mann, 2 Frau)	,601°	1,247	1,021	1,160	1,163	,587*
Schulabschluss (1-5)	1,324*	,923	,775**	1,394**	1,425**	1,016
Links-Rechts-Selbsteinstufung (1-11)	1,323***	1,353***	,748***	1,292***	,798***	,615***
Wahlbeteiligung 2013 (0, 1)	,948	1,488°	1,880	5,487°	1,269	4,000*
Häufigkeit Gottesdienst (1-7)	,624***	1,258***	,965	,852*	1,036	,769**
Glauben Sie, dass Sie Ihren gerechten Anteil erhalten? (1-5)	,713°	,695**	1,143	1,115	,885	1,073
Demokratiezufriedenheit (1-5)	,830	1,472**	1,163	1,245	1,455**	,713*
Faktor 1: politische Entfremdung/Populismus	2,558***	,678***	,991	,847	,676**	,978
Faktor 2: kulturelle Bedrohung	3,567***	1,215*	,984	1,110	,627***	,649***
Faktor 3: Nativismus	1,603***	1,041	,942	,995	,688**	,818
Faktor 4: Angst	1,628**	,937°	1,146°	1,121	,765*	,909
Faktor 5: Fähigkeit zu politischer Involvierung/internal efficacy	,806	1,367**	,906	1,152	,996	,782°
Faktor 6: illiberales Demokratieverständnis	1,479*	,955	,994	,862	1,009	1,306*
Cox & Snell R²	.206	.167	.070	.047	.124	.127
Nagelkerke R²	.461	.245	.110	.099	.249	.274

Quelle: GLES 2017 Nachwahlbefragung; eigene Berechnung; logistische Regression, Signifikanz: ° < .10; * < .05; ** < .01; *** < .001; übrige Werte = nicht signifikant; Codierung aufsteigend, in Klammern; Faktoren: Faktorwerte; listwise Fallausschluss; N = 1243; N Wähler*innen AfD=108

Leistungsbezogenen Einstellungen gegenüber dem wirtschaftlichen und politischen System haben in dieser Analysekonstellation nur einen geringen Einfluss auf ein Wahlverhalten zugunsten der AfD: *Relative Deprivation*, das Gefühl, gegenüber anderen im Land benachteiligt zu werden, fördert die AfD-Wahl – allerdings nur in einem, anderen Erklärungsfaktoren nachgeordneten Ausmaß (Hypothese 2a).

Unzufriedenheit mit der Demokratie in Deutschland hat im Vergleich zu den diversen *Einstellungssyndromen* keinen signifikanten Einfluss auf die Stimmabgabe zugunsten der AfD. Es sind eher einzelne Elemente (Parteien und Politiker) und Prozesse der repräsentativen, liberalen Demokratie, die Unzufriedenheits- oder gar Entfremdungsgefühle unter den Wähler*innen der AfD hervorrufen. Denn anders als die Wähler*innen aller anderen Parteien sind die

Wähler*innen der AfD massiv von Politik entfremdet. Sie empfinden die Politiker*innen als wenig responsiv auf die Wünsche der Bürger*innen und sehen die politischen Eliten als weit entfernt vom „Volk" an. Dieses sollte wichtige politische Entscheidungen am besten selbst treffen. Damit hat man eine klassische Abbildung einer Offenheit für das zentrale Moment des Populismus – das Gegenüber von „Volk" und „Elite" (Priester 2007). Kompromisslosigkeit und Identität statt Pluralität kennzeichnen dieses Einstellungssyndrom. Die Wähler*innen keiner anderen Partei zeigen so ausgeprägte Einstellungen *politischer Entfremdung* und unterstützen *populistische Forderungen* so stark (siehe Tab. 2 und 3 im Anhang; Hypothese 2d).

Der wirkmächtigste Faktor und Grundauslöser für die Stimmabgabe zugunsten der AfD ist jedoch das Gefühl *kultureller Bedrohung* (Hypothese 2b): Man könnte aufgrund der inhaltlichen Zusammensetzung der politischen Einstellungen in dieser Dimension von einem „Nationalismus des Durchschnittsbürgers" oder von Kommunitarismus sprechen, denn einige dieser Einstellungen, wie die Anpassung von Minderheiten, das Sprechen der deutschen Sprache und das Einhalten von deutschen Traditionen und Gepflogenheiten werden in der Bevölkerung recht breit geteilt. Zudem fürchtet ca. ein Viertel der Wähler*innen, dass die deutsche Kultur durch Einwanderer bedroht sei. Unter den AfD-Wähler*innen sind dies fast drei Viertel (vgl. Tab. 2 im Anhang). Besonders Personen aus der Mitte des politischen Spektrums befürchten einen Niedergang der deutschen Kultur durch Einwanderer. Wie stark das Syndrom der kulturellen Bedrohung die Wahl der AfD zu erklären vermag, zeigt eine weitere Analyse (Tab. 4 im Anhang): Die Variable (nicht die Dimension!) „deutsche Kultur durch Einwanderer bedroht" erklärt zusammen mit sozialstrukturellen Eigenschaften 24 % der Varianz der Wahl der AfD. Ihr stimmen 72,7 % der AfD-Wähler*innen gegenüber 25,7 % der Wähler*innen der übrigen Parteien zu. Das Gefühl kultureller Bedrohung ist *der* Faktor zur Erklärung des Wahlverhaltens zugunsten der AfD. Dieses Ergebnis deckt sich mit der These des *Cultural Backlash* (Inglehart und Norris 2016; Inglehart 2018; Lengfeld 2018; Rippl und Seipel 2018), die davon ausgeht, dass traditionelle kulturelle Werte die Zustimmung zu autoritären, populistischen Parteien deutlich besser erklären können, als ökonomische Faktoren.

Zum Syndrom „kulturelle Bedrohung" zählt auch die Angst vor dem Islam, die in der GLES 2017 nicht abgefragt wurde. Als (schwacher) Proxy kann die Angst vor internationalem Terrorismus verwendet werden. Zusammen mit der Angst vor Globalisierung und vor der Flüchtlingskrise bildet sie ein *Angst-Syndrom* vor scheinbar unkontrollierbaren Einflüssen auf das tägliche Leben. Auch die Angst vor unkalkulierbaren äußeren Einflüssen auf das eigene Leben sind unter den Anhänger*innen der AfD häufiger zu finden als unter den Anhänger*innen der übrigen Parteien. Die Differenzen sind allerdings nicht so ausgeprägt wie bei den übrigen politischen Einstellungen. Die Angst vor der Globalisierung passt zur Kosmopolitenthese, die meist zusammen mit Modernisierungsverliererthese, oft unter Bezug auf die relative Deprivation, als Erklärung für eine AfD-Wahl verwendet wird. Das Angst-Syndrom erweist sich als wirkmächtigerer Prädiktor gegenüber der Frustration über eigene, ungerechte Lebensverhältnisse.

Auch *Nativistische* Einstellungen finden sich bei den Wähler*innen der AfD (Hypothese 2c): Anders als die Wähler*innen der anderen Parteien fordern die AfD-Anhänger eine deutsche Abstammung, um eine deutsche Identität entwickeln zu können. Hier setzt eine exklusive Bestimmung des Volksbegriffs ein, der explizit von Fremdgruppen abgegrenzt wird und dem besondere Rechte zugesprochen werden, die den „Fremden" nicht zustehen (Wildt 2017). Dazu passt, dass man sich im Zweifelsfall einem starken Führer anvertrauen möchte (auch wenn dies in diesem Zusammenhang nur eine schwache Assoziation ist). Stärker als bei den Gefühlen kultureller Bedrohung wird hier deutlich, dass kein Mensch, der nicht deutsche Vorfahren hat oder in Deutschland geboren ist, Deutscher sein kann. Dies entspricht der Forderung der AfD, das ius sanguinis wieder dominant in das Staatsbürgerschaftsrecht einzuführen (Wildt 2017, S. 106).

Gleichzeitig offenbaren die Wähler*innen der AfD ein *Demokratieverständnis*, das den Kriterien einer liberalen Demokratie zumindest teilweise widerspricht: Nach dieser Vorstellung beheben Volksentscheide auf Bundesebene und Abgeordnete, die „dem Willen des Volkes" (was auch immer dieser sein mag) Folge leisten müssen, die Defizite der politischen Prozesse in der liberalen Repräsentativdemokratie. Eine Art imperatives Mandat, das sich aus einem homogenen, abstrakten (und in seiner Gemeinwohlorientierung zu hinterfragenden) Volkswillen speist, soll die Politiker*innen eng an die Bürger*innen, das homogene Volk binden, das sich ausschließlich aus autochthonen Deutschen zusammensetzt.

Die Fähigkeit zu *politischer Involvierung* in der Repräsentativdemokratie hat in diesem Kontext keinen Einfluss auf die Wahl der AfD, auch wenn sich ihre Wähler*innen selbst überdurchschnittlich häufig als stark politisch interessiert bezeichnen und sich vergleichsweise oft an politischen Gesprächen beteiligen (Tab. 2).

In der Gesamtbetrachtung über alle Parteien unterstützen die analysierten Syndrome nahezu ausschließlich ein Wahlverhalten zugunsten der AfD. Keine andere Partei bedient die Bedrohungs-, Angst- und Entfremdungsgefühle im gleichen Maße wie die AfD. Sozial deprivierte, kirchlich integrierte oder politische involvierte Bürger*innen finden ihre (Wahl-) Heimat bei der Union, auch wenn hier besonders bei Politikern und Wähler*innen der CSU Befürchtungen, die deutsche Kultur könnte bedroht sein, Eingang gefunden haben. Die Wähler*innen der GRÜNEN bilden die politischen Antipoden der AfD-Wähler*innen – sie vertreten in jeder Hinsicht gegenteilige Einstellungen und haben nichts mit ihnen gemeinsam.

Insgesamt zeigt sich, wie in Hypothese 2 angenommen, dass Faktoren aus dem Bereich der kulturellen Bedrohung, des Populismus und der politischen Entfremdung, der Angst, des Nativismus und Ethnozentrismus sowie des illiberalen Demokratieverständnisses *zusammen* die Wahl der AfD gut erklären können. Die sozialstrukturellen Eigenschaften der Wähler*innen machen sich über den Faktor Bildung bemerkbar, können aber an die Effekte soziokultureller Einstellungen nicht heranreichen (Hypothese 1).

4.6 Aktivierung durch „Flüchtlingskrise"

„Man kann diese Krise ein Geschenk für uns nennen", sagte Gauland. "Sie war sehr hilfreich" (Der Spiegel 12.12.2015). So zynisch dieses Zitat auch ist, so wahr ist der Kern seiner Aussage: Die Unterstützung für die AfD wurde durch die hohe Zahl an Zuwanderern am Sommer und Herbst 2015 (re-)aktiviert. Bedrohungsgefühle und Ängste sind auch in den Teilen der Bevölkerung verbreitet, die ihre Stimme nicht für die AfD abgeben. Angst vor Terrorismus (72,7 %), der Wunsch nach Anpassung von Minderheiten (70,3 %) und die Forderung, man müsse Deutsch sprechen, um eine deutsche Identität entwickeln zu können (97,7 %) werden von den meisten Wähler*innen in Deutschland geteilt. Viele Menschen, die Angst vor den Fremden haben, fühlen sich durch deren Aufnahme überrumpelt und machen vor allem anderen Angela Merkel dafür verantwortlich, dass die Geflüchteten nach Deutschland kamen und auch (gegenwärtig in deutlich geringerer Zahl) kommen. Das Thema Flucht und Migration ist gut geeignet, die Bedrohungsgefühle immer wieder anzufachen (Pickel und Pickel 2018a). Es wird über weite Strecken umfänglich in der medialen Berichterstattung aufgegriffen – der traditionellen Medien[21] und vieler der sozialen Medien[22]. Zur

---

[21]Seit 2015 widmeten mehr als 100 Talkshows ihre Sendezeit dem Thema Flüchtlinge und Integration, Islam oder islamistischem Terror. Hingegen wurde nur 21mal über Rechtspopulismus, zweimal über Rechtsterrorismus und dreimal über den NSU-Skandal gesprochen (SpiegelOnline 07.06.2018).

[22]Unbenommen ist der Zusammenhang zwischen der Nutzung sozialer Medien und der Sympathie für die AfD. Im Kontext dieser Analyse wäre in einer weiteren Untersuchung das Henne-Ei-Problem eines Konnexes zwischen Filter-Bubbles bzw. Echo-Kammern und der Nähe zur AfD zu klären: Verirren sich deren Wähler zuerst in die entsprechenden social media-Angebote und wenden sich dann der AfD zu oder fördert die Hinwendung zur AfD dann auch den Konsum (ausschließlich) alternativer Nachrichtenangebote? Sicher ist, wer Teil der AfD-Bubble oder Echo-Kammer ist, ist dort unter Gleichgesinnten, hat keine kritischen Aussagen zu befürchten und wählt häufiger die AfD als andere Wahlberechtigte. Zumindest die AfD-Echokammer auf Facebook wird als isoliert beschrieben, während die Netzwerke der anderen Parteien miteinander mehr oder minder stark verbunden sind (siehe Abb. 5 im Anhang).

Bundestagswahl 2017 wurde das Thema im Kandidatenduell bespielt, die Wähler*innen der AfD waren *alle* unzufrieden mit oder gar wütend[23] auf Angela Merkels Flüchtlingspolitik oder sie persönlich[24]. Insgesamt erfolgt eine enge Verbindung des Gefühls kultureller Bedrohung mit der seitens des Populismus forcierten Volksferne der politischen Eliten. So hängt auch das Angst-Syndrom eng mit der Dimension politische Entfremdung und Populismus, etwas weniger eng mit der Dimension Nativismus zusammen[25]. Speziell die Klassifikation der Zuwanderung und Fluchtbewegungen als muslimische Fluchtbewegungen, also als eine kulturell fremde und nicht in den Westen passende soziale Gruppe, bestärkt die Mobilisierungsfähigkeit für die Angebote der AfD (Pickel und Pickel 2018a). Dabei stellen die Fluchtbewegungen 2015 vor allem einen aktivierenden Faktor dar, dessen Grundlage (Angst vor dem Islam, ethnozentristische Einstellungen) in Teilen der Bevölkerung allerdings bereits länger angelegt ist (Pollack et. al 2014; Pickel und Yendell 2016; Decker et. al 2016). Das Thema Migration und Flucht ist somit bestens geeignet, in der Bevölkerung Angstgefühle zu aktivieren, die dann, besonders in Gestalt der kulturellen Bedrohung, zu einem wirkmächtigen Faktor der Wahlentscheidung zugunsten der AfD werden. Sie scheint aus Sicht nicht weniger Bundesbürger*innen die einzige Partei, die es mit der Abwehr der kulturellen Bedrohungslage ernst meint (Abb. 4).

---

[23]In einer Umfrage des Bundespresseamts 2016 bekunden zwar nur 18 % der Befragten „Wut auf Merkel", gleichzeitig ist dieses Gefühl ein starker Prädiktor für die Wahl der AfD (Pickel und Pickel 2018b).

[24]Emotionen sind eine wichtige Komponente bei der Politikverbreitung und in politischen Debatten (Korte 2015). Gefühle gegenüber Politiker*innen und ihren politischen Entscheidungen ergänzen die in der Wahlforschung als Kandidatenorientierung untersuchte Komponente der Wahlentscheidung. Eine Studie der Konrad-Adenauer-Stiftung (Pokorny 2018: 1) zu politischen Einstellungen und Emotionen beschreibt die Gefühle der Bundesbürger*innen gegenüber der AfD: „Bei der AfD zeigt sich eine große Diskrepanz zwischen Anhängern der Partei und der Gesamtbevölkerung. AfD-Anhänger verbinden überwiegend positive Gefühle mit der Partei, während alle anderen vor allem Wut, Angst, Unbehagen, Empörung und Aufregung mit ihr assoziieren".

[25]Zur Dimensionsreduktion wurde ein Rotationsverfahren eingesetzt, das die extrahierten Faktoren voneinander trennt und die interne Kohärenz der Dimensionen stärkt. Dennoch entspricht eine Korrelation der Dimensionen den tatsächlichen sozialen Gegebenheiten und ist nicht völlig auszuschließen.

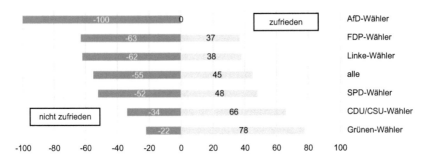

Abb. 4 Zufriedenheit mit Merkels Flüchtlingspolitik – Bundestagswahl 2017. (Quelle: Daten aus wahl.tagesschau.de/wahlen/2017-09-24-BT-DE/umfrage-fluechtlingspolitik.shtml)

5 Fazit

Wie so oft bei komplexen sozialwissenschaftlichen Themen lässt sich auch die Frage nach den Motiven zur Wahl der AfD nicht in einem Satz beantworten – die Entscheidung, der AfD bei der Bundestagswahl die Stimme zu geben, hat viele Ursachen. Der wichtigste Grund ist das bei vielen Bürger*innen vorhandene Gefühl einer kulturellen Bedrohung, gefolgt von politischer Entfremdung, Angst vor Globalisierung, Terrorismus und Geflüchteten, Nativismus und einem illiberalen Demokratieverständnis. Eine ideologische Vorprägung (politisch ideologisch rechts) erhöht die Chance, dass die Zweitstimme der AfD gegeben wird, eine höhere Bildung reduziert sie. Vieles in der Analyse der Wahl der AfD deutet auf eine multikausale, ineinander verzahnte Erklärung hin.

Versuche von Politiker*innen und Parteien, nur einen Faktor wie z. B. die Modernisierungsverliererthese herauszupicken, ihn zu bearbeiten und auf eine Abwendung zahlreicher Wähler*innen von der AfD zu hoffen, sind auf der Basis dieser Erkenntnisse zum Scheitern verurteilt (so auch Lengfeld 2018).

Sicher ist auch, einem Teil der AfD-Wähler*innen geht es ökonomisch nicht besonders gut, einige leben in schlechten sozialen und ökonomischen Verhältnissen. Sie haben häufig das Gefühl, um das Wenige, das sie haben und als Sozialleistungen bekommen, konkurrieren zu müssen. Andere genießen gesicherte Lebensverhältnisse und glauben offenbar, ihren Status, ihre Werte und ihr Geld gegen eine Fremdgruppe verteidigen zu müssen. Beide Gruppen lassen sich eine bestimmte Fremdgruppe, muslimische Zuwanderer, als Sündenbock und Referenzpunkt für eine gemeinsame, kollektive Ablehnung offerieren. Dieser Sündenbock kann als Ursache allen Übels identifiziert und – im Sinne der sozialpsychologischen *Social Identity Theory* – über die Zugehörigkeit zu einer Gruppe von Zuwanderungs- und Islamgegnern zur Steigerung des eigenen Selbstwertgefühls benutzt werden (Pickel 2018a). Die identifizierte Fremdgruppe wird als Quelle der Bedrohung einer nationalen deutschen Kultur ausgemacht. Da gerade der Islam in weiten Teilen der deutschen Bevölkerung mit Terrorismus gleichgesetzt und ihm eine Unverträglichkeit mit der deutschen Kultur und der Demokratie unterstellt wird, verfängt eine entsprechende politische Strategie und Rhetorik auch bei sonst eher gemäßigt konservativen Bürger*innen. Folglich erklärt die Angst vor fremden, meist mit dem Islam verbundenen, kulturellen Einflüssen, das Wahlverhalten zugunsten der AfD am besten. Dabei handelt es sich allerdings um eine Melange: *Kulturelle Bedrohungsgefühle, politische Entfremdung, die Sympathie für rechts-populistische Einstellungen und Forderungen sowie eine ausgeprägte Angst vor unkalkulierbaren äußeren Einflüssen wie Globalisierung, Terrorismus und den Geflüchteten müssen zusammenkommen, um die Entscheidung der Wähler*innen für die AfD zu begünstigen (Hypothese 2).* Das bedeutet auch, dass nicht jede(r), der Angst vor muslimischer Zuwanderung oder dem Islam hat, ein(e) potenzielle(r) AfD-Wähler*in ist. Vielen ist das Verhalten der AfD dann doch zu radikal und zu laut, selbst wenn sie an diesem einen Punkt mit den AfD-Positionen teilweise Übereinstimmungen finden. Erst recht gilt dies nicht für Bürger*innen, die eine plurale und heterogene demokratische Gesellschaft bevorzugen. Die AfD ist für viele Menschen nicht wählbar, weil zusätzliche Aussagen und Ziele für sie doch zu weit in das Spektrum völkisch-nationalistischer Ideologie übergreifen. Entsprechend ist es wichtig, einen Blick auf die Häufigkeitsverteilungen zu werfen: Allen eigenen Aussagen zum Trotz sind die Anhänger der AfD weder „das Volk", noch repräsentieren sie eine statistische Mehrheit!

Gleichwohl repräsentieren sie einen Teil der Bevölkerung, der mit der etablierten Politik im Zwiespalt steht. Womöglich etabliert sich derzeit eine neue Konfliktlinie in Europa – geschlossene vs. offene Gesellschaft – mit der AfD und den GRÜNEN in Deutschland als zentralen Antipoden an den Rändern eines entsprechenden Kontinuums. Der künftige Erfolg der AfD wird darüber entscheiden, ob es über der Dauerhaftigkeit des Konfliktes zur Bildung eines weiteren Cleavages in Deutschland kommt. Dies ist nicht sicher. So wie das Thema Flucht und Migration mittel- bis langfristig durchaus an Bedeutung verlieren kann und die bislang eher eindimensionale Ausrichtung der AfD sie dann für Teile ihrer Wählerschaft wieder unattraktiver erscheinen lässt, so könnte der SPD und CDU/CSU die Rückgewinnung vieler sogenannter Modernisierungsverlierer gelingen, wenn sie sich wieder um die Anliegen und Bedürfnisse ihrer Wählerklientel kümmern und ihre Sorgen und Ängste ernst nehmen würde. Ansätze sind in

„Zuhör-Touren" der CDU bzw. ihrer Generalsekretärin Annegret Kramp-Karrenbauer oder in Bürgerdialogen verschiedener Bundesländer, u. a. Sachsens, zu erkennen. Diese Maßnahmen gesteigerter Responsivität und Bürgernähe müssen jedoch in konkrete Ergebnisse und Konsequenzen münden, sonst erzielen sie einen gegenteiligen Effekt und die politische Entfremdung nimmt weiter zu. Dies würde noch mehr Menschen zu einer Wahlentscheidung zugunsten der AfD motivieren. Die Bürger*innen glauben zu lassen, man würde sich in migrationspolitischen Fragen an AfD-Positionen annähern, erscheint keine besonders erfolgsversprechende Strategie, ist doch aus der Wahlforschung bekannt, dass die Bürger*innen eher das Original als den „Abklatsch" wählen. Wenn, dann bedarf es differenzierter, demokratisch verankerter und als Alternativen erkennbarer Politikangebote. Die Zukunft der AfD hängt stark von der europäischen und nationalen Entwicklung der Flucht- und Migrationspolitik ab. Von alleine wird sie nicht verschwinden, vielmehr ist auf längere Sicht mir ihr als politischem Akteur zu rechnen.

Anhang

Zur Reduktion der erklärenden Variablen wird eine explorative Hauptkomponentenanalyse durchgeführt. In die binär-logistische Regressionsanalyse gehen jeweils die Faktorladungen der Dimensionen ein. Die extrahierten Faktoren können zu Einstellungsdimensionen zusammengefasst und den theoretischen Ansätzen zugeordnet werden (Tab. 2 und 3):

Tab. 2 Hauptkomponentenanalyse

	Zustimmung in % AfD | andere Parteien		1	2	3	4	5	6
Meinung der Bürger interessiert Politiker nicht[5]	78,5	38,0	,745	,175		,140	,106	,133
Die meisten Politiker sind vertrauenswürdig[5]	16,5	33,8	−,719				,105	,189
Politiker kümmern sich nur um Interessen der Reichen[5]	63,2	36,2	,719	,104	,111	,109		
Das größte Problem in Deutschland sind Politiker[5]	51,6	20,7	,704		,184			,136

(Fortsetzung)

Tab. 2 (Fortsetzung)

	Zustimmung in % AfD | andere Parteien		1	2	3	4	5	6
Kompromiss ist Verrat von Prinzipien[5]	65,8	30,2	,679	,173	,110	,160	,134	,184
Politiker reden zu viel und machen zu wenig[5]	88,6	65,2	,636	,195		,176	,217	,211
Bürger würde Interessen besser vertreten[5]	54,9	26,3	,631		,186			,196
Politiker kümmert was einfache Leute denken[5]	5,7	13,4	−,590	−,132	,191	−,123		
Volk sollte wichtigste Entscheidungen treffen[5]	69,9	36,7	,516		,198		,142	,458
Unterschiede zwischen Eliten und Volk[5]	76,1	62,7	,480	,146				,415
Probleme so kompliziert, Politik kann sie nicht lösen[5]	45,8	30,6	,443		,187		,358	
Minderheiten sollten sich anpassen[5]	91,9	70,3	,142	,661		,130		,226
nationale Identität: Deutsch sprechen[4]	98,2	97,7		,650		−,179		,159
nationale Identität: an dt. Traditionen und Gepflogenheiten halten[4]	95,7	66,6		,623	,326	,156		,180
Einwanderer erhöhen die Kriminalitätsrate[5]	73,6	37,1	,295	,572	,260	,277	,116	
deutsche Kultur durch Einwanderer bedroht[5]	72,7	25,7	,345	,558	,316	,318		
Einwanderer gut für deutsche Wirtschaft[5]	10,7	42,6	−,352	−,417	−,174	−,233		,322
nationale Identität: in Deutschland geboren[4]	34,6	22,9		,136	,821			
nationale Identität: deutsche Vorfahren[4]	20,9	17,6		,179	,814		,108	
Ein starker Führer ist gut für Deutschland[5]	31,6	17,1	,312	,178	,336		,268	

(Fortsetzung)

Tab. 2 (Fortsetzung)

	Zustimmung in % AfD | andere Parteien		1	2	3	4	5	6
Angst vor der Globalisierung[7]	49,0	32,9	,217			,731		
Angst vor dem internationalen Terrorismus[7]	85,1	72,7		,156		,698	,274	,165
Angst vor der Flüchtlingskrise[7]	86,3	48,2	,215	,404	,198	,670		
Politische Fragen oft schwer zu verstehen[5]	26,6	36,4	,154		,111	,122	,830	
Beteiligung an Gespräch über politische Fragen[5]	46,2	38,9				−,104	−,807	,119
Abgeordnete müssen Willen des Volkes Folge leisten[5]	88,1	73,5	,166	,216				,673
illiberales DV: Volksentscheid auf Bundesebene[5]	85,8	57,0	,380		,143	,146		,546

Hauptkomponentenanalyse; Rotationsmethode: Varimax mit Kaiser-Normalisierung: Iterationen: 10. Kleine Koeffizienten unter ,1 unterdrückt
Zustimmungsanteile: [4] 4er Skala, Werte 3 und 4, [5] 5er Skala, Werte 4 und 5; [7] 7er Skala, Werte 5-7
Quelle: GLES 2017 Nachwahlbefragung; N = 2115; eigene Berechnungen

Tab. 3 Sechs final extrahierten Erklärungsdimensionen

Faktor 1: politische Entfremdung/Populismus
Faktor 2: kulturelle Bedrohung
Faktor 3: Nativismus
Faktor 4: Angst
Faktor 5: Fähigkeit zu politischer Involvierung/internal efficacy
Faktor 6: illiberales Demokratieverständnis

Tab. 4 Wahl der AfD und Gefühl der kulturellen Bedrohung

	Regressionskoeffizient B	Standardfehler	Wald	df	Sig.	Exp(B)
Geburtsdatum: Jahr	,019	,005	13,237	1	,000	1,019
Geschlecht	−,938	,187	25,238	1	,000	,391
Schulabschluss	,167	,088	3,563	1	,059	1,182
Deutsche Kultur durch Einwanderer bedroht	1,001	,085	139,996	1	,000	2,720
Konstante	−42,779	10,395	16,935	1	,000	,000

Quelle: GLES 2017 Nachwahlbefragung; eigene Berechnung; Nagelkerke $R^2 = ,240$

Die räumliche Nähe von Knotenpunkten richtet sich nach der Anzahl der Verbindungen: Je näher zwei Punkte, also Facebook-Seiten, einander sind, desto mehr direkte Verbindungen – desto mehr Nutzer haben also die beiden Seiten gelikt (**Abb. 5**).

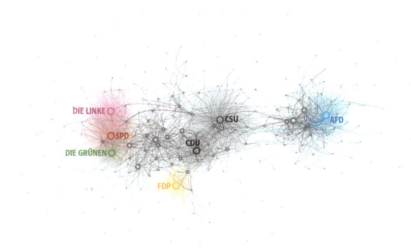

Abb. 5 Das politische Netzwerk auf Facebook. (Quelle: Die Süddeutsche 2017, www.sueddeutsche.de/politik/politik-auf-facebook-rechte-abschottung-ohne-filterblase-1.3470137)

Literatur

Arzheimer, Kai. 2008. *Die Wähler der extremen Rechten 1980–2002.* Wiesbaden: VS Verlag.
Arzheimer, Kai. 2015. The AfD: finally a successful right-wing populist eurosceptic party for Germany? *West European Politics* 38(3): 535–556.
Arzheimer, Kai und Annette Schmitt. 2014. Der ökonomische Ansatz. In *Handbuch Wahlforschung*, Hrsg. Jürgen W. Falter und Harald Schoen, 331–403. Wiesbaden: Springer VS.
Bergmann, Knuth et al. 2017. Parteipräferenz und Einkommen. Die AfD – eine Partei der Besserverdiener? *IW Kurzbericht 19.* Köln: Institut der Deutschen Wirtschaft Köln.
Bertelsmann Stiftung. 2013. Bundestagswahl 2013: Schlechte Wahlbeteiligung schadet der Demokratie. www.bertelsmann-stiftung.de/de/presse/pressemitteilungen/pressemitteilung/ pid/bundestagswahl-2013-schlechte-wahlbeteiligung-schadet-der-demokratie/. Zugegriffen: 10. Juni.2018
Brähler, Elmar et al. 2016. Politische Einstellungen und Parteipräferenz: Die Wähler/innen, Unentschiedene und Nichtwähler 2016. In: *Die enthemmte Mitte. Autoritäre und rechtsextreme Einstellung in Deutschland*, Hrsg. Oliver Decker, Johannes Kiess und Elmar Brähler, 67–94. Gießen: Psychosozial.
Bremmer, Ian. 2018. *Us vs. Them. The Failure of Globalism.* New York: Penguin.
Bundeswahlleiter. 2017. www.bundeswahlleiter.de/bundestagswahlen/2017/ergebnisse/bund-99/land-14.html. Zugegriffen: 10. Juni 2018.
Decker, Oliver, Johannes Kiess und Elmar Brähler. 2016. *Die enthemmte Mitte. Autoritäre und rechtsextreme Einstellungen in Deutschland.* Gießen: psychosozial Verlag.
Forschungsgruppe Wahlen. 2017a. www.forschungsgruppe.de/Wahlen/Grafiken_zu_aktuellen_Wahlen/Wahlen_2017/Bundestagswahl_2017/. Zugriffen: 10. Juni 2018.
Forschungsgruppe Wahlen. 2017b. wahltool.zdf.de/wahlergebnisse/2017-09-24-BT-DE.html?i=2. Zugegriffen: 10. Juni.2018.
Hambauer, Verena und Anja Mays. 2018. Wer wählt die AfD? – Ein Vergleich der Sozialstruktur, politischen Einstellungen und Einstellungen zu Flüchtlingen zwischen AfD-WählerInnen und der [sic!] WählerInnen der anderen Parteien. *Zeitschrift für Vergleichende Politikwissenschaft* 12: 133–154.
Häusler, Alexander et al. 2013. Die Alternative für Deutschland – eine neue rechtspopulistische Partei? Materialien und Deutungen zur vertiefenden Auseinandersetzung. Nordrhein-Westfalen: Heinrich Böll Stiftung.
Häusler, Alexander. Hrsg. 2016. *Die Alternative für Deutschland. Programmatik, Entwicklung und politische Verortung.* Wiesbaden: Springer.
Hegelich, Simon und Morteza Shahrezaye. 2017. Die Disruption der Meinungsbildung Die politische Debatte in Zeiten von Echokammern und Filterblasen. *Analysen & Argumente*, 1-11, Hrsg. Konrad-Adebauer-Stiftung. Ausgabe 253.
Heinrich Böll Stiftung. 2016. Sozial gespaltene Demokratie. www.boell.de/de/2016/02/24/sozial-gespaltene-demokratie. Zugegriffen: 10. Juni 2018.
Holtmann, Everhart. 2002. *Die angepassten Provokateure. Aufstieg und Niedergang der rechtsextremen DVU als Protestpartei im polarisierten Parteiensystem Sachsen-Anhalts.* Opladen: Leske+Budrich.
Inglehart, Ronald. 2018. Cultural Evolution. People's Motivations are Changing, and Reshaping the World. Cambridge: Cambridge University Press.
Inglehart, Ronald und Pippa Norris. 2016. Trump, Brexit, and the rise of populism: Economic have-nots and cultural backlash. Harvard Kennedy School faculty research

working paper series, RWP16-026. https://research.hks.harvard.edu/publications/getFile.aspx?Id=1401. Zugegriffen: 10. Juni 2018.

Jörke, Dirk und Veith Selk. 2017. *Theorien des Populismus. Zur Einführung.* Hamburg: Junius Verlag.

Kneip, Sascha und Wolfgang Merkel. 2017. Garantieren Wahlen demokratische Legitimität? Garantieren Wahlen demokratische Legitimität? *Aus Politik und Zeitgeschichte* 38–39. www.bpb.de/apuz/255954/waehlen-gehen.

Köcher, Renate. 2014. Die Chancen der AfD Eine Dokumentation des Beitrags von Prof. Renate Köcher in der Frankfurter Allgemeinen Zeitung Nr. 245 vom 22. Oktober 2014. www.ifd-allensbach.de/uploads/tx_reportsndocs/FAZ_Oktober_AfD.pdf.

Korte, Karl-Rudolf (Hrsg). 2015. Emotionen und Politik. Begründungen, Konzeptionen und Praxisfelder einer politikwissenschaftlichen Emotionsforschung. Baden-Baden: Nomos.

Korte, Karl-Rudolf et al. 2015. Partei am Scheideweg: Die Alternative der AfD. *Blätter für deutsche und internationale Politik* 6: 59–67.

Kroh, Martin und Karolina Fetz. 2016. Das Profil der AfD-AnhängerInnen hat sich seit Gründung der Partei deutlich verändert. *DIW Wochenbericht* 34:711–719.

Lengfeld, Holger. 2018. Der „Kleine Mann" und die AfD: Was steckt dahinter? Antwort an meine Kritiker. *Kölner Zeitschrift für Soziologie und Sozialpsychologie*, 70: 295–310.

Lengfeld, Holger. 2017. Die "Alternative für Deutschland": eine Partei für Modernisierungsverlierer? *Kölner Zeitschrift für Soziologie und Sozialpsychologie*, 69: 209–232.

Levitsky, Steven und Daniel Ziblatt. 2018. *How Democracies Die.* New York: Crown.

Lewandowsky, Marcel. 2015. Eine rechtspopulistische Protestpartei? Die AfD in der öffentlichen und politikwissenschaftlichen Debatte. *Zeitschrift für Politikwissenschaft* 25(1): 119–134.

Lux, Thomas. 2018. Die *AfD* und die unteren Statuslagen. Eine Forschungsnotiz zu Holger Lengfelds Studie Die „*Alternative für Deutschland*": eine Partei für Modernisierungsverlierer? *Kölner Zeitschrift für Soziologie und Sozialpsychologie*, 70. https://doi.org/10.1007/s11577-018-0521-2.

Merkel, Wolfgang. 2017. Kosmopolitismus versus Kommunitarismus. In *Parties, Governments, and Elites*. Hrsg. Pilipp Harfst, Ina Kubbe und Thomas Poguntke. Wiesbaden: Springer.

Minkenberg, Michael. 2018. Was ist Rechtspopulismus? *Politische Vierteljahresschrift* 59(2): 353–369.

Mounk, Jascha. 2018. *The People vs. Democracy.* Cambridge: Harvard University Press.

Mudde, Cas und Cristobal Rovira Kaltwasser. 2017. *Populism. A Very Short Introduction.* Oxford: Oxford University Press.

Neu, Viola. KAS Wahlanalysen 2013: Bundestagswahl in Deutschland am 22. September 2013. Tabellenanhang http://www.kas.de/upload/dokumente/2013/09/Anhang_ gesamt_ neu.pdf. Zugegriffen: 2. August 2018.

Neu, Viola, und Sabine Pokorny KAS Wahlanalysen 2017: Bundestagswahl in Deutschland am 24. September 2017 http://www.kas.de/wf/doc/kas_50152-544-1-30.pdf?180301154334. Zugegriffen: 10. Juni 2018.

Niedermayer, Oskar und Jürgen Hofrichter. 2016. Die Wählerschaft der AfD: Wer ist sie, woher kommt sie und wie weit rechts steht sie? *Zeitschrift für Parlamentsfragen* 2: 267–284.

Pew Research Center, Nov. 29, 2017, "Europe's Growing Muslim Population". Washington.
Pickel, Gert. 2018a. Religion als Ressource für Rechtspopulismus? Zwischen Wahlverwandtschaften und Fremdzuschreibungen. In *Religion und Rechtspopulismus – Theorien, Konzepte, empirische Befunde. Zeitschrift für Religion, Gesellschaft und Politik (ZRGP) Special Issue 2/2*, Hrsg. Oliver Hidalgo, Phillip Hildmann und Alexander Yendell. (i. E.)
Pickel, Gert. 2018b. *Die AfD und Sachsen – Protestwähler mit Migrationsdistanz*. Unveröffentlichtes Manuskript.
Pickel, Gert, und Susanne Pickel. 2018a. Migration als Gefahr für die politische Kultur? Kollektive Identitäten und Religionszugehörigkeit als Herausforderung demokratischer Gemeinschaften. In *Migration und Integration als politische Herausforderung – Vergleichende Analysen zu politisch-kulturellen Voraussetzungen der Migrationspolitik und Reaktionen. Zeitschrift für Vergleichende Politikwissenschaft Special Issue 1/18*, 297–320, Hrsg. Gert Pickel, Antje Röder und Andreas Blätte.
Pickel, Gert und Alexander Yendell. 2016. Islam als Bedrohung? Beschreibung und Erklärung von Einstellungen zum Islam im Ländervergleich. In *Zeitschrift für Vergleichende Politikwissenschaft* 10: 273–309.
Pickel, Susanne. 2017. Nichts als Frust und Angst vor der Zukunft? Warum die AfD nicht nur in Sachsen-Anhalt so erfolgreich ist. In *Regieren in der Einwanderungsgesellschaft*. Hrsg. Christoph Bieber, Andreas Blätte, Karl-Rudolf Korte und Niko Switek. 99–108. Wiesbaden: Springer VS.
Pickel, Susanne und Gert Pickel. 2018b. Im postfaktischen Zeitalter? Wie subjektive Wahrnehmungen zu Ängsten bei den Bürger*innen führen – und die Ängste zur Anfälligkeit für Rechtspopulismus und AfD-Wahl. In *Populismus und Politische Bildung*. Hrsg. Laura Möllers und Sabine Manzel. Schriftenreihe der Gesellschaft für Politikdidaktik und politische Jugend- und Erwachsenenbildung, Bd. 17. Schwalbach/Ts.: Wochenschau Verlag. (i. E.)
Pokorny, Sabine. 2018. Von A wie Angst bis Z wie Zuversicht. Eine repräsentative Untersuchung zu Emotionen und politischen Einstellungen in Deutschland nach der Bundestagswahl 2017. *Analysen & Argumente*. Hrsg. Konrad Adenauer Stiftung. Ausgabe 302.
Pollack, Detlef, Olaf Müller, Gergely Rosta, Nils Friedrich und Alexander Yendell. 2014. *Grenzen der Toleranz. Wahrnehmung und Akzeptanz religiöser Vielfalt in Europa*. Wiesbaden: Springer VS.
Priester, Karin. 2007. *Populismus. Historische und aktuelle Erscheinungsformen*. Frankfurt am Main: Campus.
Priester, Karin. 2012. *Rechter und linker Populismus. Annäherung an ein Chamäleon*. Frankfurt am Main: Campus.
Priester, Karin. 2016. Rechtspopulismus – ein umstrittenes theoretisches und politisches Phänomen. In *Handbuch Rechtsextremismus*, Hrsg. Fabian Virchow, Martin Langebach und Alexander Häusler, 533–560. Wiesbaden: Springer VS.
Rippl, Susanne und Christian Seipel. 2018. Modernisierungsverlierer, Cultural Backlash, Postdemokratie. Was erklärt rechtspopulistische Orientierungen? *Kölner Zeitschrift für Soziologie und Sozialpsychologie*, 70. https://doi.org/10.1007/s11577-018-0522-1
Roßteutscher, Sigrid, Harald Schoen, Rüdiger Schmitt-Beck, Bernhard Wesels, Christof Wolf, Aiko Wagner. 2017. Nachwahl-Querschnitt (GLES 2017). GESIS Datenarchiv, Köln: ZA6801 Datenfile Version 2.0.0, https://doi.org/10.4232/1.12991. gles.eu; www.gesis.org/wahlen/gles/daten/

Sächsische Zeitung. 2018. Tu was, Sachsen! www.sz-online.de/sachsen/tu-was-sachsen-t94.html.

Schmitt-Beck, Rüdiger 2014. Euro-Kritik, Wirtschaftspessimismus und Einwanderungsskepsis: Hintergründe des Beinah-Wahlerfolges der Alternative für Deutschland (AfD) bei der Bundestagswahl 2013. *Zeitschrift für Parlamentsfragen 45*(1): 94–112.

Schmitt-Beck, Rüdiger. et al. 2017. Die AfD nach der rechtspopulistischen Wende. Wählerunterstützung am Beispiel Baden-Württembergs. *Zeitschrift für Politikwissenschaft 27*: 273–303.

Schoen, Harald und Cornelia Weins. 2014. Der sozialpsychologische Ansatz zur Erklärung von Wahlverhalten. In *Handbuch Wahlforschung*, 241–329. Hrsg. Jürgen W. Falter und Harald Schoen. Wiesbaden: Springer VS.

Schwarzbötzl, Tobias und Matthias Fatke. 2016. Außer Protesten nichts gewesen? Das politische Potenzial der AfD. *Politische Vierteljahresschrift 57*: 276–299.

SpiegelOnline. 2015. AfD-Vize Gauland sieht Flüchtlingskrise als Geschenk. www.spiegel.de/politik/deutschland/afd-alexander-gauland-sieht-fluechtlingskrise-als-geschenk-a-1067356.html. Zugegriffen: 10. Juni 2018.

SpiegelOnline. 2018: So krawallig, wie es kommen musste. www.spiegel.de/kultur/tv/sandra-maischberger-talk-zum-islam-so-krawallig-wie-es-kommen-musste-a-1211463.html. Zugegriffen: 10. Juni 2018.

Die Süddeutsche. 2017. Von AfD bis Linkspartei – so politisch ist Facebook. http://www.sueddeutsche.de/politik/politik-auf-facebook-rechte-abschottung-ohne-filterblase-1.3470137. Zugegriffen: 10. Juni 2018.

Tagesschau. 2017. Deutschland. Bundestagswahl 2017. wahl.tagesschau.de/wahlen/2017-09-24-BT-DE/umfrage-job.shtml. Zugegriffen: 10. Juni 2018.

Tutić, Andreas und Hagen von Hermanni. 2018. Sozioökonomischer Status, Deprivation und die Affinität zur *AfD* – Eine Forschungsnotiz. *Kölner Zeitschrift für Soziologie und Sozialpsychologie*, 70. https://doi.org/10.1007/s11577-018-0523-0

Wagner, Aiko et al. 2015. Alles neu macht der Mai? Die Alternative für Deutschland (AfD) und die Europawahl 2014. In *Die Europawahl 2014*. Hrsg. Michael Kaeding und Niko Switek, 137–148. Wiesbaden: Springer VS.

Wildt, Michael. 2017. Volk, Volksgemeinschaft, AfD. Hamburg: HIS Verlag.

Wodak, Ruth. 2018. Vom Rand in die Mitte? – „Schamlose Normalisierung". *Politische Vierteljahresschrift* 59(2): 232–335.

Zürn, Michael, und Peter de Wilde. 2016. Debating Globalization: Cosmopolitanism and Communitarianism as Political Ideologies. *Journal of Political Ideologies* 21:280–301.

Der erste Eindruck trügt

Eine Analyse der Wahlbeteiligung der Bundestagswahl 2017 auf Bundes-, Landes- und Städteebene im europäischen Kontext

Stefan Haußner und Michael Kaeding

Zusammenfassung

„Je niedriger die Wahlbeteiligung ausfällt, desto ungleicher ist sie" (vgl. Tingsten 1975). Basierend auf dieser Annahme untersucht der Artikel die Besonderheiten bezüglich der Wahlbeteiligung bei der Bundestagswahl 2017. Ziel ist es herauszufinden, welche Indikatoren für soziale Gleichheit einen Einfluss auf die Wahlbeteiligung bei der Bundestagswahl 2017 haben. Zudem soll durch den Vergleich mit anderen Wahlen (Europawahl 2014, Landtagswahlen) untersucht werden, ob die Ergebnisse der Bundestagswahl eine Besonderheit in der Wahllandschaft darstellen. Zunächst wird die Wahlbeteiligung auf unterschiedlichen deutschen Ebenen (Bundes-, Landes- und Städteebene) in Bezug auf sozioökonomische Ressourcen (bspw. Arbeitslosigkeit und Haushaltseinkommen) analysiert. Die Ergebnisse zeigen deutlich, dass die sozioökonomische Lage der Wahlkreise oder Stadtviertel einen erheblichen Einfluss auf die Wahlbeteiligung hat und die Arbeitslosenquote dabei ein starker Indikator ist, der stellvertretend für die soziale Lage insgesamt steht. Die europäische Kontextualisierung zeigt jedoch, dass dieses Phänomen kein rein deutsches, sondern ein ausgesprochen europäisches ist. Auch

---

S. Haußner (✉) · M. Kaeding
Institut für Politikwissenschaft, Universität Duisburg-Essen, Duisburg, Deutschland
E-Mail: stefan.haussner@uni-due.de

M. Kaeding
E-Mail: michael.kaeding@uni-due.de

© Springer Fachmedien Wiesbaden GmbH, ein Teil von Springer Nature 2019
K.-R. Korte und J. Schoofs (Hrsg.), *Die Bundestagswahl 2017*,
https://doi.org/10.1007/978-3-658-25050-8_8

der Vergleich unterschiedlicher Wahlen zeigt, dass die soziale Schieflage nicht nur bei der Bundestagswahl 2017 vorzufinden ist, vielmehr liegt ein nahezu identischer Effekt auch bei der Europawahl 2014 vor. Der Effekt der sozioökonomischen Indikatoren auf die Wahlbeteiligung bleibt hingegen über alle Wahlen hinweg ähnlich stark. Die Befunde stehen zum Teil in Kontrast zu der Aussage von Herbert Tingsten und hinterfragen lang geglaubte Gesetzmäßigkeiten.

1 Einleitung

Wie auch bei den vorangegangenen Landtagswahlen in den Jahren 2016 und 2017, konnte bei der Bundestagswahl 2017 eine gestiegene Wahlbeteiligung beobachtet werden. Während bei der vorangegangenen Bundestagswahl 2013 lediglich 71,5 % der Wahlberechtigten den Gang zu Wahlurne auf sich nahmen, waren es 2017 wieder 76,2 %. Dies bleibt allerdings der drittschwächste Wert in der bundesdeutschen Geschichte (Tiefstwert 2009: 70,8 %). Dennoch wurde dieser Trend der letzten Wahlen meist wohlwollend zur Kenntnis genommen, verringert eine hohe Wahlbeteiligung – so angenommen – doch die sozialen Differenzen im Wahlergebnis und macht das Wahlergebnis „repräsentativer" (vgl. Vehrkamp und Wegschaider 2017, S. 17).

Wir gehen dem genauer auf dem Grund und untersuchen die Besonderheiten der Wahlbeteiligung bei der Bundestagswahl 2017. Dabei wird die Betrachtung verschiedener sozioökonomischer Ressourcen im Mittelpunkt des Beitrags stehen und auf verschiedenen Ebenen – Bundes-, Landes- und Städteebene – untersucht und abschließend in einen europäischen Kontext gestellt werden.

Der Beitrag ist wie folgt aufgebaut: Nach der bundesweiten und regionalen Analyse der Wahlkreise auf bestimmte Muster der Wahlbeteiligung bei der Bundestagswahl 2017, analysieren wir die Wahlbeteiligung auf der sehr kleinräumigen Ebene der Stadtteile für vier deutsche Großstädte: Berlin, Köln, München und Rostock. In einem nächsten Schritt ziehen wir dann die Wahlbeteiligungsraten der letzten Europawahl 2014 heran. Die Europawahl bietet sich bei diesem transnationalen Vergleich an, da die Wahl in allen Städten zeitgleich und unter ähnlichen Bedingungen stattfindet. Dabei stehen zum Vergleich eine

Analyse auf Stadtteilebene für vier europäische Hauptstädte im Fokus. Abschließend tragen wir die Ergebnisse zusammen und ziehen ein Fazit.

2 Die soziale und politische Schieflage in der Wahlbeteiligung

Wahlbeteiligungen unter 80 % sind mittlerweile deutscher Standard. Bis 1983 lag die Wahlbeteiligung bei Bundestagswahlen zwar meist über 85 %, seit 1987 allerdings größtenteils unter 80 % (siehe Abb. 1). Bei Landtagswahlen liegt sie in der Regel bei mehr als 50 %, bei Kommunalwahlen über 45 %. Bei der der letzten Europawahl 2014 betrug sie 48,1 %. Auch bei der letzten Bundestagswahl 2017 lag sie – trotz Anstieg – 3,8 Prozentpunkte unter dieser 80 % Marke.

Während die Politikwissenschaft eine niedrige Wahlbeteiligung lange Zeit nicht als Problem betrachtete, setzt sich immer mehr die Auffassung durch, dass niedrige Wahlbeteiligung und die ihr zugrunde liegenden Besonderheiten einen Grundgedanken moderner Demokratie gefährdet: die politische Gleichheit. Der schwedische Forscher Herbert Tingsten formulierte es wie folgt: „Je niedriger die

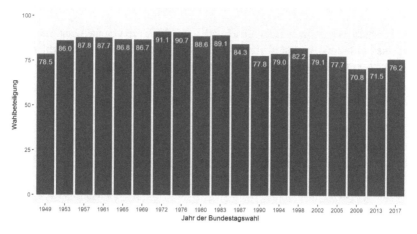

Abb. 1 Wahlbeteiligung bei Bundestagswahlen 1949–2017. (Quelle: Eigene Darstellung auf Grundlage der Daten des Bundeswahlleiters)

Wahlbeteiligung ausfällt, desto ungleicher ist sie" (vgl. Tingsten 1975, S. 230). Die sogenannte soziale Schieflage niedriger Wahlbeteiligung umschreibt somit einen bestimmten Typus von Nichtwähler/-innen, dessen vermehrtes Auftreten das Ideal der politischen Gleichheit untergräbt. (Schäfer 2015; Kaeding et al. 2016).

Dabei lassen sich nach Sidney Verba (2003) drei Arten politischer Gleichheit unterscheiden: Neben den Elementen des *equal right,* also des rechtlich gleichen Zugangs und der *equal voice,* des gleichen Stimmgewichts jeder Person, führt Verba außerdem die *equal capacity and opportunity to participate* an (vgl. Verba 2003, S. 665). Damit bezieht er die Ressourcen, Fähigkeiten und Kompetenzen der Bürger/-innen sowie den gleichen Zugang zu Information mit in das Gleichheitsideal ein. Sie stellen eigene Dimensionen dar, sind aber miteinander verbunden und müssen idealerweise gemeinsam erfüllt werden, um demokratische Legitimität zu gewährleisten.

Während die Höhe der Wahlbeteiligung für die ersten beiden Dimensionen nur eine untergeordnete Rolle spielt, ist diese für die dritte Dimension von essenzieller Bedeutung. Die dritte Dimension der Gleichheit ist kaum durch Rechtsetzung oder Stimmverteilungsverfahren zu erreichen, sondern kann nur erreicht werden, wenn alle sozioökonomischen Gruppen eine hohe Wahlbeteiligung aufweisen. Politische Gleichheit ist somit eng mit sozialer Gleichheit verknüpft (vgl. Persson et al. 2013, S. 173).

Weshalb Bürger zur Wahl gehen oder der Wahl fernbleiben, ist seit jeher Thema politikwissenschaftlicher und soziologischer Analysen. Erklärungsversuche beziehen sich dabei meist auf individuelle, kontextuelle oder institutionelle Faktoren. Während sich die individuellen Faktoren auf die Fähigkeiten und Ressourcen der Wählenden und Nichtwählenden beziehen, betrachten die kontextuellen Faktoren die Konkurrenzsituation bei Wahlen, die Ausgestaltung von Wahlkämpfen oder die Menge an Wahlberichterstattung um das Ausmaß der Partizipation zu erklären. Institutionelle Faktoren betrachten schließlich die Ausgestaltung des Wahlsystems oder die Komplexität von Wahlzetteln, deren Regeln die Wahlteilnahme schwieriger oder einfacher machen können. Etwas ausführlicher als diese Dreiteilung ist ein Blick auf die verschiedenen Schulen, die sich vor allem im Bereich der mikroanalytischen Faktoren in der Wahlforschung entwickelt haben.

Seit den 70er-Jahren versucht das Ressourcen-Modell (vgl. Smets und van Ham 2013, S. 344) den Einfluss des sozioökonomischen Status des Bürgers auf die Wahlbeteiligung zu analysieren. Die Teilnahmewahrscheinlichkeit steigt mit einem höheren ökonomischen Status, größeren Fähigkeiten und mehr Wissen (vgl. Verba und Nie 1972, S. 125). Daran anschließend beschreibt die Perspektive der *Columbia-School*, dass die Wahlwahrscheinlichkeit eines Individuums auch von seinem Umfeld abhängt. Dieses ist allerdings wiederum stark durch seine soziostrukturellen Merkmale geprägt. Die Integration in gesellschaftliche Gruppen ist nur unter der Voraussetzung geteilter soziostruktureller Faktoren möglich und bedingt somit die Wahrscheinlichkeit einer Wahlteilnahme (vgl. Lazarsfeld et al. 1970; Debus 2010, S. 733). Diese soziologische Perspektive lässt sich noch auf die familiäre Situation und jugendliche Erfahrungen ausweiten, die etwas unabhängiger vom eigenen Status ist, aber mit dem stark korrelierenden Status der Eltern verknüpft ist (vgl. Smets und van Ham 2013, S. 352). Mobilisierungsmodelle greifen die Einbindung in bestimmte Gruppen auf und sehen die entscheidende Variable im Verhalten der Bezugsgruppen *(peer-groups)* des Bürgers. Beobachtet der Wahlberechtigte, dass auch um ihn herum Freunde, Arbeitskollegen und Familie wählen gehen, so steigt die Wahrscheinlichkeit dies auch selbst zu tun. Diese Perspektive ist vor allem bei der Untersuchung von jungen Wähler/-innen ausschlaggebend, kann allerdings auch im Lebensverlauf, z. B. beim Wiedereintritt in das Berufsleben Effekte haben (Plutzer 2002). Das psychologische Modell nimmt hingegen eher kognitive Voraussetzungen auf und untersucht vor allem Variablen wie Parteiidentifizierung, politisches Interesse und Vertrauen in politische Institutionen und die Demokratie. Auch diese Variablen sind allerdings häufig vom soziökonomischen Status abhängig. Das psychologische Modell zielt dabei in erster Linie auf die Einbindung in das politische System ab, um so den Wahlakt gegenüber weniger Integrierten zu vereinfachen (vgl. Smets und van Ham 2013, S. 354).

Bei allen Modellen wird mehr als deutlich, dass bestimmte Faktoren für die Wahlteilnahme entscheidend sind. Durch die ungleichmäßige Verteilung dieser Faktoren in der Gesellschaft (bspw. ungleiche Bildung, soziale Lage, prekäre Arbeitsverhältnisse) ergibt sich eine soziale Ungleichheit, die sich auf die Wahlbeteiligung niederschlägt und somit zur politischen Ungleichheit wird. Die Betrachtung verschiedener, hier vor allem soziökonomischer Ressourcen soll im Mittelpunkt des Beitrags stehen und auf verschiedenen Ebenen untersucht werden.

3 Wahlbeteiligung und soziale Schieflage bei der Bundestagswahl 2017

Die Berichterstattung über die Bundestagswahl 2017 und die Kommentare über eine allgemein gestiegene Wahlbeteiligung, verdecken, dass es innerhalb Deutschlands erhebliche Unterschiede in der Partizipation der Bürger bei Wahlen gibt. Abb. 2 zeigt die 299 Wahlkreise bei der Bundestagswahl 2017. Auf der linken

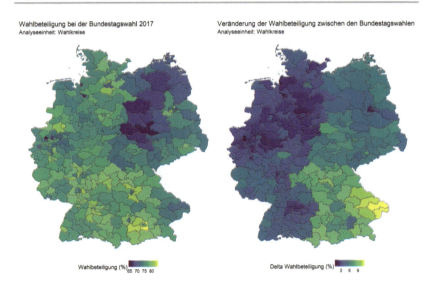

Abb. 2 Wahlbeteiligung in den Wahlkreisen Deutschlands bei der Bundestagswahl 2017. (Quelle: Eigene Darstellung auf Grundlage der Daten des Bundeswahlleiters)

Karte sind die Wahlkreise nach der absoluten Wahlbeteiligung eingefärbt (je dunkler, desto niedriger). Auf der rechten Seite steht die Einfärbung für die Veränderung der Wahlbeteiligung seit 2013. Je heller hier die Farbe ist, desto stärker ist die Wahlbeteiligung gestiegen.

Auf der linken Karte erkennt man immer noch ein altbekanntes Muster. Niedrigere Beteiligungsquoten sind meistens im Osten der Bundesrepublik zu finden (Becker 2004, S. 317). Der Unterschied zwischen den „alten" Bundesländern und dem Gebiet der ehemaligen DDR ist – von Ausnahmen abgesehen – deutlich zu erkennen. Vor allem in Mecklenburg-Vorpommern (70,9 %) und in Sachsen-Anhalt (68,1 %) fiel die Beteiligung auch diesmal sehr niedrig aus. Der Wahlkreis mit der niedrigsten Wahlbeteiligung liegt jedoch in Nordrhein-Westfalen: Duisburg II lag mit 64,8 % noch mal über einen Prozentpunkt unter dem Zweitplatzierten (Wahlkreis Anhalt, Sachsen-Anhalt). Die höchsten Wahlbeteiligungsquoten weisen mit 78,1 % in Bayern und 78,3 % in Baden-Württemberg die südlichen Länder auf. Mit „München-Land" und „Starnberg-Landsberg am Lech" führen zwei bayerische Wahlkreise das Feld an und liegen mit 82,9 % (Starnberg-Landsberg am Lech) und 84,4 % (München-Land) beide über der 80 %-Marke.

Nimmt man die Wahlbeteiligungsquoten nicht absolut, sondern betrachtet wie stark die Wahlbeteiligung relativ zur Bundestagswahl 2013 gestiegen ist, so fällt eine Dreiteilung Deutschlands auf (rechte Karte, Abb. 2): Bayern, Ostdeutschland und die restlichen „alten" Bundesländer. In allen 299 Wahlkreisen ist die Wahlbeteiligung im Vergleich zu 2013 angestiegen. In Bayern fiel der Anstieg aber deutlich sichtbar am höchsten aus. Die „neuen" Bundesländer liegen im Mittelfeld und verzeichnen moderate Zuwächse. Der überwiegende Teil der „alten" Bundesländer ist hingegen dunkel eingefärbt und weist nur einen geringen Anstieg der Wahlbeteiligung auf.

Die Unterschiede zwischen, aber auch innerhalb der Bundesländer macht Abb. 3 nochmals deutlich. Im Durchschnitt die geringsten Zuwächse verzeichnen die zwei Wahlkreise des Bundeslands Bremen. Darauf folgt Nordrhein-Westfalen. Hier liegen darüber hinaus die beiden Wahlkreise mit dem geringsten Zuwachs der Wahlbeteiligung: Duisburg I und Duisburg II. Hier ist die Wahlbeteiligung lediglich um 1,2 bzw. 1,3 Prozentpunkte angestiegen. Wie auch bereits in Abb. 2 zu sehen war, sind die Wahlkreise des Ruhrgebiets häufig eher dunkel eingefärbt, was die sozioökonomischen Umstände dieser Region widerspiegelt (Haußner et al. 2017). Der Anstieg der Wahlbeteiligung in Bayern liegt hingegen bei sieben bis zehn Prozentpunkten und in den Wahlkreisen Deggendorf und Passau gingen sogar über elf Prozent mehr der Wahlberechtigten zu Wahl.

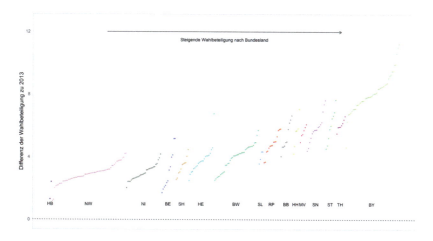

Abb. 3 Veränderung der Wahlbeteiligung zur Bundestagswahl 2013 auf Wahlkreisebene. (Quelle: Eigene Darstellung auf Grundlage der Daten des Bundeswahlleiters)

Abb. 3 offenbart aber ebenfalls die Differenzen innerhalb der Bundesländer. Während in Schleswig-Holstein, dem Saarland oder Thüringen die Punkte für die Wahlkreise relativ eng beieinanderliegen – und somit einen homogenen Anstieg der Wahlbeteiligung im ganzen Bundesland nachzeichnen – gibt es innerhalb von Berlin, Sachsen aber auch Bayern deutlich stärkere regionale Unterschiede. Diesen Hinweis auf kleinräumige Unterschiede nimmt der Beitrag auf und widmet sich der Bedeutsamkeit der lokalen Ebene nochmals in den folgenden Kapiteln.

3.1 Eine Analyse der Wahlbeteiligung auf Wahlkreisebene der Bundesländer

Wie bereits in den Abb. 2 und 3 gezeigt, gibt es nicht nur innerhalb Deutschlands Differenzen in der Wahlbeteiligung, sondern auch innerhalb von Bundesländern unterscheidet sich die Teilnahmebereitschaft an Wahlen. Verbindet man die Wahlbeteiligungswerte mit den Strukturdaten der Wahlkreise (Der Bundeswahlleiter 2017), wie bspw. der Arbeitslosenquote oder dem durchschnittlichen Einkommen, wird erkennbar, dass es auch innerhalb der Bundesländer Unterschiede zwischen sozioökonomisch stärkeren und schwächeren Wahlkreisen gibt.[1]

In Abb. 4 ist der Zusammenhang zwischen der Arbeitslosenquote in den Wahlkreisen und der Wahlbeteiligung bei der Bundestagswahl 2017 abgetragen und nach den Bundesländern aufgeteilt. Jeder Punkt steht stellvertretend für ein Wertepaar eines Wahlkreises. Zusätzlich ist eine Regressionslinie eingezeichnet, welche die Richtung des Zusammenhangs verdeutlichen soll.[2]

Bis auf wenige Ausnahmen (Sachsen-Anhalt, Thüringen) ist der Zusammenhang zwischen der Arbeitslosenquote und der Wahlbeteiligung negativ. Je mehr Bürger im jeweiligen Wahlkreis arbeitslos sind, desto niedriger fällt die Wahlbeteiligung in dem Wahlkreis tendenziell aus. Besonders deutlich ist dieser Zusammenhang in Bayern, Brandenburg und Schleswig-Holstein erkennbar. In anderen Bundesländern ist der bivariate Zusammenhang moderater.

---

[1]Die Arbeitslosenquoten sind hier die offiziellen, von der Bundesagentur für Arbeit herausgegebenen, Werte aus dem März 2017. Die Einkommenszahlen bezeichnen das Verfügbare Einkommen der privaten Haushalte in Euro pro Einwohner aus dem Jahr 2014. Es ist als der Betrag zu verstehen, der den privaten Haushalten für Konsumzwecke oder zu Ersparnisbildung zur Verfügung steht.

[2]Für Berlin und Hamburg liegt die Arbeitslosenquote nur für die gesamte Stadt vor und nicht für die einzelnen Wahlkreise. Daher liegen die einzelnen Punkte für die Stadtteile hier vertikal übereinander, da sie nur in der Wahlbeteiligung variieren.

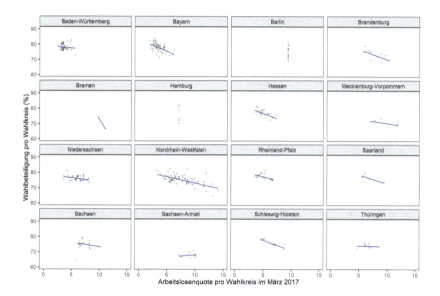

Abb. 4 Zusammenhang zwischen Wahlbeteiligung und Arbeitslosigkeit in den Ländern. (Quelle: Eigene Darstellung auf Grundlage der Daten des Bundeswahlleiters)

In Abb. 5 wurde statt der Arbeitslosenquote das verfügbare Haushaltseinkommen als Indikator verwendet.[3] Zu erwarten wäre, dass das Einkommen einen positiven Effekt auf die Wahlbeteiligung hat. Natürlich bewegt sich diese Analyse auf Aggregatebene, auf der Individualebene geht ein höheres Einkommen aber meist mit einer höheren Wahlbeteiligung einher (vgl. Armingeon und Schädel 2014, S. 1; Smets und van Ham 2013, S. 350). In den westdeutschen Bundesländern ist dieser Zusammenhang auch nachweisbar: Wohlhabendere Wahlkreise weisen tendenziell eine höhere Wahlbeteiligung auf. Interessanterweise ist der Zusammenhang in den meisten neuen Bundesländern umgekehrt. Bis auf Brandenburg sind es hier oft die Wahlkreise mit einem niedrigen durchschnittlichen Haushaltseinkommen, die höhere Wahlbeteiligungsquoten aufwiesen. Allerdings sind die Einkommensunterschiede zwischen den Wahlkreisen in den ostdeutschen Bundesländern deutlich geringer, als in den westdeutschen Bundesländern.

---

[3]Auch hier liegen für Berlin und Hamburg die Daten zum Haushaltseinkommen nur für die gesamte Stadt vor (vergleiche mit Fußnote 2).

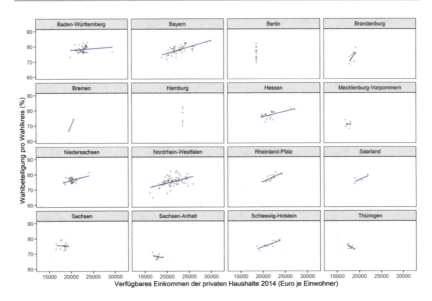

Abb. 5 Zusammenhang zwischen Wahlbeteiligung und Einkommen in den Ländern. (Quelle: Eigene Darstellung auf Grundlage der Daten des Bundeswahlleiters)

In einer abschließenden Analyse werden die Strukturindikatoren ‚Anteil an ausländischer Bevölkerung' sowie zusätzlich noch der ‚Anteil an Bürgern ohne Schulabschluss' hinzugenommen. Durch die gemeinsame Analyse wird herausgestellt, welche Indikatoren nicht nur einen bivariaten Effekt haben, sondern auch unter Kontrolle der weiteren Strukturindikatoren auf die Wahlbeteiligung in den Wahlkreisen wirken. Um Unterschiede zwischen den Bundesländern zu kontrollieren, wurden die Bundesländer als Dummies mit in die Analyse einbezogen, ihre Koeffizienten aber nicht berichtet. Durch dieses Vorgehen werden potenzielle Effekte, die von Unterschieden wie bspw. der allgemeinen Höhe der Wahlbeteiligung oder der Arbeitslosigkeit aber auch Bevölkerungsdichte oder Fläche der Bundesländer ausgehen, ausgeschlossen. Es wird sowohl ein gesamtdeutsches Modell berechnet als auch die alten und neuen Bundesländer getrennt voneinander.

Tab. 1 zeigt einen durchgehend signifikanten und negativen Effekt der Arbeitslosenquote auf die Wahlbeteiligung. Auch nach Kontrolle durch die weiteren Strukturdaten, weisen Wahlkreise, die von einer hohen Arbeitslosenquote gezeichnet sind, eine tendenziell niedrigere Wahlbeteiligung auf. Insgesamt fällt

Tab. 1 Regressionsmodell zum Einfluss sozioökonomischer Indikatoren auf die Wahlbeteiligung

	Modell gesamt	Modell Ost	Modell West
Arbeitslosenquote	−0,47***	−0,69*	−0,40**
	(0,12)	(0,28)	(0,14)
Haushaltseinkommen	0,00***	−0,00	0,00***
	(0,00)	(0,00)	(0,00)
Anteil ausländischer Bevölkerung	−0,06	0,52*	−0,09*
	(0,04)	(0,22)	(0,04)
Bildung (Anteil ohne Schulabschluss)	−0,22	−0,45	−0,25
	(0,14)	(0,25)	(0,15)
R^2	0,59	0,75	0,46
Adj. R^2	0,56	0,69	0,43
N	299	49	250
RMSE	2,25	1,87	2,26

***$p < 0,001$, **$p < 0,01$, *$p < 0,05$
Bundesländer wurden als Dummies in das Modell aufgenommen, aber nicht berichtet; Standardfehler in Klammern

die Wahlbeteiligung um knapp einen halben Prozentpunkt, wenn die Arbeitslosenquote um einen Punkt steigt. Dieser Effekt ist in Ostdeutschland stärker als in Westdeutschland.

Zwar bestätigt das Vorzeichen bei den Ost- und Westmodellen den Eindruck aus Abb. 5 bezüglich des Indikators ‚Einkommen'. Wie bereits beschrieben, scheint der Effekt in Ostdeutschland negativ zu sein, während in den alten Bundesländern ein positiver Effekt des Einkommens vorliegt. Nur der Gesamteffekt und der Koeffizient in den westdeutschen Ländern ist signifikant. Darüber hinaus ist der Effekt nach Kontrolle durch die weiteren Indikatoren verschwindend gering und daher irrelevant.

Auch bei der Analyse des Anteils ausländischer Bevölkerung ergeben sich unterschiedliche Effekte. Während in den neuen Ländern ist ein starker positiver Effekt beobachtbar ist, ist der Koeffizient im Westen schwach negativ. Im Gesamtmodell gleichen sich die Effekte mehr oder weniger aus und sind nicht mehr signifikant nachweisbar. Auf das ganze Land betrachtet scheint der Anteil an Nicht-Deutscher Bevölkerung demnach keine Rolle zu spielen. In Ostdeutschland steigt die Wahlbeteiligung je höher der Anteil an Bürgern mit nichtdeutschem Pass im Wahlkreis ist.

Die Koeffizienten des Bildungseffekts sind wie zu erwarten durchgehend negativ. Die Wahlbeteiligung ist niedriger, je mehr Bürger ohne Schulabschluss im Wahlkreis leben. Allerdings ist keiner der Effekte signifikant nachweisbar, sondern wird von den anderen Indikatoren überlagert. Dennoch ist ein negativer Effekt konsistent mit bisheriger Literatur zur Auswirkung von Bildung auf die Wahlbeteiligung.

Insgesamt ist der Effekt der Arbeitslosigkeit in deutschen Wahlkreisen durchschlagend. Er ist in allen Modellen beobachtbar und überlagert mit seiner Stärke die übrigen Strukturindikatoren. Betrachtet man die Determinationskoeffizienten R^2, so sind die Indikatoren in den neuen Bundesländern stärker mit der Wahlbeteiligung verknüpft als in den alten Bundesländern. Insgesamt kann durch die verwendeten Indikatoren etwa die Hälfte der Varianz in der Wahlbeteiligung zwischen den Wahlkreisen erklärt werden. Es ist also deutlich, dass die sozioökonomische Lage der Wahlkreise und die Lebensbedingungen der Bürger einen erheblichen Einfluss auf die Wahlbeteiligung hat. Schlechter gestellte Wahlkreise weisen tendenziell eine deutlich geringere Wahlbeteiligung auf, als die Wahlkreise mit besseren Strukturen. Dabei ist die Arbeitslosenquote ein starker Indikator der stellvertretend für die soziale Lage insgesamt steht.

3.2 Differenzen in der Wahlbeteiligung bei der Bundestagswahl 2017 innerhalb einzelner bundesdeutscher Städte

Wie bereits gezeigt, spielt die Arbeitslosenquote auf der Aggregatebene eine entscheidende Rolle und dient als starke Stellvertreterin für die soziale Lage in geografischen Räumen. Nach der regionalen Analyse der Wahlkreise, soll hier eine Analyse auf der sehr kleinräumigen Ebene der Stadtteile in den vier deutschen Großstädten Berlin, Köln, München und Rostock stattfinden. Mit dieser Fallauswahl werden große Teile Deutschlands geografisch abgedeckt.

Bei der Betrachtung dieser sehr kleinräumigen geografischen Ebene der einzelnen Stadtteile erhoffen wir uns einen methodologischen Mehrwert. Wir wissen, dass die Teilnahme an Wahlen stark durch soziale Alltagsnetzwerke geprägt wird (Kersting 2004; Kaeding et al. 2016; Hajnal und Trounstine 2005). Diese Netzwerke sind nicht selten verknüpft mit dem territorialen Umfeld auf sehr lokaler Ebene. Besonders Bewohner/-innen in sozialen Brennpunkten gaben in einer Studie der Friedrich-Ebert-Stiftung ein Gefühl des Ausgesetzt-Seins und der Perspektivlosigkeit an, „welche durch die Charakterzüge des eigenen Stadtviertels und die Stigmatisierung seiner Bewohner/-innen innerhalb der Umgebungsgesellschaften hervorgerufen" (Blaeser et al. 2016, S. 47) wurden. Die Wahl ist ein gesellschaftlicher Akt und daher stark abhängig von den Lebensbedingungen und dem sozialen Umfeld, in dem sich der potenzielle Wähler befindet. Dieser „Nachbarschaftseffekt" findet sich zum Teil in der Wahlkampfliteratur (vgl. Górecki und Marsh 2012, S. 565). Der vorliegende Beitrag zeigt im Folgenden, dass Stadtteile und deren soziale Lage eine starke Erklärung für die Wahlbeteiligung bietet. In Anlehnung an die Analyse aus dem Vorgängerband zur Bundestagswahl 2013, in der Schäfer und Roßteutscher (2015) für verschiedene soziale Indikatoren aufzeigen konnten, dass die Wahlbeteiligung der Bundestagswahl 2013 auch auf sehr kleinräumiger Ebene von einer starken sozialen Schieflage durchzogen ist, konzentriert sich unser Beitrag auf den Indikator Arbeitslosigkeit, um die bundesdeutsche Analyse anschließend auf den europäischen Kontext auszuweiten.

In Abb. 6 repräsentiert jeder Punkt einen Stadtteil der jeweiligen vier Städte: Berlin, Köln, München und Rostock. Auf der x-Achse ist eine Operationalisierung von „Arbeitslosigkeit" im Stadtteil verzeichnet und auf der y-Achse die offizielle Wahlbeteiligung bei der Bundestagswahl 2017. Die Messung der Arbeitslosigkeit unterscheidet sich z. T. zwischen den Städten, je nachdem welche Maße die statistischen Ämter der Städte bereithalten. Wie bereits in den vorherigen Abschnitten beschrieben, ist der erwartete Zusammenhang negativ. Je höher die Arbeitslosigkeit im Viertel ist, desto stärker wirken Mechanismen der sozialen Desintegration und desto niedriger sollte die Wahlbeteiligung ausfallen.

In allen vier Städten erkennt man ebenjenen Zusammenhang: Je höher das jeweilige Maß für Arbeitslosigkeit ist, desto niedriger ist in der Tendenz die Wahlbeteiligung bei der Bundestagswahl 2017 ausgefallen. Am geringsten ist dieser Effekt in Berlin beobachtbar, wo die eingezeichnete Regressionslinie nur moderat sinkt. Dennoch haben Bezirke wie Neukölln einen deutlich höheren Arbeitslosenanteil und auch eine niedrigere Wahlbeteiligung als bspw. Pankow oder Steglitz-Zehlendorf. In den drei weiteren Städten ist der Zusammenhang noch deutlicher sichtbar. In Köln liegen zwischen dem Stadtteil mit der niedrigsten (Fühlingen) und höchsten Arbeitslosenquote (Chorweiler) über 35 Prozentpunkte Unterschied in der Wahlbeteiligung. Auch die zwei benachbarten Münchener Bezirke Ramersdorf-Perlach und Berg am Laim liegen nicht nur geografisch gesehen im Randgebiet der Landeshauptstadt Bayerns. Auch hier führt eine hohe Arbeitslosendichte und die damit einhergehende soziale Randlage zu niedrigen Wahlbeteiligungsquoten. In Rostock kann man die soziale Spaltung und ihre Auswirkung auf Partizipationsquoten ebenfalls deutlich sehen. Hier offenbart

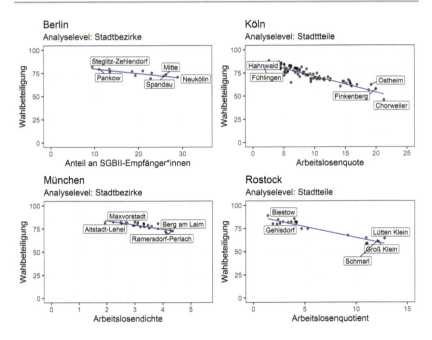

Abb. 6 Einfluss von Arbeitslosigkeit auf die Wahlbeteiligung auf Stadtteilebene in deutschen Großstädten. (Quelle: Eigene Darstellung auf Grundlage der Daten der statistischen Ämter der Städte)

der Vergleich der beiden Indikatoren sogar zwei abgegrenzte Gruppen. In Rostock gibt es nur Stadtteile mit weniger als etwa fünf Prozent Arbeitslosigkeit oder mit mehr als neun Prozent. Während alle Stadtteile in Rostock aus der Gruppe mit hoher Arbeitslosigkeit nicht über eine Wahlbeteiligung von etwa 68 % hinauskommen, gibt es in der anderen Gruppe keinen Stadtteil mit weniger als 74,8 %. Im Bereich der 75 Prozentpunkte gibt es dann auch nur zwei Stadtteile und alle weiteren weisen Beteiligungsquoten von über 80 % auf. Rostock-Biestow verpasst mit 89 % sogar nur knapp die 90 %-Marke und weist gleichzeitig eine verschwindend geringe Arbeitslosigkeit von nur 1,4 % auf. Hier wird der Begriff der „gespaltenen Demokratie" (Petersen et al. 2013) besonders anschaulich.

Insgesamt wird deutlich, dass auch bei der Bundestagswahl 2017 erhebliche Unterschiede in der Wahlbeteiligung innerhalb einzelner Städte vorhanden sind. Diese, durch die sozioökonomische Lage der Stadtteile beeinflussten, Differenzen gefährden das Ideal der politischen Gleichheit bereits auf der lokalen Ebene.

4 Die Bundestagswahl 2017 im europäischen Kontext

Der Anstieg der Wahlbeteiligung bei der Bundestagswahl 2017 kam nicht sonderlich überraschend. Stärkere Polarisierung sowie das insbesondere in den letzten Wochen des Wahlkampfs wieder in den Vordergrund getretene Thema der Migration und inneren Sicherheit sorgten dafür, dass wieder mehr Bürger/-innen als 2013 den Gang an die Wahlurne antraten. Überraschend war die gestiegene Wahlbeteiligung aber auch deshalb nicht, weil schon bei vorangegangenen Wahlen in weiteren Mitgliedsstaaten der Europäischen Union die Wahlbeteiligung gestiegen war. 2017 war ein ausgesprochenes europäisches Wahljahr in mehreren wichtigen Mitgliedsstaaten der EU, wie Frankreich, den Niederlanden oder Großbritannien. Im März 2017 stieg in den Niederlanden die Wahlbeteiligung um 7,3 Prozentpunkte auf über 80 % (81,9 %). Im Juni wählten immerhin 68,7 % der Bevölkerung des Vereinigten Königreichs ihr Unterhaus, was einem Anstieg der Wahlbeteiligung von 2,5 Prozentpunkten entsprach. Anfang 2018 wählte die tschechische Bevölkerung ihren neuen Präsidenten. Auch hier stieg im ersten Wahlgang die Wahlbeteiligung geringfügig um 0,5 Prozentpunkte genau wie in Slowenien bei der Parlamentswahl im Juni 2018 (0,9 Prozentpunkte). Lediglich in Frankreich sank die Wahlbeteiligung trotz spannendem Wahlkampf geringfügig um etwa 2 Prozentpunkte. Dennoch ist erkennbar, dass die Bundestagswahl allgemein in ein Klima steigender oder zumindest nicht mehr weiter fallender Beteiligungsquoten fällt. Es bietet sich demnach an, die Bundestagswahl nicht nur einzeln zu analysieren, sondern auch mit den Entwicklungen und Zusammenhängen auf der europäischen Ebene zu vergleichen.

4.1 Die soziale Schieflage in europäischen Hauptstädten

In der Abb. 7 sind Streudiagramme für vier europäische Hauptstädte und der Zusammenhang von Arbeitslosigkeit und der Wahlbeteiligung bei der Europawahl 2014 abgebildet. Die Europawahl bietet sich bei diesem transnationalen Vergleich an, da die Wahl in allen Städten zeitgleich und unter ähnlichen Bedingungen stattfindet. Die Arbeitslosigkeit ist z. T. unterschiedlich gemessen worden und deshalb nur bedingt zwischen den Städten vergleichbar.

Es fällt auf, dass sich in allen Städten ein den deutschen Städten ähnliches Bild ergibt. Je höher die Arbeitslosigkeit im jeweiligen Stadtviertel ist, desto

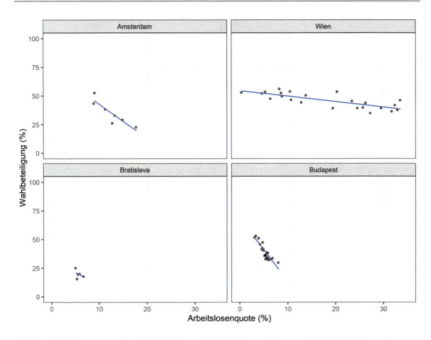

Abb. 7 Einfluss von Arbeitslosigkeit auf die Wahlbeteiligung auf Stadtteilebene in europäischen Hauptstädten. (Quelle: Eigene Darstellung auf Grundlage der Daten der statistischen Ämter der Städte)

niedriger war die Wahlbeteiligung bei der vergangenen Europawahl 2014. Während der Unterschied in Wien weniger stark ist, fällt die Schieflage in Budapest außerordentlich stark aus. Trotz nur weniger Prozentpunkte Unterschied in der Arbeitslosigkeit, gibt es in der Wahlbeteiligung einen Unterschied von etwa 25 Prozentpunkten. Abermals wird die Messung der Arbeitslosigkeit hier als stellvertretend für die soziale Lage im Viertel hergenommen. Selbst in Bratislava, mit nur wenigen Stadtvierteln und relativ geringen sozioökonomischen Unterschieden, offenbart sich der negative Zusammenhang. Darüber hinaus ist die Wahlbeteiligung hier extrem niedrig, mit nur einem Stadtteil über 25 % Wahlbeteiligung. In Amsterdam liegen zwischen dem Viertel mit der niedrigsten Beteiligung und dem mit der höchsten Beteiligung sogar 30 Prozentpunkte Unterschied.

Es ist deutlich erkennbar, dass die bundesdeutschen Ergebnisse zur Bundestagswahl 2017 und die hier vorgestellten Daten aus einigen europäischen Hauptstädten ein ähnliches Bild offenbaren: Der Zusammenhang zwischen der Sozialstruktur bestimmter sozialer Räume und der Wahlbeteiligung ist kein bundesdeutsches, sondern ein europäisches Phänomen. Es offenbart sich in unterschiedlichen Kontexten unterschiedlich stark, ist aber durchgehend sichtbar.

4.2 Bundestagswahl 2017 und Europawahl 2014 im bundesdeutschen Vergleich

Reif und Schmitt (1980) unterscheiden zwischen *first-order* und *second-order-elections*. Zu den Wahlen erster Ordnung zählen dabei nationale Parlaments- oder Präsidentschaftswahlen, während Wahlen zweiter Ordnung aus der Gruppe der regionalen oder lokalen Nebenwahlen sowie der Europawahl kommen. Die Europawahlen wurden seither immer wieder als *second-order-elections* klassifiziert, bei denen subjektiv weniger auf dem Spiel steht, nationale Regierungsparteien oft abgestraft werden, kleine oder neue Parteien hingegen Erfolge feiern und nicht zuletzt eine deutlich niedrigere Wahlbeteiligung zu verzeichnen ist. Auch bei der Europawahl 2014 war die Wahlbeteiligung in allen 28 Mitgliedsstaaten niedriger, als bei der vorhergegangenen nationalen Hauptwahl (vgl. Träger 2015, S. 36; Kaeding und Gath 2014).

Aber finden wir in Deutschland mit deutlich niedrigerer Wahlbeteiligung bei der Europawahl 2014 zugleich auch eine stärkere Ungleichheit im Vergleich zur Bundestagswahl 2017? Nach dem Gesetz von Tingsten (1975) müsste die Europawahl in Deutschland deutlich niedrigere Wahlbeteiligungsquoten und demnach eine stärkere Schieflage aufweisen.

Betrachtet man abermals die vier deutschen Städte in Abb. 6, ergänzt um die Daten zur Europawahl 2014, kommt man allerdings zu überraschenden Erkenntnissen: Die Schieflage bei der Europawahl 2014 und bei der Bundestagswahl 2017 ist nahezu identisch (Abb. 8). Die beiden Regressionslinien verlaufen quasi parallel zueinander. Auch hier ist der Unterschied in der Höhe der Wahlbeteiligung deutlich erkennbar. In allen Städten fällt die Wahlbeteiligung der Europawahl 2014 im Vergleich zur Bundestagswahl 2017 etwa 30 Prozentpunkte geringer aus. Dennoch ist keine stärkere Spaltung der Stadtteile zu sehen. Wahlbeteiligung und Arbeitslosigkeit hängen in Quartieren der betrachteten Großstädte immer ähnlich stark zusammen, egal ob es sich dabei um eine Europawahl oder die Bundestagswahl handelt. Selbst bei Stadtvierteln mit sehr hoher Bundestagswahlbeteiligung von 80 % oder sehr niedrigen Europawahlergebnissen, ist kein Unterschied sichtbar.

Im Gegensatz zu anderen Studien, in denen die gestiegene Wahlbeteiligung in einen direkten Zusammenhang mit einer verringerten sozialen Spaltung gebracht

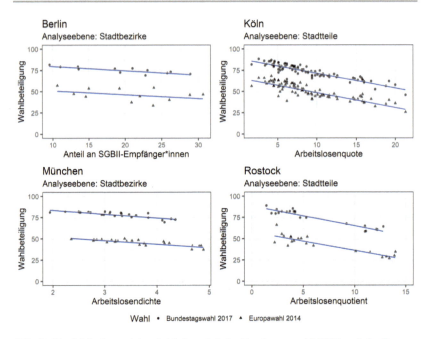

Abb. 8 Vergleich der sozialen Schieflage bei der Bundestagswahl 2017 und der Europawahl 2014 in deutschen Großstädten. (Quelle: Eigene Darstellung auf Grundlage der Daten der statistischen Ämter der Städte)

wird und die vor allem auf den Mobilisierungseffekt der AfD zurückgeführt wird (vgl. Vehrkamp und Wegschaider 2017, S. 17), können unsere Ergebnisse weder eine stärkere noch eine schwächere soziale Schieflage beobachten. Auch der Mobilisierungseffekt rechtspopulistischer Parteien bei gestiegener Wahlbeteiligung ist äußerst umstritten (Immerzeel und Pickup 2015; Haußner und Leininger 2018). Das Ergebnis ist vor allem vor dem Hintergrund der als ‚Elitenwahl' wahrgenommenen Europawahl überraschend und öffnet die Türen für weitere Diskussion.

5 Diskussion und Fazit

Fassen wir zusammen: Trotz gestiegener Wahlbeteiligung, gibt es innerhalb Deutschlands erhebliche Unterschiede in der Partizipation der Bürger bei der Bundestagswahl 2017. Zum einen erkennt man altbekannte Muster (Niedrigere

Beteiligungsquoten sind meistens in den neuen Ländern im Osten der Bundesrepublik zu finden), betrachtet man den relativen Zuwachs der Wahlbeteiligung, teilt sich Deutschland aber bereits in Bayern, Ostdeutschland und die restlichen „alten" Bundesländer auf. Zudem sind die Unterschiede zwischen und innerhalb der Bundesländer deutlich.

Bis auf wenige Ausnahmen ist allerdings der Zusammenhang zwischen der Arbeitslosenquote und der Wahlbeteiligung negativ – auf allen untersuchten Ebenen. Je mehr Bürger im jeweiligen Wahlkreis arbeitslos sind, desto niedriger fällt die Wahlbeteiligung in dem Wahlkreis tendenziell aus. Auch nach Kontrolle durch die weiteren Strukturdaten, weisen Wahlkreise die von einer hohen Arbeitslosenquote gezeichnet sind eine tendenziell niedrigere Wahlbeteiligung auf. Insgesamt fällt die Wahlbeteiligung um knapp einen halben Prozentpunkt, wenn die Arbeitslosenquote um einen Punkt steigt. Dieser Effekt ist in Ostdeutschland stärker als in Westdeutschland. Es ist also deutlich, dass die sozioökonomische Lage der Wahlkreise und die Lebensbedingungen der Bürger einen erheblichen Einfluss auf die Wahlbeteiligung hat. Schlechter gestellte Wahlkreise weisen tendenziell eine deutlich geringere Wahlbeteiligung auf, als die Wahlkreise mit besseren Strukturen. Dabei ist die Arbeitslosenquote ein starker Indikator der stellvertretend für die soziale Lage insgesamt steht.

Unsere europäische Kontextualisierung offenbart allerdings auch, dass der Zusammenhang zwischen der Sozialstruktur bestimmter sozialer Räume und der Wahlbeteiligung kein bundesdeutsches, sondern ein europäisches Phänomen ist. Vergleicht man zudem die Wahlbeteiligungsergebnisse bei der Bundestagswahl 2017 mit den bundesdeutschen Zahlen für die Europawahl 2014 kommt man zu dem überraschenden Ergebnis, dass die Schieflage bei der Europawahl 2014 und bei der Bundestagswahl 2017 nahezu identisch ist. Es findet sich keine stärkere soziale Spaltung der Stadtteile. Wahlbeteiligung und Arbeitslosigkeit hängen in Quartieren der betrachteten Großstädte immer ähnlich stark zusammen, egal ob es sich dabei um eine Europawahl oder die Bundestagswahl handelt. Schlussendlich wird somit deutlich, dass auch bei der Bundestagswahl 2017 erhebliche Unterschiede in der Wahlbeteiligung innerhalb der Bundesländer und einzelner Städte festzustellen sind. Diese, durch die sozioökonomische Lage der Stadtteile beeinflussten, Differenzen gefährden das Ideal der politischen Gleichheit bereits auf dieser lokalen Ebene, ist aber darüber hinaus keine bundesdeutsche Besonderheit, sondern es gilt Ursachen und Folgen dieser Beobachtungen europaweit zu untersuchen.

Acknowledgements

Alle Grafiken sowie Analyseergebnisse wurden mit der statistischen Programmiersprache R erstellt. Die Autoren sind besonders den Autoren der Pakete ‚sp' (Bivand et al. 2013), ‚texreg' (Leifeld 2013) und ‚viridis' (Garnier 2017) sowie des ‚tidyverse' (Wickham 2017) – hier insbesondere ‚dplyr', ‚ggplot2' und ‚rvest' – dankbar.

Literatur

Armingeon, Klaus, und Lisa Schädel. 2014. Social Inequality in Political Participation: The Dark Sides of Individualisation. *West European Politics* 38 (1): 1–27. https://doi.org/10.1080/01402382.2014.929341.

Becker, Rolf. 2004. Political efficacy and voter turnout in East and West Germany. *German Politics* 13 (2): 317–340. https://doi.org/10.1080/0964400042000248223.

Bivand, Roger S., Edzer Pebesma, und Virgilio Gomez-Rubio. 2013. *Applied spatial data analysis with R, Second edition:* Springer, NY.

Blaeser, Maximilian, Felix Butzlaff, Matthias Micus, Robert Pausch, und Giannina Scalabrino. 2016. *Wahl und Nichtwahl: Politikeinstellungen und Politik-Hoffnungen in Göttinger Stadtvierteln : Ergebnisse einer Studie des Göttinger Instituts für Demokratieforschung, Mai 2016 in Zusammenarbeit mit der Friedrich-Ebert-Stiftung.* Berlin: Friedrich-Ebert-Stiftung, Forum Berlin.

Debus, Marc. 2010. Soziale Konfliktlinien und Wahlverhalten: Eine Analyse der Determinanten der Wahlabsicht bei Bundestagswahlen von 1969 bis 2009. *KZfSS Kölner Zeitschrift für Soziologie und Sozialpsychologie* 62 (4): 731–749. https://doi.org/10.1007/s11577-010-0114-1.

Der Bundeswahlleiter. 2017. Strukturdaten für die Wahlkreise zum 19. Deutschen Bundestag. https://www.bundeswahlleiter.de/dam/jcr/f7566722-a528-4b18-bea3-ea419371e300/btw17_strukturdaten.csv. Zugegriffen: 4. April 2018.

Garnier, Simon. 2017. *viridis: Default Color Maps from 'matplotlib'.*

Górecki, Maciej A., und Michael Marsh. 2012. Not just 'friends and neighbours': Canvassing, geographic proximity and voter choice. *European Journal of Political Research* 51 (5): 563–582. https://doi.org/10.1111/j.1475-6765.2011.02008.x.

Hajnal, Zoltan, und Jessica Trounstine. 2005. Where Turnout Matters: The Consequences of Uneven Turnout in City Politics. *The Journal of Politics* 67 (2): 515–535.

Haußner, Stefan, und Arndt Leininger. 2018. Die Erfolge der AfD und die Wahlbeteiligung: Gibt es einen Zusammenhang? *ZParl Zeitschrift für Parlamentsfragen* 49 (1): 69–90. https://doi.org/10.5771/0340-1758-2018-1-69.

Haußner, Stefan, Michael Kaeding, und Joel Wächter. 2017. Politische Gleichheit nicht ohne soziale Gleichheit: Die soziale Schieflage niedriger Wahlbeteiligung in Großstädten Nordrhein-Westfalens. *Journal für Politische Bildung* 7 (1): 24–30.

Immerzeel, Tim, und Mark Pickup. 2015. Populist radical right parties mobilizing 'the people'?: The role of populist radical right success in voter turnout. *Electoral Studies* 40:347–360. https://doi.org/10.1016/j.electstud.2015.10.007.

Kaeding, Michael, und Manuel Gath. 2014. Die Europawahl 2014. Die verflixte achte Nebenwahl. *Regierungsforschung.de*. http://regierungsforschung.de/wp-content/uploads/2014/09/170914regierungsforschung.de_kaeding_gath_europawahl_2014.pdf.

Kaeding, Michael, Stefan Haußner, und Morten Pieper. 2016. *Nichtwähler in Europa, Deutschland und Nordrhein-Westfalen: Ursachen und Konsequenzen sinkender Wahlbeteiligung*. Wiesbaden: Springer Fachmedien Wiesbaden GmbH.

Kersting, Norbert. 2004. Nichtwähler: Diagnose und Therapieversuche. *Zeitschrift für Politikwissenschaften* 14 (2): 403–427.

Lazarsfeld, Paul Felix, Bernard Berelson, und Hazel Gaudet. 1970. *The people's choice: How the voter makes up his mind in a presidential campaign*, 3. Aufl. New York, NY: Columbia Univ. Press.

Leifeld, Philip. 2013. texreg: Conversion of Statistical Model Output in R to HTML Tables. *Journal of Statistical Software* 55 (8): 1–24.

Persson, Mikael, Maria Solevid, und Richard Öhrvall. 2013. Voter Turnout and Political Equality: Testing the 'Law of Dispersion' in a Swedish Natural Experiment. *Politics* 33 (3): 172–184. https://doi.org/10.1111/1467-9256.12012.

Petersen, Thomas, Dominik Hierlemann, Robert B. Vehrkamp, und Christopher Wratil. 2013. *Gespaltene Demokratie. Politische Partizipation und Demokratiezufriedenheit vor der Bundestagswahl 2013*. Gütersloh: Bertelsmann Stiftung.

Plutzer, Eric. 2002. Becoming a Habitual Voter: Inertia, Resources, and Growth in Young Adulthood. *American Political Science Review* 96 (1): 41–56.

Reif, Karlheinz, und Hermann Schmitt. 1980. Nine Second-Order national elections – a conceptual framework for the analysis of European election results. *European Journal of Political Research* 8 (1): 3–44. https://doi.org/10.1111/j.1475-6765.1980.tb00737.x.

Schäfer, Armin. 2015. *Der Verlust politischer Gleichheit: Warum die sinkende Wahlbeteiligung der Demokratie schadet*. Frankfurt: Campus Verlag.

Schäfer, Armin, und Sigrid Roßteutscher. 2015. Räumliche Unterschiede der Wahlbeteiligung bei der Bundestagswahl 2013: Die soziale Topografie der Nichtwahl. In *Die Bundestagswahl 2013*, Hrsg. Karl-Rudolf Korte, 99–118. Wiesbaden: Springer Fachmedien Wiesbaden.

Smets, Kaat, und Carolien van Ham. 2013. The embarrassment of riches? A meta-analysis of individual-level research on voter turnout. *Electoral Studies* 32 (2): 344–359. https://doi.org/10.1016/j.electstud.2012.12.006.

Tingsten, Herbert. 1975. *Political behavior: Studies in election statistics*, 1937. Aufl. New York: Arno.

Träger, Hendrik. 2015. Die Europawahl 2014 als second-order-election. In *Die Europawahl 2014: Spitzenkandidaten, Protestparteien, Nichtwähler*, Hrsg. Michael Kaeding und Niko Switek, 33–44. Wiesbaden: Springer Fachmedien Wiesbaden.

Vehrkamp, Robert B., und Klaudia Wegschaider. 2017. *Populäre Wahlen. Mobilisierung und Gegenmobilisierung der sozialen Milieus bei der Bundestagswahl 2017*. Gütersloh: Bertelsmann Stiftung. https://www.bertelsmann-stiftung.de/fileadmin/files/BSt/Publikationen/GrauePublikationen/ZD_Populaere_Wahlen_Bundestagswahl_2017_01.pdf.

Verba, Sidney. 2003. Would the Dream of Political Equality Turn out to Be a Nightmare? *Perspectives on Politics* 1 (04). https://doi.org/10.1017/s1537592703000458.

Verba, Sidney, und Norman H. Nie. 1972. *Participation in America: Political democracy and social equality*. New York [u. a.]: Harper & Row.

Wickham, Hadley. 2017. *tidyverse: Easily Install and Load 'Tidyverse' Packages*.

Teil II
Parteienforschung

Über Jamaika zur Fortsetzung der Großen Koalition. Die Entwicklung des Parteiensystems vor und nach der Bundestagswahl 2017

Frank Decker

Zusammenfassung

Die Bundestagswahl 2017 stellt in der Entwicklung des deutschen Parteiensystems eine erhebliche Zäsur dar. Nach einer sich fast sechs Monate hinziehenden Regierungsbildung ist es zum ersten Mal zu einer unmittelbaren Wiederauflage der Großen Koalition gekommen. Eine weitere Premiere stellt der Einzug von sechs Parteien in den Bundestag dar. Während die FDP in das Parlament zurückkehrte, konnte die erst 2013 gegründete Alternative für Deutschland ihre in den Ländern begonnene Erfolgsserie auf der Bundesebene fortsetzen – der bis dahin nur aus anderen europäischen Ländern bekannte Rechtspopulismus ist damit auch in Deutschland zur festen Größe geworden. Die Veränderung der parteipolitischen Kräfteverhältnisse erzwingt die Bildung lagerübergreifender Koalitionen. In den Ländern sind diese heute bereits der Regelfall, wobei die Großen Koalitionen überwiegen. Auch auf der Bundesebene gelang es nicht, anstelle einer Koalition der beiden Wahlverlierer ein neues Jamaika-Bündnis auf den Weg zu bringen. Die mühsame und langwierige Regierungsbildung zeigt, dass Deutschland sich in Zukunft auf instabile politische Verhältnisse einstellen muss.

F. Decker (✉)
Institut für Politische Wissenschaft und Soziologie, Universität Bonn, Bonn, Deutschland
E-Mail: frank.decker@uni-bonn.de

1 Verschiebung der parteipolitischen Kräfteverhältnisse nach rechts

Im Berliner Reichstagsgebäude gab es nach der Wahl zum 19. Deutschen Bundestag ein großes Stühlerücken. Konnte jede der vier Fraktionen bis dahin einen der Ecktürme als Fraktionssaal beanspruchen, rangelten jetzt sechs Fraktionen um die besten Plätze. Dank der Unwilligkeit von Union und SPD, das Wahlrecht zu reformieren, mussten zudem mehrere Hundert Personen (Abgeordnete und Mitarbeiter) zusätzlich untergebracht werden, weil das Parlament über seine reguläre Größe von 598 Abgeordneten hinaus auf 709 Abgeordnete „anschwillt". Und im Plenarsaal wurden die Sessel der bis zu ihrem Ausscheiden aus dem Bundestag 2013 traditionell am rechten Rand platzierten FDP für die AfD-Fraktion freigemacht, deren Abgeordnete den Ministern auf der Regierungsbank damit unmittelbar gegenübersitzen.[1]

Der Einzug der „Alternative für Deutschland" in den Bundestag markiert nicht nur eine weitere Zäsur für das Parteiensystem, sie bedeutet auch einen Einschnitt in der Geschichte der deutschen Nachkriegsdemokratie. Nach dem knappen Scheitern der NPD 1969 (mit 4,3 %) sind zum ersten Mal seit den fünfziger Jahren wieder rechtsextreme Abgeordnete im Parlament vertreten – noch dazu in dem Gebäude, das den Nationalsozialisten von 1925 bis 1932 als Kulisse und Bühne ihres Aufstiegs diente. Zugleich stellt die Ankunft des Rechtspopulismus aber auch eine Art europäischer „Normalisierung" dar, nachdem vergleichbar ausgerichtete Parteien in nahezu allen unseren Nachbarländern zu einer festen Größe geworden sind. Warum die Bundesrepublik bis 2013 von diesem Trend ausgenommen war, ist auch im Rückblick keine leicht zu beantwortende Frage.

Mit dem Erfolg der AfD hat sich die Achse im Parteiensystem nochmals nach rechts verschoben – und zwar kräftig. Hatten die drei linken Parteien (SPD, Grüne und PDS beziehungsweise Die Linke) bei den Bundestagswahlen 1998, 2002 und 2005 zusammengenommen jeweils einen deutlichen Vorsprung vor Union und FDP, so kehrte sich das Stimmenverhältnis 2009 erstmals um – also bereits vor dem Auftreten der AfD. 2013 lagen die drei rechten Parteien (jetzt mit der AfD) um mehr als acht Prozentpunkte vor den linken Parteien (51,0 gegenüber 42,7 %). Deren rechnerische Mehrheit im Parlament kam nur zustande, weil sowohl die AfD als auch die FDP jeweils knapp an der Fünfprozenthürde

---

[1]Das Ansinnen der FDP, statt zwischen Union und AfD künftig in der Mitte (zwischen den Grünen und der Union) platziert zu werden, fand im Ältestenrat keine Mehrheit.

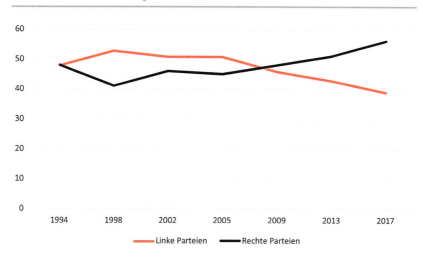

Abb. 1 Zusammengefasste Stimmenanteile der linken (SPD, Grüne, PDS/Die Linke) und rechten Parteien (CDU/CSU, FDP, AfD) bei Bundestagswahlen seit 1994

scheiterten (Decker 2013a). 2017 sind die drei rechten Parteien zusammen auf einen Stimmenanteil von 56,2 % gekommen, denen lediglich 38,6 % für SPD, Grüne und Linke gegenüberstehen (Abb. 1).

Die asymmetrischer gewordenen Kräfteverhältnisse treffen nun allerdings auf eine neue Symmetrie in formaler Hinsicht. Bestand und besteht das linke Lager seit der deutschen Einheit aus drei Parteien, von denen eine – die PDS beziehungsweise Linke – bis heute als nicht oder nur bedingt koalitionsfähig betrachtet wird, so hält mit der Ankunft der AfD dieselbe Konstellation im rechten Lager Einzug. Das zweifelhafte Vergnügen, unter ihrer eigenen Regierungsverantwortung neue und längerfristig bestandsfähige Parteien im eigenen Lager hervorzubringen, das bisher ausschließlich den Sozialdemokraten vorbehalten war (ab Ende der siebziger Jahre mit den Grünen und ab 2005 mit der gesamtdeutschen Linkspartei), hat jetzt zum ersten Mal also auch die Union ereilt. Das berühmte Diktum von Franz Josef Strauß, wonach es rechts von CDU und CSU keine demokratisch legitimierte Partei geben dürfe, gilt seit der Etablierung der AfD nicht mehr. Dieser Einschnitt wird auch das künftige Urteil über die „Ära Merkel" prägen.

Die dramatischen Verluste der beiden Unionsparteien und der Sprung der Rechtspopulisten auf den dritten Platz ändern nichts daran, dass CDU und CSU das Rennen mit der SPD um Platz eins erneut (und nun zum dritten Mal seit

2009) klar für sich entschieden haben. Ihr Vorsprung vor der Sozialdemokratie hat sich von 15,8 Prozentpunkten 2013 auf 12,4 Prozentpunkte nur geringfügig vermindert. Dies ist umso bemerkenswerter, als die SPD mit der Nominierung von Martin Schulz zum Kanzlerkandidaten im Januar 2017 äußerst verheißungsvoll in das Wahljahr gestartet war. Der Mobilisierungsschub, der die Partei die für sie auf der Bundesebene lange Zeit unerreichbare Schwelle von 30 % überspringen ließ und in den Umfragen wieder auf Augenhöhe mit der Union brachte, währte aber nur kurz. Mit dem enttäuschenden Landtagswahlergebnis im Saarland, wo sie den erhofften Regierungswechsel verpasste, begab sich die SPD schon im März 2017 erneut auf die Verliererstraße, bevor sie die Niederlagen in Schleswig-Holstein und vor allem Nordrhein-Westfalen im Mai vollends in den Abgrund rissen.

Wie konnte es dazu kommen? Ohne eine Gewichtung vorzunehmen, lassen sich folgende Faktoren – die alle mit „K" beginnen – für den Wahlausgang verantwortlich machen:

Krise Angela Merkels wiederholt ausgesprochener Satz, wie lebten „in stürmischen Zeiten", sollte auch als Hinweis gedacht sein, dass man in solchen Zeiten das Ruder am besten einer national und international erfahrenen Krisenmanagerin überlässt. Die Kanzlerin profitierte von ihrer Wahrnehmung als „Stabilitätsanker", nachdem in unseren wichtigsten europäischen Partnerländern (Frankreich, Großbritannien und Italien) die Regierungen beziehungsweise Regierungschefs in kurzer Folge gewechselt und die Amerikaner mit Donald Trump einen unberechenbaren „Anti-Politiker" zum Präsidenten gewählt hatten.

(Gute) Konjunktur Merkels Nimbus als mächtigste Regierungschefin Europas konnte sich zugleich auf die robuste konjunkturelle Entwicklung stützen, zumal es der Union einmal mehr gelang, diese mit der „Malaise" in anderen Ländern diskursiv zu verknüpfen. Laut Zahlen der Forschungsgruppe Wahlen bewerteten 62 % der Bürger die Wirtschaftslage des Landes vor der Wahl als gut (gegenüber 46 % 2013). Gleichzeitig konnte die Union ihren Vorsprung in der Wirtschaftskompetenz vor der SPD nochmals ausbauen, die mit ihrem Verweis auf die fehlenden öffentlichen Investitionen im Wahlkampf nicht durchdrang.

Kompetenzwerte Der SPD wurde in den Politikfeldern, die ihren Markenkern der „sozialen Gerechtigkeit" umgeben und das Leitmotiv des Wahlkampfs bilden sollten, von den Wählern weniger (Rente und Schule/Bildung) oder nur unwesentlich mehr (Familie und Steuern) zugetraut als den Unionsparteien. Noch gravierender war, dass diese Bereiche in der Priorität weit hinter dem alles überschattenden Flüchtlingsthema zurücklagen, bei dem die SPD deutlich geringere Kompetenzwerte aufwies als die Union. Dasselbe galt für das Thema Kriminalität/Innere Sicherheit.

Kandidat Anders als Peer Steinbrück 2013, der zum Programm der SPD nicht wirklich passte, war Martin Schulz – zumindest potenziell – kein schlechter Kandidat. Nach dem Zauber des Anfangs offenbarte Schulz aber schon bald zwei entscheidende Schwächen. Zum einen fehlte es ihm sowohl in den eigenen Reihen als auch in der Auseinandersetzung mit der Kanzlerin an Machtwillen und der nötigen Führungsstärke. Zum anderen war er nicht willens und/oder in der Lage, die SPD aus ihrer Gefangenheit in der Regierungsverantwortung zu befreien und sie als klar erkennbare Alternative zur Union zu positionieren. Das Gerechtigkeitsthema wurde zum Beispiel viel zu halbherzig angegangen und die europapolitischen Vorschläge im Wahlprogramm regelrecht versteckt. Dabei hätte Schulz gerade hier seine Erfahrung als Europapolitiker voll ausspielen können.

Kampagne Zum Vorschein kam die Schwächen des Kandidaten dank einer schlecht geplanten und von zahlreichen, zum Teil kapitalen handwerklichen Fehlern geprägten Kampagne. Schulz' Vorgänger im Parteivorsitz, Sigmar Gabriel, trägt daran eine erhebliche Mitschuld. Statt seinen Verzicht auf die Kanzlerkandidatur erst im Januar zu erklären, hätte er die personelle Aufstellung mit Schulz viel früher regeln und der Kampagne damit die nötige Vorlaufzeit sichern müssen. Auch während des Wahlkampfs fehlte es an einer vernünftigen Abstimmung zwischen den beiden. Als fatal erwies sich die Entscheidung, den Kandidaten nach dem Momentum der Nominierung für fast zwei Monate in der medialen Versenkung verschwinden zu lassen, statt die Öffentlichkeit mit Schulz und der SPD kontinuierlich zu beschäftigen. Die dafür angeführten Erklärungen – dem Programmprozess sollte nicht vorgegriffen und der Landtagswahlkampf in Nordrhein-Westfalen nicht „gestört" werden – zeigen, dass die SPD für den angestrebten Wahlsieg keinen strategischen Plan hatte.

(Neue) Konkurrenz Betrachtet man die Wählerwanderungen, so fällt auf, dass es im Verhältnis von Union und SPD praktisch keine Bewegungen gegeben hat. Auch der Anteil der von beiden Parteien gewonnenen Direktmandate in den Wahlkreisen ist im Vergleich zu 2013 nahezu konstant geblieben (231 für die Union zu 59 für die SPD gegenüber 236 zu 58). Die Union hat vor allem an die Liberalen und die AfD massiv Stimmen abgegeben (also innerhalb des eigenen Lagers), während sich die SPD-Verluste relativ gleichmäßig auf die anderen Parteien (Linke, Grüne, FDP und AfD) verteilen. Die neue Konkurrenz der

Rechtspopulisten setzt also auch den Sozialdemokraten zu. Speziell in Ostdeutschland schadet sie überdies der Linken, die dadurch hinter CDU und AfD auf den dritten Platz im Parteiensystem zurückfällt.

(Fehlende) Koalitions- und Machtperspektive 2013 hatte die SPD schon am Wahlabend erklärt, dass sie ein Zusammengehen mit der Linken künftig nicht mehr förmlich ausschließen würde. Zu einer Annäherung zwischen beiden Parteien kam es im Verlaufe der Legislaturperiode jedoch nicht. Der Ausgang der Saarland-Wahl führte den Sozialdemokraten vor Augen, wie gering die Akzeptanz einer rot-rot-grünen Koalition in der Wählerschaft nach wie vor war. Die SPD konnte ihr Wahlziel also nur erreichen, wenn sie selbst stärkste Partei werden würde. Weil die Umfragen dies spätestens nach der verlorenen Landtagswahl in Nordrhein-Westfalen als aussichtslos erscheinen ließen, konzentrierte sich die Debatte in den letzten Wochen des Wahlkampfs nur noch darauf, ob es bei einer Großen Koalition mit ihr als Juniorpartner bleiben oder zur Bildung einer „Jamaika-Koalition" aus CDU, CSU, FDP und Grünen kommen würde. Dies dürfte vor allem in Westdeutschland nicht wenige potenzielle SPD-Wähler auf den letzten Metern bewogen haben, die Grünen oder die Linke zu wählen. Während letztere in Ostdeutschland massive Stimmenverluste hinnehmen musste, legte sie in den alten Bundesländern um 1,8 auf 7,4 Prozentpunkte zu.

Der haushohe Vorsprung der Union von der SPD, den die Demoskopen dem Wahlvolk Woche für Woche dokumentierten, hat folglich mit dazu beigetragen, dass sich die Wähler am Ende scharenweise von beiden Volksparteien abwandten. Die von der Union 2009 und 2013 erfolgreich praktizierte Strategie der „asymmetrischen Demobilisierung" kehrte sich bei dieser Wahl erstmals gegen sie. Dies lag auch daran, dass es nicht gelang, das Flüchtlingsthema kleinzuhalten. Nährten die Umfragen nach Martin Schulz' Nominierung im Januar die Hoffnung, dass die Konzentration auf das Rennen zwischen den beiden großen Parteien die AfD vielleicht sogar unter die Fünfprozenthürde drücken könnte, so spielte die Unfähigkeit oder Unwilligkeit der SPD, eine klare politische Alternative zur Union anzubieten, den Rechtspopulisten im Verlaufe des Wahlkamps immer stärker in die Hände. Es bleibt allerdings (auch mit Blick auf die Rolle der Medien) eine offene Frage, ob es mit einer besseren Strategie tatsächlich möglich gewesen wäre, die sozialen Themen anstelle der Flüchtlingsfrage nach vorne zu schieben.

2 Die Auswirkungen der Flüchtlingskrise auf das Parteiensystem

Zu den Naturgesetzlichkeiten nicht nur der deutschen Politik gehört, dass die Parteien, die die Regierung stellen, im Laufe der Legislaturperiode an Zustimmung verlieren, während die Opposition in der Wählergunst zulegt. Nach der Bundestagswahl 2013[2] fiel dieser „Zwischenwahleffekt" gegen alle Erwartung aus. Die Zustimmungswerte der Parteien blieben gegenüber dem Bundestagswahlergebnis in den beiden Folgejahren nahezu stabil (Decker 2016). Von diesem Muster ausgenommen war kurzzeitig nur die AfD, die im Gefolge ihrer guten Ergebnisse bei den Europawahlen und ostdeutschen Landtagswahlen ab Mitte 2014 in den Umfragen auf sieben Prozent kletterte. Heftige innerparteiliche Querelen, die in die Spaltung der immer weiter nach rechts driftenden Partei mündeten, führten jedoch dazu, dass die AfD ein Jahr später auf ihren Ausgangswert bei der Bundestagswahl wieder zurückfiel.

Ende September 2015 – also genau zur Hälfte der Legislaturperiode – ermittelte die Forschungsgruppe Wahlen für die sogenannte „Sonntagsfrage" folgende Zahlen (in den Klammern die Vergleichswerte zur Bundestagswahl 2013): Union 41 % (minus 0,5), SPD 26 % (plus 0,3), Grüne 10 % (plus 1,6), Linke 9 % (plus 0,4), FDP 4 % (minus 0,8), AfD 5 % (plus 0,3), Sonstige 5 % (minus 1,3). Rechnet man die Stimmenzuwächse der im Vergleich zur Bundestagswahl verbesserten Parteien zusammen (die Sonstigen werden dabei wie eine Partei behandelt), ergibt sich ein Volatilitätswert von lediglich 2,6 Punkten. Eine über einen so langen Zeitraum „eingefrorene" politische Stimmung war von den Demoskopen in der Bundesrepublik bis dahin noch nie gemessen worden. Sie ließ sich auf mehrere miteinander verbundene Faktoren zurückführen: die gute Wirtschaftslage, die die Arbeitslosigkeit niedrig hielt und dem Großteil der Arbeitnehmer zum ersten Mal seit langer Zeit wieder Reallohnzuwächse bescherte, die Umsetzung der von den Regierungsparteien gemachten sozial- und arbeitsmarktpolitischen Wahlversprechen[3], die Überlagerung innenpolitischer Themen durch die Europa- und Außenpolitik

---

[2]Die Bundestagswahl 2013 wird in den Sammelbänden von Jesse/Sturm (2014), Korte (2015), Münch/Oberreuter (2015), Niedermayer (2015) und Schoen/Weßels (2016) umfassend aufgearbeitet. Für eine koalitionspolitische Bestandsaufnahme im Vorfeld vgl. Decker/Jesse (2013).

[3]Auf der SPD-Seite waren dies die Einführung eines allgemeinen gesetzlichen Mindestlohns in Höhe von 8,50 EUR und die abschlagsfreie Rente nach 45 Beitragsjahren

(Ukraine-Krise, Griechenland-Rettung), das weitgehend störungsfreie Management der Großen Koalition und die selbstverschuldete Schwäche der – institutionell ohnehin benachteiligten – parlamentarischen Oppositionsparteien Grüne und Linke.

Die Zufriedenheit der Wähler strahlte freilich nicht im selben Maße auf beide Regierungsparteien ab. Vor allem in der SPD machte sich Enttäuschung breit, dass die Umfragewerte auf dem Niveau des schwachen Wahlergebnisses verharrten, obwohl die Regierungspolitik durch die von ihr durchgesetzten Projekte eine erkennbar sozialdemokratische Handschrift trug. Die vor der Wiederauflage der Großen Koalition von vielen geäußerte Sorge, dass man als Juniorpartner der Koalition erneut das Nachsehen haben und die gemeinsamen Erfolge statt auf das eigene auf das Konto der Union und der Kanzlerin einzahlen würden, schien sich zu bewahrheiten. Dies galt umso mehr, als für den Rest der Legislaturperiode keine Vorhaben mehr anstanden, die ähnlich gute Profilierungsmöglichkeiten versprachen.

Mit dem Einsetzen der Flüchtlingskrise änderte sich die Stimmungslage ab August 2015 schlagartig (Niedermayer 2018, 118 ff.). Während die beiden Regierungsparteien nun rapide und massiv an Zustimmung verloren, schnellten die Umfragewerte der rechtspopulistischen AfD ebenso unvermittelt nach oben. Der nach ihrer Spaltung wenige Wochen zuvor bereits totgesagten Partei eröffneten sich durch die veränderte Themenagenda unverhofft neue Chancen und Gelegenheiten. Die Rechtspopulisten avancierten zum Sprachrohr und Protestanker einer durch den unkontrollierten Flüchtlingsstrom tief verunsicherten Bevölkerung. Die islamistischen Terroranschläge in Paris und Brüssel, die fehlende Aufnahmebereitschaft der europäischen Nachbarländer (insbesondere im Osten) und die Übergriffe überwiegend maghrebinischer Migranten auf Frauen am Silvesterabend in Köln spielten ihnen dabei ebenso in die Hände wie der Streit innerhalb der Regierung über die „Asylpakete" und die heftige Kritik von Teilen der Union am Kurs der eigenen Kanzlerin, die zu einem offenen Zerwürfnis zwischen den beiden Schwesterparteien CDU und CSU führten. Bei den Landtagswahlen in Baden-Württemberg und Rheinland-Pfalz im März 2016 lag die AfD mit 15,1 bzw. 12,6 % erstmals auch im Westen zweistellig, in Sachsen-Anhalt erreichte sie mit 24,3 % das bisher beste Ergebnis einer rechtspopulistischen oder -extremistischen

---

(„Rente mit 63"), auf der Seite der Union die Erweiterung der Rentenansprüche für nicht berufstätige Frauen („Mütterrente").

Partei bei Landtagswahlen überhaupt. Die Resultate in Mecklenburg-Vorpommern, wo die AfD bei der Landtagswahl im September 2016 mit ihren 20,8 % erstmals sogar vor der CDU lag, und Berlin (14,2 %) knüpften daran an.

Im September 2016 ermittelte die Forschungsgruppe Wahlen in der Sonntagsfrage folgende Werte: Union 33 % (minus 8,5), SPD 22 % (minus 3,7), Grüne 13 % (plus 4,6), Linke 10 % (plus 1,4), FDP 5 % (plus 0,2), AfD 13 % (plus 8,3), Sonstige 4 % (minus 2,3). Lag der Volatilitätswert im Vergleich zur Bundestagswahl im September 2015 noch bei 2,6 Prozentpunkten, hatte er sich jetzt auf 14,5 Prozentpunkte erhöht. Während die Zustimmung zu den beiden Regierungsparteien nach Einsetzen der Flüchtlingskrise um etwa ein Viertel zurückging, legten die parlamentarischen Oppositionsparteien Grüne und Linke im selben Zeitraum um etwa genauso viel zu; die außerparlamentarischen Oppositionsparteien FDP und AfD konnten ihre Zustimmungswerte sogar mehr als verdoppeln. Innerhalb der drei Gruppen waren folgende Muster festzustellen: Die Regierungsparteien mussten in etwa gleichlautende Verluste hinnehmen, was die SPD wegen ihres niedrigen Ausgangsniveaus härter traf als die Union. Bei den linken Oppositionsparteien gingen die Zugewinne ausschließlich auf das Konto der Grünen, während die Linke stagnierte. Und bei den außerparlamentarischen Oppositionsparteien verteilten sie sich im Verhältnis von etwa zwei zu eins auf AfD und FDP (Abb. 2).

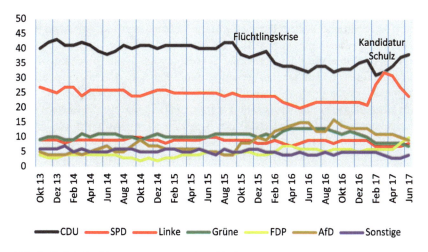

Abb. 2 Politische Stimmung in Deutschland 2013 bis 2017. (Quelle: Infratest dimap)

Union und SPD waren also die Hauptverlierer der seit September 2015 eingetretenen Entwicklung, AfD und Grüne die Hauptgewinner. Die Achse des Parteienwettbewerbs verschob sich damit vom Zentrum an die politischen Ränder. Die Parteien, die in der Flüchtlingsfrage die jeweiligen Extrempositionen vertraten – die AfD mit ihrem Abschottungskurs und die auf eine liberale Öffnung setzenden Grünen – profitierten von der Dominanz des Themas, während die zwischen beiden Positionen hin- und hergerissenen Volksparteien das Nachsehen hatten. Ein kleiner Profiteur war auch die FDP, die vor allem solche Wähler ansprach, die mit der Flüchtlingspolitik der Union haderten, die AfD aber zu radikal fanden. Die Stagnation der Linken rührte wiederum daher, dass die von der Partei in der Flüchtlingspolitik offiziell vertretenen Positionen, die denen der Grünen ähnlich sind, mit den Meinungen und Befindlichkeiten ihrer eigenen Wählerschaft nur zum Teil harmonierten.

3 Die erfolgreiche Etablierung der rechtspopulistischen Alternative für Deutschland

Sowohl rechtspopulistische als auch rechtsextremistische Parteien hatten in der Bundesrepublik bis zum Auftreten der AfD nur sporadischen Erfolg. Nach dem Abebben der ersten Rechtsextremismus-Welle zu Beginn der fünfziger und der zweiten Welle Ende der sechziger Jahre setzte zu Beginn der achtziger Jahre eine dritte Welle ein, die bis heute nicht abgerissen ist. Keinem der rechtspopulistischen und keinem der rechtsextremen Akteure gelang auf dieser Welle jedoch die dauerhafte parteipolitische Etablierung. Unter den gescheiterten Rechtspopulisten sind die Hamburger Statt-Partei, der Bund Freier Bürger und die ebenfalls von Hamburg aus gestartete Schill-Partei zu nennen, unter den auf regionaler Ebene gelegentlich erfolgreichen Rechtsextremisten neben der NPD vor allem die (später in der NPD aufgegangene) DVU. Die als rechtskonservative Abspaltung von der CSU entstandenen Republikaner wurden unter dem Vorsitz von Franz Schönhuber rasch zu einer rechtspopulistischen Kraft transformiert, in deren Ideologie und Organisation rechtsextreme Elemente zunehmend einsickerten. Nach einigen spektakulären Landtagswahlerfolgen verschwand die Partei ab Mitte der neunziger Jahre ebenso rasch wieder in der Bedeutungslosigkeit.

Weshalb hat die erfolgreiche Etablierung einer rechtspopulistischen Partei so lange auf sich warten lassen? Erklärungen wie die bis in die 2000er Jahre funktionierende Integrationsfähigkeit der Unionsparteien nach rechts(außen) oder die fehlende streitige Auseinandersetzung über die Migrationspolitik können nur einen Teil der Antwort geben (Decker 2013b). Dies gilt umso mehr, als die

Schwäche des parteiförmigen Rechtspopulismus in den neunziger Jahren mit einem Erstarken anderer Erscheinungsformen des Rechtsextremismus einherging: von – unter dem Sammelbegriff der Neuen Rechten firmierenden – intellektuellen Strömungen über rechtsextrem und fremdenfeindlich motivierte, zum Teil sogar terroristisch ausgeübte Gewalttaten bis hin zu den neuerdings (etwa von der Identitären Bewegung) praktizierten Aktionsformen der Spaß- und Kommunikationsguerilla, die genauso wie der auf die Straße getragene Protest der 2014 entstandenen Dresdner Pegida-Bewegung eigentlich eher aus dem linken Lager stammen beziehungsweise von dort abgeschaut sind (Geiges et al. 2015).

Die sich mit 2015 massiv zuspitzende Flüchtlingskrise entpuppte sich als unverhoffter Katalysator für die AfD, die kurz zuvor in eine Krise geraten war und den Abgang der prominentesten Vertreter ihres gemäßigten Flügels um Parteigründer Bernd Lucke hinnehmen musste. Die von manchen vertretene These, der Rechtspopulismus wäre ohne dieses „Geschenk" (Alexander Gauland) von der politischen Bildfläche bald wieder verschwunden, dürfte allerdings nicht haltbar sein, wenn man sich die Entstehungsursachen der Partei genauer vor Augen hält (Bebnowski 2015). Die AfD besetzte zum einen eine Nische, die durch das Regierungshandeln und den programmatischen Kurs der beiden bürgerlichen Parteien – Union und FDP – entstanden war, wobei sich neben der Euro-Rettungspolitik die Öffnung der CDU für liberale gesellschaftspolitische Positionen als wichtigstes Einfallstor erwies (Patzelt 2017, 268 ff.). Zum anderen hatte sie Mitte 2015 infolge ihrer kontinuierlichen Wahlerfolge bereits eine beträchtliche organisatorische Stärke erlangt, die es ihr ermöglichte, die Abspaltung zu verkraften (Tab. 1).

In der Forschung ist umstritten, ob das Aufkommen und der Erfolg des Rechtspopulismus eher auf soziale beziehungsweise wirtschaftliche oder auf kulturelle Konflikte zurückgeht. Die Debatte spiegelt sich in der sozialwissenschaftlichen

Tab. 1 Wahlergebnisse der AfD seit 2013

	Bundestagswahlen	Europawahl	Landtagswahlen
2013	4,7 %		HE 4,1 %
2014		7,1%	BR 12,2 % SN 9,7 % TH 10,6 %
2015			HH 6,1 % HB 5,5 %
2016			BW 15,1 % RP 12,6 ST % 24,3 % MV 20,8 % BE 14,2 %
2017	12,6 %		SL 6,2 % SH 5,9 % NW 7,4 % NI 6,2 %
2018			BY 10,2 % HE 13,1 %

Erforschung der AfD wider. Während die einen deren Wähler als typische Globalisierungs- oder Modernisierungsverlierer apostrophieren, betonen die anderen, dass die Partei die größte Unterstützung gerade nicht von den wirtschaftlich Benachteiligten erfahre (Bergmann et al. 2017). Die Entgegensetzung von sozialen und kulturellen Ursachen des Rechtspopulismus wirkt jedoch künstlich – gerade das Zusammenspiel und die wechselseitige Verstärkung beider Faktoren macht die Brisanz der Konflikte aus. Dies gilt vor allem bei der Zuwanderung. Dass der Rechtspopulismus in den west- und nordeuropäischen Ländern wesentlich erfolgreicher ist als in den südeuropäischen, liegt nicht zuletzt an der Verbindung von hohem Migrantenanteil mit einem traditionell stark ausgebauten Wohlfahrtsstaat. Dies gilt umso mehr, als der letztgenannte zugleich die wichtigste Schutzvorkehrung gegen mögliche Negativfolgen der Globalisierung bildet (Rodrik 2017).

Risiken entstehen der AfD vor allem von innen. Einerseits ist die Gefahr, am eigenen organisatorischen Unvermögen zu scheitern, in einer jungen Partei, deren Funktionären und Mitgliedern es zwangsläufig an Erfahrung und Professionalität mangelt, ohnehin stets gegeben. Andererseits wird sie durch die restriktiven Bedingungen befördert, unter denen die Newcomer in der Bundesrepublik agieren müssen. Als „Hauptproblem" erweist sich dabei die Stigmatisierung des Rechtsextremismus infolge des nachwirkenden NS-Erbes. Parteien wie die AfD, die sich einen gemäßigten Anstrich geben, werden von rechtsextremen Kräften als Trittbrett genutzt, um eben diese Stigmatisierung zu überwinden. Damit stehen ihnen unweigerlich interne Konflikte über den Umgang mit den unerwünschten Unterstützern ins Haus, die ihr Ansehen und ihren Zusammenhalt früher oder später zu ruinieren drohen (Karapin 1998, 225).

Durch das Flüchtlingsthema, das die politische Agenda der Bundesrepublik seit 2015 dominiert hat, ist die Sogwirkung der AfD im rechtsextremen Lager noch größer geworden. Dies gilt nicht nur, aber besonders für Ostdeutschland, wo Teile der Partei offen rassistische und demokratiefeindliche Positionen vertreten. Wie schwierig es geworden ist, innerhalb der AfD klare Trennlinien zum Rechtsextremismus zu ziehen, zeigt der Umgang mit dem Thüringer Landesvorsitzenden Björn Höcke, dessen Ausschluss aus der Partei weder der Gründungsvorsitzende Bernd Lucke noch dessen Nachfolgerin Frauke Petry durchsetzen konnten. Höcke, der Kontakte zum NPD-Umfeld der Neuen Rechten pflegt und mit seinen skandalträchtigen Auftritten regelmäßig in die Schlagzeilen gerät, erfuhr dabei auch die Unterstützung von Vertretern des gemäßigteren Parteiflügels. Beide Seiten verband die gemeinsame Gegnerschaft zu Petry. Nachdem diese sich mit ihrem selbstherrlichen Führungsstil zusehends ins Aus katapultiert hatte, verließ sie die Partei und Fraktion kurz nach der Bundestagswahl 2017, bei der die Rechtspopulisten mit einem unerwartet hohen Ergebnis von 12,6 % triumphierten.

Rosiger sind die Aussichten für die Rechtspopulisten, wenn man den Blick auf die Nachfrageseite lenkt. Die Motivlagen der AfD-Wähler lassen sich vielleicht mit dem Begriffspaar „Unsicherheit" und „Unbehagen" am besten umschreiben. Unsicherheit bezieht sich dabei mehr auf die soziale Situation, also die Sorge vor Wohlstandsverlusten, während Unbehagen auf kulturelle Entfremdungsgefühle abzielt, den Verlust vertrauter Ordnungsvorstellungen und Bindungen. Beide Motive verbinden sich im Bedürfnis, die staatlichen Leistungen auf die eigene, einheimische Bevölkerung zu konzentrieren („Wohlfahrtschauvinismus").

Dass die Angst vor dem Fremden nicht dort am größten ist, wo die meisten Fremden leben, ist keine neue Erkenntnis, ebenso wenig die Verbreitung rechtsextremer Einstellungsmuster bis in die Mitte der Gesellschaft (Zick et al. 2016). Das im Vergleich zur alten Bundesrepublik doppelt so große Wählerpotenzial der Rechtspopulisten in Ostdeutschland bestätigt den Zusammenhang; gleichzeitig verweist es auf politisch-kulturelle Parallelen mit den anderen postkommunistischen Gesellschaften Mitteleuropas. In absoluten Zahlen entfallen allerdings zwei Drittel der AfD-Wähler auf den Westen. Dort schneidet die Partei wiederum sowohl in den prosperierenden südlichen Ländern Bayern und Baden-Württemberg als auch in den von wirtschaftlichen Problemen geplagten sozialdemokratischen Hochburgen des Ruhrgebiets überdurchschnittlich gut ab. Von ihrer parteipolitischen Herkunft entstammen die gegenüber 2013 neu hinzugewonnenen AfD-Wähler zu rund 30 % aus dem bürgerlichen und 20 % aus dem linken Lager; zudem hat die Partei erheblich im Nichtwählerlager und bei den sonstigen Parteien mobilisiert und dadurch auch zu einer Verringerung der sozialen Kluft in der Wahlbeteiligung beigetragen. Dieser Effekt hatte sich bereits bei den vorangegangenen Landtagswahlen gezeigt (Abb. 3).

Selbst kühne Optimisten gehen inzwischen nicht mehr davon aus, dass es gelingen könnte, die AfD aus den Parlamenten schon beim nächsten Mal wieder herauszudrängen. Die Kombination von nachfrage- und angebotsseitigen Faktoren sichert der neuen Partei zumindest mittelfristig gute Chancen. Was die Nachfrageseite angeht, dürften allein die 2015 und 2016 getroffenen Entscheidungen in der Flüchtlingspolitik, die Dauerauseinandersetzungen über die Rückführung von Flüchtlingen ohne Bleiberecht und die „Belastung" der Sozialsysteme durch die verbleibenden Flüchtlinge nach sich ziehen, der AfD genügend thematische Gelegenheiten bieten. Auf der Angebotsseite kann sich die Partei wiederum die immensen Ressourcen zunutze machen, die ihr im Zuge der parlamentarischen Etablierung auf allen Ebenen des parteienstaatlichen Systems zufließen. Darüber hinaus profitiert sie vom Strukturwandel der Medienöffentlichkeit durch die Sozialen Netzwerke. Diese geben ihr die Möglichkeit, ihre potenziellen Wähler unter Umgehung der herkömmlichen Medien direkt anzusprechen und die letzteren gleichzeitig als Teil des verhassten Establishments zu brandmarken.

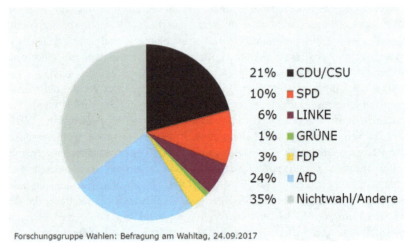

Abb. 3 Parteipolitische Herkunft der AfD-Wähler

4 Österreichische, niederländische oder skandinavische Verhältnisse? Konsequenzen des Parteiensystemwandels für die Koalitions- und Regierungsbildung

Welche Konsequenzen haben die durch die Etablierung der AfD eingetretenen Veränderungen der deutschen Parteienlandschaft für die Koalitions- und Regierungsbildung? Aus Sicht der Unionsparteien halten sich die Vor- und Nachteile die Waage. Weil die AfD – wie gesehen – auch Wähler von den linken Parteien abzieht, macht sie es für die SPD noch schwieriger (bis ganz unmöglich), eine Mehrheit jenseits der Union zu erreichen. Der Rechtspopulismus sichert insofern die strategische Mehrheitsposition der CDU/CSU ab, gegen die im deutschen Parteiensystem keine Regierung gebildet werden kann (Jung 2015). Die Kehrseite der Medaille besteht für die Union darin, dass diese Mehrheit für sie nicht mehr wie früher allein mit der FDP, sondern nur noch mit einem Partner aus dem anderen politischen Lager zu erlangen ist, sie also entweder mit den Sozialdemokraten oder den Grünen koalieren muss. Dadurch wird sie zu schmerzlichen Kompromissen gezwungen, die sie von der eigenen Wählerschaft möglicherweise weiter entfremden.

Die Auswirkungen des Parteiensystemwandels auf die Koalitionsbildung lassen sich in den 16 Bundesländern studieren, wo es neben den immer seltener werdenden Alleinregierungen von Union oder SPD seit den neunziger Jahren zwölf beziehungsweise – wenn man zusätzlich nach der führenden Regierungspartei differenziert – 15 verschiedene Koalitionsvarianten gegeben hat (Jesse 2017, 110 ff.). Zu diesen hinzugerechnet werden müssen noch die von der PDS beziehungsweise Linken gestützten/geduldeten SPD- und SPD/Grüne-Minderheitsregierungen in Sachsen-Anhalt und Nordrhein-Westfalen. Zum Zeitpunkt der Bildung der Großen Koalition (im März 2018) amtierten in den Ländern nur noch sechs lagerinterne Koalitionen aus zwei oder drei Parteien, denen neun lagerübergreifende Koalitionen gegenüberstanden. Darunter befanden sich vier schwarz-rote beziehungsweise rot-schwarze Koalitionen (Sachsen, Saarland, Niedersachsen, Mecklenburg-Vorpommern), zwei schwarz-grüne beziehungsweise grün-schwarze Koalitionen (Hessen, Baden-Württemberg), eine Ampelkoalition aus SPD, Grünen und FDP (Rheinland-Pfalz), eine Jamaika-Koalition aus CDU, FDP und Grünen (Schleswig-Holstein) sowie eine „Kenia-Koalition" aus CDU, SPD und Grünen (Sachsen-Anhalt) (Tab. 2).

Tab. 2 Koalitionsformate in den Ländern seit den neunziger Jahren

Lagerinterne Zweierkoalitionen	Lagerübergreifende Zweierkoalitionen	Lagerinterne Dreierkoalitionen	Lagerübergreifende Dreierkoalitionen
Union-FDP	Union-SPD/SPD-Union (meist „Große Koalition")	Union-FDP-Schill	SPD-Grüne-FDP („Ampel")
SPD-Grüne	Union-Grüne/Grüne-Union	SPD-Linke-Grüne/Linke-SPD-Grüne	Union-FDP-Grüne („Jamaika")
SPD-Linke (PDS)	SPD-FDP	SPD-Grüne-SSW („Dänen- bzw. Küstenkoalition")	Union-SPD-Grüne („Kenia")

Vergleicht man die Koalitionstypen in den Bundesländern mit den Mustern der Koalitions- und Regierungsbildung in den europäischen Vielparteiensystemen auf nationaler Ebene, so sind die drei dort vorherrschenden Modelle allesamt vertreten:

- Das erste Modell sind Große Koalitionen nach österreichischem Vorbild.[4] Sie haben seit 2005 die Koalitionsbildung im Bund geprägt, wobei der gemeinsame Stimmenanteil von Union und SPD aber nur 2005 und erneut 2013 über der Zweidrittelmarke lag. In den Ländern wird dieser Wert zurzeit noch in Niedersachsen und im Saarland erreicht.
- Das zweite Modell sind zentristische Koalitionen, die lagerübergreifend in der politischen Mitte aus mindestens drei Parteien gebildet werden. Die Parteien am rechten oder linken Rand bleiben ausgeschlossen. Diesem Modell, das die Koalitions- und Regierungsbildung in Belgien und den Niederlanden prägt, entsprechen die Ampel-, Jamaika- und Kenia-Bündnisse in den deutschen Ländern. Das Jamaika-Bündnis auf Bundesebene wäre sogar eine Viererkoalition gewesen, wenn man CDU und CSU als getrennte Parteien betrachtet.
- Das dritte Modell sind lagerinterne Minderheitsregierungen, die von einer Randpartei geduldet (toleriert) oder gestützt werden.[5] Dieses Modell dominiert in Skandinavien. In der Bundesrepublik hat es auf Länderebene bislang nur in den erwähnten Ausnahmefällen Nachahmung gefunden. Wo es gelang, die koalitionspolitische Ausgrenzung der Randparteien zu überwinden, wurden stattdessen förmliche Koalitionen vorgezogen. Sieht man von der 2001 gebildeten und vorzeitig zerbrochenen Hamburger Koalition von CDU, FDP und Schill-Partei ab, handelte es sich dabei sämtlich um Linksbündnisse in ostdeutschen Ländern (Mecklenburg-Vorpommern, Berlin, Brandenburg und Thüringen).

Bemerkenswert ist, dass alle drei Modelle bei der Koalitionsbildung 2017 und 2018 ins Spiel kamen. Für das skandinavische Modell galt das allerdings nur

---

[4]Österreich wurde in 40 von 70 Regierungsjahren (1949 bis 2018) von Großen Koalitionen regiert, in der ersten Phase (von 1949 bis 1966) unter Führung der ÖVP, in der zweiten und dritten Phase (von 1987 bis 2000 beziehungsweise 2007 bis 2017) unter Führung der SPÖ.

[5]Während im Stützmodell koalitionsähnliche Verabredungen zwischen den Partnern in allen Politikfeldern erfolgen, erstreckt sich die Duldung nur auf bestimmte Bereiche. Dafür ist der duldende Partner aber bereit zu akzeptieren, dass sich die Regierung die Unterstützung nötigenfalls von anderen Partnern besorgt.

theoretisch, was auch daran lag, dass die Befürworter einer Minderheitsregierung von deren Charakter und Funktionsweise keinen rechten Begriff hatten (Pfafferott 2018). Ihre Gedankenspiele sahen nämlich gerade nicht die Duldung beziehungsweise Stützung einer lagerinternen Koalition durch eine der beiden Randparteien vor. Mit Blick auf die Linke wäre das bereits an den Mehrheitsverhältnissen gescheitert, mit Blick auf die AfD stand eine wie immer geartete Zusammenarbeit für Union und FDP von vornherein außerhalb jeder Diskussion. Stattdessen stellte man sich die Duldung einer unionsgeführten Alleinregierung oder Koalition durch eine oder mehrere Parteien des anderen politischen Lagers vor, die im „Idealfall" mit wechselnden Abstimmungsmehrheiten erfolgen und dadurch auch zu einer Aufwertung des Parlaments gegenüber der Regierung führen würde. In der SPD wurden solche – von journalistischen Beobachtern zumeist unkritisch übernommenen – Überlegungen unter anderem von der stellvertretenden Parteivorsitzenden und rheinland-pfälzischen Ministerpräsidentin Malu Dreyer vorgebracht. Ihre Funktion dürfte rückblickend betrachtet primär darin gelegen haben, den Kurswechsel der Partei in der Koalitionsfrage vor der eigenen Wählerschaft und Basis zu legitimieren.

5 Der mühsame Weg zur Fortsetzung der Großen Koalition

Wie dramatisch sich die durch die AfD eingetretene Zäsur in der Parteiensystementwicklung tatsächlich auswirken würde, konnte am Wahlabend niemand vorausahnen. Langwierige oder gescheiterte Regierungsbildungen waren aus deutscher Sicht bis dahin immer ein Thema anderer Länder gewesen – jüngst etwa Belgiens oder der Niederlande –, die man deshalb nicht selten mitleidig beäugte. Spätestens seit dem Scheitern der Jamaika-Verhandlungen gibt es für diese Form der Überheblichkeit keinen Grund mehr. Nachdem die Anbahnung der Großen Koalition 2013 bereits drei Monate in Anspruch genommen hatte (Sturm 2014), zog sich die Regierungsbildung 2017 und 2018 über fast ein halbes Jahr hin. Dies hatte auch Folgen für das Verhältnis zu den europäischen Nachbarn, wo insbesondere Frankreich unter seinem dynamischen Präsidenten Emmanuel Macron das Interregnum nutzte, um den gegenüber Deutschland in der Vergangenheit eingetretenen Macht- und Bedeutungsverlust durch eine neue europapolitische Vorreiterrolle auszugleichen.

Da die Sozialdemokraten bereits fünf Minuten nach Schließung der Wahllokale erklärten, dass sie für eine Fortsetzung der Großen Koalition nicht zur Verfügung stünden, verblieb als einzig gangbare Möglichkeit der Regierungsbildung ein Jamaika-Bündnis von CDU, CSU, FDP und Grünen. Aus demokratischer Sicht wäre dieser partielle Regierungswechsel gut begründbar gewesen. Union und SPD hatten zwar weiterhin eine Mehrheit, waren aber mit Verlusten von 8,6 beziehungsweise 5,2 Prozentpunkten gleichermaßen hart abgestraft worden. Die Parteien, die neu in die Regierung hineingekommen wären – FDP und Grüne –, hatten dagegen mit 5,9 beziehungsweise 0,5 Prozentpunkten Zugewinne verbucht. Die SPD konnte es außerdem als Akt der „staatspolitischen Verantwortung" darstellen, dass sie bei einem Gang in die Opposition die Rolle der stärksten Oppositionspartei nicht der AfD überlassen würde.

Die Jamaika-Sondierungen, die die angestrebten Koalitionsverhandlungen faktisch bereits vorwegnahmen, gestalteten sich äußerst zäh. Dies lag zum einen an schwer überbrückbaren Positionsunterschieden in zentralen Politikbereichen wie der Klima- und der Flüchtlingspolitik – hier standen die Grünen gegen FDP und CDU/CSU, wobei in der Flüchtlingsfrage insbesondere die CSU eine fast unversöhnliche Haltung einnahm. Zum anderen gelang es Union und FDP nicht, eine neue Vertrauensbasis zueinander aufzubauen. Die Liberalen fühlten sich in den Verhandlungen an den Rand gedrängt und hatten Sorge, dass es ihnen in einer gemeinsamen Regierung ähnlich ergehen würde wie zwischen 2009 und 2013, als sie vom größeren Koalitionspartner „untergepflügt" wurden (Niedermayer 2015). Insgeheim spekulierte die FDP wahrscheinlich darauf, dass die Verhandlungen an der Uneinigkeit von CSU und Grünen in der Flüchtlingsfrage scheitern würden. Als sich hier ein Kompromiss abzeichnete, sahen sie deshalb keine andere Möglichkeit, als selbst den Ausstieg aus Jamaika zu verkünden.

Von den Unionsparteien und dem wegen der Dauer der Regierungsbildung zunehmend besorgten Bundespräsidenten Frank-Walter Steinmeier bedrängt, mussten die Sozialdemokraten ihre Aufkündigung der Großen Koalition jetzt überdenken. Die Entscheidung des Parteivorstands, mit CDU und CSU in Sondierungsgespräche über eine Neuauflage von Schwarz-Rot einzutreten, stürzte die Partei in eine regelrechte Zerreißprobe.[6] Der parteiinterne Widerstand ging dabei vornehmlich von der Jugendorganisation (den Jungsozialisten) aus. Da es der SPD in den Gesprächen nicht gelang, Forderungen wie die Einführung einer Bürgerversicherung oder eine Erhöhung des Spitzensteuersatzes, die für die eigene programmatische Identität wichtig waren, gegen die Union durchzusetzen, konnte die Parteiführung eine Parteitagsmehrheit (56,4 %) für die Aufnahme von

---

[6]Am Tag nach der Beendigung der Jamaika-Verhandlungen hatte der Parteivorstand seine Absage an die Große Koalition auf Drängen von Martin Schulz noch bekräftigt, was sich im Rückblick als schwerer taktischer Fehler erwies.

Koalitionsverhandlungen nur durch das Versprechen weiterer Nachbesserungen[7] sicherstellen – eine schwere Schlappe für den als Vorsitzenden ohnehin bereits angeschlagenen Martin Schulz.

Dass die Zustimmung der Mitglieder zum Koalitionsvertrag am Ende trotz des starken Gegenwinds überzeugender ausfiel, als von der Parteiführung befürchtet (66 % Ja-Stimmen bei einer Beteiligung von 78,4 %), lag an mehreren Gründen. Erstens war den Mitgliedern die Tragweite ihrer Entscheidung bewusst – bei einem Nein wäre die in den Umfragen immer weiter absackende Partei in eine womöglich existenzbedrohende Krise geraten. Zweitens fiel die öffentliche Kommentierung der Koalitionsverhandlungen für die SPD freundlich aus. Der Partei wurde attestiert, dass sie – ähnlich wie 2013 – gut verhandelt und mehr herausgeholt hatte, als ihrem politischen Gewicht aufgrund des Wahlergebnisses entsprach. Dies galt auch für die Ressortverteilung, wo es ihr gelang, den Unionsparteien das Finanzministerium zu entwinden, und die Zuständigkeiten für die Außenpolitik sowie für Arbeit und Soziales zu behalten. Drittens nahm Martin Schulz seinen nach Abschluss der Koalitionsverhandlungen verkündeten Plan zurück, anstelle des Parteivorsitzes, den er an Andrea Nahles abgeben wollte, in der neuen Regierung das Amt des Außenministers anzustreben, als sich dagegen an der Basis heftiger Unmut regte.[8]

Die Sozialdemokraten konnten den schweren Gang in eine erneute Große Koalition so mit einer – zumindest partiellen – personellen Neuaufstellung verbinden: Sigmar Gabriel, der Schulz ein Jahr zuvor den Parteivorsitz und die Kanzlerkandidatur im Gegenzug für den Außenministerposten überlassen hatte[9], wurde von der neuen Parteispitze um Nahles und Olaf Scholz als Minister fallen gelassen. Hohe Beliebtheitswerte und eine untadelige Amtsführung konnten Gabriels schlechten Ruf in der SPD, den er sich durch undiszipliniertes, bisweilen schroffes Auftreten erworben hatte, nicht mehr wettmachen; an seine Stelle trat der bisherige Justizminister Heiko Maas. Die designierte Parteivorsitzende Nahles behielt den ihr bereits nach der Wahl zugefallenen Fraktionsvorsitz, während Scholz in der neuen Regierung das Amt des Finanzministers und Vizekanzlers übernahm.

---

[7]Drei Punkte wurden dabei ausdrücklich benannt: der Familiennachzug von subsidiär geschützten Flüchtlingen, die Befristung von Arbeitsverträgen und die Beendigung der „Zwei-Klassen-Medizin".

[8]Schulz hatte zuvor öffentlich ausgeschlossen, selber in eine Regierung unter Angela Merkel einzutreten.

[9]Nach der Wahl Frank-Walter Steinmeiers zum Bundespräsidenten, die Gabriel als großen Erfolg für die SPD verbuchen konnte, war das Amt frei geworden.

Nicht ganz so dramatisch, aber doch erheblich waren die Auseinandersetzungen, die sich innerhalb der Unionsparteien nach dem schlechten Wahlergebnis und während der Regierungsverhandlungen abspielten. Sie wurden vor allem von der deutlich geschwächten Position der Kanzlerin überschattet, über deren bevorstehendes Amtszeitende man jetzt auch in den eigenen Reihen offen spekulierte. Dabei schien Merkel mit der sich anbahnenden Jamaika-Koalition zunächst gestärkt. Einerseits versprach das bisher unerprobte Koalitionsmodell einen neuen Aufbruch in der Regierungspolitik. Andererseits war es den Unionsparteien im Vorfeld der Verhandlungen gelungen, ihren internen Zwist über die Flüchtlingspolitik, der zum schwachen Wahlergebnis mit beigetragen hatte, durch einen Kompromiss beizulegen. Dieser sah die Festlegung eines flexiblen „Richtwerts" von maximal 200.000 jährlich aufzunehmenden Flüchtlingen vor, der in den nachfolgenden Koalitionsverhandlungen von Grünen und FDP sowie der SPD im Grundsatz mitgetragen wurde.

Das Scheitern der Jamaika-Verhandlungen bestätigte Merkels schlechtes Händchen als Koalitionspolitikerin, das sie im Verhältnis zur FDP bereits während der schwarz-gelben Regierungszeit (2009 bis 2013) bewiesen hatte. Nach Abschluss der Verhandlungen mit der SPD musste sich die Kanzlerin sogar den Vorwurf gefallen lassen, dass sie vom künftigen Partner über den Tisch gezogen worden sei. Bezogen auf die Ressortverteilung bestand das Missverhältnis aber weniger gegenüber der SPD – die Aufteilung von neun Ministerien für die Unionsparteien und sechs für die SPD entsprach ziemlich genau dem Wahlergebnis – als gegenüber der eigenen Schwesterpartei, die allein drei der neun Ministerien erhielt, darunter das als besonders wichtig empfundene Innenministerium.[10] Letzteres wurde vom CSU-Parteivorsitzenden Horst Seehofer besetzt, der sich dadurch für den Verlust des Ministerpräsidentenamtes in Bayern schadlos hielt, das er nach verlorenem internen Machtkampf an seinen ungeliebten Rivalen Markus Söder abtreten musste. Dass die CSU nicht mit Seehofer, sondern mit Joachim Herrmann als Spitzenkandidaten und potenziellem Anwärter für das Amt des Innenministers zur Bundestagswahl angetreten war, spielte bei der Ämterbesetzung keine Rolle.

Merkel versuchte ihre parteiinternen Kritiker dadurch zu besänftigen, dass sie mit Jens Spahn den wichtigsten Exponenten des konservativen Parteiflügels der CDU als Gesundheitsminister in ihr Kabinett einband. Gleichzeitig gelang es ihr,

---

[10] Vom Gesamtergebnis der Union (33,0 %) entfielen 26,8 % auf die CDU und 6,2 % auf die CSU, was einem Verhältnis von etwa 4,3 zu 1 entspricht. Daran gemessen hätten der CSU nur zwei Ressorts zugestanden.

mit Annegret Kramp-Karrenbauer ein politisches Schwergewicht als Generalsekretärin zu verpflichten. Anders als Merkel selbst in der Tradition der alten westdeutschen CDU verwurzelt, genießt diese in der Partei breiten Rückhalt. Dass sie bereit war, das Amt der Ministerpräsidentin im Saarland für den Wechsel nach Berlin aufzugeben, wurde in der Öffentlichkeit auch als Weichenstellung für Merkels Nachfolge gedeutet.

Die bayerischen Landtagswahlen im Oktober 2018 fest im Auge, legte Seehofer nach dem Regierungsstart sogleich einen harten Kurs in der Sicherheits- und Migrationspolitik vor, der darauf abzielen sollte, der AfD durch die Wiederbesetzung konservativer Positionen das Wasser abzugraben. Im Juni 2018 kündigte er einen umfassenden „Masterplan Migration" an, der als nationale Maßnahme auch die Möglichkeit einseitiger Zurückweisungen von Flüchtlingen an der deutschen Grenze vorsah. Kanzlerin Merkel und die CDU lehnten dies ab und traten stattdessen – genauso wie die SPD – für eine europäische Lösung des Asylproblems ein. Das Beharren der CSU auf ihrer Forderung führte zu einem erbitterten, auch auf der persönlichen Ebene ausgetragenen Streit zwischen den Schwesterparteien, der erst nach drei Wochen mit einem Formelkompromiss beigelegt werden konnte. Die maßgeblichen Betreiber der Eskalation – Seehofer, Söder, Alexander Dobrindt und der immer noch einflussreiche frühere Vorsitzende und Ministerpräsident Edmund Stoiber – nahmen dabei kurzzeitig sogar einen Bruch der Fraktionsgemeinschaft sowie der Regierung in Kauf. Der Konflikt machte deutlich, dass die nach der Wahl gefundene Einigung den tiefen Riss zwischen CDU und CSU in der Migrationsfrage nur notdürftig überdeckt hatte. Der grundsätzliche politische Gleichklang zwischen den Unionsschwestern, der über alle gelegentlichen Meinungsunterschiede hinweg jahrzehntelang gegeben war, erschien damit mehr denn je fraglich.

6 Ausblick

Die Bundestagswahl 2017 hat der Parteiensystementwicklung in der Bundesrepublik eine weitere Premiere beschert: zum ersten Mal wird eine bestehende Große Koalition unmittelbar fortgesetzt. Die quälende Regierungsbildung, die Union und SPD nur über den Umweg der gescheiterten Jamaika-Verhandlungen erneut zusammenzwang, lässt das alt-neue Bündnis jedoch unter ungünstigeren Vorzeichen stehen als 2005 oder 2013. Symptomatisch für das wechselseitige Misstrauen ist die erstmals in einen Koalitionsvertrag aufgenommene Absicht, diesen zur Mitte der Legislaturperiode einer „Bestandsaufnahme" zu unterziehen. Dies ist nicht automatisch als eingebaute Sollbruchstelle der Koalition zu deuten, zeigt aber, dass alle drei beteiligten Parteien nach ihren schlechten Wahlergebnissen enorm unter Druck sind. Die inzwischen dritte Große Koalition unter Kanzlerin Angela Merkel dürfte damit in noch höherem Maße zu einer „Streitkoalition" werden, als es bereits bei der ersten (2005 bis 2009) und zweiten Großen Koalition (2013 bis 2017) der Fall war.

Am schwierigsten ist die Situation für die SPD. Die von den Gegnern eines Regierungseintritts insinuierte Vorstellung, allein die undankbare Rolle des Juniorpartners habe zur Misere der Partei geführt, kommt zwar in weiten Teilen einer Autosuggestion gleich. Allerdings dürfte es der SPD nicht leicht fallen, das Versprechen einer grundlegenden Erneuerung der Partei mit den alltäglichen Zwängen der Regierungsarbeit zu verbinden. Dies gilt umso mehr, als die Sozialdemokraten auch programmatisch immer größere Probleme haben, in den beiden zentralen Konfliktdimensionen des Parteiensystems glaubwürdig Position zu beziehen. In der Zuwanderungs- und Integrationsfrage müssen sie damit umgehen, dass die potenziellen Lasten der Migration vor allem im unteren Drittel der Gesellschaft zu tragen sind, wo sich das Gros ihrer Wähler befindet. Und beim Thema soziale Gerechtigkeit werden ihnen die Sündenfälle der eigenen Regierungsverantwortung vorgehalten, die durch die Sozial- und Arbeitsmarktreformen die Kluft zwischen Arm und Reich in der Gesellschaft weiter aufgerissen habe (Decker 2018).

Die neue Konkurrenz der AfD macht es eher unwahrscheinlicher, dass die SPD diese verloren gegangenen Wähler in nennenswertem Maße zurückgewinnt. Dies gilt zumal, wenn die Rechtspopulisten – wie in anderen europäischen Ländern – ihre bisherigen wirtschaftsliberalen Positionen in Richtung eines eher linken sozialpopulistischen oder protektionistischen Profils abstreifen. Den Sozialdemokraten bleiben in dieser Konstellation kaum noch eigene Machtoptionen. Rückt die Möglichkeit einer linken Mehrheit in Ferne, können sie allenfalls darauf hoffen, die Rollen des Senior- und Juniorpartners in der Koalition mit der Union zu tauschen, indem sie selbst wieder stärkste Partei werden. Wie die Umfragen zu Beginn des Wahljahres gezeigt haben, wäre dies unter günstigen politischen Bedingungen und bei einer überzeugenden inhaltlichen wie personellen Aufstellung durchaus denkbar; besonders wahrscheinlich ist es jedoch nicht.

Auch die Union ist um ihre Gratwanderungen im neuen Sechsparteiensystem nicht zu beneiden. Denn wenn sie in Großen oder zentristischen Koalitionen zu einem ideologisch gemäßigten Kurs gezwungen ist, dürfte es ihr kaum gelingen, ihr nationales und konservatives Profil in der Auseinandersetzung mit der AfD zu schärfen. Entkommen könnte sie dieser Falle nur, wenn sie sich für eine Zusammenarbeit mit den Rechtspopulisten öffnet. Was in anderen europäischen Ländern gang und gäbe ist, verbietet sich in Deutschland allerdings aus politisch-kulturellen Gründen. Die Unfähigkeit und Unwilligkeit der AfD, sich von extremistischen Tendenzen abzugrenzen, stellt – wie gezeigt – ein notorisches Problem dar. In einigen ostdeutschen Landesverbänden der CDU mag man vielleicht darüber hinwegsehen. Die Bundespartei könnte und würde es aber nicht hinnehmen, wenn man dort ein koalitionspolitisches Zusammengehen mit der AfD auch nur erwöge.

Blickt man speziell auf Ostdeutschland, könnte der Bundesrepublik statt skandinavischen eher eine Synthese der österreichischen und niederländischen Verhältnisse bevorstehen. Schon bei der Bundestagswahl hatten Union und SPD nur noch in einem der sechs ostdeutschen Länder – Mecklenburg-Vorpommern – eine eigene Mehrheit.[11] Wiederholt sich dies bei den 2019 anstehenden Landtagswahlen in Brandenburg, Sachsen und Thüringen, kämen CDU und SPD nicht umhin, die Grünen oder die FDP als weiteren Koalitionspartner in die Regierungen einzubeziehen, wie es in Sachsen-Anhalt seit 2016 schon der Fall ist. Selbst eine Zusammenarbeit von Union und Linkspartei wäre dann womöglich kein Tabu, was mit Blick auf frühere Wahlkämpfe mehr als eine ironische Wendung darstellte. Das Szenario einer „negativen" Mehrheit der Randparteien, das in Sachsen-Anhalt fast eingetreten wäre (und letztlich nur durch den knappen Sprung der Grünen über die Fünfprozenthürde vermieden wurde), erinnert an Weimarer Zeiten. Es macht die dramatische Veränderung deutlich, die durch die Ankunft des Rechtspopulismus in der deutschen Parteienlandschaft eingetreten ist.

Literatur

Bebnowski, David, 2015. *Die Alternative für Deutschland. Aufstieg und gesellschaftliche Repräsentanz einer rechten populistischen Partei.* Wiesbaden: Springer VS.
Bergmann, Knut, Matthias Diermeier, und Judith Niehues. 2017. Die AfD – eine Partei der sich ausgeliefert fühlenden Durchschnittsverdiener? *Zeitschrift für Parlamentsfragen* 48: 57–75.
Decker, Frank. 2013a. Das deutsche Parteiensystem vor und nach der Bundestagswahl 2013. *Zeitschrift für Staats- und Europawissenschaften* 11: 323–342.
Decker, Frank. 2013b: The Failure of Right-Wing Populism in Germany. In *The Changing Faces of Populism*, Hrsg. H. Giusto, D. Kitching, und St. Rizzo, 87–106. Brüssel: FEPS.

---

[11]AfD und die Linke erreichten im Osten zusammengenommen 39,7 % der Stimmen, im Westen 18,1 %. Die Parteien der Großen Koalition kamen auf 41,5 beziehungsweise 56,0 %.

Decker, Frank. 2016. Von Schwarz-Rot zu Schwarz-Grün? Szenarien der Koalitionsbildung vor der Bundestagswahl 2017. In *Schwarz-Grün*, Hrsg. Volker Kronenberg, 141–157. Wiesbaden: Springer VS.

Decker, Frank. 2018. Die Lage der SPD im Spiegel der Krise der europäischen Sozialdemokratie. *Neue Gesellschaft / Frankfurter Hefte* 65: 63–67.

Decker, F., und E. Jesse, Hrsg. 2013. *Die deutsche Koalitionsdemokratie vor der Bundestagswahl 2013. Parteiensystem und Regierungsbildung im internationalen Vergleich.* Baden-Baden: Nomos.

Geiges, Lars, St. Marg, und F. Walter. 2015. *Pegida. Die schmutzige Seite der Zivilgesellschaft.* Bielefeld: transcript.

Jesse, Eckhard. 2017. Die deutsche Koalitionsdemokratie. *Der Bürger im Staat* 67: 107–115.

Jesse, E., und R. Sturm, Hrsg. 2014. *Bilanz der Bundestagswahl 2013. Voraussetzungen, Ergebnisse, Folgen.* Baden-Baden: Nomos.

Jung, Matthias. 2015. Die AfD als Chance für die Union. *Politische Studien* 66/460: 47–57.

Karapin, Roger. 1998. Radical-Right and Neo-Fascist Political Parties in Western Europe. *Comparative Politics* 30: 213–234.

Korte, K.-R., Hrsg. 2015. *Die Bundestagswahl 2013. Analysen der Wahl-, Parteien-, Kommunikations- und Regierungsforschung.* Wiesbaden: Springer VS.

Münch, U., und H. Oberreuter, Hrsg. 2015. *Die neue Offenheit. Wahlverhalten und Regierungsoptionen im Kontext der Bundestagswahl 2013.* Frankfurt a. M.: Campus.

Niedermayer, Oskar. 2015. Von der dritten Kraft zur marginalen Partei. Die FDP von 2009 bis nach der Bundestagswahl 2013. In *Die Parteien nach der Bundestagswahl 2013*, Hrsg. Oskar Niedermayer, 103–134. Wiesbaden: Springer VS.

Niedermayer, Oskar. 2018. Die Entwicklung des bundesdeutschen Parteiensystems. In *Handbuch der deutschen Parteien*, Hrsg. F. Decker und V. Neu, 97–125. Wiesbaden: Springer VS.

Niedermayer, O., Hrsg. 2015. *Die Parteien nach der Bundestagswahl 2013.* Wiesbaden: Springer VS.

Patzelt, Werner J. 2017. Der 18. Deutsche Bundestag und die Repräsentationslücke. Eine kritische Bilanz. *Zeitschrift für Staats- und Europawissenschaften* 16: 245–285.

Pfafferott, Martin. 2018. *Die ideale Minderheitsregierung. Zur Rationalität einer Regierungsform.* Wiesbaden: Springer VS.

Rodrik, Dani. 2017. *Populism and the Economics of Globalization.* CEPR discussion paper. No. 12119.

Schoen, H., und B. Weßels, Hrsg. 2016. *Wahlen und Wähler. Analysen aus Anlass der Bundestagswahl 2013.* Wiesbaden: Springer VS.

Sturm, Roland. 2014. Die Regierungsbildung nach der Bundestagswahl 2013. Lagerübergreifend und langwierig. *Zeitschrift für Parlamentsfragen* 45: 207–230.

Zick, Andreas, Küpper, B., und D. Krause. 2016. *Gespaltene Mitte, feindselige Zustände. Rechtsextreme Einstellungen in Deutschland 2016.* Bonn: Dietz.

Die Wiederauferstehung der FDP

Benjamin Höhne und Uwe Jun

Zusammenfassung
Bei der Bundestagswahl 2013 schied die FDP nach 64 Jahren aus dem Deutschen Bundestag aus. Christian Lindner übernahm den Vorsitz der angeschlagenen Partei und verordnete ihr eine dreifache Erneuerungskur in programmatischer, organisatorischer und personeller Hinsicht. Dem Modernisierungsprozess folgten erste Erfolge bei Landtagswahlen, die 2017 im respektablen Wiedereinzug in den Bundestag mündeten. Dennoch hat der Kurs der Freien Demokraten offene Flanken: So sind Frauen auf allen Ebenen der Partei stark unterrepräsentiert. Zudem ist fraglich, ob die Liberalen mit der umstrittenen Entscheidung gegen eine Jamaika-Koalition Sympathien verspielen oder aber mit dem Gang in die Opposition weiter Glaubwürdigkeit hinzugewinnen. Nicht zuletzt muss sich zeigen, ob die FDP mehr als eine One-Man-Show ist und welche Machtperspektive sie besitzt.

B. Höhne (✉)
Institut für Parlamentarismusforschung, Berlin, Deutschland
E-Mail: hoehne@iparl.de

U. Jun
Institut für Politikwissenschaft, Universität Trier, Trier, Deutschland
E-Mail: jun@uni-trier.de

1 Einleitung: die FDP vor und nach der Bundestagswahl 2017

Die Bundestagswahl 2013 markierte für die FDP eine Zäsur in ihrer mittlerweile mehr als 70-jährigen Parteigeschichte: Erstmals misslang ihr der Einzug in den Bundestag (zu den Ursachen Jun 2015). Nicht wenige Beobachter proklamierten daraufhin gar das Ende der FDP als relevante Kraft im deutschen Parteiensystem. Doch die liberale Partei gab sich nicht auf und schaffte binnen vier Jahren ein fulminantes Comeback, was zu wesentlichen Teilen dem Parteivorsitzenden Christian Lindner zu verdanken war, der mithilfe eines erfolgreichen Top-Down-Verfahrens die Partei wiederbelebte und ihr mit 10,7 % der Zweitstimmen im Jahr 2017 den Wiedereinzug in den Bundestag sicherte. Kontinuierlich baute er als Vorsitzender des Bundesvorstands, der als „alleiniges Machtzentrum" (Glock 2017: 192) gelten kann und ihn tatkräftig unterstützte, die Partei wieder auf, und verschrieb ihr ein frisches Image. Unterstützt von Beratungsfirmen und Agenturen wurden so u. a. das Parteilogo, die Parteifarben (magentafarbener Hintergrund ergänzt die alte blau-gelbe Farbgebung), der medienwirksame Auftritt und die Selbstbezeichnung geändert (Lindner 2017: 167 ff.).

Ein „jugendlich-hippes, freches Flair" (Hilmer/Gagné 2018: 384) sollte den Wandel der FDP zur unbequemen und in die Zukunft weisenden Partei der bürgerlichen Modernisierung unterstreichen. Neben dem traditionellen bürgerlichen Mittelstand und Sozialstaatsskeptikern sollten somit jüngere, urbane, den Zukunftstechnologien zugewandte Wähler gewonnen werden. Der Darstellung der Partei wurde in diesem Kontext besondere Aufmerksamkeit im Erneuerungsprozess geschenkt, kommunikative Aspekte erlangten hohe Bedeutung (Freckmann 2018: 26 ff.). Doch beließ es die Partei nicht ausschließlich auf Imagekorrekturen, sondern sie nahm auch die in dieser Abhandlung zentral zu behandelnden programmatischen, organisatorischen und personellen Veränderungen vor, die darauf ausgerichtet waren, eine bürgerliche Alternative zu den Parteien der Großen Koalition darzustellen. Dazu bot ihr die Modernisierung der Positionen der CDU im Parteienwettbewerb hin zur politischen Mitte in der sozio-ökonomischen wie sozio-kulturellen Wettbewerbsdimension (siehe Näheres zu beiden Wettbewerbsdimensionen Bukow/Jun 2017) eine solche Chance, und diese konnte die FDP entsprechend nutzen. Sie konzentrierte sich folgerichtig weiterhin auf ihre bisherige Domäne der Wirtschafts- und Finanzpolitik mit der Verteidigung marktwirtschaftlicher Prinzipien (Jakobs/Jun 2018), angereichert mit Schwerpunktsetzungen auf den Zukunftsfeldern Digitalisierung und Bildung; und sie nahm in der Migrations- und Flüchtlingspolitik eher „eine konservative

Position ein, vergleichbar mit der Migrationspolitik der liberal-konservativen niederländischen VVD" (Franzmann 2018: 161). Damit war in beiden Wettbewerbsdimensionen eine klare Abgrenzung zur CDU für bürgerliche Wähler erkennbar.

Wie üblich für eine außerparlamentarische Oppositionspartei begann sie ihren Erfolgsweg auf Länderebene, und zwar mit den Regionalwahlen in den beiden Hansestädten Hamburg und Bremen im Jahr 2015, denen weitere in Rheinland-Pfalz und Baden-Württemberg im Jahr 2016 und schließlich – ganz wesentlich – in Schleswig-Holstein und Nordrhein-Westfalen im Bundestagswahljahr folgten. In Rheinland-Pfalz gelang gleich der Sprung direkt von der Straße in die Regierung der dortigen Ampelkoalition (mit SPD und Bündnisgrünen), in Nordrhein-Westfalen (mit der CDU) und in Schleswig-Holstein (mit CDU und Bündnisgrünen) kam die FDP aus der Rolle der parlamentarischen Opposition heraus.

Die Erfolge der stark personalisierten Wahlkämpfe in Nordrhein-Westfalen und Schleswig-Holstein wie auch steter Rückenwind für den Parteikurs in Bevölkerungsbefragungen seit Anfang 2016 (siehe Abb. 1) bestärkten die Liberalen darin, die Kampagne zur Bundestagswahl auf ihren Vorsitzenden zu zentrieren. Der Erfolg gab ihnen recht: Jeder vierte FDP-Wähler votierte wegen des Spitzenkandidaten für die Partei – für eine kleinere Partei ein „bemerkenswert hoher Kandidatenfaktor" (Hilmer/Gagné 2018: 401), wie ihn 2017 keiner der anderen

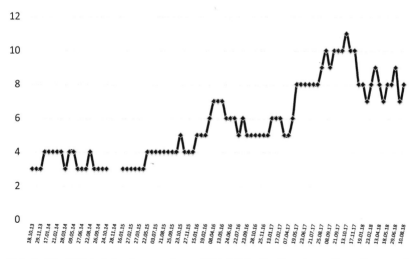

Abb. 1 Die FDP bei der Sonntagsfrage, 2013–2018. (Quelle: eigene Darstellung nach Forschungsgruppe Wahlen/Politbarometer)

Wettbewerber unter den kleineren Parteien vorweisen kann. Neben Lindners Anziehungskraft konnte die FDP bei wahltaktischen Wählern punkten: Jene, die entweder keine Große Koalition bevorzugten und/oder die FDP im Rennen um Platz 3 hinter den Unionsparteien und der SPD favorisierten, machten ihr Kreuz bei der FDP (Hilmer/Gagné 2018).

2 Programmatische Neuaufstellung mit Mut zu neuen Themen[1]

Christian Lindner hat sich seit der Übernahme des Parteivorsitzes Ende 2013 darum bemüht, die FDP programmatisch etwas weicher zu zeichnen und inhaltlich zu verbreitern. Der Tenor der FDP lautete demnach: Man möchte den Menschen Mut machen, ihre individuellen Chancen betonen und ihnen vermeintliche Angst vor Freiheit und Eigenverantwortung nehmen, auch und gerade angesichts von Unwägbarkeiten der Zukunft (Buschmann o. J.: 8 f.). Dahinter lässt sich nicht nur eine Strategie zur Wählerstimmenmehrung ausmachen, sondern auch zur koalitionspolitischen Öffnung, um die einseitige Ausrichtung auf die Unionsparteien als Koalitionspartner zu überwinden, wie sie lange Zeit prägend war, aber 2013 zum Wahldesaster beitrug (Niedermayer 2015: 128). Diese Haltung war vor Lindners Amtsübernahme schon partiell spürbar, als die Partei langsam begann, sich von einer einseitigen Fokussierung auf wirtschaftsliberale Themen mehr und mehr abzugrenzen (Vorländer 2013: 391). So enthält das Grundsatzprogramm von 2012 auch Aussagen zu „eher linksliberalen Prinzipien wie Fairness, Emanzipation oder Toleranz" (Jun 2015: 129).

Unbedingt verhindert werden sollte seither eine neuerliche Etikettierung als Partei des Schmalspur-Wirtschaftsliberalismus. Dennoch ist vieles beim Alten geblieben und von Kontinuität gekennzeichnet. Liberale Positionen in den Themenfeldern Wirtschafts-, Finanz- und Steuerpolitik bilden nach wie vor das Kernprofil der FDP (Treibel 2014; Anan 2017). Einzelne Themen aus diesen Politikfeldern werden nur nicht mehr so stark betont, dass gesellschaftspolitische Positionen der Freien Demokraten dafür in den Hintergrund treten oder nicht mehr erkennbar würden. Zum zeitlosen Wertefundament der FDP gehören das Eintreten für politische Freiheit, Wettbewerb, Leistung, Rechtsstaatlichkeit und

---

[1]Die Abschn. 2–4 basieren partiell auf Höhne/Hellmann 2017, sind aber für die vorliegende Analyse vollständig aktualisiert und neu gefasst worden.

Eigenverantwortung des Individuums, ganz wie es für die ideologische Strömung des Liberalismus typisch ist (von Beyme 2013; Franzmann 2012). Die Liberalen bekennen sich auch zur Sozialen Marktwirtschaft (bspw. Vogel 2017), wenngleich sie zumeist stärker als die Mitglieder der anderen Bundestagsparteien auf die Kräfte des freien Marktes setzen. Unter der Führung Lindners sind jedoch einseitig marktradikale Stimmen selten zu vernehmen, ähnlich wie Lindner auch dezidiert euroskeptische Positionen vermeidet.

Im 2015 abgeschlossenen Leitbildprozess der FDP wurden klassisch liberale Positionen im Feld der Wirtschaftspolitik immer wieder betont, die aber mit bisher für die Partei eher randständigen bildungs- und gesellschaftspolitischen Positionen verbunden wurden (Glock 2017: 181, 190). Die Ergebnisse des die Partei seither prägenden innerparteilichen Diskurses wurden auf dem 66. Ordentlichen Bundesparteitag im Mai 2015 verabschiedet (Beschluss des 66. Ord. Bundesparteitags der FDP 2015). Gefordert wird neben „weltbester Bildung für jeden", Selbstbestimmung „in allen Lebenslagen" oder „Freiheit und Menschenrechte weltweit" auch eine „Politik, die rechnen kann", ein „unkomplizierter Staat" und das „Vorankommen durch eigene Leistung". Auch das Bundestagswahlprogramm 2017 spiegelt diese Schwerpunktsetzungen wider (Freie Demokraten 2017).

Die Anstrengungen bei der Programmarbeit können jedoch nicht darüber hinwegtäuschen, dass die FDP bisher als eine Partei wahrgenommen wurde, für die das Streben nach politischer Gestaltung (policy-seeking) nicht immer an erster Stelle stand. Mindestens genauso wichtig, wenn nicht sogar noch wichtiger, war die Übernahme von Regierungsämtern (office-seeking). Tatsächlich verfügt die FDP nach den beiden Unionsparteien über die längste Regierungserfahrung im Bund. Umso überraschender war deshalb wahrscheinlich für den einen oder anderen Beobachter die Entscheidung des Parteivorsitzenden, aus den Sondierungsgesprächen zur Bildung einer schwarz-gelb-grünen Koalition im November 2017 auszusteigen (dazu Siefken 2018: 412–415).

Die schon in den Wahlprogrammen zum Ausdruck gekommenen programmatischen Unterschiede finden sich im Sondierungspapier in großer Zahl wieder (Jakobs/Jun 2018). Darin sind die vielfältigen Dissenspunkte zwischen den vier Parteien hervorgehoben, insbesondere in den für deren Identität jeweils zentralen Politikfeldern Umwelt und Energie, Familie, Migration, Verkehr sowie Finanzen stechen die zwischenparteilichen Differenzen hervor (siehe Ergebnis der Sondierungsgespräche 2017). Das Motiv der FDP für den Abbruch der Verhandlungen liegt auf der Hand: Das gerade erst wiedererlangte Vertrauen bei den neu hinzugewonnenen Wählern wollte die Parteiführung nicht zugunsten von Koalitionskompromissen aufs Spiel setzen, von denen nicht klar war, ob sie zustande kommen und wie tragfähig sie im Regierungsalltag sein könnten.

Allerdings hatte das Scheitern der Sondierungsgespräche und insbesondere die Art und Weise des Abbruchs zur Folge, dass die FDP gerade bei taktischen Wählern wieder an Boden verlor (siehe Abb. 1 weiter oben).

Aus Sicht Lindners war das Ende der Gespräche jedoch folgerichtig. Da er nicht mit Gegenwind aus seiner Partei rechnen musste, folgte anschließend auch keine Zerreißprobe für die Liberalen. Der Stärkung der geläuterten Marke FDP wurde größere Priorität eingeräumt als der Übernahme staatspolitischer Verantwortung mit ungewissem Ausgang. Die Liberalen mussten befürchten, dass der mühsame programmatische Regenerationsprozess der vergangenen Jahre bei einem Eintritt in die Bundesregierung ad absurdum geführt, liberale Positionen in Kompromisspaketen von vier Regierungsparteien unkenntlich geworden wären, da entweder die CSU oder die Bündnisgrünen mit ihren Vorstellungen recht weit von der FDP entfernt lagen. Schließlich wurde der FDP bekanntlich nach koalitionspolitischen Entscheidungen in den Jahren 1969 und 1982 nicht nur Wankelmut bescheinigt. Handfeste Folgen waren Abwanderungsbewegungen von Wählern und namhaften Mitgliedern, selbst aus den Führungsetagen der Partei, Profilaufweichungen und der Verlust zuerst des national-liberalen und später des sozial-liberalen Flügels (Dittberner 2010: 228, 277–296; Schubert 2013: 107).

Ende 2017 wollte man aus Fehlern lernen und weder noch einmal Versprechen aus dem Wahlkampf nicht einlösen noch in der Rolle eines pflegeleichten Mehrheitsbeschaffers wahrgenommen werden. Zur Erinnerung: Zwischen 2009 und 2013 wurde das programmatische Profil der FDP, nicht zuletzt durch viel eigenes Dazutun, massiv beschädigt (Bieber/Roßteutscher 2014: 19, 22 f.). Vollmundig im Wahlkampf in Aussicht gestellte Steuererleichterungen und Steuersystemvereinfachungen wurden nicht realisiert (Decker 2015: 210; Butzlaff 2017: 184 f.). Kompetenzzuweisungen durch die Bevölkerung bei Arbeitsmarkt, Wirtschaft und Steuern waren während ihrer letzten Regierungszeit drastisch eingebrochen (Vorländer 2014: 288; Niedermayer 2015: 106–108).

Offenbar haben sich die Werte in diesen Politikfeldern aber wieder etwas erholt, wobei der Aufwärtstrend am deutlichsten in der Fiskalpolitik erscheint (siehe Tab. 1). So konstatieren die Demoskopen der Forschungsgruppe Wahlen (2017: 2) mit Blick auf die Ergebnisse einer Bevölkerungsbefragung unmittelbar vor der Bundestagswahl im September 2017 eine „nie dagewesene Imagekorrektur". Ein für die FDP noch vorteilhafteres Bild bietet sich bei Bildung/Schule und Digitalisierung. Auf die zu Beginn des Jahres 2017 in einer anderen repräsentativen Befragung gestellte Frage, welcher Partei man am ehesten zutraue, „Deutschland in der Digitalisierung voranzubringen", votierten 24 % für die FDP. Damit lag sie mit deutlichem Abstand vor allen anderen Parteien. Dies ist insofern beachtlich, da mit dem Ausscheiden aus dem Bundestag die mediale

Tab. 1 Policy-Kompetenzen der FDP aus Sicht der Bevölkerung, 2017

	FDP (%)	Andere Parteien im Vergleich
Arbeitsmarkt	6	CDU/CSU: 38 %, SPD: 21 %
Wirtschaft	5	CDU: 46 %, SPD: 21 %
Steuern	11	CDU: 23 %, SPD: 26 %
Bildung/Schule	9	CDU/CSU: 28 %, SPD: 22 %, Grüne: 8 %
Digitalisierung	24	CDU/CSU: 19 %, SPD: 18 %, Grüne: 10 %, AfD: 6 %

Quelle: Arbeitsmarkt-, Wirtschafts-, Fiskal- und Bildungspolitik: Politbarometer (Mannheimer Forschungsgruppe Wahlen), Befragung im September 2017; Digitalisierung: Meinungsforschungsinstitut Civey, Befragung Ende Januar/Anfang Februar 2017

Wahrnehmung merklich zurückgegangen war, selbst in satirischen Formaten. In gewissem Maße gelang es aber durch eine geschickte Medienarbeit mit teils unkonventioneller Wähleransprache, insbesondere in sozialen Netzwerken, eigene Themen in die Öffentlichkeit zu transportieren (Michal 2017: 25).

Zukunftsthemen wie Bildung und Digitales wurden in der Kampagne der FDP zur Bundestagswahl besonders betont; im Wahlprogramm bilden sie die beiden ersten Schwerpunkte (FDP 2017: 20–36). Die Bildungspolitik sollte angesichts eines weltweiten Wettbewerbs um exzellent (aus)gebildete Menschen grundlegend reformiert werden. Gefordert wurden u. a. mehr Zuständigkeiten für den Bund, was sicherlich eine mutige Forderung war, da ihre Durchsetzung einen schwerwiegenden Eingriff in die institutionelle Architektur des deutschen Bildungsföderalismus bedeutet hätte. Widerstand nicht nur der Bundesländer, sondern auch vonseiten der Unionsparteien, die sich als Garant der Bildungskompetenz der Länder sehen, war vorauszusehen. Aber da sich Lindner und sein Verhandlungsteam gegen eine Regierungsbeteiligung entschieden hatten, konnte auch daraus keine schwer einlösbare Bringschuld erwachsen.

Erfolgreich gestaltete sich der wahrgenommene Kompetenzaufbau beim Thema Digitalisierung. Die FDP stellte auf dem 67. Ordentlichen Bundesparteitag im April 2016 den Leitantrag zum Thema „Chancen der digitalen Gesellschaft" in den Mittelpunkt. Zupass kam ihr aber nicht zuletzt auch die Wettbewerbssituation im Parteiensystem, war doch dieses Thema nach der Marginalisierung der Piratenpartei parteipolitisch nirgendwo sonst mehr glaubwürdig beheimatet (zu den digitalpolitischen Positionen der Parteien siehe König 2018).

3 Organisatorische Neuaufstellung über Zentralisierung des Parteiapparats

Organisationsreformen begleiten Parteien üblicherweise über ihren ganzen Lebenszyklus hinweg (Patton 2015: 180 f.). Dabei lassen sich oftmals Phasen größeren Reformeifers von solchen unterscheiden, in denen die Reformfreude weniger ausgeprägt ist. Die FDP hatte bereits die Oppositionsphase im Bund zwischen 1998 und 2009 zur Regeneration genutzt und ihren Zweitstimmenanteil bei jeder Bundestagswahl gesteigert. Jedoch oder gerade deswegen blieb die angestrebte Aufpolierung des Images zu einer „jungen, dynamischen und unverbrauchten Partei" (Vorländer 2007: 277) auf halber Strecke stehen. Weitgehende parteiinterne Strukturveränderungen waren nicht vorgenommen worden.

Der erzwungene Abschied aus dem Bundestag nach der desaströsen Wahl im September 2013 duldete keinen neuerlichen Aufschub für eine grundlegende Organisationsreform. Eine Parteireform, die diesen Namen verdient, war das Gebot der Stunde. Dabei lassen sich neben den bereits erwähnten kosmetischen Marketingmaßnahmen, wie einem gelifteten Logo oder einem leicht veränderten Parteinamen (Freie Demokraten, FDP), und zum Teil innovativen Formen der medialen Darstellung zwei Hauptstoßrichtungen ausmachen: erstens die Re-Professionalisierung des durch Wahlniederlagen angezählten Parteiapparats und zweitens die Ausweitung von innerparteilichen Partizipationsinstrumenten.

Zunächst musste die Partei lernen, mit weniger bezahltem Personal und einem deutlich eingeengten finanziellen Spielraum auszukommen. Die Anzahl aller liberaler Mandatsträger – im Europäischen Parlament, Bundestag und in den 16 Landesparlamenten zusammengenommen – halbierte sich am 22. September 2013 von 211 auf 104 (siehe Abb. 2). An jenem Schicksalstag gingen nicht nur 93 Bundestagsmandate verloren, sondern zusätzlich 14 Parlamentssitze in Hessen, wo der Landtag neu gewählt worden war. Die FDP hatte mit 5,0 % gerade noch den Verbleib im Wiesbadener Parlament gesichert. Alsbald darauf mussten ca. 500 Mitarbeiterstellen v.a. der einstigen Bundestagsfraktion und in den Wahlkreisbüros gestrichen werden (Niedermayer 2015: 127; Patton 2015: 179).

Zudem dezimierte sich die Mitgliederzahl der FDP zwischen 2009 und 2015 um 18.919 (siehe Tab. 2). Somit verlor sie in nur sechs Jahren gut ein Viertel ihrer Mitglieder. Dieser Schwund führte in Verbindung mit den Wähler- und Mandatsträgerverlusten zu erheblichen finanziellen Einbußen, ist doch die staatliche Parteienfinanzierung an das Abschneiden bei Wahlen sowie das Aufkommen an Spenden (inkl. Mandatsträgerbeiträge) und Mitgliedsbeiträgen geknüpft.

Die Wiederauferstehung der FDP

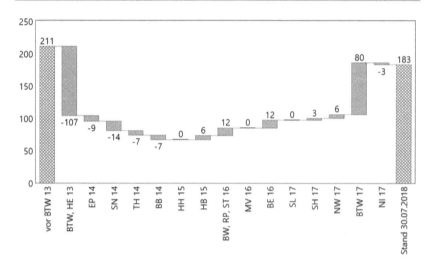

Abb. 2 FDP-Mandatsträger, 2013–2018. (Quelle: eigene Berechnung nach Angaben der Landeswahlleiter und des Bundeswahlleiters)

Tab. 2 Mitgliederentwicklung der FDP, 2008–2017

Jahr	Mitgliederzahl	Entwicklung zum Vorjahr (in Prozent)
2008	65.600	
2009	72.116	9,9
2010	68.541	−5,0
2011	63.123	−7,9
2012	58.675	−7,0
2013	57.263	−2,4
2014	54.967	−4,0
2015	53.197	−3,2
2016	53.896	1,3
2017	63.050	17,0

Quelle: eigene Darstellung und Berechnung nach Niedermayer 2018, Angaben für 2016, 2017 nach IParl

Die Trendwende wurde im Jahr 2016 erreicht (zur demoskopischen Trendwende seit Anfang 2016 siehe Abb. 1 weiter oben). Die Mitgliederzahl stieg um 1,3 %, 2017 legte sie gegenüber dem Vorjahr sogar um 17 % zu. Mit 63.050 Mitgliedern verfügt die FDP damit wieder über genauso viele Angehörige wie im Jahr 2011. Die Abgeordnetenzahl erholte sich bereits seit 2015, obwohl das Niveau vor der Bundestagswahl 2013 bisher nicht wieder erreicht wurde (siehe Abb. 2). Mit der Landtagswahl in Schleswig-Holstein im Mai 2017 wurde die Marke von 100 Mandatsträgern erreicht. Seit der vergangenen Bundestagswahl verantworten 183 Landtags-, Bundestags- und Europaabgeordnete das parlamentarische Erscheinungsbild der FDP.

Nach der verlorenen Bundestagwahl 2013 wurde eine strenge Rosskur auf den Weg gebracht, zentral gesteuert über die Achse Düsseldorf-Berlin. Lindner war von 2012 bis 2017 Fraktionsvorsitzender der nordrhein-westfälischen FDP, dem zusammen mit Baden-Württemberg mit ca. 17.000 Mitgliedern einflussreichsten Verband innerhalb der Bundespartei (Korte et al. 2018: 100; siehe Tab. 3 weiter unten). Mitarbeiterstellen in der traditionell eher unterfinanzierten Bundesgeschäftsstelle wurden abgebaut (Patton 2015: 190). Bei Landtagswahlkämpfen mussten Einsparpotenziale identifiziert und genutzt werden. Kosten wurden auch bei den Bundesparteitagen reduziert. Seit 2013 fanden sie bis auf eine Ausnahme (2014 in Dresden) alle in einer ‚hip' anmutenden Fabrikhalle in Berlin-Kreuzberg statt. Auch 2019 wurde der turnusmäßige Parteitag dort abgehalten. Gegenüber teureren Tagungsorten strahlt sie Charme des Unkonventionellen, Ungewöhnlichen und Ursprünglichen aus – fügt sich also gut in die neue Imagelinie der Partei – und senkt zudem die Kosten der Teilnahme für interessierte Hauptstadtjournalisten. Jedoch bricht man mit der Zentralisierung der Bundesparteitage nicht nur die eigene Tradition, diese über die gesamte Bundesrepublik verteilt stattfinden zu lassen, riskiert also den Rückgang dezentraler Präsenz, sondern grenzt sich damit auch von den anderen Parteien ab.

Für die Kampagne zur Bundestagswahl 2017 wurde eine auf drei Jahre befristete Sonderumlage der Landesverbände für den Bundesverband nach einer kontroversen innerparteilichen Debatte beschlossen, sodass in etwa genauso viel Geld zur Verfügung stand wie zur Bundestagswahl 2013 (Montag 2015: 3 f., 8 f., 13). Diese Maßnahme, wie auch die der Kreisverbände zugunsten der Landesverbände, haben Lindners Autorität in der Partei untermauert. Überhaupt haben sich die Reihen hinter ihm geschlossen. Zunächst galt, Not schweißt zusammen, anschließend „Erfolg schafft Loyalität" (Maron 2018: 42).

Der zweite wichtige organisatorische Reformstrang betrifft die angestrebte Profilierung als Mitmachpartei, v. a. durch den Ausbau der Binnendemokratie. Er beinhaltet im Wesentlichen folgende Punkte:

Tab. 3 Mitglieder-, Delegierten- und Finanzverteilung nach Landesverbänden

Landesverband	Mitglieder		Delegierte auf dem Bundesparteitag		Mitgliedsbeiträge (2016)	
	absolut	in Prozent	absolut	in Prozent	in Euro	in Prozent
Baden-Württemberg	7291	11,6	95	14,4	912.746,58	13,3
Bayern	6169	9,8	84	12,7	663.930,03	9,7
Berlin	3225	5,1	26	3,9	377.524,83	5,5
Brandenburg	1231	2,0	13	2,0	148.330,72	2,2
Bremen	358	0,6	4	0,6	26.869,67	0,4
Hamburg	1476	2,3	14	2,1	162.816,55	2,4
Hessen	6186	9,8	62	9,4	747.135,40	10,9
Mecklenburg-Vorpommern	714	1,1	7	1,1	62.709,31	0,9
Niedersachsen	6061	9,6	62	9,4	617.496,77	9,0
Nordrhein-Westfalen	17.244	27,3	165	24,9	1.865.238,86	27,2
Rheinland-Pfalz	4413	7,0	44	6,6	417.883,55	6,1
Saarland	1093	1,7	9	1,4	100.666,30	1,5
Sachsen	2056	3,3	23	3,5	202.357,37	2,9
Sachsen-Anhalt	1264	2,0	12	1,8	135.494,01	2,0
Schleswig-Holstein	2544	4,0	28	4,2	237.032,65	3,5
Thüringen	1260	2,0	12	1,8	116.083,98	1,7
Auslands-/bundesunmittelbare Mitglieder	465	0,7	2	0,3	70.397,08	1,0
Gesamt	63.050	100	662	100	6.864.713,66	100

Anmerkungen: eigene Berechnung der Prozentwerte; Stand der Mitgliedsdaten: 31. Dezember 2017; die Delegiertenstimmen der Landesverbände, gültig für den Zeitraum vom 1. Mai 2017 bis 30. April 2019, berechnen sich aus der jeweiligen Mitgliederzahl am 31. Dezember 2016 und der Wählerstimmenzahl bei der Bundestagswahl am 22. September 2013 (siehe § 13 Abs. 3 Bundessatzung der FDP); die Mitgliedsbeiträge beinhalten auch die nachgeordneten Gebietsverbände des jeweiligen Landesverbands
Quellen: Mitgliedsbeiträge aus der Bekanntmachung von Rechenschaftsberichten politischer Parteien für das Kalenderjahr 2016 (BT-Drucksache 19/2300), Niedermayer 2018

- Jedes Mitglied kann am Bundesparteitag teilnehmen. Rede- und Stimmrecht haben aber nur die Delegierten (§ 13 Abs. 1 Bundessatzung der FDP).
- Der oder die Spitzenkandidatin zur Bundestagswahl kann durch einen Mitgliederentscheid gewählt werden (§ 21 Abs. 1 Bundessatzung der FDP). Bei den Wahlbewerbern in den Wahlkreisen und auf Landeslisten erfolgt die Aufstellung unverändert entweder auf einer Mitglieder- oder einer Delegiertenversammlung, wie es auch im Bundeswahlgesetz so nur vorgesehen ist.
- Auch bei der innerparteilichen Willensbildung zu Sachthemen wurde die direkte Demokratie gestärkt. Erstens wurde die Mindestbeteiligungsquote für Mitgliederentscheide herabgesetzt. Findet ein Antrag eine Mehrheit, muss diese mindestens 15 % der zur Abstimmung berechtigten Mitglieder abdecken (§ 21 Abs. 6 Bundessatzung der FDP). Zweitens kann die Stimmabgabe neben der Briefwahl nun auch online oder durch dezentrale Präsenzwahl bzw. in einer Kombination dieser drei Instrumente erfolgen (§ 21 Abs. 4 Bundessatzung der FDP).
- Mitgliederbefragungen und -begehren haben lediglich eine konsultative Funktion. Darüber hinaus können Stimmungsbilder zu Einstellungen und Sichtweisen der Parteimitglieder in demoskopieähnlichen Umfragen bzw. Online-Abstimmungen gewonnen und direkt gegenüber der Bundesspitze zum Ausdruck gebracht werden. Beispielsweise beteiligten sich an einer Online-Mitgliederbefragung im Jahr 2016 nach Angaben der Bundesgeschäftsstelle ca. 10.000 Mitglieder.
- Bundesfachausschüsse, liberale Foren und Kommissionen wurden als Gremien des parteibezogenen Wissensaustausches und -aufbaus gestärkt. Sie verfügen über ein Antrags- und Entschließungsrecht zum Bundesparteitag (§ 22 Abs. 5 Bundessatzung der FDP).

Diese Bemühungen zur Stärkung der innerparteilichen Demokratie werden jedoch kaum ausreichen, eine „Mitgliederkleinpartei" (Wiesendahl 2006: 27), die bis heute Züge einer Honoratiorenpartei aufweist, in eine Mitmachpartei, wie sie für Bewegungsparteien typisch ist (Rucht 1987), zu transformieren. Dagegen sprechen zwei Argumente. Erstens überwiegt deutlich Zufriedenheit unter den aktiven Mitgliedern mit den etablierten Verfahren der innerparteilichen Mitwirkung. So interpretieren lässt sich das Ergebnis einer Befragung von FDP-Mitgliedern durch das Institut für Parlamentarismusforschung (IParl), die sich an der Kandidatenaufstellung zur Bundestagswahl 2017 beteiligt hatten.[2] Auf die Frage, wie zufrieden sie „mit dem Angebot an Beteiligungsmöglichkeiten bei der Kandidatenaufstellung" in ihrer Partei sind, antworteten 29 % „sehr zufrieden" und 55 % „zufrieden", aber nur zusammengenommen 16 % „weniger zufrieden" und „gar nicht zufrieden".

Zweitens ist die Mitgliederbasis mit 63.050 Mitgliedern eher dünn und überaltert (siehe Tab. 2). Während der Anteil der bis 30-jährigen bei 15 % liegt, sind die Älteren (ab 61 Jahre) überrepräsentiert, auch im Vergleich zur Bevölkerung (Niedermayer 2018: 349). Vielerorts ist man froh über jeden, der sich einbringt und Verantwortung übernimmt. Gerade für kleinere Landesverbände mit weniger oder nur etwas mehr als 1000 Mitgliedern (siehe Tab. 3) stellt der fehlende Nachwuchs zunehmend eine Herausforderung für die Aufrechterhaltung der Parteiarbeit an der Basis dar. In Stadtstaaten, wie z. B. Hamburg, mag dies noch handhabbar sein, in ostdeutschen Flächenländern dagegen wie z. B. Mecklenburg-Vorpommern oder Sachsen-Anhalt gelten erschwerte Bedingungen. Zur Illustration: Dort kamen bei den Nominierungen der Wahlkreiskandidaten zur Bundestagswahl 2017 insgesamt nur 112 von 714 FDP-Mitgliedern (in den sechs Wahlkreisen Mecklenburg-Vorpommerns) bzw. 224 von 1264 FDP-Mitgliedern (in den neun Wahlkreisen Sachsen-Anhalts) auf Mitgliederversammlungen zusammen, so der Befund des besagten IParl-Projekts. Dies entspricht einer Partizipationsquote, auf den jeweiligen Landesverband bezogen, von 15,7 bzw. 17,7 % (siehe auch Höhne/Pyschny 2019: 181).

4 Personelle Neuaufstellung über die Landesverbände

Bei Wahlen präsentieren sich Parteien den Wählern nicht nur mit ihrem Programm, sondern auch mit Personen. Neben den für den Wahlerfolg besonders wichtigen Spitzenkandidaten der Parteien, die das äußere Erscheinungsbild einer Partei in besonderer Weise prägen, gehören dazu auch die Kandidaten in

---

[2] Zum Forschungsprojekt siehe www.iparl.de. Bei der FDP fand die Erhebung zwischen 28. September 2016 (Wahlkreise Nürtingen und Biberach) und 13. Mai 2017 (Wahlkreis Homburg) statt. Befragt wurden alle auswahlberechtigten Parteimitglieder auf den Versammlungen für insgesamt 15 bzw. 8 zufällig ausgewählte FDP-Wahlkreis- und Landeslistennominierungen. Die Anzahl der Befragten beträgt bei der FDP 2373. 1193 haben teilgenommen, was einem Rücklauf von 50,3 % entspricht.

den Wahlkreisen und auf den Landeslisten, die durch eigene Wahlkampfaktivitäten zur Wahrnehmung ihrer Partei vor Ort bzw. im Bundesland maßgeblich beitragen. Hält der Personalisierungstrend von Politik unvermindert an (Kaase 1994: 213 f.; Jun/Höhne 2007: 93 f.), wovon auszugehen ist, wird auch die Bedeutung der Personalauswahl innerhalb des wahrzunehmenden Katalogs an Funktionen der Parteien (Jun 2013) weiter zunehmen. Insofern scheint es folgerichtig, dass die FDP zur Bundestagswahl 2017 erhebliche Anstrengungen unternommen hat, sich ihren potenziellen Wählern mit möglichst frisch anmutenden Kandidaten zu präsentieren.

Entscheidend für den Sprung vom Kandidaten zum Abgeordneten sind bei der FDP die Listen der Landesverbände. Wahlkreiskandidaten haben üblicherweise keine Chance, gewählt zu werden.[3] Allerdings wird, wie im deutschen Rekrutierungssystem typisch, auch bei der FDP für eine Listenplatznominierung üblicherweise eine Aufstellung im Wahlkreis vorausgesetzt (Höhne 2017: 234). So waren alle im September 2017 gewählten Bundestagsabgeordneten der FDP auch im Wahlkreis nominiert worden. Fasst man die Ergebnisse einer Analyse der Landeslisten zur Bundestagswahl 2017 zusammen (Höhne/Hellmann 2017: 33–45), so zeigt sich, dass sich auf den aussichtsreichen Plätzen vor allem Personen wiederfinden, die auf Bundesebene bis dahin zumeist wenig erfahren waren, dafür aber mit landespolitischer Expertise, vor allem als Landesvorsitzende und/oder Fraktionschefs bzw. Abgeordnete eines Landesparlaments, punkten konnten. Dazu gehören neben Christian Lindner (Nordrhein-Westfalen), u. a. Wolfgang Kubicki (Schleswig-Holstein), Nicola Beer (Hessen), Katja Suding (Hamburg), Lencke Steiner (Bremen) und Christian Dürr (Niedersachsen).

Für das Argument der gelungenen personellen Neuaufstellung spricht, dass von den 93 Abgeordneten, die nach der Wahl 2013 den Bundestag verlassen mussten, lediglich 17 ein Comeback im September 2017 gelungen ist. Diese gehörten 2013 nicht zum Spitzenpersonal; sie kandidierten eher auf hinteren Listenplätzen für den Bundestag. Insofern stehen sie auch weniger mit der elektoralen Negativ-Performanz ihrer Partei in Verbindung, was innerparteilich nicht selten einen Makel darstellt. Kurzum: Die amtierende Bundestagsfraktion wird von Politikern dominiert, die den Politikbetrieb in der Hauptstadt erst noch kennenlernen (mussten), aber dennoch über politische Professionalität verfügen. Dies ist keine schlechte Voraussetzung für die Arbeitsfähigkeit der Fraktion.

---

[3]Während 1949 noch zwölf, 1953 immerhin 14 und 1957 nur noch ein Liberaler ein Direktmandat erringen konnte, wurde 1990 mit Uwe Lühr der bis heute letzte FDP-Kandidat direkt in den Bundestag gewählt.

Allerdings birgt sie ein Risiko für die Landesverbände. Dort haben nun Nachrücker das Ruder in der Hand, die kaum bekannt und im Politikgeschäft zumeist wenig erfahren sind. Die einstigen Hoffnungsträger, die ihren Verband zurück ins Landesparlament geführt oder dort gehalten haben, sind fast ausnahmslos in Berlin eingebunden, zumindest während der Sitzungswochen des Bundestages.

Betrachtet man die aktuelle Bundestagsfraktion im Hinblick auf ihre soziostrukturelle Zusammensetzung lässt sich festhalten, dass sie im Vergleich zur zwischen 2009 und 2013 amtierenden zwar nicht weiblicher, dafür aber etwas jünger geworden ist. 2013 betrug der Frauenanteil 24,7 % (23 von 93), 2017 nur noch 23,8 % (19 von 80) (Feldkamp 2018: 211). Das Durchschnittsalter sank nach Angabe des Parlamentsarchivs des Deutschen Bundestages von 47,6 auf 45,5 Jahre. Damit ist die FDP-Fraktion die im Mittel jüngste im Bundestag. Ihr jüngstes Mitglied wurde 1992 geboren, ihr ältestes 1940. Beim Vergleich der damaligen mit der heutigen Fraktion ist jedoch relativierend einzubeziehen, dass 2009 mit dem Zweitstimmenergebnis von 14,6 % und einer Abgeordnetenstärke von 93 Männern und Frauen ein historischer Rekord erzielt wurde. Demnach konnten wahrscheinlich auch Kandidaten einen Sitz einnehmen, die selbst nicht damit gerechnet hätten.

Bei der personellen Wahlvorbereitung zur Bundestagswahl 2017 wurde also augenscheinlich verstärkt auf jüngere, nicht aber auf mehr weibliche Kandidaten gesetzt. Trotzdem liegt der Frauenanteil unter den Abgeordneten zwei Prozentpunkte über dem der Mitglieder, der Ende 2017 21,9 % betrug und – dies sei hier nur angemerkt – seit 2014 gegenläufig zu den anderen Parteien Jahr für Jahr etwas sinkt (Niedermayer 2018: 355). Bedenkt man, dass die FDP auch unter ihrem Reformer Lindner nach wie vor keine Frauenquote verabschiedet hat, haben sich in manchen Landesverbänden Frauen auf niedrigem Niveau noch vergleichsweise gut durchgesetzt, zumindest auf den vorderen Listenplätzen. Beispielsweise sind zwei der vier Abgeordneten aus Rheinland-Pfalz weiblich; in Hessen sind es zwei von sechs oder in Bayern drei von zwölf. Schlechter sieht es hingegen vor allem in den ostdeutschen Verbänden aus. Dort wurden nur in Brandenburg weibliche Kandidaten für die aussichtsreichen Plätze nominiert. Die Liste in Mecklenburg-Vorpommern kam nur mit einer Frau aus.

Bei den Berufen der FDP-Abgeordneten lässt sich ein hoher Anteil an Selbstständigen und Freiberuflern ausmachen. 46 Mandatsträger können zu dieser Gruppe gezählt werden.[4] Dies entspricht einem hohen Anteil von 57,5 %

---

[4]Eigene Zählung nach Angaben des Bundeswahlleiters und des Bundestages, Stichtag: 31. Juli 2018.

innerhalb der Fraktion. Freilich sind bei einer Berufsklassifizierung immer Interpretationsspielräume gegeben, besonders, wenn sie auf Selbstangaben beruhen. Dennoch kann summa summarum für die FDP im Parlament eine wirtschaftsnahe Repräsentation konstatiert werden. Sie korrespondiert wiederum mit ihrer typischen Wählerschaft, bei der Selbstständige und leitende Angestellte überproportional stark vertreten sind (siehe für die letzte Bundestagswahl Hilmer/ Gagné 2018: 390).

5 Fazit: Wiederauferstanden auf der Oppositionsbank

Relativ rasch hat sich die FDP wiederaufgerichtet, Kampagnenfähigkeit zurückerlangt, Imagekorrekturen vorgenommen und sich vor allem sowohl programmatisch wie organisatorisch und personell verändert. Folge davon war eine erfolgreiche Rückkehr in den Bundestag. Macher des Parteiwandels und des Wahlerfolgs ist Christian Lindner (so auch Patton 2018: 138), der seiner Partei eine moderate Reformagenda verschrieben hat, ihr während des Veränderungsprozesses organisationspsychologisch Mut machte, als Spiritus Rector thematisch inspirierte und bei Personalentscheidungen Führung bot. Die Partei folgte ihm bereitwillig, wesentlich auch, weil er die innerparteilichen Aushandlungsmechanismen als ehemaliger Generalsekretär gut kannte und auf dem Reformweg beachtete. Kritische Stimmen aus der Partei wurden so nicht öffentlich vernehmbar. Viele Parteimitglieder fühlten sich in den Reformprozess einbezogen, den Lindner im Hintergrund bestimmte und auf der Vorderbühne präsentierte. Ein langjähriger journalistischer Beobachter formuliert es bildhaft: „Dieses Prinzip zieht sich wie ein roter Faden durch Lindners Wirken: Die Partei tanzt freudig nach seiner Pfeife, weil sie von ihm das Gefühl vermittelt bekommt, an der Melodie mitschreiben zu dürfen" (Maron 2018). Inhaltlich wurde auf diesem Weg der wirtschaftsliberale Kern der Partei durch Schwerpunktsetzungen in der Bildungspolitik und der Digitalisierung ergänzt; die in der Ära Westwelle realiter einseitige Ausrichtung auf Koalitionsaussagen zugunsten der Union partiell aufgebrochen.

Unter Lindners Führung wurden die Bundesspitze gestärkt und zum Teil neues Spitzenpersonal bei den Landtagswahlen, die zwischen 2013 und 2017 stattfanden, sowie auf den Landeslisten zur Bundestagswahl 2017 eingesetzt. Die entschlossene Erneuerung der FDP erfolgte aber nicht nur personell über die Landesverbände, sondern auch finanziell über diese durch die für die traditionellen innerparteilichen Land-Bund-Beziehungen bemerkenswerte Sonderumlage.

Bezüglich der erweiterten Mitspracherechte einfacher Mitglieder in den internen Willensbildungsprozessen wird abzuwarten sein, wie sie in der Praxis genutzt werden. Da auch für die FDP die Tendenz der Mitgliederentwicklung, von der jüngsten Aufwärtsbewegung abgesehen, tendenziell nach unten weist, stößt aber schon heute im Prinzip kaum jemand auf größere Partizipationsbarrieren.

Für einige Beobachter überraschend verzichtete die FDP nach der für sie erfolgreichen Bundestagswahl auf Regierungsämter. Aus Lindners Sicht überwogen die Risiken einer Regierungsbeteiligung in einer Jamaika-Koalition mit den Unionsparteien und Bündnisgrünen gegenüber den Chancen, die sich aus einer solchen ergeben hätten (dazu auch schon Höhne/Hellmann 2017: 68). Die Parteiführung hat damit jedoch den Teil ihrer Wählerschaft enttäuscht, der auf Durchsetzungsfähigkeit gehofft hatte oder mit seiner Wahl eine Fortsetzung der Koalition aus Union und SPD verhindern wollte. Die Art und Weise des Abbruchs hat Lindner und der FDP zudem Sympathien gekostet. Diese gilt es nun von den Oppositionsbänken aus zurückzugewinnen und eine klare Koalitionsstrategie zu entwerfen, will die FDP nicht dauerhaft in der Opposition verbleiben. Nach wie vor plädiert die Mehrheit unter den Parteitagsdelegierten in der FDP für eine Regierungszusammenarbeit mit den Unionsparteien (Glock 2017: 196), doch eine absolute Bundestagsmehrheit für ein schwarz-gelbes Bündnis ist derzeit nicht in Reichweite.

Literatur

Anan, Deniz (2017): Parteiprogramme im Wandel: Ein Vergleich von FDP und Grünen zwischen 1971 und 2013, Wiesbaden.
Beschluss des 66. Ord. Bundesparteitags der FDP, Berlin, 16. Mai 2015: Mehr Chancen durch mehr Freiheit: Projekte für eine Republik der Chancen.
Beyme, Klaus von (2013): Liberalismus. Theorien des Liberalismus und Radikalismus im Zeitalter der Ideologien 1789–1945, Wiesbaden.
Bieber, Ina/Roßteutscher, Sigrid (2014): Dominante Union und taumelnde FDP: Zur Ausgangslage der Bundestagswahl 2013, in: Schmitt-Beck, Rüdiger/Rattinger, Hans/Roßteutscher, Sigrid/Weßels, Bernhard/Wolf, Christof (Hrsg.): Zwischen Fragmentierung und Konzentration: Die Bundestagswahl 2013, Baden-Baden, S. 19–34.
Bukow, Sebastian/Jun, Uwe (2017): Parteien unter Wettbewerbsdruck, in: dies. (Hrsg.), Parteien unter Wettbewerbsdruck, Wiesbaden, S. 1–11.
Bundessatzung der Freien Demokratischen Partei, Fassung vom 12. Mai 2018.
Buschmann, Marco (o. J.): Der Turnaround der FDP: Auch eine Frage der Markenpositionierung, o. O.
Butzlaff, Felix (2017): Die FDP. Von der honorigen Bürgerpartei zur Partei der Besserverdiener, in: Wiesendahl, Elmar (Hrsg.): Parteien und soziale Ungleichheit, Wiesbaden, S. 169–190.

Decker, Frank (2015): Parteiendemokratie im Wandel. Beiträge zur Theorie und Empirie, Baden-Baden.
Dittberner, Jürgen (2010): Die FDP. Geschichte, Personen, Organisation, Perspektiven. Eine Einführung, Wiesbaden.
Ergebnis der Sondierungsgespräche zwischen CDU/CSU, FDP und Bündnis 90/Die Grünen (2017), Berlin.
Feldkamp, Michael F. (2018): Deutscher Bundestag 1998 bis 2017/18: Parlaments- und Wahlstatistik für die 14. bis 19. Wahlperiode, in: Zeitschrift für Parlamentsfragen, 49. Jg., H. 2, S. 207–222.
Forschungsgruppe Wahlen e.V. (Hrsg.) (2017): Newsletter zur Bundestagswahl am 24. September 2017, Mannheim.
Franzmann, Simon T. (2012): Die liberale Parteienfamilie, in: Jun, Uwe/Höhne, Benjamin (Hrsg.): Parteienfamilien. Identitätsbestimmend oder nur noch Etikett?, Opladen/Berlin/Toronto, S. 155–184.
Franzmann, Simon T. (2018): Die Schwäche der Opposition, die Außerparlamentarische Opposition und die Emergenz neuer Regierungsperspektiven, in: Zohlnhöfer, Reimut/Saalfeld, Thomas (Hrsg.), Zwischen Stillstand, Politikwandel und Krisenmanagement, Eine Bilanz der Regierung Merkel III, Wiesbaden, S. 141–168.
Freckmann, Michael (2018): Linders FDP. Profil – Strategie – Perspektiven. Frankfurt am Main.
Freie Demokraten (FDP) (2017): Denken wir neu. Das Programm der Freien Demokraten zur Bundestagswahl 2017: „Schauen wir nicht länger zu.", Berlin.
Glock, Florian (2017): Die FDP in der außerparlamentarischen Opposition: Innerparteiliche Willensbildung und Einstellungen der Parteitagsdelegierten, in: Bukow, Sebastian/Jun, Uwe (Hrsg.): Parteien unter Wettbewerbsdruck, Wiesbaden, S. 181–201.
Hilmer, Richard/Gagné, Jérémie (2018): Die Bundestagswahl 2017: GroKo IV – ohne Alternative für Deutschland, in: Zeitschrift für Parlamentsfragen, 49. Jg., H. 2, S. 372–406.
Höhne, Benjamin (2017): Wie stellen Parteien ihre Parlamentsbewerber auf? Das Personalmanagement vor der Bundestagswahl 2017, in: Koschmieder, Carsten (Hrsg.): Parteien, Parteiensysteme und politische Orientierungen. Aktuelle Beiträge aus der Parteienforschung, Wiesbaden, S. 227–253.
Höhne, Benjamin/Hellmann, Daniel (2017): DIE FREIEN DEMOKRATEN. Comeback der FDP mit neuer Mannschaft, Mit-Mach-Organisation und Mut-Mach-Liberalismus, Konrad-Adenauer-Stiftung, Sankt Augustin/Berlin.
Höhne, Benjamin/Pyschny, Anastasia (2019): Parteien in Sachsen-Anhalt: programmatische Schwerpunkte, Mitgliederentwicklung, organisatorischer Aufbau und interne Willensbildung, in: Stöcker, Roger/Reichel, Maik (Hrsg.): Sachsen-Anhalt – eine politische Landeskunde. Politik, Land, Leute, Halle/Saale, S. 169–187.
Jakobs, Simon/Jun, Uwe (2018): Parteienwettbewerb und Koalitionsbildung in Deutschland 2017/18: Eine Analyse der Wahlprogramme, in: Zeitschrift für Parlamentsfragen, 49. Jg., H. 2, S. 265–285.
Jun, Uwe (2013): Typen und Funktionen von Parteien, in: Niedermayer, Oskar (Hrsg.), Handbuch Parteienforschung, Wiesbaden, S. 119–144.
Jun, Uwe (2015): Der elektorale Verlierer der Regierung Merkel II: Gründe für den Absturz der FDP, in: Zohlnhöfer, Reimut/Saalfeld, Thomas (Hrsg.): Politik im Schatten der Krise. Eine Bilanz der Regierung Merkel 2009-2013, Wiesbaden, S. 113–135.

Jun, Uwe/Höhne, Benjamin (2007): Erfolgreiche Personalisierung und missglückte Themenorientierung: Die SPD-Wahlkämpfe in Rheinland-Pfalz und Baden-Württemberg, in: Schmid, Josef/Zolleis, Udo (Hrsg.): Wahlkampf im Südwesten. Parteien, Kampagnen und Landtagswahlen 2006 in Baden-Württemberg und Rheinland-Pfalz, Münster u. a., S. 88–115.

Kaase, Max (1994): Is There Personalization in Politics? Candidates and Voting Behavior in Germany, in: International Political Science Review, 15. Jg., H. 3, S. 211–230.

König, Pascal D. (2018): Digitalpolitische Positionen im deutschen Parteiensystem. Eine Analyse der Parteipositionen zu den Bundestagswahlen der Jahre 2009, 2013 und 2017, in: Zeitschrift für vergleichende Politikwissenschaft, 12. Jg., H. 2, S. 399–427.

Korte, Karl-Rudolf/Michels, Dennis/Schoofs, Jan/Switek, Niko/Weissenbach, Kristina (2018): Parteiendemokratie in Bewegung. Organisations- und Entscheidungsmuster der deutschen Parteien im Vergleich, Baden-Baden.

Lindner, Christian (2017): Schattenjahre. Die Rückkehr des politischen Liberalismus, Stuttgart.

Maron, Thomas (2018): Warum die FDP nach Lindners Pfeife tanzt, in: politik&kommunikation, 2/2018, S. 42–43.

Michal, Wolfgang (2017): AfD light: Lindners neue FDP, in: Blätter für deutsche und internationale Politik, H. 8, S. 25–28.

Montag, Tobias (2015): Organisiert aus der Krise. Der 66. Ordentliche Bundesparteitag der FDP, Berlin, 15. bis 17. Mai 2015, in: Parteienmonitor aktuell, Konrad-Adenauer-Stiftung, Hauptabteilung Politik und Beratung, o. O.

Niedermayer, Oskar (2018): Parteimitgliedschaften im Jahre 2017, in: Zeitschrift für Parlamentsfragen, 49. Jg., H. 2, S. 346–371.

Niedermayer, Oskar (2015): Von der dritten Kraft zur marginalen Partei: Die FDP von 2009 bis nach der Bundestagswahl 2013, in: Ders. (Hrsg.): Die Parteien nach der Bundestagswahl 2013, Wiesbaden, S. 103–134.

Patton, David F. (2018): The Free Democrats' Second Chance, in: German Politics, 27. Jg., H. 1, S. 136–140.

Patton, David F. (2015): The Prospects of the FDP in Comparative Perspective: Rest in Peace or Totgesagte leben länger?, in: German Politics, 24. Jg., H. 2, S. 179–194.

Rucht, Dieter (1987): Zum Verhältnis von sozialen Bewegungen und politischen Parteien, in: Journal für angewandte Sozialforschung, 27. Jg., H. 3/4, S. 297–313.

Schubert, Thomas (2013): Vorstufe der Koalitionsbildung oder strategisch-taktische Wahlkampfinstrumente? Koalitionsaussagen vor Bundestagswahlen, in: Decker, Frank/Jesse, Eckhard (Hrsg.): Die deutsche Koalitionsdemokratie vor der Bundestagswahl 2013, Baden-Baden, S. 97–113.

Siefken, Sven (2018): Regierungsbildung „wider Willen" – der mühsame Weg zur Koalition nach der Bundestagswahl 2017, in: Zeitschrift für Parlamentsfragen, 49. Jg., H. 2, S. 407–436.

Treibel, Jan (2014): Die FDP. Prozesse innerparteilicher Führung 2000-2012, Baden-Baden.

Vogel, Johannes (2017): Mit wem lässt sich etwas bewegen? Die sozialpolitische Agenda der FDP, in: Neue Gesellschaft, Frankfurter Hefte, 64. Jg., H. 7/8, S. 54–57.

Vorländer, Hans (2014): Das bundespolitische Ende der FDP? Personal, Organisation, Programmatik, Koalitionsstrategien, Wahlergebnis, in: Jesse, Eckhard/Sturm, Roland (Hrsg.): Bilanz der Bundestagswahl 2013, Voraussetzungen, Ergebnisse, Folgen, Baden-Baden, S. 277–294.

Vorländer, Hans (2013): Welche Koalition sichert das Überleben? Bündnisaussichten der FDP, in: Decker, Frank/Jesse, Eckhard (Hrsg.): Die deutsche Koalitionsdemokratie vor der Bundestagswahl 2013, Baden-Baden, S. 389–404.

Vorländer, Hans (2007): Freie Demokratische Partei (FDP), in: Decker, Frank/Neu, Viola (Hrsg.): Handbuch der deutschen Parteien, Wiesbaden, S. 276–288.

Wiesendahl, Elmar (2006): Mitgliederparteien am Ende? Eine Kritik der Niedergangsdiskussion, Wiesbaden.

Gekommen, um zu bleiben? Zum Zusammenhang des Institutionalisierungsprozesses der AfD und ihrer Erfolgschancen nach der Bundestagswahl 2017

Anne Böhmer und Kristina Weissenbach

> **Zusammenfassung**
>
> *„Wir sind gekommen, um zu bleiben, weil Deutschland uns braucht"* erklärte Frauke Petry, die damalige Bundes- und sächsische Landes- und Fraktionsvorsitzende der AfD, in ihrer Rede anlässlich des Bundesparteitags 2015 (Petry 2015).
>
> Mit 12,6 % der abgegebenen Zweitstimmen gelang der Alternative für Deutschland (AfD) tatsächlich die Überwindung der Sperrklausel bei der Bundestagswahl 2017. Dabei sind neue Parteien für das politische System Deutschlands eher Ausnahme als Regel. Die Genese und der Institutionalisierungsprozess spielen für den Erfolg der Partei bei und nach der Bundestagswahl 2017 – so die Vorannahme unseres Beitrags – eine gewichtige Rolle.
>
> Der Aufsatz rekonstruiert in einem ersten Schritt entlang eines Stufenmodells die Genese und die Institutionalisierung der AfD im deutschen Parteiensystem und analysiert zweitens, welche Aspekte der Institutionalisierung für die Wettbewerbsfähigkeit der neuen Partei im Kontext und im Nachgang der Bundestagswahl 2017 ausschlaggebend sind.

A. Böhmer (✉)
Landtag NRW, Düsseldorf, Deutschland
E-Mail: anne.boehmer@landtag.nrw.de

K. Weissenbach
Institut für Politikwissenschaft, Universität Duisburg-Essen, Duisburg, Deutschland
E-Mail: kristina.weissenbach@uni-duisburg-essen.de

1 Einleitung: Gekommen, um zu bleiben?

„Wir sind gekommen, um zu bleiben, weil Deutschland uns braucht" erklärte Frauke Petry, die damalige Bundes- und sächsische Landes- und Fraktionsvorsitzende der AfD, in ihrer Rede anlässlich des Bundesparteitags 2015 (Petry 2015).

Tatsächlich gelang es der neu gegründeten Alternative für Deutschland (AfD) nach dem knappen Scheitern bei der Landtagswahl in Hessen und der Bundestagswahl im Jahr 2013 – nur fünf Monate nach dem Gründungsparteitag – in allen darauffolgenden Landtagswahlen die Sperrklausel zu überwinden. Dabei sind neue Parteien für das politische System Deutschlands eher Ausnahme als Regel. Zerbrachen viele junge Parteien wie die Piratenpartei an innerorganisationalen Problemen, an Faktionalismus oder mangelnder Verankerung in der Gesellschaft, so überstand die AfD selbst das Zerwürfnis mit Parteimitbegründer Lucke. Deutlich schneller und auch deutlich sichtbarer als noch die Piraten, konnte sich die Partei als Akteur auf der politischen Bühne positionieren. Spätestens seit der Bundestagswahl 2017 wissen wir, dass die AfD für viele Bürger eine wählbare Alternative ist: Mit 12,6 % der abgegebenen Zweitstimmen gelang ihr die Überwindung der Sperrklausel nun auch auf Bundesebene (Bundeswahlleiter 2017a). Damit zog, seit dem Eintritt der Grünen 1983, das erste Mal wieder eine neu gegründete Partei in den deutschen Bundestag ein. Mit diesem Erfolg liegt die Partei im europaweiten Trend: Alleine in den Jahren 2015, 2016 und 2017 gelang 31 neuen Parteien in 23 EU-Mitgliedstaaten der Einzug in die Nationalparlamente (Lefkofridi/Weissenbach 2016).

Die Parteieninstitutionalisierungsforschung zeigt, dass dieser Moment im Lebenszyklus einer Partei (Pedersen 1982/1991) besondere Anforderungen an junge Parteien stellt (Bolleyer 2013; Bolleyer/Bytzek 2016; Lefkofridi/Weissenbach 2016, 2018). Der Genese und den Institutionalisierungsschritten im Vorfeld des Eintritts in das nationale Parlament wird für die weitere Wettbewerbsfähigkeit besondere Bedeutung zugesprochen (Panebianco 1988, Weissenbach 2010, Arter 2016, Lefkofridi/Weissenbach 2018).

An dieser Stelle setzt unsere Analyse des Institutionalisierungsprozesses der AfD an. Vor dem Hintergrund eines fünfstufigen Modells der Parteieninstitutionalisierung (Weissenbach/Bukow 2019), das einem mehrdimensionalen und prozessualen Verständnis von Parteieninstitutionalisierung folgt (Panebianco 1988, Levitsky 1998, Randall and Svåsand 2002, Weissenbach 2010/2016, Bolleyer 2013; Harmel/Svasand/Mjelde 2018), ist die zentrale Forschungsfrage des Aufsatzes:

Welche Bedeutung haben die Gründungsform und der Institutionalisierungsprozess der AfD vor der Bundestagswahl 2017 für ihre Wettbewerbsfähigkeit im nationalen Parlament?

Der Aufsatz legt in einem ersten Schritt kurz das fünfstufige Modell der Parteieninstitutionalisierung dar und rekonstruiert, zweitens, entlang der Stufen *stage of party building, stage of declaration, stage of objective institutionalization, stage of external institutionalization,* sowie der *stage of internal institutionalization* die Genese und die Institutionalisierungsschritte der AfD im deutschen Parteiensystem. Abschließend wird diskutiert, welche *objektiven, externen* und *internen* Aspekte des Institutionalisierungsprozesses für die Wettbewerbsfähigkeit der neuen Partei im Kontext und im Nachgang der Bundestagswahl 2017 ausschlaggebend sind.

Während Daten zu *objektiven* Aspekten der Parteieninstitutionalisierung der AfD (wie z. B. Parteialter, Wahlerfolg im Mehrebenensystem, Mitgliederzahlen) gut zugänglich sind, muss sich die Analyse von *internen* und *externen* Indikatoren der Parteieninstitutionalisierung, die häufig informal und schwierig zu erheben sind (wie z. B. die Routinisierung interner Entscheidungsverfahren, die Identifikation der Partei-Elite mit der Partei, interne und externe Abhängigkeitsverhältnisse, innerparteiliche Willensbildungsprozesse oder das Vertrauen der Bevölkerung in eine Partei), auf Feld- und Interviewphasen der Autorinnen (Böhmer 2017) stützen. Der Beitrag basiert auf einem Mixed-Methods-Forschungsdesign, bestehend aus Umfragedaten, Daten aus eigener Interviewführung mit Parteivertretern sowie Beobachtungsprozessen der Parteitage.

2 Stufen der Parteieninstitutionalisierung

Das Stufenmodell der Parteieninstitutionalisierung schließt an die Konzeptionalisierung und Operationalisierung aus der internationalen Parteienforschung (Pedersen 1982, 1991; Panebianco 1988; Randall/Svasand 2002; Basedau/Stroh 2008; Harmel/Mjelde/Svåsand 2018), sowie an Vorarbeiten der Autorinnen (Weissenbach 2010, 2016; Weissenbach/Bukow 2019) an und differenziert fünf Phasen der Institutionalisierung: von der Phase der Parteigründung (stage of party building), über die Registrierung der Partei (stage of declaration), die objektive Institutionalisierung (objective institutionalization), die externe Institutionalisierung (external institutionalization) und die interne Institutionalisierung (internal institutionalization) (vgl. Abb. 1). Damit bezieht sich unser Modell der Parteieninstitutionalisierung zunächst auf Pedersens (1982) Typologie des Lebenszyklus einer Partei (party lifespan). Er konzipiert vier Schwellen im Leben einer Partei:

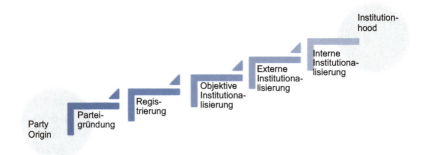

Abb. 1 Stufenmodell der Parteieninstitutionalisierung. (Quelle: Eigene Darstellung (vgl. Weissenbach/Bukow 2019))

Die erste Schwelle, *threshold of declaration* (Pedersen 1982: 6), markiert den Zeitpunkt zu dem eine politische Gruppe sich formal als Partei eintragen lässt, mit der Absicht an politischen Wahlen teilzunehmen. An dieser Stelle ignoriert Pedersen die Bedeutung der Herkunft und Genese einer Partei im Vorfeld ihrer formalen Gründung, die für das Argument der Wettbewerbsfähigkeit der AfD im Kontext und im Nachgang an die Bundestagswahl 2017 eine besondere Rolle einnimmt. Wir beziehen diese frühe Phase der Institutionalisierung daher in unser Stufenmodell ein (vgl. Abb. 1 bzw. Tab. 1). Pedersen (1982: 7) definiert die zweite Hürde des Organisationsaufbaus einer Partei, *threshold of authorization* (Pedersen 1982: 7), als genommen, wenn eine Partei die formalen, staatlichen Anforderungen für die aktive Teilnahme an Wahlen erfüllt. Ab diesem Punkt profitiert eine Partei als Organisation – je nach staatlicher Regelung – häufig von staatlicher, finanzieller Unterstützung oder dem Zugang zu (öffentlichen) Medien. Diese Aspekte können den Institutionalisierungsprozess einer Partei zwar unterstützen, sind aus unserer Perspektive jedoch kein definierendes Merkmal von Parteieninstitutionalisierung. Als dritte Ebene bezeichnet Pedersen die *threshold of representation* (Pedersen 1982: 7), „which is reached if a party wins the number of votes necessary to gain one seat" (ebd.). Zuletzt schließt er mit dem Argument, dass eine Partei von dritten Akteuren (wie Medien oder Wählern) als wettbewerbsrelevant angenommen werden muss (*threshold of relevance* Pedersen 1982: 8), um als stabile Organisation zu gelten. Diese Wahrnehmungsseite des Aufbaus einer Partei wird auch im Forschungsstand zur Parteieninstitutionalisierung stets aufgegriffen (Harmel/Mjelde/Svåsand 2018) und spiegelt sich in unserem Stufenmodell in der Stufe der externen Institutionalisierung einer Partei wider.

Tab. 1 Stufen und Indikatoren der Parteieninstitutionalisierung

Stufe der Parteieninstitutionalisierung	Indikator
Parteigründung	Verbindung zur Zivilgesellschaft (z. B. Kirche, Gewerkschaften, Bewegungen etc.)
Registrierung	Parteisatzung existiert Parteiprogramm existiert Die Anforderungen des politischen Systems zur aktiven Teilnahme an Wahlen sind erfüllt
Objektive Institutionalisierung	Organisationale Präsenz auf allen Ebenen des politischen Systems Politische Aktivität abseits von Wahlen Mitgliederanzahl Wählerzuspruch auf der nationalen Ebene und darüber hinaus auf den anderen Ebenen des politischen Systems Sitze in den Parlamenten auf nationaler sowie untergeordneten Ebenen Wählerzuspruch nach Führungswechsel
Externe Institutionalisierung	Wahrnehmung und Thematisierung der Partei in den Medien / durch andere Parteien Vertrauen der Bevölkerung in die Partei Parteiidentifikation bei Wählerinnen und Wählern
Interne Institutionalisierung	Regelmäßige Parteitage werden abgehalten Innerparteiliche Entscheidungs- und Willensbildungsprozesse routinisieren und de-personalisieren sich von der politischen Führung Partei-Elite und Parteimitglieder identifizieren sich mit dem politischen Programm und den Inhalten der Partei Die Partei tritt geschlossen auf und lässt dabei innerparteiliche Vielfalt zu

Quelle: Eigene Darstellung, in Anlehnung an Randall/Svåsand 2002; Weissenbach 2016; Harmel/Svåsand/Mjelde 2018

Fünf definierende Fragen kennzeichnen die Stufen der Parteieninstitutionalisierung:

1. Parteigründung: Gelingt es der politischen Gruppe sich bereits im Vorfeld der Registrierung in der Gesellschaft zu verankern und Verbindungen zur Zivilgesellschaft aufzubauen?

2. Registrierung: Erfüllt die Partei die formalen staatlichen Voraussetzungen, um an Wahlen teilzunehmen?
3. Objektive Institutionalisierung: Ist es der Partei gelungen eine formale Organisationsstruktur aufzubauen?
4. Externe Institutionalisierung: Wird die Partei von dritten Akteuren des politischen Systems (z. B. Wählerinnen und Wähler, Medien, andere Parteien) als politischer Player wahrgenommen?
5. Interne Institutionalisierung: Routinisieren sich die innerparteilichen Willensbildungs- und Entscheidungsprozesse und identifizieren sich Partei-Elite und Parteimitglieder mit Inhalten und Programmatik der Partei?

Diese Fragestellungen lassen sich durch ein Set unterschiedlicher Indikatoren operationalisieren:

Der Genese und den Institutionalisierungsschritten im Vorfeld des Eintritts in das nationale Parlament wird für den Erfolg einer Partei (im Sinne von Wettbewerbsfähigkeit) besondere Bedeutung zugesprochen. Vor allem objektive Aspekte wie die Organisationsausbildung der Partei (auch auf untergeordneten Ebenen), interne Aspekte der Institutionalisierung wie die Routinisierung von Entscheidungsstrukturen und -prozessen sowie externe Aspekte wie die Wahrnehmung der Partei durch Dritte entscheiden darüber, ob eine neue Partei sich etabliert. Zwar hat die AfD die jeweiligen Stufen der Institutionalisierung bislang nicht in gleichem Maße ausgebildet, dennoch befindet sich die Partei trotz ihres jungen Alters in einem fortgeschrittenen Institutionalisierungsstadium.

2.1 Parteigründung

Die AfD gründete sich im Februar 2013, dem ging allerdings bereits ein etwa drei Jahre andauernder Gründungsprozess voraus. So datiert Niedermayer die eigentliche Gründung auf den 25. März 2010 (vgl. Niedermayer 2014: 177):

> Dies war der Tag, an dem die Bundeskanzlerin vormittags im Bundestag erklärte, die Bundesregierung werde gemeinschaftliche Finanzhilfen für Griechenland nur als letzten Ausweg sehen, und am Abend auf dem EU-Gipfel dem ersten Rettungspaket für das Krisenland zustimmte (Oppelland 2016).

Aus diesem Protest entwickelte sich das Bündnis Bürgerwille. Es formulierte insbesondere Kritik an der Euro-Rettungspolitik und forderte eine stärkere Einbindung der Bürger in politische Entscheidungsprozesse über gesellschaftliche Grundfragen, wie beispielsweise über die nationale Währung oder die Abtretung von nationaler Souveränität. Daraufhin erfolgte die Gründung des Vereins Wahlalternative 2013, der mit den Freien Wählern kooperierte, um an Wahlen teilzunehmen. Bernd Lucke und Konrad Adam, beide Sprecher der Wahlalternative, traten erstmals im Jahr 2013 in Niedersachsen an, erreichten jedoch nur 1,1 % der Stimmen (vgl. Niedermayer 2014: 177). Es folgte die Überführung in eine Partei: Die Alternative für Deutschland.

Auf den ersten Blick ist die AfD eine neue Partei. Völlig neu sind jedoch weder Inhalte der Partei noch ihr Personal. Vielmehr stellt sie „[…] ein Konglomerat aus […] CDU, CSU, FDP sowie ehemaligen Mitwirkenden aus Rechtsaußenparteien wie dem Bund freier Bürger (BFB), der Partei Die Freiheit (DF), den Republikanern und der Schill-Partei dar" (Häusler et al. 2016: 19). Der BFB als „erste rechte Anti-Euro-Partei" (Häusler et al. 2016: 19) Deutschlands muss, nach Häusler, sogar als „Vorläuferpartei" (Häusler et al. 2016: 19) der AfD eingestuft werden. Neben dem BFB und der Wahlalternative gelten die Hayek-Gesellschaft, die Initiative Neue Soziale Marktwirtschaft, das Bündnis Bürgerwille und die fundamental-christliche Zivile Koalition als Vorläufer-Organisationen, aus denen sich ein Großteil der Anhängerschaft der Alternative für Deutschland rekrutierte (vgl. Decker 2016).

Parteien sind in bestimmten gesellschaftlichen Milieus verhaftet und unterhalten Verbindungen zu Verbänden oder zivilgesellschaftlichen Organisationen, da sich in jenen Organisationen auch viele Anhänger verorten lassen, deren Interessen, Meinungen und Werte eine Partei stellvertretend in den politischen Prozess einbringt. In den Gesprächen mit den Mitgliedern der Partei wurde jedoch deutlich, dass die AfD kaum Beziehungen zu zivilgesellschaftlichen Organisationen pflegt. In allen Interviews schilderten die Befragten vielmehr einen wahrgenommenen Ausgrenzungsdruck gegenüber der Partei, der den Aufbau entsprechender Beziehungen verhindere.

> Das ist mir nicht aufgefallen, muss ich ehrlich sagen. Das liegt aber auch daran, dass ein sehr hoher Ausgrenzungsdruck auf der Gesellschaft liegt was die AfD anbetrifft. Wie werden ja nun doch, wie sage ich es mal so schön, man unterlässt nichts, um uns als Unholde und Unmenschen darzustellen, was natürlich generell einen gewissen Ausgrenzungsdruck in der Gesellschaft erzeugt. Viele Menschen, mit denen wir umgehen, die mit uns reden, unterstützen uns zwar im Geiste, aber sie würden sich nicht zu uns bekennen und das macht sich dann auch deutlich darin, dass keine Verbände oder sowas sich explizit zur AfD bekennen. Da ist die Gesellschaft im Großen und Ganzen noch abwartend. Natürlich haben wir Mitglieder, die in den verschiedensten gesellschaftlichen Bereichen tätig sind, auch in Gewerkschaften und Ähnlichem. […] Ich denke, im Schnitt repräsentieren wir schon die Gesellschaft, aber die Durchdringung der einzelnen gesellschaftlichen Kräfte, Gruppen, die ist wahrscheinlich noch relativ gering (Interview 2017).

Es existiert eine Diskrepanz zwischen der recht heterogen ausgeprägten Repräsentation der Gesellschaft innerhalb der AfD-Wählerschaft und ihrer tatsächlichen gesellschaftlichen Verankerung:

> Ich habe mal geguckt, wer uns wählt. Das ist sehr heterogen, also es gibt da kaum klare Tendenzen, sowohl was die Altersgruppen betrifft, überraschenderweise wählen uns die älteren Menschen weniger. […] Von daher kann man jetzt nicht sagen, dass die AfD eine Partei ist, die in bestimmten gesellschaftlichen Gruppen verankert ist. […] Natürlich versuchen wir auf bestimmte Gruppen zuzugehen, deren Anliegen wir auch besonders vertreten. […] Aber zu sagen - wie man gesagt hat, die SPD ist die Arbeiter-Partei - die AfD ist die ‚xy-Partei', das sehe ich im Moment überhaupt nicht. Sondern wir sprechen offensichtlich, auch in den Umfragen, ein ganz breites Spektrum in der Gesellschaft an (Interview 2017).

Stattdessen versucht die Partei insbesondere die sozialen Medien für sich zu nutzen, um sich im Sinne der traditionellen gesellschaftlichen Verankerung über das Internet zu etablieren.

> Wir gelten ja auch so ein bisschen, paradoxerweise als konservative Partei, als Internet-Partei. […] da haben wir die anderen Parteien mittlerweile lange überholt. Und unsere Mitglieder sind extrem aktiv in diesem Feld und machen da sehr viel und darüber generieren wir auch sehr viele Stimmen. Also die Leute, die nicht zu uns kommen, die nehmen uns trotzdem wahr, aber dann überwiegend auf dieser Schiene über die sozialen Netzwerke. Nichtsdestotrotz haben wir parallel auch diese klassischen Strukturen […]. Das trägt natürlich dazu bei das auch nachträglich zu verankern (Interview 2017).

Die Interviews deuten darauf hin, dass die gesellschaftliche Verankerung der AfD hinsichtlich existierender Verbindungen zu zivilgesellschaftlichen Organisationen eher schwach ausgeprägt ist.

2.2 Registrierung

In der Bundesrepublik Deutschland bestimmen hohe formale Hürden den Anerkennungsprozess einer politischen Partei. Für diesen bildet das Parteiengesetz den rechtlichen Rahmen. Aufgrund dessen sind deutsche Parteien naturgemäß bereits in einem frühen Stadium formal stärker organisiert. Nach der Parteigründung am 6. Februar 2013 hielt die AfD im April desselben Jahres ihren Gründungsparteitag ab, auf dem über Vorstand, Satzung und das einstweilige Programm entschieden wurde. Die Partei baute innerhalb kürzester Zeit eine landesweite Struktur auf. Die Gründung der sechzehn Landesverbände erfolgte zwischen März und Mai. Ebenso rasch wurden Listen für die anstehende Bundestagswahl aufgestellt. In einigen Bundesländern gelang ein geregelter Aufbau, in anderen kam es rasch zu Konflikten (vgl. Häusler 2013).

Aus dem Stand gelang es der Partei zur Bundestagswahl anzutreten. Dazu war als nicht-etablierte Partei, nach Definition des Bundeswahlleiters, eine Beteiligungsanzeige bei selbigem nötig, welche umfangreiche Angaben zu umfassen hatte (vgl. Bundeswahlleiter 2017b). Nach der Zulassung durch den Ausschuss musste die Partei entsprechende Landeslisten sowie Direktkandidaturen anmelden. Dazu waren Unterschriften von Unterstützern notwendig: Für Wahlkreiskandidaturen mindestens 200 und für die Wahlteilnahme mit einer Landesliste je nach Größe des Bundeslandes bis zu 2000 Unterschriften (vgl. Bundeswahlleiter 2017b). Dieser Kraftakt gelang der AfD, sodass sie nicht nur in allen Bundesländern an der Bundestagswahl 2013 teilnehmen, sondern auch in 158 der 299 Wahlkreise Direktkandidaten stellen konnte. Mit 4,7 % scheiterte sie nur knapp an der Fünf-Prozent-Hürde (vgl. Oppelland 2016).

2.3 Objektive Institutionalisierung

In der AfD waren im April 2017 26.409 Mitglieder organisiert (Bundeszentrale für politische Bildung 2017). Verglichen mit deutlich zweistelligen Wahlergebnissen – bspw. Sachsen-Anhalt mit 24,3 % der Zweitstimmen, was in absoluten Zahlen 272.496 Stimmen entspricht – steht die Mitgliederzahl noch in keiner Relation (vgl. Statistisches Landesamt Sachsen-Anhalt 2016). Insbesondere die Flügelkämpfe und die daraus resultierende Abspaltung der heutigen Liberal-Konservativen Reformer um Bernd Lucke im Jahr 2015 forderten ihren Tribut. So traten etwa 20 % der Mitglieder aus, schlossen sich der neuen Partei von Lucke an oder beendeten ihr parteipolitisches Engagement gänzlich, abgeschreckt von der Entwicklung der AfD (vgl. Focus 2015). Diese strukturelle Erosion beschränkte sich allerdings vornehmlich auf den Westen Deutschlands. Ein Vergleich der Mitgliederzahlen zeigt, dass alle westlichen Landesverbände Mitglieder verloren haben, während die östlichen Landesverbände Mitglieder dazugewinnen konnten (vgl. Häusler et al. 2016). Vergleicht man die Mitgliederzahlen von AfD, Bündnis 90/Die Grünen und Piratenpartei im vierten Jahr nach ihrer Gründung, sind in der AfD (Grüne: 31.078 Mitglieder) zwar rund 5000 Mitglieder weniger organisiert als bei den Grünen (Probst 2007). Allerdings scheint die Basis der AfD solider ausgebildet zu sein als die der Piraten (Piraten: 11.720 Mitgliedern) (vgl. Statista 2017).

Tab. 2 Parlamentarische Präsenz der AfD in deutschen Landtagen gemessen in Abgeordneten

	Parlamentarische Präsenz	
	12/2017	Nach Wahl
Sachsen	9	14
Brandenburg	10	11
Thüringen	8	11
Hamburg	7	8
Bremen	1	4
Baden-Württemberg	20	23
Sachsen-Anhalt	22	25
Rheinland-Pfalz	14	14
Mecklenburg-Vorpommern	13	18
Berlin	23	25
Saarland	3	3
Schleswig-Holstein	5	5
Nordrhein-Westfalen	13	16
Bundestag	*92*	*94*
Niedersachsen	9	9

Quelle: Eigene Darstellung gemäß den Angaben der AfD-Fraktionen sowie Statistisches Bundesamt 2017, Statistisches Landesamt Baden-Württemberg 2016, Statistisches Landesamt Berlin 2016, Statistisches Landesamt Brandenburg 2014, Statistisches Landesamt Bremen 2015, Statistisches Landesamt Hamburg 2015, Statistisches Landesamt Mecklenburg-Vorpommern 2016, Statistisches Landesamt Niedersachsen 2017, Statistisches Landesamt Nordrhein-Westfalen 2017, Statistisches Landesamt Rheinland-Pfalz 2016, Statistisches Landesamt Saarland 2017, Statistisches Landesamt Sachsen 2014, Statistisches Landesamt Sachsen-Anhalt 2016, Statistisches Landesamt Schleswig-Holstein 2017 und Statistisches Landesamt Thüringen 2014 (Stand: 11. Dezember 2017)

Zum September 2018 ist die AfD in 14 Landesparlamenten sowie im Bundestag vertreten (siehe Tab. 2). Des Weiteren ist die AfD im Europäischen Parlament, mit ursprünglich sieben Abgeordneten, und mittlerweile auch auf kommunaler Ebene vertreten.

Die Organisationsstruktur der AfD ähnelt den Strukturen etablierter Parteien. Die Bundessatzung der Partei regelt, dass in allen Bundesländern Landesverbände bestehen sollen (vgl. § 9 AfD Bundessatzung 2015). Auf regionaler Ebene gibt es, gemäß der jeweiligen Landessatzung, Regional- respektive Bezirksverbände und/oder Kreisverbände, die zurzeit die unterste Gliederung im Organisationsgefüge der Partei darstellen, da Ortsverbände aktuell eher noch die

Ausnahme sind. Die Partei hat, in Relation zu ihrer Mitgliederzahl, ein durchaus engmaschiges Organisationsgefüge aufgebaut. Dennoch wird es unerlässlich sein, die Partei weiter mit Leben respektive Mitgliedern zu füllen, um die vorhandenen Strukturen auszubauen und von unten zu stabilisieren.

Der vierte Abschnitt des Gesetzes über die politischen Parteien regelt ihre staatliche Finanzierung. Die Höhe dieser staatlichen Teilfinanzierung richtet sich nach dem Grad ihrer Verwurzelung in der Gesellschaft über ihren Erfolg bei Europa-, Bundestags- und Landtagswahlen, die Summe ihrer Mitglieds- und Mandatsträgerbeiträge sowie über Zuwendungen durch natürliche und juristische Personen (vgl. § 18 bis 22 PartG 1967). Daraus ergeben sich für 2014 5.411.149,11 EUR (BT-Drucks. 18/8475: 35). Ein Vergleich mit den Einnahmen der Piratenpartei in den ersten zwei Jahren nach Gründung zeigt, dass die AfD finanziell solider dasteht. 2006 verfügten die Piraten über Gesamteinahmen von 7000 EUR, 2007 über 16.000 EUR. In der Spitze verwaltete die Piraten 2013 eine Summe von etwa 3.844.000 EUR (BT-Drucks. 18/10710: 85). Ein Vergleich mit den Gesamteinnahmen der Grünen allerdings bereits drei Jahre nach Gründung – 19.757.967,01 DM (BT-Drucks. 10/2172: 11) – bestätigt den Eindruck, dass die AfD solide aufgestellt ist und sich durch die Spendenbereitschaft ihrer Anhänger, die Wahlerfolge der letzten Jahre und der damit einhergehenden starken parlamentarischen Präsenz ein stabiles finanzielles Fundament aufgebaut hat.

Die Partei hat in ihrer Geschichte bislang zwei Führungswechsel erlebt, der eine führte sogleich zu einer Spaltung, und auch der zweite, einhergehend mit dem Austritt von Frauke Petry, hatte weitere Abgänge und Unruhen zur Konsequenz. Allerdings schlug sich – laut Umfragen (siehe Tab. 3) – nur einer der beiden Austritte auf die Ergebnisse nieder.

Nach der Abwahl und dem Austritt von Bernd Lucke im Juli 2015 gelang es der AfD sich wieder zu stabilisieren. Sicherlich auch durch das *Politikfenster Flüchtlingskrise,* wie Alexander Gauland Ende 2015 bestätigte: „Natürlich verdanken wir unseren Wiederaufstieg in erster Linie der Flüchtlingskrise. Man kann diese Krise ein Geschenk für uns nennen. […]" (Spiegel 2015). Der Erfolg der Partei verstetigte sich. Die Wahlergebnisse 2016 übertrafen die des Jahres 2014 als Lucke noch Parteichef war und auch alle weiteren Landtagswahlen verliefen, trotz anhaltender innerparteilicher Querelen diesmal um Petry, erfolgreich. 14 AfD-Landtagsfraktionen gibt es mittlerweile und zwei weitere werden in 2018 sicherlich folgen: Bayern und Hessen. 2017 gipfelte schließlich in der Bundestagswahl. 12,6 % der abgegebenen Stimmen entfielen auf die AfD und führten zu ihrem Einzug in den Bundestag. Einen Tag später teilte Frauke Petry mit künftig nicht mehr der AfD-Bundestagsfraktion anzugehören. Auf die Umfrageergebnisse hat sich dies allerdings nicht ausgewirkt – im Gegenteil. Das bestätigt den Eindruck, dass auch nach Führungswechseln, bundesweiten (Fraktions-)Austritten und konstanten innerparteilichen Unruhen eine Stabilität des Wählerzuspruchs konstatiert werden kann.

Tab. 3 Vergleich der Umfragewerte der AfD in der Sonntagsfrage bezogen auf die Bundesebene

Datum (+/− max. 3 Tage)	Allensbach (%)	Emnid (%)	Forsa (%)
23.10.2013	5,5	5	5
21.10.2014	7,5	7	8
16.07.2015	4	4	4
20.10.2015	7	7	7
26.01.2016	10	10	10
17.05.2016	12,5	13	11
26.01.2017	11,5	11	12
28.03.2017	7	8	7
20.06.2017	6,5	8	7
22.08.2017	7	7	9
06.09.2017	8	9	9
22.09.2017	10	11	11
Bundestagswahl		*12,6*	
04.10.2017	–	12	12
30.11.2017	11	12	11

Quelle: Eigene Darstellung gemäß Sonntagsfrage Allensbach 2017, Sonntagsfrage Emnid 2017 und Sonntagsfrage Forsa 2017

2.4 Externe Institutionalisierung

Wahlergebnisse oder Umfragewerte bilden mitunter langfristige Parteibindungen und -identifikationen ab, können jedoch auch kurzfristige Stimmungen reflektieren, die durch aktuelle Debatten bedingt und beeinflusst werden. Ein Einblick in Umfang und Ausmaß der Parteibindung ermöglicht solidere Prognosen hinsichtlich des Fortbestandes der AfD (vgl. Kroh / Fetz 2016). Eine Analyse der Daten des Sozio-oekonomischen Panels (SOEP) zwischen 2014 und 2016 kam zu dem Schluss, dass die Partei ihre Anhängerschaft über die Jahre vergrößern konnte. Von etwa 50 % der Befragten, die angaben sich mit einer Partei verbunden zu fühlen, tendierte ein geschätzter Anteil von einem bis zwei Prozent im Jahr 2014 dazu sich langfristig an die AfD zu binden. Im Jahr 2016 stieg dieser Anteil bereits auf vier bis fünf Prozent (vgl. Kroh / Fetz 2016: 715).

Der Anteil der aktuellen Parteibindung an die AfD liegt bereits über den je erhobenen Werten von Republikanern, DVU und NPD. Die AfD bewegt sich bereits im Bereich des langjährigen Mittels der FDP und auch der Anteil der Parteibindung an die Grünen in ihren Anfangsjahren ist mit etwa sechs Prozent nur unwesentlich höher (vgl. Kroh / Fetz 2016: 715). Die Autoren folgern daraus, „[...] dass die AfD, jenseits temporärer politischer Stimmungen, die Basis einer ersten soliden AnhängerInnenschaft vergleichsweise schnell aufgebaut hat" (Kroh / Fetz 2016: 715). Die nunmehr rund fünf Jahre alte AfD ist in Relation zu dem Parteiensystem der Bundesrepublik eine überaus junge Partei, die anders als bereits etablierte Parteien noch auf keine lange Tradition zurückblicken kann. Vor diesem Hintergrund ist auch das Ergebnis der Analyse der Parteibindung zu bewerten.

2.5 Interne Institutionalisierung

Hinsichtlich der Entscheidungsunabhängigkeit der AfD von internen Akteuren und Gruppen wurde bereits angedeutet, dass sie eine Eigenständigkeit und Resilienz insbesondere gegenüber Führungspersonen ausgebildet hat. Die Spitzen der Partei können sich nicht auf natürliche Mehrheiten verlassen:

> Klar spielen die [einzelne Parteimitglieder oder Führungspersönlichkeiten; Einfügung: A.B.] eine Rolle, aber deutlich weniger, als ich das bei den anderen Parteien wahrnehme. Ich habe gerade nicht ohne Grund die CDU erwähnt, da hat man ja oft den Eindruck, ich sage es jetzt einmal vorsichtig, selbst wenn 90 Prozent einer anderen Meinung sind als Frau Merkel, dann setzt sich doch deren Position durch. War ja zumindest bei einigen Fragen der Flüchtlingskrise so zu erleben. Das ist in der AfD völlig anders, da habe ich auch schon erlebt, dass ein Landesvorsitzender Schiffbruch erlitten hat, weil in dem Fall eine Parteiversammlung, ein Parteitag anderer Meinung war und dann lassen die auch schon mal einen Landesvorstand oder Landesvorsitzenden auflaufen. Wir haben ja auch erlebt, was Frau Petry teilweise Gegenwind in ihrer Partei hat. Also da ist es in der AfD deutlich weniger festgefahren als bei anderen. Diese strukturellen Vorteile oder diese strukturellen Machtmöglichkeiten einer Parteispitze, die gibt es zweifellos in der AfD. [...] wenn Sie mal einen Parteitag [...] von der AfD miterlebt haben, da scheuen sich auch die Delegierten überhaupt nicht der Parteispitze wirklich massiv Kontra zu geben, auch zu kritisieren, zu sagen das hat uns überhaupt nicht gefallen. Machen sie das mal bei der CDU oder bei der SPD. Da passiert das gar nicht und wenn es passiert, dann hat der Betreffende das letzte Mal eine Funktion oder Mandat in der Partei gehabt (Interview 2017).

Mit Blick auf die Entscheidungsunabhängigkeit von externen Akteuren lässt sich feststellen, dass die Partei mit Einsetzen der staatlichen Teilfinanzierung mehr Unabhängigkeit von externer Förderung erlangte. Zwar müssen Rechenschaftsberichte abgelegt werden, allerdings lassen sich Ausmaß und Einfluss externer

Förderung nur schwer einschätzen. In den Experteninterviews war keine Rede von externen Akteuren, die die Partei außerordentlich fördern würden. Zwar gebe es Förderer, jedoch nicht in großem Umfang. Im Umfeld der Partei befinden sich jedoch Vereinigungen und Organisationen (bspw. die Zivile Koalition), die der AfD inhaltlich nahestehen. Inwiefern diese die Partei jedoch finanziell unterstützen, ist unklar, da sich jene Analyse für Außenstehende äußerst schwierig darstellt.

Das Gesetz über die politischen Parteien regelt insbesondere innerparteiliche Strukturen und Prozesse. So folgen die Bundes- und Landessatzungen den rechtlichen Vorgaben. Eine Besonderheit der AfD ist die Ausgestaltung ihrer Parteitage. Diese werden gemäß Landessatzung entweder als Mitglieder- oder Delegiertenversammlungen abgehalten, was zum einen dem eigenen Anspruch einer starken Mitgliedereinbeziehung Rechnung trägt und zum anderen folgerichtig ist, wenn man die Forderungen der Partei nach mehr direktdemokratischen Beteiligungsrechten bedenkt.

Auch Online-Mitgliederbefragungen sind ebenso Teil der innerparteilichen Willensbildung und sollen allen Mitgliedern die Möglichkeit bieten, abseits üblicher Gremien zu partizipieren. Die Schilderungen der Befragten skizzieren einen innerparteilichen Willensbildungsprozess, der dem Bottom-up-Prinzip folgt. Zwar gebe es innerparteiliche Netzwerke, basisdemokratischen Prozessen sollen sie allerdings nicht entgegenstehen:

> Also Netzwerke gibt es immer. Es gibt immer Gruppen, die enger zusammenarbeiten als die Allgemeinheit. Das gibt es auch in der AfD sicherlich. Wobei wir schon […] Wert darauf legen, dass, gerade wenn Kandidaten gekürt werden, ein basisdemokratischer Prozess stattfindet, also dass die Mitglieder mitentscheiden und auch entsprechend informiert werden (Interview 2017).

> Das können Sie in der AfD versuchen, das wird in der Regel aber Ärger geben. Ganz pragmatisch muss der Landesvorstand manchmal kurzfristig und pragmatisch entscheiden, weil gar keine Zeit ist einen Beratungsprozess einzuleiten, aber im Großen und Ganzen legt unsere Parteibasis ganz großen Wert darauf eingebunden zu werden, mitsprechen und mitentscheiden zu können (Interview 2017).

Innerparteilich kriselt es jedoch immer wieder. Dies wird nicht erst durch die Austritte von Lucke und Petry deutlich, sondern auch in den AfD-Fraktionen, wie Tab. 2 zeigt.

Die wohl einflussreichste Faktion innerhalb der Partei ist der sogenannte Flügel. Die Forderungen des Flügels weisen mitunter wesentliche Parallelen zu Grundsatz- sowie Wahlprogramm der AfD auf, was den innerparteilichen Einfluss unterstreicht. Dies gilt auch für eine weitere einflussreiche Gruppierung in der Partei: Die Patriotische Plattform, die sich dem Flügel zurechnet (vgl. Häusler et al. 2016: 129). Die PP plädierte früh für einen Schulterschluss der AfD mit Pegida und ist zuverlässiger Partner des rechten Flügels (vgl. Häusler et al. 2016). Des Weiteren existiert ein Mittelstandsforum in der Partei, welches noch in der Zeit Luckes gegründet wurde (vgl. Häusler et al. 2016). Eine weitere innerparteiliche Gruppierung sind die Christen in der AfD. Ferner existieren in der AfD zwei Arbeitnehmervereinigungen. Ihnen wird kein hoher personeller oder programmatischer Einfluss zugeschrieben (vgl. Häusler et al. 2016: 137). Darüber hinaus gibt es die Bundesinteressengemeinschaft Alternative Frauen- und Familienpolitik, die Interessengemeinschaft der Transatlantiker und die Bundesinteressengemeinschaft Homosexuelle in der AfD, welche sich Anfang 2017 spaltete, sodass die Schwul–Lesbische Plattform hinzukam (vgl. AfD NRW 2014; Häusler et al. 2016; Queer.de 2017). Ihr innerparteiliches Machtpotenzial ist eher gering. Der folgende Auszug bietet eine interne Perspektive auf die Faktionen:

> Ich versuche immer zu erklären, dass die AfD einen liberalen, ich sage jetzt mal Flügel, hat. Das kann man schlecht an Personen festmachen, aber das sind so drei oder vier verschiedene Antriebe die AfDler in ihrer Arbeit motivieren. Das ist einmal ein liberaler, ein freiheitlicher Ansatz, wobei der eher im Sinne des klassischen Liberalismus als Verteidigung der bürgerlichen Freiheiten gegenüber dem Staat gesehen wird. Nicht ein, ich sage mal, linksgrüner Liberalismus nach dem Motto: ‚Es ist alles erlaubt'. Werte betreffend sind wir eher konservativ, aber liberal im Sinne von freiheitlich gegenüber Ansprüchen des Staates. Tendenziell gibt es bei uns immer die Überlegung, dass die Bürger das eigentlich selbst machen sollen im Sinne des Subsidiaritätsprinzips. Der Staat soll sich eher raushalten, soll Rahmenbedingungen schaffen, aber ansonsten dem Menschen die Freiheit lassen. Dann gibt es natürlich den konservativen Aspekt, also wertkonservativ. Stichwort Familie oder auch Lebensschutz. Andere Fragen, wie innere Sicherheit, wo es durchaus eben diesen konservativen Ansatz und den patriotischen, Kritiker sagen nationalen, Ansatz des sogenannten ‚Flügels' gibt, die sehr stark diese Zielsetzungen verfolgen. Das sind Strömungen, die ich in der AfD sehe, die sich dann aber noch nicht unbedingt strukturell ausbilden. Also lassen wir jetzt mal diesen ‚Flügel' raus, der sehr stark diese patriotischen Themen bearbeitet. Ansonsten erlebe ich das eher als unterschwellige Strömungen, die man immer wieder bei den Leuten antrifft und da gibt es auch verschiedene Schwerpunkte. Es gibt noch die wirtschaftsliberalen, die unter Lucke sehr stark waren, die gibt es auch immer noch bei uns (Interview 2017).

Unbestritten ist, dass die Anforderungen an eine junge Partei mit internem Faktionalismus umzugehen, ihn zuzulassen und gleichzeitig kohärent zu bleiben, hoch sind. Einen Überblick über die innerparteiliche Organisationswirklichkeit sowie das Verhältnis zwischen den Faktionen gibt das folgende Zitat:

> Der ‚Flügel' ist schon die wesentlichste Trennlinie aus meiner Sicht. Da geht es ein bisschen zwischen Ost und West […]. Aber da gibt es grundlegende, zwar nicht grundlegende Unterschiede in den Zielen, aber Unterschiede in der Art und Weise, wie man die Ziele erreichen will. Ansonsten gibt es noch christliche Plattformen, die in der Partei vorhanden sind, die auch ein bisschen anders aufgestellt sind als die Gesamtpartei. […] Was ich so wahrnehme, ist die Grenzlinie Ost und West, denn die Ostdeutschen sind einfach ein bisschen, wie soll ich sagen, stresserprobter, die haben vor der Wende schon und auch nach der Wende viel mehr erlebt, was Umbrüche anbetrifft und die wollen eher klare Worte hören, klare Zielstellungen hören. So wie das ein Herr Höcke auch häufig formuliert. Im Westen ist die Gesellschaft mehr gesettled, satter, wohlhabender. Da ist man nicht so wild auf Umbrüche und schlagartige Veränderungen und da geht die Partei dann eben auch wesentlich vorsichtiger vor. Da geht es darum, die bürgerliche Mitte einzubeziehen (Interview 2017).

Die Kohärenz ist die wohl adynamischste Analysedimension, wobei es an innerparteilicher Dynamik wahrlich nicht mangelt:

> Da menschelt es teilweise, also da müsste man jetzt lügen, wenn man sagt, das ist anders als in anderen Parteien. Auch bei uns wird da schon mal heftig gerungen […]. Eine junge Partei, die ja auch mehr als andere, mehr als die Etablierten, die Möglichkeit bietet seine Meinung zu präsentieren, vielleicht auch durchzusetzen, da kommen natürlich auch alle möglichen Leute rein, die vielleicht nicht unbedingt politikfähig sind. Man muss beruhigenderweise sagen, die haben in der Regel in der AfD dauerhaft keine Chance irgendwas zu werden, aber so in einzelnen Diskussionen ist das dann eben schon mal anstrengend und da fliegen auch schon mal die Fetzen auf gut Deutsch gesagt (Interview 2017).

Der Umgang der Partei mit innerparteilicher Abweichung oder Dissidenz ist divergent. So gehen die verschiedenen Landesverbände divers mit Mitgliedern um, die gegen die Satzung oder die Grundsätze der Partei verstoßen. So zeigt allein die Causa Höcke, dass Abmahnungen, Ordnungsverfahren oder Parteiausschlüssen im Ermessen der jeweiligen Führungspersönlichkeiten liegen.

3 Fazit: Externe Wahrnehmung als Garant für den weiteren Erfolg?

Welche Bedeutung haben die Gründungsform und der Institutionalisierungsprozess der AfD vor der Bundestagswahl 2017 nun für ihre Wettbewerbsfähigkeit im nationalen Parlament?

Die AfD generierte ihre personellen und materiellen Ressourcen seit dem Jahr 2010 aus verschiedenen Vorläufern und Sammlungsbewegungen und kann damit zum Zeitpunkt der Bundestagswahl 2017 nicht mehr als völlig neue Partei gesehen werden. Im Verlauf ihrer objektiven Institutionalisierung gelang es der Partei zwar in kürzester Zeit 16 Landesverbände aufzubauen – es kam jedoch rasch zu internen Konflikten. Die AfD hat die Veranlagung zu einer schwach institutionalisierten Organisation, die Sammlungsbecken für viele heterogene Gruppierungen ist, nur schwierig geschlossen auftreten kann und personelle wie programmatische Spaltungstendenzen aufweist. Dem entspricht die Entwicklung der Partei seit den Landtagswahlen 2014: Starke innerparteiliche Auseinandersetzungen und Führungskonflikte führten zur Spaltung der Partei, denn spätestens seit 2015 ließ sich der Graben zwischen den liberal-konservativen Positionen um Bernd Lucke und den rechtspopulistischen und national-konservativen Stimmen um den Thüringer Landesvorsitzenden Björn Höcke und Frauke Petry nicht mehr verbergen. Doch auch der Austritt Luckes und damit einhergehend rund 20 % der Parteimitglieder nach dem Essener Parteitag im Juli 2015 hielt die Spaltungstendenz und programmatische Flügelentwicklung nicht auf. Im Zuge der Bundestagswahl 2017 waren in der AfD (noch immer) drei innerparteiliche Faktionen zu unterscheiden: Eine rechtsextreme Strömung um Björn Höcke, eine rechtspopulistische Richtung personalisiert durch Alexander Gauland, sowie eine national-konservative Strömung, die zunächst von der damaligen Bundessprecherin Frauke Petry und dem Landesvorsitzenden NRWs Marcus Pretzell angeführt wurde. Die Austritte von Petry und Pretzell aus der AfD unmittelbar nach dem Bundestagswahlerfolg 2017 manifestieren die schwache Institutionalisierung der jungen Partei in den Dimensionen der internen Parteiorganisation, der Routinisierung von Entscheidungsstrukturen und der parteiinternen Kommunikation.

Obwohl die Mitgliederzahlen nach den Flügelkämpfen und Spaltungen (vor allem im Westen Deutschlands) zunächst gesunken und tragende Parteifunktionäre aus der Partei ausgeschieden sind, scheinen die Wählerinnen und Wähler in der neuen Partei dennoch eine Alternative vor allem zu den etablierten (Volks-)Parteien zu sehen. Ein Blick auf die externe Institutionalisierung, vor allem die Wahrnehmung der Partei durch andere Akteure des politischen Systems, hat Erklärungskraft. Die Frage, wie sehr eine Partei es im Verlauf ihrer Genese und Institutionalisierung schafft, sich in den Köpfen von Wählerinnen und Wählern, aber auch bei den anderen politischen Parteien und in den Medien zu verankern, spielt dabei eine hervorgehobene Bedeutung für ihren Wettbewerbserfolg. In dieser Wahrnehmungsdimension hat die AfD trotz organisatorischer, personeller und programmatischer Querelen und Defizite gut performt. So demonstrierte die Partei nicht nur Sichtbarkeit und Verankerung im Kontext der Pegida-Demonstrationen auf den Straßen, vielmehr gelang es ihr in den klassischen und Neuen Medien(-formaten) a.) Präsenz zu zeigen und, vor dem Hintergrund der Flüchtlingssituation, b.) das Wahlkampfthema Einwanderung und Asyl zu besetzen. Dass – im Kontext der Logiken eines Wahlkampfs – sowohl Medien wie auch dritte politische Akteure die AfD als neuen politischen Player sahen und jene Themen zu den zentralen Wahlkampfthemen 2017 erhoben, stärkte die Wahrnehmungsseite der Partei, insbesondere aufseiten der Bürger. Trotz bisher schwach ausgeprägter Institutionalisierungsdimensionen etwa hinsichtlich mangelnder Organisation und Routinisierung innerparteilicher Entscheidungsprozesse, unsteter innerparteilicher Kommunikation oder der Kohärenz, gelang ihr der Erfolg bei der Bundestagswahl 2017 aufgrund dieser stark ausgeprägten externen Institutionalisierung, der Wahrnehmung durch Dritte. Ob sich daraus nun Parteiidentifikation und Vertrauen aufseiten der Bevölkerung ausbilden und ob es der Partei in ihrer Oppositionsrolle gelingt die interne Institutionalisierung weiter zu stärken, wird entscheidend für die Wettbewerbsfähigkeit der Partei bei der nächsten Bundestagswahl sein.

Literatur

AfD Bundessatzung. 2015. Bundessatzung vom 29. November 2015. https://www.alternativefuer.de/wp-content/uploads/sites/111/2017/02/151205-AfD-Bundessatzung-vom-29.11.2015_final.pdf. Zugegriffen: 11. April 2017.

AfD NRW. 2014. Bundesinteressengemeinschaft (BIG) Alternative Frauen- und Familienpolitik gegründet. https://afd.nrw/aktuelles/2014/12/bundesinteressengemeinschaft-big-alternative-frauen-und-familienpolitik-gegruendet/. Zugegriffen: 11. April 2017.

Arter, David. 2016. When new party X has the "X factor": On resilient entrepreneurial parties. *Party Politics* (Vol. 22, No. 1): 15–26.

Basedau, Matthias, und A. Stroh. 2008. Measuring Party Institutionalization in Developing Countries: A New Research Instrument Applied to 28 African Political Parties. GIGA Working Papers 69. http://repec.giga-hamburg.de/pdf/giga_08_wp69_basedau-stroh.pdf. Zugegriffen: 31. November 2017.

Beller, Dennis, und F. Belloni. 1978. Party and faction. Modes of political competition. In *Faction politics: Political parties and factionalism in comparative perspective*, Hrsg. D. Beller und F. Belloni, 417–450. Santa Barbara: ABC-Clio.

Böhmer, Anne. 2017. Angekommen im politischen System der Bundesrepublik Deutschland? Eine Analyse des Institutionalisierungsprozesses der Alternative für Deutschland. Unveröffentlichte Masterarbeit, Universität Duisburg-Essen.

Bolleyer, Nicole. 2013. *New Parties in Old Party Systems. Persistence and Decline in Seventeen Democracies*. Oxford/New York: Oxford University Press.

Bolleyer, Nicole, und E. Bytzek. 2016. New party performance after breakthrough: Party origin, building and leadership. In *Party Politics* (Vol. 23, No. 6): 772–782.

Bundeswahlleiter. 2017a. https://www.bundeswahlleiter.de/info/presse/mitteilungen/bundestagswahl-2017/34_17_endgueltiges_ergebnis.html. Zugegriffen: 11. Dezember 2017.

Bundeswahlleiter. 2017b. Informationen für Wahlbewerberinnen und Wahlbewerber zur Teilnahme an der Bundestagswahl. https://www.bundeswahlleiter.de/bundestagswahlen/2017/informationen-wahlbewerber.html#ee353d85-b87f-4545-ab8f-c4a3dd0009e0. Zugegriffen: 11. April 2017.

Bundeszentrale für politische Bildung. 2017. Mitgliederentwicklung der Parteien. http://www.bpb.de/politik/grundfragen/parteien-in-deutschland/zahlen-und-fakten/138672/mitgliederentwicklung. Zugegriffen: 13. Dezember 2017.

Decker, Frank. 2016. Die „Alternative für Deutschland" aus der vergleichenden Sicht der Parteienforschung. In *Die Alternative für Deutschland. Programmatik, Entwicklung und politische Verortung*, Hrsg. Alexander Häusler, 7–23. Wiesbaden: Springer VS.

Deutscher Bundestag. 1984. *Bekanntmachung von Rechenschaftsberichten 1983 der politischen Parteien.* BT-Drucks. 10/2172.

Deutscher Bundestag. 2016. *Bekanntmachung von Rechenschaftsberichten politischer Parteien für das Kalenderjahr 2014.* BT-Drucks. 18/8475.

Deutscher Bundestag. 2016. *Bericht über die Rechenschaftsberichte 2012 bis 2014 der Parteien sowie über die Entwicklung der Parteienfinanzen.* BT-Drucks. 18/10710.

Focus. 2015. AfD will unter ihrer neuen Chefin Petry mehr in die Mitte. Focus.de 08/2015. http://www.focus.de/politik/deutschland/parteien-afd-will-unter-ihrer-neuen-chefin-petry-mehr-in-die-mitte_id_4910665.html. Zugegriffen: 11. April 2017.

Harmel, Robert, L. Svåsand, und H. Mjelde. 2018. *Institutionalisation (and De-Institutionalisation) of Right-wing Protest Parties: The Progress Parties in Denmark and Norway.* Colchester/UK: ECPR Press.

Häusler, Alexander. 2013. *Die „Alternative für Deutschland" – eine neue rechtspopulistische Partei? Materialien und Deutungen zur vertiefenden Auseinandersetzung.* Düsseldorf: Heinrich-Böll-Stiftung.

Häusler, Alexander, R. Roeser, und L. Scholten. 2016. *Programmatik, Themensetzung und politische Praxis der Partei „Alternative für Deutschland".* Dresden: Heinrich-Böll-Stiftung.

Interview. 2017. In *Angekommen im politischen System der Bundesrepublik Deutschland? Eine Analyse des Institutionalisierungsprozesses der Alternative für Deutschland*, Anne Böhmer. Unveröffentlichte Masterarbeit, Universität Duisburg-Essen.

Kroh, Martin, und K. Fetz. 2016. Das Profil der AfD-AnhängerInnen hat sich seit Gründung der Partei deutlich verändert. In *DIW Wochenbericht* (Jg. 83, Nr. 34): 711–719.

Lefkofridi, Zoe, und K. Weissenbach. 2016. The institutionalization of new parties in Europe. (How) does it matter for success?. Paper presented at the ECPR Joint Sessions of Workshops. Pisa.

Lefkofridi, Zoe, und K. Weissenbach. 2018 i. E.. The Institutionalisation of new parties in Greece. In *Institutionalisation of Political Parties: Comparative Cases*, Hrsg. R. Harmel und L. Svåsand. London: Rowman & Littlefield International/ECPR Press.

Levitsky, Steven. 1998. Institutionalization and Peronism: The concept, the case and the case for unpacking the concept. In *Party Politics* (Vol. 4, No. 1): 77–92.

Niedermayer, Oskar. 2014. Eine neue Konkurrentin im Parteiensystem? Die Alternative für Deutschland. In *Die Parteien nach der Bundestagswahl 2013*, Hrsg. Oskar Niedermayer, 175–207. Wiesbaden: Springer VS.

Oppelland, Torsten. 2016. Parteien in Deutschland: Alternative für Deutschland. Bundeszentrale für politische Bildung. http://www.bpb.de/politik/grundfragen/parteien-in-deutschland/211108/afd. Zugegriffen: 11. April 2017.

Panebianco, Angelo. 1988. *Political Parties: Organization and Power*. Cambridge/New York/New Rochelle: Cambridge University Press.
PartG. 1967. Parteiengesetz in der Fassung der Bekanntmachung vom 31. Januar 1994 (BGBl. I S. 149), das zuletzt durch Artikel 1 des Gesetzes vom 22. Dezember 2015 (BGBl. I S. 2563) geändert worden ist. https://www.bundestag.de/blob/189336/5d192027d48c097aa-998a2eb8713a060/pg_pdf-data.pdf. Zugegriffen: 11. April 2017.
Pedersen, Mogens. 1982. Towards a New Typology of Party Lifespans and Minor Parties. In *Scandinavian Political Studies* (Vol. 5, No. 1): 1–17.
Pedersen, Mogens. 1991. The Birth, the Life, and the Death of Small Parties in Danish Politics: An Application of a Lifespan Model. In *Small parties in Western Europe*, Hrsg. F. Müller-Rommel und G. Pridham, 95–115. London: Sage.
Petry, Frauke. 2015. Rede anlässlich des Bundesparteitages im November 2015. Süddeutsche 03/2017. www.sueddeutsche.de/politik/parteitag-der-afd-frauke-petry-fordert-angela-merkels-ruecktritt-1.2759013. Zugegriffen: 31. März 2017.
Poguntke, Thomas. 2002. Green Parties in National Governments: From Protest to Acquiescence?. In Special Issue of Environmental Politics *Green Parties in National Governments* (Vol. 11, No. 1), Hrsg. F. Müller-Rommel und T. Poguntke, 133–145.
Probst, Lothar. 2007. Bündnis 90/Die Grünen. In *Handbuch der deutschen Parteien*, Hrsg. F. Decker und V. Neu, 166–179. Wiesbaden: Springer VS.
Queer.de. 2017. „Homosexuelle in der AfD" spalten sich. Queer.de 01/2017. http://www.queer.de/detail.php?article_id=28087. Zugegriffen: 11. April 2017.
Randall, Vicky, und L. Svåsand. 2002. Party Institutionalization in New Democracies. *Party Politics* (Vol. 8, No. 1): 5–29.
Sonntagsfrage Allensbach. 2017. Sonntagsfrage Allensbach, http://www.wahlrecht.de/umfragen/allensbach.htm. Zugegriffen: 11. Dezember 2017.
Sonntagsfrage Emnid. 2017. Sonntagsfrage Emnid. http://www.wahlrecht.de/umfragen/emnid.htm. Zugegriffen: 11. Dezember 2017.
Sonntagsfrage Forsa. 2017. Sonntagsfrage Forsa. http://www.wahlrecht.de/umfragen/forsa.htm. Zugegriffen 11. Dezember 2017.
Spiegel. 2015. AfD-Vize Gauland sieht Flüchtlingskrise als Geschenk. Spiegel Online 12/2015. http://www.spiegel.de/politik/deutschland/afd-alexander-gauland-sieht-fluechtlingskrise-als-geschenk-a-1067356.html. Zugegriffen: 11. April 2017.
Statista. 2017. Mitgliederentwicklung der Piratenpartei von 2006 bis 2017. https://de.statista.com/statistik/daten/studie/201542/umfrage/mitglieder-der-piratenpartei-in-deutschland/. Zugegriffen: 11. April 2017.
Statistisches Bundesamt. 2017. Bundestagswahl 2017: Endgültiges Ergebnis. https://www.bundeswahlleiter.de/info/presse/mitteilungen/bundestagswahl-2017/34_17_endgueltiges_ergebnis.html. Zugegriffen: 11.April 2017.
Statistisches Landesamt Baden-Württemberg. 2016. Wahl zum 16. Landtag von Baden-Württemberg am 13. März 2016. http://statistik.baden-wuerttemberg.de/Wahlen/Landtag/. Zugegriffen: 11. April 2017.
Statistisches Landesamt Berlin. 2016. Wahlen zum Abgeordnetenhaus 2016. https://www.wahlen-berlin.de/wahlen/BE2016/afspraes/index.html. Zugegriffen: 11. April 2017.
Statistisches Landesamt Brandenburg. 2014. Landtagswahl am 14.09.2014 im Land Brandenburg, https://www.wahlergebnisse.brandenburg.de/wahlen/LT2014/ergebnis/ergebLandBB.asp?sel1=1253&sel2=0661. Zugegriffen: 11. April 2017.

Statistisches Landesamt Bremen. 2015. Bürgerschaftswahl 2015: Endgültiges Ergebnis, http://www.statistik.bremen.de/sixcms/media.php/13/StatistischeMitteilungen_119.pdf. Zugegriffen: 11. April 2017.

Statistisches Landesamt Hamburg. 2015. Ergebnisse zur Bürgerschaftswahl 2015. https://www.statistik-nord.de/wahlen/wahlen-in-hamburg/buergerschaftswahlen/2015/#c4815. Zugegriffen: 11. April 2017.

Statistisches Landesamt Mecklenburg-Vorpommern. 2016. Wahl zum Landtag in Mecklenburg-Vorpommern 2016. http://service.mvnet.de/wahlen/2016_land/dateien/atlanten/ergebnisse.2016/landtagswahl.html. Zugegriffen 11. April 2017.

Statistisches Landesamt Niedersachsen. 2017. Landtagswahl 2017. https://www.aktuelle-wahlen-niedersachsen.de/LW2017/reports/Sitzverteilung/007.pdf. Zugegriffen: 11. Dezember 2017.

Statistisches Landesamt Nordrhein-Westfalen. 2017. Landtagswahl 2017. https://www.wahlergebnisse.nrw.de/landtagswahlen/2017/aktuell/a000lw1700.shtml. Zugegriffen: 11. Dezember 2017.

Statistisches Landesamt Rheinland-Pfalz. 2016. Landtagswahl 2016: Analyse der Ergebnisse. http://www.statistik.rlp.de/fileadmin/dokumente/stat_analysen/wahlen/lw/wahlnachtanalyse-lw2016.pdf. Zugegriffen: 11. April 2017.

Statistisches Landesamt Saarland. 2017. Endgültiges amtliches Endergebnis der Landtagswahl 2017. http://www.saarland.de/dokumente/thema_statistik/Presseinfo_10.17.pdf. Zugegriffen: 11. April 2017.

Statistisches Landesamt Sachsen. 2014. Landtagswahl 2014. https://www.statistik.sachsen.de/wahlen/lw/lw2014/lw2014.htm. Zugegriffen: 11. April 2017.

Statistisches Landesamt Sachsen-Anhalt. 2016. Wahl des 7. Landtages von Sachsen-Anhalt am 13. März 2016. https://www.statistik.sachsen-anhalt.de/wahlen/lt16/index.html. Zugegriffen: 11. April 2017.

Statistisches Landesamt Schleswig-Holstein. 2017. Endgültiges Ergebnis der Landtagswahl in Schleswig-Holstein am 7. Mai 2017. https://www.statistik-nord.de/wahlen/wahlen-in-schleswig-holstein/landtagswahlen/informationen-zur-wahl-des-19.-schleswig-holsteinischen-landtags/. Zugegriffen: 11. Dezember 2017.

Statistisches Landesamt Thüringen. 2014. Landtagswahl am 14.09.2014 – Wahlergebnisse. http://www.wahlen.thueringen.de/landtagswahlen/lw_wahlergebnisse.asp. Zugegriffen: 11. April 2017.

Weissenbach, Kristina. 2010. Political party assistance in transition: The German „Stiftungen" in sub-Saharan Africa. In *Democratization* (Vol. 17, No. 6): 1225–1249.

Weissenbach, Kristina. 2016. *Parteienförderung im Transitionsprozess. Vergleichende Analyse der parteinahen Stiftungen FES und KAS in Kenia und Südafrika*. Wiesbaden: Springer VS.

Weissenbach, K. und S. Bukow. 2019 i.E.. Traveling concepts of party institutionalization? A comparative perspective. *Zeitschrift für vergleichende Politikwissenschaft Special Issue 2/2019 „Different Worlds of Political Party Development. Comparative Analysis of the Institutionalization of Political Parties in Democracies*, Hrsg. S. Bukow und K. Weissenbach.

Die politische Landschaft zur Bundestagswahl 2017

Befunde aus zwei Voting Advice Applications und dem Chapel Hill Expert Survey

Jan Philipp Thomeczek, Michael Jankowski und André Krouwel

Zusammenfassung

Ziel des Beitrages ist eine Analyse der politischen Landschaft zur Bundestagswahl 2017. Dazu werden sowohl Daten aus gängigen Expertenbefragungen als auch aus Wahlhilfen („Voting Advice Applications"; VAAs) herangezogen. Der Beitrag zeigt, dass die politische Landschaft 2017 in zwei Lager, das „bürgerliche" und das „linke" Lager, gespalten war, was im Wesentlichen auch der Ausgangslage der Bundestagswahl 2013 entspricht. Weiterhin können wir zeigen, dass die Nutzer der VAA „Bundeswahlkompass" sich tendenziell näher an der politischen Mitte verorten als die von ihnen präferierten Parteien. Abschließend identifizieren wir anhand einer Analyse der Kandidatendaten zur Bundestagswahl mithilfe der Daten der VAA „Kandidaten-Check" Themen, die auf einen hohen innerparteilichen Konsens bzw. Dissens hinweisen.

J. P. Thomeczek (✉)
Institut für Politikwissenschaft, WWU Münster, Münster, Deutschland
E-Mail: jan.philipp.thomeczek@uni-muenster.de

M. Jankowski
Institut für Sozialwissenschaften, Universität Oldenburg, Oldenburg, Deutschland
E-Mail: michael.jankowski@uol.de

A. Krouwel
Departement of Political Science, VU Amsterdam, WX Amsterdam, Niederlande
E-Mail: andre.krouwel@vu.nl

1 Einleitung

Wo lassen sich die wichtigsten Parteien zur Bundestagswahl 2017 politisch verorten? Zur Beantwortung dieser Frage greifen wir in diesem Artikel auf drei Datensätze zurück. Zum einen nutzen wir die Daten des Chapel Hill Flash Expert Surveys (Polk u. a. 2017), um die Parteien zur Bundestagswahl in einem zwei-dimensionalen Politikraum zu verorten und mit den Positionen der Bundestagswahl 2013 zu vergleichen. Zum anderen nutzt der Beitrag Daten aus zwei verschiedenen Wahlhilfen („Voting Advice Applications"; VAAs): dem „Bundeswahlkompass", anhand dessen auch analysiert werden kann, inwiefern eine Kongruenz zwischen den Positionen der Nutzer und den Positionen der Parteien besteht, und dem „Kandidaten-Check" von abgeordnetenwatch.de, welcher die Position der antretenden Wahlkreiskandidaten bezüglich 22 politischer Aussagen umfasst. Die Analyse der Kandidatenantworten gibt Aufschluss darüber, bei welchen Themen innerparteilicher Konsens oder Dissens herrscht und ergänzt somit die Analyse der Parteipositionen um die Dimension der innerparteilichen Heterogenität.

Der Beitrag liefert somit einen Überblick über die Positionierung der Parteien, Wähler und Kandidaten zur Bundestagswahl 2017 und vergleicht zwei methodische Verfahren (Expertenpositionierung und Positionierung anhand der Antworten zu verschiedenen Aussagen) zur Verortung politischer Akteure. Die Relevanz dieses Vorhabens wird durch zwei im Zusammenhang stehende Aspekte verdeutlicht. Zum einen konzentrierte sich der Wahlkampf zur Bundestagswahl 2017 stark auf die Flüchtlingspolitik der vorherigen Großen Koalition, wodurch klassische Wahlkampfthemen aus anderen Politikbereichen in den Hintergrund gerückt sind. Hier stellt sich also die Frage, ob sich aufgrund dieser thematischen Verengung Veränderungen in den Positionierungen der Parteien, insbesondere hinsichtlich der gesellschaftspolitischen Konfliktlinie, feststellen lassen. Zum anderen ist mit der *Alternative für Deutschland* (AfD) zum ersten Mal eine Partei in den Bundestag eingezogen, die sich gesellschaftspolitisch klar rechts der CDU/CSU positioniert. Wie lässt sich die Position der AfD im Vergleich zu den anderen Parteien beschreiben? Diese Frage ist auch vor dem Hintergrund des deutlichen programmatischen und personellen Wandels innerhalb der AfD zwischen 2013 und 2017 von Relevanz. Zwar wies die AfD 2013 bereits rechtspopulistische Züge auf (Berbuir, Lewandowsky, und Siri 2015), jedoch besteht in der Forschung weitgehende Einigkeit darüber, dass es sich bei der AfD zur letzten Bundestagswahl (noch) nicht um eine klassisch rechtspopulistische Partei handelte, deren Profil etwa mit dem des französischen *Rassemblement National* (früher *Front National)* oder der niederländischen *Partij voor de Vrijheid* vergleichbar sei (Jankowski, Schneider, und Tepe 2017; Arzheimer 2015). Die personellen und damit einhergehenden inhaltlichen Umbrüche innerhalb der AfD im Sommer 2015 haben dazu geführt, dass die Partei mittlerweile als klassische Vertreterin einer rechtspopulistischen Partei bezeichnet werden kann (Jankowski und Lewandowsky 2018). Auch vor diesem Hintergrund erscheint ein Vergleich der Position der AfD im Jahr 2017 mit der Position der AfD bei der Bundestagswahl 2013 und mit den anderen Parteien im Jahr 2017 sinnvoll.

Der Beitrag ist wie folgt strukturiert: Der nachfolgende Abschnitt liefert eine kurze Beschreibung des räumlichen Politikmodells. Die räumliche Verortung der Parteien zur Bundestagswahl 2013 und 2017 wird dann mithilfe der Daten aus dem Chapel Hill Expert Survey vorgenommen. Es folgt eine kurze Erläuterung der Konzeption und Bedeutung von Voting Advice Applications mit einem besonderen Fokus auf die beiden von uns genutzten VAAs (kandidatencheck. abgeordnetenwatch.de). Auf Grundlage dieser Daten erfolgt dann die Analyse von Parteien, Kandidaten und Wählern zur Bundestagswahl 2017.

2 Das räumliche Politikmodell

Die Verwendung der Begriffe „links" und „rechts" zur Beschreibung der Position von politischen Akteuren ist allgegenwärtig. Wenngleich diese Begriffe sowohl im politischen Alltag als auch in der politikwissenschaftlichen Diskussion omnipräsent sind, so geht eine genaue Beschreibung dessen, was genau hiermit gemeint ist, mit theoretischen bzw. konzeptionellen und methodologischen Herausforderung einher (Jankowski, Schneider, und Tepe 2019).

Aus theoretischer bzw. konzeptioneller Sicht stellt sich zunächst die Frage, was unter „links" bzw. „rechts" verstanden werden soll. Üblicherweise wird hier zwischen *A-Priori-* und *A-Posteriori-Ansätzen* unterschieden (siehe bspw. Benoit und Laver 2006). Ansätze, die *a priori* vorgehen, analysieren zunächst auf einer theoretischer Ebene, welche Inhalte mit „links" bzw. „rechts" assoziiert werden können und liefern somit eine Diskussion dessen, welche Politikinhalte diese Begriffe beschreiben (Bobbio 1994). Ansätze, die *a posteriori* vorgehen, lehnen hingegen eine zentrale inhaltliche Bedeutung der Begriffe ab und ziehen stattdessen Rückschlüsse über deren inhaltliche Bedeutung aus dem Verhalten der jeweiligen politischen Akteure (Gabel und Huber 2000).

In diesen Kontext fällt auch die Frage, ob eine eindimensionale Verortung für die Beschreibung der Position der politischen Akteure ausreichend ist. Wenngleich die Links-Rechts-Dimension häufig als grundlegende und wichtigste Dimension der Politik angesehen wird (bspw. Fuchs und Klingemann 1990), ist den Begriffen

„links" und „rechts" eine gewisse Mehrdeutigkeit inhärent. In der politikwissenschaftlichen Forschung haben sich deshalb zur präziseren Verortung politischer Akteure zunehmend zweidimensionale Betrachtungen des politischen Raums durchsetzen können, welche einerseits zwischen der Links-Rechts-Positionierung bezüglich wirtschaftlicher Themen und andererseits bezüglich gesellschaftspolitischer Themen unterscheiden (etwa Evans, Heath, und Lalljee 1996). Zur Bezeichnung der Pole dieser gesellschaftlichen Dimension werden verschiedene Begriffe genutzt, beispielsweise „Progressiv/Liberal vs. Konservativ/Traditionell", „Libertär vs. Autoritär" oder schlicht „gesellschaftlich Links-Rechts". Die Kombination beider Dimensionen erlaubt meistens eine wesentlich differenziertere politische Verortung (Krouwel 2012). So kann beispielsweise die FDP als in wirtschaftlichen Fragen „rechte", aber in gesellschaftspolitischen Fragestellungen (bspw. im Bereich der Bürgerrechte) „linke" bzw. „liberale" Partei beschrieben werden (Laver und Hunt 1992; Bräuninger und Debus 2012, S. 60). In unserer Analyse folgen wir diesem zweidimensionalen Verständnis des politischen Raums.

Methodologisch stellt sich weiterhin die Frage, wie die Positionen der Akteure bestimmt werden sollen (Krouwel und van Elfrinkhof 2014; Krouwel und Wall 2014). Die meisten der zahlreichen methodischen Vorgehensweisen konzentrieren sich dabei auf Wahlprogrammanalysen oder Expertenbefragungen.[1] Das MARPOR-Projekt (Lehmann u. a. 2017) erstellt beispielsweise anhand der manuellen Kodierung von Wahlprogrammen einen „Rile"-Wert, der die Position der Parteien auf der Links-Rechts-Dimension abbilden soll. Zu den bekanntesten Expertenpositionierungen gehören hingegen Befragungen von Benoit und Laver (2006) und insbesondere der Chapel Hill Expert Survey (CHES; Polk u. a. 2017). Die Positionen der Parteien werden hierbei in der Regel über den Durchschnitt der Experteneinschätzungen berechnet. Wir verwenden in der späteren Analyse die Daten des Chapel Hill Expert Flash Surveys, da diese die Positionen der Parteien sowohl auf der wirtschaftlichen Links-Rechts-Dimension als auch auf der gesellschaftspolitischen Dimension, die von CHES als GAL-TAN („Green-Alternative-Left vs. Traditional-Authoritarian-Nationalist") bezeichnet wird,

---

[1]Weiterhin existieren zahlreiche Ansätze, die meist anhand dimensionsreduzierender statistischer Verfahren Links-Rechts-Positionen bestimmen. Dies umfasst bspw. das Skalieren von Abstimmungsmustern in Parlamenten oder die statistische Analyse von Worthäufigkeiten (Laver, Benoit, und Garry 2003; Slapin und Proksch 2008). Diese Ansätze lassen sich dem „a posteriori" Verständnis von Politikpositionen zuschreiben, da die Verfahren in der Regel keine Annahmen darüber treffen, welche Inhalte konkret mit „links" und „rechts" assoziiert werden.

unterscheiden. Weiterhin nutzen wir die Parteipositionen aus dem Bundeswahlkompass, welche auf einer anderen methodischen Vorgehensweise als die CHES-Positionierung basieren. Während Expertenbefragungen wie der CHES die Daten aus der *wahrgenommenen* Einschätzung der Politikpositionen politisch höchst informierter Personen (den befragten Experten) ermitteln, werden die Parteipositionen im Bundeswahlkompass durch die Zustimmung (bzw. Ablehnung) zu einer Reihe von thematischen Aussagen vorgenommen. Diese Aussagen sind jeweils den zwei Politikdimensionen (wirtschaftlich Links-Rechts bzw. gesellschaftspolitisch Progressiv-Konservativ) zugeordnet. Die Zustimmung bzw. Ablehnung zu den Statements erfolgt zunächst parallel durch geschulte Kodierer des Bundeswahlkompasses anhand von öffentlichen Textnachweisen. Gleichzeitig werden die Parteien (unabhängig von den Kodierern) um eine Selbstpositionierung bezüglich der Bundeswahlkompass-Thesen gebeten. Eventuelle Diskrepanzen werden mit den Parteien auf der Basis textueller Nachweise im Anschluss diskutiert (zum Vorgehen vgl. Switek, Thomeczek, und Krouwel 2017; Krouwel, Vitiello, und Wall 2012). Die Positionierung der Parteien erfolgt somit weniger anhand einer subjektiven Wahrnehmung, sondern stattdessen *nachweisbasiert*.

Nachweisbasierte Einordnungen bringen den Vorteil mit sich, dass die Einordnung transparent und damit nachvollziehbar erfolgt. Allerdings kann die Fokussierung auf einzelne Nachweise dazu führen, dass die Einordnung verzerrt wird oder Konflikte zwischen widersprüchlichen Nachweisen entstehen. Dies kann beispielsweise dadurch hervorgerufen werden, dass Parteien im Wahlprogramm und in der öffentlichen Kommunikation unterschiedliche Positionen vertreten oder ihre Positionen im Laufe des Wahlkampfes verändern. Dem kann beispielsweise durch das Hinzuziehen verschiedener Nachweise und Quellen vorgebeugt werden. Rein wahrnehmungsbasierte Einordnungen verfügen über den Vorteil, dass sie das politische Gesamtbild eines Akteures berücksichtigen statt sich auf einzelne Aussagen zu konzentrieren. Da hier allerdings konkrete Nachweise fehlen, ist es schwieriger nachzuvollziehen, aufgrund welcher Aspekte die Parteien entsprechend von den Experten positioniert wurden.

3 Analyse der politischen Landschaft zur Bundestagswahl 2017 mithilfe von Voting Advice Applications und dem CHES

Im vorliegen Artikel werden Daten aus zwei VAAs verwendet, dem Bundeswahlkompass und dem Kandidaten-Check. Obwohl eine große inhaltliche Spannbreite bezüglich der konkreten Ausgestaltung und des methodischen Vorgehens von VAAs vorliegt (Wall, Krouwel, und Vitiello 2014, S. 416 f.; Louwerse und Rosema 2014, S. 286–92), basieren VAAs in der Regel auf derselben Logik. VAA-Nutzer bekommen eine Reihe salienter Aussagen bzw. Fragen zu Wahlkampfthemen unterbreitet, deren Beantwortung die Grundlage für eine von der VAA berechneten Wahlempfehlung bildet. Diese Wahlempfehlung wird in Form der Kongruenz zwischen Wählerposition und den Positionen der politischen Akteure aufbereitet. Nutzer können also auf diese Weise herausfinden, welche politischen Akteure die größte inhaltliche Überschneidung mit ihren eigenen Positionen aufweisen (Walgrave, Van Aelst, und Nuytemans 2008, S. 51 f.). VAAs leisten damit eine Komplexitätsreduktion der politischen Realität, um Wähler bei ihrer Wahlentscheidung zu unterstützen. Sie nehmen somit eine interaktive Rolle in der politischen Kommunikation zwischen Politik, Medien und Wählern ein (Krouwel, Vitiello, und Wall 2014). VAAs basieren in der Regel auf der Zustimmung bzw. Ablehnung zu politischen Thesen, welche die wichtigsten Wahlkampfthemen abbilden sollen (beispielsweise „Der Spitzensteuersatz auf Einkommen soll erhöht werden").

Der *Bundeswahlkompass* enthält insgesamt 30 Thesen. Auf Basis der Zustimmung/Ablehnung zu diesen Thesen, die mithilfe einer fünfstufigen Skala erfragt wird (von „stimme überhaupt nicht zu" bis „stimme vollkommen zu"), wird eine individuelle politische Position berechnet, die in einer politischen Landschaft, bestehend aus den wichtigsten Parteien, eingebettet ist. Bei dem Bundeswahlkompass handelt es sich um ein wissenschaftliches Projekt, das von Politikwissenschaftlern in Kooperation mit der niederländischen Agentur Kieskompas (dt. „Wahl-Kompass") entwickelt wurde.

Die zweite VAA, die wir in diesem Kapitel betrachten, ist der *Kandidaten-Check,* der von abgeordnetenwatch.de entwickelt wurde. Der wichtigste Unterschied zwischen Bundeswahlkompass und Kandidaten-Check besteht darin, dass sich beide VAAs auf unterschiedliche Ebenen des Wahlkampfes konzentrieren. Während der Bundeswahlkompass auf Parteipositionen basiert und damit hauptsächlich eine Wahlempfehlung für die Zweitstimme darstellt, konzentriert sich der Kandidaten-Check auf die Wahlkreisebene, unterstützt also hauptsächlich bei der Auswahl eines Wahlkreiskandidaten (Erststimme). Der Kandidaten-Check beinhaltet somit Informationen über die Positionen der in den Wahlkreisen antretenden Kandidaten. Nach der Beantwortung von 22 Thesen stellt der Kandidaten-Check, ähnlich wie der Wahl-O-Mat der Bundeszentrale für politische Bildung, das Ergebnis in Form der Anzahl an übereinstimmenden Positionen mit den jeweiligen Wahlkreiskandidaten dar. Die Thesen für Kandidaten-Check wurden von der Redaktion von abgeordnetenwatch.de erstellt, die teilweise in Kooperation mit Journalisten entstanden sind (vgl. Nyhuis 2016, S. 35).

Die politische Landschaft, die sich aus dem Bundeswahlkompass ergibt, vergleichen wir mit den wahrnehmungsbasierten Einschätzungen des Chapel Hill Expert Flash Surveys 2017. Die befragten Länder-Experten werden dabei um die Einordnung der Parteien zu verschiedenen Sachthemen und ihrer Verortung auf verschiedene Dimensionen gebeten. Dazu gehört die Einordnung auf einer wirtschaftlichen und gesellschaftlichen Dimension, die auch im Bundeswahlkompass genutzt wurde. Neben dieser Einordnung wurden die Experten um die Einschätzung der Eindeutigkeit dieser Positionierungen gebeten. Für den vorliegenden Band wurden die Daten aus dem im Januar/Februar 2018 durchgeführten Chapel Hill Expert Flash Survey genutzt, der 14 Länder umfasst. Für Deutschland wurden insgesamt 14 Experten befragt.

4 Die politische Landschaft zur Bundestagswahl 2017: CHES- und Bundeswahlkompass-Positionierungen im Vergleich

Wie in Abschn. 3 dargelegt, vergleichen wir die Positionierung der Parteien zur Bundestagswahl 2017 anhand zweier unterschiedlichen methodischer Vorgehensweisen: den wahrnehmungsbasierten Experteneinordnungen des Chapel Hill Expert Surveys und den nachweisbasierten Positionierungen des Bundeswahlkompasses. Die Positionen sind in den Abb. 1 (CHES) und 2 (Bundeswahlkompass)

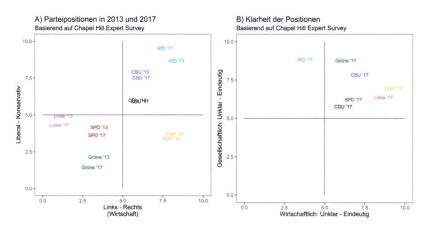

Abb. 1 Positionen (links) und Klarheit der Positionen (rechts) der Parteien basierend auf dem Chapel Hill Expert Survey 2013 und 2017 (links). (Quelle: CHES 2013/2017)

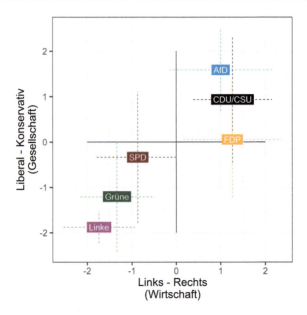

Abb. 2 Positionen Parteien basierend auf dem Bundeswahlkompass. (Quelle: Eigene Berechnungen)

abgebildet. Die CHES-Daten erlauben zudem einen direkten Vergleich mit den Positionen zur Bundestagswahl 2013 aus dem CHES 2014 und eine Analyse der „Klarheit" der Positionen auf den jeweiligen Achsen, die ebenfalls abgefragt worden ist. Diese Klarheit für das Jahr 2017 ist in Abb. 1b abgebildet, während 1a die Positionen darstellt.

Die Daten des CHES zeigen insgesamt nur geringe Unterschiede in der Positionierung der Parteien bei den Bundestagswahlen 2013 und 2017. Für nahezu alle Parteien liegen die Positionen der beiden Wahlen dicht beieinander. Für die drei Parteien, die klassisch dem „linken" Lager zugeordnet werden (Linke, Grüne, SPD), zeigt sich insbesondere auf der gesellschaftlichen Dimension (Y-Achse) eine leichte Verschiebung nach „unten", also hin zu stärker liberalen Positionen. Auf der wirtschaftlichen Dimension (X-Achse) lassen sich hingegen keine nennenswerten Bewegungen für diese drei Parteien identifizieren. Ähnliches gilt auch für die CDU und CSU, die im CHES getrennt betrachtet werden. Die CSU wird sowohl 2013 als auch 2017 systematisch konservativer als die CDU eingeschätzt, was vor dem Hintergrund der öffentlichen Wahrnehmung valide erscheint. Die FDP ist 2017 die auf der wirtschaftlichen Dimension „rechteste", d. h. in Wirtschaftsfragen marktliberalste Partei. Auf der gesellschaftlichen

Achse befindet sich die FDP hingegen näher am „linken" Lager. Diese Position führt dazu, dass die FDP Überschneidungspunkte mit beiden Lagern aufweist. Die stärkste Bewegung im Vergleich zu 2013 ist hingegen bei der AfD zu erkennen. In der Wahrnehmung der CHES-Experten ist die AfD bei Wirtschaftsfragen eher nach links gerückt und nimmt auf dieser Achse eine eher mittige Position ein. Diese Bewegung ist vor allem dem Austritt von Bernd Lucke und seinen Anhängern geschuldet, die der AfD ein besonders in Finanz- und Wirtschaftsfragen (neo-) liberales Profil gegeben haben. Mit der Abspaltung der Gruppe der heutigen Liberal Konservativen Reformer (LKR) um Lucke im Jahr 2015 hat die Partei sich wirtschaftspolitisch zur Bundestagswahl 2017 noch nicht eindeutig positioniert; sie vertritt zum Teil weiterhin marktliberale Positionen (wie die strikte Ablehnung von Steuererhöhungen im Bundestagswahlkampf 2017), hat aber innerparteiliche Konflikte bezüglich wichtiger sozialpolitischer Themen wie dem Renten- oder Krankenversicherungssystem noch nicht lösen können (vgl. *Spiegel Online* 2016). Zugleich ist die AfD, wie erwartet werden konnte, durch ihren national-populistischen Kurs auf der zweiten Dimension noch stärker an den konservativen rechten Pol dieser Achse gerückt. Zusammenfassend lässt sich somit festhalten, dass die politische Landschaft zur Bundestagswahl 2013 und 2017 weitgehend ähnlich strukturiert war, sich jedoch bezüglich der AfD deutlichere Unterschiede identifizieren lassen.

Betrachtet man hingegen Abb. 1b, dann zeigt sich auch, dass die befragten Experten die Positionen der Parteien bei der Bundestagswahl 2017 unterschiedlich bezüglich ihrer Klarheit bewertet haben. Beispielsweise schätzen die vom CHES befragten Experten die Position der AfD auf der wirtschaftlichen Dimension als vergleichsweise unklar ein, was sich mit den oben genannten innerparteilichen Konflikten zu sozialpolitischen Themen deckt. Die Position auf der gesellschaftlichen Dimension wurde für die AfD hingegen als eindeutig angegeben. Dies spiegelt das Parteiprofil der AfD gut wider, welches den Fokus eindeutig auf Fragen der nationalen Identität und Zuwanderung legt. Bezüglich der Klarheit der gesellschaftspolitischen Position der Unionsparteien ergibt sich ein differenziertes Bild. Die Experten stimmen weitgehend darüber ein, dass die CSU eine relativ klare Position auf dieser Dimension besitzt, die CDU hingegen nicht. Auch diese Beobachtung deckt sich mit dem Wahlkampf 2017, welcher durch die Forderung der CSU nach einer Obergrenze geprägt war, die allerdings nur von Teilen der CDU unterstützt wurde.

Für den Vergleich zu den Ergebnissen des Chapel Hill Expert Surveys sind in Abb. 2 die Positionen der Parteien aus dem Bundeswahlkompass dargestellt. Hier zeigt sich zunächst eine starke Ähnlichkeit zwischen den Ergebnissen der Experteneinschätzung aus dem CHES und den Ergebnissen aus dem Bundeswahlkompass, wenngleich CDU und CSU im Bundeswahlkompass aufgrund des gemeinsamen Wahlprogrammes gemeinsam positioniert wurden.[2] Auch hier wird die Zweiteilung der Parteien in ein „linkes" und ein „bürgerliches" Lager deutlich. Maßgeblich bestehen Unterschiede zwischen dem CHES und dem Bundeswahlkompass bei der Positionierung der Linken und der FDP auf der zweiten Dimension. Der Bundeswahlkompass sieht hier die FDP etwas konservativer in etwa auf Höhe des Skalenmittelpunktes, während die Linke auf der gesellschaftlichen Achse eine äußerst liberale Position einnimmt. Der Grund für diese Diskrepanzen kann in den unterschiedlichen methodischen Vorgehensweisen vermutet werden. Während „Die Linke" 2017 in ihrem Wahlprogramm, welche die Grundlage für die Positionierung im Bundeswahlkompass bilden, eine „Politik der offenen Grenzen" bezüglich Zuwanderung und Flüchtlingen vertreten hat, ist dies innerparteilich umstritten. Prominente Parteivertreter wie beispielsweise Sahra Wagenknecht (Scholz und Aust 2016) haben jedoch die Flüchtlingspolitik von Angela Merkel öffentlich mit dem Hinweis kritisiert, dass man die Ängste der Bevölkerung ernst nehmen müsse. Ähnliches gilt für Themen wie den Kohleausstieg bzw. Umweltschutz, wo die Landesverbände unterschiedliche Positionen einnehmen, wenngleich im Bundestagswahlprogramm die ökologische Transformation eine prominente Rolle einnimmt.

Die gestrichelten Linien, deren Schnittpunkte die jeweiligen Parteipositionen bilden, geben zusätzlich die Standardabweichung der Parteipositionen an. Diese kann, ähnlich wie die „Klarheit" im CHES, als Indikator für die Kohärenz der Positionierung angesehen werden.

Die vertikale Linie entspricht dabei der Standardabweichung der Position auf der gesellschaftlichen Achse, die horizontale Linie der Standardabweichung der Position auf der wirtschaftlichen Achse. Größere Standardabweichungen können somit – ähnlich wie die Klarheitspositionierung beim CHES – auf eine weniger klare Position hindeuten. Im Vergleich zur Klarheit im CHES ist zu erkennen, dass CDU/CSU, FDP und SPD eine relative große Standardabweichung auf der gesellschaftlichen Achse aufweisen, ihre Positionen also auch hier eher unklar sind. Ebenso ist die Standardabweichung der AfD auf der wirtschaftlichen Links-Rechts-Achse hoch, was sich mit den Einschätzungen der CHES-Experten deckt. Hingegen verfügt die vertikale Position der Linken über eine sehr geringe Standardabweichung, was aber wieder mit der erwähnten Diskrepanz der Linken-Positionen in der medialen Kommunikation einzelner Vertreter und

---

[2]Das gemeinsame Wahlprogramm ergänzte die CSU durch ihren „Bayernplan". Zwar wäre dadurch auch eine Verortung der CSU möglich, jedoch veröffentlichte die CDU kein eigenes Wahlprogramm, was eine nachweisbasierte Positionierung verhinderte.

im Wahlprogramm erklärt werden kann. Ebenso weisen die Positionierungen der FDP auf der wirtschaftlichen und der Grünen auf der gesellschaftlichen Achse tendenziell hohe Standardabweichungen auf, obwohl die Positionen der Parteien im CHES auf diesen Achsen als relativ klar beschrieben wurden.

5 Positionen von Wählern und Parteien im Vergleich

Die Positionsdaten aus dem Bundeswahlkompass (Abb. 2) bilden die Grundlage für einen Vergleich der Positionen der Parteien mit den Positionen von den jeweiligen Parteianhängern. Hierfür wird anhand der Antworten auf die 30 Statements ebenfalls die Position der Bundeswahlkompass-Nutzer im politischen Raum berechnet. In einem Zusatzfragebogen, den Nutzer nach der Betrachtung ihrer politischen Position auf freiwilliger Basis ausfüllen konnten, wurden die Befragten außerdem zu ihrer Wahlabsicht gefragt. Diese Zusatzangabe wurde von 2336 Nutzern gemacht. Diese Angaben wurden dazu genutzt, um zu analysieren, wie die Position der Nutzer, die auf der Basis der Zustimmung bzw. Ablehnung zu den 30 Statements berechnet wurde, mit der von ihnen favorisierten Partei übereinstimmt. Die Verteilungen der Nutzerpositionen sind in Abb. 3 für die jeweiligen Parteien sowie Unentschlossene und Wähler anderer (Kleinst-)Parteien dargestellt. Die Positionen der Parteien entsprechen jeweils denen aus Abb. 2. Aufgrund der Vielzahl an Beobachtungen haben wir die Positionen der Nutzer anhand von zweidimensionalen Dichteschätzern dargestellt, welche die Konzentration der Nutzerpositionen grafisch abbilden. Besonders dunkle Flächen zeigen Regionen an, in denen besonders viele der Parteianhänger verortet sind. Je heller die Flächen werden, desto weniger Anhänger sind vorhanden. Flächen, in denen keine Grauschattierung vorliegt, umfassen so wenige Beobachtungen, dass sie nicht besonders eingefärbt werden – was jedoch nicht zwangsweise bedeutet, dass hier gar keine Anhänger verortet sind.

Insgesamt wird aus Abb. 3 deutlich, dass gerade bei den Parteien des „linken" Lagers – also Linke, Grüne, und SPD – eine relativ starke Passung zwischen Partei- und Anhängerposition vorliegt. Für all diese Parteien zeigen die Dichteschätzer eine hohe Konzentration an Beobachtungen im unteren linken Quadranten, also genau dort, wo auch die Parteien positioniert sind. Insbesondere die Position der SPD trifft dabei den „Kern" ihrer Wählerschaft. Bei der Linken zeigt sich eine etwas größere Distanz zwischen Wähler- und Parteiposition, insbesondere auf der gesellschaftspolitischen Achse. Bei allen drei Parteien ist zudem eine relativ starke angedeutete Korrelation zwischen den beiden Achsen

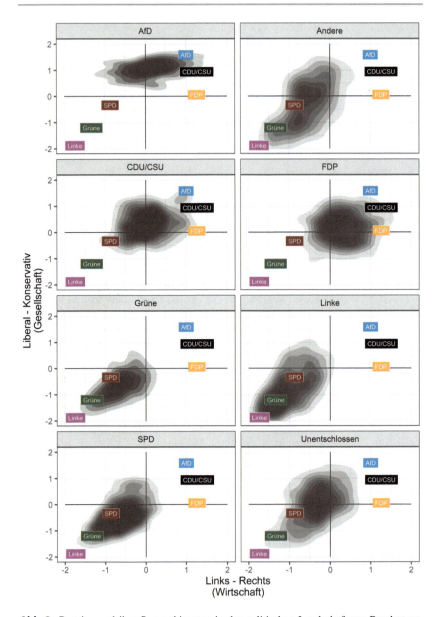

Abb. 3 Parteien und ihre Sympathisanten in der politischen Landschaft zur Bundestagswahl 2017. (Eigene Berechnungen)

erkennbar, die bereits in anderen europäischen Parteiensystemen beobachtet wurde (vgl. dazu Marks u. a. 2006, 158): Nutzer, die auf der einen Achse tendenziell gemäßigtere Positionen vertreten, neigen auch zu gemäßigten Positionen auf der anderen Achse. Umgekehrt tendieren Nutzer mit extremeren Positionen in der einen Dimension auch zu extremeren Positionen in der anderen Dimension. Für die Parteien des „bürgerlichen" Lagers – also CDU/CSU, FDP und AfD – zeigen sich tendenziell geringere Übereinstimmungen zwischen den Positionen der Parteien und ihrer Anhänger. Insgesamt tendieren die Anhänger von CDU/CSU und FDP stärker zur Mitte als „ihre" Parteien. Die starke Positionierung der CDU/CSU-Wähler in der politischen Mitte ist vor dem Hintergrund interessant, dass Angela Merkel immer wieder die zu starke Fokussierung auf die politische Mitte vorgeworfen wurde, wo sich aber offensichtlich auch der Großteil der Unions-Anhänger befindet.[3] Die AfD-Anhänger weisen eine hohe Konzentration am konservativen Ende der zweiten Dimension auf, die sehr stark mit der Positionierung der AfD übereinstimmt. Auf dieser Dimension scheint es somit eine hohe Passgenauigkeit zwischen den AfD-Anhängern und der Partei zu geben. Auf der wirtschaftlichen Dimension hingegen zeigt sich eine enorme Streuung unter den AfD Anhängern. Dies ist plausibel angesichts des nicht sonderlich stark ausgeprägten wirtschaftspolitischen Profils der AfD, wie bereits oben diskutiert wurde. Diese Interpretation wird auch durch die CHES Daten bestätigt, die der AfD auf der Wirtschaftsdimension eine relativ unklare Position attestieren (vgl. Abschn. 4).

Weiterhin können wir auch die Position der Nutzer analysieren, die entweder angegeben haben, keine der größeren Parteien zu wählen („Andere") oder aber angegeben haben, noch unentschlossen zu sein.[4] Bei den Anhängern anderer Parteien zeigt sich erwartungsgemäß eine relativ große Streuung der Nutzer im politischen Raum. Dies ist nachvollziehbar, da sich die Splitterparteien über das gesamte politische Spektrum verteilen. Eine Tendenz zeigt sich hier jedoch dahingehend, dass es sich um tendenziell wirtschaftlich „linke" Nutzer handelt. Auch die relativ starke Konzentration der Gruppe der Unentschlossenen um die politische Mitte herum ist nachvollziehbar – wer sich bezüglich seiner Wahlentscheidung noch unsicher ist, wird tendenziell gemäßigte politische Positionen vertreten.

---

[3]Dieser Befund ist jedoch insofern mit Vorsicht zu genießen, als dass VAAs überproportional von links-liberalen Wählern genutzt wird (Wall, Krouwel, und Vitiello 2014, 421). Insofern ist es auch möglich, dass der Bundeswahlkompass häufiger von „linkeren" CDU/CSU-Anhängern genutzt wurde.

[4]Nutzer konnten außerdem angeben, dass sie nicht zur Wahl gehen werden. Da diese Option aber nur von wenigen Nutzern gewählt wurde, ist eine separate Analyse dieser Gruppe nicht sinnvoll.

6 Innerparteiliche Kohäsion: Berechnung auf Grundlage der Kandidaten-Check-Daten

Nachdem die politische Landschaft nun auf Parteien- und Parteianhängerebene betrachtet wurde, widmet sich der folgende Abschnitt der Analyse der Wahlkreiskandidaten zur Bundestagswahl 2017, die an der VAA „Kandidaten-Check" von abgeordnetenwatch.de teilgenommen haben. Die Einschätzungen der CHES zur Klarheit der Parteipositionen sowie der Standardabweichung der Positionierungen im Bundeswahlkompass haben bereits angedeutet, dass die Parteien Unterschiede bezüglich der Kohärenz ihrer Positionen aufweisen, die auf innerparteilichen Konflikten oder auch strategischen Positionierungen zurückzuführen sein könnten. Spiegelt sich dies in den politischen Positionen der Wahlkreiskandidaten wider?

An der Beantwortung der 22 Thesen haben sich insgesamt 2019 Kandidaten beteiligt. Für die Analyse des vorliegenden Artikels beschränken wir uns dabei auf die sieben Bundestagsparteien (inkl. CSU), die auch im Bundeswahlkompass und CHES verortet wurden. Insgesamt liegen 1491 Kandidaten-Antworten dieser sieben Parteien vor. Wie bereits beschrieben, standen den Kandidaten drei Antwortmöglichkeiten zur Verfügung, um ihre Haltung zur jeweiligen These auszudrücken: Zustimmung, neutrale Haltung und Ablehnung. Mithilfe dieser Daten möchten wir in diesem Abschnitt die Kohäsion, also den Grad an Übereinstimmung innerhalb der Parteien bezüglich der wichtigsten Wahlkampfthemen, analysieren. Da Kandidaten wichtige Repräsentanten der Parteien sind und jeder Wahlkreiskandidat einen potenziellen Bundestagsabgeordneten darstellt, sind die Antwortmuster aus dem Kandidaten-Check eine wichtige Grundlage zur Analyse innerparteilicher Dynamiken.

Eine einfache, aber anschauliche Berechnung innerparteilicher Kohäsion stellt der „Agreement Index" (AI) von Hix et al. (2005) dar. Dieser Index wurde zur Analyse des Abstimmungsverhaltens in Parlamenten entwickelt und berücksichtigt neben Zustimmung und Ablehnung explizit auch neutrale Positionen (in Parlamenten: Enthaltung). Daher eignet sich dieses Maß sehr gut zur Analyse des Antwortverhaltens im Kandidaten-Check. Die Agreement-Index-Werte liegen zwischen 0 (Gleichverteilung auf Ja/Nein/Enthaltungen) und 1 (Einstimmigkeit). Er berechnet sich wie folgt (Hix, Noury, und Roland 2005, 215):

$$AI_i = \frac{\max\{Y_i, N_i, A_i\} - \frac{1}{2}[(Y_i + N_i + A_i) - \max\{Y_i, N_i, A_i\}]}{(Y_i, +N_i + A_i)}$$

wobei: Y_i = Anzahl der Ja-Stimmen
N_i = Anzahl der Nein-Stimmen
A_i = Anzahl der Enthaltungen
$\max\{Y_i + N_i + A_i\}$ = Größter jeweiliger Wert (Ja/Nein/Neutral)

Folgendes Beispiel erklärt die Funktionsweise des Index genauer. Angenommen wir betrachten die Antworten von 100 Kandidaten zu einer bestimmten Aussage. 50 der Kandidaten haben der Aussage zugestimmt, und jeweils 25 eine neutrale oder ablehnende Haltung angegeben. Dann ist $\max\{Y_i, N_i, A_i\} = 50$ und $Y_i = 50$, $N_i = A_i = 25$. Dies ergibt den Wert $AI_i = 0{,}25$.

In einem ersten Schritt analysieren wir auf Basis des Agreement-Indexes welche Parteien kohärent und welche weniger kohärent auftreten. Hierfür haben wir für jede Partei die Agreement Index-Werte für jede einzelne Aussage berechnet und anschließend anhand der Höhe dieses Index-Wertes, der für die Kohärenz steht, absteigend sortiert. Das Ergebnis dieser Berechnungen ist in Abb. 4 dargestellt. Die X-Achse steht dabei nicht für die einzelnen Aussagen, sondern gibt die Rangfolge der Kohärenz innerhalb der Parteien wieder. Auf der linken Seite der Abbildung befinden sich also diejenigen Thesen, welche die höchste Kohärenz unter den Kandidaten der jeweiligen Parteien aufweisen; auf der rechten Seite diejenigen, welche die niedrigste Kohärenz aufweisen. Lesebeispiel: Bei insgesamt zwei Aussagen weisen die Kandidaten der CSU vollständige Einstimmigkeit (AI = 1) und bei einer Aussage ein sehr hohes Maß an Unstimmigkeit (AI < 0,5) auf. Die Linke hingegen weist bei zwei Themen eine Kohärenz von unter 0,5 auf. Wichtig zu betonen ist, dass sich die Themen mit maximaler bzw. minimaler Kohärenz zwischen den Parteien unterscheiden – die ersten Datenpunkte der jeweiligen Parteien repräsentieren also inhaltlich andere Aussagen. Welche Themen dies jeweils sind, analysieren wir in einem zweiten Schritt.

Abb. 4 macht deutlich, dass die Linke ein insgesamt hohes Maß an Geschlossenheit aufweist. Bei 16 Aussagen weisen die Kandidaten einen Agreement Index von über 0,9 auf. Ähnlich hoch ist die Kohärenz auch bei den Kandidaten der CSU und der Grünen. Die SPD-Kandidaten liegen hier im Mittelfeld. CDU, FDP und AfD weisen nur relativ wenige Aussagen auf, bei denen Konsens unter den Kandidaten vorherrscht. Auffällig ist hierbei, dass bei der CDU nur wenige Thesen eine sehr hohe Kohärenz, aber auch nur wenige eine sehr geringe Kohärenz aufweisen.

Bezüglich welcher Themen herrscht nun der größte innerparteiliche Konsens, wo besteht der größte Dissens? Im nächsten Schritt betrachten wir für jede Partei

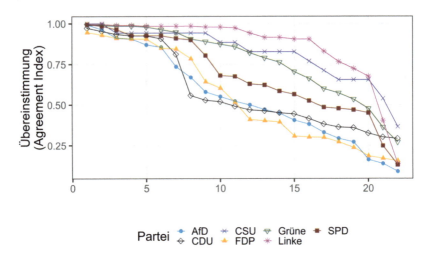

Abb. 4 Agreement-Index der sieben Bundestagsparteien auf Basis der Antworten des Kandidaten-Checks von abgeordnetenwatch.de. (Quelle: Eigene Berechnungen)

diejenigen drei Statements, welche die höchsten bzw. niedrigsten Kohärenzwerte aufweisen. Die Ergebnisse sind in Tab. 1 ausgegeben.

Es ist zunächst überraschend, dass sich unter den Aussagen mit der höchsten Kohärenz innerhalb der AfD keine Aussagen zur Flüchtlingspolitik befinden. Stattdessen dominieren bei den drei konsensuellsten Aussagen zum einen das für populistische Parteien wichtige Thema der direkten Bürgerbeteiligung (Volksentscheide auf Bundesebene bzw. Beteiligung an CETA/TTIP-Ratifizierung) und zum anderen die Kritik an dem staatlichen Kompetenzverlust im Rahmen der fortschreitenden EU-Integration. Bei den Themen mit geringer Kohärenz liegen mit Aussagen zum Kohleabbau und zur Gentechnik zwei Themenbereiche vor, die nicht sonderlich prägend für das Profil der AfD sind. Die niedrigste Übereinstimmung zeigt sich jedoch bei der Frage nach der Einschränkung von Bürgerrechten zugunsten einer verbesserten Terrorabwehr. Hier besteht keinerlei Einigkeit unter der Kandidaten der AfD. Zwar wird die Gefahr durch (islamistisch motivierte) Terroranschläge von der AfD häufig thematisiert, doch scheinbar herrscht keine Einigkeit innerhalb der Partei, wie dieser Gefahr am besten begegnet werden sollte. Von den 206 Antworten der AfD-Kandidaten sprechen sich 80 für eine Einschränkung von Freiheitsrechten aus, 81 dagegen und 45 geben eine neutrale Position an.

Tab. 1 Agreement-Index der sieben Bundestagsparteien auf Basis der Antworten des Kandidaten-Checks von abgeordnetenwatch.de. (Eigene Berechnung)

Partei	Aussage	AI	Anzahl Ja	Nein	Neutral
AfD	Es soll einen verbindlichen Volksentscheid auf Bundesebene geben	0,993	205	1	0
AfD	Die Öffentlichkeit muss bei Verhandlungen zu Freihandelsabkommen wie TTIP und CETA stärker beteiligt werden	0,963	199	1	4
AfD	Die EU hat nur dann eine Zukunft, wenn die Mitgliedsstaaten auf Kompetenzen verzichten	0,912	6	192	6
AfD	Der Kohleabbau als wichtige Übergangstechnologie muss weiterhin staatlich gefördert werden	0,163	91	60	55
AfD	Ein vollständiges Verbot von Gentechnik in der Landwirtschaft darf es nicht geben	0,138	69	88	50
AfD	Die Sicherheitsbehörden sollen mehr Befugnisse zur Terrorabwehr bekommen, auch wenn dafür Freiheitsrechte eingeschränkt werden müssen	0,090	80	81	45
CDU	Auf Autobahnen soll es ein flächendeckendes Tempolimit von 130 km/h geben	0,972	1	157	2
CDU	Der Spitzensteuersatz soll deutlich erhöht werden, mindestens wieder auf 53 % wie in den 1990er Jahren	0,953	2	154	3
CDU	Parteispenden von Unternehmen und Verbänden sollen verboten werden	0,934	1	152	6
CDU	Es muss ein verbindliches Lobbyregister geben, in dem u. a. Kontakte zwischen Interessenvertretern und Politikern veröffentlicht werden	0,3250	16	56	88
CDU	Die Politik soll festlegen, wie viele Flüchtlinge Deutschland jedes Jahr aufnimmt	0,301	19	86	56
CDU	Die Sicherheitsbehörden sollen mehr Befugnisse zur Terrorabwehr bekommen, auch wenn dafür Freiheitsrechte eingeschränkt werden müssen	0,292	70	5	84

(Fortsetzung)

Tab. 1 (Fortsetzung)

Partei	Aussage	AI	Anzahl Ja	Nein	Neutral
CSU	Parteispenden von Unternehmen und Verbänden sollen verboten werden	1,000	0	26	0
CSU	Der Spitzensteuersatz soll deutlich erhöht werden, mindestens wieder auf 53 % wie in den 1990er Jahren	1,000	0	26	0
CSU	Zeitlich befristete Arbeitsverträge sind erforderlich, damit Unternehmen flexibel sein können	0,942	25	0	1
CSU	Vermieter sollen ohne eine staatliche Mietpreisbremse entscheiden können, wie viel Miete sie verlangen	0,654	3	20	3
CSU	Es soll einen verbindlichen Volksentscheid auf Bundesebene geben	0,538	7	1	18
CSU	Die Politik soll festlegen, wie viele Flüchtlinge Deutschland jedes Jahr aufnimmt	0,365	11	0	15
FDP	Der Spitzensteuersatz soll deutlich erhöht werden, mindestens wieder auf 53 % wie in den 1990er Jahren	0,945	3	237	6
FDP	Dieselfahrzeuge sollen wegen ihres hohen Schadstoffausstoßes aus den Innenstädten verbannt werden	0,928	4	239	8
FDP	Zeitlich befristete Arbeitsverträge sind erforderlich, damit Unternehmen flexibel sein können	0,909	231	2	13
FDP	Es soll einen verbindlichen Volksentscheid auf Bundesebene geben	0,183	65	70	113
FDP	Die Kirchensteuer soll abgeschafft werden	0,168	91	110	46
FDP	Die Kitabetreuung von Kindern soll grundsätzlich kostenlos sein	0,153	100	40	108
Grüne	Der Kohleabbau als wichtige Übergangstechnologie muss weiterhin staatlich gefördert werden	0,989	1	282	1
Grüne	Die Öffentlichkeit muss bei Verhandlungen zu Freihandelsabkommen wie TTIP und CETA stärker beteiligt werden	0,989	282	1	1

(Fortsetzung)

Tab. 1 (Fortsetzung)

Partei	Aussage	AI	Anzahl Ja	Nein	Neutral
Grüne	Es muss ein verbindliches Lobbyregister geben, in dem u. a. Kontakte zwischen Interessenvertretern und Politikern veröffentlicht werden	0,984	281	0	3
Grüne	Zeitlich befristete Arbeitsverträge sind erforderlich, damit Unternehmen flexibel sein können	0,477	38	185	61
Grüne	Die Kirchensteuer soll abgeschafft werden	0,361	53	163	68
Grüne	Dieselfahrzeuge sollen wegen ihres hohen Schadstoffausstoßes aus den Innenstädten verbannt werden	0,271	83	146	55
Linke	Es muss ein verbindliches Lobbyregister geben, in dem u. a. Kontakte zwischen Interessenvertretern und Politikern veröffentlicht werden	0,995	280	0	1
Linke	Zur Vermeidung von Altersarmut müssen die Renten deutlich erhöht werden	0,995	280	0	1
Linke	Die Kitabetreuung von Kindern soll grundsätzlich kostenlos sein	0,989	279	0	2
Linke	Der Besitz und Anbau von Cannabis soll legalisiert werden	0,674	220	5	56
Linke	Die EU hat nur dann eine Zukunft, wenn die Mitgliedsstaaten auf Kompetenzen verzichten	0,402	45	169	67
Linke	Dieselfahrzeuge sollen wegen ihres hohen Schadstoffausstoßes aus den Innenstädten verbannt werden	0,135	119	112	50
SPD	Die Kitabetreuung von Kindern soll grundsätzlich kostenlos sein	0,995	280	1	0
SPD	Vermieter sollen ohne eine staatliche Mietpreisbremse entscheiden können, wie viel Miete sie verlangen	0,984	2	279	1
SPD	Es muss ein verbindliches Lobbyregister geben, in dem u. a. Kontakte zwischen Interessenvertretern und Politikern veröffentlicht werden	0,963	275	0	7

(Fortsetzung)

Tab. 1 (Fortsetzung)

Partei	Aussage	AI	Anzahl Ja	Nein	Neutral
SPD	Der Spitzensteuersatz soll deutlich erhöht werden, mindestens wieder auf 53 % wie in den 1990er Jahren	0,450	46	178	57
SPD	Die EU hat nur dann eine Zukunft, wenn die Mitgliedsstaaten auf Kompetenzen verzichten	0,247	109	32	140
SPD	Der Besitz und Anbau von Cannabis soll legalisiert werden	0,130	82	118	81

Bei Betrachtung der Themen, bezüglich derer unter den Grünen-Kandidaten die größte Übereinstimmung herrscht, sind klassische grüne Parteithemen erkennbar, nämlich partizipative Elemente (CETA/TTIP-Beteiligung), Klimaschutz (Ausstieg aus dem Kohleabbau) und Transparenz (Lobbyregister). Wenig Geschlossenheit herrscht hingegen bei der Frage nach der Befristung von Arbeitsverträgen, der Abschaffung der Kirchensteuer und auch bei Fahrverboten für Dieselfahrzeuge. Der Dissens bei der Ablehnung von Fahrverboten ist überraschend, schließlich gehört der Klima- bzw. Umweltschutz zum unbestrittenen Markenkern der Grünen. Möglicherweise spielen hier aber auch die Bedenken der Kandidaten eine Rolle, dass man sich vom Image der „Verbotspartei" wegbewegen möchte.

Die CDU zeigt hohe Geschlossenheit bezüglich der Ablehnung eines generellen Tempolimits auf Autobahnen, eines höheren Spitzensteuersatzes und eines Verbots von Parteispenden. Ähnlich wie bei der AfD herrscht auch bei den Kandidaten der CDU Uneinigkeit darüber, ob Freiheitsrechte zur Terrorismusbekämpfung eingeschränkt werden sollen. Auch das im Wahlkampf ausführlich diskutierte Thema „Obergrenze" für Flüchtlinge taucht als Thema mit relativ hohem innerparteilichen Dissens auf und spiegelt somit die öffentliche Wahrnehmung des Wahlkampfes wider. Die CSU zeigt ein sehr ähnliches Bild wie die CDU. Zwei der drei Aussagen sind bei beiden Parteien identisch. Interessanterweise ist die CSU ebenfalls bei der Frage nach der Terrorabwehr und bei der Frage nach einer Obergrenze für Flüchtlinge uneins. Gerade letzteres überrascht vor dem Hintergrund, dass die CSU sich mit der Forderung nach einer Obergrenze klar von der CDU abgegrenzt hatte und dies auch in ihrem „Bayernplan", dem Wahlprogramm der CSU, festgehalten hatte. Es sei jedoch darauf hingewiesen, dass sich innerhalb der CSU kein Kandidat explizit gegen die Obergrenze positioniert, sondern 11 eine zustimmende und 15 eine neutrale Haltung angaben. Bei der CDU sind hingegen 86 Kandidaten dagegen (die Mehrheitsmeinung), 56 positionieren sich neutral und nur 19 sind dafür. Wenngleich also beide Parteien hier Dissens demonstrieren, unterscheiden sich die Verteilungen der Zustimmung, Neutralität und Ablehnung deutlich anders zwischen den Parteien. Für beide Parteien ergibt sich trotzdem ein ähnlich niedriger Kohärenz-Wert, da Ablehnungen und Enthaltungen bei der Berechnung des Agreement-Indexes das gleiche Gewicht erhalten.

Die FDP zeigt sich besonders geschlossen bezüglich der Ablehnung hoher Spitzensteuersätze und Fahrverboten für Diesel-PKWs. Außerdem stimmen fast alle Kandidaten der Aussage zu, dass die Möglichkeit von befristeten Arbeitsverträgen wichtig für Unternehmen sei. Bei den Aussagen zu Volksentscheiden, Kirchensteuer und Kitagebühren besteht nur wenig Einigkeit.

Bei der Linken stellen unter den vielen Themen mit sehr hoher Zustimmung die Aussagen zur Rentenerhöhung, zum Lobbyregister und zur kostenlosen Kitabetreuung die Aussagen mit der höchsten Kohärenz dar. Allen drei Aussagen stimmen die Kandidaten mit großer Mehrheit zu. Uneinigkeit besteht bei der Legalisierung von Cannabis (Mehrheit dafür, jedoch zahlreiche Neutral-Haltungen), beim Kompetenzverzicht der Mitgliedsstaaten und der Zukunft der EU (mehrheitlich Ablehnung, aber auch zahlreiche Zustimmung und Neutral-Haltungen) und beim Fahrverbot für Diesel-PKW (nahezu gleiche Anzahl an Zustimmungen und Ablehnungen).

Die SPD zeigt hohe Kohärenz bei Aussagen, die ihre Wahlkampfforderungen widerspiegeln. Dies betrifft die Zustimmung zur kostenlosen Kitabetreuung, die Abschaffung der sog. „Mietpreisbremse" und die Forderung nach Einführung eines verbindlichen Lobbyregisters. Die SPD-Kandidaten sind sich jedoch uneins bezüglich der Aussagen zur Erhöhung des Spitzensteuersatzes, dem Kompetenzverzicht im Rahmen der EU und der Legalisierung von Cannabis.

Insgesamt ist festzuhalten, dass sich unter den Aussagen, mit dem größten innerparteilichen Konsens, in der Regel diejenigen Themen wiederfinden, die zum Markenkern der jeweiligen Parteien gehören. Diese Markenkern-Themen rechtfertigen auch die grundsätzliche Positionierung der Parteien im CHES und Bundeswahlkompass – so lehnen die Kandidaten der Grünen die Förderung des Kohleabbaus ab; Kandidaten von CDU, CSU und FDP lehnen die Erhöhung des Spitzensteuersatzes ab; Kandidaten der Linken befürworten eine Erhöhung der Rente; die AfD-Kandidaten fordern die Kompetenzübertragung an die EU zu stoppen. Überraschend ist jedoch, dass doch ein relativ hohes Maß an Dissens bezüglich des zentralen Wahlkampfthemas der CSU – der Obergrenze für Flüchtlinge – vorherrscht. Auch hätte man bei der AfD vermutlich eine Aussage zur Flüchtlingssituation als sehr homogenes stark konsensuales Thema erwartet. Zudem unterscheidet sich das Maß der Kohärenz grundsätzlich von Partei zu Partei, was sicherlich auch auf unterschiedliche politische Kulturen innerhalb der Parteien zurückzuführen ist. SPD und CDU weisen insgesamt durchschnittlich weniger hohe Agreement-Index-Werte auf als die anderen Parteien, was sich mit der im CHES abgefragten geringeren Klarheit der Positionen und der tendenziell hohen Standardabweichung der Positionen im Bundeswahlkompass zu decken scheint. Ein direkter Vergleich ist allerdings insofern schwierig, als dass die Aussagen aus dem Kandidaten-Check nicht eindeutig der ökonomischen bzw. gesellschaftlichen Dimension zugewiesen werden können.

7 Fazit

Der Wahlkampf zur Bundestagswahl 2017 war stark von der Flüchtlingspolitik der vorherigen Großen Koalition und dem damit zusammenhängenden Erstarken der AfD geprägt. Trotz dieser beiden Faktoren zeigt sich in den Einschätzungen des Chapel Hill Expert Surveys kaum eine systematische Positionsverschiebung der Parteien im Vergleich zur Bundestagswahl 2013. Die politische Landschaft zur Bundestagswahl 2017 teilt sich in zwei Lager auf: einem links-liberalen Lager (Linke, Grüne, SPD) und einem rechts-konservativen „bürgerlichen" Lager (CDU/CSU/AfD). Die FDP nimmt eine Sonderstellung ein, da sie in gesellschaftspolitischen Fragen tendenziell liberale Positionen und in wirtschaftlichen Fragen „rechte" Positionen vertritt. Ein Vergleich der Positionen des Chapel Hill Expert Surveys mit den Positionierungen aus dem Bundeswahlkompass hat zudem verdeutlicht, dass, trotz unterschiedlicher methodischer Vorgehensweise, beide Positionierungsverfahren zu ähnlichen Ergebnissen kommen, die sich mit der öffentlichen Wahrnehmung der Parteipositionen decken und daher als valide einzustufen sind. Basierend auf den Daten aus dem Bundeswahlkompass haben wir in diesem Beitrag außerdem aufgezeigt, dass es einen relativ hohen Grad an Übereinstimmung bei der Positionierung von Parteien und deren Wählern im zweidimensionalen Politikraum gibt, wobei die Kongruenz im links-liberalen Lager insgesamt stärker ausfällt. Der letzte Abschnitt lieferte Einblicke in die Themenbereiche mit hoher bzw. niedriger innerparteilichen Kohärenz. Einigkeit besteht innerhalb der Parteien vor allem bezüglich ihrer Markenkern-Themen.

Insgesamt liefert der Beitrag somit eine Beschreibung der politischen Landschaft zur Bundestagswahl 2017 und bietet Ansatzpunkte für tiefergehende Analysen, die bspw. den Zusammenhang zwischen Wählerpositionen und Wahlentscheidungen analysieren können oder auch die Frage danach stellen, welche Faktoren die Abweichung von Kandidaten von der Parteilinie erklären.

Literatur

Arzheimer, Kai. 2015. The AfD: Finally a Successful Right-Wing Populist Eurosceptic Party for Germany? *West European Politics* 38 (3): 535–56. https://doi.org/10.1080/01402382.2015.1004230.

Benoit, Kenneth, und M. Laver. 2006. *Party Policy in Modern Democracies*. Routledge Research in Comparative Politics BV014401330 19. London: Routledge.

Berbuir, Nicole, M. Lewandowsky, und J. Siri. 2015. The AfD and Its Sympathisers: Finally a Right-Wing Populist Movement in Germany? *German Politics* 24 (2): 154–78. https://doi.org/10.1080/09644008.2014.982546.

Bobbio, Norberto. 1994. *Rechts und Links : Gründe und Bedeutungen einer politischen Unterscheidung*. Berlin: Wagenbach.

Bräuninger, Thomas, und M. Debus. 2012. *Parteienwettbewerb in den deutschen Bundesländern*. Wiesbaden: VS Verlag für Sozialwissenschaften.

Evans, Geoffrey, A. Heath, und M. Lalljee. 1996. „Measuring Left-Right and Libertarian-Authoritarian Values in the British Electorate". *The British Journal of Sociology* 47 (1): 93. https://doi.org/10.2307/591118.

Fuchs, Dieter, und H.-D. Klingemann. 1990. The Left-Right Schema. In *Continuities in Political Action: A Longitudinal Study of Political Orientations in Three Western Democracies*, Hrsg. Myron Kent Jennings, 203–35. Berlin: De Gruyter.

Gabel, Matthew J., und J. Huber. 2000. Putting Parties in Their Place: Inferring Party Left-Right Ideological Positions from Party Manifestos Data. *American Journal of Political Science* 44 (1): 94–103. https://doi.org/10.2307/2669295.

Hix, Simon, A. Noury, und G. Roland. 2005. Power to the Parties: Cohesion and Competition in the European Parliament, 1979–2001. *British Journal of Political Science* 35 (2): 209–34. https://doi.org/10.1017/S0007123405000128.

Jankowski, Michael, und M. Lewandowsky. 2018. Die AfD Im Achten Europäischen Parlament: Eine Analyse Der Positionsverschiebung Basierend Auf Namentlichen Abstimmungen von 2014-2016. *Zeitschrift Für Vergleichende Politikwissenschaft*, Juni, 1–23. https://doi.org/10.1007/s12286-018-0394-9.

Jankowski, Michael, Schneider, Sebastian, Tepe, Markus. 2017. Ideological Alternative? Analyzing Alternative Für Deutschland Candidates' Ideal Points via Black Box Scaling. *Party Politics* 23 (6): 704–16. https://doi.org/10.1177/1354068815625230.

Jankowski, Michael, S. Schneider, und M. Tepe. 2019. „"…Deutschland eben. Eine Analyse zur Interpretation des Begriffs "rechts" durch Bundestagskandidaten auf Grundlage von Structural Topic Models. In *Identität – Identifikation – Ideologie*, von Markus Steinbrechner, Evelyn Bytzek, und Ulrich Rosar.

Krouwel, André. 2012. *Party Transformations in European Democracies*. Bristol: SUNY Press.

Krouwel, André, und A. van Elfrinkhof. 2014. Combining Strengths of Methods of Party Positioning to Counter Their Weaknesses: The Development of a New Methodology to Calibrate Parties on Issues and Ideological Dimensions. *Quality & Quantity* 48 (3): 1455–72. https://doi.org/10.1007/s11135-013-9846-0.

Krouwel, André, T. Vitiello, und M. Wall. 2012. The practicalities of issuing vote advice: a new methodology for profiling and matching. *International Journal of Electronic Governance* 5 (3–4): 223–243.

Krouwel, André, T. Vitiello, und M. Wall. 2014. Voting Advice Applications as Campaign Actors: Mapping VAAs' Interactions with Parties, Media and Voters. In *Matching Voters with Parties and Candidates: Voting Advice Applications in Comparative Perspective*, von Diego Garzia und Stefan Marschall, 67–78. Colchester: ECPR Press.

Krouwel, André, und M. Wall. 2014. From text to the construction of political party landscapes. A hybrid methodology developed for Voting Advice Applications. In *From Text to Political Positions. Text analysis across disciplines*, Hrsg. Bertie Kaal, Isa Maks, und Annemarie van Elfrinkhof, 275–96. Amsterdam/Philadelphia: John Benjamins Publishing Company.

Laver, Michael, K. Benoit, und J. Garry. 2003. Extracting Policy Positions from Political Texts Using Words as Data. *American Political Science Review*, 311–331.

Laver, Michael, und W. Hunt. 1992. *Policy and Party Competition*. New York: Routledge.

Lehmann, Pola, T. Matthieß, N. Merz, S. Regel, und A. Werner. 2017. Manifesto Corpus. Version: 2017-2.

Louwerse, Tom, und M. Rosema. 2014. „The Design Effects of Voting Advice Applications: Comparing Methods of Calculating Matches". *Acta Politica* 49 (3): 286–312. https://doi.org/10.1057/ap.2013.30.

Marks, Gary, L. Hooghe, M. Nelson, und E. Edwards. 2006. Party Competition and European Integration in the East and West: Different Structure, Same Causality. *Comparative Political Studies* 39 (2): 155–75. https://doi.org/10.1177/0010414005281932.

Nyhuis, Dominic. 2016. „Electoral Effects of Candidate Valence". *Electoral Studies* 42 (Juni): 33–41. https://doi.org/10.1016/j.electstud.2016.01.007.

Polk, Jonathan, J. Rovny, R. Bakker, E. Edwards, L. Hooghe, S. Jolly, J. Koedam, u. a. 2017. Explaining the Salience of Anti-Elitism and Reducing Political Corruption for Political Parties in Europe with the 2014 Chapel Hill Expert Survey Data. *Research & Politics* 4 (1): 2053168016686915. https://doi.org/10.1177/2053168016686915.

Scholz, Martin, und S. Aust. 2016. Angela Merkels Trumpf ist nur die Schwäche der SPD. *DIE WELT*, https://www.welt.de/politik/deutschland/plus160391230/Merkels-Trumpf-ist-nur-die-Schwaeche-der-SPD.html. Zugegriffen: 2. Juni 2018.

Slapin, Jonathan B., und S.-O. Proksch. 2008. A Scaling Model for Estimating Time-Series Party Positions from Texts. *American Journal of Political Science* 52 (3): 705–22. https://doi.org/10.1111/j.1540-5907.2008.00338.x.

Spiegel Online. 2016. Programm: AfD droht Streit über sozialpolitische Ausrichtung, http://www.spiegel.de/politik/deutschland/afd-streitet-ueber-kuenftige-sozialpolitik-a-1083063.html. Zugegriffen: 2. Juni 2018.

Switek, Niko, J. P. Thomeczek, und A. Krouwel. 2017. Die Vermessung der Parteienlandschaft vor der Bundestagswahl 2017 mit dem Bundeswahlkompass › Regierungsforschung. http://regierungsforschung.de/die-vermessung-der-parteienlandschaft-vor-der-bundestagswahl-2017-mit-dem-bundeswahlkompass/. Zugegriffen: 2. Juni 2018.

Walgrave, Stefaan, P. van Aelst, und M. Nuytemans. 2008. 'Do the Vote Test': The Electoral Effects of a Popular Vote Advice Application at the 2004 Belgian Elections". *Acta Politica* 43 (1): 50–70.

Wall, Matthew, A. Krouwel, und T. Vitiello. 2014. Do Voters Follow the Recommendations of Voter Advice Application Websites? A Study of the Effects of Kieskompas.Nl on Its Users' Vote Choices in the 2010 Dutch Legislative Elections. *Party Politics* 20 (3): 416–28. https://doi.org/10.1177/1354068811436054.

Regierungsoptionen zwischen Bürgerwille und Issue-Nähe – Eine Analyse von Koalitionspräferenzen vor der Bundestagswahl 2017

L. Constantin Wurthmann, Stefan Marschall und Maike Billen

Zusammenfassung

Vor dem Hintergrund einer zu beobachtenden Fragmentierung und nachlassenden Segmentierung des Parteiensystems war der Wahlkampf zur Bundestagswahl 2017 davon geprägt, dass verschiedenste Koalitionsoptionen in der Öffentlichkeit diskutiert und auf ihre Realisierbarkeit hin geprüft wurden. Mehrheitskoalitionen sind nach Bundestagswahlen als Ergebnis der Regierungsbildung die Regel. Damit sind auch die Bürgerinnen und Bürger vertraut, bilden sie doch Einstellungen zu Koalitionsoptionen heraus und kalkulieren mögliche Regierungsbildungen in ihre Wahlentscheidung ein. Der Beitrag untersucht die Koalitionspräferenzen des Elektorats allgemein und von Parteianhängern im Besonderen für die Regierungsbildung nach der Bundestagswahl 2017. Hierzu erfolgt ein Abgleich der Koalitionspräferenzen mit der Issue-Nähe zwischen politischen Parteien in ausgewählten Koalitionsvarianten. Anschließend werden Einflussfaktoren von elektoralen Koalitionspräferenzen genauer analysiert. Für die Analyse wird auf Daten des Wahl-O-Mat zur Bundestagswahl und einer Online-Panel-Befragung zurückgegriffen.

L. C. Wurthmann (✉) · S. Marschall · M. Billen
Institut für Sozialwissenschaften, HHU Düsseldorf, Düsseldorf, Deutschland
E-Mail: wurthmann@uni-duesseldorf.de

S. Marschall
E-Mail: Stefan.Marschall@uni-duesseldorf.de

M. Billen
E-Mail: maike.billen@uni-duesseldorf.de

1 Die Koalitionsfrage vor der Bundestagswahl 2017

Regiert nach der Wahl *Schwarz-Grün?* *Rot-Rot-Grün?* Wagen die Parteien *Jamaika?* Kehrt gar *Schwarz-Gelb* zurück? Oder kommt es wieder zur *Großen Koalition?* Im Rückblick erwies sich die Regierungsbildung nach der Bundestagswahl im September 2017 als langwieriger und alternativloser als die Koalitionsoptionen, die vor der Wahl in der medialen Öffentlichkeit gedanklich durchgespielt wurden. Dabei dürfte die in der Vergangenheit bunter gewordene Koalitionslandschaft auf Länderebene die Überlegungen angeregt haben: Im Wahljahr 2017 waren 13 verschiedene Regierungskonstellationen in den 16 Bundesländern zu zählen – berücksichtigt man die Zusammensetzung, die Anzahl der Parteien und welche Partei die Regierungsspitze stellt.

Doch auch wenn die Länder als „Testlabor" (Switek 2010, S. 193) oder „Experimentierfeld" (Jun und Cronqvist 2013, S. 218) für mögliche Regierungsbündnisse im Bund gelten mögen, auf dem neue Koalitionsformeln getestet werden, sollte man nicht ohne Weiteres folgern, dass das Spektrum realisierbarer Regierungsoptionen auf Bundesebene genauso aufgefächert sei. Was in Bezug auf Sitzmehrheit und Programm funktioniert, kann je nach Bundesland und für die Bundesparteien abweichen. Im föderalen Deutschland ist somit eine größere Offenheit für verschiedene Bündnisse bzw. ein (neuer) „Koalitionspluralismus" (Schubert 2012) zu beobachten, was unter anderem auf die regionalspezifische Entwicklung der Parteiensysteme zurückzuführen ist (Decker 2018, S. 14–18; Jesse 2018, S. 130–137). Doch eben aufgrund des Mangels an einem dominanten Regierungsmuster in Deutschland ist es erforderlich, die rechnerischen Chancen und die inhaltliche Stimmigkeit von Koalitionsvarianten im Bund separat zu analysieren – und zugleich den Blick darauf zu richten, welche Präferenzen diejenigen haben, die bei der Wahl zum Deutschen Bundestag ihre Stimme abgeben können. Der Beitrag setzt sich folglich mit diesen Fragen auseinander: *Inwiefern unterscheidet sich die Issue-Nähe der Parteien von den Koalitionspräferenzen der Wähler?*[1] *Welche Faktoren beeinflussen die Koalitionspräferenzen der Wählerschaft?*

Der Aufbau des Beitrages ist wie folgt: Zunächst werden im zweiten Kapitel der Forschungsstand aufgearbeitet und der theoretische Rahmen entwickelt. Der Abschnitt behandelt Literatur aus der Koalitionsforschung sowie der Wahl- und Einstellungsforschung. Im dritten Kapitel zum Forschungsdesign werden

---

[1] Aus Praktikabilitätsgründen wird in diesem Beitrag durchgehend die männliche Form gewählt, die selbstverständlich auch Personen weiblichen und sonstigen Geschlechts einschließt.

die Daten, die Fallauswahl und die Methoden erläutert. Im vierten Kapitel folgt eine deskriptive Analyse der Koalitionspräferenzen im Elektorat, die zudem mit der Issue-Nähe zwischen den seit September 2017 im Bundestag vertretenen Parteien abgeglichen wird. Dadurch soll ermittelt werden, ob die Koalitionspräferenzen deckungsgleich mit einer inhaltlichen Übereinstimmung möglicher Koalitionsparteien sind. Dies wirft die Frage auf, welche Faktoren überhaupt die Ausprägung von Koalitionspräferenzen beeinflussen – eine Frage, die mithilfe multivariater Analysemodelle beantwortet werden soll. Das Fazit diskutiert zentrale Befunde sowie Ansatzpunkte für künftige Forschungsprojekte.

2 Passende Wunschkoalitionen? Zur Issue-Nähe potenzieller Regierungspartner und Koalitionspräferenzen im Elektorat

In modernen Demokratien stellen Wahlen wie die zum Bundestag das zentrale Verfahren im repräsentativen System dar, über das politische Macht delegiert und legitimiert werden kann (Kneip und Merkel 2017; Schmitt 2014, S. 10–13). In Deutschland werden hierfür zunächst Parteien ins Parlament gewählt, welche sodann die Aufgabe haben, auf der Grundlage der Zusammensetzung des Parlaments eine Regierung zu bilden. Das Ergebnis – gerade auf Bundesebene – sind Mehrheitskoalitionen, d. h. Bündnisse von Parteien, deren gemeinsamer Sitzanteil die parlamentarische Mehrheit erreicht (Horst 2010; Jesse 2018, S. 130–133, 144 f.). In der bundesdeutschen Geschichte sind dies zudem überwiegend *kleine Koalitionen* gewesen, bestehend aus einer der zwei großen Parteien bzw. Fraktionen CDU/CSU oder SPD und einer kleinen Partei; allerdings erschwerten die Sitzverhältnisse bei den jüngsten Wahlen die Bildung solcher kleiner Koalitionen (Jesse 2018, S. 130–133, 144 f.).

Ob eine Regierung in Form einer Koalition gebildet wird, hängt maßgeblich von den institutionellen Rahmenbedingungen ab, die von System zu System unterschiedlich sein können. Während Koalitionen in Zweiparteiensystemen, die zumeist aus Mehrheitswahlsystemen entstehen, de facto nicht existieren, sind sie in Verhältniswahlsystemen mit einem fragmentierten Parteiensystem wie in Deutschland zwingend, da es in solchen Systemen eher selten zu Ein-Partei-Regierungen kommen kann (Huber 2016, S. 94). In Deutschland hatte lediglich zwischen 1953 und 1957 eine einzelne Fraktion die parlamentarische Mehrheit.

Es gibt somit keine sicher vorhersehbare Transformation von Stimmenabgabe in eine bestimmte Variante der Regierungsbildung. Doch scheinen die Bürger in

Deutschland mit der für das System prägenden „spezifischen Mixtur" (Switek 2013, S. 277) vertraut zu sein. Der Forschungsstand legt nahe, dass Koalitionen eigenständige Einstellungsobjekte sind und dass deren Bildung als Endergebnis bei den Erwägungen zum eigenen Wahlverhalten berücksichtigt wird (Bytzek 2013a, 2013b; Debus 2012; Huber 2014, 2016). Während sich jedoch bereits mehrere Studien mit dem Einfluss von Koalitionserwartungen und Koalitionspräferenzen auf das Wahlverhalten beschäftigt haben (siehe u. a. Bytzek 2013a; Debus 2013; Huber 2016; Huber et al. 2009; Linhart 2007; Meffert et al. 2011), mangelt es an Untersuchungen, die Koalitionspräferenzen zur zentralen abhängigen Variable machen.

Für das Weitere wird grundlegend angenommen, dass die Regierungsbildung ein mehrstufiger Prozess ist, der selbst in eine Kette von Handlungen und Ereignissen eingeordnet ist (Austen-Smith und Banks 1988; Narud 1996). Wähler schaffen durch ihre Wahlentscheidung die Rahmenparameter mit. Das Elektorat bestimmt das *Auswahlset*[2] an Regierungsoptionen und damit die Ausgangssituation für Sondierungen sowie Verhandlungen, die Parlamentsparteien zwecks Regierungsbildung führen. Insofern ist es instruktiv, Koalitionspräferenzen aus einem theoretischen Rahmen heraus zu analysieren, der sowohl die Wahl- und Einstellungsforschung als auch die Koalitionsforschung behandelt.

2.1 Von Issue-Nähe und Regierungsbildung

Nach der in der Politikwissenschaft und Koalitionsforschung üblichen Motivationstrias versuchen Parteiakteure, den Stimmenanteil bei Wahlen zu maximieren *(vote-seeking)*, möglichst viele Ämter zu erhalten *(office-seeking)* und den Einfluss auf die Politikgestaltung zu steigern *(policy-seeking)*. Die Ziele können sich gegenseitig begünstigen, aber ebenfalls in Konflikt zueinanderstehen (Buzogány und Kropp 2013, S. 262–266; Strøm und Müller 1999).

Dass Parteien als *policy-seekers* inhaltlich harmonische Koalitionen anstreben, ist eine für die bundesdeutsche Regierungsbildung (mit Einschränkungen) bestätigte Annahme (u. a. Debus 2009; Debus und Müller 2011; Lees 2011). Die Idee lautet komprimiert: Koalitionen werden umso eher gebildet, je geringer die programmatische Distanz zwischen Parteien ist. Die Regierungspolitik einer programmatisch engen Koalition nähert sich umso mehr den Idealpunkten der beteiligten Parteien.

---

[2]Zu jeder Regierungsbildungsgelegenheit gibt es ein „choice set". Das Set an Regierungsoptionen mit mindestens einer Partei bis zur Allparteienregierung wird berechnet mit: 2^p-1; p steht für die Zahl der Parlamentsparteien.

Inhaltliche Konflikte dürften seltener, Kompromisse weniger verlustreich und substanzielle Gewinne der Regierungsbeteiligung als Einfluss auf verbindliche politische Entscheidungen höher sein (Buzogány und Kropp 2013, S. 263 ff.; Strøm und Nyblade 2007, S. 790). Prägend für die theoretische Vermutung, dass Parteien primär an der Politikgestaltung interessiert seien (*policy-seeking*-Ansatz), ist vor allem die Arbeit de Swaans (1973, S. 68–90), der Theoriemodelle zur Koalitionsbildung (Axelrod 1970; Leiserson 1966) aufarbeitet und modifiziert, welche nicht nur die Sitzstärke als Faktor, sondern auch Policy-Präferenzen behandeln. Das Grundkonzept ist gemäß de Swaan die Spannbreite einer Koalition („range"), definiert als die Distanz der inhaltlich am weitesten voneinander entfernten Koalitionsparteien bzw. Parteipositionen. Auf dieser Grundlage wird die „minimal range"-Annahme formuliert, nach der sich umso eher Koalitionen bilden, je geringer die inhaltliche Distanz bzw. je höher die inhaltliche Nähe ausfällt.

Tatsächlich ist die Suche nach inhaltlich kompatiblen Regierungskoalitionen nicht das einzige Motiv für Parteiakteure bei der Koalitionsbildung, welches die Forschungsliteratur zur Erklärung von Regierungskoalitionen erarbeitet hat.[3] Dennoch ist es möglich, Regierungsoptionen nach der programmatischen Attraktivität für Parteiakteure und der hiervon abgeleiteten Realisierbarkeit anzuordnen, was wiederum mit den Koalitionspräferenzen im Elektorat abgeglichen werden kann.

Bisherige Befunde zu einem solchen Verhältnis sind uneinheitlich: Pappi und Gschwend (2005) sowie Debus (2012) vergleichen die Beurteilungsperspektiven der Parteien und Wähler in Bezug auf Regierungsoptionen; die Präferenzordnungen der Parteien werden über öffentlich kommunizierte Koalitionssignale bzw. -aussagen bestimmt. Debus (2012, S. 93, 95 f.) beobachtet Überschneidungen zwischen den Erstpräferenzen der Parteien und ihrer Anhänger, aber Abweichungen bei nachplatzierten Koalitionspräferenzen. Debus und Müller (2012, 2014) stellen fest, dass Muster der Regierungsbildung bzw. Merkmale von Bündnisoptionen, die aus koalitionstheoretischen Ansätzen abgeleitet sind, Koalitionspräferenzen von Wählern beeinflussen: darunter die Bildung minimaler Gewinnkoalitionen[4], die Entstehung von Bündnissen mit geringer programmatischer Distanz sowie Koalitionsaussagen im Wahlkampf. Allerdings weist die Datenauswertung ebenso darauf hin, dass ein nicht unwesentlicher Anteil der Wähler Regierungsoptionen

---

[3]Für eine Übersicht siehe bspw. Buzogány und Kropp (2013) sowie Strøm und Nyblade (2007).

[4]Das sind Koalitionen, die nur so wenige Parteien umfassen (Kriterium *minimal*), wie für die Sitzmehrheit im Parlament *(winning)* erforderlich ist.

jenseits dieser Logiken bevorzugt (Debus und Müller 2014, S. 65). Möglich ist, dass Koalitionen präferiert und besser bewertet werden als einzelne Parteien, da die Regierungspolitik, welche das Ergebnis von Kompromissen zwischen den Koalitionsparteien wäre, einem Wähler inhaltlich näherstehen kann als das Programm der einzelnen Parteien (Bytzek 2013a, S. 234). Denkbar ist zudem, dass politisches Interesse und politisches Wissen bzw. konkret die (Un-)Kenntnis über Issue-Positionen der Parteien und deren programmatische Einordnung den Einfluss von Regierungsbildungsmustern auf Koalitionspräferenzen moderiert (Debus und Müller 2014, S. 65 f.).

Im Hinblick auf Theorie und Empirie lautet daher die erste Erwartung, dass es keine perfekte Kongruenz zwischen der Issue-Nähe der Parteien und elektoralen Koalitionspräferenzen gibt.

H1: *Die Koalitionspräferenzen der Wähler unterscheiden sich von der Issue-Nähe der Parteien.*

Trifft dies zu, besteht die Aufgabe, Faktoren zu ermitteln, die die Ausprägung von Koalitionspräferenzen bei Wählern erklären können.

2.2 Koalitionspräferenzen

Lange Tradition in der Erforschung von Wahlverhalten hat das sogenannte Michigan-Modell, welches sich aus einer individuellen Parteiidentifikation, der Kandidaten- und der Issue-Orientierung zusammensetzt. Gemeint ist mit der individuellen Parteiidentifikation „[...] eine längerfristige emotionale Bindung des Wählers an seine Partei. Sie wird erworben bei der politischen Sozialisation durch Elternhaus, Freundeskreis oder Mitgliedschaft in politischen Gruppen und beeinflusst die Wahrnehmung sowie die Bewertung politischer Ereignisse in hohem Maße" (Korte und Fröhlich 2009, S. 156 f.). Während unter der Issue-Orientierung die Orientierung an politischen Sachfragen verstanden wird, so ist mit der Kandidatenorientierung insbesondere die Fokussierung und Bewertung von Spitzenkandidaten gemeint (Schoen 2009, S. 190). Das Michigan-Modell ist – wie die Forschung aufzeigt (Bytzek 2013b, S. 45) – ebenfalls für die Analyse von Koalitionspräferenzen einsetzbar.

Koalitionsoptionen dürften mehr oder weniger gewünscht sein, wenn einem Individuum das Spitzenpersonal einer möglichen Koalitionspartei (nicht) gefällt. Schließlich könnten Wähler in Bezug auf die künftige Regierungsbildung erwarten, dass die Spitzenkandidaten später einen wichtigen Posten übernehmen, u. a. Minister oder (Vize-)Kanzler werden. Dabei interessiert hier die Gesamtbewertung; eine feinere Unterscheidung zum Beispiel nach politischen versus unpolitischen Aspekten erfolgt nicht (siehe Schoen und Weins 2014, S. 293–301). Bislang wurde die Variable bei der Erklärung von Koalitionspräferenzen überwiegend ausgeklammert. Plescia und Aichholzer (2017) hingegen vernachlässigen den Personalfaktor nicht und finden in ihrer Studie Evidenz für Österreich. Somit wird folgende Hypothese untersucht:

H2: *Je positiver ein Individuum die Spitzenkandidaten von Parteien einer Koalitionsoption bewertet, desto höher fällt die Präferenz für die entsprechende Koalition aus.*

Ähnliches soll für jene Individuen gelten, die über die schon angeführte Parteiidentifikation verfügen. Daraus wird der folgende Zusammenhang abgeleitet:

H3: *Wenn ein Individuum über eine Parteineigung verfügt, dann ist es wahrscheinlicher, dass es Koalitionsoptionen stärker bevorzugt, die die spezifische Partei einschließen.*

Zukünftige Koalitionen sind Konstrukte, deren wahrgenommene Eintrittswahrscheinlichkeit an bereits in der Vergangenheit formierte Koalitionen orientiert ist, auf Basis derer die Wähler eine Meinung und Erwartungshaltung entwickeln konnten (Plescia und Aichholzer 2017, S. 258). Eine Studie von Zerback und Reinemann (2015, S. 740) konnte belegen, dass je positiver die Berichterstattung über eine spezifische Koalitionsformation war, desto wahrscheinlicher wurde das Zustandekommen einer solchen Koalition eingeschätzt. Sie konnten außerdem nachweisen, dass eine positive Koalitionspräferenz einen positiven Einfluss auf die Wahrnehmung der Eintrittswahrscheinlichkeit hat (Zerback und Reinemann 2015, S. 734).

Huber et al. (2009) stellen in ihrer Untersuchung das Auftreten des *Bandwagon*-Effekts fest, wonach Wähler jene Kandidaten, Parteien und Koalitionen unterstützen, von denen sie annehmen, dass sich diese auf einer *Siegerspur* befinden, also die besten Chancen hinsichtlich der Regierungsbildung haben. Daraus wird die folgende Hypothese abgeleitet:

H4: *Je wahrscheinlicher ein Individuum die Bildung einer Koalitionsoption einschätzt, desto mehr wird die entsprechende Koalitionsoption präferiert.*

In Deutschland wird im Parteiensystem zwischen einem *bürgerlichen* Lager aus CDU/CSU und FDP und einem *linken* Lager aus SPD und Grüne und Linke sowie entsprechend zwischen lagerinternen oder lagerübergreifenden Zweieroder Dreierbündnissen unterschieden (Jesse 2018, S. 129). Diese Struktur scheint angesichts der vielfältigen Koalitionen auf Länderebene an Trennschärfe zu verlieren. Eine nachlassende koalitionspolitische Segmentierung wird auch auf Bundesebene beobachtet; lagerübergreifende Regierungsoptionen werden vor dem Hintergrund schwieriger parlamentarischer Sitzverhältnisse für die Mehrheitsbildung in der Forschung (siehe u. a. Decker 2015; Niedermayer 2008; Switek 2010), in den Medien sowie von Parteiakteuren erörtert (für die Bundestagswahl 2017 siehe u. a. Gathmann et al. 2017; Gathmann und Wittrock 2017; Haverkamp 2017) – wie bereits im Vorfeld und Nachgang vergangener Bundestagswahlen. Dies gilt seit der Entstehung und den Wahlerfolgen der AfD umso mehr, zumal andere Parteien eine Koalition mit ihr ausgeschlossen haben. Doch die Beschäftigung damit zeigt, dass das Lagerschema bzw. der angenommene nachlassende Einfluss für den Wahlkampf und für die Überlegungen zur Koalitionsbildung ein wichtiges Thema geblieben sind. Insofern ist trotz der Verschiebungen in der deutschen Parteien- und Koalitionslandschaft zu erwarten, dass das vertraute Lagerschema weiterhin die Einstellungen im Elektorat beeinflusst.[5] Daraus wird folgende Hypothese abgeleitet:

H5: *Je linker bzw. rechter sich ein Individuum politisch verortet, desto positiver ist die Präferenz für eine linke bzw. rechte Lagerkoalition.*

3 Forschungsdesign

Im Folgenden werden die Datenbasis und die Analysestrategie erläutert.

3.1 Daten

Der Beitrag greift auf zwei Datenquellen zurück. Zur Bestimmung der Issue-Nähe zwischen Parteien wird der Wahl-O-Mat zur Bundestagswahl 2017 verwendet. Es handelt sich um eine *Voting Advice Application* (VAA), eine Onlineanwendung,

---

[5]Die in den Regressionsmodellen aufgenommenen Bündnisalternativen werden entsprechend zugeordnet. *Linke Lagerkoalition:* Rot-Grün (SPD, Grüne), Rot-Rot-Grün (SPD, Linke, Grüne). *Bürgerliche Koalition*: Schwarz-Gelb (CDU/CSU, FDP). *Lagerübergreifende Koalition:* Große Koalition (CDU/CSU, SPD), Schwarz-Grün (CDU/CSU, Grüne), Jamaika (CDU/CSU, FDP, Grüne).

die Orientierungshilfe für die Wahlentscheidung geben kann. VAAs vergleichen Positionen der Nutzer zu einem Katalog politischer Sachfragen (Issues) mit Positionen von Parteien. Alle im Tool vertretenen Parteien haben im Vorfeld zu einem ausgewählten Thesenset ihre Position abgegeben. Deswegen lassen sich VAA-generierte Daten einsetzen, um Parteipositionen standardisiert zu vergleichen und die inhaltliche Nähe zwischen Parteien zu bestimmen.[6] Der Beitrag knüpft an den Forschungsstrang, der das Potenzial von VAAs als Datenbasis zur Bearbeitung verschiedener politikwissenschaftlicher Fragestellungen nutzt (Garzia und Marschall 2016; für den Wahl-O-Mat siehe Faas und Debus 2012; Linhart 2017; Stecker und Däubler 2016, 2017; Wagschal und König 2014, 2015).

Die zweite Datenquelle besteht aus einem eigens erhobenen Datensatz. Die Erhebung erfolgte im Rahmen eines Forschungsprojektes zur Bundestagswahl 2017.[7] Für das Vorhaben wurde eine vierwellige Online-Panel-Umfrage konzipiert und vom Marktforschungsunternehmen *Respondi* durchgeführt. Dieser Beitrag verwendet die Daten der ersten Welle, die am 21. August 2017 startete und am 29. August endete. Im Hinblick darauf, dass die Bundestagswahl am 24. September stattfand, war der Untersuchungszeitraum bewusst gewählt, da zu dem Zeitpunkt der Kampagnen-Endspurt der Parteien noch nicht eingesetzt hatte. Der Vorteil besteht darin, dass zu dem Zeitpunkt beispielsweise der Markt von Koalitionsoptionen noch relativ offen erschien und sich zudem in der Bevölkerung noch nicht der Eindruck verfestigt haben dürfte, die Wahl sei entschieden. Die Befragten – zwischen 18 und 69 Jahre alt – wurden über eine Quotenstrichprobe rekrutiert, basierend auf den rund 90.000 Mitgliedern des *Respondi* Access Panel. Ein Vergleich von soziodemografischen Merkmalen der befragten Personen mit den repräsentativen Daten des Zensus weist lediglich geringfügige Abweichungen auf (siehe Tab. A1 im Anhang). Insgesamt wurden 2380 Personen in der ersten Befragungswelle erfasst. Von der folgenden Analyse sind jedoch 68 Personen ausgeschlossen, da sie angaben, nicht wahlberechtigt oder über ihren Status uninformiert zu sein.

---

[6]Während die Parteipositionen über das Wahl-O-Mat-Archiv der Bundeszentrale für politische Bildung der Öffentlichkeit zur Verfügung stehen, gibt es keinen Zugriff auf die Daten bzw. Positionen der Nutzer.
[7]Das Projekt ist durch die finanzielle Unterstützung der Fritz-Thyssen-Stiftung ermöglicht worden.

3.2 Analysestrategie

Die Variable Issue-Nähe wird mit dem Wahl-O-Mat zur Bundestagswahl 2017 gemessen: Das Tool umfasst 38 Sachfragen, zu denen sich die Parteien mit den Antwortkategorien „stimme nicht zu", „neutral" und „stimme zu" positioniert haben. Diesen werden die Werte 0, 1, 2 zugeordnet. Pro Wahl-O-Mat-These wird die Spannbreite *(range)* ermittelt, d. h. die Differenz der zwei Parteipositionen der Koalitionsparteien, die am weitesten voneinander entfernt sind. Die Distanzpunkte werden über alle Fragen summiert (z. B. 20 DP) und durch die maximal mögliche Anzahl dividiert (z. B. $20/76 = 0{,}26$). Subtrahiert man den Anteil von der maximal möglichen Distanz, erhält man die Issue-Nähe als Ähnlichkeitsindex, der den Anteil an zumindest teilweisen kompatiblen Politikgestaltungszielen möglicher Koalitionsparteien anzeigt. Das Ergebnis ist ein relatives Maß, mit welchem Koalitionsoptionen im Hinblick auf ihre inhaltliche Stimmigkeit zu vergleichen sind. Die Angabe der Issue-Nähe erfolgt somit auf den Bereich [0;1] normiert (im Beispiel wäre dies ein Wert von 0,74).

Die unabhängigen Variablen für die Regressionsanalyse werden wie folgt gemessen: die Selbsteinstufung der Befragten als Verortung auf einer Links-Rechts-Skala von 1 *(sehr links)* bis 11 *(sehr rechts)*, die Einschätzung der Spitzenkandidaten der Parteien für die Bundestagswahl 2017 auf einer Skala von −5 *(halte überhaupt nichts von der Person)* bis +5 *(halte sehr viel von der Person)*[8], die wahrgenommene Wahrscheinlichkeit der Bildung einer Koalitionsoption von *sehr unwahrscheinlich* (−5) bis *sehr wahrscheinlich* (+5) sowie die Parteiidentifikation dichotom (0 = es liegt keine PID mit der Partei vor, 1 = es liegt eine PID vor). Als Kontrollvariablen werden das Alter, das Geschlecht, das Interesse an Politik sowie das politische Wissen der Befragten verwendet. Das Alter der Befragten wurde in fünf Kategorien zusammengefasst: 1) 18–29-Jährige, 2) 30–39-Jährige, 3) 40–49-Jährige, 4) 50–59-Jährige und 5) 60–69-Jährige. Das Geschlecht ist binär codiert in Mann (0) und Frau (1). Das Interesse an Politik wurde über eine Fünfer-Skalierung von *überhaupt nicht an Politik interessiert* (1) bis *sehr stark an Politik interessiert* (5) erfasst. Um das politische

---

[8] Linken-Spitzenkandidat Dietmar Bartsch sowie die AfD-Kandidaten Alice Weidel und Alexander Gauland müssen aufgrund von zu geringer Varianz von der Regressionsanalyse ausgeschlossen werden.

Wissen zu erfassen, wurden die Befragten zu drei für die Zusammensetzung des Bundestages relevanten Themen befragt. Dazu zählen die Höhe der Sperrklausel zum Einzug in das Parlament, wer den Bundeskanzler wählt und welche der beiden Stimmen auf dem Wahlzettel zur Bundestagswahl für die Sitzverteilung entscheidend ist.[9] 19,7 % der Befragten können keine der Fragen richtig beantworten, immerhin eine Frage beantworten 28,6 % korrekt. Zwei Fragen können 26,4 % und alle drei Fragen können 25,3 % der Befragten richtig beantworten.

Die abhängige Variable ist die Präferenz für eine spezifische Bündnisoption im Elektorat und wird in der Online-Befragung so erhoben: „Unabhängig vom Ergebnis der Bundestagswahl, für wie wünschenswert halten Sie persönlich die folgenden Koalitionsregierungen?" Insofern sind die Befragten aufgefordert, Stimmenanteile und in der Folge mögliche Sitzmehrheiten auszuklammern. Die Messskala reicht dabei von −5 *(überhaupt nicht wünschenswert)* bis +5 *(äußerst wünschenswert)*. Für die multivariate Analyse zur Erklärung der Koalitionspräferenzen ist eine Begrenzung der Einstellungsobjekte angemessen. Zunächst werden die Koalitionsoptionen einbezogen, die bereits auf nationaler Ebene eine Bundesregierung gebildet haben. Daraus resultiert ein Einbezug der schwarz-gelben Koalition aus CDU, CSU und FDP, einer rot-grünen Koalition aus SPD und Grünen sowie einer Großen Koalition aus CDU, CSU und SPD. Im zweiten Schritt wird der eingangs erwähnte Punkt aufgegriffen, dass die Länder als *Laboratorien* für die Koalitionsbildung auf Bundesebene gelten. Daher werden die Koalitionsoptionen eingeschlossen, die in mindestens zwei Bundesländern regieren (Stand zur Bundestagswahl 2017). Das gilt für die schwarz-grüne (Baden-Württemberg und Hessen) und die rot-rot-grüne Koalition (Berlin und Thüringen). Unerheblich ist dabei, welche Partei die Regierung führt. In einem dritten Schritt werden die Koalitionsoptionen einbezogen, die in Folge der Bundestagswahl 2017 zur Regierungsbildung sondiert oder verhandelt wurden. Das trifft auf die schon einbezogene Große Koalition sowie auf eine Jamaika-Koalition aus CDU, CSU, Grünen und FDP zu.

---

[9]Durch eine Korrelationsanalyse kann festgestellt werden, dass die Variablen sich nicht gegenseitig erklären, weshalb ein Index aus ihnen gebildet werden kann.

4 Empirische Analysen

Im Folgenden werden zunächst die Issue-Nähe zwischen Parteien sowie die Koalitionspräferenzen der Wahlberechtigten und Parteianhänger (CDU, CSU, SPD, Linke, Grüne, FDP, AfD) deskriptiv untersucht. Tab. 1 gibt hierzu die gruppenspezifischen Mittelwerte der Präferenzen für zwölf Koalitionsvarianten an. Die Präferenzen werden zur Issue-Nähe zwischen Parteien in den Bündnisvarianten in Bezug gesetzt. Anschließend werden die theoretisch hergeleiteten Einflussfaktoren von Koalitionspräferenzen in linearen Regressionsmodellen untersucht.

4.1 Koalitionspräferenzen und Issue-Nähe im Vergleich

Mit Ausnahme der Bewertung einer Großen Koalition durch CDU- und CSU-Anhänger ist die Koalitionsvariante, die erstens die Partei umfasst, zu der eine Identifikation besteht und zweitens relativ die höchste Issue-Nähe zu anderen Koalitionsvarianten mit der jeweiligen Partei aufweist, auch die von den Anhängern am meisten präferierte Koalitionsoption. Das ist Rot-Grün für die SPD- und Grüne-Anhänger, Rot-Rot für Anhänger der Partei Die Linke, Schwarz-Gelb für FDP-Anhänger und Schwarz-Blau für Personen, die der AfD zuneigen. CDU-Anhänger bewerten ein schwarz-gelbes Bündnis im Durchschnitt positiver als eine Große Koalition, an der die CDU ebenfalls beteiligt wäre, obgleich letztere im Hinblick auf die Issue-Nähe leicht stimmiger ist. Bei Anhängern der CSU ist eine Große Koalition zwar die zweite Präferenz, im Mittel wird sie jedoch negativ eingestuft. Insgesamt lassen sich klar Ähnlichkeiten zwischen den Koalitionspräferenzen der Wählerschaft bzw. konkreter der Parteianhänger und der für die Koalitionsoptionen ermittelten Issue-Nähe beobachten. Perfekt ist das Verhältnis aber nicht (Tab. 1).

Wie zu erwarten findet sich in keiner Anhängergruppe eine im Durchschnitt positive Präferenz für eine Koalitionsalternative, welche nicht die Partei einschließt, zu welcher die Identifikation besteht (Tab. 1). Auffällig ist, dass die Anhänger der Grünen vier von sechs Regierungsoptionen, in denen die Grünen mitregieren würden, als wünschenswert beurteilen: Rot-Grün, Rot-Rot-Grün, Schwarz-Grün und Ampel-Koalition. Mit Ausnahme der Kenia-Koalition deckt sich die Reihenfolge mit der relativen Issue-Nähe der Regierungsvarianten. Bei Anhängern der anderen Parteien ist die Anzahl positiver Koalitionspräferenzen begrenzter.

Tab. 1 Issue-Nähe von Regierungsoptionen sowie Koalitionspräferenzen im Elektorat zur Bundestagswahl 2017

Koalitionsoptionen und Issue-Nähe zwischen Parteien [0;1]	Koalitionspräferenzen Befragte, wahlberechtigt	P	Koalitionspräferenzen nach Parteineigung (Befragte, wahlberechtigt BTW 2017)													
			CDU	P	CSU	P	SPD	P	Linke	P	Grüne	P	FDP	P	AfD	P
Rot-Grün 0,74	−1,12	2	−2,44	7	−3,11	10	1,47	1	−0,79	3	**1,83**	1	−2,97	9	−3,70	7
SPD-Grüne	(3,20; 1991)		(2,31; 381)		(2,24; 103)		**(2,79; 383)**		(2,84; 217)		**(2,54; 203)**		(2,24; 120)		(2,21; 169)	
Große Koalition 0,70	**−0,85**	1	0,81	2	−0,21	2	0,03	2	−2,46	6	−0,51	6	−1,17	4	−3,40	5
CDU/CSU-SPD	**(2,97; 2000)**		(2,50; 383)		(2,78; 103)		(2,84; 385)		(2,48; 217)		(2,51; 202)		(2,62; 120)		(2,34; 169)	
Schwarz-Gelb 0,68	−1,17	3	**1,88**	1	**2,14**	1	−2,84	10	−3,44	10	−2,26	10	**2,20**	1	−2,66	3
CDU/CSU-FDP	(3,38; 1974)		**(2,77; 381)**		**(2,74; 103)**		(2,28; 378)		(2,21; 216)		(2,48; 201)		**(2,79; 119)**		(2,86; 169)	
Rot-Rot 0,62	−1,69	7	−3,55	10	−4,00	12	−0,37	5	**2,43**	1	−0,59	7	−3,85	12	−3,57	6
SPD-Linke	(3,28; 1995)		(2,12; 382)		(1,68; 102)		(3,16; 377)		**(2,40; 220)**		(2,84; 202)		(1,91; 120)		(2,42; 168)	

(Fortsetzung)

Tab. 1 (Fortsetzung)

Koalitions-optionen und Issue-Nähe zwischen Parteien [0;1]	Koalitions-präferenzen Befragte, wahl-berechtigt	P	Koalitionspräferenzen nach Parteineigung (Befragte, wahlberechtigt BTW 2017)												
			CDU	P	CSU	P	SPD	P	Linke	P	Grüne	P	FDP	P	AfD	P
Rot-Rot-Grün 0,59	−1,57	5	−3,51	9	−3,93	11	−0,23	4	1,92	2	0,71	2	−3,51	11	−3,75	9
	(3,28; 1988)		(1,98; 379)		(1,86; 101)		(3,06; 379)		(2,78; 218)		(2,87; 204)		(2,05; 120)		(2,32; 168)	
Schwarz-Blau 0,57	−3,31	11	−3,68	11	−2,64	7	−4,05	11	−4,25	11	−4,50	11	−3,48	10	**1,08**	**1**
CDU/CSU-AfD	(2,85; 2009)		(2,50; 385)		(3,06; 102)		(2,01; 379)		(1,77; 216)		(1,30; 204)		(2,76; 120)		**(3,43; 172)**	
Sozial-liberal 0,57	−1,59	6	−2,36	6	−2,67	8	−0,18	3	−1,49	4	−1,01	9	−0,54	2	−3,38	4
SPD-FDP	(2,73; 1986)		(2,35; 382)		(2,24; 101)		(2,79; 379)		(2,74; 215)		(2,22; 201)		(2,91; 120)		(2,31; 169)	
Schwarz-Grün 0,54	−1,53	4	0,10	3	−0,50	3	−2,11	8	−2,60	8	0,28	3	−1,63	6	−3,93	11
CDU/CSU-Grüne	(2,84; 1986)		(2,67; 379)		(2,75; 103)		(2,43; 379)		(2,37; 217)		(2,67; 205)		(2,73; 120)		(1,83; 168)	

(Fortsetzung)

Tab. 1 (Fortsetzung)

Koalitionsoptionen und Issue-Nähe zwischen Parteien [0;1]	Koalitionspräferenzen Befragte, wahlberechtigt	P	Koalitionspräferenzen nach Parteineigung (Befragte, wahlberechtigt BTW 2017)										
			CDU	P	CSU	P	SPD	P	Linke	P	Grüne	P	FDP	P	AfD	P

Koalitionsoptionen und Issue-Nähe zwischen Parteien [0;1]	Koalitionspräferenzen Befragte, wahlberechtigt	P	CDU	P	CSU	P	SPD	P	Linke	P	Grüne	P	FDP	P	AfD	P
Kenia 0,49	−1,86	10	−1,38	5	−2,19	5	−1,19	7	−2,51	7	−0,15	5	−2,55	7	−3,98	12
CDU/CSU-SPD-Grüne	(2,71; 1969)		(2,68; 380)		(2,47; 102)		(2,70; 372)		(2,48; 217)		(2,59; 204)		(2,31; 119)		(1,84; 168)	
Bahamas 0,46	−3,40	12	−3,71	12	−2,57	6	−4,18	12	−4,28	12	−4,54	12	−2,93	8	0,25	2
CDU/CSU-FDP-AfD	(2,71; 2006)		(2,39; 385)		(3,07; 103)		(1,84; 376)		(1,75; 216)		(1,30; 204)		(3,16; 120)		(3,48; 170)	
Ampel 0,38	−1,71	8	−2,47	8	−2,77	9	−0,47	6	−1,68	5	0,15	4	−1,34	5	−3,88	10
SPD-FDP-Grüne	(2,73; 1984)		(2,33; 382)		(2,26; 102)		(2,76; 380)		(2,66; 217)		(2,28; 202)		(2,84; 120)		(2,00; 167)	
Jamaika 0,34	−1,82	9	−0,44	4	−0,56	4	−2,51	9	−2,94	9	−0,98	8	−0,69	3	−3,73	8
CDU/CSU-FDP-Grüne	(2,72; 1971)		(2,70; 380)		(2,83; 101)		(2,29; 375)		(2,22; 217)		(2,47; 202)		(3,03; 120)		(1,96; 167)	

Anm.: Angabe arithmetischer Mittelwerte, Skala −5 „überhaupt nicht wünschenswert" bis +5 „äußerst wünschenswert". Standardabweichung und Fallzahl in Klammern. Fett markiert und grau hinterlegt: Koalitionsoption, die im Mittel am stärksten erwünscht ist (P = Präferenz/Platzierung); kursiv und grau hinterlegt: im Mittel am wenigstens erwünscht

Quelle: eigene Erhebung

Weiterhin ist zu beobachten, dass es keine Koalitionsoption gibt, die über alle wahlberechtigten Befragten hinweg eher wünschenswert wäre; wobei die Große Koalition (−0,85) noch am besten abschneidet. Insbesondere sind eine Bahamas-Koalition aus CDU/CSU, FDP und AfD sowie eine schwarz-blaue Koalition unerwünscht. Lediglich Anhänger von der AfD bewerten die schwarz-blaue Koalitionsvariante mit der Union (1,08) im Mittel positiv; die Bahamas-Option, bei der zudem die FDP vertreten wäre, wird nur geringfügig positiv (0,25) präferiert. Die Beobachtung spiegelt den derzeitig zugeschriebenen und selbst gewollten *Außenseiterstatus* der AfD bei der Frage von Regierungsbildungen. Nicht nur die Parteiakteure (Heidtmann 2017), sondern ebenso die Anhänger von CDU, CSU, SPD, Linke, Grüne und FDP haben im Vorfeld eine Zusammenarbeit mit der AfD ausgeschlossen.

Sowohl in der Anordnung der Koalitionsalternativen nach der Issue-Nähe als auch bei den Koalitionspräferenzen der Parteianhänger ist das klassische Links-Rechts-Schema der bundesdeutschen Koalitionspolitik zu erkennen (Tab. 1) – zumindest klar auf den vorderen Plätzen. Die Anhänger von CDU, CSU und FDP sind sich in ihrer Erstpräferenz einig: Am positivsten wird eine schwarz-gelbe Koalition bewertet. Personen, die SPD und Grüne zuneigen, präferieren an erster Stelle eine rot-grüne Koalition, welche im Vergleich zu anderen Bündnisoptionen am wenigsten Dissens aufweist. Für Anhänger der Partei Die Linke ist eine rot-rote Koalition am wünschenswertesten, allerdings wird diese von SPD-Anhängern trotz der relativ hohen Issue-Nähe negativ bewertet (−0,37). Auch an einer rot-rot-grünen Koalition finden die Anhänger der SPD kein Gefallen (−0,23), während Anhänger der Linken und der Grünen die Variante als Zweitpräferenz teilen (1,92 bzw. 0,71).

Spiegelbildlich fällt die Bewertung der gegnerischen Lagerkoalitionen aus (Tab. 1): Anhänger von SPD, Linke und Grüne wünschen sich eindeutig keine schwarz-gelbe Regierung und die Anhänger von CDU, CSU und FDP lehnen die Optionen Rot-Grün, Rot-Rot und Rot-Rot-Grün ab. CSU- und FDP-Anhänger bewerten die Optionen Rot-Rot und Rot-Rot-Grün noch negativer als die Regierungsalternativen mit einer Beteiligung von AfD, welche für Anhänger der CDU am wenigsten erwünscht sind. Die genannten negativen Koalitionspräferenzen fallen ausgeprägter aus als die Durchschnittswerte der positiven Präferenzen.

Diese und weitere Beobachtungen bestätigen das Vorgehen, Anhänger von CDU und CSU separat zu untersuchen, obwohl deren Parteien im Bundestag eine Fraktionsgemeinschaft (Union) bilden und zusammen eine Regierungsbeteiligung anstreben. So haben Anhänger der CDU für drei von sieben Koalitionsoptionen mit Beteiligung der Union eine im Durchschnitt positive Koalitionspräferenz: für ein schwarz-gelbes Bündnis (1,88), eine Großen Koalition (0,81) und – obgleich im schwachem Maße – ein lagerübergreifendes Bündnis mit den Grünen (0,10). CSU-Anhänger werten lediglich eine schwarz-gelbe Regierung als wünschenswert. Die Reihenfolge deckt sich nicht vollständig mit der Issue-Nähe zwischen den Parteien (Tab. 1).

Tab. 1 macht deutlich, dass es sich bei der Großen Koalition um eine besondere lagerübergreifende Bündnisoption handelt – sie ist bei der Issue-Nähe zwischen Rot-Grün und Schwarz-Gelb angeordnet.[10] In der Koalitionsforschung gelten Große Koalitionen als spezielles, erklärungsbedürftiges Regierungsformat, u. a., weil klassische theoretische Ansätze unzureichend greifen und fallspezifische Erklärungsfaktoren einzubeziehen sind (Müller 2008). Bei der Analyse dieser Option ist zu berücksichtigen, dass es sich um die vor der Bundestagswahl 2017 amtierende Regierung handelt, weshalb sie ein konkreteres Einstellungsobjekt als die anderen abgefragten Bündnisoptionen dargestellt haben dürfte. Nun ist die Große Koalition weder in der Gruppe der Wahlberechtigten noch bei den Parteianhängern besonders beliebt; die vorhandenen positiven Koalitionspräferenzen fallen bescheiden aus. Aber verglichen mit anderen, vor allem mit den auf Bundesebene unerprobten Regierungsvarianten sind auch die negativen Präferenzen für die Große Koalition weniger stark ausgeprägt. Die Daten stützen Bytzeks (2013c, S. 438, 453) Deutung, dass die Bewertung Großer Koalitionen im Elektorat pragmatisch verlaufe; es sei keine hochgeschätzte Koalitionsoption, aber die, die bereits getestet wurde und als Lösung verbleibe, wenn andere Zweiparteienoptionen auf keine Bundestagsmehrheit kommen.

Die Anhänger von CDU haben eine im Mittel schwache positive Präferenz für die Große Koalition (0,81) und CSU-Anhänger bewerten die Option als eher nicht wünschenswert (−0,21). Die SPD-Anhänger sind beinahe indifferent eingestellt (0,03). Von einer Wunschkoalition kann trotz der relativ hohen Issue-Nähe nicht die Rede sein. Es war allerdings die Regierungsoption, deren Realisierung außer der schwarz-gelben Variante (CDU/CSU, FDP) von den wahlberechtigten Befragten als wahrscheinlich bewertet wurde (Zahlen nicht ausgewiesen). Die Große Koalition gehörte zu den wenigen Regierungsoptionen, für die bereits vor der Wahl auszugehen zu war, dass CDU/CSU und SPD zusammen auf eine Mehrheit im Bundestag kommen (Infratest Dimap 2017). Letztlich erwies sich die sogenannte „GroKo" in der Tat als Rückfalloption bei der von September bis März andauernden Regierungsbildung. Die Sondierungsgespräche zur Bildung einer Jamaika-Koalition von CDU/CSU, FDP und Grüne waren zuvor gescheitert

---

[10]Große Koalitionen in Deutschland aus CDU/CSU und SPD werden auch ideologisch in der Mitte verortet und als „Zentrumskoalition" eingestuft (Schmitt und Franzmann 2017, S. 111).

bzw. von der FDP nach vier Wochen beendet wurden. Mit Blick auf Tab. 1 überrascht das *Jamaika-Aus* nicht: Die Regierungskonstellation hat den höchsten inhaltlichen Konfliktgrad, die Anhänger der vertretenen Parteien CDU, CSU, FDP und Grüne beurteilen die Option negativ und deren Bildung als unwahrscheinlich.

Das Zwischenfazit der deskriptiven Analyse der Koalitionspräferenzen für die Bundestagswahl 2017 lautet, dass zwar Überschneidungen zwischen der Issue-Nähe von Parteien in den ausgewählten Koalitionsoptionen und den Koalitionspräferenzen im Elektorat festzustellen sind, jedoch keine Kongruenz. Zudem verweisen die zum Teil wenigen positiven Koalitionspräferenzen darauf, dass nicht jede Gelegenheit der Regierungsbeteiligung für Anhänger einer Partei auch wünschenswert ist. Weiterhin weichen teils Präferenzen der Parteianhänger in Bezug auf Bündnisoptionen voneinander ab, in denen die Parteien, denen sie zuneigen, zusammen regieren würden. Es gibt Hinweise für eine Orientierung je nach Lagerzugehörigkeit – links versus rechts –, nur scheint die inhaltliche Ausrichtung einer Regierungsvariante die Koalitionspräferenzen im Elektorat nicht in Gänze zu determinieren. Im nächsten Abschnitt werden daher die in Abschn. 2.2 vermuteten Einflussfaktoren auf Koalitionspräferenzen multivariat untersucht.

4.2 Einflussfaktoren auf Koalitionspräferenzen

Die vorliegende multivariate Analyse bestätigt Hypothese 2. Über alle Modelle hinweg kann belegt werden, dass je positiver ein Politiker bewertet wird, der an einer möglichen Koalition beteiligt wäre, desto stärker fällt eine entsprechende Koalitionspräferenz aus. Interessant ist dabei, dass eine positive Bewertung für Angela Merkel einen stärkeren Effekt auf die Präferenz für eine Große Koalition hat als für eine schwarz-gelbe Koalition. Eine positive Bewertung von Martin Schulz wirkt sich auf ein rot-grünes Regierungsbündnis auch besonders stark aus. Am höchsten ist der Effekt jedoch bei Sympathien für FDP-Spitzenkandidat Christian Lindner. Eine Sympathie für ihn hat einen so starken und positiven Effekt auf eine Koalitionspräferenz für Schwarz-Gelb, wie sie bei keinem anderen Kandidaten vergleichbar vorliegt. Als interessant erweist sich eine weitere Beobachtung: Mit einer positiven Bewertung von Lindner geht eine – wenngleich schwache – positive Präferenz für ein schwarz-grünes Bündnis aus CDU/CSU und Grünen einher. Es handelt sich hierbei um einen speziellen Fall, da ansonsten nur dann eine positive Kandidatenbewertung einen positiven Einfluss auf eine Koalitionspräferenz hat, wenn der entsprechende Kandidat an dieser Koalition auch voraussichtlich beteiligt wäre. Zurückführbar ist dies auf die hohe Beliebtheit Lindners unter Wählern von CDU und CSU (Tab. 2).

Tab. 2 Einflüsse auf elektorale Koalitionspräferenzen

	Schwarz-Gelb	Rot-Grün	Große Koalition	Schwarz-Grün	Rot-Rot-Grün	Jamaika
Konstante	2,194 (0,535)	1,022 (0,533)	,398 (0,577)	,922 (0,538)	1,479** (0,547)	1,108* (0,528)
Geschlecht	,013 (0,126)	−,109 (0,126)	,293* (0,136)	,002 (0,127)	,062 (0,129)	−,042 (0,125)
Alter	−,065 (0,044)	−,048 (0,044)	,053 (0,048)	−,097* (0,045)	−,077 (0,045)	−,117** (0,044)
Interesse an Politik	−,047 (0,071)	−,051 (0,071)	−,212** (0,077)	−,143* (0,071)	−,056 (0,073)	−,219** (0,070)
Politisches Wissen	−,068 (0,063)	,032 (0,063)	−,150* (0,068)	−,095 (0,063)	−,026 (0,064)	−,159* (0,062)
Links-Rechts-Selbsteinstufung	,127*** (0,036)	−,098** (0,036)	,006 (0,039)	,077* (0,036)	−,206*** (0,037)	,054 (0,035)
Merkel	,224*** (0,024)	−,055* (0,024)	,274*** (0,026)	,184*** (0,024)	−,094*** (0,024)	,124*** (0,023)
Schulz	−,122*** (0,026)	,258*** (0,026)	,181*** (0,028)	−,040 (0,026)	,109*** (0,027)	,010 (0,026)
Wagenknecht	−,024 (0,023)	−,049* (0,023)	−,040 (0,025)	−,069** (0,023)	,189*** (0,024)	−,041 (0,023)
Göring-Eckardt	−,051 (0,031)	,151*** (0,031)	,044 (0,033)	,118*** (0,031)	,107*** (0,032)	,037 (0,030)
Özdemir	−,134*** (0,028)	,165*** (0,028)	−,056 (0,031)	,149*** (0,029)	,049 (0,029)	,037 (0,028)

(Fortsetzung)

Tab. 2 (Fortsetzung)

	Schwarz-Gelb	Rot-Grün	Große Koalition	Schwarz-Grün	Rot-Rot-Grün	Jamaika
Lindner	,345*** (0,024)	−,059* (0,024)	,044 (0,026)	,058* (0,025)	−,066** (0,025)	,171*** (0,024)
Prob. Schwarz-Gelb	,229*** (0,023)	,048* (0,023)	,010 (0,025)	,038 (0,023)	,103*** (0,024)	,065** (0,023)
Prob. Rot-Grün	,091** (0,031)	,227*** (0,031)	,100** (0,033)	,063* (0,031)	,059 (0,031)	,031 (0,030)
Prob. Groko	−,002 (0,024)	,022 (0,024)	,313*** (0,026)	,044 (0,024)	,030 (0,024)	,034 (0,023)
Prob. Schwarz-Grün	,053 (0,029)	−,008 (0,029)	−,015 (0,032)	,276*** (0,030)	,006 (0,030)	,155*** (0,029)
Prob. Rot-Rot-Grün	−,018 (0,029)	,119*** (0,029)	−,023 (0,032)	−,034 (0,029)	,316*** (0,030)	−,009 (0,029)
Prob. Jamaika	,065* (0,029)	,039 (0,029)	,072* (0,031)	,111*** (0,029)	−,035 (0,029)	,299*** (0,028)
PID CSU	,420 (0,255)	−,090 (0,256)	,165 (0,277)	−,145 (0,258)	−,038 (0,263)	,212 (0,253)
PID SPD	−2,126*** (0,226)	1,930*** (0,225)	−,059 (0,244)	−,996*** (0,228)	1,321*** (0,232)	−1,001*** (0,224)
PID Die Linke	−2,205*** (0,272)	,815** (0,271)	−,229*** (0,294)	−,813** (0,274)	2,750*** (0,278)	−,787** (0,268)
PID Grüne	−1,829*** (0,249)	2,083*** (0,248)	−,683* (0,269)	,084 (0,250)	1,907*** (0,255)	−,070 (0,245)

(Fortsetzung)

Tab. 2 (Fortsetzung)

	Schwarz-Gelb	Rot-Grün	Große Koalition	Schwarz-Grün	Rot-Rot-Grün	Jamaika
PID FDP	,280 (0,265)	−,054 (0,263)	−,650* (0,285)	−,792** (0,265)	−,106 (0,270)	,019 (0,260)
PID AfD	−1,994*** (0,274)	,005 (0,273)	−,869** (0,296)	−1,067*** (0,275)	−,057 (0,280)	−,832** (0,270)
R^2	,685	,638	,452	,508	,635	,494
Adj. R^2	,679	,631	,441	,498	,628	,484
N/Anzahl Befragte	1199	1201	1201	1199	1198	1198

*p < 0,05 **p < 0,01 ***p < 0,001, Koeffizienten unstandardisiert. PID CDU wegen Multikollinearität ausgeschlossen

In Bezug auf die dritte Hypothese zum Einfluss der Parteiidentifikation auf Koalitionspräferenzen sind divergierende Ergebnisse festzuhalten. Eine Parteiidentifikation für die CDU musste aus der Analyse ausgeschlossen werden, da sie sich multikollinear zur Kandidatenbewertung von Angela Merkel verhält. Für die CSU wiederum können, vermutlich aufgrund der geringen Fallzahl, keine signifikanten Ergebnisse ermittelt werden, während eine Parteiidentifikation für die SPD einen starken positiven Effekt auf eine Präferenz für ein rot-grünes oder rot-rot-grünes Regierungsbündnis hat. Für Individuen mit einer Identifikation für Die Linke kann ein klarer positiver Effekt für ein rot-rot-grünes Regierungsbündnis ermittelt werden. Anzumerken ist hier, dass der entsprechende Effekt bei jenen Individuen und der entsprechenden Koalitionsoption der höchste Wert ist, der festgestellt werden kann. Interessant ist auch, dass zusätzlich ein positiver Effekt auf die Präferenz für eine rot-grüne Koalition vorliegt. Dies ist eventuell dadurch zu erklären, dass sich Linken-Anhänger einem linken Gesellschaftsentwurf verpflichtet fühlen, an welchem sich ihre Partei durch bisher fehlenden Einbezug in die Bildung einer Bundesregierung nicht beteiligen konnte. Außerdem regiert die Linke mit diesen Parteien bisher schon auf Länderebene. Für Individuen mit Neigung für die Grünen lässt sich ein signifikanter und starker positiver Zusammenhang zwischen einer Parteiidentifikation und einer Präferenz für ein rot-grünes und ein rot-rot-grünes Bündnis ermitteln. Für ein schwarz-grünes oder ein Jamaika-Bündnis lassen sich keine signifikanten Ergebnisse ermitteln. Selbiges gilt auch für Individuen mit einer Parteineigung für die FDP. Die unter Einbezug der FDP gebildeten Koalitionsoptionen – ein schwarz-gelbes Bündnis oder eine Jamaika-Koalition – werden nicht signifikant durch eine Neigung für die FDP beeinflusst. Gemessen an den signifikanten Ergebnissen kann die dritte Hypothese bezüglich des Einflusses der Parteineigung unter der Einschränkung angenommen werden, dass diese ausschließlich für die Parteien des linken politischen Spektrums, also SPD, Grüne und Linke, gilt. Für die Parteien des bürgerlichen Lagers, also CSU und FDP, sind keine signifikanten Ergebnisse im Hinblick auf Koalitionen, die diese einbezögen, zu ermitteln.

Die vierte Hypothese formuliert einen Zusammenhang zwischen der individuell wahrgenommenen Eintrittswahrscheinlichkeit zur Bildung einer Koalition und einer dazugehörigen Koalitionspräferenz. Diese Hypothese kann über alle berechneten Modelle hinweg bestätigt werden. Je wahrscheinlicher ein Individuum die Bildung einer Koalition einschätzt, desto positiver ist auch die entsprechende Koalitionspräferenz. Interessant ist hier, dass weitere positive Zusammenhänge festgestellt werden können. So wird im Falle der subjektiv wahrgenommenen Bildungswahrscheinlichkeit einer schwarz-gelben Koalition auch die Präferenz für eine rot-rot-grüne Koalition besonders gestärkt. Ähnlich verhält es sich mit der geschätzten Wahrscheinlichkeit der Bildung einer rot-grünen Koalition, die einen ebenso positiven Einfluss auf eine Koalitionspräferenz für eine Große Koalition hat. Es ist zu vermuten, dass die Sorge beispielsweise über die Bildung einer schwarz-gelben Koalition einen höheren Identifikationsgrad für das eigene linke politische Lager und eine entsprechende rot-rot-grüne Lagerkoalition nach sich zieht.

Es kann zudem die fünfte Hypothese bestätigt werden. Diese besagt, dass je linker bzw. rechter sich ein Individuum politisch verortet, desto positiver ist die Präferenz für eine linke bzw. rechte Lagerkoalition. Für die hier analysierten Lagerkoalitionen Schwarz-Gelb, Rot-Grün und Rot-Rot-Grün bestehen klare Zusammenhänge. Je rechter sich ein Individuum selber sieht, desto mehr bevorzugt es ein Bündnis aus CDU, CSU und FDP, wohingegen eine Selbsteinstufung als links zu einer positiveren Bewertung eines Bündnisses aus SPD und Grünen oder SPD, Grünen und Linken führt. Auffällig ist zudem, dass ein signifikanter Einfluss zwischen einer rechten Positionierung und der Präferenz für ein schwarz-grünes Bündnis ermittelt werden kann. Dies ist durch die Anhängerschaft der CDU zu erklären, die ein solches Bündnis positiv bewertet und sich gleichermaßen mitte-rechts des politischen Spektrums verortet. Bei den anderen lagerübergreifenden Bündnissen – Große Koalition und Jamaika – ist der Effekt der Links-Rechts-Einstufung nicht signifikant.

Zusätzlich kann festgestellt werden, dass keine der einbezogenen Kontrollvariablen durchgehend einen Effekt auf alle der sechs untersuchten Koalitionsoptionen hat. Interessant ist, dass Wahlberechtigte weiblichen Geschlechts eine Große Koalition deutlich positiver bewerten als männliche Wahlberechtigte. Eine schwarz-grüne und eine Jamaika-Koalition sind unter älteren Befragten deutlich unbeliebter als unter jüngeren Befragten. Auch politisches Interesse hat einen bemerkenswerten Effekt auf die Bewertung von Koalitionsoptionen: Mit steigendem Interesse sinkt die Präferenz für lagerübergreifende Koalitionen. Zudem kann konstatiert werden, dass über je mehr politisches Wissen ein Individuum verfügt, desto höher ist eine Ablehnung einer Großen Koalition oder eines Jamaika-Bündnisses.

Anhand des korrigierten R^2 kann das Varianzaufklärungspotenzial des Erklärungsmodells über die Einstellungsobjekte hinweg verglichen werden. Das Modell umfasst 23 Variablen, wobei ebenso als Erkenntnisgewinn festzuhalten ist, dass nicht jede Variable einen Einfluss hat. Es wird deutlich, dass die Modellgüte für die verschiedenen Bündnisvarianten unterschiedlich ausfällt – und zwar je nachdem, ob es sich um eine lagerinterne oder lagerübergreifende Bündnisvariante handelt. Bei der Koalitionspräferenz für Schwarz-Gelb reicht der Anteil an erklärter Varianz bis zu 68 Prozent. Das sind für sozialwissenschaftliche Verhältnisse recht hohe Werte, allerdings werden solche Zahlen unter anderem auch in der Analyse von Koalitionspräferenzen bei Bytzek (2013b, S. 54) erreicht.

5 Fazit

Die zunehmende Fragmentierung des Parteiensystems bei gleichzeitig abnehmender Segmentierung lassen unterschiedlichste Koalitionsoptionen denkbar werden. Bei der Bildung von Koalitionen kommt als Faktor unter anderem die Issue-Nähe der Parteien ins Spiel. Parteien, die sich programmatisch näherstehen, können leichter eine Zusammenarbeit vereinbaren als Parteien, die inhaltlich weit auseinanderliegen.

Während sich die Parteiakteure insbesondere *nach der Wahl* mit den Koalitionsoptionen beschäftigen, ist für die Wähler die Frage, welche Parteien eine Regierung bilden werden, bereits vor dem Urnengang ein wichtiges Thema. Ebenso wie die Wähler eine unterschiedliche Parteipräferenz haben, so stufen sie auch die möglichen Koalitionsoptionen unterschiedlich ein.

Inwiefern besteht zwischen Koalitionspräferenzen und der Issue-Nähe der Parteien eine Kongruenz? Welche Faktoren nehmen auf die Präferenzen Einfluss? Damit hat sich der Beitrag auseinandergesetzt und danach gefragt, inwieweit die Wahrnehmung der Spitzenkandidaten, die Parteiidentifikation, die ideologische Verortung und die Eintrittswahrscheinlichkeit einer Koalition mit den individuellen Koalitionspräferenzen zusammenhängen – kontrolliert für die entsprechenden soziodemografischen Variablen. Für die Ermittlung der Issue-Nähe zwischen den Parteien nutzte der Beitrag Daten, die im Rahmen der Durchführung eines Wahl-O-Mat gewonnen wurden. Für dieses Tool sind Parteien aufgefordert worden, Stellung zu einem vorgegebenen Set an Policy-Forderungen zu beziehen. Für die Ermittlung von Koalitionspräferenzen konnte auf Daten einer online-repräsentativen Befragung von Wählern vor der Bundestagswahl 2017 zurückgegriffen werden.

Beim Abgleich der Issue-Nähe zwischen Parteien mit den Koalitionspräferenzen im Elektorat sind Überschneidungen, aber auch Abweichungen festzustellen. Die Wählerschaft lässt sich nicht allein von der Issue-Nähe bei der Bewertung von Koalitionen leiten. Zudem haben die Parteianhänger z. T. wenige positive Präferenzen; auch stimmt die Einschätzung nicht immer mit der von anderen Anhängern überein. Es werden insofern zwar mehr Koalitionsvarianten für die Regierungsbildung im Bund diskutiert; diese werden jedoch nicht alle gleichermaßen von den Parteianhängern unterstützt. Gerade die Erstpräferenz folgt dem traditionellen Links-Rechts-Schema der Regierungsbildung. Die Befunde der weiteren Analyse sind ebenso gemischt: Während der Zusammenhang zwischen der ideologischen Verortung und der Kandidatenorientierung auf der einen Seite und der Koalitionspräferenz auf der anderen Seite wie erwartet ist, gibt es bei der Parteiidentifikation ein – je nach Partei – unterschiedliches Bild. Auch die wahrgenommene Eintrittswahrscheinlichkeit verändert die Einschätzung einer Koalitionsoption.

Es besteht also Forschungsbedarf, um die (nicht) bestätigten Zusammenhänge plausibilisieren zu können. Auch ist der Frage nachzugehen, inwiefern verschiedene Faktoren die Präferenzen für Koalitionsoptionen unterschiedlich gut erklären. Künftige Forschung kann weitere offene Aspekte bearbeiten: zum Beispiel im Rahmen eines Längsschnittvergleiches von Koalitionspräferenzen und deren Determinanten für einen Zeitraum von mehreren Wahlen und während eines Wahlkampfes. Zudem wäre die Issue-Orientierung im Elektorat bei der Bewertung von Koalitionsoptionen genauer zu analysieren. Hierbei wäre interessant, nicht nur Variablen zu berücksichtigen, die sich darauf beziehen, was Wähler von einer Koalitionsoption in der Zukunft erwarten, sondern auch retrospektive Bewertungen der Arbeit der Regierungs- und Oppositionsparteien in der vergangenen Wahlperiode.

Jedenfalls ist mit der Großen Koalition nach der Bundestagswahl 2017 nicht nur ein Koalitionsmodell realisiert worden, das die zweitgrößte Issue-Nähe aufweist, sondern ebenso dasjenige Modell, welches im Elektorat am wenigsten unbeliebt war. Insofern konnte das Endergebnis der Koalitionssondierungen und -verhandlungen nicht wirklich überraschen und die Wähler erst einmal nicht enttäuschen – wenngleich der Weg dorthin vergleichsweise holprig war.

Anhang

(Siehe Tab. A1).

Tab. A1 Soziodemografische Informationen zu Befragten im Online-Panel (Welle 1) und Zensusdaten im Vergleich

Alter	Zensus [%]	Welle 1 [%]	Δ
18–29 Jahre	20,81	19,6	−1,21
30–39 Jahre	17,35	17,5	0,15
40–49 Jahre	24,39	22,1	−2,29
50–59 Jahre	21,24	23,7	2,46
60–69 Jahre	16,21	17,1	0,89
Geschlecht	Zensus [%]	Welle 1 [%]	Δ
männlich	50,02	50	−0,02
weiblich	49,98	50	0,02

Anm.: Befragte unter 18 und über 69 Jahren wurden nicht in die Beschreibung der Zensus-Daten einbezogen, um eine bessere Vergleichbarkeit zu gewährleisten

Literatur

Austen-Smith, David, und Jeffrey Banks. 1988. Elections, Coalitions, and Legislative Outcomes. *American Political Science Review* 82 (2): 405–422.
Axelrod, Robert. 1970. *Conflict of Interest. A Theory of Divergent Goals with Applications to Politics*. Chicago: Markham.
Buzogány, Aron, und Sabine Kropp. 2013. Koalitionen von Parteien. In *Handbuch Parteienforschung*, Hrsg. Oskar Niedermayer, 261–293. Wiesbaden: Springer VS.
Bytzek, Evelyn. 2013a. Koalitionspräferenzen, Koalitionswahl und Regierungsbildung. In *Wahlen und Wähler. Analysen aus Anlass der Bundestagswahl 2009*. Hrsg. Bernhard Weßels, Harald Schoen und Oscar W. Gabriel, 231–246. Wiesbaden: Springer VS.
Bytzek, Evelyn. 2013b. Präferenzbildung in Zeiten von „Koalitionspolygamie": Eine Untersuchung von Einflüssen auf Koalitionspräferenzen bei der Bundestagswahl 2009. In Schriftenreihe *Veröffentlichung des Arbeitskreises „Wahlen und politische Einstellungen" der Deutschen Vereinigung für Politische Wissenschaft (DVPW): Koalitionen, Kandidaten, Kommunikation. Analysen zur Bundestagswahl 2009*. Hrsg. Thorsten Fass, Kai Arzheimer, Sigrid Roßteutscher und Bernhard Weßels, 43–56. Wiesbaden: Springer VS.
Bytzek, Evelyn. 2013c. Wer profitiert von Großen Koalitionen? Öffentliche Wahrnehmung und Wirklichkeit. In Schriftenreihe *Parteien und Wahlen: Die deutsche Koalitionsdemokratie vor der Bundestagswahl 2013. Parteiensystem und Regierungsbildung im internationalen Vergleich*, Bd. 4, Hrsg. Frank Decker und Eckhard Jesse, 437–455. Baden-Baden: Nomos.
De Swaan, Abram. 1973. *Coalition theories and cabinet formations. A study of formal theories of coalition formation applied to nine European parliaments after 1918*. Amsterdam, London, New York: Elsevier Scientific Publishing Company.
Debus, Marc, und Jochen Müller. 2011. Government Formation after the 2009 Federal Election: The Remake of the Christian-Liberal Coalition under New Patterns of Party Competition. *German Politics* 20 (1): 164–185.
Debus, Marc, und Jochen Müller. 2012. Bewertung möglicher Regierungen oder Spiegel des politischen Wettbewerbs? Determinanten der Koalitionspräferenzen der Wähler in den Bundesländern von 1990 bis 2009. *Zeitschrift für Politikwissenschaft* 22 (2): 159–186.
Debus, Marc, und Jochen Müller. 2014. Expected utility or learned familiarity? The formation of voters' coalition preferences. *Electoral Studies* 34: 54–67.
Debus, Marc. 2009. Pre-electoral commitments and government formation. *Public Choice* 138 (1/2): 45–64.
Debus, Marc. 2012. Koalitionspräferenzen von Wählern und Parteien und ihr Einfluss auf die Wahlabsicht bei der Bundestagswahl 2009. *Zeitschrift für Parlamentsfragen* 43 (1): 86–102.
Debus, Marc. 2013. Koalitionspräferenzen als erklärende Komponente des Wahlverhaltens: Eine Untersuchung anhand der Bundestagswahl 2009. Schriftenreihe *Veröffentlichung des Arbeitskreises „Wahlen und politische Einstellungen" der Deutschen Vereinigung für Politische Wissenschaft (DVPW): Koalitionen, Kandidaten, Kommunikation. Analysen zur Bundestagswahl 2009*, Hrsg. Thorsten Faas, Kai Arzheimer, Sigrid Roßteutscher und Bernhard Weßels, 57–76. Wiesbaden: Springer VS.

Decker, Frank. 2015. Zur Entwicklung des bundesdeutschen Parteiensystems vor und nach der Bundestagswahl 2013: Überwindung der koalitionspolitischen Segmentierung. In *Die Bundestagswahl 2013. Analysen der Wahl-, Parteien-, Kommunikations- und Regierungsforschung*, Hrsg. Karl-Rudolf Korte, 143–163. Wiesbaden: Springer VS.

Decker, Frank. 2018. Parteiendemokratie im Wandel. In *Handbuch der deutschen Parteien*, 3. Aufl., Hrsg. Frank Decker und Viola Neu, 3–39. Wiesbaden: Springer VS.

Faas, Thorsten, und Marc Debus. 2012. Die Piraten am Wahl-O-Mat. Programme und inhaltliche Standpunkte einer (relativ) neuen Partei. In *Unter Piraten. Erkundungen in einer neuen politischen Arena*, Hrsg. Christoph Bieber und Claus Leggewie, 223–232. Bielefeld: transcript.

Garzia, Diego, und Stefan Marschall. 2016. Research on Voting Advice Applications: State of the Art and Future Directions. *Policy and Internet* 8 (4): 376–390.

Gathmann, Florian, Kevin Hagen, Annett Meiritz, Severin Weiland, und Philipp Wittrock. 2017. Koalitionsoptionen: Abgrenzen, offenhalten, lavieren. Spiegel Online. http://www.spiegel.de/politik/deutschland/angela-merkel-martin-schulz-co-ampel-groko-r2g-das-sind-ihre-machtoptionen-a-1141620.html. Zugegriffen: 01. Mai 2018.

Gathmann, Florian, und Philipp Wittrock. 2017. Bündnisoptionen nach der Wahl: Der Koalitions-Check. Spiegel Online. http://www.spiegel.de/politik/deutschland/bundestagswahl-2017-der-koalitions-check-welche-buendnisse-sind-moeglich-a-1168777.html. Zugegriffen: 1. Mai 2018.

Haverkamp, Lutz. 2017. Vor der Bundestagswahl 2017: Wer mit wem regieren will. Tagesspiegel.de. https://www.tagesspiegel.de/politik/vor-der-bundestagswahl-2017-wer-mit-wem-regieren-will/20339992.html. Zugegriffen: 1. Mai 2018.

Heidtmann, Jan. 2017. Bundestagswahl 2017: AfD drittstärkste Kraft im Bundestag, herbe Verluste für Union und SPD. Süddeutsche Zeitung/SZ.de. http://www.sueddeutsche.de/politik/bundestagswahl-historische-verluste-fuer-union-und-spd-afd-zweistellig-1.3681185. Zugegriffen: 8. Mai 2018.

Horst, Patrick. 2010. Koalitionsbildungen und Koalitionsstrategien im neuen Fünfparteiensystem der Bundesrepublik Deutschland. *Zeitschrift für Politikwissenschaft* 20 (3/4): 327–408.

Huber, Sascha, Thomas Gschwend, Michael F. Meffert, und Franz Urban Pappi. 2009. Erwartungsbildung über den Wahlausgang und ihr Einfluss auf die Wahlentscheidung. In *Wahlen und Wähler. Analysen aus Anlass der Bundestagswahl 2005*, Hrsg. Oscar W. Gabriel, Bernhard Weßels und Jürgen W. Falter, 561–584. Wiesbaden: VS Verlag für Sozialwissenschaften.

Huber, Sascha. 2014. Koalitions- und strategisches Wählen. Schriftenreihe *Wahlen in Deutschland: Zwischen Fragmentierung und Konzentration: Die Bundestagswahl 2013*, Bd. 2, Hrsg. Rüdiger Schmitt-Beck, Hans Rattinger, Sigrid Roßteutscher, Bernhard Weßels und Christof Wolf, 293–311. Baden-Baden: Nomos.

Huber, Sascha. 2016. Koalitionen und Wahlverhalten in Deutschland. Eine Analyse der Bundestagswahlen von 1961-2009. Schriftenreihe *Veröffentlichung des Arbeitskreises „Wahlen und politische Einstellungen" der Deutschen Vereinigung für Politische Wissenschaft (DVPW): Bürgerinnen und Bürger im Wandel der Zeit. 25 Jahre Wahl- und Einstellungsforschung in Deutschland*, Hrsg. Sigrid Roßteutscher, Thorsten Faas und Ulrich Rosar, 93–117. Wiesbaden: Springer VS.

Infratest Dimap (2017) Sonntagsfrage (bundesweit). https://www.infratest-dimap.de/umfragen-analysen/bundesweit/sonntagsfrage/. Zugegriffen: 8. Dezember 2017.

Jesse, Eckhard. 2018. Koalitionspolitik. In *Handbuch der deutschen Parteien*, 3. Aufl., Hrsg. Frank Decker und Viola Neu, 127–147. Wiesbaden: Springer VS.

Jun, Uwe, und Lasse Cronqvist. 2013. Sind Länderkoalitionen präjudizierend für den Bund? Die Interdependenz von Regierungsbildungen im föderalen System. Schriftenreihe *Parteien und Wahlen: Die deutsche Koalitionsdemokratie vor der Bundestagswahl 2013. Parteiensystem und Regierungsbildung im internationalen Vergleich*, Bd. 4, Hrsg. Frank Decker und Eckhard Jesse, 215–240. Baden-Baden: Nomos.

Kneip, Sascha, und Wolfgang Merkel. 2017. Garantieren Wahlen demokratische Legitimität? *Aus Politik und Zeitgeschichte* 67 (38/39): 18–24.

Korte, Karl-Rudolf, und Manuel Fröhlich. 2009. *Politik und Regieren in Deutschland*. Paderborn: Ferdinand Schöningh.

Lees, Charles. 2011. Coalition Formation and the German Party System. *German Politics* 20 (1): 146–163.

Leiserson, Michael. 1966. *Coalition in politics. A theoretical and empirical study*. New Haven: Yale University.

Linhart, Eric. 2007. Rationales Wählen als Reaktion auf Koalitionssignale am Beispiel der Bundestagswahl 2005. *Politische Vierteljahresschrift* 48 (3): 461–484.

Linhart, Eric. 2017. Politische Positionen der AfD auf Landesebene: Eine Analyse auf Basis von Wahl-O-Mat-Daten. *Zeitschrift für Parlamentsfragen* 48 (1): 102–123.

Meffert, Michael F., Sascha Huber, Thomas Gschwend, und Franz Urban Pappi. 2011. More than wishful thinking: Causes and consequences of voters' electoral expectations about parties and coalitions. *Electoral Studies* 30 (4): 804–815.

Müller, Wolfgang C. 2008. Warum Große Koalitionen? Antworten aus koalitionstheoretischer Sicht. *Zeitschrift für Staats- und Europawissenschaften (ZSE) / Journal for Comparative Government and European Policy* 6 (3): 499–523.

Narud, Hanne Marthe. 1996. Electoral Competition and Coalition Bargaining in Multiparty Systems. *Journal of Theoretical Politics* 8 (4): 499–525.

Niedermayer, Oskar. 2008. Das fluide Fünfparteiensystem nach der Bundestagswahl 2005. In *Parteien nach der Bundestagswahl 2005*, Hrsg. Oskar Niedermayer, 9-35. Wiesbaden: VS Verlag für Sozialwissenschaften.

Pappi, Franz U., und Thomas Gschwend. 2005. Partei- und Koalitionspräferenzen der Wähler bei den Bundestagswahlen 1998 und 2002. In *Wahlen und Wähler. Analysen aus Anlass der Bundestagswahl 2002*, Hrsg. Jürgen W. Falter, Oscar W. Gabriel und Bernhard Weßels, 284-305. Wiesbaden: VS Verlag für Sozialwissenschaften.

Plescia, Carolina, und Julian Aichholzer. 2017. On the nature of voters' coalition preferences. *Journal of Elections, Public Opinion and Parties* 27 (3): 254–273.

Schmitt, Annette. 2014. Die Rolle von Wahlen in der Demokratie. In *Handbuch Wahlforschung*, 2. Aufl., Hrsg. Jürgen W. Falter und Harald Schoen, 3–35. Wiesbaden: Springer VS.

Schmitt, Johannes, und Simon T. Franzmann. 2017. Wie schädlich sind große Koalitionen? Zum Zusammenhang von Regierungs-Oppositionskonstellation und ideologischer Polarisierung. In *Parteien unter Wettbewerbsdruck*, Hrsg. Sebastian Bukow und Uwe Jun, 89–120. Wiesbaden: Springer VS.

Schoen, Harald. 2009. Wahlsoziologie. In *Politische Soziologie*. Hrsg. Viktoria Kaina und Andrea Römmele, 181–208. Wiesbaden: Springer VS.

Schoen, Harald, und Cornelia Weins. 2014. Der sozialpsychologische Ansatz zur Erklärung von Wahlverhalten. In *Handbuch Wahlforschung*, 2. Aufl., Hrsg. Jürgen W. Falter und Harald Schoen, 241–329. Wiesbaden: Springer VS.

Schubert, Thomas. 2012. Ein- und Zweiparteienregierungen als Auslaufmodell? Neuer Koalitionspluralismus in den Ländern seit 1990. Schriftenreihe *Parteien und Wahlen: „Superwahljahr" 2011 und die Folgen*, Bd. 2, Hrsg. Eckhard Jesse und Roland Sturm, 191–213. Baden-Baden: Nomos.

Stecker, Christian, und Thomas Däubler. 2016. Koal-O-Mat: Ein Vergleich der programmatischen Schnittmengen möglicher Koalitionen nach den Landtagswahlen in Baden-Württemberg, Rheinland-Pfalz und Sachsen-Anhalt. Mannheimer Zentrum für Europäische Sozialforschung. https://www.mzes.uni-mannheim.de/d7/de/news/press-releases/nach-den-landtagswahlen-koal-o-mat-zeigt-chancen-und-probleme-der-regierungsbildung. Zugegriffen: 16. April 2018.

Stecker, Christian, und Thomas Däubler. 2017. Koal-O-Mat: Inhaltliche Schnittmengen von Jamaika, Groko und Co. vor der Bundestagswahl 2017. Mannheimer Zentrum für Europäische Sozialforschung. https://www.mzes.uni-mannheim.de/d7/de/news/press-releases/koal-o-mat-fuer-die-bundestagswahl-welche-parteien-passen-zusammen. Zugegriffen: 16. April 2018.

Strøm, Kaare W., und Benjamin Nyblade. 2007. Coalition Theory and Government Formation. In *The Oxford Handbook of Comparative Politics*, Hrsg. Carles Boix und Susan C. Stokes, 782–802. Oxford: Oxford University Press.

Strøm, Kaare, und Wolfgang C. Müller. 1999. Political Parties and Hard Choices. In *Policy, Office, or Votes? How Political Parties in Western Europe Make Hard Decisions*, Hrsg. Wolfgang C. Müller und Kaare Strøm, 1–35. Cambridge: Cambridge University Press.

Switek, Niko. 2010. Neue Regierungsbündnisse braucht das Land! Die strategische Dimension der Bildung von Koalitionen. *Zeitschrift für Politikberatung (ZPB) / Policy Advice and Political Consulting* 3 (2): 177–196.

Switek, Niko. 2013. Koalitionsregierungen. Kooperation unter Konkurrenten. In *Handbuch Regierungsforschung*, Hrsg. Karl-Rudolf Korte und Timo Grunden, 277–286. Wiesbaden: Springer VS.

Wagschal, Uwe, und Pascal König. 2014. Alle gleich? Analyse der programmatischen Parteienunterschiede bei Bundestagswahlen auf der Basis des Wahl-O-Mats. *Zeitschrift für Parlamentsfragen* 45 (4): 865–884.

Wagschal, Uwe, und Pascal König. 2015. Die Links-Rechts-Positionierung der Parteien bei den Bundestagswahlen 2005 bis 2013: Eine empirische Analyse anhand des Wahl-O-Mat. In *Die Bundestagswahl 2013. Analysen der Wahl-, Parteien-, Kommunikations- und Regierungsforschung*, Hrsg. Karl-Rudolf Korte, 185–210. Wiesbaden: Springer VS.

Zerback, Thomas, und Carsten Reinemann. 2015. Alles eine Frage der Umfragen? Ursachen von Koalitionserwartungen im Bundestagswahlkampf 2013. *Zeitschrift für Parlamentsfragen* 46 (4): 730–745.

Modernisierung und asymmetrische Demobilisierung

Zur Strategie der Union seit 2005

Matthias Jung

> **Zusammenfassung**
>
> In diesem Beitrag werden die strategischen Rahmenbedingungen und die Grundzüge der Wahlkampfausrichtung primär aus Sicht der Union seit 2005 dargestellt. Es wird der Frage nachgegangen, welche Auswirkungen durch die thematische Positionierung der Union Richtung Mitte auf das Wahlverhalten zu beobachten sind. Dabei spielt das Konzept der „asymmetrischen Demobilisierung" eine zentrale Rolle. Es wird aufgezeigt, dass dies in einem engen Zusammenhang mit der von Angela Merkel betriebenen Modernisierung steht. Der Modernisierungsprozess der Union wiederum ist die notwendige Antwort auf die demographischen Probleme in der Wählerschaft der Union und eine zwingende Notwendigkeit, wenn die Union ihre strukturelle Mehrheitsfähigkeit behalten will.

Die Bundestagswahlen 2013 und 2017 machten deutlich, wie nahe Triumph und Niederlage für die Union beieinander liegen können. 2013 verfehlte die CDU/CSU die absolute Mehrheit nur knapp, lediglich bei der ersten Bundestagswahl nach der Wiedervereinigung hatte sie ein besseres Ergebnis erzielt. Vier Jahre später hingegen musste sie mit dem zweitschlechtesten Bundestagswahlergebnis aller Zeiten zwar eine Niederlage einstecken, auch wenn Rot-Rot-Grün 2017 anders als 2013 keine Mehrheit mehr im Parlament hatte und somit eine Regierung ohne die CDU/CSU nicht mehr möglich war. Berücksichtigt man gleichzeitig noch die

M. Jung (✉)
Forschungsgruppe Wahlen e. V., Mannheim, Deutschland
E-Mail: matthias.jung@forschungsgruppe.de

© Springer Fachmedien Wiesbaden GmbH, ein Teil von Springer Nature 2019
K.-R. Korte und J. Schoofs (Hrsg.), *Die Bundestagswahl 2017*,
https://doi.org/10.1007/978-3-658-25050-8_14

Tatsache, dass das Ergebnis 2017 für die Union fast identisch mit dem von 2009 ist, dann lohnt sich eine ausführliche Analyse, die insbesondere die Ausgangsbedingungen und die strategische Positionierung der Union in den jeweiligen Wahlkämpfen fokussiert und diese mit den sozialstrukturellen Determinanten in einen Zusammenhang stellt.

1   BTW 2005: Lehren aus dem Beinahe-Scheitern

Für die strategische Lagebeurteilung der Union und ihre wahlkampftaktische Ausrichtung der letzten Jahre sind die Erfahrungen im Umfeld der Bundestagswahl 2005 von entscheidender Bedeutung. In die vorgezogene Bundestagswahl 2005 war die Union von einer extrem günstigen Ausgangsposition gestartet. Die rot-grüne Bundesregierung hatte in ihrer zweiten Legislaturperiode durchweg eine negative Leistungsbeurteilung erhalten und mehrere Landtagswahlen in Folge verloren. Besonders schmerzlich war dabei der Machtverlust in Nordrhein-Westfalen im Mai 2005. Zu diesem Zeitpunkt, rund vier Monate vor der Bundestagswahl, lag die Union bei der Wahlabsichtsfrage des Politbarometers in einer Größenordnung von 50 %[1]. Bis zum Wahltag verschlechterte sich dieser demoskopische Befund kontinuierlich. Am Wahlabend erreichte die Union mit 35,2 % nur einen knappen Vorsprung vor der SPD (34,2 %). Die angestrebte schwarz-gelbe Koalition verfehlte die parlamentarische Mehrheit deutlich. Was war geschehen? Vordergründig hatte ein wiedererstarkter Gerhard Schröder seine ganze Begabung als Wahlkämpfer in die Waagschale geworfen, um es allen noch einmal zu zeigen. Da er keine eigenständige Machtperspektive mehr zu entwickeln braucht, konnte er sich voll und ganz auf einen offensiven Störfeuer-Wahlkampf konzentrieren und jede sich bietende Blöße der vermeintlichen Sieger nutzen. Das machte den Wahlkampf und vor allem Schröder wieder interessant, nachdem der Machtwechsel zunächst reine Formsache schien. Schröders Attacken und eine partiell unprofessionell agierende Wahlkampfführung der Union mit einem kaum zu domestizierenden „Professor aus Heidelberg", kamen den Bedürfnissen der schnell gelangweilten medialen Beobachter des Geschehens entgegen. Am Schluss lag Schröder trotz seines objektiv erlittenen Schiffbruchs

---

[1]Soweit auf Umfragewerte in diesem Beitrag Bezug genommen wird, handelt es sich dabei um die entsprechenden Politbarometer-Untersuchungen der Forschungsgruppe Wahlen, die jeweils bei ca. 1250 zufällig ausgewählten wahlberechtigten Deutschen telefonisch erhoben werden und alle über GESIS erhältlich sind.

als Regierungschef bei der Frage nach dem gewünschten Kanzler deutlich vor seiner Herausforderin Angela Merkel.

Und dennoch greift eine solche Deskription des Wahlkampfs 2005 zu kurz. Das entscheidende Manko für eine erfolgreiche Strategie der Union nach dem offensichtlich gewordenen Scheitern von Rot-Grün lag in einer unausgewogenen programmatischen Ausrichtung der Union. Auf die objektiv schwierige ökonomische Lage Deutschlands im globalen Wettbewerb schienen damals neoliberale Konzepte die einzig überzeugende Antwort zu sein. Nicht zuletzt Gerhard Schröder hatte mit seiner Agenda 2010 dafür den Weg bereitet. Damit schien nach dem Wegfall des Ost-West-Konflikts und des Antikommunismus auch noch die wirtschaftspolitische Grunddifferenz um die Akzeptanz der Marktwirtschaft überwunden. Die stark wirtschaftsorientierten Kräfte auch innerhalb der Union bekamen Oberwasser, die klassisch austarierte programmatische Vielfalt der Volkspartei CDU geriet in eine Schieflage, die in den Leipziger Beschlüssen von 2003 deutlich sichtbar wurde. Etwas überspitzt formuliert, erschien die CDU im ökonomischen Bereich ein vergrößerter Klon der FDP. Dimensionen der sozialen Sicherheit, die immer eine große Rolle im programmatischen Gesamtkonzept der CDU und schon gar der CSU gespielt hatten, gerieten in der öffentlichen Wahrnehmung zwangsläufig ins Hintertreffen, ohne dass sie explizit aufgegeben wurden. Diese neue programmatische Schwerpunktbildung entsprach durchaus dem damaligen Zeitgeist und hätte in einer professionelleren Wahlkampagne auch in abgemilderter Form postuliert werden können. Der selbstverliebte mediale Dauerauftritt des designierten Finanzministers Prof. Paul Kirchhof, der speziell für die wirtschaftspolitische Profilierung ins Kompetenzteam der CDU/CSU berufen worden war, verengte jedoch die Wahrnehmung der Union auf diese Thematik. Schröder und die SPD nutzten dabei sehr gezielt diffuse Ängste in Hinblick auf Kürzungen im Sozialbereich, eine stärkere Belastung wirtschaftlich nicht so gut gestellter Bürger und eine primäre Ausrichtung des Arbeitslebens an den Erfordernissen der Globalisierung. Insofern profitierte Schröder im Wahlkampf vom Unbehagen, das er durch seine Agenda-2010-Politik selbst geschaffen hatte.

Im Ergebnis führte das zu einer Wahlkampfauseinandersetzung mit einer starken Polarisierung zwischen dem Erhalt der sozialen Sicherheit und einem wirksamen Vorwurf sozialer Kälte einerseits und der Betonung wirtschaftlicher Prosperität als Grundvoraussetzung der Wohlstandssicherung in einer sich verändernden Weltwirtschaftslage andererseits. Es standen zugespitzte Grundpositionen im Mittelpunkt der Wahlkampfauseinandersetzung, für die eine große Mehrheit der Bevölkerung gleichermaßen empfänglich war. Dies führte zu einer nachhaltigen Verunsicherung in der politischen Mitte, die sich weder für die eine noch die andere Seite eindeutig entscheiden konnte. Verstärkt wurde diese

Unsicherheit, weil die Herausforderin als Frau aus dem Osten gerade auch im traditionalistischen katholischen Milieu der Unionswählerschaft misstrauisch beäugt wurde. Faktisch entschied sich die Wählerschaft in einem Akt kollektiver Rationalität für eine Politik, die keine der Parteien im Angebot hatte, nämlich für ein entschiedenes Sowohl-als-auch, gegen jede Form der reinen Lehre: Soziale Sicherheit plus wirtschaftliche Prosperität sollte die Politik sicherstellen, ohne dass eines davon zu kurz kommen sollte. Die Wähler zwangen die Parteien zur Großen Koalition, die in der Addition ihrer programmatischen Vorstellungen den Bedürfnissen der Mehrheit der bundesrepublikanischen Gesellschaft am ehesten entsprach. Das Kalkül der Wähler ist aufgegangen. Die Wählerschaft war in ihrer großen Mehrheit mit der von ihr ins Leben gerufenen großen Regierungskoalition – im Gegensatz zu den sie tragenden Parteien – sehr zufrieden. Sie ermöglichte es Deutschland zudem in der Folgezeit, mit einem Maximum an politischem Konsens den Herausforderungen der globalen Finanzkrise ab 2007 zu begegnen.

Die Union traute sich nach dem Schock des Bundestagswahlergebnisses 2005 nicht wirklich an die Ursachenforschung heran. Dadurch trat die fehlende Kongruenz zwischen der neoliberalen programmatischen Schwerpunktbildung vor der Bundestagswahl 2005 und der Mehrheitsmeinung in der Gesamtbevölkerung wie auch bei den Wählern der Union nicht in den Mittelpunkt der Aufmerksamkeit. Die relativ zügig vorgenommene Kurskorrektur nach der Wahl erschien als widerwillig akzeptiertes Zugeständnis an den Koalitionspartner. In der folgenden Regierungszeit war auch gar kein Platz für die Umsetzung großer Teile des Unions-Wahlprogramms von 2005. Stattdessen erlangten Angela Merkel und die Union im Schatten des sozialdemokratischen Regierungspartners sozialpolitische Kompetenz zurück und machten den Ausflug auf neoliberales Terrain vergessen. Daneben ließ die Kanzlerin ihrer Familienministerin Ursula von der Leyen genügend Spielraum für eine Aufmerksamkeit weckende Neubestimmung familien- und frauenpolitischer Positionen. Dass es ausgerechnet die Union war, die als erste Partei eine Frau zur Kanzlerin gemacht hatte, trug ein Übriges dazu bei, den angestrebten Wandel sichtbar werden zu lassen. Entscheidend war insbesondere die Tatsache, dass die Kanzlerin sehr zügig ihren machtpolitischen Anspruch im In- und Ausland für alle wahrnehmbar und nicht ganz erfolglos durchsetzen konnte. Dies geschah in ihrem ganz eigenen Stil, der nichts mehr mit der Basta-Kultur ihres Vorgängers zu tun hatte. So war schnell klar, wer in einer Koalition, die ursprünglich auf Augenhöhe begonnen hatte, das Sagen hatte und auf wessen Konto die Erfolge der Regierung eingezahlt wurden. Die Große Koalition ermöglichte es der Bundeskanzlerin, sich immer wieder in der Rolle als Sachwalterin der Interessen aller Deutschen und mit der Fokussierung auf die

Gesamtheit der Bevölkerung zu positionieren. Merkel wollte als Kanzlerin aller Deutschen wahrgenommen werden. Die steigenden Popularitätswerte zeigten, dass ihr das zunehmend gelang. Erleichtert wurde es ihr durch die Wirtschafts- und Finanzkrise, die den politischen Streit bis weit in den Wahlkampf 2009 praktisch verhinderte. Das Zusammenstehen fast aller politischen Kräfte hinter dem Kurs, der von der Kanzlerin repräsentiert wurde, war zum Gebot der Stunde erhoben worden.

Im Ergebnis hatte sich Angela Merkel, die ja nur mit sehr knappem Vorsprung vor ihrem Vorgänger in die Große Koalition gegangen war, im Laufe der Regierungszeit durch das Abarbeiten der ernsthaften internationalen ökonomischen Probleme ein Image erworben, das durch zwei Dinge gekennzeichnet war: Hohe Sachkompetenz in den existenziellen Fragen mit internationaler Durchsetzungsfähigkeit und die Wahrnehmung als eine über den Partialinteressen und Parteien stehende Regierungschefin mit fast präsidentieller Qualität. Mit diesem Pfund ging sie 2009 als haushohe Favoritin in die Auseinandersetzung der Kanzlerkandidaten und konnte leicht die Personen-Dimension des Parteienwettbewerbs zu ihren Gunsten entscheiden.

2 BTW 2009: Asymmetrische Demobilisierung wegen fehlender inhaltlicher Mehrheiten

So deutlich wie der Vorsprung auf der Personenebene war, so defizitär waren die Positionen für die angestrebte bürgerliche Koalition auf der Ebene der Sachthemen. Allein bei dem entscheidenden Thema „Managen der Finanzkrise" konnten die Kanzlerin und die Union auf einen nachhaltigen Rückhalt in der Mehrheit der Bevölkerung bauen. Bei allen anderen Themen gab es in der Bevölkerung linke Mehrheiten, angefangen vom Mindestlohn über den Spitzensteuersatz bis hin zu den Themen Afghanistan, Kernenergie, Rente mit 67, Hartz IV uvm. Deshalb wurde es für den Wahlkampf der Union 2009 zur entscheidenden Aufgabe, alle für eine Polarisierung geeigneten Sachthemen so schnell wie möglich aus der politischen Debatte zu nehmen. Dadurch wurde der SPD die Chance einer programmatischen Profilierung genommen, die notwendig gewesen wäre, um ihr eigenes Wählerpotential mobilisieren zu können. Gleichzeitig blieb die SPD gefangen in der Notwendigkeit, bis zum Schluss konstruktiv in der Großen Koalition mit Merkel zusammenzuarbeiten. Wegen des ungeklärten Verhältnisses zur Linken konnte sie zudem keine eigenständige Mehrheitsperspektive anbieten.

Letztlich blieb deshalb ein erheblicher Teil vor allem der traditionellen kleinbürgerlichen Klientel der SPD der Wahl fern, weil die SPD ihr nicht genügend Handreichungen lieferte, wie diese ihre kognitive Dissonanz zwischen Präferenz der Kanzlerin auf der einen Seite und strukturell bedingter Bindung an die SPD auf der anderen Seite auflösen konnte. Diese selektive Demobilisierung, die das linke politische Lager im Vergleich zu 2005 mehr als vier Mio. Stimmen kostete, war entscheidend für den Sieg des bürgerlichen Lagers, das in der Summe aus Union und FDP fast konstant blieb, was die absolute Stimmenzahl anging und dadurch anders als vier Jahre zuvor eine bequeme parlamentarische Mehrheit erreichte.

Wie zu erwarten war, wirkte sich der aus der Entpolarisierung resultierende Wahlbeteiligungsrückgang zugunsten der Union aus: Da ältere Wähler grundsätzlich stärker einer generellen Wahlnorm folgen als jüngere, die ihre Beteiligung mehr von aktuellen Interessenkonstellationen abhängig machen, ging die Wahlbeteiligung in den bevölkerungsstarken, der Union überdurchschnittlich gewogenen älteren Altersgruppen weniger stark zurück als in den jüngeren Altersgruppen, in denen die Union traditionell schlechter abschneidet. Im Ergebnis führte das an der Urne zu einer Mehrheit der bürgerlichen Parteien, deren politische Inhalte – isoliert betrachtet – überwiegend keinen mehrheitlichen Rückhalt in der Gesamtbevölkerung fanden. Allerdings wurde dadurch sichergestellt, dass die Deutschen zuverlässig die Kanzlerin bekamen, die sie mit deutlicher Mehrheit (56 % Merkel, 33 % Steinmeier) wollten. Die Union hatte im Vergleich zu 2005 ihre politischen Positionen keiner grundsätzlichen Revision unterzogen – schon gar nicht im ökonomischen Bereich. Sie hatte allerdings aufgrund ihrer traumatischen Erfahrungen aus 2005 gelernt, auf eine provokativ-offensive Positionierung in zentralen Themenfeldern zu verzichten und eine inhaltlich sehr defensive Vorgehensweise gewählt. Erfolgreich konnte das aber nur wegen der deutlichen Überlegenheit auf der Personenebene sein.

Diese Wahlkampfstrategie, die im Effekt zu einer asymmetrischen Demobilisierung führte, ist im Nachhinein als eine Strategie der Entpolitisierung und inhaltlichen Entleerung des Politischen kritisiert worden. Eine solche Kritik, der letztlich ein unrealistisches normatives Demokratieverständnis zugrunde liegt, lässt außer Acht, dass selbst bei der auf 70,8 % zurückgegangenen Wahlbeteiligung 2009 immer noch wesentlich mehr Bürger an der Wahl teilnahmen, als selbst angaben, sich für Politik wenigstens etwas zu interessieren (und sich zu informieren). Vor allem aber war diese Wahlkampfstrategie der asymmetrischen Demobilisierung nur auf der Basis einer nicht zu unterschätzenden inhaltlichen Modernisierung der politischen Positionen der Union im Bereich der

Gesellschaftspolitik denkbar. Eine in der alten Programmatik verharrende Union, die sich von Jahr zu Jahr immer mehr von den gesellschaftlichen Veränderungen entfernte, wäre nicht in der Lage gewesen, eine Entpolarisierung erfolgreich zu realisieren. Insofern beinhaltet eine solche Strategie sehr wohl auch eine wesentliche inhaltliche Positionierung, die überhaupt nichts mit programmatischer Beliebigkeit zu tun hatte. Dies wird auch an der innerparteilichen Kritik an der gesellschaftspolitischen Modernisierung deutlich, die Merkel der CDU durch praktisches Regierungshandeln auferlegte. Erleichtert wurde die Kritik des alles andere als homogenen Bündnisses aus Wirtschaftsliberalen, Klerikalen und Nationalkonservativen in der Union am Kurs der Kanzlerin durch das prozentual bescheidene Ergebnis für die CDU/CSU bei der Bundestagswahl 2009. Objektiv hat das schwache Abschneiden der Union bei der Wahl weder etwas mit der von ihr gewählten Wahlkampfstrategie noch mit dem eingeleiteten Modernisierungsprozess zu tun. Anders als 2013 war das Ziel der Union 2009 nämlich primär die Sicherung einer bürgerlichen Mehrheit aus Union und FDP gewesen. Wenn man so will, gab es 2009 den vorläufig letzten eindeutigen Lagerwahlkampf, der allerdings unter dem Manko litt, dass die beiden Großen gleichzeitig gemeinsam in einer Regierung saßen. Nolens volens verzichtete die Union im Wahlkampf 2009 auf eine stimmenmaximierende Abgrenzung zur FDP – auch deshalb, weil eine solche Abgrenzung von einer in den alten neoliberalen Positionen verbliebenen FDP die Entpolarisierung Richtung SPD gefährdet hätte.

Aufgrund der Erfahrungen bei der Bundestagswahl 2005 glaubten viele Bundesbürger und journalistische Kommentatoren nicht daran, dass es unter den Bedingungen des etablierten Fünf-Parteien-Systems für eine traditionelle Zweier-Koalition möglich sei, eine Mehrheit zu erreichen. Deshalb erschien vielen bürgerlichen Wählern eine schwarz-gelbe Mehrheit keineswegs als gesichert. Ein erheblicher Teil der bürgerlichen Wählerschaft, bis weit ins Unionslager hinein, hielt die von ihnen nicht gewollte Neuauflage der Zusammenarbeit mit den Sozialdemokraten für wahrscheinlicher. In dieser Konstellation entschieden sich viele bürgerliche Wähler für die koalitionstaktische Wahl der FDP, mit der sie die von ihnen präferierte Koalition ebenso unterstützen konnten wie ihre Wunschkanzlerin Merkel. Für den Fall eines Nichtzustandekommens von Schwarz-Gelb hätten sie damit ihre Stimme nicht für eine Regierungsbeteiligung der Sozialdemokraten abgegeben. So kam es, dass 32 % der FDP-Wähler der Bundestagswahl 2009 angaben, dass ihnen eigentlich die CDU/CSU am besten gefällt – ein Fakt, den die FDP-Führung bei der rauschhaften Bewertung ihres Wahlergebnisses 2009 schlicht ausblendete.

3   BTW 2013: Wiederholung mit anderem Ausgang

Schon sehr schnell nach dem schwarz-gelben Sieg bei der Bundestagswahl 2009 geriet die Koalition in Bedrängnis. Die Zustimmungswerte gingen in den Keller. Als Symbol für den Fehlstart steht dabei die Mehrwertsteuersenkung für Übernachtungen in Hotels. Es zeigte sich, dass die FDP unverändert an neoliberalen Politikkonzepten orientiert geblieben war und deren Vertreter sich primär über gebetsmühlenartige Forderungen nach Steuersenkungen zu profilieren versuchten. Die Union hingegen – allen voran die Kanzlerin – hatte in vier Jahren gemeinsamer Regierung mit der SPD und den Erfahrungen bei der Bekämpfung der Finanz- und Wirtschaftskrise nach 2007 programmatisch dem Sozialen wieder einen größeren Stellenwert eingeräumt. Daraus ergaben sich innerhalb der Koalition mit der FDP zunehmend Probleme. In der Mitte der Legislaturperiode waren die Umfragewerte so sehr in den Keller gegangen, dass es zu diesem Zeitpunkt für eine rot-grüne Mehrheit locker gereicht hätte. In der Folgezeit gelang es Angela Merkel jedoch, sich innerhalb des Regierungsbündnisses so deutlich von ihrem Koalitionspartner FDP abzugrenzen, dass die Union und Merkel immun gegenüber der sich immer dramatischer zuspitzenden Krise der FDP wurden. Der Niedergang der FDP ließ sich auch durch die Ablösung des langjährigen Parteivorsitzenden Guido Westerwelle nicht stoppen und drückte die FDP in den Umfragen dauerhaft unter die Fünf-Prozent-Hürde.

Angesichts dieser Situation ergab sich für die Wahlkampfplanung der Union 2013 eine nicht unproblematische Ausgangslage, die wieder einmal aus der gewachsenen Zahl koalitionstaktisch orientierter Wähler resultierte: Bei der vorausgegangenen Bundestagswahl 2009 hatte die Union leidvoll erfahren müssen, wie schnell die wenigen Prozentpunkte, die über ein gutes oder schlechtes Ergebnis entscheiden, zur FDP abwandern, wenn eine Koalition mit den Sozialdemokraten in Aussicht steht. 2005 wiederum hatte gezeigt, wie verwundbar die Union wird, wenn sie zu neoliberal ausgerichtet ist und die soziale Komponente vernachlässigt. Angesichts der schwer in Misskredit geratenen FDP hätte zudem eine klare Koalitionsaussage zugunsten der FDP zu einem Fiasko an der Wahlurne geführt. Allerdings befand sich die FDP im Wahljahr 2013 in einem derart desaströsen Zustand, dass sie noch nicht mal den linken Parteien als Buhmann geeignet erschien, gegen den es zu mobilisieren galt. Die SPD, die die Zeit in der Opposition weder für eine konstruktive personelle noch eine inhaltliche Erneuerung genutzt hatte, versuchte sich zwar stärker mit dem Thema „Soziale Gerechtigkeit" zu positionieren, hatte für dieses Thema mit Peer Steinbrück aber keinen glaubwürdigen Spitzenkandidaten anzubieten, zumal dessen Wahlkampfstart vollkommen misslang. Eingeschränkt wurde der Spielraum für die SPD zudem durch den definitiven Ausschluss eines rot-rot-grünen Bündnisses, weshalb die SPD keine realistische Machtperspektive jenseits der Großen Koalition anbieten konnte.

In dieser Konstellation bot sich für die CDU die Wiederholung einer Strategie der asymmetrischen Demobilisierung geradezu an, ohne dass es dazu eine erfolgversprechende Alternative gegeben hätte. Ähnlich wie 2009 mussten alle thematischen Differenzen zu den Sozialdemokraten neutralisiert werden, weil vier Jahre Koalition mit der FDP Positionen einer größeren staatlich regulierten sozialen Absicherung noch mehrheitsfähiger gemacht hatten, als es schon 2009 der Fall gewesen war. Zudem musste die Koalitionsaussage mit Rücksicht auf unterschiedliche koalitionstaktische Abwanderungsgefahren extrem vage formuliert werden. Die SPD hatte sich dieser Strategie nicht nur ergeben, sondern auch noch entscheidende Wahlkampfzeit durch die intensive Beschäftigung mit dem NSA-Thema verschwendet, das für die Masse der Bevölkerung im Gegensatz zur Berliner Medienblase weitgehend irrelevant war. Zudem wurde durch die von der Partei erzwungene relativ linke Positionierung die ökonomische Reputation ihres Kanzlerkandidaten beschädigt.

Letztlich zählte für die Union nur Eines: Angela Merkel und das Versprechen, mit ihr den für ein breites Publikum wirtschaftlich erfolgreichen Kurs in Zeiten großer Unwägbarkeiten fortzusetzen. Da es anders als 2009 keine attraktive Konkurrenz im bürgerlichen Lager gab, konnte die CDU/CSU bei dieser Wahl ihr ähnlich großes Potenzial viel besser ausschöpfen als vier Jahre zuvor und mit 41,5 % ihr zweitbestes Prozentergebnis im wiedervereinigten Deutschland einfahren. Durch das Scheitern der AfD und der FDP fehlten ihr lediglich fünf Sitze zur absoluten Mehrheit, was im Umkehrschluss allerdings bedeutete, dass es trotz dieses guten Abschneidens die ganze Legislaturperiode bis 2017 eine parlamentarische Mehrheit für Rot-Rot-Grün gegeben hatte.

4 BTW 2017: Wahl ohne konsistente Strategie[2]

2009 und 2013 hatte sich die SPD, was Stil und Inhalt der Wahlkampfauseinandersetzung anging, fast kampflos der Wahlkampfstrategie der Union ergeben. Dies lag unter anderem daran, dass sie selbst kein eigenständiges Konzept hatte bzw. strategische Ansätze im Mehrfrontenkrieg mit Union, Grünen und Linken kaum konsistent zu entwickeln waren.

---

[2]Vgl. dazu auch den Beitrag von Jung et al. in diesem Band über die BTW 2017.

Auch im Wahlkampf 2017 gelang dies nicht, schon allein deshalb, weil der Kandidat Martin Schulz weder von der SPD noch durch ihn selbst strategisch vorbereitet worden war. Man war offensichtlich lediglich fest entschlossen, nicht noch einmal Opfer der asymmetrischen Demobilisierung zu werden. Martin Schulz hatte deshalb in seiner Rede auf dem Wahlkampf-Eröffnungsparteitag der SPD im Juni 2017 mit einer polemischen Attacke auf die asymmetrische Demobilisierung der Kanzlerin begonnen. Er schwor seiner Partei, eine solche Strategie nicht noch ein weiteres Mal zuzulassen. Schulz bezeichnete die asymmetrische Demobilisierung dabei sogar als einen „Anschlag auf die Demokratie".

Sowohl mit den inhaltlichen Ausführungen als auch mit dem Stellenwert, dem er diesen Ausführungen hat zukommen lassen, hat er bzw. sein Wahlkampfteam gezeigt, dass sie die Voraussetzungen und die Funktionsweise der asymmetrischen Demobilisierung nicht verstanden haben.

Selbst wenn es die Union gewollt hätte, die veränderte Ausgangslage ließ eine solche Wiederholung gar nicht mehr zu. Zum einen hatte die Kanzlerin aufgrund der Polarisierung im Zusammenhang mit der Flüchtlingskrise ihre uneingeschränkte präsidentielle Dominanz verloren und zum anderen gab es mit der AfD für die Union, aber nicht nur für sie, einen Konkurrenten von rechts, der durch andere Parteien nicht demobilisierbar war.

Die Grundidee von Martin Schulz, gegen eine Strategie der asymmetrischen Demobilisierung vorzugehen, bestand aus den beiden Grundpfeilern „Attacke", persönliche Angriffe gegen die Kanzlerin eingeschlossen, und demonstratives „Kümmern" um die Sorgen der kleinen Leute, konzeptionell mit sozialer Gerechtigkeit und im persönlichen Auftreten verknüpft mit Volkstümlichkeit. Die Rechnung schien zunächst aufzugehen, die Union wirkte auf dem falschen Fuß erwischt und musste dem entstehenden Schulz-Hype scheinbar tatenlos zusehen. Grundlage dieses Hype war zum einen die messianische Hoffnung auf einen erfolgversprechenden Ausbruch aus der jahrelangen tiefen Depression der SPD-Anhängerschaft. Zum anderen gab es auch eine gewisse Aufgeschlossenheit für Abwechslung in einem eher unpolitischen oder politisch nicht festgelegten Wählerspektrum angesichts der langen Regierungszeit von Angela Merkel und ihrer nüchternen und pragmatischen politischen Herangehensweise.

Die Reaktion von Schulz und der SPD nach der für sie offensichtlich völlig überraschenden deutlichen Niederlage im Saarland machte die Planlosigkeit ihres Agierens sichtbar. Konkretisierungen, was die SPD unter sozialer Gerechtigkeit verstanden wissen wollte, blieben aus. Erst jetzt z. B. wurde die SPD-Arbeitsministerin Andrea Nahles mit der Ausarbeitung eines Konzeptes für eine Rentenreform beauftragt, das erst Anfang Juni 2017 vorgestellt wurde. Noch dramatischer war das Lavieren in der Koalitionsfrage. Dabei hatte doch die

Vergangenheit gezeigt, dass die Frage der Bündnisfähigkeit angesichts der strukturellen Mehrheitsfähigkeit der Union für die SPD entscheidend war. Die SPD war mit großer Selbstverständlichkeit in die Saarland-Wahl mit dem Anspruch gegangen, die Union mithilfe einer rot-roten Koalition zu besiegen. Das war politisch linken Wählern, nicht zu verwechseln allein mit Wählern der Linkspartei, ein hoffnungsvolles Zeichen, dass die Zeiten der Ausschließeritis endgültig beendet waren. Nachdem man in der SPD einsehen musste, dass der unerwartete Sieg der CDU im Saarland auf einer erfolgreichen Mobilisierung gegen eine Koalition von SPD und Linke beruhte, ließ man diese Machtoption wie urplötzlich fallen und düpierte damit das gesamte linke politische Spektrum. Ersatzweise postulierte man plötzlich eine einseitige Zusammenarbeit mit der FDP als Perspektive der Machteroberung. Damit verlor die SPD aber jede Glaubwürdigkeit: Ausgerechnet mit der neoliberalen FDP sollte mehr soziale Gerechtigkeit realisiert werden als das in vier Jahren gemeinsamer Regierungstätigkeit mit der Union machbar gewesen war. Das war kaum noch vermittelbar und zeigte vor allem Eines: Offensichtlich gab es außer einem neuen Gesicht und einer neuen Werbeagentur kein strategisches Konzept, wie der Wahlsieg errungen werden sollte. Spätestens mit der NRW-Wahl hatte sich nach der manischen Phase des Schulz-Hypes, die alte Depression wieder eingestellt und jede Hoffnung auf einen Wahlerfolg war geschwunden. Schulz wurde zu einer tragischen Figur, die mit erratischen und fortlaufend wechselnden Ansätzen die Zeit bis zur Wahl mit Durchhalteparolen überbrücken musste.

Die Union hatte nach der Saarland-Wahl naturgemäß Aufwind erfahren. Spätestens nach dem NRW-Sieg war für Merkel Ruhe an der Front mit der CSU eingekehrt, die die eigentliche Gefahr für ihren Wahlsieg darstellte. In der CSU festigte sich der Eindruck, dass mit Merkel doch noch Wahlsiege möglich sind und es deshalb keinen akuten Abgrenzungsbedarf zur Politik der Kanzlerin mehr gab.

In dieser Situation blieb der Union gar nichts anderes übrig, als erneut auf Elemente einer Strategie der asymmetrischen Demobilisierung zurückzugreifen, die allerdings zwangsläufig nicht mehr so erfolgreich sein konnte. Eine polarisierende Angriffsstrategie wäre angesichts der diffusen und nicht als bedrohlich wahrgenommenen Positionen der SPD bestenfalls wirkungslos geblieben. Das wäre anders gewesen, wenn sich Schulz und die SPD auf eine entschiedenere Politik der sozialen Gerechtigkeit und auf eine Koalition mit den/r Linken festgelegt hätten. Auch eine entschiedene Auseinandersetzung mit der rechten AfD erschien für die Union wenig erfolgversprechend, sondern hätte diese eher als ebenbürtige Alternative zu den anderen Parteien weiter aufgewertet. Zudem hätten Parteien aus dem linken politischen Spektrum immer die glaubwürdigere Antifa abgegeben. Wie stark die AfD von der sehr intensiven Auseinandersetzung mit ihr profitierte, zeigte gerade die Hauptphase des Wahlkampfs, in der die Flüchtlingspolitik einen sehr hohen Stellenwert bekommen hatte, obwohl zu diesem Zeitpunkt der Druck bei diesem Thema objektiv deutlich zurückgegangen war. Für die SPD stellte sich letztlich die Lage spätestens nach dem TV-Duell, bei dem Schulz nicht punkten konnte, so hoffnungslos dar, dass niemand mehr ernsthaft mit ihr rechnete. Diese extrem hohe Erwartung eines Wahlsiegs Angela Merkels, führte dazu, dass die Notwendigkeit an der Wahl teilzunehmen und die Union zu wählen, nicht so wichtig erschien wie bei den vorausgegangenen Wahlen. Dies schwächte die Asymmetrie der Demobilisierung weiter ab, eine Demobilisierung die von vornherein im Protestwählerlager der AfD nicht wirken konnte. Das alles führte zu einem Ergebnis, das isoliert betrachtet ein sehr schlechtes für die CDU/CSU war. Allerdings gab es im Gegensatz zu 2013 keine parlamentarische Mehrheit gegen Angela Merkel und die Union. Die logische Folge des Wahlergebnisses wäre eigentlich eine Jamaika-Koalition gewesen, welche die drei Parteien vereint hätte, deren Anhängerschaften mehrheitlich Merkel als Kanzlerin wollten, die Grünen allerdings nur mit sehr knapper Mehrheit. Da eine solche Positionierung Christian Lindner für seine wiedererstarkte FDP aber nicht ins Konzept passte, ließ er die Verhandlungen platzen, was Deutschland die Fortsetzung der bei den beteiligten Partnern ungeliebten Großen Koalition brachte. Für Angela Merkel und ihren Modernisierungskurs bedeutet das Scheitern einer Regierung mit den Grünen einen deutlichen Dämpfer, da eine solches Regierungsbündnis den natürlichen Abschluss der systematischen Heranführung ihrer Partei an die gesellschaftliche Realität einer breiten, modernen bürgerlichen Mitte hätte bilden können.

5 Asymmetrische Demobilisierung

Wir haben gesehen, dass der Wahlkampfkurs der Union bei den drei letzten Bundestagswahlen mehr oder minder stark durch eine asymmetrische Demobilisierung gekennzeichnet war, weshalb es sich lohnt, die grundsätzlichen Mechanismen und Wirkungsvoraussetzungen eines solchen Wahlkampfkonzepts zunächst etwas genauer zu beschreiben und anschließend in einen grundsätzlicheren Zusammenhang einzuordnen.

Asymmetrische Demobilisierung bezeichnet vordergründig den Versuch, durch eine Relativierung von Streitthemen, bei denen man sich in einer Minderheitenposition befindet, die Mobilisierungschancen des politischen Gegners zu verringern, was hauptsächlich zu einer Wahlenthaltung der Anhänger von Mehrheitspositionen führen soll. In der Regel wird eine solche Entpolarisierung allerdings auch durch eine partielle Demobilisierung der eigenen Anhänger erkauft, weshalb eine solche Vorgehensweise insgesamt zu einem spürbaren Wahlbeteiligungsrückgang führt. Sinnvoll ist eine solche Ausrichtung eines Wahlkampfs aber nur, wenn eine Partei sich in einer Vielzahl zentraler Themen in einer Minderheitenposition befindet. Begünstigend wirkt es sich dabei aus, wenn eine Entpolarisierung durch eine präsidentielle Komponente ergänzt wird, die sich aus einer deutlichen relativen Überlegenheit auf der Ebene der Spitzenkandidaten ergibt. Wirklich erfolgreich kann eine solche Vorgehensweise aber nur sein, wenn sich eine fast ausnahmslose Entschärfung aller für den Gegner erfolgversprechenden, weil mehrheitsfähigen Themen erreichen lässt.

Für keine Partei sind die Erfolgsaussichten einer solchen Wahlkampfausrichtung so groß wie für die Union. Das hängt damit zusammen, dass ältere Wähler, bei denen die CDU/CSU überdurchschnittlich gut abschneidet, eine deutlich höhere Verpflichtung zur Wahlteilnahme empfinden als jüngere Wahlberechtigte, aus denen die Parteien des linken Spektrums verstärkt ihre Wähler gewinnen. Im Einklang mit den Erkenntnissen der Wertewandelforschung handeln jüngere Wählerschichten interessengeleiteter und lassen sich weniger stark durch soziale Normen („normative Wahlpflicht") in ihrem Verhalten beeinflussen. Interessen wiederum werden deutlicher erkennbar durch polarisierende Diskurse, die wahlrelevante Sachverhalte thematisieren. So war beispielsweise die Wahlbeteiligung bei den 30- bis 34-Jährigen 2013 im Vergleich zu 2005 von 75 % auf 66 % zurückgegangen, während der Rückgang bei den über 70-Jährigen nur von 77 % auf 75 % erfolgte (Abb. 1).

Das ist der Mechanismus in Reinform, wie asymmetrische Demobilisierung in einem Wahlkampf funktionieren kann. Wäre das alles, dann könnte man eher von einer Wahlkampftaktik sprechen, der nur eingeschränkt eine strategische Qualität zukäme. Strategische Relevanz bekommt eine solche Vorgehensweise im Falle der CDU nur dadurch, dass sie die Operationalisierung einer übergeordneten Grundausrichtung der Politik der CDU bzw. Merkels darstellt. Sie ist die zwangsläufige Fortsetzung der systematischen programmatischen Modernisierung der CDU in Zeiten des Wahlkampfs, mit der die CDU unter Merkels Führung versucht, eine Antwort auf die langfristig wirksamen gesellschaftlichen Veränderungen zu finden.

Gesellschaften unterliegen einem kontinuierlichen Veränderungsprozess, der die Summe aller Entwicklungen auf technologischer, ökonomischer und ideologischer Ebene im nationalen und internationalen Rahmen darstellt. Reagieren Volksparteien in programmatischer Hinsicht nicht auf diese Dynamik und verbleiben statisch bei Positionen, die sich in anderen gesellschaftlichen Kontexten entwickelt hatten, entfernen sie sich zunehmend von der gesellschaftlichen

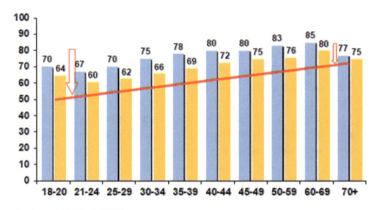

Abb. 1 Wahlbeteiligung BTW 2005 und 2013

Realität und damit auch von den Bedürfnissen der Mehrheit der Gesellschaft. Im Gegensatz zu kleineren Parteien, für die die Organisation von Minderheiten Sinn machen kann, ist ein solcher Entfremdungsprozess in Hinblick auf die strukturelle Mehrheitsfähigkeit einer Volkspartei tödlich, weil sie sie einem kontinuierlichen Erosionsprozess ausliefert. Aufgrund der großen Institutionen innewohnenden Beharrungstendenzen kommen Volksparteien mit großer Regelmäßigkeit in Verzug mit ihren gesellschaftlichen Anpassungsprozessen, die dann durch Phasen nachholender Modernisierung kompensiert werden müssen – jedenfalls dann, wenn eine Partei ihre Zukunftsfähigkeit nicht verlieren will. Insofern lässt sich die Geschichte des Parteiensystems der Bundesrepublik Deutschland auch als eine Geschichte ihrer Modernisierungsprozesse beschreiben. Naturgemäß betrifft das in erster Linie die großen Volksparteien, deren zentrale Aufgabe in der Herstellung von politischen Mehrheiten durch Bildung von Bündnissen besteht.

Ein sehr weitreichender Modernisierungsprozess bei der SPD war beispielsweise die Entwicklung im Umfeld des Bad Godesberger Programms von 1959, der die SPD als Weltanschauungspartei sozialistischer Prägung anschlussfähig für eine marktwirtschaftliche Wirtschaftsordnung machte. Damit wurden die Grundlagen für die Regierungsfähigkeit der SPD unter Willy Brandt gelegt, was dadurch erleichtert wurde, dass sich die Union in dieser Phase in einer völligen programmatischen Erstarrung befunden hat, die eine extreme Entfremdung von den realen Bedürfnissen der damaligen Mehrheitsgesellschaft zur Folge hatte. Wie sehr die Union sich in diesen Jahren ins Abseits durch Unbeweglichkeit manövriert hatte, machte die Wahl 1972 eindrücklich sichtbar, bei der die SPD zum ersten Mal stärkste Partei im Bundestag geworden war.

Die umfassendste und nachhaltigste programmatische Modernisierung für die Union verordnete der langjährige Parteivorsitzende Helmut Kohl seiner Partei in den 70er Jahren und legte damit den Grundstein für seine 16-jährige Kanzlerschaft. Nach dem Wahldesaster 1972, das die Union trotz erheblicher ökonomischer Probleme der SPD-geführten Bundesregierung hinnehmen musste, gelang es Helmut Kohl in Zusammenarbeit mit Kurt Biedenkopf und Heiner Geißler, die CDU programmatisch in einem intensiven Prozess neu aufzustellen, sie von ihrem klerikalen Mief der 60er Jahre zu befreien und mit der Entwicklung des Prinzips der „Subsidiarität" dem gesellschaftlichen Solidaritätsanspruch der Sozialdemokraten ein konkurrenzfähiges programmatisches Konzept entgegenzusetzen. Diese Modernisierungsphase brachte zugleich einen starken Mitgliederzuwachs, der die CDU von einer Honoratiorenpartei zu einer Mitgliederpartei machte.

Dieser damalige massive Mitgliederzuwachs prägt bis heute die Mitgliederstruktur der CDU, weil in der Folgezeit die Parteieintritte deutlich zurückgegangen sind. Als Folge dieser Entwicklung ist die CDU, was ihre Mitgliederstruktur angeht, völlig überaltert, wenn man das mit der Altersstruktur ihrer Wählerschaft und schon gar mit der der Wahlberechtigten vergleicht (Jung 2015a, S. 16). Allein dieser Sachverhalt erklärt, warum sich viele Parteimitglieder der CDU, die zum großen Teil politisch viel früher sozialisiert wurden als die Wählerschaft der Union, mit der Modernisierung ihrer Partei so schwer tun.

6 Zwang zur Modernisierung aufgrund der hohen Mortalität

Der traditionell überdurchschnittliche Wahlerfolg der Union in den älteren Altersgruppen hat – aufgrund deren weit geringeren Lebenserwartung – einen deutlich größeren Wählerverlust der Union zur Folge als das bei allen anderen Parteien der Fall ist, die über einen ausgewogeneren Altersaufbau ihrer Wählerschaft verfügen. Diese hohe Mortalität ihrer Wählerschaft stellt das eigentliche Problem der

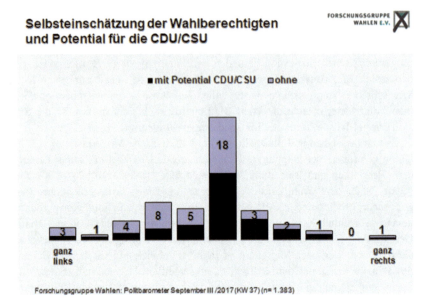

Abb. 2 Selbsteinschätzung der Wahlberechtigten und Potential der CDU/CSU. (Das Potential für die CDU/CSU wurde dabei durch die explizite Frage ermittelt, ob man sich vorstellen könne, die CDU (bzw. CSU in Bayern) zu wählen. Befragte mit einer Wahlabsicht für die CDU/CSU wurden entsprechend hinzugerechnet.)

Union dar, das sie immer wieder unter einen deutlichen Modernisierungsdruck setzt. So verliert die Union pro Legislaturperiode in der Altersgruppe ab 60 Jahren durch Tod Wähler in einer Größenordnung von mehr als einer Million. Das bedeutet, dass die CDU/CSU allein seit der Wiedervereinigung einen mortalitätsbedingten Wählerschwund von ca. 7,4 Mio. Wählern[3] in dieser Altersgruppe hinzunehmen hatte.

Will die Union ihr Wahlergebnis wenigstens halten, so muss sie von Wahl zu Wahl jeweils mindestens eine Million neue Wähler aus jüngeren und damit später sozialisierten, „moderneren" Wählerschichten hinzugewinnen. Das ist aber schlicht nicht möglich mit einem politischen Angebot, das selbst älteren Wählerschichten nicht (mehr) gerecht wird (Abb. 2).

---

[3]Eigene Berechnungen des Autors auf der Grundlage der Daten der repräsentativen Wahlstatistik (Wahlverhalten der jeweils über 60-Jährigen) und Anzahl der Verstorbenen in den entsprechenden Altersgruppen (Statistisches Jahrbuch der Bundesrepublik Deutschland).

Wenn heute manche in der Union eine Vernachlässigung des Konservativen beklagen und dabei an die frühere Bedeutung von Alfred Dregger oder Manfred Kanther erinnern, vergessen sie, dass diese Zeiten rund 40 Jahre zurückliegen und damit die Wählerschichten inzwischen einfach fehlen, die das als ihre politische Grundorientierung betrachten und die im Übrigen schon damals überdurchschnittlich alt gewesen waren. Bezeichnenderweise reklamieren eine Vernachlässigung des Konservativen eher Journalisten und Publizisten, die sich außerhalb der Partei befinden und die ihren Befund oft bewusst in Abgrenzung zur mehrheitlichen Einstellungen der Bevölkerung setzen, die sie gerne als „Zeitgeist" diffamieren. Die Meinung der Wahlberechtigten in dieser Frage fällt eindeutig aus: Während 57 % aller Befragten mit dem realisierten Kurs der CDU einverstanden sind oder für eine noch weitergehendere Modernisierung plädieren, fordern nur 33 % mehr traditionell-konservative Positionen bei der CDU ein. Bei den Anhängern der CDU/CSU fällt dieser Befund fast identisch aus (61 %:35 %) (Abb. 3).

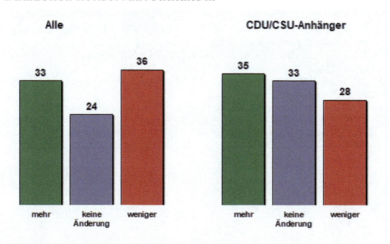

Abb. 3 Gewünschter Kurs der CDU

Ausblick

Aufgrund der Veränderungen im Parteiensystem, die eine dauerhafte Polarisierung mindestens zur AfD, aber auch – trotz der gemeinsamen Regierungskoalition – zur SPD erwarten lassen, scheinen die Tage einer Strategie der asymmetrischen Demobilisierung gezählt zu sein. Unabhängig davon wird aber der gesellschaftliche Modernisierungsprozess der breiten Mitte weitergehen und die Probleme der Union aufgrund der hohen Mortalität ihrer Wählerschaft werden auf der Tagesordnung bleiben. Insofern wird es für die Zukunft der Union entscheidend sein, ob der Modernisierungskurs auch eine Fortsetzung in der Nach-Merkel-Ära finden wird. Setzt hier ein „roll back" ein, droht der CDU ein ähnliches Fiasko wie der SPD, die den – bei den Wählern erfolgreichen – Modernisierungskurs von Gerhard Schröder aufgrund der fundamentalistischen Tendenzen innerhalb der Partei wieder rückgängig gemacht und sich damit immer mehr ins Abseits manövriert hat. Strukturelle Mehrheitsfähigkeit und damit politische Gestaltungsmöglichkeiten kann nur erlangen, wer in der politischen Mitte erfolgreich ist, dort wo sich die Masse der Wähler befindet.

Ergänzende Publikationen des Autors

Jung, Matthias. 2009. Koalitionswunsch und Lagermentalität. In *Wohin steuert Deutschland?*, Hrsg. M. Machnig und J. Raschke, 280–289. Hamburg: Hoffmann und Campe.

Jung, M., Schroth, Y., und Wolf, A. 2009. Regierungswechsel ohne Wechselstimmung. *Aus Politik und Zeitgeschichte* B51: 12–19.

Jung, M., Schroth, Y., und Wolf, A. 2013. Angela Merkels Sieg in der Mitte. *Aus Politik und Zeitgeschichte* B48-49: 9–20.

Jung, M. 2015a. Notwendige Modernisierung. Warum sich Parteien damit so schwer tun. *Politische Meinung* 530: 12–16.

Jung, M. 2015b. Die AfD als Chance für die Union. *Politische Studien* 460: 47–57.

Jung, M. 2016. Fleisch vom Fleisch der Union? Die Wahlergebnisse der AfD und der Kurs der Union. *Politische Meinung* 539: 28–32.

Teil III
Kommunikationsforschung

Dealing and dancing with Bots: Der Umgang der Parteien mit disruptiven Phänomenen im Bundestagswahlkampf

Isabelle Borucki und Andrea Meisberger

Zusammenfassung
Viele Trends beherrschen derzeit die Diskussion um die Beeinflussbarkeit der politischen Debatten durch steuerbare, gekaufte oder inszenierte Mechanismen: gemeinsam haben diese Phänomene, dass sie sich demokratischen Entscheidungsverfahren entziehen, aber ihre Wirkungen für letztere vehement sein können. Zentral ist aus demokratietheoretischer Perspektive die Frage zu erörtern, welchen Stellenwert soziale Medien, Bots, Fake News und Hate speech im Bundestagswahlkampf 2017 eingenommen haben und welche Lösungsvorschläge die Parteien in diesen Diskurs eingebracht haben. Hierzu greift der Beitrag auf eine vergleichende Analyse der Lösungsvorschläge (u. a. Netzfeuerwehr, gegen Hetze, Positionspapiere) der Parteien zurück sowie auf die Diskussion rund um das Netzwerkdurchsetzungsgesetz (NetzDG), das im Bundestagswahlkampf verabschiedet wurde.

I. Borucki (✉)
Institut für Politikwissenschaft/NRW School of Governance, Universität Duisburg-Essen, Duisburg, Deutschland
E-Mail: isabelle.borucki@uni-due.de

A. Meisberger
Universität Trier, Trier, Deutschland

1 Einführung

Social Bots, Fake News, false news oder schlicht die alte Zeitungsente? Viele Trends beherrschten die Diskussion um die Beeinflussbarkeit der politischen Debatten im Bundestagswahlkampf durch steuerbare, gekaufte oder inszenierte Mechanismen in sozialen Medien[1]. Nicht zuletzt durch die Fragen, ob die US-Präsidentschaftswahl durch eine russische Bot-Armee oder gar Hackertruppe manipuliert worden war, kam auch im letzten Bundestagswahlkampf hierzulande die Frage nach dem Stellenwert solcher Phänomene auf (Abokhodair et al. 2016; Fischer 2013): Unabhängig davon, welche Intention dahintersteckt, haben diese Erscheinungen gemeinsam, dass sie sich grundsätzlich demokratischen Entscheidungsverfahren entziehen, aber ihre Wirkungen für letztere unter Umständen vehement und massiv sein können. Zwar ist die Wirkung von bspw. Bots auf die öffentliche Meinung aufgrund der noch niedrigen Reichweite der distribuierenden Kanäle, wie etwa Twitter noch als gering einzuschätzen. Das Potenzial der Beeinflussung von öffentlicher Meinung und damit indirekt auch politischer Prozesse ist allerdings rein technisch gesehen gegeben (Jungherr 2017): „The debate on computational propaganda itself has become a highly politicized proxy war in response to public concerns (…) Furthermore, the analysis finds that misinformation and junk news content play a substantial role on German social media, accounting for roughly 20 percent of all political news and information on Twitter" (Neudert 2017, S. 23).

Wenn es möglich ist, in demokratischen Systemen Wahlen durch soziale Medien zu beeinflussen und oder gar wesentlich zu steuern, ist dies für die Meinungsbildung in politischen Systemen abträglich – insbesondere, wenn demokratische Prozesse wie Wahlen manipuliert werden können, wie nicht zuletzt der Fall Amerika und der Skanadal um Cambridge Analytica und die noch immer nebulöse Rolle der russischen Regierung gezeigt haben (Bradshaw und Howard 2017; Kornelius 2017; Thieltges und Hegelich 2017). Dabei ist besonders virulent, dass die inzwischen dominierenden Internetkonzerne (wie Alphabet/Google, Apple und Facebook) das Treiben auf ihren Plattformen kaum noch selbst unter Kontrolle haben, wie die Berichterstattung des Guardian rund um die Leaks der Löschrichtlinien bei Facebook gezeigt hat. Denn inzwischen haben Social Media Plattformen zu viele Nutzer, sodass nicht jeder Post überprüft werden kann.

---

[1]Hierunter werden in diesem Beitrag so genannte Social Network Sites (SNS) verstanden, die mit ihren individuellen Interaktionsplattformen zeit- und ortsungebunden Kommunikation ermöglichen vgl. zu Definitionen (Boyd und Ellison 2007; Gamper und Reschke 2010).

Allein Facebook hat rund 2 Mrd. User und vergleichsweise wenige Mitarbeiter, die zu prüfende Inhalte innerhalb kürzester Zeit kontrollieren müssen (Kühl 2017). Zudem gibt es keine eindeutigen Regelungen dazu, wann etwas rechtswidrig und wann es freie Meinungsäußerung ist. Damit besteht das Problem einer Grauzone zwischen rechtlich eindeutigen Verfehlungen und noch legalen Kommentaren und Posts (Hopkins 2017).

Zentral ist aus demokratietheoretischer Perspektive die Frage zu erörtern, welchen Stellenwert die Phänomene Social Bots, Fake News und Hate speech im Bundestagswahlkampf 2017 eingenommen haben und welche Lösungsvorschläge die Parteien in diesen Diskurs eingebracht haben (Biallas 2017; Büro für Technikfolgen-Abschätzung beim Deutschen Bundestag 2017; Deutscher Bundestag 2017d; Rath 2017; Sponholz 2017). Grundlegend wird davon ausgegangen, dass die im intermediären Feld zwischen Staat und Gesellschaft handelnden Akteure in der Lage sind über soziale Medien Debatten zu prägen oder mitzugestalten. Dies betrifft also einzelne Politiker, Parteien, die Regierung, aber auch Interessenverbände, Vereine, Ad-hoc-Initiativen, Bürgerinitiativen oder NGOs gleichermaßen: Sie sind potenziell noch in einer Position durch soziale Medien als Kanäle Debatten zu prägen oder mitzugestalten. Inwiefern also durch nicht legitimierte Trends und Akteure der Onlinekommunikation demokratische Entscheidungs- und Diskussionsprozesse beeinflusst werden, gilt es genauer in den Blick zu nehmen, wenngleich dieser Beitrag dies nur schlaglichtartig vornimmt. Theoretisch gilt es, vor einer analytischen Einschätzung, deutlich zu machen, welche demokratietheoretischen Kenngrößen (Legitimität, Responsivität, Glaubwürdigkeit) für den digitalen Meinungsmarkt von Relevanz sind. Zentral ist aus empirischer Sicht die Betrachtung des Diskurses rund um derlei Phänomene während des Wahlkampfs, wobei die Lösungsvorschläge der Parteien (u. a. Netzfeuerwehr, gegen Hetze, Positionspapiere) rund um die Diskussion zum Netzwerkdurchsetzungsgesetz diskutiert werden.

2 Demokratietheoretische Perspektiven auf das Verhältnis von Internet und Politik

Dieser Beitrag erörtert, wie erwähnt, die Relevanz neuerer Internetphänomene wie Social Bots für den Bundestagswahlkampf 2017. Dahinter steht notwendigerweise auch eine demokratietheoretische Fragestellung bzw. die Notwendigkeit, sich mit der Frage der Bedeutung von solchen Phänomenen für den demokratischen Diskurs und die öffentliche Meinungsbildung zu beschäftigen. Denn welche Qualität die Diskussionen im Internet annehmen wird, welche Folgen dies für die öffentliche Meinungsbildung außerhalb sozialer Plattformmedien zeitigt und welche Formen der Beteiligung am demokratischen Gemeinwesen damit verbunden sind, ist in diesem Zusammenhang zentral zu klären (Borucki und Jun 2018). Grundlegend unterscheidet die Forschung in optimistische, pessimistische und neutrale Positionen, wenn es um das Verhältnis von Internet und Politik geht (Kneuer 2017).[2]

Neben Fragen des Verhältnisses von Internet und Politik und den Chancen und Risiken, die sich daraus ergeben, sind für den hier relevanten Kontext der manipulativen oder destruktiven Mechanismen in sozialen Netzwerken und wie die Parteien in einer kompetitiven Situation damit umgegangen sind, insbesondere demokratietheoretische Kenngrößen wie Legitimität, Responsivität und, Glaubwürdigkeit für den digitalen Meinungsmarkt von zentraler Bedeutung. Denn wie die Interaktion zwischen Politik und Gesellschaft gestaltet wird, ist wesentliches Gestaltungselement von Demokratie und prägt gleichermaßen die drei genannten Prinzipien. Legitimität ist dabei aufzuteilen in die Dimensionen der Output- und Inputlegitimität. Unter dieser Dimension sind Fragen der Beteiligung von Bürgern über die reine Aktivierung und Mobilisierung über Wahlkämpfen hinaus zu verstehen. Gerade für die Zeit der Wahlkämpfe hat die Forschung aber gezeigt, dass Wahlkämpfer gar nicht daran interessiert sind, über das Internet mit Bürgern in Kontakt zu treten. Im Gegenteil: Im Wahlkampf geht es nur darum, möglichst viel Inhalt zu produzieren und zu distribuieren, der für die jeweilige Kampagne von Vorteil ist. Doch dieses Zurückschrecken vor echter Beteiligung und Einbindung wird oftmals mit Canvassing und Beteiligungsmöglichkeiten überdeckt (Barton et al. 2014; Beck und Heidemann 2014; Pattie und Johnston 2012; Theviot 2016). Damit verbunden ist für die politischen Akteure gerade im digitalen Bereich die grundsätzlich immer drohende Gefahr des Kontrollverlusts (Borucki 2014; Chadwick und Stromer-Galley 2016) bzw. die Möglichkeit von Manipulation – eigener sowie fremder (Voss 2014, S. 19). Letzteres betrifft nicht nur die aktuelle Debatte um Fake News in den USA oder den Skandal um Datenverkauf an Cambridge Analytica (Amarnath 2011; Riegert 2007) und Social Bots im Zuge der US-Wahl (Sabato et al. 2017), sondern auch die Frage nach der Steuerung von Diskussionen und Beeinflussung der Wahrnehmung über soziale Plattformen (Tretbar 2016). Unter Responsivität wird allgemeinhin die Rückkopplung des politischen Personals an die Adressaten, also

---

[2]Die optimistische Sichtweise vertrat zu Beginn des digitalen Zeitalters die Hoffnung erweiterter Partizipations- und Mitwirkungsmöglichkeiten über das Internet und ist inzwischen als veraltet anzusehen. Die negative Perspektive fokussierte im Wesentlichen auf eine Aufweichung von Persönlichkeitsrechten, während die inzwischen prominenteste neutrale Position eine Mittelstellung vertritt (Kneuer 2017).

Wähler und Bürger, verstanden (Herzog 1998). Glaubwürdigkeit schließlich wird erreicht, wenn die Komponenten „Zuschreibung von Problemlösungskompetenz", „Vertrauenswürdigkeit" sowie der Wahrnehmung von „Ähnlichkeit bezüglich zentraler Wertorientierungen" festgestellt werden kann (Althoff 2007, S. 111; Borucki und Jun 2018, S. 35).

Responsivität und Glaubwürdigkeit zusammen knüpfen in der Bedeutung für den demokratischen Diskurs genau an der für digitale Kommunikation relevanten Stelle an: Wenn es keine Interaktivität und keinen Austausch insbesondere im Wahlkampf gibt, die Wähler also die Parteien als wenig responsiv und damit auch wenig glaubwürdig wahrnehmen, kann die Wahrscheinlichkeit des Wahlerfolgs und der hohen Wahlbeteiligung geschmälert werden (Rader und Gray 2015). Wie nun die Parteien im Diskurs rund um Social Bots, Fake News etc. aufgetreten sind und was sie als Vorschläge und Maßnahmen in diesen Diskurs eingebracht haben, soll die folgende Analyse der Diskussionen rund um die genannten Themen im Bundestagswahlkampf erhellen. Hierbei wurden sowohl Medienberichte als auch Primärtexte der im deutschen Bundestag vertretenen Parteien nach diesen Themen untersucht.

3 Methodisches Vorgehen

Der vorliegende Beitrag bedient sich einer quantitativ-qualitativen Analyse, die mithilfe von semantischen bzw. lexikalischen Kontextsuchen arbeitet. Hierbei werden Schlüsselbegriffe sowie die Verwendung weiterer Begriffe in ihrem Kontext untersucht, was die semantische Einbettung dieser zentralen Begriffe rund um die hier thematisierten Begriffe der Social Bots, Fake News und anderer Internetphänomene darstellbar macht. Dazu werden für die jeweiligen Dimensionen Stopplisten erstellt. Mithilfe von *MaxQDA 2018* werden die Ergebnisse letztlich in einer Wortwolke veranschaulicht. Die Stopplisten eliminieren dabei alle semantisch ‚unwichtigen' Begriffe wie etwa Konjunktionen, Präpositionen und Hilfsverben. Datengrundlage dieses Beitrags sind neben Medienberichten aus dem Wahlkampfzeitraum zum Thema ‚Bots im Wahlkampf' auch die Parlamentsdokumentationen, Positionspapiere der Bundestagsfraktionen und Parteien sowie das NetzDG und das Telemediengesetz.

Insgesamt werden 126 Dokumente mit quantitativen und qualitativen Methoden rund um Schlüsselbegriffe zu den jeweiligen Themenbereichen untersucht. Das konkrete methodische Vorgehen richtet sich je nach Dimension an den zu untersuchenden Schlüsselbegriffen aus, welche in einem ersten Schritt in einer lexikalischen Suche mit *MAXQDA 2018* kontextualisiert kodiert werden. Um den lexikalischen sowie semantischen Verwendungskontext der Begriffe abzustecken, wurden jeweils der Satz, der den Begriff beinhaltete, der Satz davor sowie der Satz danach kodiert. Die hierzu verwendeten Begriffe sind in den empirischen Abschnitten dieses Beitrags dargestellt.

4 Social Media als Alternative oder Herrscher über den Wahlkampf? Eine Bilanz der Bundestagswahl 2017

Im folgenden Kapitel wollen wir die Rolle von Social Media im Bundestagswahlkampf 2017, insbesondere aber die einleitend beschriebenen destruktiven Phänomene (Social Bots, Hassbotschaften, Fake News) sowie die Diskussion zur möglichen Beeinflussung von Wahlkämpfen spezifisch für den vergangenen Bundestagswahlkampf einer genaueren Betrachtung unterziehen.

4.1 Das Problem: Social Bots im Wahlkampf als Destruktion oder Konstruktion

Noch in der Vorwahlkampfphase entbrannte eine Diskussion im politischen Raum darüber, welche Rolle Social Bots und andere Algorithmen auf sozialen Netzwerken und Plattformmedien für den Bundestagswahlkampf spielen könnten (Hegelich 2016; König und König 2018). Die AfD gehörte hier zu den Vorreitern, als Alice Weidel verkündete: „Gerade für junge Parteien wie unsere sind Social-Media-Tools wichtige Instrumente, um unsere Positionen unter den Wählern zu verbreiten" (Bender und Oppong 2017; Stürzenhofecker 2016). Dies wurde von den Medien und allgemein so verstanden, als dass die AfD Bots zu ihren Zwecken einsetzen wolle. Zwei Tage später dementierte Weidel diese Aussage: „[Z]war gebe es ‚Analyse- oder Hilfsprogramme, die die tägliche Arbeit erleichtern könnten', doch werde man ‚keine Social Bots einsetzen, die aufseiten Dritter im Namen der AfD automatisiert posten oder ähnliches'" (Bender und Oppong 2017). Fortan drehte sich die Diskussion darum, inwieweit und inwiefern Bots überhaupt – in erster Linie technisch – in der Lage sind, die öffentliche Meinungsbildung derart zu beeinflussen, dass damit Wahlentscheidungen gesteuert werden können. Geprägt war der Diskurs in erster Linie davon, dass der Einsatz von Social Bots als unethisch wahrgenommen wurde und eine Verselbstständigung des Agierens dieser Programme nicht steuerbar sei. Nur weil die Parteien sich allerdings vom Einsatz computergesteuerter Kommunikation distanziert hatten, bedeutete das noch lange nicht, dass das auch für ihre Unterstützernetzwerke zu gelten hatte (Schlieker 2017). Denn nicht die Parteien nutzten Meinungsroboter und konzertierten Onlineaktionen im Bundestagswahlkampf, sondern vor allem die neue Rechte und angeschlossene Bewegungen versuchten laut Medienberichten, in Onlinemedien die AfD zu unterstützen und in den Streams der Netzwerke populärer zu machen (Hammerstein 2017).

Cyberattacken oder die massive Unterstützung von Kandidaten durch Bot-Armeen waren ebenso ein Thema der Berichterstattung wie erforderliche und notwendige Maßnahmen gegen den Einsatz von Bots, die von den Parteien vorgeschlagen wurden. Die mediale Diskussion drehte sich allerdings kaum darum, dass automatisierte Wahlkampfhelfer zum Einsatz gebracht würden, sondern vielmehr dominierte in der Berichterstattung die Konnotation, dass algorithmisierte Kommunikation grundsätzlich schlecht sei. Eine solche normative Imprägnierung des Diskurses könnte unter anderem dazu beigetragen haben, dass das Thema ‚Bots' prominent in medialen Formaten diskutiert und berichtet wurde. Ein Beispiel hierfür ist die durchaus kritische Berichterstattung über die relativ verhältnislose Angst von Bürgern vor Manipulationsversuchen: „Die weit verbreitete Angst von Menschen, von völlig autonomen "Meinungsrobotern" oder anderen Computersystemen übernommen oder ersetzt zu werden, erscheint in Relation zum tatsächlichen Geschehen etwas naiv" (Preuss und Grimme 2017). Der Bundeswahlleiter verkündete so auch im Verlauf des Wahlkampfs, dass die Server und Datenbanken der Regierung vor Cyberattacken gesichert seien (Hammerstein 2017; Schlieker 2017). Die Diskussion in den Medien schwankte zwischen konstruktiven und destruktiven Bewertungen – also von der positiven Evaluierung mit der Erleichterung der Informationsversorgung von Anhängern bis hin zur manipulativen Beeinflussung des Wahlkampfs als Destruktion. Beide Positionen eint die normative Verhaftung an einem schematischen Dualismus. Indes wurde an der medialen Diskussion deutlich, dass eine große Unsicherheit, auch der Journalisten, darüber besteht, welche Dimensionen automatisierte Rechenprogramme auf Plattformmedien annehmen können und welche Form der Steuerbarkeit überhaupt noch an sie adressierbar ist (wenn überhaupt). Somit wird aus beiden Diskussionssträngen deutlich: Bots sind eine Blackbox.

Die Forschung zum Thema hat insbesondere für Deutschland herausgearbeitet, dass Bots zwar einflussreich auf den jeweiligen Plattformen sein können, eine Beeinflussung der politischen Meinungsbildung in der Breite und damit mittelbare Beeinflussung von Wahlergebnissen aber noch nicht möglich sei (Neudert 2017; Thieltges und Hegelich 2017; Thieltges et al. 2016). Daneben haben auch internationale Studien noch keine umfassende empirische Evidenz für die vermuteten Wirkungen von Filter Bubbles oder Social Bots aufdecken können (Bozdag 2015; Zuiderveen Borgesius et al. 2016). Allerdings deutete die Botaktivität während des Bundestagswahlkampfes durchaus darauf hin, dass Bots nicht zu

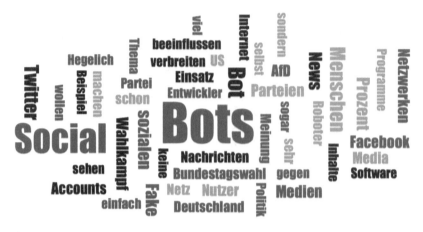

Abb. 1 Wortwolke Social Bots auf Basis der Medienberichterstattung. (Quelle: Eigene Darstellung. Basis: 50 häufigste Worte)

unterschätzen seien, wie eine Analyse auf Basis von botwatch.de ergab (Wilke 2017; Meier und Wilton 2016). Eine für diesen Beitrag angefertigte Analyse der Medienberichterstattung im Vorwahlzeitraum (24.06.–24.09.2017) auf Basis einer Nexis-Recherche (n = 114) zu *Social Bots* ergab 653 Codings in insgesamt 1344 Fundstellen. Diese wurden in einer Wortwolke visualisiert.

Wie die Abb. 1 zeigt, liegen neben den gesuchten Begriffen *Social Bots, Twitter, Facebook, Media,* die *Parteien,* aber auch der *Wahlkampf* sowie die *AfD* treten in den Vordergrund. Bemerkenswerterweise wird mit Simon *Hegelich* auch ein Wissenschaftler oft genannt, weshalb auch er in der Wortwolke auftaucht. Dies liegt schlicht daran, dass er für Medienvertreter als Ansprechpartner in Sachen Bots gilt. Weitere zentrale Begriffe sind *Menschen, Fake, News, Accounts, Einsatz, beeinflussen, verbreiten* und *Entwickler,* zusammen mit *US.* Die semantische Nähe gerade dieser Begriffe deutet auf die oben angesprochene Zuschreibung der Medien hin, dass die Blackbox Social Bots manipulativen Charakter habe. Die Tab. 1 zeigt die absoluten Häufigkeiten der Nennungen dieser Worte an und unterstreicht das Ergebnis der dualistischen Sichtweise der Medienberichterstattung.

Im Folgenden werden die Positionen der Parteien gegenüber dem Phänomen Social Bots und allgemeiner auch die Diskussion zum NetzDG dargestellt und einer ähnlichen Analyse der Primärdokumente unterzogen, um zum Abschluss Bezug auf die eingangs geschilderten demokratietheoretischen Bezugsgrößen nehmen zu können.

Tab. 1 Worthäufigkeiten in der Medienberichterstattung (N = 5688 Tokens aus 114 Dokumenten). Darstellung der ersten 30 Worte

Wort	Häufigkeit	%
Bots	558	3,09
Social	364	2,01
Bot	162	0,90
Menschen	120	0,66
Twitter	115	0,64
Fake	95	0,53
Sozialen	88	0,49
News	87	0,48
Prozent	84	0,46
Netzwerken	68	0,38
Facebook	66	0,36
Wahlkampf	66	0,36
Parteien	65	0,36
Medien	64	0,35
AfD	55	0,30
Media	52	0,29
Nutzer	52	0,29
Accounts	51	0,28
Internet	46	0,25
Nachrichten	44	0,24
Meinung	40	0,22
Deutschland	39	0,22
Roboter	39	0,22
Einsatz	38	0,21
Netz	38	0,21
US	38	0,21
Sehr	37	0,20
Bundestagswahl	36	0,20
Machen	36	0,20
Schon	36	0,20

Quelle: Eigene Berechnung und Darstellung

4.2 Positionen der Parteien im Bundestagswahlkampf zum NetzDG und Social Bots

Im Rahmen der zunehmenden Kriminalität im Internet, vor allem in den sozialen Netzwerken, wie Facebook und Twitter, wird immer wieder diskutiert, wo Meinungsfreiheit endet und Rechtsverletzung beginnt. Durch die ansteigende Hasskriminalität im Internet kommt es vermehrt zu Verletzungen der Persönlichkeitsrechte Einzelner. Das stellt eine Gefahr für das demokratische Zusammenleben von Gesellschaften dar. Außerdem stellt die zunehmende Verbreitung von Falschnachrichten (Fake News) über soziale Netzwerke ein Problem dar, das verschiedene Ebenen der Kommunikation erfasst (Frischlich 2018; Deutscher Bundestag 2017a, S. 1). Um Fake News und Hasskriminalität im Internet entgegenzuwirken, wurde bereits 2015 die Task Force ‚Umgang mit rechtswidrigen Hassbotschaften im Internet' unter der Leitung des damaligen Bundesjustizministers Heiko Maas eingerichtet (Otto 2017). Beteiligt waren große Internetkonzerne wie Google, Twitter und Facebook sowie andere zivilgesellschaftliche Einrichtungen. Es wurde sich unter anderem darauf geeinigt, dass nicht nur die Richtlinien des Plattformbetreibers gelten, sondern auch das deutsche Recht Anwendung finden muss. Zudem sollten Nutzer die Möglichkeit haben, rechtswidrige Inhalte zu melden. Diese müssten dann überprüft und innerhalb von 24 h von den Betreibern des sozialen Netzwerks gelöscht werden. Hierbei handelte es sich nicht um ein Gesetz, sondern zunächst lediglich um eine Vereinbarung (Bundesministerium der Justiz und Verbraucherschutz 2015).

Allerdings hat sich in den vergangenen Jahren gezeigt, dass eine solche Selbstregulierung der sozialen Netzwerke nicht ausreichend funktioniert (Deutscher Bundestag 2017b). Gemeldete rechtswidrige Inhalte werden zu spät oder gar nicht gelöscht. Facebook löschte nur 39 % und Twitter nur 1 % der strafbaren Inhalte (jugendschutz.net 2017). Somit ist „die Löschpraxis der Plattformbetreiber […] noch immer unzureichend" (Maas 2017), stellte Bundesminister Heiko Maas fest. „Unsere Erfahrungen haben ganz klar gezeigt: Ohne politischen Druck bewegen sich die sozialen Netzwerke leider nicht" (Maas 2017). Im Rahmen dessen wurde das Gesetz zur Verbesserung der Rechtsdurchsetzung in sozialen Netzwerken (Netzwerkdurchsetzungsgesetz, kurz NetzDG) auf den Weg gebracht. Darin werden soziale Netzwerke als Plattformen definiert, „die dazu bestimmt sind, dass Nutzer beliebige Inhalte mit anderen Nutzern teilen oder der Öffentlichkeit zugänglich machen" (Deutscher Bundestag 2017c, S. 1). Plattformbetreiber, die über zwei Millionen inländische Nutzer verfügen und im Jahr mehr als 100 Beschwerden erhalten, wird durch dieses Gesetz auferlegt, einen jährlichen Bericht vorzulegen, in dem sie zusammenstellen, wie sie gegen Hasskriminalität vorgehen und diese versuchen zu unterbinden. Zudem sind sie dazu verpflichtet, sämtliche rechtswidrigen Inhalte innerhalb von 24 h zu löschen. In unklaren Fällen soll eine Einrichtung der regulierten Selbstregulierung, die sich aus geschultem Personal zusammensetzt, über den Verbleib des Inhalts entscheiden. Kommen soziale Netzwerke diesen Anforderungen nicht nach, müssen sie mit Bußgeldern von bis zu 50 Mio. EUR rechnen (Deutscher Bundestag 2017c, S. 1–4). Zudem wurde das Telemediengesetz (TMG) dahin gehend reformiert, dass Dienstanbieter „im Einzelfall Auskunft über bei ihm vorhandene Bestandsdaten erteilen, soweit dies zur Durchsetzung zivilrechtlicher Ansprüche wegen der Verletzung absolut geschützter Rechte aufgrund rechtswidriger Inhalte […] erforderlich ist" (Bundesministerium der Justiz und für Verbraucherschutz 2017, S. 9). Hierzu ist jedoch ein richterlicher Beschluss bzw. eine richterliche Anordnung erforderlich (Bundesministerium der Justiz und für Verbraucherschutz 2017, S. 9).

Trotz dieser Maßnahmen zum Schutz Einzelner vor Hasskriminalität im Internet wird am NetzDG parteiübergreifend Kritik geübt bzw. eine vorbeugende Feststellungsklage von der FDP eingereicht (Müller 2018). Besonders die Partei Bündnis90/Die Grünen äußerte sich gegenüber dem Gesetz kritisch. Das NetzDG sei ein Schnellschuss gewesen, der eine grundlegende öffentliche Diskussion in der Gesellschaft über Hasskriminalität im Internet verhindert habe. Stattdessen sei „der Reiz zu Löschen größer […], als der Reiz, Recht und Meinungsfreiheit einzuhalten" (Deutscher Bundestag 2017b). Zudem befürchtet die Partei ein Overblocking, indem soziale Netzwerke aus Angst, zu wenig zu löschen auch rechtmäßige Inhalte von ihren Seiten entfernen. Deshalb fordern Die Grünen, die Löschfristen anzupassen und angemessene Verfahren vorzugeben. Hierbei sollte eine staatsferne Regulierung im Vordergrund stehen (Rößner 2017). Zudem wurde ein Antrag der Grünen, in dem sie unter anderem forderten, dass soziale Netzwerke Social Bots kennzeichnen müssen, abgelehnt (Krempel 2017). Die Meinungsroboter finden sowohl im NetzDG als auch im TMG keine Berücksichtigung (Deutscher Bundestag 2017b). Auch die Union hatte die Kennzeichnung von Social Bots in ihrem Positionspapier im Januar 2017 gefordert (CDU/CSU-Fraktion im Deutschen Bundestag 2017, S. 6). Viel problematischer sieht die Unionsfraktion jedoch, dass das NetzDG Einschränkungen dahin gehend vorsieht, welche Plattformen von diesem Gesetz betroffen sind. Dabei gebe es „Plattformen, die je nach Definition, möglicherweise keine 2 Millionen Nutzer in Deutschland haben, aber durchaus gesellschaftlich relevant sind" (Durz 2017). Des Weiteren sollen Mechanismen entwickelt werden, die es erleichtern rechtswidrige Inhalte zu erkennen, sodass nicht zu viele Inhalte gelöscht werden und damit die Meinungsfreiheit gefährdet wird (Heck 2017; vgl. Kosfeld und Metz 2017). Auch die SPD sieht noch Handlungsbedarf am NetzDG. Die Partei weist darauf hin, dass das Recht zur Wiederherstellung von Inhalten gegeben sein muss, wenn diese zu Unrecht von der Seite entfernt worden sind. Zudem muss ein entsprechender Rechtsschutz Einzelner gewährleistet sein, um die Meinungsfreiheit und die Persönlichkeitsrechte sicherzustellen (SPD-Bundestagsfraktion 2018; Reuter 2017).

CDU, SPD und die Grünen sind sich darüber einig, dass ein Gesetz allein nicht ausreicht, um der Hasskriminalität im Internet entgegenzuwirken. AfD und die Linke hatten sich klar gegen das NetzDG ausgesprochen und seine (Teil-)Aufhebung gefordert (Deutscher Bundestag 2017a, 2017e; PlPr 19/4, S. 275 ff.). Insgesamt forderten die Parteien, dass auch innerhalb der Gesellschaft zunehmend Aufklärung über destruktive Internetphänomene und deren Prävention betrieben werden muss. Nutzer müssen fähig sein, rechtswidrige Inhalte und falsche Informationen herauszufiltern und zu melden. Diese Aufklärung soll schon im Kindes- und Jugendalter geschehen (SPD-Bundestagsfraktion 2017. S. 5). Hierzu fordert die CDU/CSU finanziell gestützte Maßnahmen in Bund und Ländern, um eine bestmögliche Aufklärung zu betreiben und damit Internetnutzer im Vorhinein zu schützen (CDU/CSU-Bundestagsfraktion 2017, S. 7). Zudem soll sich Deutschland dafür einsetzen, dass ein ähnliches Gesetz auf EU- und internationaler Ebene Anwendung findet (Bündnis90/Die Grünen 2017, S. 4).

Wie zuvor bei den Medienberichten, wurde auch für die Positionspapiere der Parteien und Reden im Bundestag eine lexikalische Analyse durchgeführt. In diesen Dokumenten der Parteien und der Bundestagsdokumentation (n = 19) wurden 225 Codings aus 584 Fundstellen ebenfalls nach den Schlüsselbegriffen *Social Bot* codiert. Die dabei entstandene Wortwolke und auch die deskriptiven Häufigkeiten zeigen, dass die Schwerpunktsetzung bei den Parteien, anders als in der Medienberichterstattung, deutlicher auf der sachlichen Ebene liegt und weniger auf der Beschreibung und Diskussion der Phänomene der Social Bots und Hassbotschaften. Dies zeigt die hohe Nennung der Wörter *Algorithmen, Hassbotschaften, Verbreitung* oder *Fake*. Eine Beschäftigung mit Maßnahmen dagegen zeigen die Begriffe *Umgang, Recht, gegen,* aber auch *Transparenz* – die politischen Akteure waren also zumindest laut den untersuchten Quellen auf der Suche nach Lösungen, was aber logischerweise aus dem Quellentyp zu schließen ist. Interessant ist an dieser Stelle, dass die Plattformmedien selbst nicht genannt werden, sondern von *Unternehmen* die Rede ist. Auf der Suche nach Konkretem tauchen Wörter wie *Beschwerden, News, Angebot* oder das *NetzDG* auf. Bemerkenswert ist, dass keine einzelnen Parteien genannt werden, sondern *Menschen, Nutzer,* die *Task Force* des Bundestags und *Forschung*. Im Umfeld des Suchbegriffs *Social Bot* sind einzelne Parteien oder Parteien als Kollektivbegriff also nicht aufgetreten (Abb. 2).

Dealing and dancing with Bots

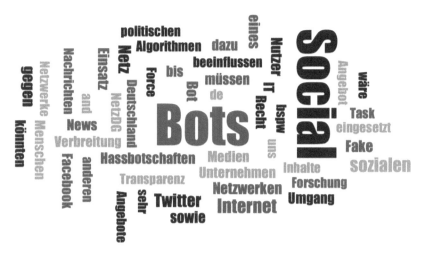

Abb. 2 Wortwolke Parteidokumente. (Quelle: Eigene Darstellung. Basis 50 häufigste Worte)

Entsprechend zeigen auch die Häufigkeiten der Wörter in den untersuchten Dokumenten, dass Parteien im Umfeld der Meinungsroboter keine Rolle zu spielen scheinen (Tab. 2).

Werden die Ergebnisse der Betrachtungen sowohl der Medienberichterstattung wie auch der Diskussion und Positionen der Parteien auf demokratietheoretische Bezugsgrößen der Legitimität, Responsivität und Glaubwürdigkeit bezogen, so lässt sich feststellen, dass gerade die Frage nach der Steuerung von Diskussionen und Beeinflussung der Wahrnehmung über soziale Plattformen in den Medien sehr normativ geführt wurde, wohingegen im parlamentarischen Diskurs eher eine sachliche Diskussion vorherrschte. Responsiv waren diese Diskussionen insofern, weil versucht wurde, die Ängste und Sorgen der Bürger zu antizipieren. Echte Dialogformate wurden in den untersuchten Dokumenten allerdings nicht vorgeschlagen. Bürger wurden von den Parteien vielmehr in der Rolle der Beschwerdeführer und als aktive User dahin gehend gesehen, als dass Bürger Teil des Beschwerdemanagements sein sollen und zu löschende Inhalte melden sollen. Dies betrifft aber nicht die Interaktion zwischen Bürgern und Staat, sondern zwischen Bürgern und Dritten, nämlich den Plattformbetreibern. Mit ihren Vorschlägen zu Maßnahmen gegen destruktive Phänomene auf Plattformmedien haben die Parteien zwar einen ersten Vorstoß gewagt, ebenso mit der

Tab. 2 Worthäufigkeiten aus politischen Dokumenten (N = 3834 Tokens aus 14 Dokumenten). Darstellung der ersten 30 Worte

Wort	Häufigkeit	%
Bots	211	2,71
Social	205	2,63
Internet	38	0,49
Sozialen	37	0,47
Netz	32	0,41
Twitter	32	0,41
Gegen	27	0,35
Bot	22	0,28
Einsatz	22	0,28
Fake	21	0,27
Netzwerken	20	0,26
Eines	19	0,24
Nutzer	19	0,24
Sowie	19	0,24
Facebook	18	0,23
Hassbotschaften	18	0,23
IT	18	0,23
Medien	18	0,23
Umgang	18	0,23
Unternehmen	18	0,23
News	17	0,22
Verbreitung	17	0,22
Bis	16	0,21
Recht	16	0,21
Dazu	15	0,19
Könnten	15	0,19
Menschen	15	0,19
Müssen	15	0,19
NetzDG	15	0,19
Anderen	13	0,17

Quelle: Eigene Berechnung und Darstellung.

Verabschiedung des NetzDG. An der grundlegenden Problematik, dass Einzelne teilweise massiven kriminellen Handlungen ausgesetzt werden können, hat sich indes noch wenig geändert. Dies muss auch erst die Praxis der Umsetzung und letztlich Durchsetzung des Gesetzes zeigen.

5 Fazit und Schlussfolgerung

Nicht erst seit der Bundestagswahl hat sich die Digitalisierung als neues Politikfeld und Verhandlungsmasse während der Koalitionsverhandlungen zu einer neuen großen Koalition herausgebildet. Im Gegenteil, Netzpolitik gehört im Grunde bereits seit mehr als 20 Jahren zu politischen Praxisfeldern einerseits und zum Treiber politischen Prozessierens andererseits; allerdings noch nicht mit dieser Vehemenz und Prominenz wie im 2017er Wahlkampf. Insbesondere aufgrund der manipulierten Wahl in den USA (wie im Nachhinein belegt werden konnte [Markoff 2016]), aber auch wegen der zunehmenden Verbreitung sozialer Netzwerke. Insbesondere unter Politikern gab es eine rege Diskussion in den klassischen Massenmedien darüber, welche Rolle soziale Medien und die darin operierenden Tools der Social Bots, aber auch Falschmeldungen und Hasskriminalität für den öffentlichen Diskurs spielen. Gerade das Phänomen der Hasskriminalität wurde während des Wahlkampfs durch das neue NetzDG adressiert und limitiert, wie in diesem Beitrag dargelegt werden konnte. Daneben wurde während des Wahlkampfes ebenfalls darüber diskutiert, welche Rolle generell soziale Medien im Wahlkampf einnehmen und wie sich die Parteien gegenüber illegalen und destruktiven Praktiken im Internet positionieren. Hierzu unternahm der vorliegende Beitrag eine Analyse der Medienberichterstattung und der Primärdokumente der am Wahlkampf beteiligten großen Parteien (die nach der Wahl auch im Parlament vertreten sind, respektive die erneute Große Koalition gebildet haben).

Von einer Kennzeichnungspflicht für Social Bots bis hin zu automatischen Erkennungsmechanismen, die im Rahmen einer Internetzensur einzuordnen sind, positionierten sich die meisten Parteien progressiv und für die Meinungsfreiheit und Offenheit im Internet bei gleichzeitigem Schutz der Privatsphäre Einzelner und deren Schutz vor Übergriffen im Netz. Dass dies ein immer wieder auszutarierendes empfindliches Gleichgewicht bis hin zum Problem des Overblocking und der Überregulierung durch Internetunternehmen ist, das im Zweifel zusätzlich durch den Staat als Regulierer geschützt werden muss, haben die Debatten rund um das NetzDG und destruktive sowie illegale Phänomene im Bundestagswahlkampf gezeigt. Eine Beschäftigung mit diesem Thema außerhalb der Wahlkampfzeiten könnte durch die Staatsministerin für Digitales wahrgenommen werden. Einzig stellt sich die Frage ihrer Durchsetzungsmöglichkeiten in einem vielfach verflochtenen dezentral föderalen politischen System, das sich Einflüssen auf transnationalen Internetplattformen erwehren muss. Dieser Beitrag hat dahin gehend gezeigt: Das NetzDG ist ein Anfang, offenbart aber vielmehr die vielschichtigen Problemlagen, die mit der Ubiquität und Transnationalisierung von Online-Öffentlichkeiten entstanden sind, als Lösungen und Vereinfachungen anzubieten (Stützle 2017a, b).

Literatur

Abokhodair, N., D. W. McDonald, D. Yoo. 2016. Dissecting a Social Botnet: Growth, Content and Influence in Twitter. arxiv.org. https://arxiv.org/ftp/arxiv/papers/1604/1604.03627.pdf. Zugegriffen: 22. Juni 2017.

Althoff, Jens. 2007. Der Faktor Glaubwürdigkeit: Voraussetzung wirkungsvoller Reformkommunikation. In *Reformen kommunizieren*, Hrsg. Werner Weidenfeld, 206–222. Gütersloh: Verl. Bertelsmann-Stiftung.

Amarnath, Amarasingam. 2011. *The Stewart/Colbert effect: essays on the real impacts of fake news*. Jefferson, N.C.: McFarland & Company, Inc., Publishers.

Barton, J., M. Castillo, und R. Petrie. 2014. What Persuades Voters? A Field Experiment on Political Campaigning. *Economic Journal* 124: 293–326.

Beck, P. A., und E. D. Heidemann. 2014. Changing strategies in grassroots canvassing: 1956-2012. *Party Politics* 20: 261–274.

Bender, J., M. Oppong. 2017. Frauke Petry und die Bots. faz.de. http://www.faz.net/aktuell/politik/digitaler-wahlkampf-frauke-petry-und-die-bots-14863763.html. Zugegriffen: 22. Juni 2017.

Biallas, Jörg. 2017. Aufräumen im Netz. *Das Parlament*. Nr. 21–22. 22.05.2017. S. 1.

Borucki, Isabelle. 2014. Regieren mit Medien: Auswirkungen der Medialisierung auf die Regierungskommunikation der Bundesregierung von 1982-2010. Buchreihe *Politik und Kommunikation*, Bd. 1, Leverkusen: Budrich.

Borucki, I., und U. Jun. 2018. Regierungskommunikation im Wandel – Politikwissenschaftliche Perspektiven. In *Regierungskommunikation und staatliche Öffentlichkeitsarbeit: Implikationen des technologisch induzierten Medienwandels*, Hrsg. J. Raupp, J. N. Kocks, und K. Murphy, 25–46. Wiesbaden: Springer Fachmedien Wiesbaden.

Boyd, D. M., und N. B. Ellison. 2007. Social Network Sites: Definition, History, and Scholarship. *Journal of Computer-Mediated Communication* 13: 210–230.

Bozdag, E. 2015. Bursting the Filter Bubble: Democracy, Design, and Ethics. respository. tudelft.nl. https://repository.tudelft.nl/islandora/object/uuid:87bde0a2-c391-4c77-8457-97cba93abf45?collection=research. Zugegriffen: 02. Mai 2019.

Bradshaw, S., und P. J Howard. 2017. Troops, trolls and troublemakers: A global inventory of organized social media manipulation. Working Paper *Project on Computational Propaganda, Heft 12*, Oxford.

Bundesministerium der Justiz und Verbraucherschutz. 2015. Fair im Netz. Gemeinsam gegen Hassbotschaften – Task Force stellt Ergebnisse vor. BMJV.de. http://www.

bmjv.de/SharedDocs/Artikel/DE/2015/12152015_ErgebnisrundeTaskForce.html. Zugegriffen: 1. Juni 2018.

Bundesministerium der Justiz und für Verbraucherschutz. 2017. Telemediengesetz (TMG). Gesetze-im-Internet.de. https://www.gesetze-im-internet.de/tmg/TMG.pdf. Zugegriffen: 01. Juni 2018.

Bündnis90/ Die Grünen. 2017. Fraktionsbeschluss vom 13.01.2017. Verantwortung, Freiheit und Recht im Netz. Gruene-Bundestag.de. https://www.gruene-bundestag.de/files/beschluesse/Fraktionsbeschluss_Verantwortung_im_Netz_Weimar17.pdf. Zugegriffen: 02. Mai 2019.

Büro für Technikfolgen-Abschätzung beim Deutschen Bundestag. 2017. Social Bots. Tab-beim-Bundestag.de. https://www.tab-beim-bundestag.de/de/aktuelles/20161219/Social%20Bots_Thesenpapier.pdf. Zugegriffen: 25. Juli 2017.

CDU/CSU-Fraktion im Deutschen Bundestag. 2017. Diskussion statt Diffamierung. Aktionsplan zur Sicherung eines freiheitlichen demokratischen Diskurses in sozialen Medien. Positionspapier der CDU/CSU-Fraktion im Deutschen Bundestag. CDUCSU.de. https://www.cducsu.de/sites/default/files/2017-01-24_positionspapier_soziale_medien_-_10_00_uhr.pdf. Zugegriffen: 1. Juni 2018.

Chadwick, A., und J. Stromer-Galley. 2016. Digital Media, Power, and Democracy in Parties and Election Campaigns: Party Decline or Party Renewal? *The International Journal of Press/Politics* 21: 283–293.

Deutscher Bundestag. 2017a. Bundestag beschließt Gesetz gegen strafbare Inhalte im Internet. Bundestag.de. https://www.bundestag.de/dokumente/textarchiv/2017/kw26-de-netzwerkdurchsetzungsgesetz/513398. Zugegriffen: 1. Juni 2018.

Deutscher Bundestag. 2017b. Gesetzentwurf der Bundesregierung. Entwurf eines Gesetzes zur Verbesserung der Rechtsdurchsetzung in sozialen Netzwerken (Netzwerkdurchsetzungsgesetz – NetzDG). DIP. Gemeinsames Dokumentations- und Informationszentrum von Bundestag und Bundesrat. http://dip21.bundestag.de/dip21/btd/18/127/1812727.pdf. Zugegriffen: 1. Juni 2018.

Deutscher Bundestag. 2017c. Netzwerkdurchsetzungsgesetz. Bundesrat.de http://www.bundesrat.de/SharedDocs/drucksachen/2017/0501-0600/536-17.pdf?__blob=publicationFile&v=1. Zugegriffen: 1. Juni 2018.

Deutscher Bundestag. 2017d. Wirkung von Social Bots ist unter Sachverständigen strittig. Bundestag.de. https://www.bundestag.de/dokumente/textarchiv/2017/kw04-pa-bildungforschung-social-bots/488818. Zugegriffen: 25. Juli 2017.

Deutscher Bundestag. 2017e. AfD und Linke attackieren Netzwerkdurchsetzungsgesetz. Bundestag.de https://www.bundestag.de/dokumente/textarchiv/2017/kw50-de-netzwerkdurchsetzungsgesetz/533486. Zugegriffen: 13.09.2018.

Durz, Hansjörg. 2017. Eine Verbesserung bei der Rechtsdurchsetzung erreichen. Rede zu Rechtsdurchsetzung in sozialen Netzwerken. CDUCSU.de. https://www.cducsu.de/themen/hansjoerg-durz-eine-verbesserung-bei-der-rechtsdurchsetzung-erreichen. Zugegriffen: 1. Juni 2018.

Fischer, Frederik. 2013. Ferngesteuerte Meinungsmache. ZEIT ONLINE. http://www.zeit.de/digital/internet/2013-05/twitter-social-bots. Zugegriffen: 02. Mai 2019.

Frischlich, Lena. 2018. Propaganda3 – Einblicke in die Inszenierung und Wirkung von Online-Propaganda auf der Makro-Meso-Mikro-Ebene. In *Fake News, Hashtags & Social Bots: Neue Methoden populistischer Propaganda*, Hrsg. K. Sachs-Hombach, und B. Zywietz, 133–170. Wiesbaden: Springer Fachmedien Wiesbaden.

Gamper, M., und L. Reschke. 2010. Soziale Netzwerkanalyse. Eine interdisziplinäre Erfolgsgeschichte. In *Knoten und Kanten*, Hrsg. M. Gamper, 13–51. Bielefeld: transcript Verlag.

Hammerstein, Konstantin von. 2017. Aufmarsch der Trolle. *Der Spiegel* 37.

Heck, Stefan. 2017. Gründlichkeit geht vor Schnelligkeit. Rede zu Rechtsdurchsetzung in sozialen Netzwerken. CDUCSU.de. https://www.cducsu.de/themen/dr-stefan-heck-gruendlichkeit-geht-vor-schnelligkeit. Zugegriffen: 1. Juni 2018.

Hegelich, Simon. 2016. Invasion der Meinungs-Roboter. KAS.de. http://www.kas.de/wf/doc/kas_46486-544-1-30.pdf?161021112447. Zugegriffen: 22. Juni 2017.

Herzog, Dietrich. 1998. Responsivität. In *Politische Kommunikation in der demokratischen Gesellschaft*, Hrsg. O. Jarren, 298–303. Opladen: Westdeutscher Verlag.

Hopkins, Nick. 2017. Revealed: Facebook's internal rulebook on sex, terrorism and violance. TheGuardian.com. https://www.theguardian.com/news/2017/may/21/revealed-facebook-internal-rulebook-sex-terrorism-violence. Zugegriffen: 22. Juni 2017.

Jugendschutz.net. 2017. Löschung rechtswidriger Hassbeiträge bei Facebook, Twitter und Youtube. Ergebnisse des Monitorings von Beschwerdemechanismen jugendaffiner Dienste. Jugendschutz.net. http://www.jugendschutz.net/fileadmin/download/pdf/17-06_Ergebnisse_Monitoring_Beschwerdemechanismen_Hassbeitraege_jugendschutz.net.pdf. Zugegriffen: 1. Juni 2018.

Jungherr, Andreas. 2017. Datengestützte Verfahren im Wahlkampf. *Zeitschrift für Politikberatung* 8: 3–14.

Kneuer, Marianne. 2017. Digitale Medien und Kommunikation in der Vergleichenden Politikwissenschaft. *Zeitschrift für Vergleichende Politikwissenschaft* 11: 503–511.

Kornelius, Bernhard. 2017. Die US-Präsidentschaftswahl vom 8. November 2016: Trumps Triumph. *Zeitschrift für Parlamentsfragen* 48: 287–310.

Kosfeld, C.-P., und J. Metz. 2017. „Das sind sensible Fragen". Nadine Schön. Die CDU Abgeordnete fordert Nachbesserungen am „Facebook-Gesetz". Die Meinungsfreiheit dürfe keinesfalls ausgehöhlt werden. *Das Parlament* 21–22.

König, W., und M. König. 2018. Digitale Öffentlichkeit – Facebook und Twitter im Bundestagswahlkampf 2017. bpb.de. http://www.bpb.de/dialog/podcast-zur-bundestagswahl/264748/digitale-oeffentlichkeit-facebook-und-twitter-im-bundestagswahlkampf-2017. Zugegriffen: 04. September 2018.

Krempel, Stefan. 2017. „Gift für die Demokratie": Grüne fordern Anmeldepflicht für Social Bots. heise online. https://www.heise.de/newsticker/meldung/Gift-fuer-die-Demokratie-Gruene-fordern-Anmeldepflicht-fuer-Social-Bots-3595352.html. Zugegriffen: 19. Juni 2017.

Kühl, Eike. 2017. Zehn Sekunden für eine Entscheidung. ZEIT ONLINE. http://www.zeit.de/digital/internet/2017-05/facebook-regeln-inhalte-loeschen-interne-dokumente/komplettansicht. Zugegriffen: 25. Juli 2017.

Maas, Heiko. 2017. „Dieses Gesetz löst nicht alle Probleme, und doch ist es ein wichtiger Schritt zur Bekämpfung von Hasskriminalität und strafbaren Fake News in sozialen Netzwerken". BMJV.de. http://www.bmjv.de/SharedDocs/Zitate/DE/2017/062317_NetzDG.html?nn=6704286. Zugegriffen: 1. Juni 2018.

Markoff, John. 2016. Automated Pro-Trump Bots Overwhelmed Pro-Clinton Messages, Researchers Say. NYTimes.com. https://www.nytimes.com/2016/11/18/technology/automated-pro-trump-bots-overwhelmed-pro-clinton-messages-researchers-say.html. Zugegriffen: 22. Juni 2017.

Meier, C., J. Wilton. 2016. Der Shitstorm vom Fließband. WELT ONLINE. https://www.welt.de/print/wams/article153931496/Der-Shitstorm-vom-Fliessband.html. Zugegriffen: 22. Juni 2017.

Müller, Reinhard. 2018. FDP-Politiker klagen gegen das Netzwerkdurchsetzungsgesetz. In: Frankfurter Allgemeine Zeitung, F.A.Z. exklusiv online, 10.06.2018, http://www.faz.net/-gpg-9b23g. Zugegriffen: 13.09.2018.

Neudert, Lisa-Maria. 2017. Computational Propaganda in Germany: A Cautionary Tale. Working Paper *Project on Computational Propaganda, Heft 7, Hrsg.* S. Woolley, und P. N. Howard, Oxford.

Otto, Ferdinand. 2017. Heiko Maas: „Das Gesetz muss substanziell verbessert werden". ZEIT ONLINE. http://www.zeit.de/politik/deutschland/2017-05/heiko-maas-bundestag-gesetzentwurf-hasskommentare-internet. Zugegriffen: 02. Mai 2019.

Pattie, C., und R. Johnston. 2012. The growing efficacy of telephone political canvassing at the 2005 and 2010 British general elections. *International Journal of Market Research* 54: 49–70.

Preuss, M., C. Grimme. 2017. Bundestagswahl: Koordinierte Manipulationsversuche auf Twitter. PCWelt.de. https://www.pcwelt.de/a/bundestagswahl-koordinierte-manipulationsversuche-auf-twitter,3448150. Zugegriffen: 31.08.2018

Rader, E., & Gray, R. 2015. *Understanding User Beliefs About Algorithmic Curation in the Facebook News Feed.* Paper presented at the Proceedings of the 33rd Annual ACM Conference on Human Factors in Computing Systems, Seoul, Republic of Korea. https://dl.acm.org/citation.cfm?doid=2702123.2702174. Zugegriffen: 02. Mai 2019.

Rath, Christian. 2017. Das große Versprechen. Hassbotschaften im Internet nehmen rapide zu. Das Vorgehen dagegen birgt rechtsstaatliche Risiken. *Das Parlament* 21–22.

Reuter, Markus. 2017. Plattform-Regulierung: So will die SPD Fake News, Hate Speech und Bots bekämpfen. netzpolitik.org. https://netzpolitik.org/2017/plattform-regulierung-so-will-die-spd-fake-news-hate-speech-und-bots-bekaempfen/. Zugegriffen: 22. Juni 2017.

Riegert, Kristina. 2007. Politicotainment: television's take on the real. Buchreihe *Popular culture everyday life, Bd. 13.* New York: Peter Lang.

Rößner, Tabea. 2017. Netzwerkdurchsetzungsgesetz. Gruene-Bundestag.de. https://www.gruene-bundestag.de/parlament/bundestagsreden/2017/dezember/tabea-roessner-netzwerkdurchsetzungsgesetz.html. Zugegriffen: 1. Juni 2018.

Sabato, L., K. Kondik, und G. Skelley. 2017. *Trumped: the 2016 election that broke all the rules.* Lanham, Maryland: Rowman & Littlefield.

Schlieker, Karl. 2017. Wahlkampf der Meinungsroboter. Im Internet wird die Schlacht um die Deutungshoheit entschieden. Fragen & Antworten. *Allgemeine Zeitung.* 19.09.2017, S. 3.

SPD-Bundestagsfraktion. 2017. Positionspapier der Bundestagsfraktion. Fake News und Co.: Rechtsdurchsetzung in sozialen Netzwerken verbessern. SPDFraktion.de. https://www.spdfraktion.de/system/files/documents/20170307_positionspapier_fakenews_beschluss_spd-btf.pdf. Zugegriffen: 1. Juni 2018.

SPD-Bundestagsfraktion. 2018. Fragen und Antworten zum Netzwerkdurchsetzungsgesetz. SPDFraktion.de. https://www.spdfraktion.de/themen/fragen-antworten-netzwerkdurchsetzungsgesetz. Zugegriffen: 1. Juni 2018.

Sponholz, Liriam. 2017. *Hate Speech in den Massenmedien: Theoretische Grundlagen und empirische Umsetzung*. Springer Fachmedien Wiesbaden.

Stürzenhofecker, Michael. 2016. AfD will Social Bots im Wahlkampf einsetzen. ZEIT ONLINE. http://www.zeit.de/digital/internet/2016-10/bundestagswahlkampf-2017-afd-social-bots. Zugegriffen: 22.Juni 2017.

Stützle, Peter. 2017a. Das „Netzwerkdurchsetzungsgesetz". Die Zielrichtung ist klar, der Regelungsinhalt komplex. Und die Zeit zur Beratung ist knapp. *Das Parlament* 21–22.

Stützle, Peter. 2017b. Nun eben mit der Keule. Die Hasstiraden im Internet sollen wirksamer bekämpft werden. Kein simples Unterfangen. *Das Parlament* 21–22.

Theviot, Anäis. 2016. Towards a standardization of campaign strategies dictated by the Obama ‚model'? The case of ‚American-style' canvassing during the 2012 French presidential election campaign. *French Politics* 14: 158–177.

Thieltges, A., und S. Hegelich. 2017. Manipulation in sozialen Netzwerken. *Zeitschrift für Politik* 64: 493–512.

Thieltges, A., F. Schmidt, und S. Hegelich. 2016. The Devil's Triangle: Ethical Considerations on Developing Bot Detection Methods. 2016 AAAI Spring Symposium Series. https://www.aaai.org/ocs/index.php/SSS/SSS16/paper/view/12696/11960. Zugegriffen: 18.08.2018.

Tretbar, Christian. 2016. Fluch oder Segen der Filterblase. Tagesspiegel.de. http://www.tagesspiegel.de/politik/soziale-netzwerke-in-der-politik-gefaehrden-soziale-netzwerke-die-demokratie/14880352-2.html. Zugegriffen: 22. Juni 2017.

Voss, Kathrin. 2014. Einleitung. In *Internet und Partizipation: Bottom-up oder Top-down?*, Hrsg. Kathrin Voss, 9–23. Wiesbaden: Springer VS.

Wilke, Tabea. 2017. Social Bots – die unberechnbare Armee im Wahlkampf. In Hrsg. J. Böttger, R. Güldenzopf und M. Voigt. *Wahlanalyse 2017: Strategie. Kampagne. Bedeutung*. o.S. Berlin: epubli. https://books.google.de/books?id=uSQ6DwAAQBAJ.

Zuiderveen Borgesius, F. J., D. Trilling, J. Möller, B. Bodó, C. H. de Vreese, und N. Helberger. 2016. Should we worry about filter bubbles? *Internet Policy Review* 5 (1). DOI: 10.14763/2016.1.401.

Migrationspolitik im Bundestagswahlkampf 2017: Die Kluft zwischen Entscheidungs- und Darstellungspolitik

Andreas Blätte, Simon Gehlhar, Jan Gehrmann, Andreas Niederberger, Julia Rakers und Eva Weiler

Zusammenfassung

Der Wahlkampf zur Bundestagswahl war von einem Paradoxon geprägt: Die Erwartung an Parteien als rationale Akteure im Wahlkampf ist, dass sie zu relevanten Themen ihre Konzepte und Erfolge darstellen. Doch obwohl die Zuwanderung eine erhebliche Rolle in der öffentlichen Diskussion spielte und die Regierung nach 2015 viele Entscheidungen der Migrationskontrolle getroffen hatte, wurde dies im Wahlkampf der Regierungsparteien nicht dargestellt. Der Wahlkampf war von einem Syndrom, das wir *fame avoidance*

A. Blätte (✉) · S. Gehlhar · J. Rakers
Institut für Politikwissenschaft/NRW School of Governance, Universität Duisburg-Essen, Duisburg, Deutschland
E-Mail: andreas.blaette@uni-due.de

S. Gehlhar
E-Mail: simon.gehlhar@uni-due.de

J. Rakers
E-Mail: julia.rakers@uni-due.de

J. Gehrmann · A. Niederberger · E. Weiler
Institut für Philosophie der Universität Duisburg-Essen, Essen, Deutschland
E-Mail: jan.gehrmann@uni-due.de

A. Niederberger
E-Mail: andreas.niederberger@uni-due.de

E. Weiler
E-Mail: eva.weiler@uni-due.de

© Springer Fachmedien Wiesbaden GmbH, ein Teil von Springer Nature 2019
K.-R. Korte und J. Schoofs (Hrsg.), *Die Bundestagswahl 2017*,
https://doi.org/10.1007/978-3-658-25050-8_16

nennen, geprägt: Die Regierungsparteien rühmten sich nicht der von ihnen auf den Weg gebrachten Gesetzesänderungen und der erzielten Steuerungserfolge. Die Strategien der Akteure mögen jeweils für sich rekonstruierbar sein, doch führt *fame avoidance* zu einem kollektiv problematischen Ergebnis. Die entstandene Kluft zwischen Entscheidungs- und Darstellungspolitik lässt politisch weiten Raum für Vorwürfe, die Regierung sei blind gegenüber Problemlagen, nicht handlungsbereit und handlungsfähig und mangelhaft responsiv gegenüber den Wählerinnen und Wählern. Das Muster der *fame avoidance* schwächt somit das Vertrauen der Bürgerinnen und Bürger in die politischen Institutionen und deren Problemlösungskapazitäten. Diese Diskrepanz zwischen Entscheidungs- und Darstellungspolitik seitens der Regierungsparteien im Bundestagswahlkampf 2017 hat ihre Politik zu einem leicht angreifbaren Ziel gemacht. Die AfD vermittelte im Wahlkampf klar formulierte, alternative Handlungsvorschläge. Der Bundestagswahlkampf illustriert also die Gefahren der Nicht-Vermittlung demokratisch legitimierter Gestaltungsfähigkeit für die Demokratie.

1 Entscheidungs- und Darstellungspolitik im kontroversen Feld Migration und Integration

Migrations- und Integrationspolitik ist ein Politikfeld, das wiederkehrend von kontroversen Debatten geprägt ist (Herbert 2003). Gerade weil Fragen rund um Migration, Flucht, Asyl und Integration unter den Bürgerinnen und Bürgern seit 2015 in zuvor ungekannter Weise umstritten sind, steht nicht nur das Handeln, sondern gerade auch die Politikvermittlung durch Parteien und Regierungsakteure in diesem Feld vor erheblichen Herausforderungen: Ein Zusammenhang, der durch das starke Ansteigen der Fluchtmigration in den Jahren 2015/2016 an neuer Aktualität gewann. Der Ausgang der Bundestagswahl im September 2017, das starke Abschneiden der Alternative für Deutschland (AfD) und die historische Schwäche von CDU, CSU und SPD legen nahe, dass die Parteien in wesentlichen Punkten hinter den Erwartungen vieler Bürgerinnen und Bürger zurückgeblieben sind. Migrationsthemen waren auch nach der Bundestagswahl 2017 Anlass für politische Konflikte. Die Auseinandersetzung im Frühsommer 2018 um die Zurückweisung bereits registrierter Flüchtlinge an der deutschen Grenze ragt in der Serie der Streitigkeiten mit dem potenziellen Bruch der Koalitionsgemeinschaft von CDU und CSU heraus. Die folgende Analyse soll jedoch nachzeichnen, in welcher Weise insbesondere die Regierungsparteien CDU, CSU und

SPD große Zurückhaltung übten, eine bereits ab 2016 im Kern restriktiver ausgerichtete Politik öffentlich in solcher Weise darzustellen.

Die individuell als rational rekonstruierbaren Vorgehensweisen der Akteure im Parteienwettbewerb konnten dabei allzu leicht in der Wahrnehmung der Leistung des politischen Systems durch Bürgerinnen und Bürger den Eindruck hinterlassen, das politische System sei taub gegenüber den Sorgen der Bevölkerung. Eine Nicht-Vermittlung des Regierungshandelns und die Nicht-Thematisierung möglicher gesetzgeberischer Handlungsvorschläge führte – so die hier entwickelte These – zu einer Debattenlage, die einen weiten Entfaltungsraum für populistische Argumentationen ließ.

Konzeptionell orientiert sich die Analyse an zwei politikwissenschaftlichen Argumentationssträngen: Erstens ist es zu einer gängigen Argumentationsfigur geworden, bei politischen und administrativen Akteuren die Vermeidung von Schuldzuweisungen – *blame avoidance* – als Handlungsmotiv anzunehmen (Weaver 1986, S. 373). Dem wird hier ein Syndrom der *fame avoidance* gegenübergestellt (Blätte 2017). Dieses charakterisiert eine zunächst ungewöhnliche und paradox erscheinende Handlungsweise, bei der sich Akteure nicht des von ihnen Vollbrachten rühmen: Die Regierungsparteien im Bundestagswahlkampf 2017 vermieden die selbstbewusste Darstellung von Maßnahmen im Bereich der Migrationskontrolle. Zweitens knüpft die Analyse an der Differenzierung von Entscheidungs- und Darstellungspolitik (Sarcinelli 1987, 2011) an, die systematisch begründet, dass Entscheidungshandeln stets von einer Politikvermittlung (d. h. Darstellungspolitik) begleitet sein muss. Erst Politikvermittlung macht einem staatsbürgerlichen Publikum den Gehalt und die Intention des politischen Handelns verständlich. Dieses erschließt sich den Bürgerinnen und Bürgern nicht von selbst. Analysen zu den Agenda 2010-Reformen diagnostizieren, dass diese gerade auch deswegen auf so massive Widerstände traf, weil jene Reformpolitik ein Paradebeispiel unzulänglicher Politikvermittlung war (Nullmeier 2008, S. 186 f.). Bei der Migrationspolitik seit 2015 tritt das Problem einer Divergenz zwischen Darstellungs- und Entscheidungspolitik abermals folgenreich auf.

Für die einzelnen politischen Akteure lässt sich rekonstruieren, weshalb sie in den Modus der *fame avoidance* verfielen. Doch was auf der Ebene der Akteure begründet erscheinen mag, ist für das Erscheinungsbild der demokratischen Institutionen gegenüber den Wählerinnen und Wählern ein Problem: Es entsteht das Bild politischer Untätigkeit ungeachtet von Herausforderungen, die als massiv angesehen werden. Tatsächlich gewann das Regierungshandeln ab 2016 eine restriktivere Ausrichtung mit einer Vielzahl von Einschränkungen und Härten für Schutzsuchende. Doch dies blieb der öffentlichen Wahrnehmung weitgehend entzogen. Die folgenreiche Entkopplung von Darstellungs- und Entscheidungspolitik in der Migrations- und Integrationspolitik hat im Bundestagswahlkampf 2017 zur Schwäche der Regierungsparteien beigetragen und hat jenen populistischen Akteuren in die Hände gespielt, welche die Leistungsfähigkeit der etablierten Politik für die Bürger negieren.

Die Analyse entwickeln wir, indem wir die zentralen migrations- und integrationspolitischen Maßnahmen der Bundesregierung in Erinnerung rufen (Abschn. 2), den Verlauf der Wahlkampfauseinandersetzung von 2017 darstellen (Abschn. 3), die Kalküle der Akteure im Wahlkampf rekonstruieren (Abschn. 4) und damit zu zeigen, dass eine Vermeidung der nach außen gerichteten Darstellung der von der Koalition verfolgten Politik nicht nur die Verantwortlichkeit für das Regierungshandeln verwischt und das Vertrauen in die Handlungsfähigkeit der Regierung untergräbt, sondern das Regierungshandeln auch zu einem leicht angreifbaren Ziel machte (Abschn. 5).

2 Regierungshandeln nach 2015: Restriktion als Leitmotiv

Der Herbst 2015 markiert einen historischen Höhepunkt des Migrationsgeschehens. Unabhängig von der Frage, ob Umfang und Art der Zuwanderung nach Deutschland vermeidbar oder in anderer Weise steuerbar gewesen wären: Der neuen Qualität der migrationspolitischen Herausforderung stand ein Bündel politischer Initiativen gegenüber, das hinsichtlich der Abfolge und Bandbreite historisch den gleichen Ausnahmecharakter hatte wie die Fluchtsituation von 2015 selbst. Konkret bedeutete dies, dass es eine Kette von Änderungen des Asylrechts gab. Ein kurzer Abriss der wichtigsten Maßnahmen soll zeigen, dass die Bundesregierung umfassende Aktivitäten im Bereich von Gesetzgebung und Implementierung entfaltete.

Die Migrationsdynamik von 2015 traf die politisch Handelnden mit großer Wucht. Allerdings hatte sich ein Anstieg der Fluchtzuwanderung schon zuvor angekündigt. Bereits vor der Vergrößerung der Flüchtlingsbewegung im Spätsommer 2015 hatte die Bundesregierung angesichts steigender Asylbewerberzahlen begonnen, in der Asylgesetzgebung auf die neue Situation zu reagieren. Bevor der relative und absolute Anteil der syrischen Bürgerkriegsflüchtlinge in die Höhe schnellte, galt die hohe Zahl Asylsuchender aus den Staaten des westlichen Balkans als politisches Problem. Im November 2014 erklärte die Bundesregierung mit dem Gesetz zur Einstufung weiterer Staaten als sichere Herkunftsstaaten und zur Erleichterung des Arbeitsmarktzugangs für Asylbewerber und geduldete Ausländer vom 6. November 2014 (Deutscher Bundestag 2014) Bosnien und Herzegowina, Mazedonien und Serbien per Gesetz zu sicheren Herkunftsstaaten. Das Ziel der zwischen CDU, CSU und SPD durchaus kontroversen Entscheidung war eine schnellere Bearbeitung und eine raschere Beendigung des Aufenthaltes von Personen ohne Bleibeperspektive in Deutschland.

Nach dem massiven Anstieg der Flüchtlingszahlen im Spätsommer 2015 folgten weitere Gesetzesänderungen in kurzer Abfolge. Den Auftakt machte das Asylverfahrensbeschleunigungsgesetz vom 20. Oktober 2015, das sogenannte Asylpaket I (Deutscher Bundestag 2015a, b). Es wurde zwischen den Koalitionspartnern CDU, CSU und SPD vereinbart und passierte Bundeskabinett, Bundestag und Bundesrat im September und Oktober 2015 im Eiltempo. Zu den Maßnahmen des ersten Asylpakets zählte:

- Einstufung von Albanien, dem Kosovo und Montenegro als sichere Herkunftsstaaten.
- Einführung der Bescheinigung über die Meldung als Asylsuchender für Geflüchtete, die bereits als asylsuchend gemeldet sind, aber noch keinen Antrag gestellt haben. Die Bescheinigung bestimmt neben Angaben zur Person auch die Aufnahmeeinrichtung, in welcher der Asylantrag zu stellen ist.
- Nach Antragstellung Pflicht, höchstens 6 Monate in der zuständigen Aufnahmeeinrichtung zu leben. Für Angehörige sicherer Herkunftsstaaten gilt diese räumliche Beschränkung bis zur Entscheidung über den Antrag und gegebenenfalls bis zur Ausreise/Abschiebung.
- Nach dreimonatigem Aufenthalt kann die Ausübung einer Beschäftigung unter bestimmten Voraussetzungen erlaubt werden. Während der Zeit in einer Aufnahmeeinrichtung herrscht jedoch ein Beschäftigungsverbot, deswegen kann der Zugang zu einer Erwerbstätigkeit bis zu sechs Monate versperrt sein. Für Personen aus sicheren Herkunftsstaaten gilt sowohl für die Dauer des Asylverfahrens ein Beschäftigungsverbot als auch für die anschließende Duldung nach der Ablehnung des Antrags.
- Asylbewerber, bei denen ein rechtmäßiger und dauerhafter Aufenthalt zu erwarten ist, dürfen bei freien Kapazitäten an Integrationskursen teilnehmen.
- Das Sachleistungsprinzip wird auf die Unterbringung in Gemeinschaftsunterkünften ausgedehnt. Anstatt Bargeldleistungen sollen Geflüchtete in den Aufnahmeeinrichtungen Sachleistungen erhalten. Vollziehbar Ausreisepflichtige müssen mit Ablauf der Ausreisefrist mit Leistungskürzungen rechnen.
- Einführung des Ausreisegewahrsams, um die Durchführung der Abschiebung zu garantieren. Darüber hinaus darf der Termin der Abschiebung nicht mehr angekündigt werden.

In der Öffentlichkeit stark umstritten war das als „EU-Türkei-Abkommen" bekannte Abkommen zwischen der Europäischen Union und der Republik Türkei über die Rückübernahme von Personen mit unbefugtem Aufenthalt vom 18. März 2016 (Europäische Union 2016): Damit schränkte die EU Möglichkeiten für Geflüchtete ein, nach Europa zu kommen. Das Abkommen sieht vor, dass für jede Abschiebung eine andere Person in der EU angesiedelt („resettlement") wird. Im Fall einer Abnahme der irregulären Grenzübertritte, wurden der Türkei Geldzahlungen und Visaliberalsierungen in Aussicht gestellt.

Der Streit über das EU-Türkei-Abkommen verdrängte allerdings die Wahrnehmung der forcierten Gesetzesarbeit. Zeitgleich zum Beschluss des Abkommens trat das Gesetz zur Einführung beschleunigter Asylverfahren vom 17. März 2016, das sogenannte „Asylpaket II" (Deutscher Bundestag 2016a) in Kraft:

- Für Asylbewerber aus sicheren Herkunftsstaaten, Folgeantragssteller und Asylbewerber, die ihre Mitwirkung beim Verfahren verweigern, gilt das beschleunigte Verfahren, in dem innerhalb einer Woche über den Antrag entschieden wird. Eingeführt werden Sanktionen für Asylbewerber, die beim Verfahren nicht mitwirken.
- Sozialleistungen werden nur gewährt, wenn die Aufnahme in der zuständigen Einrichtung erfolgt ist und die verschärfte Residenzpflicht eingehalten wird.
- Die Aufnahmeeinrichtung ist für das gesamte Asylverfahren zuständig, Abschiebungen sind auch aus der Einrichtung möglich.
- Die Sozialleistungen werden an die Sicherung des Existenzminimums angepasst. Dies bedeutet in der Praxis, dass Alleinstehende zehn Euro weniger im Monat erhalten.
- Abschiebehindernisse werden abgebaut und nur noch im Fall lebensbedrohlicher oder sehr schwerwiegender Krankheiten mit ärztlichem Gutachten anerkannt.
- Der Familiennachzug für Flüchtlinge mit subsidiärem Schutz wird für zwei Jahre ausgesetzt.

Zudem weitete schließlich die Regierungskoalition mit dem Integrationsgesetz vom 6. August 2016 die Möglichkeiten der verpflichtenden Teilnahme an Integrationskursen und -maßnahmen aus und ermöglichte die Sanktionierung in Form von Leistungskürzungen bei der Nichterfüllung dieser Pflicht (Deutscher Bundestag 2016b):

- Asylbewerber müssen ihren Anspruch auf einen Integrationskurs innerhalb eines Jahres geltend machen.
- Für Asylsuchende, die Leistungen der Grundsicherung für Arbeitsuchende erhalten, wurden die Möglichkeiten zur verpflichtenden Teilnahme an

Integrationskursen ausgeweitet. Auch bei Leistungen nach dem Asylbewerberleistungsgesetz drohen Sanktionen, wenn ein Pflichtkurs nicht besucht wird. Im Falle vollständiger Ablehnung von Integrationsmaßnahmen können Leistungen gekürzt werden.
- Die Gewährung eines unbefristeten Aufenthaltsrechts erfolgt in der Regel nach 5 Jahren und ist an Integrationsleistungen geknüpft.
- Für die Dauer einer aufgenommenen Berufsausbildung werden Geflüchtete geduldet.
- Eine dreijährige Wohnsitzauflage im Bundesland der Erstzuweisung soll Segregation vermeiden. Ausgenommen hiervon ist die Aufnahme einer sozialversicherungspflichtigen Beschäftigung an einem anderen Ort.

Die erkennbare Stoßrichtung dieser Maßnahmen und Maßnahmenpakete war, die Rechte und Freiheiten für Asylsuchende in Deutschland einzuschränken, schnellere Asylverfahren zu ermöglichen und die Hürden für Abschiebungen zu senken. Parallel zu den gesetzlichen Verschärfungen ging das Bundesamt für Migration und Flüchtlinge (BAMF 2018) ab Anfang November 2015 dazu über, Asylsuchenden nur noch subsidiären Schutz anstatt eines Flüchtlingsstatus oder Asyl zu gewähren (Lohse, Sattar 2015). Diese Änderung der Verwaltungspraxis war in der Koalition brisant, weil mit dem subsidiären Schutz Einschränkungen bei der Möglichkeit des Familiennachzugs verknüpft waren.

Die diplomatische Flankierung des restriktiveren Kurses erschöpfte sich nicht im EU-Türkei-Abkommen. So reiste Innenminister de Maizière in die Maghreb-Staaten Marokko, Tunesien und Algerien und verhandelte mit seinen dortigen Amtskollegen, um die Rückführung abgelehnter Asylbewerber zu beschleunigen (Die Bundesregierung 2016).

Welche all jener Maßnahmen tatsächlich zum Rückgang der Asylbewerberzahlen führte, ist Gegenstand der politischen Debatte. Was die gesetzlichen Restriktionen bewirkten, was den jahreszeitlichen Konjunkturen zuzuschreiben ist, wie weitreichend der Effekt der Schließung der Balkanroute war, dazu gibt es keinen politischen Konsens. Im Ergebnis unstrittig ist jedenfalls, dass die Spitzenwerte der Fluchtzuwanderung von 2015 vorerst die Ausnahme blieben. Abb. 1 stellt die Zahl der pro Monat vom Bundesamt für Migration und Flüchtlinge entgegengenommenen Asylanträge von 2015 bis 2017 dar.

Dem sprunghaften Anstieg der Zahlen nach dem Verzicht auf das Standardverfahren nach dem Dublin-Abkommen im Spätsommer 2015 steht ab den Sommermonaten 2016 ein starker Rückgang der Zahl der Asylanträge gegenüber. Die Bundesregierung hätte folglich offensiv für sich reklamieren können, nach einer historischen Ausnahmesituation mit einer Reihe überwiegend restriktiver

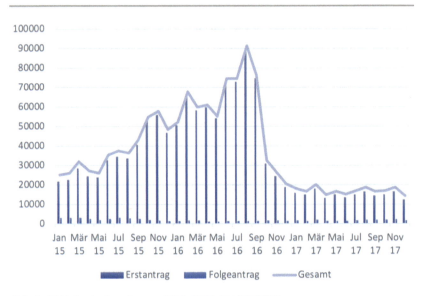

Abb. 1 Zahl der Asylanträge von 2015–2017. (BAMF 2017)

Maßnahmen die Anzahl von Geflüchteten, die nach Deutschland kamen, gesenkt zu haben. Aber statt die Serie der Einigungen als Zeichen einer konsensfähigen Regierungskoalition zu präsentieren, die ungeachtet aller Differenzen handlungsfähig war, zeigten sich die Regierungsparteien außerstande, die Bandbreite und auch die Effekte ihres politischen Handelns sichtbar zu machen.

3 Migrations- und Integrationspolitik im Bundestagswahlkampf 2017

Die Entscheidung der Bundesregierung vom September 2015, in Absprache mit Österreich und Ungarn das Dublin-Standardverfahren auszusetzen, markiert eine Zäsur der deutschen Migrationspolitik. Es ist eine offene Debatte, inwieweit diese Entscheidung ohne strategische Intentionen schlicht passierte (Alexander 2017) oder doch von längerfristigen Überlegungen geleitet war (Manow 2018, S. 7). Die Offenheit Deutschlands für Geflüchtete, die in Deutschland Zuflucht vor Krieg und Vertreibung suchten – vor allem für syrische Bürgerkriegsflüchtlinge – stieß zunächst auf Zustimmung in weiten Teilen der Bevölkerung. Hierfür steht der Begriff der „Willkommenskultur". Die ideelle Fundierung ihrer Politik fasste

Bundeskanzlerin Angela Merkel in dem zunächst bei der Sommerpressekonferenz 2015 geäußerten Leitsatz „Wir schaffen das!" zusammen, der in der Folge zum Symbol für die Flüchtlingspolitik wurde (Fried 2015).

Zugkraft und Eindeutigkeit der Darstellung der Politik nach der „Wir schaffen das"-Formel gingen jedoch sukzessive verloren. Nach und nach wuchs in der CDU die Kritik am asylpolitischen Kurs der Kanzlerin. Die „Silvesternacht von Köln" am Jahreswechsel 2015/2016 beschleunigte einen Meinungsumschwung in Öffentlichkeit und Partei, der sich schon zuvor angekündigt hatte. Die Kanzlerin reagierte mit einer vorsichtigen rhetorischen Relativierung ihrer Asylpolitik. Im September 2016 erklärte sie, ihr Leitsatz sei zu einer „Leerformel" geworden. Sie wolle ihn daher „kaum noch wiederholen" (Süddeutsche Zeitung 2016). Merkel bekundete in Richtung CSU, dass beide Parteien das gleiche Ziel hätten: „die Zahl der Flüchtlinge zu reduzieren und zu begrenzen" (Die Welt 2016a). Dem „humanitären Imperativ" aus ihrer Rede auf dem CDU-Parteitag im Dezember 2015 setzte sie ein Jahr später die Mahnung entgegen, dass sich die Krise nicht wiederholen dürfe (CDU 2016). Doch trotz aller Distanzierungsversuche erklärte die Bundeskanzlerin in einem prominent platzierten Interview mit der Bildzeitung, dass sie ihr Handeln im Herbst 2015 nicht bereue und alle wichtigen Entscheidungen genauso wieder treffen würde (Diekmann et al. 2016).

In den Nuancen mögen sich Merkels Aussagen nicht widersprechen und Ambivalenzen können politisch intendiert gewesen sein. Was jedenfalls nicht erfolgte, war ein eindeutiges öffentliches Bekenntnis zu dem in der Sache längst vollzogenen Kurswechsel in der Asyl- und Flüchtlingspolitik. „Merkels Flüchtlingspolitik" war ab 2016 zu einem Phantom geworden. Der Weg zu einer kommunikativen Wende schien aber offenkundig verstellt. Es hatte sich eine Kluft zwischen Darstellungs- und Entscheidungspolitik geöffnet. All das, was 2016 zum Rückgewinn von Migrationskontrolle von der Bundesregierung getan worden war, wurde von der CDU dann auch im Bundestagswahlkampf 2017 nicht offensiv thematisiert.

Im Wahlkampf 2017 setzte die CDU vielmehr, wie bereits 2013, auf einen personalisiert geführten Wahlkampf, mit Angela Merkel im Mittelpunkt, die nach wie vor als Garantin für Stabilität und Sicherheit stehen sollte. Flankiert wurde der Wahlkampf durch eine Plakatkampagne, die „für ein Deutschland, indem wir gut und gerne leben" warb. *Die Zeit* bezeichnete die Kampagne als „Marketing ohne Inhalte" (Schuler 2017). Dabei war die CDU in der Migrationspolitik bei näherem Hinsehen keineswegs ideen- oder konzeptlos. Im Wahlprogramm forderte die Partei eine Erweiterung der Liste der sicheren Herkunftsländer und einen umfassenden Schutz der EU-Außengrenze. So lange diese nicht geschützt werde, halte man an Binnengrenzkontrollen fest (CDU und CSU 2017). Zudem wurde für Abkommen mit Drittstaaten nach dem Vorbild des EU-Türkei-Abkommens geworben.

Die Ausgangslage für die SPD war anders und doch in den Folgen ähnlich. Die SPD steht traditionell für eine im Vergleich zur CDU offenere Asyl- und Migrationspolitik. Sie begleitete den Beginn der steigenden Asylzahlen im Herbst 2015 mit Optimismus. So bekräftigte der damalige SPD-Vorsitzende und Vizekanzler Sigmar Gabriel im September 2015, dass Deutschland bis zu 500.000 Flüchtlinge pro Jahr verkraften könne. Parteivize Ralf Stegner pflichtete Gabriel bei und ergänzte, dass Deutschland hohe Flüchtlingszahlen gar über mehrere Jahre aufnehmen könne (Frankfurter Allgemeine Zeitung 2015).

Die SPD war jedoch auch in Regierungsverantwortung. Bei den Verhandlungen zum Asylpaket II vom Jahresanfang 2016 traten die Spannungen in der SPD offen zutage. Insgesamt wurde das Anliegen einer Beschleunigung der Asylverfahren zwar begrüßt, doch erklärte SPD-Fraktionschef Thomas Oppermann, dass man gerne mehr für Familien getan hätte, dies aber mit der Union nicht machbar gewesen sei (Zeit Online 2016). Sigmar Gabriel distanzierte sich von dem Asylpaket mit der Begründung, von der Aussetzung des Familiennachzugs für minderjährige Flüchtlinge nichts gewusst zu haben (Linden 2016). Integrationsministerin Özoğuz betonte, dass es ohne die SPD gar keinen Familiennachzug mehr gäbe und die Aussetzung auch nur eine kleine Gruppe vorübergehend betreffe (Deutscher Bundestag 2016c). Generell ging es der SPD stets mehr darum, die Verbesserungen der Situation für Geflüchtete hervorzuheben, als auf die vorgenommenen Einschränkungen zu verweisen. Am Ende stimmte sie den asylrechtlichen Änderungen aber jeweils größtenteils geschlossen zu.

Die ambivalente Positionierung der SPD in der Flüchtlingspolitik wurde auch im Wahlkampfjahr 2017 deutlich. Der Partei fiel es schwer, eine stringente Wahlkampfstrategie in der Migrations- und Integrationspolitik zu entwickeln. Nach den Übergriffen in der Silvesternacht 2015/2016 von Köln und dem Anschlag auf dem Breitscheidplatz im Dezember 2016 in Berlin wurde eine offene Flüchtlingspolitik von vielen nicht mehr als mehrheitsfähig erachtet. Stattdessen ging die SPD das Problem indirekt an, indem sie mit dem Thema innere Sicherheit in das Wahlkampfjahr startete (Gabriel 2017). In einer Pressemitteilung erklärte die SPD Sicherheit gar zum „ursozialdemokratische[n] Thema" (Gabriel 2017). Aufgrund der traditionell starken Position der CDU in diesem Politikbereich und beflügelt vom „Schulz-Effekt" entschied man dann aber, das Thema soziale Gerechtigkeit in den Mittelpunkt des Wahlkampfes zu stellen (Löhr 2017). Dabei hätte die SPD durchaus mit eigenen Vorschlägen die politische Diskussion um die Migrationspolitik im Wahlkampf beeinflussen können. Tatsächlich hatte die Partei einen Entwurf für ein Einwanderungsgesetz entwickelt. Dieser war von der SPD-Bundestagsfraktion bei einer Pressekonferenz am 7. November 2016 vorgestellt worden (SPD 2016). Das Gesetz sollte ein Punktesystem nach kanadischem Vorbild einführen, den Fachkräftebedarf in Deutschland decken und ihn durch Quoten jährlich neu berechnen. Anstelle einer bloß reagierenden Asylpolitik steht das Gesetz für den Ansatz einer strategischen Neuausrichtung der Migrationspolitik, die Zuwanderer nicht als Kostenfaktor, sondern als wirtschaftliche Ressource begreift. Doch die SPD unternahm also nur einen halbherzigen Versuch, die Debatte um ein Einwanderungsgesetz medienwirksam und nachhaltig im Diskurs zu platzieren.

Nach drei verlorenen Landtagswahlen (Saarland, Schleswig-Holstein und Nordrhein-Westfalen) und dem letzten Verglimmen des „Schulz-Effekts" verlor der SPD-Wahlkampf jegliches Momentum. Statt sich migrationspolitischen Themen zu widmen, immerhin eines für die Wählerinnen und Wähler noch immer relevantes Thema, kritisierte der SPD-Spitzenkandidat Schulz die Politik der Bundesregierung vom europäischen Standpunkt aus und bemängelte, dass die bisherige Flüchtlingspolitik ohne eine Absprache mit den EU-Mitgliedsstaaten vollzogen worden sei. Gleichzeitig plädierte er für ein europäisches Einwanderungsrecht (Bewarder/Sturm 2017). Für die Darstellung des Regierungshandelns insbesondere folgenreich war die Entscheidung von Schulz, Merkels Flüchtlingspolitik ins Visier zu nehmen. Er warf Merkel in der Asylpolitik Untätigkeit vor und warnte vor einer Wiederholung der Krise (Süddeutsche Zeitung 2017). Dabei gehörte die SPD der Regierung an und hatte an einer Reihe asylpolitischer Änderungen mitgewirkt. Die SPD-Kampagne verstellte den Blick auf dieses Handeln, ohne den Blick für alternative Optionen zu weiten. Sie musste beim Publikum den Eindruck verstärken, die Regierung sei untätig gewesen.

Als einzige Regierungspartei präsentierte die CSU eine dezidiert restriktive Agenda in der Flüchtlingspolitik. Seit Beginn der sogenannten Flüchtlingskrise formulierte sie, angeführt von Horst Seehofer, grundlegende Kritik an den Entscheidungen der Kanzlerin. Die Reaktionen reichten von Drohungen, die CSU-Minister aus dem Kabinett abzuziehen, bis hin zur Erwägung, die Politik der Kanzlerin vom Verfassungsgericht prüfen zu lassen. Im Frühjahr 2016 klagte Seehofer viel beachtet: „Wir haben im Moment keinen Zustand von Recht und Ordnung. […] Es ist eine Herrschaft des Unrechts." (Fuchs/Kain 2016) Die CSU brachte eine Vielzahl an Vorschlägen zur Verschärfung des Asylrechts ein, die teilweise auch in das Wahlprogramm der CSU übernommen wurden (CSU 2017). So sollten kriminelle Ausländer und nicht-schutzbedürftige Asylbewerber konsequenter abgeschoben, Einreisekontrollen durchgeführt, Grenzen gesichert und der Zugang zu Sozialleistungen erschwert werden. Zudem sollte Integration am „Maßstab unserer Leitkultur" erfolgen (CSU 2017, S. 14).

In der Außenwahrnehmung dominant und in der politischen Kommunikation alle anderen Forderungen weit überragend war jedoch die Forderung nach einer Obergrenze. Sie war bereits im September 2015 zur präferierten Lösung der CSU geworden, als Antwort auf eine Politik der „offenen Grenzen". Im Dezember 2016 erklärte Seehofer die Obergrenze gar zu einer Bedingung für eine weitere Regierungsbeteiligung (Die Welt 2016b). Zwischen CDU und CSU herrschte auch dadurch eine vergiftete Stimmung. Die Obergrenze stand mehr als jede andere Frage für die Uneinigkeit in der Union. Seehofer kündigte an, dass die CSU einen von der CDU getrennten Wahlkampf führen werde, sollte Merkel nicht einlenken (Die Welt 2016c).

Im Wahlkampfjahr 2017 wurden versöhnlichere Töne angeschlagen. Zwar wurde seitens der CSU weiter auf einen härteren Kurs in der Asylpolitik insistiert, doch die Forderung einer Obergrenze als Bedingung für eine Regierungsbeteiligung wurde abgeschwächt. So sollte eine Obergrenze lediglich Ziel nicht jedoch Bedingung zukünftiger Koalitionsverhandlungen sein (ARD 2017a) Die CSU versuchte sich in einer Zwitterrolle zwischen zuverlässigem Koalitionspartner und glaubhafter Oppositionspartei in Regierungsverantwortung. Hatte Seehofer seine Partei, dem Credo Franz-Josef Strauß' folgend, dass es rechts neben der Union keine demokratisch legitimierte Partei geben dürfe, gegen die AfD in Stellung gebracht, erfolgte 2017 ein Schwenk ins Milde. Das Resultat war ein Verlust an Profilschärfe im Vergleich zur AfD und ein antiklimatischer Wahlkampf, in dem die Momente der schärfsten Profilierung bereits 2016 erfolgt waren. Erreicht hat die CSU mit dem immer wieder entfachten Streit um die Obergrenze aber vor allem, dass die politische Aufmerksamkeit systematisch vom Regierungshandeln abgelenkt wurde.

Abb. 2 zeigt den Konjunkturverlauf der Auseinandersetzung um die Obergrenze anhand einer Zeitreihe mit den Häufigkeiten zentraler Schlagworte der Migrationsdebatte („Flüchtlingspolitik", „Obergrenze", „Einwanderungsgesetz" sowie Erwähnungen der AfD) in der Berichterstattung von *Süddeutscher Zeitung* und *Frankfurter Allgemeiner Zeitung*. Das nur sporadische Auftreten von Hinweisen auf ein „Einwanderungsgesetz" mit nur geringen Ausschlägen nach oben verdeutlicht, dass eine dahin gehende Debatte zu keinem Zeitpunkt nennenswert geführt wurde. Die konjunkturelle Verknüpfung der Thematisierungen der „Flüchtlingspolitik", der Aufmerksamkeit für die „AfD" und auch der Debatte um die „Obergrenze" hingegen ist deutlich. Der Kurvenverlauf sagt über eine kausale Verknüpfung nichts aus, doch zeigt dieser eine zu analysierende Korrelation.

Im Wahlkampf der Oppositionsparteien – mit Ausnahme der AfD – hatten migrations- und asylpolitische Themen einen geringeren Stellenwert. Die Linke stellte gleich zu Beginn des Wahlkampfes andere klassische Themen der Partei

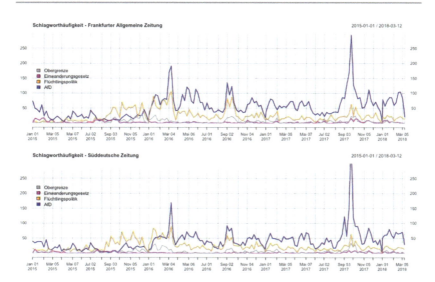

Abb. 2 Zeitreihe mit den Häufigkeiten zentraler Schlagworte der Migrationsdebatte in der Berichterstattung von *Süddeutscher Zeitung* und *Frankfurter Allgemeiner Zeitung*. (Quelle: Eigene Auswertung und Darstellung auf Basis der digitalen Zeitungsarchive der *Frankfurter Allgemeinen Zeitung* und *Süddeutschen Zeitung*, hier: Trefferübersichten)

in den Vordergrund. Uneinigkeit über die Ausrichtung der Flüchtlingspolitik konnte sie damit kaschieren (Wehner 2017). Auch die Grünen positionierten sich hier eher zurückhaltend. Stattdessen konzentrierten sie sich auf ihre Kernthemen wie Umwelt und Soziales. Einen Sonderweg beschritt die FDP. Sie positionierte sich zwischen verhaltenem Optimismus und Kritik an der Regierungspraxis, die sie relativ frei üben konnte: Die Partei war seit 2013 weder in Regierungsverantwortung, noch war sie über den Bundesrat in Entscheidungen eingebunden. Die Liberalen hatten schon im Frühjahr 2015 ein Einwanderungskonzept vorgestellt, auf das sie hinweisen konnten. Im Wahlkampf selbst zeigte sich Christian Lindner jedoch zunehmend angriffslustig gegenüber der Asylpolitik der Bundesregierung. Er forderte eine „klare Trendwende" und: „Statt grenzenloser Aufnahmebereitschaft muss die Einwanderungspolitik geordnet werden" (Herholz 2017). Die FDP verband Forderungen nach einer Neuordnung der Einwanderung mit einer scharfen, rechtsstaatlich begründeten Kritik des Verlusts von Migrationskontrolle.

Die migrations- und integrationspolitische Hauptkonfliktlinie im Wahlkampf verlief aber zwischen dem Bild einer Regierungspolitik, die (entkoppelt vom

Regierungshandeln von 2016) in der öffentlichen Wahrnehmung weiterhin im Modus der Offenheit von 2015 verharrte, und der kritischen Gegenposition hierzu, die von der AfD nachdrücklich vorgebracht wurde. Die AfD konnte das Handeln der Bundesregierung in der Asyl- und Flüchtlingspolitik in ihrem voll und ganz auf Restriktion von Zuwanderung ausgerichteten Kurs ignorieren. Markierte im Bundestagswahlkampf 2013 noch der Austritt aus dem Euro den programmatischen Schwerpunkt der AfD, so vertraute sie im Wahljahr 2017 fast ausschließlich auf die Trias aus Asylpolitik, Islamkritik und innerer Sicherheit. Bereiche wie Bildungs-, Sozial-, Renten-, Energie-, Klima- oder Steuerpolitik wurden zwar im Wahlprogramm behandelt (AfD 2017), spielten letztlich im Wahlkampf aber kaum eine Rolle. Inszenierte Skandale bildeten einen wesentlichen Baustein des kommunikativen Repertoires der AfD. Positionierte man sich im Wahlprogramm als national-konservative, bürgerliche Partei, so wurde routinemäßig auf Wahlkampfveranstaltungen, bei TV-Auftritten und über soziale Netze provoziert. Dass es sich bei den kontroversen Äußerungen nicht um verstreute Entgleisungen einzelner AfD-Politiker handelte, zeigt ein vertrauliches Strategiepapier der Partei, das im Dezember 2016 veröffentlich wurde. Darin erklären die Autoren, sie werden „ganz bewusst und auch ganz gezielt immer wieder politisch inkorrekt sein [...] und auch vor sorgfältig geplanten Provokationen nicht zurückschrecken" (AfD 2016, S. 10 f). Die voraussehbare Empörung der „Altparteien" war hierbei Teil der Strategie. Niemand, so das Resümee der Autoren, gebe „der AfD mehr Glaubwürdigkeit als ihre politischen Gegner" (AfD 2016, S. 10 f).

Die in dem Papier formulierte Strategie zog sich kontinuierlich durch den Wahlkampf und prägte den Zugang der AfD zum Migrationsgeschehen. So twitterte der AfD-Politiker Markus Pretzell als Reaktion auf den Anschlag auf dem Berliner Breitscheidplatz im Dezember 2016, dass es sich bei den Opfern des Anschlags um „Merkels Tote" handele (Das Gupta 2016). Im März 2017 empfahl der AfD-Fraktionsvorsitzende im brandenburgischen Landtag, Alexander Gauland, einen „generelle[n] Einreisestopp für Menschen aus muslimischen Ländern, in denen die politische Lage stabil ist", da der Islam „mit dem Grundgesetz nicht vereinbar" sei (Frankfurter Allgemeine Zeitung 2017). Die Besonderheit der AfD-Wahlkampfstrategie lag jedoch nicht allein in den Tabubrüchen, sondern in der Instrumentalisierung der Medien im Nachgang jeder Affäre. Dabei orientierten sich die Skandale geradezu perfekt an den Auswahl- und Aufmerksamkeitskriterien des medialen Systems (Hillje 2017). Auf Inhalte und Lösungsvorschläge setzte die AfD im Wahlkampf nur am Rande, provozierte Skandale dienten als Multiplikatoren der eigenen Botschaft.

Im Kern der AfD-Strategie stand die Vermittlung des Gefühls der anhaltenden Untätigkeit der Regierung, obwohl die Bundesregierung längst einen asylpolitisch schärferen Kurs eingeschlagen hatte. Die Regierung selbst schuf jedoch die Voraussetzungen dafür, dass das Basismotiv populistischer Rhetorik leicht bedient werden konnte, eine abgehobene Elite missachte die Interessen des Volkes. Wie erfolgreich die Strategie war, manifestierte sich im Verlauf des Kanzlerduells: Obgleich keiner der beiden Kandidaten einen dezidert asylbezogenen Wahlkampf geführt hatte, dominierte das Thema mit rund der Hälfte der Zeit das TV-Duell von Bundeskanzlerin Angela Merkel (CDU) und ihrem Herausforderer Martin Schulz (SPD). Fast die Hälfte der insgesamt 95-minütigen Fernsehdebatte stand der Themenkomplex Flucht, Migration und Integration (ARD 2017b; eigene Analyse) im Vordergrund. Außenpolitik und Diplomatie, das Verhältnis der Europäischen Union zur Türkei, soziale Gerechtigkeit und das Renteneintrittsalter, die Pkw-Maut und die Diesel-Affäre sowie Steuern wurden als Themen in den restlichen 45 Minuten eher gestreift als besprochen. Der gängigen Annahme, dass ein Wahlkampf im TV-Duell seinen Höhepunkt findet und im intensiven Schlagabtausch die Bandbreite aller politischen Themen behandelt wird (Faas et al. 2017; Maier/Faas 2011), wurde ohnehin verletzt. Der Verlauf des Duells offenbarte im Brennglas die Schwächen der kommunikativen Ansätze der Bundeskanzlerin und ihres Herausforderers: Die Darstellung der Steuerungserfolge der Entscheidungspolitik der Bundesregierung erfolgte nur verzagt. Gerade weil Martin Schulz als Spitzenkandidat der Regierungspartei SPD auf die Kritik des Regierungshandelns setzte und Angela Merkel dies nicht energisch genug zurückwies, blieb am Ende der Eindruck einer eklatanten Ungereimtheit des Handelns der Großen Koalition in diesem Politikfeld.

Tatsächlich markiert das Duell den Startpunkt einer beschleunigten Wiederkehr des Themenkomplexes der Flüchtlingspolitik in der Schlussphase des Bundestagswahlkampfes 2017. Die Konjunktur des Themas geht dabei Hand in Hand mit einer von der AfD wiedergewonnenen öffentlichen Aufmerksamkeit. Dies illustrieren die Abb. 3 und 4 als Auswertungen der Häufigkeiten der Schlagworte „Flüchtlingspolitik", „Einwanderungsgesetz" und „Obergrenze" sowie der Nennung der AfD als politischer Akteur im Zeitverlauf der Berichterstattung der *Süddeutschen Zeitung* und der *Frankfurter Allgemeinen Zeitung*. Die Aufmerksamkeit für die Flüchtlingspolitik war im Frühjahr und Frühsommer 2018 nach einer langen Phase der thematischen Dominanz auf ein Normalmaß im Themenrepertoire der Politik zurückgegangen. Ab Mitte Juli rückte sie wieder ins Zentrum der Aufmerksamkeit. Der Rückkehr der Flüchtlingspolitik als Ansprache eines politischen Problemkomplexes steht dabei keine gleichermaßen starke Resonanz von Problemlösungsangeboten gegenüber: Die Debatte und die Kritik der Flüchtlingspolitik waren reaktiviert, doch konnten die Regierungsparteien im Wahlkampfendspurt daraus nur am Rande ein Gespräch über ihre Lösungsangebote (ein Einwanderungsgesetz oder auch die Obergrenze) machen.

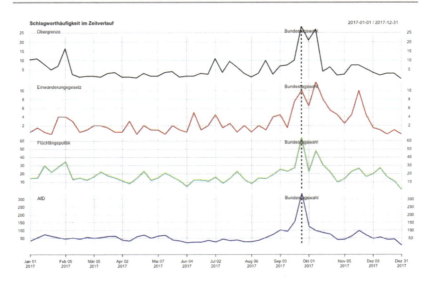

Abb. 3 Schlagworte der Migrationsdebatte im Wahljahr 2017. (Quelle: Eigene Auswertung und Darstellung auf Basis der digitalen Zeitungsarchive der *Frankfurter Allgemeinen Zeitung* und *Süddeutschen Zeitung*, hier: Trefferübersichten)

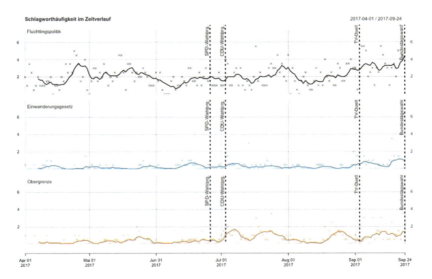

Abb. 4 Schlagworte der Migrationsdebatte 04/2017–09/2017. (Quelle: Eigene Auswertung und Darstellung auf Basis der digitalen Zeitungsarchive der *Frankfurter Allgemeinen Zeitung* und *Süddeutschen Zeitung*, hier: Trefferübersichten)

4 Das folgenreiche Agieren und Lavieren der Akteure im Wahlkampf

Die Differenzierung von Darstellungs- und Entscheidungspolitik verweist auf die mit dem Konzept der Politikvermittlung verbundene systemische Notwendigkeit, diese beiden Felder des politischen Handelns in einen Austausch zu bringen. Ulrich Sarcinelli begründet, dass demokratische Entscheidungspolitik auf Darstellungspolitik, d. h. auf eine adäquate Vermittlung politischer Entscheidungen angewiesen ist (Sarcinelli 1987). Eine problemorientierte Diskussion, welche Folgen eine Kluft zwischen Darstellungs- und Entscheidungspolitik haben kann, ist gerade im Nachgang der Agenda 2010-Reformen geführt worden (Nullmeier 2008). Vor diesem Hintergrund ist es bemerkenswert, dass restriktive Maßnahmen der Migrationspolitik, deren Ausrichtung dem – vermeintlichen – Willen eines Teils der Bevölkerung entsprachen, im Wahlkampf 2017 nicht aktiv beworben wurden.

Für die Regierungsparteien CDU und SPD lassen sich im Wesentlichen zwei Problemfelder identifizieren, die ihr Handeln im Wahlkampf verständlich machen können. Das erste Problemfeld besteht darin, dass CDU und SPD das 2015 vermittelte Bild der offenen Flüchtlingspolitik nach außen hin weitgehend aufrechterhalten haben, während viele der inzwischen getroffenen Maßnahmen dem längst zuwiderliefen. Merkel hatte 2015 mit dem Selbsteintritt Deutschlands nach dem Dublin-Verfahren und der Aussetzung der ansonsten vorgesehenen Zuständigkeiten einen symbolkräftigen Beschluss gefasst, dessen Bedeutung weit über die deutsche Innenpolitik hinausreichte. „Wir schaffen das!" war auch ein Signal an die europäischen und außereuropäischen Partner. Eine offensive Vermittlung der späteren restriktiveren Maßnahmen wäre vor diesem Hintergrund riskant gewesen. Zum einen hätte damit gerechnet werden müssen, dass eine offene Kehrtwende als generelles Glaubwürdigkeits- und Kohärenzproblem, sogar als Fehlereingeständnis wahrgenommen worden und damit das Bild einer wankelmütigen, in ihrem strategischen Kurs unsicheren Kanzlerin entstanden wäre. Zum anderen wäre ebenfalls anzunehmen gewesen, dass die bis dahin bei der Bewältigung der Flüchtlingskrise auf unentbehrliche Weise aktive Zivilbevölkerung eine solche Wende als Entwertung ihrer Arbeit empfunden hätte, was Wählerpotenzial gekostet hätte; negative Auswirkungen auf die Mobilisierung der dringend benötigten zivilgesellschaftlichen Hilfe wären zu erwarten gewesen. Einer Umfrage zufolge sehen 90 % der Kommunen ehrenamtliches Engagement als wichtige Ressource in der Flüchtlingshilfe (Gesemann/Roth 2017).

Das zweite Problemfeld betrifft die Vermittlungsprobleme, die eine in ihrer Ausrichtung uneindeutige Politik aufwirft. Merkel sprach 2015 von einer „humanitären Katastrophe", die es mit dem Verzicht auf die normalerweise im Dublin-Verfahren vorgesehenen Zuständigkeiten zu vermeiden gelte. Damit erhielt dieser Entschluss trotz des dezidiert wertebasiert begründeten Einstehens für Menschlichkeit die für Merkels Politikvermittlung charakteristische Sachzwanglogik (in Form eines moralischen Imperativs) (Konvent für Deutschland 2016). Die Aufnahme der Flüchtlinge wurde damit zu einem nicht-diskursiven, notwendigen Erfordernis. Es folgte eine Verschiebung vom Legislativ- hin zum Exekutivhandeln: Der Verzicht auf das übliche Dublin-Verfahren war nicht im Parlament diskutiert worden und die Aussetzung des Verfahrens – das absehbar dysfunktional war, dessen Reform aber nicht rechtzeitig angegangen worden war – stellte eine massive Abweichung von den Regeln dar, auf denen bis dato gerade Deutschland insistiert hatte. Die Maßnahmen, die bereits vor und insbesondere nach der der Aussetzung des Dublin-Verfahrens getroffen und durchgeführt wurden, waren reaktive Ad-hoc-Maßnahmen, deren Anwendung zum Teil eher politischen Vorgaben als rechtlichen Verfahren zu gehorchen schien. Ein Beispiel sind die sehr unterschiedlichen Anerkennungsquoten in den Bundesländern (Riedel/Schneider 2017) sowie die spiegelbildlich dazu erfolgreichen Klagen gegen Ablehnungsbescheide, die darauf schließen lassen (Deutscher Bundestag 2017), dass die Behörden ein standardisiertes Verfahren je nach politischer Lage unterschiedlich anwenden. Zum Symbol einer Politik, die ihre moralische Fragwürdigkeit bereits im Namen trägt, ist aber der „Türkei-Deal" geworden, der von allen politischen Lagern kritisiert wurde, da er die Bundesregierung in ein Abhängigkeitsverhältnis von einem zunehmend autoritär auftretenden Partner gebracht habe. Hans-Jürgen Papier attestierte dieser Politik in einem 2016 zu Migration und Asyl veröffentlichten Artikel, ihr Handeln erfolge „in zunehmendem Maße immer nur als ad-hoc-Krisenbewältigung, vorsorgende, krisenvermeidende Gestaltung von Organisation und Verfahren, aber auch von Inhalt und Ausrichtung der Politik findet kaum noch statt" (Papier 2016). Eine aus dem Inkrementalismus geborene Politik lässt sich in ihrer Widersprüchlichkeit schwer vermitteln.

All diese Schwierigkeiten führten zu einer offenen Flanke der Regierungsparteien gegenüber der AfD. Im Gegensatz zur CDU konnte die AfD eine restriktive Politik tatsächlich als geschlossene Agenda verkaufen, da sie sowohl angesichts ihrer programmatischen Ausrichtung als auch in der Erwartung ihrer Wähler keine komplexe Problembeschreibung geben musste. Das klar konturierte Ziel, so wenig Einwanderung wie möglich zu haben, ist wesentlicher Bestandteil des völkischen und nationalistischen Programms der Partei. Insbesondere zu Beginn des Wahlkampfes wurde der politische und gesellschaftliche Diskurs mit der AfD vermieden. Sie konnte mit klaren und einfachen Formeln („Der Islam gehört nicht zu Deutschland") aufwarten, die Zeit der eindeutigen Bekenntnisse bei den Regierungsparteien war jedoch Vergangenheit. Der Klarheit der AfD stand die Ambivalenz der Regierungsparteien gegenüber.

Anders als die CDU hätte die CSU prinzipiell kein Problem damit haben müssen, die erfolgten restriktiven Maßnahmen als Erfolg für sich zu beanspruchen. Allerdings schien hier schon früh der Entschluss gefallen zu sein, sich über eine rechts der CDU liegende Position zu profilieren. Die Abgrenzung zur CDU wurde geradezu zur Priorität. Insbesondere die stark vereinfachende Forderung nach einer Obergrenze bildete als „Gegenschlagwort" zu Merkels Politik der vermeintlich „offenen Grenzen" den Fokus der Wahlkampfdiskussion, die den gesamten Problemkomplex von Flucht, Migration und Integration auf das Problem der Begrenzung reduzierte. Doch das Insistieren auf der Obergrenze suggerierte den Vorwurf der Untätigkeit und verstellte den Blick auf das Regierungshandeln. Nach der Einigung auf das Asylpaket II im November 2015 verkündete Horst Seehofer, die CSU habe „das schärfste Asylrecht, das es jemals in unserem Lande gab", umgesetzt (Zeit Online 2015). Doch ein solches Bekenntnis zu Erreichtem geriet rasch weit in den Hintergrund. Niemand anders als die CSU selbst war es, die mit der Dauerforderung nach der Obergrenze den Eindruck erweckte, die Regierung habe letztlich nichts getan.

Die SPD hätte sich durch die offensive Vermittlung restriktiver Maßnahmen ebenso wie die CDU einem Glaubwürdigkeitsproblem ausgesetzt gesehen, das durch den innerparteilichen Dissens zwischen Parteilinken und eher konservativen Kräften allerdings noch wesentlich verschärft worden wäre. Mehr als das fehlende Bekenntnis zu den restriktiven Maßnahmen verwundert im Wahlkampf der SPD allerdings die Tatsache, dass ihr bereits 2016 erarbeiteter Gesetzesentwurf zum Einwanderungsgesetz nicht als Alternative zur bisherigen Politik präsentiert und entsprechend beworben wurde. Zwar verwies man während des Wahlkampfes durchaus punktuell auf den Entwurf, allerdings zu einem relativ späten Zeitpunkt und ohne ernsthafte Anstrengungen, dem Wähler Inhalt und gewünschte Wirkung des Gesetzes nahezubringen.

Als Martin Schulz als SPD-Spitzenkandidat im Sommer 2017 Flucht, Asyl und Einwanderung als Themen vermehrt aufgriff, war es für eine Neuorientierung der Debatte bereits zu spät. Ähnliches gilt für den Versuch, sowohl von Schulz als auch von Merkel, die Flüchtlingsfrage im Wahlkampf als eine gesamteuropäische Frage zu präsentieren. Ohne eine konkrete Vision kann der Verweis auf eine in der Flüchtlingskrise offensichtlich dysfunktionale EU keine Kraft entfalten, zumal Schulz die für ihn, den ehemaligen Präsidenten des Europäischen Parlaments, so naheliegende Möglichkeit, sich als europäischen Kandidaten zu präsentieren, gleich zu Beginn der Kampagne ungenutzt hat verstreichen lassen.

Es hätte wohl viel Energie und auch Mut gebraucht, den Themenkomplex von Flucht und Migration neu zu definieren. Ein strategischer Ansatz, auf Einwürfe nicht zu reagieren, kann grundsätzlich dazu führen, dass der politische Gegner ins Leere läuft (Blätte 2010). Einer AfD, die medial einen so breiten Nachhall erzeugte, war diese Strategie jedoch nicht gewachsen. Sie ist mit dem Risiko behaftet, dass nicht-populistische Positionen schlicht überhört und gegenüber der überpräsenten populistischen Debatte nicht wahrgenommen werden.

5 Fame Avoidance als demokratisches Problem

Die nach dem Scheitern der Verhandlungen zu einer Jamaika-Koalition Anfang 2018 abermals gebildet Koalition von Unionsparteien und SPD war in ihren ersten Monaten durch Streitigkeiten über die Migrationspolitik wiederholt vor eine Zerreißprobe gestellt. Das Erscheinungsbild der Bundesregierung und der Politik insgesamt hat hierdurch Schaden genommen. Angelegt war dieses Muster im schon im Bundestagswahlkampf 2017 fehlenden Bekenntnis von CDU, CSU und SPD zur ab 2016 restriktiven Ausrichtung ihrer tatsächlich verfolgten Politik.

Die Kluft zwischen Darstellungs- und Entscheidungspolitik ist hierbei zu einer Triebfeder einer Kluft zwischen Politik und Bürgerschaft geworden. Die fehlende Vermittlung getroffener Maßnahmen erweckt den Eindruck mangelnder Responsivität sowie generell mangelnder Handlungsfähigkeit. Als Gegenbegriff zu dem Begriff der „blame avoidance", der Vermeidung von Schuldzuweisungen als Handlungsmotiv (Weaver 1986), kann man bei den Regierungsakteuren geradezu von einer „fame avoidance" sprechen, welche sich als roter Faden durch den Bundestagswahlkampf 2017 gezogen hat: Regierungsakteure vermieden die nach außen gerichtete Darstellung der von ihnen verfolgten Politik, sie unternahmen den Versuch allzu verhalten, hierfür Zuspruch zu gewinnen. Muster der „fame avoidance" sind jedoch aus anderen Gründen problematisch wie jene der „blame avoidance". Letztere macht politische Bewegung unwahrscheinlich, erstere jedoch verwischt die Verantwortlichkeit für das Regierungshandeln. Die politische Zuständigkeit für Kurs und Ausrichtung der Politik verliert an Eindeutigkeit und kann dadurch das Vertrauen in die Handlungsfähigkeit und Integrität der politischen Institutionen untergraben.

Die Regierungsparteien haben im Bundestagswahlkampf 2017 durch die Diskrepanz zwischen Handeln und Darstellen das Bild eines situativen Inkrementalismus ohne erkennbaren Leitstern geboten. Die Unklarheit der Politikvermittlung hat diese Politik zu einem leicht angreifbaren Ziel gemacht. Im Wahlkampf bot die AfD eine klar formulierte Alternative an. Ähnlich wie in anderen Ländern Europas gelang es ihr als rechter Partei, mit Nachdruck alternative Handlungsvorschläge zu vermitteln.

Politikvermittlung beinhaltet die Vermittlung demokratisch abgesicherter politischer Gestaltungsfähigkeit. Der Bundestagswahlkampf 2017 zeigt die Kosten und Gefahren der Nicht-Vermittlung für die Demokratie.

Literatur

Alexander, Robin 2017: Die Getriebenen, Merkel und die Flüchtlingspolitik: Report aus dem Innern der Macht; Siedler Verlag, München.
Alternative für Deutschland (AfD) 2016: Die Strategie der AfD für das Wahlkampfjahr 2017. http://www.talk-republik.de/Rechtspopulismus/docs/03/AfD-Strategie-2017.pdf. (Letzter Zugriff: 23.01.2018).
Alternative für Deutschland (AfD) 2017: Programm für Deutschland, Wahlprogramm der Alternative für Deutschland für die Wahl zum Deutschen Bundestag 24. September 2017. https://www.afd.de/wp-content/uploads/sites/111/2017/06/2017-06-01_AfD-Bundestagswahlprogramm_Onlinefassung.pdf. (Letzter Zugriff: 24.11.2017).
ARD 2017a: Das Sommerinterview mit Horst Seehofer. https://www.tagesschau.de/inland/btw17/seehofer-sommerinterview-obergrenze-101.html. (Letzter Zugriff: 19.12.2017).
ARD 2017b: Das TV-Duell, Merkel gegen Schulz. http://www.ardmediathek.de/tv/ARDSondersendung/Das-TV-Duell-Merkel-gegen-Schulz/Das-Erste/Video?bcastId=3304234&documentId=45652922. (Letzter Zugriff: 19.12.2017).
Bewarder, Manuel und Daniel Friedrich Sturm 2017: Warum Martin Schulz Beifall von der AfD erhält; Die Welt. https://www.welt.de/politik/deutschland/article166991117/Warum-Martin-Schulz-Beifall-von-der-AfD-erhaelt.html. (Letzter Zugriff: 24.01.2018).
Blätte, Andreas 2010: Reduzierter Parteienwettbewerb durch kalkulierte Demobilisierung, in: Karl-Rudolph Korte (Hg.) 2010: Die Bundestagswahl 2009: Analysen der Wahl-, Parteien-, Kommunikations- und Regierungsforschung; VS Verlag für Sozialwissenschaften, Wiesbaden, S. 273-297.
Blätte, Andreas 2017: Politische Kommunikation im Wahljahr 2017: Fame-Avoidance als Defekt der Politikvermittlung überwinden; Regierungsforschung.de. http://regierungsforschung.de/politische-kommunikation-im-wahljahr-2017-fame-avoidance-als-defekt-der-politikvermittlung-ueberwinden/. (Letzter Zugriff: 30.01.2018).
Bundesamt für Migration und Flüchtlinge (BAMF) 2017: Familienasyl und Familiennachzug. http://www.bamf.de/DE/Fluechtlingsschutz/FamilienasylFamiliennachzug/familienasylfamiliennachzug-node.html. (Letzter Zugriff: 24.01.2017).
Bundesamt für Migration und Flüchtlinge (BAMF) 2018: Asylgeschäftsbericht für den Monat Dezember 2017. http://www.bamf.de/SharedDocs/Anlagen/DE/Downloads/Infothek/Statistik/Asyl/201712-statistik-analage/asyl-geschaeftsbericht.pdf?__blob+publicaionFile. (letzter Zugriff: 25.01.2018).

CDU 2016: Protokoll. 29.Parteitag der CDU Deutschlands. 6.-7. Dezember 2016, Essen. https://www.cdu.de/artikel/protokoll-des-29-parteitages-der-cdu-deutschlands (Letzter Zugriff:27.09.2018)

CDU und CSU 2017: Für ein Deutschland, in dem wir gut und gerne leben, Regierungsprogramm 2017-2021. https://www.cdu.de/system/tdf/media/dokumente/170703regierungsprogramm2017.pdf?file=1. (Letzter Zugriff: 24.11.2017).

CSU 2017: Der Bayernplan, klar für unser Land. http://www.csu.de/common/download/Beschluss_Bayernplan.pdf. (Letzter Zugriff: 24.11.2017).

Das Gupta, Oliver 2016: Der Anschlag, die AfD und ihre Masche; Süddeutsche Zeitung. http://www.sueddeutsche.de/politik/rechtspopulismus-der-anschlag-die-afd-und-ihre-masche-13305035. (Letzter Zugriff: 24.01.2018).

Deutscher Bundestag 2014: Gesetz zur Einstufung weiterer Staaten als sichere Herkunftsstaaten und zur Erleichterung des Arbeitsmarktzugangs für Asylbewerber und geduldete Ausländer; Bundesgesetzblatt 49. http://dipbt.bundestag.de/extrakt/ba/WP18/597/59719.html. (Letzter Zugriff: 21.12.2017).

Deutscher Bundestag 2015a: Gesetz zur Neubestimmung des Bleiberechts und der Aufenthaltsbeendigung; Bundesgesetzblatt 32. https://www.bgbl.de/xaver/bgbl/start.xav?startbk=Bundesanzeiger_BGBl&start=//%255B@attr_id=%27bgbl115s1386.pdf%27%255D. (Letzter Zugriff: 31.10.2018).

Deutscher Bundestag 2015b: Asylverfahrensbeschleunigungsgesetz; Bundesgesetzblatt 40. https://www.bgbl.de/xaver/bgbl/start.xav?startbk=Bundesanzeiger_BGBl&start=//*%255B@attr_id=%27bgbl115s1722.pdf%27%255D#__bgbl__%2F%2F*%5B%40attr_id%3D%27bgbl115s1722.pdf%27%5D__1513855413695. (Letzter Zugriff: 21.12.2017).

Deutscher Bundestag 2016a: Gesetz zur Einführung beschleunigter Asylverfahren; Bundesgesetzblatt 12. https://www.bgbl.de/xaver/bgbl/start.xav?startbk=Bundesanzeiger_BGBl&start=%252F%252F*%255B%2540attr_id=%27bgbl116s0394.pdf%27%255D__bgbl__%2F%2F*%5B%40attr_id%3D%27bgbl116s0390.pdf%27%5D__1513854662360. (Letzter Zugriff: 21.12.2017).

Deutscher Bundestag 2016b: Integrationsgesetz; Bundesgesetzblatt 39. https://www.bgbl.de/xaver/bgbl/start.xav?startbk=Bundesanzeiger_BGBl&start=//*%255B@attr_id=%2527bgbl116s1950.pdf%2527%255D#__bgbl__%2F%2F*%5B%40attr_id%3D%27bgbl116s1939.pdf%27%5D__1513854759828. (Letzter Zugriff: 18.05.2018).

Deutscher Bundestag 2016c: Bundestag beschließt schnellere Asylverfahren. https://www.bundestag.de/dokumente/textarchiv/2016/kw08-de-asylverfahren/409490. (Letzter Zugriff: 24.01.2018).

Deutscher Bundestag 2017: Antwort der Bundesregierung auf die Kleine Anfrage der Abgeordneten Ulla Jelpke, Frank Tempel, Sevim Dağdelen, weiterer Abgeordneter und der Fraktion DIE LINKE; Drucksache 18/11262. http://dipbt.bundestag.de/doc/btd/18/112/1811262.pdf. (Letzter Zugriff: 24.01.2018).

Die Bundesregierung 2016: DE MAIZIÈRE IN NORDAFRIKA: Länder wollen Staatsbürger zurücknehmen. https://www.bundesregierung.de/Content/DE/Artikel/2016/02/2016-02-29-de-maiziere-maghreb-rueckfuehrungen-abgelehnte-asylbewerber.html. (Letzter Zugriff: 24.01.2018).

Diekmann, Kai, Tanit Koch, Julian Reichelt und Markus Tedeskino 2016: „Was tun Sie, wenn ein Muslim Ihnen nicht die Hand gibt?"; Bild Zeitung. http://www.bild.de/politik/inland/angela-merkel/im-bild-interview-47639620.bild.html. (Letzter Zugriff: 20.01.2018).

Die Welt 2016a: CSU lobt Merkels Selbstkritik. https://www.welt.de/newsticker/dpa_nt/afxline/topthemen/article158264201/CSU-lobt-Merkels-Selbstkritik.html. (Letzter Zugriff: 24.01.2018).

Die Welt 2016b: Seehofer stell Merkel Obergrenzen-Ultimatum. https://www.welt.de/politik/deutschland/article160305661/Seehofer-stellt-Merkel-Obergrenzen-Ultimatum.html. (Letzter Zugriff: 24.01.2018).

Die Welt 2016c: Seehofer plant eigenen Wahlkampf der CSU. https://www.welt.de/politik/deutschland/article155127983/Seehofer-plant-fuer-2017-eigenen-Wahlkampf-der-CSU.html. (Letzter Zugriff: 24.01.2018).

Europäische Union 2016: Abkommen zwischen der europäischen Union und der Republik Türkei über die Rückübernahme von Personen mit unbefugtem Aufenthalt; Amtsblatt der europäischen Union 59/C211. http://eur-lex.europa.eu/legalcontent/DE/TXT/?uri=OJ%3AC%3A2016%3A211%3ATOC. (Letzter Zugriff: 21.12.2017).

Faas, Thorsten, Jürgen Maier und Michaela Maier 2017: TV-Duelle als Forschungsgegenstand, in: Thorsten Faas, Jürgen Maier und Michaela Maier (Hg.) 2017: Merkel gegen Steinbrück: Analysen zum TV-Duell vor der Bundestagswahl 2013; Berlin: Springer, S. 1-9.

Frankfurter Allgemeine Zeitung 2015: Nach Merkel Interview. Die SPD in Aufruhr. http://www.faz.net/aktuell/politik/fluechtlingskrise/spd-in-aufruhr-nach-angela-merkel-interview-bei-anne-will-13845432.html. (Letzter Zugriff: 24.01.2018).

Frankfurter Allgemeine Zeitung 2017: Gauland fordert weitreichendes Einreiseverbot für Muslime. http://www.faz.net/aktuell/politik/inland/afd-gauland-fordert-weitreichendes-einreiseverbot-fuer-muslime-14908765.html (Letzter Zugriff: 27.09.2018)

Fried, Nico 2015: "Ich sage wieder: Wir schaffen das"; Süddeutsche Zeitung, 26.12.2015, S. 1

Fuchs, Ernst und Alexander Kain 2016: Seehofer unterstellt Merkel "Herrschaft des Unrechts"; Passauer Neue Presse. http://www.pnp.de/nachrichten/bayern/1958889_Seehofer-unterstellt-Merkel-Herrschaft-des-Unrechts.html. (Letzter Zugriff: 24.01.2018).

Gabriel, Sigmar 2017: Zeit für mehr Sicherheit in Zeiten wachsender Unsicherheit. https://www.spd.de/aktuelles/detail/news/zeit-fuer-mehr-sicherheit-in-zeiten-wachsender-unsicherheit/03/01/2017/. (Letzter Zugriff: 24.01.2018).

Gesemann, Frank und Roland Roth 2017: Erfolgsfaktoren der kommunalen Integration von Geflüchteten; Friedrich-Ebert-Stiftung. http://library.fes.de/pdf-files/dialog/13372.pdf. (Letzter Zugriff: 24.01.2018).

Herbert, Ulrich 2003: Geschichte der Ausländerpolitik in Deutschland. Saisonarbeiter, Zwangsarbeiter, Gastarbeiter, Flüchtlinge. Bonn: Bundeszentrale für Politische Bildung.

Herholz, Andreas 2017: Interview mit Christian Lindner; Passauer Neue Presse. https://www.liberale.de/content/lindner-interview-mehr-vergangenheit-als-zukunft. (Letzter Zugriff: 24.01.2018).

Hillje, Johannes 2017: Propaganda 4.0 – Die Erfolgsstrategie der AfD; Blätter für deutsche und internationale Politik 10/2017, S. 49-54

Konvent für Deutschland 2016: Demokratie braucht vitale Parteien. https://www.konvent-fuer-deutschland.de/deu/Medien_Und_Presse/Downloads/Finalfassung–Konvent-Appell–13042016.pdf. (Letzter Zugriff: 24.01.2018).

Linden, Alexander 2016: Asylverfahren werden schneller, Rückführungen leichter. https://www.spdfraktion.de/themen/asylverfahren-schneller-rueckfuehrungen-leichter. (Letzter Zugriff: 24.01.2018).

Lohse, Eckart und Majid Sattar 2015: „Ein paar Sätze zum falschen Zeitpunkt", Frankfurter Allgemeine Zeitung, 09.11.2015, Nr. 260, S. 2.

Löhr, Julia 2017: Wahlplakate zum Wegschauen; Frankfurter Allgemeine Zeitung, 05.08.2017, Nr.180, S. 19

Maier, Jürgen und Thorsten Faas 2011: Miniature Campaigns in Comparison: The German Televised Debates, 2002-09; German Politics 20 (1), S. 75-91.

Manow, Philip 2018: Links und rechts – zwei Spielarten des Populismus, Süddeutsche Zeitung, 29.01.2018, S. 7.

Nullmeier, Frank 2008: Die Agenda 2010: Ein Reformpaket und sein kommunikatives Versagen, in: Thomas Fischer, Andreas Kießling und Leonard Novy (Hg.) 2008: Politische Reformprozesse in der Analyse: Untersuchungssystematik und Fallbeispiele; Verlag Bertelsmann Stiftung, Gütersloh, S. 145-190.

Papier, Hans-Jürgen 2016: Asyl und Migration – Recht und Wirklichkeit; Verfassungsblog. https://verfassungsblog.de/asyl-und-migration-recht-und-wirklichkeit/. (Letzter Zugriff: 24.01.2018).

Riedel, Lisa und Gerald Schneider 2017: Dezentraler Asylvollzug diskriminiert: Anerkennungsquoten von Flüchtlingen im bundesdeutschen Vergleich, 2010-2015; Politische Vierteljahreszeitschrift 58 (1), S. 23-50.

Sarcinelli, Ulrich 1987: Politikvermittlung und Demokratie: Zum Wandel der politischen Kommunikationskultur, in Ulrich Sarcinelli (Hg.) 1987: Politikvermittlung und Demokratie in der Mediengesellschaft: Beiträge zur politischen Kommunikationskultur; Springer Verlag, Berlin, S. 11-23.

Sarcinelli, Ulrich 2011: Politische Kommunikation in Deutschland; VS Verlag für Sozialwissenschaften, Wiesbaden, S. 120.

Schuler, Katharina 2017: Marketing ohne Inhalte; Zeit Online. https://www.zeit.de/politik/deutschland/2017-06/cdu-bundestagswahlkampf-wahlplakate. (Letzter Zugriff: 24.01.2018).

SPD 2016: Entwurf eines Einwanderungsgesetzes. https://www.spdfraktion.de/system/files/documents/einwanderungsgesetz-spd-bundestagsfraktion.pdf. (Letzter Zugriff: 24.01.2018).

Süddeutsche Zeitung 2016: Merkel geht auf Abstand zu "Wir schaffen das". http://www.sueddeutsche.de/politik/fluechtlingskrise-merkel-geht-auf-abstand-zu-wir-schaffen-das-1.3166670. (Letzter Zugriff: 24.01.2018).

Süddeutsche Zeitung 2017: Schulz warnt vor neuer Flüchtlingskrise, 24.07.2017, S. 1.

Weaver, R. Kent 1986: The Politics of Blame Avoidance; Journal of Public Policy 6 (4), S. 371-398.

Wehner, Markus 2017: Bitte keine Experimente; Frankfurter Allgemeine Zeitung, Nr.214, S. 4

Zeit Online 2015: „Das hilft nicht den Flüchtlingen, nur der Koalition". http://www.zeit.de/politik/deutschland/2015-11/fluechtlingspolitik-transitzonen-asyl-koalition-opposition. (Letzter Zugriff: 30.01.2018).

Zeit Online 2016: SPD-Chef will Asylpaket korrigieren. http://www.zeit.de/politik/deutschland/2016-02/sigmar-gabriel-spd-will-asylpaket-korrigieren-familiennachzug. (Letzter Zugriff: 24.01.2018).

Am Thema vorbei? Wahlwerbung zur Bundestagswahl 2017 und ihre Funktionen für den politischen Prozess aus Sicht der Medien

Stephanie Geise, Damian Garrell, Sebastian Hollekamp, Maike Kreyenborg, Claudia Martin, Katharina Maubach und Maria Voskoboynikova

Zusammenfassung

Potenzielle Wähler werden von Wahlwerbung nicht nur auf direktem Weg erreicht, sondern auch indirekt über Medien. Diese berichten darüber, wer wie um Wähler wirbt und tragen damit die Wahlwerbung an die Bürger heran. Daher untersucht dieser Beitrag die journalistische Berichterstattung über die Wahlwerbung im Bundestagswahlkampf 2017. Mittels einer standardisierten Inhaltsanalyse wird untersucht, wie Medien über Wahlwerbung im Wahlkampf 2017 berichtet haben. Dabei interessierte zum einen, in welchem Umfang und mit welchem Fokus über die Wahlwerbung der Parteien berichtet wird. Zum anderen wurde untersucht, inwiefern die Berichterstattung die Funktionen und Strategien von Wahlwerbung im politischen Prozess thematisiert. Die Ergebnisse zeigen, dass im Verlauf des Wahlkampfs Wahlwerbung vor allem nach inszenierten Wahlkampfereignissen zentrales Thema journalistischer Beiträge ist. Sie wird dabei mehrheitlich mit negativen Bewertungen versehen. Der Fokus der Berichterstattung liegt verstärkt auf den Funktionen und Strategien von Wahlwerbung anstatt auf inhaltlichen Bezügen zu Wahlthemen.

S. Geise (✉) · D. Garrell · S. Hollekamp · M. Kreyenborg · C. Martin · K. Maubach · M. Voskoboynikova
Institut für Kommunikationswissenschaft, WWU Münster, Münster, Deutschland
E-Mail: stephanie.geise@uni-muenster.de

Als zentrale Form der Politikvermittlung im Wahlkampf hat Wahlwerbung große Bedeutung für den demokratischen Prozess (Valentino, Hutchings & Williams, 2004, S. 337; Sarcinelli 2011): Sie ist das Verbindungsglied zwischen der strategischen Medienkampagne und der Direktansprache des Wählers durch die Parteien, „unterstreicht das politische Geschehen in den Massenmedien, hebt hervor, was durchdringen soll, erklärt, was unverstanden bleibt und appelliert an die Wähler" (Radunski 1980, S. 93). Bei sinkender Stammwählerschaft und steigender Zahl von Wechselwählern kann Wahlwerbung sogar entscheidend für den Wahlsieg sein (Podschuweit & Dahlem 2007, S. 217; Radunski 1980, S. 92) – v. a., da die überwiegende Mehrheit der Bürger im Wahlkampf direkt mit ihr in Kontakt kommt (Geißler & Inhoffen 2017).

Wahlwerbung erreicht die Wähler aber auch *vermittelt über die Medienberichterstattung,* die ihnen wichtige Informationen über Kandidaten und Parteien liefert (Brettschneider 2002a, S. 36) und einen entscheidenden Einfluss darauf hat, wie diese bewertet und wahrgenommen werden (Schmitt-Beck 1996, S.127). In den letzten Wahlkämpfen haben Medien mit zunehmender Nähe zum Wahltermin verstärkt über politische Inhalte der Kandidaten und Parteien berichtet; die Berichterstattung galt dabei zunehmend auch *dem Wahlkampf selbst.* Auch Wilke und Reinemann (2006, S. 334) zeigten in einer Langzeitstudie, dass der Wahlkampf eine große Rolle in der Berichterstattung über die Bundestagswahlkämpfe spielt. Über die Zeit hat das Thema stetig an Relevanz gewonnen; allein zwischen 1994 und 2009 stieg der Anteil an Wahlkampf-Beiträgen von 24 auf 58 % (Magin 2012, S. 182 ff.). Im Rahmen dieser Wahlkampfberichterstattung wird auch regelmäßig über die *Wahlwerbung* der Parteien berichtet (Leidecker & Wilke 2015; Wilke & Leidecker 2010). Sie wird dabei nicht nur als „Aushängeschild" der Wahlkampagne betrachtet, sondern auch zur Bewertung der politischen Parteien und Kandidaten herangezogen (Swanson & Mancini 1996, S. 16). Da sich dies letztlich auch auf die Wahrnehmung der Bürger auswirken kann, soll die vorliegende Studie die folgenden beiden forschungsleitenden Fragen beantworten:

1) Wie – das heißt in welchem Umfang, mit welchem inhaltlichen Fokus und mit welcher Bewertung – berichteten Medien im Kontext der Bundestagswahl 2017 über die Wahlwerbung der Parteien?
2) Adressiert die Berichterstattung bzw. Bewertung Kriterien der Funktionserfüllung von Wahlwerbung für den politischen Prozess?

Als Basis dient uns eine standardisierte Inhaltsanalyse der Medienberichterstattung, für die 238 textliche Online-Nachrichtenbeiträge, die Wahlwerbung im Bundestagswahlkampf 2017 thematisierten, im Wahlkampfzeitraum (16.07.–

08.10.2017) untersucht wurden. Ausgangspunkt unserer Fokussierung auf die mediale Bewertung der Wahlwerbung hinsichtlich ihrer *Funktionserfüllung für den politischen Prozess* sind demokratietheoretische Überlegungen, nach denen Wahlen und der Informationsvermittlung im Wahlkampf – an der die Medien wesentlich mitbeteiligt sind – zentrale Bedeutung in demokratischen Systemen zukommt.

Im Folgenden arbeiten wir zunächst zentrale Funktionen und Strategien von Wahlwerbung heraus, die der Inhaltsanalyse als theoretische Basis zur Erhebung von Inhalten und Bezügen der Berichterstattung über Wahlwerbung dienen. In den *Funktionen der Wahlwerbung im politischen Prozess* sehen wir potentielle Referenzkriterien von Wahlwerbung – auf die sich Journalisten in ihrer Berichterstattung beziehen könnten, um informiert über die Wahlwerbung der Parteien berichten und werten zu können. Dann fassen wir zentrale Befunde aus dem Forschungsstand zur Berichterstattung über Wahlwerbung zusammen; sie dienen uns als Bezugsrahmen unserer Studie und ihrer Befunde. Nach der Vorstellung der Methodik unserer Studie folgt die Präsentation unserer Befunde, bevor wir mit einer Diskussion schließen.

1 Zentrale Funktionen von Wahlwerbung

Wahlen sind ein elementarer Bestandteil der staatsbürgerlichen Souveränitätsausübung. Sie basieren auf politischen Informationen, die idealerweise zu einer reflektierten Wahlentscheidungen beitragen (Habermas 1996). Wähler agieren dabei im Sinne ihrer eigenen Präferenzen, während sich die Parteien präsentieren, um Wähler zu akquirieren. Im Wahlkampf als „Hochphase politischer Kommunikation" (Schoen 2014, S. 661) lässt sich diese Präsentation verdichtet beobachten. Um potenzielle Wähler zu erreichen, zu informieren und ihre Stimmen zu gewinnen, versuchen Parteien bzw. politische Akteure, sich möglichst positiv, prägnant und trennscharf zu positionieren (Niedermayer 2007, S. 21) und geben den Bürgern damit explizite Impulse zur Informationsaufnahme und zur Wahlbeteiligung (Faas 2010). Ein in diesem Sinne wichtiger Impulsgeber ist die *Wahlwerbung*. Sie umfasst alle organisierten und geplanten, primär massenmedial vermittelten politischen Botschaften mittels werblicher Kommunikationsaktivitäten der Parteien (Huh 1996, S. 123). Parteien nutzen sie, um möglichst viele Wähler möglichst niederschwellig und unbeeinflusst von medialen Selektionsfiltern zu informieren (Geise 2011, S. 156). Vor dem Hintergrund sinkender Stammwähler- aber steigender Wechselwähleranteile gilt die Werbekampagne als mitentscheidend für den Wahlsieg – v. a., wenn Wahlausgänge so knapp sind wie in Deutschland (Podschuweit & Dahlem 2007, S. 217; Radunski 1980, S. 92). Von zentraler Bedeutung ist Wahlwerbung aufgrund ihrer großen Reichweite für die Wähler als *Erstkontakt* mit den Kampagnen der politischen Akteure (Lessinger, Holtz-Bacha & Cornel, 2015); dies gaben auch 47 % der Wahlberechtigten im Bundestagswahlkampf 2013 an (GLES 2013). Die *Aufmerksamkeitsfunktion* von Wahlwerbung ist vorrangig, öffentliches Interesse zu generieren – nicht zuletzt, um die Wähler auf die bevorstehende Wahlentscheidung vorzubereiten. Mit der *Informationsvermittlungs-* (v. a. von Themen, Kandidaten und Terminen) und *Mobilisierungsfunktion* verfolgt Wahlwerbung persuasive Ziele im Sinne einer Einflussnahme auf Einstellungen, Werthaltungen und Verhaltensweisen ihrer Adressaten (Podschuweit 2016). Daneben wollen Parteien durch ihre Werbung auch längerfristig ein positives Image aufbauen (*Image-Optimierung;* Kepplinger & Maurer 2003).

Um die skizzierten Funktionen erfolgreich zu erfüllen, muss die Wahlwerbung an den Wandel der Gesellschaft und ihre genutzten Technologien angepasst werden (Römmele 2005). Seit einigen Jahren treten daher neben die klassischen massenmedialen Wahlwerbeformen – wie Wahlplakate, Wahlwerbespots und Wahlanzeigen – werbliche Kommunikationsaktivitäten in Online- und Social-Media-Kontexten, die sich mit ihren vielfältigen Partizipationsmöglichkeiten besonders zur Wählermobilisierung anbieten (Podschuweit & Haßler 2015; Hinz 2015; Beitrag von Degen in diesem Band). Zu den erforderlichen Anpassungsleistungen zählt auch eine möglichst *zielgruppenadäquate Ausrichtung* der Wahlwerbung (Podschuweit 2013). Herausforderungen ergeben sich auch aus der größer werdenden Distanz zwischen Wählern und politischen Parteien, der Zunahme des Anteils der Protestwähler sowie der Schwächung der organisatorischen Mobilisierungsfähigkeit der Parteien (Nielsen 2012).

2 Strategien der Wahlwerbung

Politische Akteure müssen sich daher gerade im Wahlkampf die Frage stellen, mit welchen *Strategien* sie ihre Funktionen im demokratischen Prozess erfüllen. Zentral für eine erfolgreiche Positionierung im Wahlkampf ist zunächst, die zentralen Themen und Kompetenzen der Parteien und ihrer Kandidaten in den Mittelpunkt zu rücken (*Thematisierung* bzw. Agenda-Setting; Brettschneider 2002a, 2002b). Hierzu kann auch eine strategische *De-Thematisierung* gehören, bei der Themen, die sich kontraproduktiv auf die eigene Kompetenzwahrnehmung auswirken – oder die eine bessere Positionierung der gegnerischen Partei oder des gegnerischen Kandidaten führen –, gezielt in den Hintergrund gerückt werden. Daneben ist die Fokussierung auf die zentralen politischen Akteure von besonderer Bedeutung im Wahlkampf. Diese *Personalisierung* zielt auf eine verstärkte Identifikation der Wähler mit dem Kandidaten – und darüber ggf. auch mit der Partei (Rosar & Hoffmann 2015, S. 121–122; Brettschneider 2002b). Sie wird oft mit einer *Image-Optimierung* verbunden (Kepplinger & Maurer 2003, S. 219), die intendiert, die Einstellungen und Verhaltensweisen gegenüber der Partei bzw. den Kandidaten möglichst positiv zu beeinflussen, um moralische, finanzielle oder organisatorische Unterstützung für die eigenen Ziele zu generieren (Kamps 2007, S. 239–240). Damit kann Wahlwerbung auch gezielt zur *Mobilisierung* der Wähler und Wahlkampfhelfer beitragen.

Die positive Profilierung des eigenen Kandidaten bzw. der eigenen Partei geht oft mit einer taktisch intendierten Abwertung des politischen Gegners einher. Dieses *Negative Campaigning* richtet sich gegen den politischen Konkurrenten bzw. seine Fehler, Schwächen und Angriffspunkte und stellt diese prägnant heraus; es bezeichnet den strategisch eingesetzten moralischen, emotionalen oder fachlichen Angriff des politischen Gegners, der zu seiner „Demoralisierung" beitragen und ihn letztlich als politischen Gegner diskreditieren soll (Geise & Kamps 2015, S. 345).

Mit der *Emotionalisierung* wird ein gezieltes Auslösen von Emotionen und Empathie intendiert, mit der die Wahlentscheidung beeinflusst werden soll (Holtz-Bacha & Lessinger, 2010, S. 142 f.). Zu den etablierten Strategien zählt auch die *Symbolisierung,* bei der bestimmte Themen und politische Standpunkte zugespitzt auf symbolische Art dargestellt werden. In den letzten Jahren verstärkt an Bedeutung gewonnen hat die Strategie des *Populismus,* die mit Volksnähe und identitärer Distinktion wirbt und einen scheinbar engen Kontakt zwischen den alternativen politischen Akteuren und dem Volk suggeriert (Diehl, 2016, S. 79).

3 Berichterstattung über Wahlwerbung

Obwohl Wahlwerbung wichtige Funktionen im politischen Prozess erfüllt, wird sie häufig kritisch gesehen – Wahlwerbung hat ein „schlechtes Image" (Geise, 2011, S. 160), oft konnotiert mit dem Vorwurf der Politikentleerung (z. B. Dörner & Schicha 2008, S. 9; vgl. auch Schoen, 2014, S. 661–662). Auch Rezipienten sehen Wahlwerbung oftmals skeptisch, nehmen sie als unglaubwürdig und wenig relevant wahr (Podschuweit 2007, 2013). Studien zeigen jedoch, dass die Vorstellungen, die Wähler von den politischen Akteuren gewinnen, sich in den seltensten Fällen ausschließlich aus eigenen Erfahrungen oder Werbekontakten speisen, sondern in erster Linie aus der *journalistischen Berichterstattung der Massenmedien* (Klingemann & Voltmer 1989). Medien bzw. Journalisten fungieren hierbei als wichtige Informations- und Vermittlerinstanz zwischen Bürgern und politischen Akteuren; sie tragen auch im Rahmen der Wahlkampfberichterstattung dazu bei, Rezipienten eine adäquate Wahlentscheidung zu ermöglichen (Schäfer & Schmidt 2016, S. 106 ff.; Partheymüller & Schäfer 2013, S. 574). Aufgrund sich auflösender Parteibindungen nimmt die mediale Berichterstattung im Vorfeld der Wahl für viele Bürger sogar eine vermeintlich objektive Vermittlungs- und Orientierungsfunktion für die Bewertungen der Kandidaten und Parteien ein (Brettschneider 2005, S. 633). Medien sind daher „zu wichtigen eigenständigen Akteuren in der Kampagnenkommunikation geworden" (Schoen 2014, S. 675).

Im Rahmen der journalistischen Berichterstattung wird auch – wiederkehrend und meist relativ prominent – über die *Wahlwerbung* der Parteien berichtet (Leidecker & Wilke 2015; Wilke & Leidecker 2010). Nicht selten wird sie dabei wie ein „Aushängeschild" der Wahlkampagne betrachtet und zur Bewertung der politischen Parteien und Kandidaten herangezogen – ein professionelles Kampagnenmanagement gilt als entscheidend für die Effizienz und Effektivität der eingesetzten Ressourcen und als Referenz auf die Kompetenz der politischen Akteure (Swanson & Mancini 1996, S. 16). Über konflikthafte Formen von Wahlwerbung (z. B. *Negative Campaigning*) wird dabei stärker berichtet (Ridout & Smith 2008, S. 603 f.); auch über die Wahlwerbung der *herausfordernden Parteien* wird häufiger sowie positiver berichtet (Leidecker & Wilke 2015, S. 156). In Abhängigkeit von der Dramaturgie des Wahlkampfs nehmen Journalisten auch *Bewertungen* der politischen Akteure vor; mit zunehmender Nähe zum Wahltermin nehmen diese zu (Wilke & Reinemann 2006, S. 320 ff.; Leidecker & Wilke 2015, S. 162 f.).

Obwohl kaum Studien vorliegen, die sich speziell der *medialen Thematisierung von Wahlwerbung* widmen (Ridout & Smith 2008), v. a. nicht für die deutsche Wahlkampfberichterstattung, zeigen Analysen der Wahlkampfberichterstattung allgemein, dass Berichte und Bewertungen der Wahlwerbung fester Bestandteil der journalistischen Wahlkampfberichterstattung sind. Dass dies die Wahrnehmungen der Wahlwerbung, von Kandidaten und Parteien beeinflussen und prägen kann, legen verschiedene Studien nahe (Brettschneider 2002a, S. 36 f.; Schmitt-Beck 1996, S. 127). So kann die Medienberichterstattung auf Seiten der Rezipienten die zentralen Botschaften der Wahlwerbung aktualisieren und dadurch zu einer verbesserten Erinnerung an Kandidaten und Parteien beitragen (Pedersen 2014, S. 913; Ansolabehere & Iyengar 1995, S. 82). Ein Blick auf die

Medienberichterstattung über die Wahlwerbung im Wahlkampf erscheint aber auch deshalb vielversprechend, da die erneute und fokussierte Thematisierung von Wahlwerbung zu „Spill-Over-Effekten" führen kann. So zeigten Podschuweit und Dahlem (2007), dass die massenmediale Berichterstattung über Wahlwerbung beeinflusst, inwieweit Rezipienten diese als glaubwürdig wahrnehmen.

Hier setzt unsere Studie an. Unser Forschungsinteresse besteht darin, zu identifizieren, in welchem Umfang und mit welcher Tendenz Journalisten über Wahlwerbung berichten und welche Referenzkriterien sie dabei heranziehen. Da die Medienberichterstattung journalistischen Qualitätskriterien genügen muss (Neuberger & Kapern 2013), fragen wir, inwieweit Journalisten ihre Bewertung der Wahlwerbung sachlich begründen und dabei auf Evaluationskriterien zurückgreifen, die sich aus den Funktionen von Wahlwerbung im politischen Prozess ableiten lassen.

4 Methodische Anlage der Studie

4.1 Auswahl des Untersuchungszeitraums

Für die Inhaltsanalyse wurden textliche Nachrichtenbeiträge deutscher Online-Medien im Zeitraum von 12 Wochen vor, während und nach der Bundestagswahl analysiert. Der Erhebungszeitraum startet am 16. Juli 2017, zwei Wochen vor dem eigentlichen Wahlkampfzeitraum, und reicht bis zum 8. Oktober 2017, zwei Wochen nach der Bundestagswahl. Der frühe Startpunkt korrespondiert mit der Abgabefrist der Landeslisten und Meldung der Direktkandidaten der Parteien bei den Landeswahlausschüssen, womit die Parteien personell für den Wahlkampf aufgestellt waren. Der Endpunkt am 8. Oktober 2017 wurde gewählt, damit auch rückblickende Analysen und Beurteilungen der Wahlwerbung vor dem Hintergrund der Wahlergebnisse einbezogen werden konnten.

4.2 Auswahl des Medien- und Artikelsampels

Um ein großes Spektrum abzudecken, wurde ein breites Mediensampel von 14 Online-Nachrichtenmedien gewählt. Den Kern bildeten die Online-Angebote der wichtigsten reichweitenstarken überregionalen Tageszeitungen *Süddeutsche Zeitung, Frankfurter Allgemeine Zeitung, Frankfurter Rundschau, Die Tageszeitung, Welt* sowie *Der Tagesspiegel*. Daneben wurden die Online-Angebote der Wochenzeitungen *Zeit* und *Spiegel* sowie von *Bild* und *Express* untersucht. Ergänzt wurde dies um die fach- bzw. zielgruppenspezifischen Online-Formate *Übermedien, Meedia, Werben & Verkaufen* sowie *Horizont*.

Als Suchkriterium für die zu analysierenden Artikel wurde im ersten Schritt der Begriff „Wahlkampf 2017" genutzt; dieser wurde in die Suchmaske des jeweiligen Online-Mediums eingegeben. Im zweiten Schritt wurden alle Beiträge erfasst, in denen das Thema „Wahlwerbung" im weitesten Sinne behandelt wurde. Mit der *Vorselektion* und dem *Aufgreifkriterium* wurden sowohl Beiträge erfasst, die allgemein Wahlwerbung im Bundestagswahlkampf 2017 thematisieren als auch Artikel, die sich in ihrer Berichterstattung spezifisch auf einzelne Formen Strategien und/oder Funktionen von Wahlwerbung im Kontext der Bundestagswahl fokussierten. Daraus ergab sich ein Artikelsample von 238 Beiträgen, die die Basis unserer Analyse bilden.

4.3 Überblick über zentrale Kategorien und das Vorgehen bei der Codierung

In der Codierung wurden inhaltliche Merkmale der analysierten Beiträge auf zwei unterschiedlichen Ebenen erfasst. Auf der *Artikelebene* wurden formale Aspekte des Artikels codiert, darunter u. a. der Titel sowie Untertitel des Artikels, das Ressort, sowie die Anzahl der im Artikel enthaltenen Wörter zur Bestimmung der Artikellänge. Die Codierung der inhaltlichen Aussagen wurde auf der *Aussagenebene* vollzogen, verstanden als inhaltlicher Sinnzusammenhang im Beitrag. Hierbei wurden Aussagen zur thematisierten Wahlwerbung, zu Parteien und Politikern sowie zu den eingesetzten Strategien erfasst. Ein besonderes Augenmerk lag auf den *Bewertungen der Wahlwerbung*. Als Bewertungen wurden Aussagen definiert, die eine positive bzw. negative Beurteilung bezüglich eines Bewertungsobjektes zum Ausdruck bringen (Thompson & Hunston 2000, S. 2 f.). Neben solchen eindeutig als positiv oder negativ zu klassifizierenden Wertungen wurden auch neutrale oder ausgewogene Aussagen erfasst. Für jede Bewertung wurde codiert, welche Bewertungskriterien herangezogen bzw. ob in der Aussage explizit oder implizit Funktionen von Wahlwerbung im politischen Prozess angesprochen wurden. Da Bewertungen in der journalistischen Berichterstattung dazu dienen können, den eigenen Diskurs-Standpunkt zum Ausdruck zu bringen Thompson & Hunston (2000, S. 12), wurde darüber hinaus erfasst, von wem die referierte Bewertung im Beitrag vorgenommen wurde. Schließlich wurde codiert, ob die Bewertung von Strategien und Funktionen einen wertenden Rückschluss auf politische Akteure nahelegte, welche Valenz (positiv, negativ, neutral) diese aufwies und auf welchen Akteur sie sich richtete (Politiker, Partei). Abschließend wurde die Gesamttonalität der Aussage erfasst.

An der Codierung waren insgesamt 13 CodiererInnen beteiligt. Die Intercoder-Reliabilität liegt für die formalen Variablen bei .89 nach Holsti und kann damit als gut angesehen werden. Bezüglich der inhaltlichen Variablen (angesprochene Strategien, Kriterien und Funktionen sowie deren Bewertung) ergibt sich eine geringere Intercoder-Reliabilität von .73 (Überschneidungsmaß nach Holsti). Dieser Wert gilt für implizite Aussagen und Wertungen als akzeptabel (Früh & Früh 2015, S. 25); die geringere Übereinstimmung begründet sich darin, dass die Codierung der Bewertungen und der inhaltlichen Bezüge in den Aussagen stärker auf der interpretativen Inferenz der CodiererInnen basierte und damit einen größeren Interpretationsspielraum besitzt (Rössler 2017).

5 Ergebnisse

5.1 Art, Umfang und Chronologie der Berichterstattung über Wahlwerbung

In den 238 Artikeln wurden 861 Aussagen codiert und analysiert. Davon entstammen mehr als zwei Drittel der Artikel (67 %) den Qualitätsmedien im Sample. Aus den Special-Interest Medien stammen 22 % und aus den Boulevardmedien rund 12 % der Artikel. Bezüglich der *Relevanz* von Wahlwerbung in den Artikeln lässt sich feststellen, dass in den Qualitätsmedien in 58 % der Artikel Wahlwerbung als *Hauptthema* behandelt wurde. In den Boulevardmedien befassten sich mehr als zwei Drittel (68 %) der Artikel mit Wahlwerbung als Hauptthema, während bei den Zielgruppenmedien sogar in 78 % der Artikel das Thema den Beitrag dominierte.

Bei Betrachtung der *Thematisierung der Wahlwerbung im Zeitverlauf* zeigt sich zwar, dass die letzten Tage vor der Bundestagswahl auf eine leicht erhöhte Thematisierung von Wahlwerbung in der Berichterstattung schließen lassen; der Umfang der Berichterstattung nimmt aber mit zunehmender Nähe zum Wahltermin (24. September 2017) nicht systematisch zu (vgl. Wilke & Reinemann 2006, S. 318; Magin 2012, S. 182 ff.). Stattdessen lassen sich mehrere Zeitpunkte im Verlauf der Wahlkampfphase identifizieren, an denen sich Berichte über Wahlwerbung häufen (z. B. 21.07., 01.08., 06.08, vgl. Abb. 1). Eine Rekonstruktion der zeitlichen Chronologie von Ereignissen im Wahlkampf legt nahe, dass diese Höhepunkte der Berichterstattung über Wahlwerbung als Resultat *inszenierter*

Wahlkampfereignisse zu deuten sind, bei denen die Parteien ihre Wahlkampfkonzepte bzw. einzelne Werbemittel (z. B. die Plakatkampagne, den TV-Spot) vorstellten. Zum Beispiel präsentierten am 21. Juli sowohl die Linke als auch die Grünen ihre jeweiligen Wahlkampfkonzepte – worauf die Online-Berichterstattung der analysierten Medien noch am gleichen Tag mit entsprechenden Artikeln reagierte.

5.2 Inhalte der Berichterstattung über Wahlwerbung

Betrachtet man die Inhalte der Aussagen, die in den Beiträgen über Wahlwerbung gemacht werden, überrascht, dass der Großteil der Aussagen (70 %) *keinen thematischen Bezug* erkennen lässt. Die Berichterstattung fokussiert damit weniger auf die politischen Inhalte der Parteien, die diese mit der Wahlwerbung vermitteln wollen, sondern ist Berichterstattung über Wahlwerbung an sich. Von den politischen Themen, die in der Berichterstattung über Wahlwerbung angesprochen werden, stehen Soziale Gerechtigkeit (n = 54) und Migration/Integration (n = 44), sowie Umwelt/Energie (n = 38) vorne. Die politische Agenda der Parteien im Wahlkampf (Beitrag von Thierse & Kaczynska in diesem Band) spiegelt sich damit nicht in der medialen Berichterstattung über Wahlwerbung wider.

Ein erster Überblick über die Verteilung zeigt, dass die Journalisten insgesamt einen Fokus (über 40 % der Berichterstattung) auf die Wahlwerbung der großen Parteien CDU und SPD legen. Lediglich 12 % der Berichterstattung fallen auf Wahlwerbung der AfD, 13 % auf die Grünen und 11 % auf die FDP.

Die Berichterstattung fokussiert dabei auf *traditionelle Offline-Wahlwerbeformen* (vgl. Abb. 2): Während etablierte Werbeformate, wie Wahlplakate, Wahlwerbespots oder Wahlkampfveranstaltungen, in 77 % aller Aussagen besprochen werden, werden innovative Online-Wahlwerbeformen nur in rund einem Drittel thematisiert (22 % der Aussagen sind Online-Formaten gewidmet; dazu kommen 8 %, in denen Online- sowie Offline-Formen gleichberechtigt in einer Aussage thematisiert werden). Die Wahlwerbeform, über die mit Abstand am häufigsten berichtet wurde, waren *Wahlplakate* (n = 280), gefolgt von *Wahlkampfveranstaltungen* (n = 99). Dagegen wurde selten über Werbeformen in einzelnen *Sozialen Medien* (z. B. Facebook, (n = 61) oder Twitter (n = 38)) oder über Partei-Apps (n = 13) berichtet (vgl. Abb. 1). Auch wenn einzelne Aktionen – etwa die Ankündigung des eigenen What's App-Kanals von Cem Özdemir und Katrin Göring-Eckardt – mediale Aufmerksamkeit erreichten, deuten unsere Befunde an, dass sie Journalisten zur weiterführenden Thematisierung durch die Medien nur bedingt motivieren (Beitrag von Degen in diesem Band).

Am Thema vorbei? 399

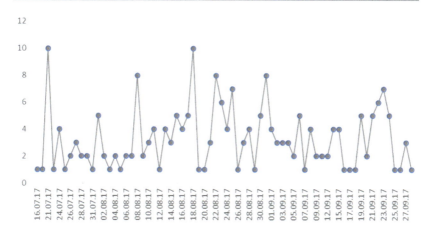

Abb. 1 Berichterstattung über Wahlwerbung im Zeitverlauf. (Häufigkeit der erschienen Artikel über Wahlwerbung zur Bundestagswahl 2017 im Zeitverlauf (Basis n = 238 Artikel im Analysezeitraum))

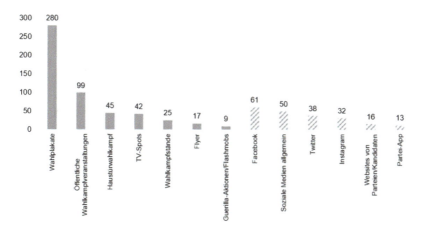

Abb. 2 Anzahl der Nennungen von Wahlwerbeformen. (Thematisierung verschiedener Formen von Wahlwerbung in Aussagen der Berichterstattung zur Wahlwerbung der Bundestagswahl 2018 (Basis: n = 727 Nennungen))

5.3 Bewertung der Wahlwerbung

Eine zentrale Frage war, ob und wie Wahlwerbung aus Sicht der Medien bewertet wird. Eine wertende Tendenz findet sich im Großteil der Aussagen (68 %); in der Mehrheit ist sie negativ (41 %). Sowohl Offline- als auch Online-Wahlwerbeformen erhalten mehr negative Beurteilungen als positive. Während Aussagen über Offline-Wahlwerbung zu 39 % negative Bewertungen beinhalten (28 % positiv, n = 601), wird über Online-Wahlwerbung noch kritischer berichtet (in 41 % aller Aussagen negative Wertung; 33 % positiv, n = 293). In der Medienberichterstattung wird über Wahlwerbung also mit einer negativ wertenden Tendenz berichtet, wobei diese für neuere Formen der Wahlwerbung online und in Social Media noch deutlicher ausfällt.

Betrachtet man die Bewertung der Wahlwerbung der Parteien im Vergleich, wird die Wahlwerbung der FDP am positivsten bewertet; sie erhält die größte Anzahl positiv wertender Aussagen (41 %; negative: 26 %, n = 92). Ausgewogen hinsichtlich positiver, negativer sowie neutraler Tendenzen wird die Wahlwerbung der Grünen bewertet (positive: 34 %; negative: 32 %, n = 108). Die Wahlwerbung von SPD (negativ: 38 %; positiv: 28 %, n = 169) sowie Die Linke wird eher negativ bewertet (negativ: 38 %, positiv: 32 %, n = 53). Etwas kritischer wird die Wahlwerbung der CDU/CSU bewertet (negativ: 40 %; positiv: 31 %, n = 184), während die AfD mit Abstand die meisten negativen Bewertungen erhält (negativ: 49 %; positiv: 11 %, n = 105).

Bei differenzierter Betrachtung unterschiedlich orientierter Medien bestätigt sich nicht systematisch, dass Medien entsprechend ihrer redaktionellen Linie bzw. politischen Ausrichtung über Wahlwerbung einzelner Parteien berichten. Vielmehr zeigt sich eine heterogene Berichterstattung in Bezug auf die unterschiedlichen Parteien. Zwar sind bei einigen Medien durchaus überwiegende Bewertungstendenzen erkennen (z. B. politisch links ausgerichtete Medien mit einer in der Gesamttendenz eher negativen Bewertung von Wahlwerbung), diese lassen sich aber nicht zweifelsfrei mit einzelnen politischen Parteien verknüpfen.

Interessant ist hier auch die Frage nach den Urhebern der Bewertungen. Journalisten können eine Bewertung entweder selbst formulieren oder dafür Zitate „opportuner Zeugen" (Hagen 1992) nutzen – etwa Wissenschaftler oder Wahlkampfexperten –, die ihre Tendenz spiegeln. In den analysierten Berichten greifen Journalisten darauf aber selten zurück; die Autoren der Beiträge sind in etwa zwei Drittel (67 %, N = 969) auch die Urheber der wertenden Aussagen. Politikberater

(9 %), Politiker (10 %) oder einzelne Wissenschaftler (5 %) sowie die Meinungen der Bürger (3 %) kommen insgesamt selten zu Wort.

5.4 Bezüge auf Funktionen der Wahlwerbung in der Berichterstattung

Interessanterweise weist die überwiegende Mehrheit aller Aussagen Bezüge auf Funktionen der Wahlwerbung auf: Mehr als drei Viertel (77 %) aller analysierten Aussagen adressieren mindestens eine zentrale Aufgaben der werblichen Kampagnenkommunikation; gar keine Bezüge zur Funktion von Wahlwerbung weist lediglich ein Fünftel aller Aussagen auf. Am häufigsten verweisen die Medien auf die Funktion der *Herstellung von Sichtbarkeit/Präsenz/Aufmerksamkeit* durch Wahlwerbung (43 % aller Aussagen). An zweiter Stelle wird die Funktion der *Bürgeransprache* in rund einem Drittel aller Aussagen genannt (34 %). In etwas weniger als einem Viertel der Aussagen thematisieren Journalisten die Aufgabe von Wahlwerbung, *inhaltliche Positionen* zu vermitteln (23 %). Bezüge zur *Mobilisierung zur Wahl* (15 %), zu *Diskurs/Kontroverse/Anschlusskommunikation/Vernetzung* (14 %), zur *Vermittlung von strukturellen Informationen* (5,2 %), also von Wahlkampfterminen und Kandidaten, sowie zur *Mobilisierung zur politischen Arbeit* (3,4 %) werden selten angesprochen. Die Befunde zeigen also, dass die Berichterstattung über Wahlwerbung zu hohem Maße auf ihre Funktionen im politischen Prozess Bezug nimmt und dabei zentrale demokratietheoretische Aspekte thematisiert (insb. *Herstellung von Sichtbarkeit/Präsenz/Aufmerksamkeit, Bürgeransprache, Vermittlung inhaltlicher Positionen* und *Mobilisierung*).

Betrachtet man die Referenzen auf Funktionen der Wahlwerbung gesplittet nach Parteien und Medien, fällt auf, dass die Berichterstattung über die Wahlwerbung der beiden großen Parteien SPD und CDU (über die auch insgesamt häufiger berichtet wird), auch mehr Referenzen auf deren Funktionen beinhaltet (vgl. Abb. 3). Tendenziell zeigt sich im Mediensplit, dass die links ausgerichteten Medien bei Berichterstattung über Wahlwerbung linksgerichteter Parteien häufiger auf deren Funktionserfüllung ansprechen. Beispielsweise wird die Funktion *Diskurs/Kontroverse/Anschlusskommunikation/Vernetzung* im Kontext der Die Linke in den linksgeprägten Medien signifikant mehr genannt.

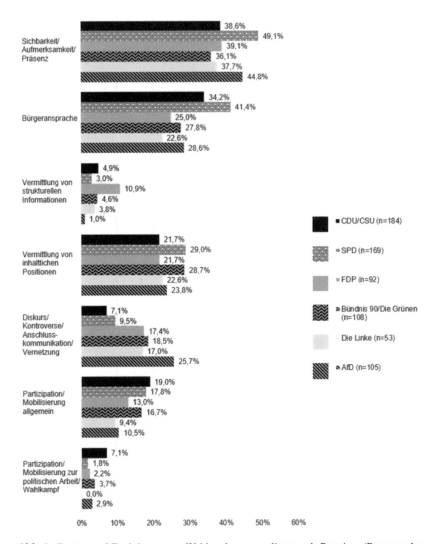

Abb. 3 Bezüge auf Funktionen von Wahlwerbung gesplittet nach Parteien. (Prozentualer Anteil der Nennung einer entsprechenden Funktion relativ zu allen Aussagen, in denen die Wahlwerbung jener Partei bewertet wird (Ausprägungen: Funktion genannt, Funktion nicht genannt; Mehrfachcodierungen möglich))

5.5 Bezüge auf Strategien der Wahlwerbung in der Berichterstattung

Zur Frage, ob in der Berichterstattung Bezüge auf die vermuteten kommunikativen Strategien, die die Parteien mit ihrer Wahlwerbung verfolgen, thematisiert wurden, (vgl. Abb. 4), zeigt sich, dass Journalisten häufig auf die zu Grunde liegenden, intendierten oder möglicherweise auch verfehlten Strategien von Wahlwerbung referieren: In mehr als 70 % aller Aussagen finden sich hierzu Bezüge. Die am häufigsten genannten Strategien sind Personalisierung (22 %), Mobilisierung (20 %) und Thematisierung (19 %); sehr selten wird über Negative Campaigning (6 %) oder Populismus (4 %) berichtet. Mit der Dramaturgie des Wahlkampfs korrespondiert, dass die Journalisten v. a. der Wahlwerbung der SPD und FDP eine Konzentration auf ihre Spitzenkandidaten attestieren: Personalisierung wird besonders in Verbindung mit der FDP und der SPD thematisiert (vgl. Abb. 4). Die Strategie wird interessanterweise weitaus seltener in Verbindung mit Berichten über CDU-Wahlwerbung gebracht – möglicherweise fehlt es hier an Neuigkeitswert. Über Thematisierung wird v. a. im Kontext der Wahlwerbung der Grünen und der Linken berichtet, während die Wahlwerbung der AfD primär mit Bezug auf Personalisierung, Emotionalisierung und Populismus dargestellt wird.

Die Verweise auf Strategien lassen erneut einzelne medienspezifische Unterschiede erkennen: Während z. B. Personalisierung im Kontext der FDP-Werbung in insgesamt 38 % der Aussagen behandelt wird, findet sie bei den linksorientierten Medien weniger Beachtung (29 % der Aussagen). Umgekehrt wird die SPD-Wahlwerbung im Durchschnitt zu 13 % der Aussagen in Verbindung mit einem Angriffswahlkampf genannt, während die eher SPD-nahen Medien die „aggressive" und dadurch negativ konnotierte Strategie lediglich zu 5 % mit der Wahlwerbung der SPD verbinden. Eine systematische Verzerrung findet sich jedoch nicht. Allerdings wird die Wahlwerbung der AfD nicht nur von allen Medien tendenziell negativer bewertet, sondern auch überdurchschnittlich häufig mit der Strategie des Populismus in Verbindung gebracht (23 % aller Aussagen vs. max. 2 % bei allen anderen Parteien). Dies mag in einer politisch und gesellschaftlich geringen Akzeptanz der Partei, begründet sein, die die Journalisten hier spiegeln. Diskussionswürdig ist jedoch, ob es sich hierbei um eine „Verzerrung" der Berichterstattung handelt – denn auch de facto erfüllt die Wahlwerbung der AfD, und zwar im Unterschied zur Wahlwerbung der anderen Parteien, deutlich die Merkmale populistischer Kommunikation (Merkle 2016, S. 149–150).

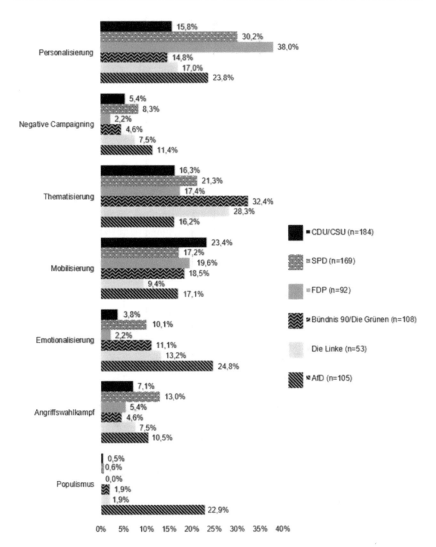

Abb. 4 Nennung von Strategien in Bezug auf die Parteien. (Prozentualer Anteil der Nennung einer entsprechenden Strategie relativ zu allen Aussagen, in denen die Wahlwerbung jener Partei bewertet wird (Ausprägungen: Strategie genannt, nicht genannt; Mehrfachcodierungen möglich))

5.6 Bezüge auf Funktionen und Strategien in Kombination miteinander

Betrachtet man nur die Aussagen, in denen die ausgewählten Strategien und Funktionen gemeinsam genannt bzw. codiert wurden (vgl. Abb. 5), zeigt sich, dass die beiden insgesamt am häufigsten codierten Merkmale (Personalisierung sowie Sichtbarkeit/Präsenz/Aufmerksamkeit) auch in den meisten Aussagen einer Wahlwerbeform *gemeinsam* adressiert werden. Verbinden Journalisten eine Wahlwerbung also mit der Strategie Personalisierung, thematisieren sie im gleichen Kontext auch meist die Funktionen Sichtbarkeits- und Aufmerksamkeitserzeugung sowie Bürgeransprache. Die Berichterstattung legt damit nahe, dass die Fokussierung auf Spitzenkandidaten in der Wahlwerbung eher für Aufmerksamkeit sorgt und Bürger direkt anspricht als bspw. eine besonders emotionale Wahlwerbeform (Strategie Emotionalisierung). Wenn Journalisten dagegen die Wahlwerbung in Bezug zu Thematisierung setzen, verweisen sie zumeist – wenig überraschend – auch auf die ‚zugehörige' Funktion der Vermittlung von inhaltlichen Positionen. Ähnlich verhält es sich mit der Mobilisierung: In den Aussagen, in denen Wahlwerbung mit dieser Strategie verbunden wird, wird auf die aktive Partizipation der Bürger referiert. Noch häufiger wird ein Zusammenhang zu den Funktionen Aufmerksamkeit und Bürgeransprache hergestellt. Dies kann dadurch erklärt werden, dass diese als Voraussetzungen für eine gelingende Mobilisierung gesehen werden.

Strategien/Funktionen	Sichtbarkeit / Präsenz / Aufmerksamkeit	Bürgeransprache	Vermittlung von strukturellen Informationen	Vermittlung von inhaltlichen Positionen	Diskurs / Kontroverse / Anschlusskommunikation...	Partizipation / Mobilisierung allgemein	Partizipation / Mobilisierung zur politischen Arbeit
Personalisierung	115	77	23	46	18	19	2
Negative Campaigning	17	7	0	9	24	4	1
Thematisierung	77	63	21	99	29	25	2
Mobilisierung	99	94	10	34	31	85	26
Emotionalisierung	55	26	3	24	27	12	2
Angriffswahlkampf	29	25	1	19	21	11	8
Populismus	12	9	1	12	10	1	1

Abb. 5 Aussagen mit thematisierten Funktionen und Strategien in Häufigkeiten. (Anzahl an Aussagen, in denen mindestens je eine Funktion und eine Strategie genannt wird)

Diskussion

In dieser Studie wurden 238 Artikel auf ihre Aussagen bezüglich der Berichterstattung und Bewertung von Wahlwerbung, ihren Funktionen und Strategien im Bundestagswahlkampf 2017 untersucht. Die zu Grunde liegende Frage, in welchem Umfang, mit welchem Tenor und auf Basis welcher Begründungszusammenhänge Medien über Wahlwerbung berichten, ist angesichts der Bedeutung von Wahlwerbung für den politischen Prozess im Wahlkampf relevant. Unsere Befunde zeigen, dass auch die Journalisten der Wahlwerbung Bedeutung zuschreiben: Sie berichten im Wahlkampfverlauf wiederkehrend und recht häufig über Wahlwerbung, oft als Hauptthema eines Beitrags. Dabei werden zwar kaum inhaltliche Bezüge zu den Themen hergestellt, die die Parteien mit ihrer Wahlwerbung vermitteln; Bezüge zu den *Funktionen und Strategien von Wahlwerbung* finden sich jedoch in der überwiegenden Anzahl der erfassten Aussagen.

Insgesamt sahen die Journalisten die Wahlwerbung im Bundestagswahlkampf 2017 eher kritisch – die meisten wertenden Aussagen kommen zu einer negativen Einschätzung der eingesetzten Wahlwerbung. Ohne objektive Kriterien zur Qualität der Werbeformen und ihrer empirischen Wirkung lässt sich nicht beantworten, ob diese Kritik das Ergebnis tatsächlicher handwerklicher Mängel der Wahlwerbung 2017 darstellt, ob die Journalisten speziell Wahlwerbung gegenüber kritisch eingestellt sind, oder ob sich in der Berichterstattung über Wahlwerbung der allgemeine „Negativ Bias" der Wahlkampfberichterstattung spiegelt (z. B. Magin 2012; Leidecker & Wilke 2015). Aus den Befunden lässt sich aber zumindest schließen, dass die Journalisten ihre Berichterstattung und Bewertung von Wahlwerbung an deren übergeordnete Funktions- und Bedeutungszusammenhänge rückbinden.

Erstaunlich ist dabei, dass die Berichterstattung auf traditionelle Wahlwerbung fokussiert, während neue und alternative Online- und Social-Media-Formate nicht nur seltener, sondern insgesamt auch noch kritischer thematisiert werden. Eine mögliche Erklärung ist, dass traditionelle Werbeformen nicht nur präsenter erscheinen, sondern sich auch leichter und anschaulicher vermitteln lassen. Denkbar ist auch, dass die deutschen Umsetzungen von Online-Wahlkampf aus Sicht der Journalisten noch stärker hinter den – aus dem U.S.-Kontext genährten – Erwartungen zurückfallen. So bemängelt etwa die Frankfurter Rundschau am 15.08.2017: „In Deutschland bleiben die Möglichkeiten im digitalen Wahlkampf noch weit hinter amerikanischen Verhältnissen zurück."

Dass die Wahlwerbung der AfD die negativste Bewertung zukommt, begründet sich vermutlich darin, dass diese Partei gesellschaftlich weniger akzeptable politische Positionen vertritt und in Medien des gesamten politischen Spektrums aufgrund ihrer antidemokratischen Facetten eher kritisch gesehen wird. In diesem

Zusammenhang ist auch die Frage spannend, welche Wirkungen von der Medienberichterstattung über Wahlwerbung auf die Wähler ausgehen können. Hier steht der tendenziell negativen Berichterstattung über die Wahlwerbung der AfD eine Wahlpräferenz von 12,6 % der Wähler gegenüber (im Vergleich zur letzten Wahl 2013: 4,7 %) – es kann hier nicht beantwortet werden, ob die mediale Thematisierung hier zu Reaktanz- und Vermeiderverhalten und zu Hostile-Media-Effekten (Tsfati & Cohen 2013) geführt hat, die die Absicht zur Protestwahl als Gegenentwurf zu den ‚etablierten Parteien' noch verstärkt haben, oder doch einige Wähler zur kritischen Reflektion motiviert haben mag. Ebenso spannend ist die Frage mit Blick auf die FDP, deren Wahlwerbung in den Medien besonders positiv bewertet wurde – und die im Ergebnis auch einen deutlichen Stimmenzuwachs verzeichnen konnte (2013: 4,8 %; 2017: 10,7 %) – hier wäre denkbar, dass die mediale Berichterstattung diese Tendenz durch wiederholt positive Thematisierung positiv beeinflusst hat. Letztlich lassen sich derartige Wirkungszusammenhänge aber nur vermuten; hier würden Folgestudien im Experimentaldesign Aufschluss bieten.

Interessant ist auch, die von den Journalisten thematisierten Funktionen von Wahlwerbung ihrem eigenem journalistischen Funktionsverständnis gegenüberzustellen (Steindl, Lauerer & Hanitzsch 2017, S. 420): Der überwiegende Teil der deutschen Journalisten (74 %) sieht es als zentrale Aufgabe, Inhalte anzubieten, die Aufmerksamkeit bei einem möglichst großes Publikum wecken. Darüber hinaus schätzen etwa die Hälfte der deutschen Journalisten ihre Rolle bei der Vermittlung von Informationen zur Befähigung zu politischen Entscheidungen (56 %) und der Motivation zur Teilhabe am politischen Geschehen (45 %) als zentral ein. Das journalistische Funktionsverständnis korrespondiert also mit den der Wahlwerbung zugeschriebenen Funktionen; die drei am häufigsten thematisierten Funktionen von Wahlwerbung entsprechen denen, die sich nah an journalistischen Arbeitsroutinen orientieren und damit besonders gut in die Systemlogik des Journalismus passen. Ob diese Funktionen einfach stärker „top of mind" sind oder die Journalisten hier tatsächlich funktionelle Ähnlichkeiten sehen, wäre eine spannende Frage, die Folgestudien über Journalistenbefragungen klären könnten.

Literatur

Ansolabehere, S., & Iyengar, S. (1995). Can the press monitor campaign advertising? *The Harvard International Journal of Press/Politics, 1*(1), 72–86.

Brettschneider, F. (2002a). *Spitzenkandidaten und Wahlerfolg. Personalisierung – Kompetenz – Parteien. Ein internationaler Vergleich.* Wiesbaden: Westdeutscher.

Brettschneider, F. (2002b). Die Medienwahl 2002. Themenmanagement und Berichterstattung. *Aus Politik und Zeitgeschichte, 49–50*, 36–48.
Brettschneider, F. (2005). Massenmedien und Wählerverhalten. In J.W. Falter & H. Schoen (Hrsg.), *Handbuch Wahlforschung*. Wiesbaden: Springer VS.
Chosen, H. (2014). Wahlkampfforschung. In J. W. Falter & H. Schoen (Hrsg.), *Handbuch Wahlforschung*. 2., überarbeitete Auflage (S. 661–728). Wiesbaden: Springer VS.
Diehl, P. (2016). Einfach, emotional, dramatisch. *Die Politische Meinung, 539*, 78–83.
Dörner, A., & Schicha, C. (2008). Politik im Spot-Format. Zur Semantik, Pragmatik und Ästhetik politischer Werbung in Deutschland. Wiesbaden: Springer VS.
Faas, A. (2010). Das fast vergessene Phänomen. Hintergründe der Wahlbeteiligung bei der Bundestagswahl 2009. In K.-R. Korte (Hrsg.), *Die Bundestagswahl 2009. Analysen der Wahl-, Parteien-, Kommunikations- und Regierungsforschung* (S. 69–86). Wiesbaden: VS.
Früh, W., & Früh, H. (2015). Empirische Methoden in den Sozialwissenschaften und die Rolle der Inhaltsanalyse. Eine Analyse deutscher und internationaler Fachzeitschriften 2000 bis 2009. In W. Wirth, K. Sommer, M. Wettstein & J. Matthes (Hrsg.), *Qualitätskriterien in der Inhaltsanalyse. Methoden und Forschungslogik der Kommunikationswissenschaft*, Band 12. Köln: von Halem.
Geise, S. (2011). *Vision that matters. Die Funktions- und Wirkungslogik Visueller Politischer Kommunikation am Beispiel des Wahlplakats*. Wiesbaden: VS.
Geise, S., & Kamps, K. (2015). Negative Campaigning auf Wahlplakaten: Konstruktion, Operationalisierung, Wirkungspotentiale. In K.-R. Korte (Hrsg.), *Die Bundestagswahl 2013*. (S. 343–366). Wiesbaden: SpringerVS.
Geißler, H., & Inhoffen, L. (25. August 2017). Wirkt Wahlwerbung? YouGov. https://yougov.de/news/2017/08/25/wirkt-wahlwerbung/ (10.11.2017).
Habermas, J. (1996). *Die Einbeziehung des Anderen. Studien zur politischen Theorie*. Frankfurt a.M.: Suhrkamp.
Hagen, L. M. (1992). Die opportunen Zeugen. Konstruktionsmechanismen von Bias in der Zeitungsberichterstattung über die Volkszählungsdiskussion. *Publizistik, 37*(4), 444–460.
Hinz, K. (2015). Wahlkampf auf Facebook und Twitter. Einflussfaktoren auf die Informationsaktivität zur Bundestagswahl 2013. In K.-R. Korte (Hrsg.), *Die Bundestagswahl 2013. Analysen der Wahl-, Parteien-, Kommunikations- und Regierungsforschung* (S. 407–427). Wiesbaden: Springer VS.
Holtz-Bacha, C., & Lessinger, E. (2010). Auge in Auge mit Kandidatinnen und Kandidaten. Emotionale Reaktionen auf Politikerplakate. In C. Holtz-Bacha (Hrsg.), *Die Massenmedien im Wahlkampf. Das Wahljahr 2009* (S. 140–166). Wiesbaden: VS.
Huh, T. (1996). Moderne politische Werbung – Information oder Manipulation?: Werbestrategien im Wahlkampf, dargestellt anhand der Landtagswahlkämpfe in Baden-Württemberg von 1952 bis 1992. München, Univ., Diss., 1996. *Europäische Hochschulschriften: Reihe 31*, Politikwissenschaft: Vol. 314. Bern, Wien u.a.: Lang.
Kepplinger, H. M., & Maurer, M. (2003). Image-Optimierung. Eine empirische Studie zu den Images von Gerhard Schröder und Edmund Stoiber im Bundestagswahlkampf 2002. In U. Sarcinelli & J. Tenscher (Hrsg.), *Machtdarstellung und Darstellungsmacht* (S. 219–231). Baden-Baden: Nomos.

Klingemann, H. D., & Voltmer, K. (1989). Massenmedien als Brücke zur Welt der Politik. Nachrichtennutzung und politische Beteiligungsbereitschaft. In M. Kaase & W. Schulz (Hrsg.), *Massenkommunikation. Theorien, Methoden, Befunde* (S. 221–238). Opladen: Westdeutscher.

Lessinger, E., Holtz-Bacha, C., & Cornel, W. (2015). Wahlplakate treffen jeden. Die Plakatkampagnen der Parteien im Bundestagswahlkampf 2013. In C. Holtz-Bacha (Hrsg.), *Die Massenmedien im Wahlkampf. Die Bundestagswahl 2013* (S. 91–120). Wiesbaden: Springer VS.

Leidecker, M., & Wilke, J. (2015). Langweilig? Wieso langweilig? Die Presseberichterstattung zur Bundestagswahl 2013 im Langzeitvergleich. In C. Holtz-Bacha (Hrsg.), *Die Massenmedien im Wahlkampf. Die Bundestagswahl 2013* (S. 145–172). Wiesbaden: Springer VS.

Magin, M. (2012). *Wahlkampf in Deutschland und Österreich. Ein Langzeitvergleich der Presseberichterstattung (1949–2006). Medien in Geschichte und Gegenwart*. Wien: Böhlau.

Merkle, S. (2016). Populistische Elemente in der Kommunikation der Alternative für Deutschland. In *Europawahlkampf 2014* (S. 129–152). Wiesbaden: Springer VS.

Neuberger, C., & Kapern, P. (2013). *Grundlagen des Journalismus*. Wiesbaden: Springer VS.

Niedermayer, O. (2007). Der Wahlkampf zur Bundestagswahl 2005. Parteistrategien und Kampagnenverlauf. In F. Brettschneider, O. Niedermayer & B. Weßels (Hrsg.), *Die Bundestagswahl 2005* (S. 21–42). Wiesbaden: VS.

Nielsen (2012). Social Media Report 2012. Social Media Comes of Age. Nielsen.com, http://www.nielsen.com/us/en/insights/news/2012/social-media-report-2012-social-media-comes-of-age.html. (abgerufen am 11.07.2018)

Partheymüller, J., & Schäfer, A. (2013). Das Informationsverhalten der Bürger im Bundestagswahlkampf 2013. *Media-Perspektiven, 2013*(12), 574–588.

Pedersen, R. T. (2014). News Media Framing of Negative Campaigning. *Mass Communication & Society, 17*(6), 898–919.

Podschuweit, N. (2007). *Wirkungen von Wahlwerbung. Aufmerksamkeitsstärke, Verarbeitung, Erinnerungsleistung und Entscheidungsrelevanz*. München: Fischer.

Podschuweit, N. (2013). Politische Werbung. In G. Siegert, W. Wirth, P. Weber & J. A. Lischka (Hrsg.), *Handbuch Werbeforschung* (S. 635–667). Wiesbaden: Springer VS.

Podschuweit, N. (2016). Politische Werbung. In G. Siegert, W. Wirth, P. Weber & J. A. Lischka (Hrsg.), *Handbuch Werbeforschung* (S. 635–668). Wiesbaden: Springer VS.

Podschuweit, N., & Dahlem, S. (2007). Das Paradoxon der Wahlwerbung. In N. Jackob (Hrsg.), *Wahlkämpfe in Deutschland. Fallstudien zur Wahlkampfkommunikation 1912 – 2005* (S. 215–234). Wiesbaden: VS.

Podschuweit, N., & Haßler, J. (2015). Wahlkampf mit Kacheln, sponsored ads und Käseglocke: Der Einsatz des Internet im Bundestagswahlkampf 2013. In C. Holtz-Bacha (Hrsg.), *Die Massenmedien im Wahlkampf: Die Bundestagswahl 2013* (S. 13–39). Wiesbaden: Springer VS.

Radunski, P. (1980). *Wahlkämpfe. Moderne Wahlkampfführung als politische Kommunikation*. München: Olzog.

Ridout, T. N., & Smith, G. R. (2008). Free Advertising. *Political Research Quarterly, 61*(4), 598–608.

Römmele, A. (2005). Personen oder Inhalte? Politikvermittlung in deutschen Wahlkämpfen. In J. W. Falter, O. W. Gabriel, & B. Weßels (Hrsg.), *Wahlen und Wähler. Analysen aus Anlass der Bundestagswahl 2002* (S. 414–433). Wiesbaden: VS.

Rössler, P. (2017). *Inhaltsanalyse.* Konstanz: UTB.

Rosar, U., & Hoffmann, H. (2015). Einflüsse der Bewertung der Kanzlerkandidaten Steinbrück und Merkel auf die Wahlchancen der Partei. In K.-R. Korte (Hrsg.), *Die Bundestagswahl 2013* (S. 119–139). Wiesbaden: Springer VS.

Sarcinelli, U. (2011). *Politische Kommunikation in Deutschland. Medien und Politikvermittlung im demokratischen System.* Wiesbaden: Springer VS.

Schäfer, A., & Schmidt, S. (2016). Dynamiken der Wahlkampfberichterstattung. Eine longitudinale Analyse der deutschen TV-Berichterstattung 2005 bis 2013, *Publizistik* 61(2), 105–122.

Schmitt-Beck, R. (1996). Medien und Mehrheiten. Massenmedien als Informationsvermittler über die Wahlchancen der Parteien. *Zeitschrift für Parlamentsfragen, 27*(1), 127–144.

Steindl, N., Lauerer, C., Hanitzsch, T., & Publizistik (2017). Journalismus in Deutschland. Aktuelle Befunde zu Kontinuität und Wandel im deutschen Journalismus. *Publizistik*, 62(4), 401–423.

Swanson, D. L., & Mancini, P. (1996). Politics, Media and Modern Democracy: Introduction. In D. L. Swanson & P. Mancini (Hrsg.), *Politics, Media and Modern Democracy. An International Study of Innovations in Electoral Campaigning and Their Consequences* (S. 1–26). Westport: Praeger.

Thompson, G., & Hunston, S. (2000). *Evaluation in text: Authorial stance and the construction of discourse.* Oxford: Oxford University Press.

Tsfati, Y., & Cohen, J. (2013). Perceptions of Media and Media Effects. The Third-Person Effect, Trust in Media and Hostile Media Perceptions. In A. N. Valdivia & E. Scharrer (Hrsg.), *The International Encyclopedia of Media Studies. Media Effects/Media Psychology.* New York: Wiley Blackwell.

Valentino, N. A., Hutchings, V. L., & Williams, D. (2004). The Impact of Political Advertising on Knowledge, Internet Information Seeking, and Candidate Preference. *Journal of Communication, 54*(2), 337–354.

Wilke, J., & Reinemann, C. (2006). Die Normalisierung des Sonderfalls? Die Wahlkampfberichterstattung der Presse 2005 im Langzeitvergleich. In C. Holtz-Bacha (Hrsg.), *Die Massenmedien im Wahlkampf. Die Bundestagswahl 2005* (S. 306–337). Wiesbaden: Springer VS.

Wilke, J., & Leidecker, M. (2010). Ein Wahlkampf der keiner war? Die Presseberichterstattung zur Bundestagswahl 2009 im Langzeitverlauf. In C. Holtz-Bacha (Hrsg.), *Die Massenmedien im Wahlkampf 2009.* Wiesbaden: VS Verlag.

Die europapolitische Parteienagenda im Bundestagswahlkampf 2017 – Eine Analyse auf Grundlage von Pressemitteilungen

Stefan Thierse und Jennifer Kaczynska

Zusammenfassung

Bundestagswahlen müssen als Wahlen erster Ordnung gelten, wenn es um europapolitische Richtungsentscheidungen geht. Tatsächlich deuten jüngere Studien darauf hin, dass das Thema europäische Integration im Parteienwettbewerb und in Wahlkämpfen auf nationaler Ebene zunehmend an Bedeutung gewinnt. Vor diesem Hintergrund analysiert der Beitrag die Thematisierung europapolitischer Sachfragen im zurückliegenden Bundestagswahlkampf. Grundlage bildet eine Auswertung von insgesamt 283 Pressemitteilungen, welche die Bundestagsfraktionen von CDU/CSU, SPD, Bündnis 90/Die Grünen sowie die Bundesparteien von FDP und AfD sechs Wochen vor dem Wahltag herausgaben. Die Ergebnisse spiegeln die allgemeine Einschätzung wider, dass Zukunftsfragen der Europäischen Union (EU) allenfalls einen Randaspekt im Bundestagswahlkampf darstellten.

S. Thierse (✉)
Institut für Sozialwissenschaften, Heinrich-Heine-Universität Düsseldorf, Düsseldorf, Deutschland
E-Mail: Stefan.Thierse@uni-duesseldorf.de

J. Kaczynska
Arbeit und Qualifikation (IAQ), Universität Duisburg-Essen, Duisburg, Deutschland
E-Mail: Jennifer.Kaczynska@uni-due.de

© Springer Fachmedien Wiesbaden GmbH, ein Teil von Springer Nature 2019
K.-R. Korte und J. Schoofs (Hrsg.), *Die Bundestagswahl 2017*,
https://doi.org/10.1007/978-3-658-25050-8_18

1 Einleitung

Business as usual – auf diese Formel könnte man nach einhelliger Einschätzung die Thematisierung europapolitischer Themen im Bundestagswahlkampf 2017 bringen. Manche politischen Beobachter diagnostizierten gar eine „fatale Abwesenheit der Europapolitik im Bundestagswahlkampf" (Müller 2017) und prognostizierten, dass die Debatten über die Europa- und Außenpolitik der Bundesrepublik nach der Wahl unvermeidlich ausbrächen (Lochocki 2017). Europapolitik als Randnotiz – das ist in gleich mehrfacher Hinsicht bemerkenswert. Erstens hatte der französische Staatspräsident Emmanuel Macron mit einem leidenschaftlich geführten Wahlkampf demonstriert, dass sich mit einem proeuropäischen Programm und der demonstrativen Lust an Reformen der EU durchaus Wahlen gewinnen lassen. Zweitens stand mit Martin Schulz ein Herausforderer für das Kanzleramt bereit, der wie kein Zweiter eine dezidiert europapolitische Karriere vorzuweisen hatte und seit seiner Spitzenkandidatur für das Amt des EU-Kommissionspräsidenten die Verknüpfung von Person und Programm für mehr Europa glaubwürdig hätte verkörpern können. Drittens hätte die außen- und europapolitische Großwetterlage – angefangen vom Umgang mit autoritären, nationalistischen und populistischen Regierungen innerhalb und außerhalb der EU über die Bewältigung der Migrationskrise bis hin zur ungelösten Zukunft der Eurozone – genügend Anlass gegeben, Lösungsansätze für die drängendsten Probleme wenigstens ansatzweise in ihrer europapolitischen Dimension zu skizzieren und den Wählern zu vermitteln. Viertens stand mit der Alternative für Deutschland (AfD) eine Partei zur Wahl, die bereits bei der Bundestagswahl 2013 nur knapp die Fünf-Prozent-Hürde verfehlt hatte und die Bundestagswahl 2017 zu einem Plebiszit insbesondere der Flüchtlings- und Europapolitik der Kanzlerin stilisieren wollte.

Der vorliegende Beitrag analysiert die Thematisierung europapolitischer Sachfragen im Bundestagswahlkampf und geht der Frage nach, wie sich die geringe europapolitische Durchdringung erklären lässt. Grundlage der Analyse bilden die Pressemitteilungen, welche die in der letzten Legislaturperiode im Bundestag vertretenen Fraktionen bzw. die bis Oktober 2017 nicht im Bundestag vertretenen Bundesparteien in den sechs Wochen vor dem Wahltermin veröffentlichten.

2 Theoretischer Rahmen: Europapolitik als Gegenstand des Parteienwettbewerbs in Wahlkämpfen

Wenn im Folgenden von europapolitischen Themen die Rede ist, wird damit in einem engeren Sinne auf sog. „konstitutive" Sachfragen (Bartolini 2006, S. 34) verwiesen. Konstitutive Sachfragen beziehen sich auf die Fortentwicklung der EU als politisches System, z. B. die Mitgliedschaft in der EU, Verfahrens- und Entscheidungsregeln oder die Kompetenzaufteilung zwischen nationaler und supranationaler Ebene. Davon abzugrenzen sind „isomorphe", d. h. aus der nationalen Politik geläufige Sachfragen wie die Förderung von Beschäftigung, Umwelt- und Verbraucherschutz oder die innere Sicherheit, in denen die EU heutzutage über mehr oder weniger umfangreiche gesetzgeberische Kompetenzen verfügt. Quer zu dieser Unterscheidung liegt die Differenzierung zwischen Sachfragen, die eine inhaltliche Positionierung an entgegengesetzten Polen des Meinungsspektrums erlauben *(position issues)* und Sachfragen, bei denen es in erster Linie auf die relative Gewichtung der Parteien ankommt, bestimmte als wünschenswert anerkannte Ziele zu erreichen *(valence issues)* (Schmitt 2009, S. 139). *Position issues* korrespondieren mit einer konkurrenztheoretischen Sichtweise des Parteienwettbewerbs, derzufolge Parteien über die programmatische Abgrenzung zu Wettbewerbern um Wählerstimmen konkurrieren (Downs 1957). Gemäß der Salienztheorie (Budge 1982; 2001; Schmitt und Thomassen 1999) konkurrieren Parteien vorrangig über *valence issues*. Sie führen den Wettbewerb nicht in Form direkter Konfrontation und inhaltlicher Abgrenzung zu allen beliebigen Themen, sondern über die selektive Hervorhebung von Themen, in denen sie in der Bevölkerung als kompetent und glaubwürdig wahrgenommen werden.[1]

In der Literatur herrschen zwei unterschiedliche Ansichten in Bezug auf die Bedeutung europapolitischer Themen für den (elektoralen) Parteienwettbewerb. Vertreter der *EU-Issue-Voting*-These heben die zunehmende Bedeutung europapolitischer Themen für die Wahlentscheidung sowie als Gegenstand der politischen Auseinandersetzung in nationalen Wahlkämpfen hervor (de Vries 2007,

---

[1]Jüngere Arbeiten weisen darauf hin, dass beide Ansätze sich nicht wechselseitig ausschließen (Dolezal u. a. 2014; Meijers 2018, S. 135 f.): Parteien führen den Wettbewerb sowohl durch die Hervorhebung von Themen, in denen ihnen in der Wählerschaft Kompetenz und Meinungsführerschaft *(issue ownership)* zugeschrieben werden (Petrocik 1996; Green und Hobolt 2008), als auch über die Einnahme distinkter Positionen zu ein und derselben Sachfrage.

2010; Hutter und Grande 2014; van der Eijk und Franklin 2004). Vertreter der De-Politisierungs-These betonen demgegenüber die strategischen Fähigkeiten der Mainstream-Parteien, EU-Themen aus Wahlkämpfen herauszuhalten. Beide Perspektiven anerkennen das Mobilisierungspotenzial, das sich mit Themen der europäischen Integration und der Haltung gegenüber der EU als politischem System verbindet. Gemein ist beiden ferner die Prämisse, dass Parteien die zentralen Politisierungsagenten sind und die Anreize, EU-bezogene Themen zum Gegenstand des Parteienwettbewerbs zu machen, für Parteien der politischen Mitte andere sind als für jene an den Rändern des politischen Spektrums.

Es wird angenommen, dass etablierte Parteien der politischen Mitte bestrebt sind, die Politisierung von EU-Sachfragen zu vermeiden, da dies in gleich mehrfacher Hinsicht mit strategischer Unsicherheit verbunden ist. Sachfragen, die sich auf die Fortentwicklung der EU als politisches System beziehen, liegen quer zum tradierten Links-Rechts-Schema, das vor allem sozioökonomische Konfliktlinien abbildet (Hooghe et al. 2002). Dies stellt eine Herausforderung für die Geschlossenheit von Mainstream-Parteien dar: So sind moderat-konservative Parteien zwar Befürworter der marktliberalen Prinzipien der EU, stehen dem Transfer staatlicher Souveränität auf die EU-Ebene indes skeptisch gegenüber; hingegen befürworten Mitte-Links-Parteien tendenziell die Delegation von Hoheitsrechten an die EU, lehnen jedoch die marktliberale ‚Schlagseite' der EU ab (Anders et al. 2018, S. 14). Es besteht für Mainstream-Parteien folglich kein Anreiz, konstitutive Sachfragen in den Vordergrund des Parteienwettbewerbs zu rücken. Sie sind in isomorphen Sachfragen, die sich im Links-Rechts-Schema verhandeln lassen, weitaus geschlossener und können hier mit unterscheidbaren Positionen konkurrieren. Zweitens begeben sich Mainstream-Parteien, wenn sie das Thema EU politisieren, koalitionspolitisch auf dünnes Eis: mit einer europakritischen Haltung manövrieren sie leicht in die Nähe rechts- oder linkspopulistischer Parteien und machen sich damit für andere potenzielle Koalitionspartner ‚unmöglich' (Green-Pedersen 2012, S. 119). Drittens haben Mainstream-Parteien keinen Anreiz zur Politisierung von EU-Sachfragen, weil sie die Mehrheit der Bevölkerung nicht hinter sich wissen können.

Nischenparteien (Meguid 2008; Meyer und Wagner 2013) bzw. „Herausfordererparteien" (Meijers 2018) sind hingegen prädestiniert für eine Politisierung von europapolitischen Sachfragen, verstanden als verstärkte Thematisierung und verschärfte öffentliche Auseinandersetzung (Anders et al. 2018). Dies gilt in besonderem Maße für Parteien am rechten Rand des politischen Spektrums. Sie können mit der Politisierung konstitutiver Sachfragen zugleich Identitätsfragen verhandeln und sich damit auf einer soziokulturellen Konfliktdimension von den etablierten Parteien abgrenzen und profilieren. Anders gewendet können

Herausfordererparteien vergleichsweise gefahrlos auch konstitutive Sachfragen wie den Fortbestand der Währungsunion in Form von *position issues* verhandeln, weil sie nicht primär auf der Links-Rechts-Dimension konkurrieren. Zugleich haben sie ein ureigenes Interesse, konstitutive Sachfragen in den Vordergrund zu rücken und somit eine Themenführerschaft für sich zu reklamieren, weil etablierte Parteien diese lieber meiden (Meijers 2018, S. 135).

Entsprechend sehen Vertreter der *EU-issue-voting*-These eine verstärkte Politisierung als geradezu unausweichlich.[2] Es können indes zwei kausale Pfade zu einer verstärkten Politisierung führen (de Vries 2007). Die *sleeping-giant*-These betont das nachfrageseitig enorme Potenzial zur Politisierung. Ausgangspunkt dieser These ist die Beobachtung, dass in den meisten EU-Mitgliedstaaten die Präferenzen der Bürger in Bezug auf die EU-Integration weitaus stärker über das gesamte politische Spektrum verteilt sind und Wähler tendenziell skeptischer gegenüber der EU eingestellt sind als die Parteien und Parteieliten. Die meisten Wähler haben demzufolge nicht nur eine klare Position zu EU-Themen; sie sind auch bereit, ihre Wahlentscheidung auf Basis genuin EU-bezogener Präferenzen zu treffen. Sie tun dies bloß deshalb nicht, weil vielfach die Parteien ihnen noch kein entsprechendes Angebot machen (van der Eijk und Franklin 2004). Während die *sleeping-giant*-These eine *bottom-up*-Perspektive einnimmt und die öffentliche Meinung als Triebfeder von Politisierung sieht, geht die *issue-evolution*-These von einem *top-down*-Mechanismus aus. In dieser Sichtweise sind es Parteien, die durch ein konfrontativeres Verhalten – gleichsam einen Bruch mit dem permissiven Konsens – erst die Salienz EU-bezogener Themen für die Wähler sichtbar machen.

Vertreter der De-Politisierungsthese halten dieser Sichtweise das strategische Kalkül und Repertoire der Mainstreamparteien entgegen. So weist Mair (2001) darauf hin, dass die Parteien das Thema EU-Integration primär in Wahlen zum Europäischen Parlament (EP) thematisieren, das bei systemgestaltenden Vertragsreformen weitgehend außen vor ist. Umgekehrt werden in nationalen Parlamentswahlen vorrangig Sachfragen verhandelt, die nicht (mehr) ausschließlich in die Kompetenz der Mitgliedstaaten fallen. Es liegt im institutionellen Eigeninteresse von Parteien, die Inkongruenz zwischen der jeweiligen elektoralen Arena und der relevanten Kompetenzebene strategisch auszunutzen. Indem Parteien

---

[2]In Übereinstimmung mit Green-Pedersen (2012, S. 117) gehen wir davon aus, dass Politisierung in erster Linie von der Salienz von Themen auf der Parteien- und der Bevölkerungsagenda abhängt und weniger von der Positionierung der Parteien zu bestimmten Sachfragen.

(bzw. Parteiführungen) die auf der jeweiligen Handlungsebene eigentlich zu entscheidenden Fragen in den für jene Ebene relevanten Wahlkämpfen ausklammern, beschneiden sie die Wahl- und Sanktionsmöglichkeiten der Wähler und schirmen sich so von ihrer Rechenschaftspflicht ab, sichern sich zugleich jedoch (Ver-)Handlungsspielräume. In dieser Lesart gilt für die Politisierung von europapolitischen Themen: „The giant is fast asleep because those who could wake it up generally have no incentive to do so and those who have an incentive cannot" (Green-Pedersen 2012, S. 115).

Zusammenfassend lassen sich zwei konkurrierende Erwartungen bzgl. der Thematisierung und Politisierung von europapolitischen Themen im Bundestagswahlkampf ableiten. Gemäß der *EU-Issue-Voting*-These steht zu erwarten, dass mit der AfD eine Herausfordererpartei bereit steht, die den proeuropäischen Konsens der etablierten Parteien infrage stellt und konstitutive EU-Sachfragen zum Gegenstand politischer Auseinandersetzung macht. Eine geringe Politisierung von EU-Themen im Wahlkampf wäre in dieser Sichtweise der Unfähigkeit der Herausforderpartei geschuldet, ihre Themen auf die Agenda zu setzen und günstige Gelegenheiten wie z. B. Krisen, Skandale oder andere externe Anlässe für sich zu nutzen. Eine geringe Politisierung von EU-Themen im Wahlkampf wäre der De-Politisierungs-These zufolge hingegen ein Beleg für die strategische Fähigkeit der etablierten Parteien, das Thema EU-Integration von der Agenda fernzuhalten.

3 Pressemitteilungen als Mittel der Wahlkampfkommunikation

Wahlkämpfe „markieren den Höhepunkt des Parteienwettbewerbs" (Korte und Bianchi 2015, S. 297) und sind Phasen verdichteter politischer Kommunikation. Wahlkampfkommunikation spielt sich in einem Dreieck aus Parteien, Medien und Wählern ab (Horstmann et al. 2015). Parteien und ihre Kandidaten präsentieren sich und ihre programmatischen Angebote und werben um Unterstützung, während Wähler in erster Linie Adressaten und Rezipienten politischer Kommunikation sind. Für die meisten Wähler findet Politik in den Medien statt bzw. ihre Wahrnehmung politischer Vorgänge und Inhalte ist medial vermittelt und beruht in der Regel nicht auf eigenen Erfahrungen und Erlebnissen. Parteien versuchen daher gezielt, mit ihren Themen (Parteienagenda) auf die Medienagenda einzuwirken, da die Salienz bestimmter Themen in der Öffentlichkeit direkt davon abhängt, welchen Raum bestimmte Themen in der medialen Berichterstattung einnehmen. Da die Wahlentscheidung wiederum von der Salienz bestimmter

Sachfragen abhängen kann (Green und Hobolt 2008), haben Parteien ein ureigenes Interesse daran, die Medienagenda aktiv mitzugestalten.[3] Dabei stehen Parteien wie alle politischen Akteure vor der Herausforderung, mit ihren Anliegen ‚durchzudringen' und Berücksichtigungszwänge zu schaffen. So wie Zeit ist auch Aufmerksamkeit ein knappes Gut (Dearing und Rodgers 1996), um das Parteien konkurrieren. Agenda-Setting dreht sich um zwei Dinge: Aufmerksamkeit auf bestimmte Themen zu lenken und sich selbst als glaubwürdige politische Instanz darzustellen (Princen 2011).

Ein wesentliches Mittel der Wahlkampfkommunikation und des Agenda-Setting, das auch im Zeitalter des Internet und Social Media seinen festen Platz hat, sind Pressemitteilungen (Burkart und Rußmann 2015, S. 51). Pressemitteilungen erlauben es Parteien, auf ihre Leistungsbilanz hinzuweisen und diese mit jener der anderen politischen Wettbewerber zu vergleichen (Kepplinger und Maurer 2013, S. 117). In theoretischer Hinsicht sind Pressemitteilungen deshalb eine geeignete Analysegrundlage, weil diese der Form und dem Inhalt nach auf die Vermittlungsleistung der Massenmedien zugeschnitten sind. Kriterien wie Länge oder Nachrichtenwert orientieren sich an den Bedürfnissen von Journalisten, die in der Regel unter hohem Zeitdruck arbeiten und auf leicht verfügbare und routinierte Informationskanäle angewiesen sind (Hopmann et al. 2012, S. 179; Horstmann et al. 2015, S. 101). Zugleich sind sie stärker als andere Formen der Kampagnenarbeit – etwa des Haustürwahlkampfs oder Wahlwerbespots in TV und Social Media – auf Sachthemen zugespitzt und eignen sich damit stärker durch die Übernahme in der Medienberichterstattung, deren Vorteil in einer größeren Objektivität und Glaubwürdigkeit liegt (Horstmann et al. 2015, S. 101). Nicht zuletzt bieten Pressemitteilungen aufgrund ihrer Tagesaktualität eine wesentlich dynamischere Erfassung der Parteienagenda, als dies mit Wahlprogrammen oder Expertenumfragen möglich ist (Hopmann et al. 2012, S. 179; Sagarzazu und Klüver 2017, S. 339).

Datengrundlage der folgenden Analyse bilden die Pressemitteilungen aller Parteien, die bei der letzten Bundestagswahl angetreten sind und realistische Aussichten auf den Einzug in den Bundestag hatten. Dabei handelt es sich um die Unionsparteien CDU/CSU, die SPD, die FDP, die AfD, Bündnis 90/Die Grünen sowie die Linke. Herangezogen wurden Pressemitteilungen, die in den sechs Wochen vor dem Wahltermin veröffentlicht wurden. Dies gilt gemeinhin als ‚heiße Phase' des Wahlkampfs (Korte 2017, S. 140). Für CDU/CSU, SPD,

---

[3]Hopmann et al. (2012) finden Belege dafür, dass in Wahlkampfzeiten tatsächlich die Parteien die Medienagenda prägen und nicht umgekehrt.

die Grünen und die Linke, die im 18. Deutschen Bundestag vertreten waren, wurden die Pressemitteilungen der Fraktionen herangezogen, während für die beiden vormals außerparlamentarischen Oppositionsparteien FDP und AfD die Pressemitteilungen der Bundesparteien die Datengrundlage bilden. Dass nicht Pressemitteilungen aller Parteien bzw. Parteizentralen untersucht wurden, lässt sich damit begründen, dass Fraktionen bei weitem mehr Pressemitteilungen als die Parteizentralen veröffentlichen: Während die Bundesparteien einschließlich der CSU insgesamt 64 Pressemitteilungen im Untersuchungszeitraum veröffentlichten, gaben die Bundestagsfraktionen insgesamt 383 Pressemitteilungen heraus. Dies zeigt auch: Wenngleich Fraktionen ‚ihre' Parteien nicht mit eigenen Mitteln unterstützen dürfen, greifen sie mit Pressemitteilungen faktisch sehr wohl in den Wahlkampf ein (Kepplinger und Maurer 2013, S. 114).

Insgesamt wurden 283 der 383 im Zeitraum vom 13. August 2017 bis zum Wahltag am 24. September 2017 veröffentlichten Pressemitteilungen in die Analyse einbezogen. Die Pressemitteilungen sind auf den Webseiten der Bundestagsfraktionen bzw. Bundesparteien frei zugänglich. Es wurden nur Pressemitteilungen einbezogen, die eindeutige Charakteristika einer Pressemitteilung aufweisen. Interviews und Nachrufe wurden nicht als Pressemitteilungen gewertet. Ebenfalls unberücksichtigt blieben Pressemitteilungen, die in erster Linie darauf abstellen, andere Parteien und deren Repräsentanten zu diskreditieren.[4] Die Pressemitteilungen wurden mittels eines aus 15 *issue*-Kategorien bestehenden Codesystems codiert. Jeder Pressemitteilung wurde hierbei genau eine *issue*-Kategorie zugeordnet. Wo eine Pressemitteilung mehr als einer *issue*-Kategorie zugordnet werden konnte, wurde als maßgebliches Entscheidungskriterium die Anzahl der Quasi-Sätze herangezogen, die der jeweiligen issue-Kategorie zurechenbar sind.[5] Nach der Codierung der Pressemitteilungen in 15 *issue*-Kategorien wurde in einem weiteren Schritt ein Ebenencode vergeben, der wiedergibt, ob in den Pressemitteilungen die EU als Handlungsebene in einem Themenfeld genannt wird. Das Codesystem wurde von beiden Autoren gemeinsam entwickelt und angepasst. Nach zwei Codierungsrunden kamen die Codierer zu übereinstimmenden Ergebnissen.

Für die weitere Untersuchung gilt das besondere Augenmerk der *issue*-Kategorie „EU". Unter diese Kategorie werden alle Pressemitteilungen gefasst, welche sich auf konstitutive Sachfragen beziehen, d. h. sich auf systemgestaltende Aspekte sowie Entscheidungsregeln in der EU beziehen. Die Kategorie beinhaltet

---

[4]Dies führt insbesondere bei der AfD zum Ausschluss von 35 Pressemitteilungen.
[5]Damit folgen wir grob dem Vorgehen des Comparative Manifesto Project (Werner et al. 2015). Ein Quasi-Satz bildet die wesentliche Codiereinheit und gibt ein Argument bzw. Aussage über angestrebte politische Ziele wieder.

somit Themen wie den Brexit, die Frage eines EU-Beitritts der Türkei oder die Zurückweisung des EuGH von Klagen gegen den Umverteilungsmechanismus für Asylsuchende. Des Weiteren interessiert uns, in welchen anderen *issue*-Kategorien die EU als Handlungsebene genannt wird.

4 Analyse

Insgesamt spielen europapolitische Themen in den Pressemitteilungen eine untergeordnete Rolle. Lediglich 17 aller 283 untersuchten Pressemitteilungen konnten der *issue*-Kategorie „EU" zugeordnet werden. Bei drei Parteien (AfD, FDP und SPD) ist dies immerhin die vierthäufigste *issue*-Kategorie. Bei den anderen Parteien nehmen EU-bezogene Sachfragen hingegen einen weitaus geringeren Stellenwert ein. Bei der CDU/CSU steht diese Kategorie an letzter Stelle, und auch bei den Grünen und der Linken spielen EU-Themen kaum eine Rolle.

Einen der wichtigsten externen Impulse für die Parteienagenden, der sich auf die Systemgestaltung der EU bezieht, setzte Kommissionspräsident Jean-Claude Juncker mit seiner Rede zur Lage der Union im EP am 13. September 2017. In dieser forderte er unter anderem die Einführung des Euro als gemeinsame Währung aller EU-Mitgliedstaaten, die Schaffung eines EU-Finanzministers, den Ausbau des Europäischen Stabilitätsmechanismus zu einem Europäischen Währungsfonds innerhalb der EU-Vertragsstruktur, die Erweiterung des Schengen-Raums um Bulgarien und Rumänien und die Vollendung einer EU-Verteidigungsunion bis zum Jahre 2025. Erstaunlicherweise thematisieren die Fraktionen von Linken und Grünen die Rede in ihren Pressemitteilungen überhaupt nicht. Während die SPD in zwei Pressemitteilungen die Vorschläge Junckers ausnahmslos positiv würdigt – insbesondere die Absage an eine EU der verschiedenen Geschwindigkeiten und eine Ausweitung der Eurozone – bekunden FDP und die CDU/CSU-Bundestagsfraktion zumindest grundsätzliche Unterstützung bei Kritik in Einzelfragen. Während die FDP eine Eurozonenbudgetlinie im EU-Haushalt und eine europäische Arbeitsmarktaufsichtsbehörde ablehnt, bewerten die Unionsparteien vor allem die vorgeschlagene Verschmelzung der Ämter von EU-Ratspräsident und Kommissionspräsident sowie von Euro-Gruppen-Chef und Währungskommissar als zu starken Eingriff in das institutionelle Gleichgewicht der EU. Auch die Unionsparteien sprechen sich gegen einen separaten Eurozonen-Haushalt aus, befürworten aber die Einrichtung eines Europäischen Währungsfonds. Die AfD dagegen wirft Juncker „Realitätsverlust" vor und grenzt sich mit einer prinzipiellen Ablehnung des Vorschlags eines ‚Euro für alle EU-Mitgliedstaaten' und der Forderung nach einer geordneten Auflösung des

Eurosystems deutlich von den übrigen Parteien ab. In Ansätzen zeigen sich in den Reaktionen auf die Rede Jean-Claude Junckers also durchaus konträre Positionen der Parteien.

Ein ähnliches Bild ergibt sich mit Blick auf ein anderes Thema, das als konstitutives *issue* gelten kann: Das Urteil des Gerichtshofs der EU (EuGH) zur Rechtmäßigkeit des gegen die Stimmen u. a. von Ungarn und der Slowakei beschlossenen Umverteilungsmechanismus für in Griechenland und Italien registrierte Flüchtlinge fand ein geteiltes Echo in den Pressemitteilungen. Die SPD-Bundestagsfraktion begrüßt in diesem Zusammenhang die Zurückweisung der Klage Ungarns und der Slowakei gegen den Umverteilungsmechanismus durch den EuGH. Auch die FDP-Bundespartei befürwortet die Entscheidung des EuGH und wendet sich gegen Ungarns ablehnende Flüchtlingspolitik. Im Zuge der Entscheidung aus Luxemburg schlägt die Bundestagsfraktion der Linken eine neue EU-Asylpolitik nach einem „free choice"-Verfahren vor, in dem Asylsuchenden die Möglichkeit geboten werden soll, sich ihr Aufnahmeland selbst aussuchen zu können. Die AfD wiederum stellt sich hinter die Politik Ungarns und der Slowakei und kritisiert die Mehrheitsentscheidung im Rat als „Brüsseler Diktat", das dem demokratischen Selbstbestimmungsrecht der Mitgliedstaaten und seiner Bevölkerungen zuwiderlaufe. Dies zeigt nicht nur, dass in einigen wenigen europapolitischen Themen die Parteien konträre Position vertreten, sondern offenbart auch, dass mit der AfD eine Partei den Wettbewerb auch mittels der Politisierung von Sachfragen führt, die als Identitätsfragen verhandelt werden.

Alles in allem ist der Stellenwert europapolitischer Themen in den Pressemitteilungen allerdings gering. Dies spiegelt die marginale Bedeutung wieder, die dieses *issue* in der Bevölkerung hatte. Unter den Themen, welche der ARD-Deutschlandtrend in der Woche vor der Bundestagswahl als wahlentscheidend ermittelte, weisen unter den ersten fünf Nennungen allenfalls die Bekämpfung des Terrorismus und die Kriminalitätsbekämpfung einen potenziellen Bezug zur EU auf, sofern es sich um grenzüberschreitende Phänomene handelt. Zwei der drei am häufigsten genannten wahlentscheidenden Themen – Schul- und Bildungspolitik sowie die Rentenpolitik – sind indes Politikfelder, die nach wie vor rein national gesteuert werden und in denen die EU keinerlei Kompetenz besitzt (infratest dimap 2017). Auch in der Problemwahrnehmung der Wähler spielte die EU als politischer Handlungsverbund kaum eine Rolle. Weniger als 2 % aller Befragten im Rahmen der GLES-Vorwahlbefragung 2017 (Roßteutscher et al. 2018), die in den acht Wochen vor der Bundestagswahl durchgeführt wurde, gaben als wichtigstes Problem „Europa allgemein" oder „Europäische Union (als Organisation)" an. Als wichtigstes Problem wurde mit großem Abstand (28 % der Befragten) die „Asylpolitik im Speziellen" genannt, gefolgt von „Zuwanderung" (6,6 %). Erst dahinter rangierten mit „Verteilungsgerechtigkeit" und „innere Sicherheit" klassische Wahlkampfthemen (Abb. 1).

Unter allen Parteien schreiben die Wähler der CDU/CSU in diesem Politikfeld die größte Kompetenz zu: Immerhin 32 % bescheinigen der CDU/CSU die größte Lösungskompetenz im Zusammenhang mit der Asylpolitik, ein deutlicher Abstand zur SPD. Nicht ganz so deutlich, aber immer noch beträchtlich ist der Vorsprung der Union vor der SPD bei der Zuwanderungspolitik. Gemäß der Salienztheorie ließe sich erwarten, dass die Unionsparteien dieses Thema prominent in den Vordergrund rücken. Zumindest die Pressemitteilungen widerlegen jedoch diese Annahme. Nur drei von 44 Pressemitteilungen der CDU/CSU (7 %) entfallen auf die *issue*-Kategorie Einwanderungs- und Asylpolitik (s. Tab. 1). Bei der SPD fällt sogar keine einzige Pressemitteilung in diese Kategorie. Während die Grünen hinsichtlich der Lösungskompetenz sogar leicht vor der FDP rangieren, thematisieren auch sie kaum das Thema Asyl und Zuwanderung. Bei der AfD zeigt sich hingegen eine klare Schwerpunktsetzung bei diesem Themenkomplex: 21 ihrer 48 im Untersuchungszeitraum berücksichtigten Pressemitteilungen beziehen sich auf Asyl- und Zuwanderungspolitik.

Angesichts der hohen Salienz des Themas in der Bevölkerung ist aufschlussreich, inwieweit die EU als Handlungsebene im Zusammenhang mit Migration und Asyl genannt wird (Abb. 2). Die Bundestagsfraktion CDU/CSU erwähnt

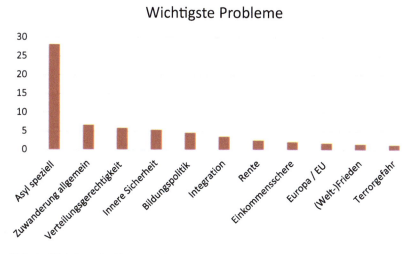

Abb. 1 Wichtigste Probleme aus Sicht der Wähler. (Quelle: Eigene Darstellung auf Basis der Daten von Roßteutscher et al. (2018). Angaben in Prozent)

Tab. 1 Pressemitteilungen je *issue*-Kategorie nach Partei

Kategorie	CDU/CSU	SPD	AfD	FDP	Die Linke	Die Grünen
Arbeitsmarkt, Beschäftigung und Soziales	7	3	0	2	22	5
Umwelt- und Naturschutz	0	1	0	0	3	3
Gesundheit und Verbraucherschutz	2	4	1	0	5	2
Bildung, Forschung und Kultur	7	11	2	7	1	4
Außen-, Sicherheits- und Verteidigungspolitik	6	2	7	3	15	7
Europäische Union	1	4	5	4	2	1
Innere Sicherheit und Justiz	3	5	5	1	9	2
Migration und Asyl	3	0	21	3	3	1
Entwicklungszusammenarbeit, Menschenrechte und humanitäre Hilfe	3	3	0	0	1	3
Wirtschaftspolitik	4	3	2	5	1	3
Finanzen und Steuern	1	1	1	5	1	0
Demokratie und Zivilgesellschaft	2	3	4	0	1	2
Verkehr, Bauen und digitale Infrastruktur	4	4	0	9	4	2
Landwirtschaft	0	0	0	0	0	2
Strukturpolitik	1	0	0	0	2	1
insgesamt	**44**	**44**	**48**	**39**	**70**	**38**

Quelle: Eigene Berechnungen

die EU vorrangig im Zusammenhang mit diesem Themenkomplex. Neben den Unionsparteien wird die EU als Handlungsebene in diesem Politikfeld nur bei der AfD und der Linken genannt. Dies belegt einerseits, dass nicht alle Parteien gleichermaßen die europäische Dimension des Themas Asyl- und Zuwanderungspolitik hervorheben. Andererseits ist auch hier ansatzweise zu erkennen, dass die Parteien durchaus gegensätzliche Positionen einnehmen: Während die Bundestagsfraktion CDU/CSU einen besseren Schutz der EU-Außengrenzen sowie eine Weiterführung

Die europapolitische Parteienagenda im Bundestagswahlkampf 2017

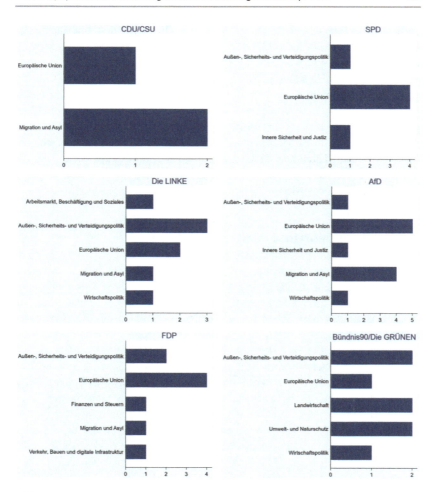

Abb. 2 Pressemitteilungen mit Nennung der EU als Handlungsebene nach Partei. (Quelle: Eigene Darstellung. Werte sind absolute Häufigkeiten)

der EU-Binnengrenzkontrollen in bestimmten Gebieten fordert, spricht sich die Bundestagsfraktion der Linken entschieden gegen EU-Binnengrenzkontrollen aus und kritisiert zudem, dass die EU mit ihrer derzeitigen Einwanderungs- und Asylpolitik vor allem den Forderungen rechtspopulistischer Parteien nachkomme.

In den übrigen Politikfeldern reflektiert die Thematisierung von Sachfragen in ihrer EU-Dimension unterschiedliche Kompetenzzuschreibungen und Schwerpunktsetzungen der Parteien. Die Grünen sind beispielsweise die einzige Partei, welche die EU als Handlungsebene im Zusammenhang mit der Umwelt- oder der Agrarpolitik anspricht. Sowohl Grüne als auch FDP und Linke weisen den höchsten Anteil an Pressemitteilungen aus dem Bereich Außen-, Sicherheits- und Verteidigungspolitik auf, in denen ein Bezug zur EU hergestellt wird. Die FDP hebt als einzige Partei im Zusammenhang mit der Pkw-Maut die EU-Dimension der Verkehrspolitik, während die Linke als einzige Partei im Zusammenhang mit der Air-Berlin-Pleite die durch EU-Gesetzgebung geförderte Deregulierung im Luftverkehrsbereich thematisiert.

5   Diskussion und Fazit

Die Auswertung der Pressemitteilungen zeigt: Die EU und ihre Entwicklung haben trotz der existenziellen Krise der Gemeinschaft und der außenpolitischen Ereignisse auch im zurückliegenden Bundestagswahlkampf wieder nur ein Nischendasein gefristet. Zwar wurden einige wenige konstitutive Sachfragen wie die Reform der EU bis 2025 adressiert, und es zeigen sich unterscheidbare Positionen gerade zwischen der AfD und den übrigen Parteien. Doch bei keiner der hier untersuchten Parteien liegt der Anteil von Pressemitteilungen zu EU-Themen bei mehr als 10 %. Manche Parteien wie CDU/CSU oder Grüne mieden EU-spezifische Themen fast gänzlich. Wie lässt sich dieser Befund erklären?

Ein wesentlicher Faktor dürfte das Timing von Reformimpulsen für die EU gewesen sein, auf die Parteien hätten reagieren können. Es ist bezeichnend, dass Angela Merkel und Emmanuel Macron im Anschluss an den deutsch-französischen Ministerrat am 13. Juli 2017 – rund zehn Wochen vor der Bundestagswahl – unisono verkündeten, konkrete Reformvorschläge zur Reform der Wirtschafts- und Währungsunion erst nach der Bundestagswahl präsentieren zu wollen. Auch wenn zu diesem Zeitpunkt bereits erste Ideen kursierten, was diese Reform beinhalten könnte – etwa einen gemeinsamen Haushalt für die Mitglieder der Eurozone, Euro-Finanzminister, Ausbau des ESM zu einem Europäischen Währungsfonds – schreckte allen voran Bundeskanzlerin und CDU-Vorsitzende Angela Merkel davor zurück, diese Themen offensiv im Wahlkampf anzusprechen. Merkel begründete dies damit, dass sie für größere Reformschritte ein Mandat des Souveräns benötige (Appenzeller 2017). Eine naheliegendere Erklärung für die Nicht-Thematisierung dürfte das Bestreben gewesen sein, der

AfD im Wahlkampf möglichst wenig Angriffsfläche zu bieten und Konflikte innerhalb der eigenen Fraktion, die bereits in der Vergangenheit beispielsweise beim Thema Griechenland-Rettung gespalten war, möglichst zu vermeiden. Auch die relativ zurückhaltende Thematisierung der Asyl- und Flüchtlingspolitik in den Pressemitteilungen ist ein Hinweis auf die strategische Vertagung des Streits zwischen CDU und CSU um eine Obergrenze für Flüchtlinge.

Das Timing der wegweisenden Europa-Rede Emmanuel Macrons an der Pariser Sorbonne am 26. September 2017 fügt sich ebenfalls ins Bild strategischer Zurückhaltung. Macron, der 2017 für das Amt des Staatspräsidenten mit einem demonstrativen Bekenntnis zu mehr Europa, einer Reform der Eurozone und einem Neustart für die deutsch-französischen Beziehungen für Aufsehen sorgte, terminierte seine Rede bewusst auf einen Zeitpunkt nach der Bundestagswahl. Damit hielt er seine Reformideen etwa zu einem Eurozonenbudget mit einem gemeinsamen Finanzminister oder einer Harmonisierung der Unternehmenssteuersätze unter deutsch-französischer Initiative bewusst aus dem Wahlkampf heraus, präsentierte seine Vorschläge aber früh genug, um die Agenda für die anschließenden Koalitionsverhandlungen zu setzen.

Im Koalitionsvertrag, den die alten und neuen Koalitionspartner CDU/CSU und SPD am 12. März 2018 unterzeichneten, steht das Kapitel „Ein neuer Aufbruch für Europa" an erster Stelle. Es geht in einigen Punkten bereits auf Macrons Vorschläge ein, obschon Merkel erst Anfang Juni 2018 in einem Interview mit der Frankfurter Allgemeinen Sonntagszeitung konkret auf die Reformvorschläge aus dem Élysée-Palast einging. Insbesondere findet sich im Koalitionsvertrag das Bekenntnis zu höheren Beiträgen Deutschlands zum EU-Haushalt und zu „spezifische[n] Haushaltsmittel[n]", mit deren Hilfe Mitglieder der Eurozone Strukturreformen durchführen können und „die Ausgangspunkt für einen künftigen Investivhaushalt für die Eurozone sein können" (CDU, CSU und SPD 2018, S. 8f.). Das Kapitel trägt klar die Handschrift der SPD, deren Vorsitzender und Spitzenkandidat im Wahlkampf kaum mit seinem europapolitischen Profil geworben hatte. Die erkennbare Kluft zwischen einem weitgehenden Mangel an öffentlicher Auseinandersetzung über die Gestaltung der EU im Wahlkampf und den Reformideen, die am Ende der Koalitionsverhandlungen standen, verdeutlicht einmal mehr: Das Bekenntnis zu ‚mehr Europa' ist möglich, aber nur im Rahmen von Gesprächen zwischen Akteuren, die bereits vertrauensvoll miteinander gearbeitet haben und abgeschirmt von der Öffentlichkeit agieren können.

In der Gesamtbetrachtung deuten die Ergebnisse mithin eher in Richtung der Depolitisierungsthese: Die etablierten Parteien vermieden im Wahlkampf weitgehend erfolgreich eine öffentlichkeitswirksame Auseinandersetzung um eine

Reform der EU. In besonderem Maße lässt sich eine strategische Vermeidung von EU-Themen bei der CDU/CSU beobachten. Aber auch die marginale Thematisierung dieser Themen durch die Grünen erstaunt angesichts ihrer klar pro-europäischen Ausrichtung. Die AfD als genuine, da zuvor nicht im Bundestag vertretene Herausfordererpartei setzte nicht so sehr auf das Thema EU-(Integration), sondern klar auf das Thema Asyl und Migration, das in der Wahrnehmung der Bevölkerung auch als das wichtigste Problem benannt wurde. Indes wurde das Thema auch von ihr nicht vorrangig in seiner EU-Dimension verhandelt. Die aus der außerparlamentarischen Opposition agierende FDP rückte EU-Themen deutlicher in den Vordergrund als andere etablierte Parteien, grenzte sich dabei mit Ausnahme der Ablehnung von EU-Transfers aber nicht radikal von anderen Mitwettbewerbern ab. Gegen die *EU-Issue-Voting*-These spricht dagegen nicht nur die vergleichsweise begrenzte Auseinandersetzung um europapolitische Themen, sondern auch die geringe Relevanz, die das Thema EU im Allgemeinen in der Problemwahrnehmung und für die Wahlentscheidung spielte. Überspitzt lässt sich resümieren: Mit Europa lässt sich (vorerst) kein Bundestagswahlkampf machen. Daran hat auch die Existenz der AfD vorerst nicht grundlegend etwas geändert. Ob es den etablierten Parteien auch in Zukunft gelingen wird, die EU weitgehend aus dem nationalen Wahlkampf herauszuhalten, darf bezweifelt werden. Nicht nur können sie nicht darauf vertrauen, dass in Zukunft ähnlich pro-europäische Partner wie Macron darauf warten, bis sich eine handlungsfähige Regierung gebildet und positioniert hat. Sie werden vor allen Dingen nicht verhindern können, dass in einem zunehmend unsicheren internationalen Umfeld Ereignisse die Agenda prägen werden, die Antworten verlangen und der politischen Gestaltung bedürfen. Gegenwärtig ist beispielsweise immer noch unklar, wie der Brexit konkret vollzogen werden kann. Die ‚Ordnung und Steuerung' der irregulären Zuwanderung in die EU ist bislang kaum mehr als eine Worthülse. Der Umgang mit Staaten, die sich der Solidarität in der Flüchtlingsfrage verweigern oder rechtsstaatliche Prinzipien missachten birgt ebenso Konfliktpotenzial wie die Vollendung der Wirtschafts- und Währungsunion. Während manche Ereignisse unvorhergesehen eintreten können, können andere bereits in Nicht-Entscheidungen oder Scheinlösungen angelegt sein. Insofern ist van der Eijk und Franklin (2004, S. 49) beizupflichten: „Events are going to be the greatest challenge to existing major party leaders and to their success in keeping European issues off the domestic political agenda in their countries.".

Anhang

	issue-Kategorien	Weitere Themenfelder/ Anmerkungen
1	Arbeitsmarkt, Beschäftigung und Soziales	Familienpolitik
2	Umwelt- und Naturschutz	
3	Gesundheit und Verbraucherschutz	
4	Bildung, Forschung und Kultur	Medien
5	Außen-, Sicherheits- und Verteidigungspolitik	Ohne Europapolitik
6	Europäische Union	
7	Innere Sicherheit und Justiz	Sport, ohne Migration und Asyl
8	Migration und Asyl	
9	Entwicklungszusammenarbeit, Menschenrechte und humanitäre Hilfe	
10	Wirtschaftspolitik	Außenhandels- und Wettbewerbspolitik
11	Finanzen und Steuern	Haushaltspolitik
12	Demokratie und Zivilgesellschaft	Institutionenpolitik und Föderalismus
13	Verkehr, Bauen und digitale Infrastruktur	
14	Landwirtschaft	
15	Strukturpolitik	EU-Kohäsionspolitik
Code EU als Handlungsebene	Binärcode	EU wird als eigenständige Handlungsebene im Themenfeld der issue-Kategorie genannt

Codiersystem und Entscheidungsregeln

Literatur

Anders, L.H., Scheller, H., & Tuntschew, T. 2018. Die Politisierung der Europäischen Union und die Rolle der Parteien: Konzeptionelle Grundlagen, Desiderate und Perspektiven. In *Parteien und die Politisierung der Europäischen Union*, Hrsg. H. Scheller, & T. Tuntschew, L.H. Anders, S. 1–35. Wiesbaden: Springer VS.

Appenzeller, G. 2017. Was plant die Kanzlerin für die Euro-Zone? Tagesspiegel Online-Ausgabe. https://www.tagesspiegel.de/politik/merkel-vor-der-bundestagswahl-was-plant-die-kanzlerin-fuer-die-euro-zone/20096478.html. Zugegriffen: 7. Mai 2019.

Bartolini, S. 2006. Should the Union be ‚Politicised'? Prospects and Risks. *Notre Europe Policy Paper* (19).

Budge, I. 1982. Electoral Volatility: Issue Effecs and Basic Change in 23 Post-War Democracies. *Electoral Studies* 1: 147–168.

Budge, I. 2001. Validating Party Policy Placements. *British Journal of Political Science*, 31(01), 179–223.

Burkart, R., & Rußmann, U. 2015. Beeinflussung durch Verständigung? Die kommunikative Qualität von Pressemitteilungen politischer Parteien in österreichischen Nationalratswahlkämpfen. Ein Langzeitvergleich: 1970–2008. In *Politik-PR-Persuasion: Strukturen, Funktionen und Wirkungen politischer Öffentlichkeitsarbeit*, Hrsg. R. Fröhlich & T. Koch, S. 49–70. Wiesbaden: Springer VS.

CDU, CSU und SPD. 2018. Ein neuer Aufbruch für Europa. Eine neue Dynamik für Deutschland. Ein neuer Zusammenhalt für unser Land. Koalitionsvertrag zwischen CDU, CSU und SPD. 19. Legislaturperiode. https://www.cdu.de/system/tdf/media/dokumente/koalitionsvertrag_2018.pdf?file=1. Zugegriffen: 7. Mai 2019.

Dearing, J.W., und Rogers, E.M. 1996. *Agenda-Setting. Thousand Oaks*, CA: SAGE.

Dolezal, M., Ennser-Jedenastik, L., Müller, W.C., & Winkler, A.K. (2014). How parties compete for votes: A test of saliency theory. *European Journal of Political Research* 53(1): 57–76.

Downs, A. 1957. *An Economic Theory of Democracy*. New York: Harper Collins.

Green, J., & Hobolt, S.B. 2008. Owning the issue agenda: Party strategies and vote choices in British elections. *Electoral Studies* 27(3): 460–476.

Green-Pedersen, C. 2012. A Giant Fast Asleep? Party Incentives and the Politicisation of European Integration. *Political Studies* 60 (1): 115–130.

Hooghe, L., Marks, G., & Wilson, C.J. 2002. Does Left-Right Structure Party Positions on European Integration? *Comparative Political Studies* 35(8): 965–989.

Hopmann, D.N., Elmelund-Præstekær, C., Albæk, E., Vliegenthart, R., & Vreese, C.H.d. (2012). Party media agenda-setting: How parties influence election news coverage. *Party Politics* 18(2), 173–191.

Horstmann, H., Thalmann, M., & Zillmer, A. (2015). Die Kommunikation der Parteien im Wahlkampf: Eine Analyse anhand von Pressemitteilungen. In *Aktivierung und Überzeugung im Bundestagswahlkampf, 2013*, O. Strijbis & K.-U. Schnapp (Hrsg.). Wiesbaden: Springer VS.

Hutter, S., & Grande, E. 2014. Politicizing Europe in the National Electoral Arena: A Comparative Analysis of Five West European Countries, 1970-2010. *JCMS: Journal of Common Market Studies* 52(5): 1002–1018.

infratest dimap. 2017. ARD-DeutschlandTREND September 2017 II / KW37. Eine Studie im Auftrag der tagesthemen. https://www.tagesschau.de/inland/deutschlandtrend-925. pdf. Zugegriffen: 7. Mai 2019.

Kepplinger, H.M., & Maurer, M. 2013. Der Einfluss der Pressemitteilungen der Bundesparteien auf die Berichterstattung im Bundestagswahlkampf 2002. In *Quo vadis Public Relations? Auf dem Weg zum Kommunikationsmanagement: Bestandsaufnahmen und Entwicklungen,* Hrsg. J. Raupp & J. Klewes, S. 113–124. Weisbaden: VS Verlag für Sozialwissenschaften.

Korte, K.-R., & Bianchi, M. 2015. Die Wahlkommunikation zur Bundestagswahl 2013: Perspektiven der Parteien- und Mediendemokratie. In *Die Bundestagswahl 2013: Analysen der Wahl-, Parteien-, Kommunikations- und Regierungsforschung,* Hrsg. K.-R. Korte, S. 293–315. Wiesbaden: Springer Fachmedien Wiesbaden.

Korte, K.-R. 2017. *Wahlen in Deutschland: Grundsätze, Verfahren und Analysen.* Bonn: Bundeszentrale für politische Bildung.

Lochocki, T. 2017. Draußen entscheidet sich Deutschlands Zukunft. ZEIT Online. https://www.zeit.de/politik/deutschland/2017-08/bundestagswahlkampf-deutsche-aussenpolitik-europapolitik-bundesregierung. Zugegriffen: 7. Mai 2019.

Mair, P. 2001. The Limited Impact of Europe on National Party Systems. In *Europeanised Politics? European Integration and National Political Systems,* Hrsg. K.H. Goetz & S. Hix, S. 27–51. London, Portland, Oregon: Frank Cass Publishers.

Meguid, B.M. 2008. *Party competition between unequals: Strategies and electoral fortunes in Western Europe.* Cambridge, New York: Cambridge University Press.

Meijers, M.J. 2018. Der Einfluss von Wahlerfolgen euroskeptischer Parteien: „Ansteckungsgefahr" für die etablierten Parteien und ihre Positionen zur EU? In *Parteien und die Politisierung der Europäischen Union,* Hrsg. L.H. Anders, H. Scheller, & T. Tuntschew, S. 131–160. Wiesbaden: Springer VS.

Meyer, T.M., & Wagner, M. 2013. Mainstream or Niche? Vote-Seeking Incentives and the Programmatic Strategies of Political Parties. *Comparative Political Studies* 46(10): 1246–1272.

Müller, M. 2017. Die fatale Abwesenheit der Europapolitik im Bundestagswahlkampf. Der (europäische) Föderalist. https://www.foederalist.eu/2017/09/europapolitik-wahlkampf-bundestagswahl-2017.html. Zugegriffen: 7. Mai 2019.

Petrocik, J.R. 1996. Issue Ownership in Presidential Elections, with a 1980 Case Study. *American Journal of Political Science* 40(3): 825–850.

Princen, S. 2011. Agenda-setting strategies in EU policy processes. *Journal of European Public Policy* 18(7): 927–943.

Roßteutscher, D., Schmitt-Beck, R., Schoen, H., Weßels, B., Wolf, C. & Staudt, A. (2018): Rolling Cross-Section-Wahlkampfstudie mit Nachwahl-Panelwelle (GLES 2017). *GESIS Datenarchiv,* Köln. ZA6803 Datenfile Version 3.0.0, https://doi.org/10.4232/1.13041

Sagarzazu, I., & Klüver, H. 2017. Coalition Governments and Party Competition: Political Communication Strategies of Coalition Parties. *Political Science Research and Methods* 5(02): 333–349.

Schmitt, H., & Thomassen, J. 1999. Distinctiveness and Cohesion of Parties. In *Political Representation and Legitimacy in the European Union,* Hrsg. H. Schmitt & J. Thomassen, S. 111–128. Oxford, New York: Oxford University Press.

Schmitt, H. 2009. The Nature of European Issues: Conceptual Clarifications and Some Empirical Evidence. In *Parlamente, Agendasetzung und Vetospieler: Festschrift für Herbert Döring,* Hrsg. S. Ganghof, C. Hönnige, & C. Stecker, S. 137–146. Wiesbaden: VS Verlag für Sozialwissenschaften.

Van der Eijk, C., & Franklin, M.N. (2004). Potential for contestation on European matters at national elections in Europe. In *European integration and political conflict,* Hrsg. G.W. Marks & M. Steenbergen, S. 32–50. Cambridge: Cambridge Univ. Press.

Vries, C.E. de 2007. Sleeping Giant: Fact or Fairytale? European Union Politics 8(3): 363–385.

Vries, C.E. de 2010. EU Issue Voting: Asset or Liability? European Union Politics 11(1): 89–117.

Werner, A., Lacewell, O., & Volkens, A. 2015. Manifesto Coding Instructions (5th revised edition). https://manifesto-project.wzb.eu/tutorials/primer. Zugegriffen: 7. Mai 2019.

Parallele Welten – Die Kanzlerkandidaten und ihre Botschaften in sozialen Netzwerken und Fernsehnachrichten

Matthias Degen

> **Zusammenfassung**
>
> Soziale Netzwerke dienen politischen Kandidaten dazu, Bürgerinnen und Bürger ungefiltert mit ihren Botschaften zu erreichen. Während des Wahlkampfes spielt die TV-Berichterstattung allerdings noch immer eine wichtige Rolle. Die vorliegende Analyse zeigt am Beispiel von Angela Merkel und Martin Schulz, dass die Profile der Kanzlerkandidaten während des Bundestagswahlkampfes 2017 über keine Thematisierungsmacht für das Fernsehen verfügten. Die Kandidaten vermochten es nicht, ihre Inhalte mithilfe ihrer Auftritte in den sozialen Netzwerken in die großen TV-Nachrichtenmagazine zu transferieren. *tagesthemen* und *heute journal* blieben in ihrer Darstellung unabhängig von den Eigendarstellungen der Kandidaten. Ferner zeigt die Analyse, dass sich das Fernsehen stark auf die Performance der Kandidaten konzentrierte, während politische Inhalte im Rahmen der Berichterstattung seltener thematisiert wurden. Merkel verweigerte sich weitgehend inhaltlicher Debatten über soziale Netzwerke; Schulz schaffte es nicht, mit seinen Botschaften zu punkten.

M. Degen (✉)
Institut für Journalismus und Public Relations, Westfälische Hochschule,
Gelsenkirchen, Deutschland
E-Mail: Matthias.Degen@w-hs.de

© Springer Fachmedien Wiesbaden GmbH, ein Teil von Springer Nature 2019
K.-R. Korte und J. Schoofs (Hrsg.), *Die Bundestagswahl 2017*,
https://doi.org/10.1007/978-3-658-25050-8_19

1 Wahlkampf in sozialen Netzwerken

Kämpferische Reden auf den Marktplätzen der Republik, Plakate an jeder Straßenlaterne und aufwendig produzierte TV-Werbespots: Diese Zutaten begleiten Politiker seit Jahrzehnten im Bundestagswahlkampf. All diese klassischen Elemente haben noch immer Relevanz. Gleichwohl hat in den vergangenen Jahren ein Element exorbitant an Bedeutung gewonnen: die sozialen Netzwerke.

Mittlerweile sind 90 % der Deutschen online. Bereits im Wahljahr 2013 war die Zahl der Internetnutzer im Vergleich zur vorangegangen Bundestagswahl im Jahr 2009 um zehn Millionen angestiegen (van Eimeren und Frees 2014, S. 378). 33 % der Bevölkerung nutzen soziale Netzwerke wie Facebook mindestens einmal pro Woche (ARD/ZDF-Onlinestudie 2016). Diese Entwicklung ermöglicht es Politikern eine immense Zahl potenzieller Wähler mithilfe jener Netzwerke zu erreichen, sodass selbige bereits 2013 essenziell für die meisten Politiker waren. Mehr als drei Viertel der Kandidaten, die in den Bundestag hätten einziehen können, verfügten über ein Profil auf mindestens einer der beiden Plattformen *Facebook* oder *Twitter* (Hinz 2013, S. 4).

Politiker haben die Relevanz sozialer Netzwerke also erkannt. Dennoch gehen Bundestagsabgeordnete davon aus, „dass das Bild von der Politik bei den Bürgern sehr stark von den Medien beeinflusst ist" (Dohle et al. 2012, S. 387). Soziale Netzwerke bieten Politikern nun ein Medium, welches ihnen erlaubt, ihre Botschaften ungefiltert mit einer Vielzahl von Bürgern zu teilen und sich „als selbstständiger Akteur innerhalb der Medienlandschaft" (Bieber 2011, S. 73) zu positionieren. Aufmerksamkeit allein ist jedoch nicht zielführend. Kandidaten sollen ein Image erhalten, dass die Wählerinnen und Wähler veranlasst ihnen Vertrauen zu schenken – Stärken hervorheben, Schwächen kaschieren (Schulz 2014, S. 26). Hierfür bieten die sozialen Netzwerke Politikern eine Chance. Ob und inwieweit sie diese Chance wahrnehmen, ist bislang nicht umfassend geklärt.

In den USA spielt das Internet für Wahlkampagnen eine deutlich größere Rolle, vor allem um Botschaften zu platzieren und Ressourcen einzuwerben (Jungherr und Schoen 2012, S. 121). Insofern ist der digitale Wahlkampf dem analogen relativ ähnlich, originäre Potenziale digitaler Medien blieben in der Vergangenheit oft ungenutzt (Schweitzer 2010, S. 235).

In der Regel sind soziale Netzwerke für Parteien oft ein Vehikel, um ihre Botschaften in klassische Massenmedien zu transportieren. (Schulz und Zeh 2010, S. 315–316) Journalisten sind also die relevante Zielgruppe zumindest für Twitter-Aktivitäten (Podschuweit und Haßler 2014, S. 33–34). Während Twitter beispielsweise bei der Gesamtbevölkerung (drei Prozent Nutzung/Woche) deutlich unbeliebter ist als Facebook (33 % Nutzung/Woche), nutzen gerade Journalisten das Netzwerk ausgiebig (ARD/ZDF-Onlinestudie 2016). Der Unterschied zwischen den Plattformen ist auch ein inhaltlicher: Twitter ist für Parteien ein Netzwerk zur Bekanntmachung und Kommentierung der eigenen Wahlkampfveranstaltungen/-termine (Dusch et al. 2014, S. 284). Facebook dagegen wird in aller Regel als zusätzlicher Kanal für die Verbreitung eigenständiger Wahlkampfbotschaften genutzt. (Podschuweit und Haßler 2014, S. 36). Für Bewerber um die Kanzlerschaft sind also beide Kanäle relevant, sie nutzen den Wettstreit in erster Linie als Duell. Dieses Phänomen überträgt sich in soziale Netzwerke (Paasch-Colberg 2016, S. 61).

Eine Währung ist mit der Bedeutung sozialer Netzwerke noch einmal relevanter geworden: Aufmerksamkeit. So entwickelt sich gerade in der heißen Wahlkampfphase ein ständiger Kampf um die Kommunikationshoheit im öffentlichen Raum. Kandidaten können mithilfe der sozialen Netzwerke ein Image kreieren, welches vom Framing der klassischen Medien weitgehend unberührt bleibt. Das schließt auch das Besetzen von Themen mit ein, mit welchen die Kandidaten in Verbindung gebracht werden möchten. Gerade für die jeweiligen Herausforderer liegt hier ein Vorteil, da Gesetzmäßigkeiten des Fernsehens überwunden werden können. Dort „wird der Regierung (im Vergleich zur Opposition und alternativen Akteuren) aufgrund ihrer spezifischen Ressourcen und ihrer Position ein strategischer Vorteil zugesprochen" (Paasch-Colberg 2016, S. 62).

2 Wahlkampfberichterstattung im Fernsehen

Trotz der zunehmenden Relevanz des Internets im Rahmen des Wahlkampfes bleibt die politische Berichterstattung im Fernsehen integraler und womöglich entscheidender Bestandteil der Kommunikation im Vorfeld einer Bundestagswahl: „Kandidaten-Images und Kandidatenpräferenzen der Wähler [werden] vom Fernsehimage geprägt." (Schulz und Zeh 2010, S. 313–314) Vor allem die Politiker selbst stehen immer mehr im Mittelpunkt der Fernsehberichterstattung. Im Zuge dessen ist die Auswahl der Ereignisse, die Art ihrer Darstellung und das thematische Framing insbesondere bei Kanzlerkandidaten von herausragender Bedeutung. Das bestätigen auch Nachwahl-Befragungen. Noch immer nutzen 69 % der Deutschen das Fernsehen als Hauptquelle zur Information über den Wahlkampf (Paasch-Colberg 2016, S. 183). Insbesondere der Einfluss auf Haltungen und Problemvorstellungen ist langfristig wirksam und bei Unentschlossenen auch auf den letzten Metern vor der Wahl relevant (Schulz 2014, S. 7; Kepplinger 2010, S. 236).

Relevant ist die mediale Zuspitzung auf politische Köpfe, Sachfragen geraten immer häufiger in den Hintergrund (Schulz 2014, S. 78). Wer hat die Nase vorn? Wer lässt sich dramatisieren und typisieren? Diese Fragen bestimmen die ‚horse race'-Berichterstattung (Schulz und Zeh 2010, S. 317). Dieser Trend führt dazu, dass das Fernsehen weniger politische Programme der Parteien und inhaltliche Standpunkte der Kandidaten vermittelt. Hinzu kommt, dass Politik und Medien in diesem Spannungsfeld nicht als getrennte Sphären betrachtet werden können, viel eher sind die Medien „bereits integraler Bestandteil der Logik der Politik" (Niemann 2014, S. 34). In Deutschland weniger ausgeprägt ist dagegen negative campaining, welches in den USA von großer Bedeutung ist (Schulz 2014, S. 82).

Für das deutsche Fernsehen wird gerade im Wettstreit um die Kanzlerschaft oftmals der sogenannte Amtsbonus angeführt. Dieser ist vor allem inhaltlicher Natur und verweist auf eine stärkere Nachrichtenpräsenz der Amtsinhaber, nicht aber auf eine vertiefte Berichterstattung über Sachpolitik (Schulz und Zeh 2010, S. 323; Krüger und Zapf-Schramm 2009, S. 628 f.).

Hinzu kommt ein zunehmend interpretierender Journalismus. Der Kandidatenwettstreit steht über allem und die Berichterstattung erhält eine tendenziell negative Färbung. Journalisten beschränken sich immer seltener auf reine Faktenvermittlung, sondern liefern Hintergründe und Interpretationen (Schulz 2014, S. 83–84). Urteile beziehen sich oftmals auf das Auftreten der Kandidaten im Wahlkontext, ihr politisches Handeln und ihre politische Kompetenz, oft auch lediglich auf Umfrageergebnisse (Schulz und Zeh 2010, S. 330). Die TV-Nachrichten unterziehen den Wahlkampf somit einer interpretierenden Analyse, die sich jedoch kaum analytisch mit Sachpolitik und Parteiprogrammen auseinandersetzt, sondern eher interpretatorisch mit der Performance der Kandidaten (Kepplinger 2009, S. 54).

3 Wechselwirkungen TV und Social Media

Die Wechselwirkungen zwischen Fernsehberichterstattung und Social Media zeigen sich vor allem zwischen Journalisten und Politikern, die eine Art „Symbiose" eingehen (Greck 2016, S. 72). Für Parteien und Kandidaten geht es in erster Linie darum, zunächst einmal Öffentlichkeit herzustellen und in dieser in einem möglichst günstigen Licht dazustehen. Allerdings haben sie enormes Interesse im Fernsehen Erwähnung zu finden.

So können soziale Netzwerke für Politiker ein Mittel sein, um die Wahrnehmungsdominanz im Fernsehen zu erreichen. „Ein Ansatz zur Nutzung von Twitter im Wahlkampf könnte deshalb beispielsweise sein, vor allem in nachrichtenarmen Perioden gezielt Inhalte und politische Forderungen zu tweeten, um so die mediale Berichterstattung auf diese zu lenken." (Dusch et al. 2014, S. 292) Auch Journalisten profitieren von der zuvor zitierten Symbiose. Politiker versorgen sie mit Informationen und liefern gerade im Wahlkampf täglichen Stoff für die Berichterstattung im Fernsehen (Rottbeck 2012, S. 248).

Demzufolge können Politiker mithilfe der sozialen Netzwerke versuchen, Einfluss auf Journalisten und die damit einhergehende Berichterstattung zu nehmen, allerdings mit einem entscheidenden Unterschied. „Die Abgeordneten betonen sachliche, konstante und überraschende Aussagen als wirkungsvollste, während die Journalisten nur bei der Überraschung zustimmen und dramatischen und provozierenden Statements mehr Effekt zuweisen" (Greck 2016 S. 280).

Allerdings kann die Wechselwirkung auch den umgekehrten Weg nehmen. Journalisten reagieren nicht nur auf das Handeln der Politiker, auch die Protagonisten der Berichterstattung reagieren auf das Bild, welches das Fernsehen von ihnen vermittelt (Kepplinger 2009, S. 51). Fraglich ist im Zuge dessen, wie Politiker – gerade während des Wahlkampf – auf die Berichterstattung reagieren. Hierbei sind zwei Strategien zu unterscheiden: Politische Kandidaten können versuchen Einfluss auf die Medien zu nehmen und die Berichterstattung in eine andere Richtung zu lenken oder sie passen sich an Massenmedien und die aktuelle Berichterstattung an.

Letztlich haben soziale Medien die Symbiose zwischen Politikern und Journalisten noch engmaschiger gestaltet, gerade wenn Berichterstattung und öffentliche Präsenz der Politiker im Wahlkampf ihren Höhepunkt erreichen. Diese Symbiose kann vor allem für Politiker ein wichtiger Schlüssel werden, um die Wählerschaft von sich zu überzeugen. Entscheidend ist, wer sich in Szene zu setzen vermag und Themen setzen oder auch ‚besetzen' kann (Schulz und Zeh 2010, S. 315).

4 Merkel vs. Schulz in Fernsehen und Social Media

Das Duell um die Kanzlerschaft zwischen Amtsinhaberin Angela Merkel (CDU) und ihrem Herausforderer Martin Schulz (SPD) war ein Dilemma für den indirekt mitregierenden Herausforderer. Auch aufgrund dieser Tatsache sahen einige Beobachter den Wettstreit um die Kanzlerschaft eher als Duett denn als Duell. Exemplarisch hierfür war das TV-Duell zwischen Merkel und Schulz, dass sich „über weite Strecken wie ein Testlauf für die gemeinsame Regierungserklärung der kommenden Großen Koalition anfühlte" (Frank 2017). Ein echtes Rennen um das Kanzleramt blieb aus. Letztlich verloren CDU/CSU und SPD am Wahltag deutlich an Stimmen, dennoch lagen zwischen der Union und den Sozialdemokraten 12,5 Prozentpunkte (Bundeswahlleiter 2017).

5 Forschungsdesign

Ziel dieser Erhebung ist es, die Wechselwirkungen zwischen Sozialen Medien und Fernsehen in der Wahlkampfberichterstattung zur Bundestagswahl 2017 zu untersuchen.

Research Question (RQ) 1:
Wie unterscheidet sich die TV-Berichterstattung im Bundestagswahlkampf 2017 thematisch und interpretativ von der Eigendarstellung der Kanzlerkandidaten über soziale Netzwerke?

RQ 2: Mit welchen Inhalten, Themen und persönlichen Statements bespielen die Kanzlerkandidaten im Bundestagswahlkampf 2017 ihre Social-Media-Kanäle?

RQ 3: Wie berichten Fernsehnachrichtensendungen im Bundestagswahlkampf 2017 über die Kanzlerkandidaten und ihre Themen?

RQ 4: Inwieweit findet eine gegenseitige Übernahme von Inhalten und Bewertungen zwischen TV-Nachrichten und den Kanälen der Kanzlerkandidaten statt?

5.1 Stichprobe

Der Wahlkampf und damit verbunden der Kampf der Spitzenkandidaten um die Gunst der Wählerinnen und Wähler erreicht in den letzten vier Wochen vor der Wahl die heiße Phase. Genau dieser Zeitraum ist Gegenstand der vorliegenden Analyse. Um ein mögliches Umdenken in der Berichterstattung im Anschluss an das Wahlergebnis vom 24. September 2017 zu überprüfen, werden sowohl die Kandidatenprofile als auch die Nachrichtenmagazine ebenfalls am Wahltag sowie einen Tag nach der Wahl weiterhin untersucht. Somit standen die Profile der beiden Kanzlerkandidaten in den sozialen Netzwerken Facebook und Twitter im Mittelpunkt des Interesses. Herausforderer Martin Schulz verfügte auf beiden Netzwerken über einen verifizierten Account, während Amtsinhaberin Angela Merkel lediglich auf Facebook unter eigenem Namen Inhalte veröffentlichte. Auf Twitter übernahm Regierungssprecher Steffen Seibert die Kommunikation für die Kanzlerin, sodass auch dieser Kanal Teil der Analyse ist. Diese Auswahl erfolgte somit bewusst nach dem von Brosius definierten Konzentrationsprinzip (Brosius et al. 2012, S. 74).

Zusätzlich wurden die beiden wichtigsten TV-Nachrichtenmagazine auf Grundlage des Codebuchs untersucht. Die *tagesthemen* der ARD mit durchschnittlich 2,65 Mio. Zuschauern täglich sowie das *heute journal* des ZDF mit 3,88 Mio. Zuschauern (Krei 2016) gelten – nicht zuletzt auch aufgrund ihrer Zuschauerzahlen – als die beiden relevantesten Nachrichtenmagazine des Landes. Hierbei wurden im zuvor beschriebenen Zeitraum alle Berichte untersucht, die sich mit einem der beiden oder beiden Kanzlerkandidaten beschäftigten. Demzufolge wurde die Stichprobe aus allen Nachrichtenbeiträgen der beiden Magazine auf typische Fälle eingegrenzt, welche die zuvor definierten Merkmalsträger thematisierten (Brosius et al. 2012, S. 72–73).

Insgesamt umfasste die Stichprobe 589 Beiträge. Hiervon waren 274 Beiträge TV-Beiträge. 135 sind dem heute journal zugeordnet, 139 den tagesthemen. 96 Beiträge stammen vom Twitteraccount von Martin Schulz, 115 von seiner Facebookseite. 65 Beiträge der Facebookseite von Angela Merkel sind Teil der Stichprobe, ebenso wie 39 Tweets von Steffen Seibert.

5.2 Methode

Die Analyse wurde vergleichend angelegt und untersuchte die Inhalte, welche die Kanzlerkandidaten über ihre eigenen Kanäle auf Facebook und Twitter publizierten sowie die Inhalte, die in den beiden relevantesten TV-Nachrichtenmagazinen Deutschlands über die Kandidaten verbreitet wurden. Hierzu wurde eine quantitative Inhaltsanalyse nach Früh (2015) durchgeführt.

Die Erhebung erfolgte deduktiv: Als Grundlage der quantitativen Inhaltsanalyse diente ein theoriebasiertes Codebuch. So ergaben sich formale Kategorien und inhaltliche Variablen, die sich gleichsam auf die sozialen Netzwerke sowie die TV-Nachrichtenmagazine anwenden ließen. Ferner wurden in dem mehrstufigen Methodendesign mit einer weiteren inhaltlichen Spezifizierung Variablen angelegt, die ausschließlich der Analyse der sozialen Netzwerke oder der TV-Nachrichtenmagazine dienten. Um die Validität des Kategoriensystems zu gewährleisten, wurden Teile der Kategorien, die sich explizit auf das Fernsehen sowie explizit auf Social Media beziehen, aus etablierten Codebüchern der zuvor dargelegten Literatur extrahiert. Für die Zusammenführung der sozialen Netzwerke mit dem Fernsehen, um damit einhergehende Wechselwirkungen sowie Unterschiede oder Gemeinsamkeiten zu verdeutlichen, wurden diese Kategorien auf die Forschungsfrage zugeschnitten und erweitert. Infolgedessen wurden im Rahmen der mehrstufigen Auswahl der Zeitraum, die Merkmalsträger sowie die zu untersuchenden Kanäle festgelegt.

Mit der gewählten Methodik lassen sich somit Charakteristika der Kommunikation der beiden Kanzlerkandidaten in den jeweiligen sozialen Netzwerken aufzeigen. Außerdem wird die durch die Nachrichtenmagazine vorgenommene Einordnung der Kanzlerkandidaten im Fernsehen beschrieben. In der Gesamtschau werden mögliche Wechselwirkungen sowie Gemeinsamkeiten und Unterschiede zwischen der eigenen Kommunikation in den sozialen Netzwerken sowie der journalistischen Aufarbeitung im TV deutlich.

5.3 Vorgehen

Für den Codierprozess wurden zwei Codierer hinzugezogen. Die Reliabilität des Erhebungsinstruments wurde anhand eines Pretests geprüft (Früh 2015, S. 163 ff.). Zehn Prozent der analysierten Beiträge wurden hierfür erneut untersucht. Der errechnete Holsti-Koeffizient ergab einen Wert von CR = 0,92, was eine hohe Intercoder-Reliabilität des Kategoriensystems zeigt. Dennoch wurden infolgedessen einige Variablen geschärft. So wurde beispielsweise die Trennschärfe von politischer und persönlicher Bewertung auf allen Plattformen klarer definiert. Ferner wurde die Kategorie *Framing* für die Analyse beispielhafter beschrieben.

Die Übertragbarkeit der Ergebnisse bzgl. Gemeinsamkeiten und Unterschiede der untersuchten Kanäle in der hier genutzten Stichprobe auf eine Grundgesamtheit wurde mithilfe von Signifikanztests (H-Test, Chi-Quadrat, Cohens Kappa) und Korrelationsmaßen (Spearman, Cramers V) statistisch überprüft.

6 Ergebnisse

Die Ergebnisse der Inhaltsanalyse zeigen deutliche Unterschiede zwischen der TV-Berichterstattung und der Eigendarstellung der Kanzlerkandidaten in den sozialen Netzwerken während des Bundestagswahlkampfes 2017. Für die Nachrichtenmagazine lässt sich eine sehr personalisierte Berichterstattung über die Kanzlerkandidaten nachweisen. In den sozialen Netzwerken dagegen agieren die Kandidaten sehr unterschiedlich. Übereinstimmungen zwischen Selbstdarstellung in Social Media und journalistischer Aufbereitung sind kaum erkennbar – weder bei Themenauswahl, Bewertung von Personen und Zusammenhängen oder dem Umgang mit politischen Sachthemen. Bezugspunkte sind insgesamt spärlich, gegenseitige Übernahmen von Inhalten bleiben nahezu aus. Die beiden medialen Welten existieren im Wesentlichen parallel zueinander.

Im Folgenden werden Befunde zu diesen Aspekten dargestellt und interpretiert: die Bewertungen der Spitzenkandidaten, die attributionsgetriebene Personalisierung, Relevanz von Performance und Sachfragen, Themenwahl, Stärken und Schwächen der Kandidaten sowie das Bild der Kandidaten.

6.1 Bewertungen der Kandidaten

Im Rahmen des Wahlkampfes spielt die Bewertung der Spitzenkandidaten eine essenzielle Rolle. Diese kann das politische Handeln sowie politische Entscheidungen des Kandidaten umfassen, aber auch das jeweilige Handeln und damit einhergehend die präsentierte Persönlichkeit des Politikers. Wesentliche Unterschiede zwischen den Kanälen zeigen sich hier bereits offenkundig.

Auffällig ist dabei, dass Steffen Seibert seine Rolle als Regierungssprecher in diesem Punkt auftragsgemäß nüchtern interpretiert. Er tritt als Chronist der Auftritte der Kanzlerin auf, verzichtet vollständig auf Bewertungen. Dies bezieht sich auf das Handeln der Kanzlerin wie auch die Auftritte des Kontrahenten Martin Schulz, welche Seibert auf dem Twitterkanal des Regierungssprechers zu keinem Zeitpunkt bewertet.

Martin Schulz nutzt vor allem Facebook, um seine eigene Arbeit einzuordnen. Die Konnotation ist dabei nahezu ausnahmslos positiv. Dass Martin Schulz Facebook als Medium nutzt, um sein politisches Auftreten sowie seine Person in ein positives Licht zu rücken, deutet daraufhin, dass er Facebook als das volksnähere Medium im Vergleich zu Twitter betrachtet. Im Zuge dessen spielt womöglich auch die Zeichenbegrenzung von Twitter eine Rolle. Dass die Kontrahenten vor allem Facebook für einordnende Botschaften verwenden, die ihre Persönlichkeit und ihr politisches Handeln zu einem stimmigen Selbstbild verbinden sollen, zeigt sich im weiteren Verlauf der Analyse des Öfteren.

Auffällig ist zudem, dass Martin Schulz für Angela Merkel beinahe nicht existent ist. Auf ihrer Facebookseite verzichtet die Kanzlerin nahezu vollständig auf Bewertungen ihres Kontrahenten. Sie verschweigt auf ihrem Kanal weitgehend die Existenz eines Kontrahenten, anstatt sich an ihm abzuarbeiten. Als Herausforderer nutzt Martin Schulz seine Kanäle, um das politische Handeln sowie das Auftreten der Kanzlerin im Wahlkampf ausnahmslos negativ zu bewerten – allerdings auf Twitter in einer geringen Anzahl von Beiträgen, auch hier ist Facebook das bevorzugte Medium. Schulz konzentriert sich auf Bewertungen, die er als politische Verfehlungen der Kanzlerin darstellt (siehe Abb. 1).

Abb. 1 Facebook-Post von Martin Schulz vom 25. August 2017/Screenshot Facebook

Diese Fokussierung auf das Politische seitens des Kandidaten unterscheidet das Gebaren in den sozialen Netzwerken wesentlich von der Art der Berichterstattung im Fernsehen.

Die TV-Nachrichtenmagazine, welche um politische Einordnung bemüht sein sollten, beschäftigen sich deutlich häufiger mit der Persönlichkeit der Kanzlerin, als mit ihrem politischen Handeln. Im heute journal wird die Kanzlerin 18 Mal während des Untersuchungszeitraums einer politischen Bewertung unterzogen, in den tagesthemen 27 Mal. Die Konnotation ist dabei negativ geprägt, im heute journal sind 72,2 % der Beiträge negativ geprägt, in den tagesthemen sogar 92,6 %.

Betrachtet man allerdings die persönliche Bewertung der Kanzlerin, erhöht sich die Fallzahl deutlich. Im Nachrichtenmagazin des ZDF befassen sich 46 Beiträge mit der Persönlichkeit der Kanzlerin und ihrem Auftreten im Wahlkampf, in der ARD sind es 34 Beiträge. Die Konnotation bleibt bei beiden Magazin in über der Hälfte der Beiträge negativ.

Für Martin Schulz zeichnet sich ein ähnliches Bild. Auffällig ist, dass die politische Bewertung in den tagesthemen ausnahmslos negativ ausfällt, zudem ist die Fallzahl mit nur 15 Beiträgen noch einmal deutlich geringer. Mit Blick auf die persönliche Bewertung des Herausforderers wird deutlich, dass die Bewertung im Fernsehen im Vergleich zur Kanzlerin noch einmal negativer ausfällt. Zudem wird Martin Schulz seltener bewertet und nahezu nie positiv. Wenn Schulz nicht negativ bewertet wird, ist die Analyse seines Auftretens ambivalent, während Angela Merkel auch positive Wertungen im Fernsehen erhält.

Insgesamt korrelieren die Bewertungen allerdings weitestgehend. Es lassen sich höchst signifikante Zusammenhänge zwischen den politischen Bewertungen Merkels und Schulz feststellen: Wird die eine schlecht bewertet, wird auch der andere schlecht bewertet und umgekehrt. Am stärksten ist der Zusammenhang zwischen der politischen Bewertung Merkels und der politischen Bewertung von Schulz ($r = 0{,}824$**). Zwischen der persönlichen Bewertung Merkels und der persönlichen Bewertung von Schulz besteht hingegen ein schwächerer, nicht-signifikanter Zusammenhang ($r = 0{,}169$).

Außerdem besteht ein signifikanter Zusammenhang zwischen der persönlichen und der politischen Bewertung von Schulz ($r = 0{,}713$**). Dies gilt auch für Angela Merkel, deren persönliche und politische Bewertung ebenfalls signifikant zusammenhängt ($0{,}816$**).

Insgesamt lässt sich im Fernsehen ein Trend zur Personifizierung und eine Negativität in der Bewertung feststellen. Dies unterscheidet sich wesentlich vom Auftreten der Politiker in den sozialen Netzwerken. Auch vom sogenannten Amtsbonus kann in diesem Zusammenhang die Rede sein, da der Herausforderer deutlich seltener positiv bewertet wird und auf persönlicher Ebene auch noch einmal häufiger negativen Bewertungen unterzogen wird.

6.2 Attributionsgetriebene Personalisierung

Betrachtet man die Personalisierung tiefergehend auf einer attribuierenden Ebene, wird in einigen Studien von der attributionsgetriebenen Personalisierung gesprochen (vgl. Otto et al. 2016). Diese ist gekennzeichnet durch die Zuhilfenahme wertender Adjektive oder sogar beschreibender Substantive sowie sonstiger Metaphern und Sprachbilder. Die Folge ist eine Kategorisierung, wodurch ein Akteur beispielsweise verkürzt als Held oder Schurke dargestellt wird. Hierbei wird deutlich, dass Martin Schulz die sozialen Netzwerke zur eigenen Attribution nutzt und somit versucht, sich in ein positives Licht zu rücken. Auch die Attribution unterscheidet sich stark auf den verschiedenen Kanälen.

Schulz attribuiert sich selbst sehr häufig positiv (53 Mal), das TV ist sehr ausgeglichen, hier wird Schulz fünfmal positiv und viermal negativ attribuiert und sechsmal ausgeglichen.

Zudem wird erneut deutlich, dass für Steffen Seibert – von Amts wegen begründet – aber vor allem auch für Angela Merkel der Gegenkandidat quasi nicht existent ist. Angela Merkel verzichtet komplett auf Angriffe gegen Martin Schulz. Weder in politischen, noch in persönlichen Bewertungen oder gar in Attributionen spielt Martin Schulz für sie eine Rolle. Angela Merkel führt somit keinen echten Wahlkampf in den sozialen Netzwerken. Sie präsentiert sich nach ihrem Gusto, aber nicht in Abgrenzung zu einem Gegenkandidaten. Martin Schulz versucht dagegen deutlich, sein Selbstbild zu kreieren und dies einhergehend mit politischen Bewertungen und subjektiven Zuschreibungen in Abgrenzung zur Kanzlerin zu zementieren.

Das TV folgt zwar wie zuvor beschrieben einer Personalisierung, allerdings auf einer analysierenden Ebene. Daher spielen attributionsgetriebene Personalisierungen kaum eine Rolle. Im TV kommen Schulz und Merkel demzufolge fast gar nicht als Attributionssender vor: Schulz lediglich fünfmal, Merkel sogar nur einmal.

Auch Merkel nutzt die sozialen Netzwerke, um ihre Eigenschaften subjektiv hervorzuheben, allerdings in einem viel geringeren Maße als Schulz. Das TV zeigt eine auffallende zeitliche Übereinstimmung zu den negativen Attributionen Merkels durch Schulz, es attribuiert Merkel in fast gleichem Umfang (18 Mal) negativ, nur dreimal positiv. Während also Schulz ausgeglichen eingeordnet wird, wird Merkel im TV stärker negativ attribuiert.

In der Folge geht es um die Frage: Wann wird Merkel von Schulz in den sozialen Netzwerken negativ eingeordnet und wann im TV (Abb. 2)? Am Anfang des Untersuchungszeitraums attribuiert Schulz die Amtsinhaberin negativ, das

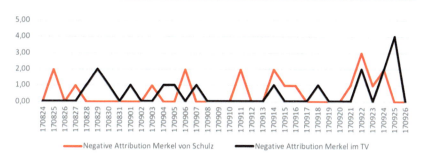

Abb. 2 Negative Attribution Merkels von Schulz und vom TV im Zeitverlauf. (© Degen (2018))

TV weist dies erst einige Tage später auf. Hier lässt sich kein Zusammenhang erkennen. Am 13. September jedoch und noch stärker vom 20.–22. September – also kurz vor der Bundestagswahl – treten Schulz'sche Merkel-Kritik und die Kritik im Fernsehen gleichzeitig auf, Schulz liegt hier sogar einen Tag voraus. Hier präsentieren sich TV und Social Media nicht parallel zueinander, die zeitliche Abfolge legt eine der seltenen inhaltlichen Reaktionen des Fernsehens auf Social-Media-Aktivitäten eines Kanzlerkandidaten zumindest nahe.

6.3 Die Relevanz von Performance und Sachfragen

Gleichwohl lässt sich keine Thematisierungsmacht der Kanzlerkandidaten identifizieren. Deutlich auffälliger ist der Fokus der Nachrichtenmagazine auf die Performance der Kandidaten im Sinne ihres Wahlkampfhandelns; Sachfragen treten in den Hintergrund. Politische Sachthemen sind im Fernsehen beinahe eine Randnotiz. Diese in der Literatur als Amerikanisierung bezeichnete Entwicklung im Politikjournalismus zeigt sich auch im Wahljahr 2017. Im Rahmen dieser Analyse wird dieser Trend noch einmal verstärkt bestätigt, da dies das Handeln der Politiker – vor allem des Herausforderers – in den sozialen Netzwerken konterkariert. Die Unterschiede zwischen TV und sozialen Netzwerken sind höchst signifikant (Cohens Kappa und Chi-Quadrat, Sign. 0,000).

Martin Schulz nutzt die sozialen Netzwerke beinahe gleichermaßen, um politische Sachfragen und Themen rund um die Wahl und den damit einhergehenden Wahlkampf zu thematisieren. Steffen Seibert adressiert auf Twitter in zwei Drittel aller Beiträge politische Sachfragen, die Wahlen spielen fast keine Rolle. Angela Merkel setzt ihren ‚Wohlfühlwahlkampf' fort. Der Gegner spielt wie

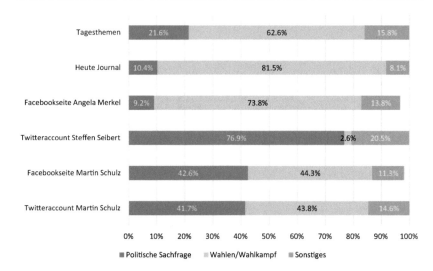

Abb. 3 Anteil Politische Sachfragen und Wahlkampf als zentrale Themen der Beiträge in den Kanälen (fehlende: keine Zuordnung möglich). (© Degen (2018))

zuvor beschrieben keine Rolle, politische Sachfragen allerdings ebenso wenig (s. Abb. 3). Termine werden angekündigt, außerdem wird über Veranstaltungen informiert. Für die Kanzlerin dienen soziale Netzwerke somit vor allem der unkomplizierten Konfliktvermeidung (s. Abb. 4).

Auffällig ist, dass das Bemühen von Martin Schulz, mithilfe der sozialen Netzwerke politische Sachfragen zu behandeln und womöglich auch in den medialen Diskurs zu integrieren, keinerlei Einfluss auf die TV-Berichterstattung hat. Beim heute journal (81,5 %) und auch bei den tagesthemen (62,6 %) liegt der thematische Fokus auf dem Wahlkampf und den Wahlen. Politische Sachfragen bleiben in der Berichterstattung eine Randnotiz.

Im Fernsehen gilt also die Maxime: Personen und Performance vor Inhalten. Im Rahmen des zurückliegenden Wahlkampfes mag dies auch an der schon in den letzten Wochen vor der Wahl aussichtslosen Situation des Herausforderers liegen. Martin Schulz hatte den Umfragen zufolge im September schon keinerlei Chance mehr auf das Kanzleramt, sodass der thematische Fokus der Nachrichtenmagazine auf dem Kampf um Platz drei lag.

Dabei entwickelte sich ein Horse-Race-Journalismus, der politische Inhalte und Unterschiede zwischen den Bewerbern in den Hintergrund rückte – obwohl Martin Schulz immer wieder versuchte, mithilfe der sozialen Netzwerke inhaltliche Schwerpunkte zu diskutieren.

Abb. 4 Facebook-Post von Angela Merkel vom 31. August 2017/Screenshot Facebook

6.4 Themenauswahl

Bei der Frage nach der Themenauswahl muss demzufolge die Fokussierung des Fernsehens auf die Performance der Kandidaten berücksichtigt werden. Martin Schulz konzentrierte sich in den sozialen Netzwerken stark auf sein Kernthema Gerechtigkeit, welches sich vor allem im Themenkomplex Arbeit und Soziales wiederfand (s. Abb. 5).

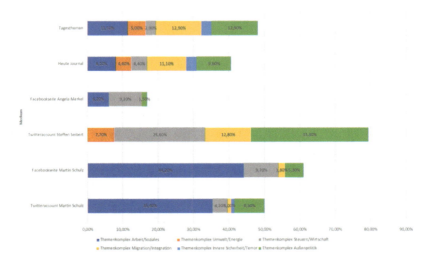

Abb. 5 Anteil der Themen in den untersuchten Kanälen (fehlend: Sonstige, kein Thema). (© Degen (2018))

In den TV-Nachrichtenmagazinen ist hingegen kein Hauptthema zu identifizieren. Auffällig ist jedoch, dass im Fernsehen das Thema Migration im Vergleich zur Kommunikation der Spitzenkandidaten in den sozialen Netzwerken deutlich präsenter ist. Angela Merkel verfügt selten über ein klares Hauptthema, während Steffen Seiberts Fokus als Regierungssprecher auf der Steuer- und Außenpolitik liegt. Auch dieser nähere Blick auf die thematische Ausrichtung der einzelnen Kanäle macht deutlich, dass Angela Merkels Wahlkampf beinahe ohne Inhalte auskommt, während Martin Schulz erfolglos versucht, mit seinem inhaltlichen Kernthema Akzente zu setzen. In den TV-Nachrichtenmagazinen wird in einem viel geringeren Maße über Arbeit und Soziales berichtet. Schulz schafft es somit nicht, mithilfe der sozialen Netzwerke sein Kernthema in den Nachrichtenmagazinen zu platzieren. Es scheint sogar, als würde Schulz auf die TV-Berichterstattung reagieren, und mit seiner intensiven Themensetzung im Bereich Arbeit und Soziales den Nachrichtenmagazinen nacheifern (s. Abb. 6). Zwischen den Themenkomplexen der verschiedenen Urheber im Zeitverlauf bestehen signifikante schwache Zusammenhänge (Kontingenzkoeffizient Cramers $V = 0{,}345^{**}$). Betrachtet man die Themen im Einzelnen, zeigen sich Richtungswechsel:

Dies zeigt sich insbesondere ab dem 18. September des Wahljahres. An diesem Abend beantwortete Schulz die Fragen von Bürgerinnen und Bürgern im

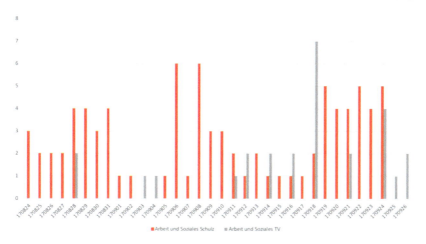

Abb. 6 Thematisierung des Themenkomplexes Arbeit und Soziales im Zeitverlauf auf den Kanälen von Martin Schulz und im Fernsehen. (© Degen (2018))

Rahmen der ARD-Wahlarena. Infolgedessen wurde an diesem Abend speziell in den tagesthemen intensiv über den Themenkomplex Arbeit und Soziales berichtet. Scheinbar bestärkte dies Schulz, seine inhaltlichen Bemühungen in den sozialen Netzwerken in der Folge zu intensivieren.

Ebenfalls erwähnenswert ist der zeitliche Ablauf der Thematisierung von Migration/Integration. In der Endphase des Wahlkampfs existierte diese Thematik auf den Kanälen der Spitzenkandidaten quasi nicht mehr, während im Fernsehen weiterhin berichtet wurde (siehe Abb. 7).

Dies deutet erneut daraufhin, dass die TV-Nachrichtenmagazine sich vor allem auf den Wahlkampf um Platz drei konzentrierten. Im Zuge dessen erhielt das Kernthema der AfD eine vergleichsweise große Beachtung. Die beiden Kanzlerkandidaten hielten sich aus dieser Diskussion weitgehend heraus und überließen dieses Themenfeld den kleineren Parteien, die am Wahltag letztlich alle zulegten, während SPD und Union historisch schwache Ergebnisse mit enormen Verlusten einstrichen.

Insgesamt verzichteten die Nachrichtenmagazine weitgehend auf eine politische Bewertung der Kontrahenten in den einzelnen Themenbereichen, was wiederum den zuvor festgestellten Trend bestätigt: Inhalte spielten im Fernsehen während des Wettstreits der Kanzlerkandidaten eine stark untergeordnete Rolle. Gleichwohl herrschte bei den seltenen politischen Bewertungen der Kandidaten eine klare Tendenz zum Negativismus vor. Signifikante Unterschiede zwischen

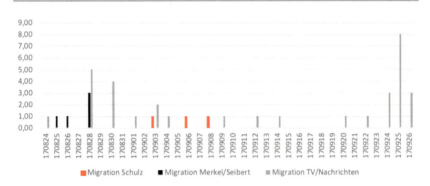

Abb. 7 Thematisierung des Themenkomplexes Migration auf den Kanälen im Zeitverlauf. (© Degen (2018))

den Themen waren nur bei der politischen Bewertung Angela Merkels erkennbar, wenngleich die Fallzahl aufgrund der seltenen Thematisierung des Fernsehens sehr klein ausfiel.

Gerade mit Blick auf die Themen des Wahlkampfes zeigt sich die Parallelität der TV-Nachrichtenmagazine und der Kanäle der Kandidaten. Der Umgang und damit einhergehend die Intensität der Thematisierung zwischen den Kandidaten und auch zwischen TV-Nachrichten und Social-Media-Profilen divergiert deutlich. Der stark abweichende Umgang mit politischen Sachthemen in den sozialen Netzwerken ist ein entscheidender Unterschied zwischen den beiden Kanzlerkandidaten.

6.5 Die Stärken und Schwächen der Kandidaten

Nähert man sich dem Gesamtbild beider Kandidaten, welches sich durch die TV-Berichterstattung und die Aktivitäten in den sozialen Netzwerken zeichnet, werden weitere Unterschiede deutlich. Die Stärken von Schulz werden in beiden TV-Sendungen seltener thematisiert als die Stärken von Merkel. Im heute journal ist der Unterschied noch größer als in den tagesthemen (siehe Abb. 8).

Die Schwächen beider Kandidaten werden häufiger thematisiert als die jeweiligen Stärken, was erneut den Negativierungstrend des Fernsehens verdeutlicht. In den tagesthemen werden Schulz' Schwächen seltener thematisiert als Merkels.

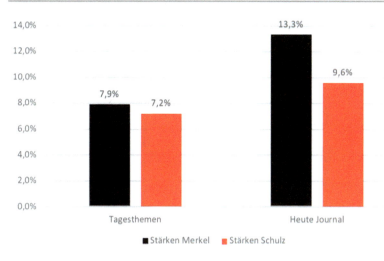

Abb. 8 Thematisierung der Stärken der Kanzlerkandidaten im Fernsehen. (© Degen (2018))

In der ARD steht Schulz somit, was die Analyse von Stärken und Schwächen betrifft, in beiden Fällen weniger stark im Fokus. Im heute journal werden die Schwächen von Schulz häufiger thematisiert als Merkels. Vor dem Hintergrund, dass Schulz' Stärken im ZDF deutlich seltener thematisiert wurden, zeichnet sich hier eine leichte Tendenz in der Berichterstattung zugunsten der Kanzlerin ab. Insgesamt sind die Werte jedoch erstaunlich hoch: In rund jedem fünften Beitrag werden die Schwächen der Kanzlerkandidaten thematisiert (siehe Abb. 9). Wie zuvor dargestellt, handelt es sich dabei in der Regel um Performance-Kritik. Politische Inhalte spielen weiter eine untergeordnete Rolle, Schwächen der Kampagne oder des Wahlkampfs bzw. Schwächen des Kandidaten, welche die Performance während des Wahlkampfs offenbarte, sind für die Nachrichtenmagazine von größerem Interesse.

Auch bei diesen Variablen zeigte sich erneut, dass Merkel Schulz gar nicht thematisierte, weder seine Stärken, noch seine Schwächen. Schulz war für Angela Merkel auf keiner Ebene des Wahlkampfs existent. Der Herausforderer hingegen arbeitete sich stärker an Merkel ab, in jedem zehnten Facebook-Post ging er auf ihre Schwächen ein.

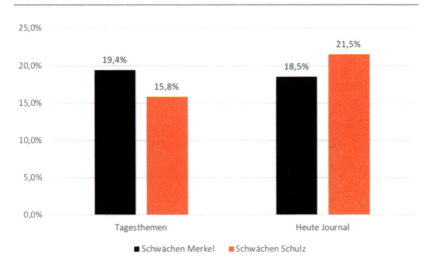

Abb. 9 Thematisierung der Schwächen der Kanzlerkandidaten im Fernsehen. (© Degen (2018))

6.6 Das Bild der Kandidaten

Betrachtet man nun abschließend das Gesamtbild der Kandidaten, versuchte Martin Schulz seine Fähigkeiten in den sozialen Netzwerken zu exponieren. Er präsentierte sich im Zuge dessen als volksnaher Politiker, der zudem kompromisslos gegen rechte Tendenzen vorgeht. Somit war die AfD für Martin Schulz auch ein wichtiges Gesprächsthema, wodurch die Partei auch auf den Kanälen des SPD-Kanzlerkandidaten häufig behandelt wurde (s. Abb. 10 und 11).

Das Hauptthema des volksnahen Kandidaten war dabei die Gerechtigkeit, die im Themenkomplex Arbeit und Soziales den stärksten Widerhall fand. Dennoch gelang es Schulz nicht, seine Vorzüge durch die sozialen Netzwerke ins Fernsehen zu hieven.

Angela Merkel pflegte in den sozialen Netzwerken das Image der *Mutti*, die über allem steht. Diese Beobachtung impliziert den Verzicht auf politische Sachthemen und die Kontroverse mit dem Gegenkandidaten. Merkel bedankte sich beispielsweise häufig bei unterschiedlichen Personenkreisen. Landwirte, alleinerziehende Mütter, Unternehmer: Beinahe alle Schichten der Bevölkerung wurden von Merkel auf dieser Ebene adressiert. Allerdings vermied sie es, klare politische Botschaften mit ihrer Kommunikation zu verbinden, sodass konkrete

Abb. 10 Tweet von Schulz zur SPD/Screenshot Twitter

Abb. 11 Facebook-Post von Martin Schulz zur AfD/Screenshot Facebook

Maßnahmen für all diese Bevölkerungsgruppen für die Kanzlerin in den sozialen Netzwerken keine Rolle spielten. Stattdessen werden verschieden Themen lediglich aufgezählt (s. Abb. 12).

Abb. 12 Facebook-Post von Angela Merkel vom 17. September 2017/Screenshot Facebook

Legt man das beschriebene Muster der Berichterstattung in den TV-Nachrichtenmagazinen zugrunde, hatte die Kanzlerin in einem Punkt Erfolg: Die Vermeidung der inhaltlichen Kontroverse und damit einhergehend kaum Reibung mit dem Gegenkandidaten setzte sich im Fernsehen fort. Gleichwohl kann diese fehlende Reibung in Kombination mit den deutlichen Umfragewerten im Vorfeld der Wahl letztlich zum Erstarken der kleineren Parteien geführt haben. Inwieweit deren Aktivitäten in den sozialen Netzwerken dabei eine Rolle spielten, könnte ein lohnenswerter Gegenstand zukünftiger Untersuchungen sein. Womöglich gelang es diesen Parteien besser, die sozialen Netzwerke zur inhaltlichen und persönlichen Formung eines Selbstbildes zu nutzen, welches die Berichterstattung in den TV-Nachrichtenmagazinen beeinflusste. Martin Schulz scheiterte mit seinen Versuchen weitgehend, während Angela Merkel dies bewusst zu vermeiden schien.

7 Die Sicht der Kommunikatoren

Die Ergebnisse der Inhaltsanalyse weisen auf ausgeprägte ‚Horse-race'--Berichterstattung, Personalisierung und teils auch Negativierung in der Fernsehberichterstattung hin. Inwieweit die Botschaften der Kandidaten über die sozialen Netzwerke Relevanz für die Entscheidungsfindung in den Redaktionen haben, sollen ergänzend die Redaktionsverantwortlichen der untersuchten Sender einordnen. Die zentrale Frage: In welchem Zusammenhang steht die mediale Berichterstattung über den Wettstreit der Kanzlerkandidaten mit deren Selbstdarstellung in sozialen Netzwerken? Wulf Schmiese, der Redaktionsleiter des heute journals sowie Christian Thiels, Chef vom Dienst der tagesthemen, wurden persönlich respektive telefonisch im Juni 2018 zu ihrer Wahrnehmung des Wahlkampfes und den redaktionellen Entscheidungen zur Berichterstattung mittels halbstandardisierter Leitfadeninterviews befragt. Im Fokus standen die redaktionelle Planung politischer Themen während des Wahlkampfes, der Einfluss sozialer Netzwerke sowie der Umgang mit der Selbst-Inszenierung der Kanzlerkandidaten.

Wann sind die Aussagen und Aktionen der Wahlkämpfer für die Sender berichtenswert? Hier sind sich beide Redaktionen einig. Bei jeder Veranstaltung suchen die Redaktionen laut Christian Thiels „nach dem besonderen Charakter einer Veranstaltung". Dieser definiert sich oftmals durch einen Konflikt. Wulf Schmiese richtet seinen Blick dabei auf das „Antagonistische" und betont die Notwendigkeit einer „zweiten Ebene" für das heute journal. Gleichwohl sieht er, dass Politiker infolgedessen Termine so „antagonistisch legen können, dass sie wissen, da kommt Presse". So gebe es auch Grenztermine, bei denen nicht sicher sei, ob es sich um einen parteipolitischen Wahlkampftermin oder zugleich um einen Auftritt der Kanzlerin handele. Zudem können Proteste gegen eine Veranstaltung oder einen Auftritt Merkels Nachrichtenwert erzeugen.

Allerdings unterstreichen beide Journalisten, dass ihrer Auffassung nach im Rahmen der Berichterstattung stets Inhalte im Vordergrund stehen sollten. Auch „weil die Performance der Kandidaten vergleichsweise konventionell ist", analysiert Schmiese. Bei der Themenauswahl sind sich beide einig. „Ich hatte den Eindruck, dass wir sehr viel über das Thema Migration gesprochen haben", sagt Christian Thiels. Mit dieser Einschätzung stimmt Wulf Schmiese überein, wobei er betont, dass Martin Schulz selbst das Thema wieder auf die Agenda setzte, indem er die Flüchtlingspolitik von 2015 als Riesenfehler bezeichnete. „Wir haben auch sehr viel über Arbeit und Soziales gesprochen", meint Christian Thiels von den tagesthemen. „Wenn man so will, dass Grenzsicherung Außenpolitik ist, ist das natürlich auch ein Thema gewesen", ergänzt Wulf Schmiese.

Im Zuge der Ergebnisdarstellung spielte auch die Relevanz von Meinungsumfragen für die Nachrichtenmagazine eine Rolle. „Wir gucken nicht auf die Meinungsumfragen und denken: Oh, die Bürger wollen offenbar sehr viel an Migrationsthemen haben, also liefern wir sofort. Nein, so einfach wählen wir die Themen nicht aus", stellt heute journal-Redaktionsleiter Schmiese klar. tagesthemen-CvD Christian Thiels weist darüber hinaus auf einen anderen wichtigen Aspekt in Bezug auf den Umgang mit Umfragen und Prognosen hin: „Wenn Partei A beispielsweise als klarer Wahlsieger schon in der Prognose steht – dass wir das nicht so behandeln, als wäre es schon völlig klar." Ohnehin sei laut Wulf Schmiese „das Zusammentreffen eines Herausforderers, der Kanzler werden will und sich als einziger im Ring Kanzlerkandidat nennt, mit der Amtsinhaberin auf jeden Fall eine Sache, bei der man hinschaut".

Eine schwierige Herausforderung für die Senderverantwortlichen ist die Entscheidung: Handelt es sich bei einer Äußerung in sozialen Netzwerken um Inhalt oder Inszenierung? Unter Beobachtung der Redaktionen stehen die Aktivitäten der Kanzlerkandidaten in den sozialen Netzwerken permanent, aber nicht systematisch. In beiden Redaktionen sind sämtliche Redakteure gehalten die Aktivitäten der Politiker auf Facebook und Twitter im Blick zu haben. „Wir nehmen die sozialen Medien schon so wahr, wie man früher vielleicht auch Pressemitteilungen wahrgenommen und in die Berichterstattung integriert hat", sagt Wulf Schmiese. Ein Hinweis darauf, dass die Kandidaten ihre eigenen Kanäle kaum für eine effektive Platzierung von Botschaften zu nutzen und mithin nicht nachhaltig zu inszenieren vermochten. „Dass da ein wirklich großer Klopper dabei ist, bei dem wir sagen: Da müssen wir einsteigen – das ist bei den wenigsten Botschaften der Fall", erklärt ARD-Journalist Thiels.

Dennoch prognostizieren beide Vertreter der TV-Nachrichtenmagazine, dass die sozialen Netzwerke auch im politischen Diskurs noch einmal relevanter werden. Wulf Schmiese betont im Rahmen dessen auch den Stellenwert des Wahlkampfes, den Donald Trump führte, der neue Maßstäbe für die Relevanz von Tweets und Meinungsäußerungen von Kandidaten in sozialen Netzwerken setzte. Die deutschen Kanzlerkandidaten agierten allerdings sehr viel verhaltener und prägten – auch mithilfe der sozialen Netzwerke – andere Images während des Wahlkampfes. „Ich habe Merkel als verunsichert im Wahlkampf wahrgenommen, weil sie einerseits eingesehen hat, dass eine rhetorische Wende in der Flüchtlingspolitik nötig gewesen wäre. Diese hatte sie längst auch eingeläutet durch einen restriktiveren Schutz der Außengrenzen vor Flüchtlingen. Aber im Grunde brachte sie nicht die Kraft auf zu sagen, bis hierhin und nicht weiter, und es wird uns so etwas wie 2015 nicht noch einmal passieren", schildert Wulf Schmiese.

Inwieweit haben die Auftritte der Kandidaten in sozialen Netzwerken eine personalisierte Kommunikation erlaubt, einen Blick hinter die Kulissen? Christian Thiels glaubt, dass die Wähler Merkel in den sozialen Netzwerken nicht besser kennen gelernt haben, auch weil sie nicht persönlich aktiv war. „Das ist glaube ich der Unterschied zu anderen Kandidaten, die es teilweise selber machen – auch auf Interaktionen einlassen. Das macht Merkel gar nicht". Wulf Schmiese erkannte bei Martin Schulz derweil eine Wandlung. „Schulz habe ich anfangs als ‚oberselbstbewusst' wahrgenommen. Er war so begeistert von sich selbst und seinem Erfolg, dass er in seiner Darstellung geradezu ‚full of himself' wirkte. Hinterher erschien er mir total verunsichert und völlig ratlos darüber, warum er so abrauscht in den Meinungsumfragen. Er agierte wie ein Schwimmer, der noch durch Planschen vor dem Untergang die letzte Kraft vergeudet. Er selbst hatte das Flüchtlingsthema wieder ganz oben auf die Agenda gesetzt, was ihm überhaupt kein Rettungsring war", erklärt der Leiter des heute journals. Christian Thiels glaubt, dass Martin Schulz vor allem eines zu demonstrieren versuchte: „Ich bin ein normaler Mensch. Er hat ja auch immer wieder betont, dass er früher Fußball gespielt hat. Dass er Buchhändler war. Dass er mal ein Alkoholproblem hatte. Das wurde dann auch via sozialer Netzwerke so transportiert: Ich bin jemand mit Wurzeln bei ganz normalen Menschen". Beide Befragte bestätigen also den diagnostizierten gravierenden Unterschied in der Social-Media-Kommunikation der Kandidaten. Schulz wird starkes Bemühen, aber zugleich hohe Inkonsistenz bescheinigt.

Ist die festgestellte kommunikative Inkonsistenz auf verschiedenen Kanälen relevant für die TV-Berichterstattung? Bei der ARD zum Beispiel dann, wenn die

Wahrnehmung der Redaktionen stark von dem Bild abweicht, das die Kandidaten in den sozialen Netzwerken prägen. In diesem Fall wird diese Abweichung bei den tagesthemen aufgegriffen. „Es ist durchaus möglich, dass Politiker auf sozialen Netzwerken andere Botschaften verbreiten als vor unseren Kameras oder auf Nachfrage oder im Hintergrundgespräch. Dann muss man mit dieser Diskrepanz umgehen, um am Ende ein möglichst differenziertes Bild zu zeichnen", sagt Christian Thiels. Wulf Schmiese geht allerdings davon aus, dass sich die Grenzen der einzelnen Medien ohnehin in naher Zukunft aufheben werden.

> In zehn Jahren wird keiner mehr davon sprechen, wie ist Print, wie ist Fernsehen, wie sind die sozialen Medien? Das wird alles ineinander verschwommen sein. Ich glaube auch nicht, dass da unterschiedliche Images auftreten. Die sozialen Netzwerke sind bloß eine sehr verkürzte, manchmal fast asthmatische Ausdrucksform, weshalb der Sound anders klingt und weswegen sie anders dargestellt werden. Aber es sind die Inhalte der selben Personen. Wir haben den Luxus in einem Filmbeitrag Sachverhalte viel ausführlicher darstellen zu können als in einer Schlagzeile oder 140 Twitter-Zeichen.

Insofern erwartet Schmiese für die Zukunft eine stärkere gegenseitige Beeinflussung der unterschiedlichen Kanäle, als sie im Wahlkampf 2017 nachweisbar war.

Aktuell bleibt die Diskrepanz zwischen den Kanälen der Kandidaten und der Berichterstattung offensichtlich. „Klar, das eine ist Eigen-PR und das andere ist eine Berichterstattung, auf die man keinen Einfluss hat und das haben die auch nicht", stellt Schmiese klar. Christian Thiels ergänzt, dass das Ausformen eines Images in den sozialen Netzwerken – trotz ungefilterter Eigen-PR – im deutschen Politbetrieb eine Seltenheit bleibt. „Aber am Ende, um das Image genau zu prägen, müsste man sich sehr stark konzentrieren und versuchen, ein bestimmtes Bild von sich zu transportieren. Lindner bei der FDP hat das durchaus gemacht. Die AfD hat das zum Teil auch gemacht. Die Großen, Schulz und Merkel, haben das als Ausspielweg begriffen, aber nicht als eigenen Kanal, bei dem man sagt: Da muss ich auch ganz speziellen, auf diesen Kanal zugeschnittenen Content für eine ganz bestimmte Nutzergruppe transportieren", meint der ARD-Journalist.

Wulf Schmiese und Christian Thiels sehen die Social-Media-Kanäle der Kandidaten gleichermaßen als Inszenierungs-Tool der politischen Akteure und als Informationsquelle für die Gestaltung von Nachrichtenbeiträgen. Diese Hybridfunktion hat allerdings nicht zur Folge, dass diese Quellen von den Fernsehredaktionen gesondert systematisch beobachtet werden. Beide erwarten eine zunehmende Bedeutung verkürzter und zugespitzter Aussagen über Twitter in künftigen Wahlkämpfen. Entgegen der mittels Inhaltsanalyse diagnostizierten überwiegenden Konzentration der Berichterstattung auf Umfragen und ‚horse race' schätzen die befragten Journalisten ihre Beiträge als überwiegend themenorientiert ein.

8 Fazit

Im Bundestagswahlkampf 2017 schafften es Merkel und Schulz nicht, ihre Inhalte über soziale Netzwerke auch in die TV-Berichterstattung zu transferieren. Eine Thematisierungsmacht für das Fernsehen während des Wahlkampfes ist nicht erkennbar – zumindest im Fall der Kanzlerkandidaten. Die Kanäle der Kandidaten werden von Journalisten zwar beobachtet, sind aber für die Kanzlerkandidaten offenbar eher ein eigenständiges Kommunikationsinstrument als eine Plattform für Informationsdistribution gegenüber Massenmedien. TV und soziale Netzwerke präsentieren sich als parallele Welten. Fraglich ist, ob dies mit den strategischen Zielen der Kandidaten übereinstimmt. Betrachtet man das Verhalten Angela Merkels in den sozialen Netzwerken, ist diese Beobachtung womöglich sogar in ihrem Interesse. Sie versuchte weitgehend auf Inhalte und Kontroversen zu verzichten: ein nicht-themenbezogener Wahlkampf und Nichtbeachtung des Kontrahenten. Merkel und Schulz agierten sehr unterschiedlich, aber beide mit mäßigem Thematisierungserfolg für das Fernsehen.

Die konfliktarme Darstellung setzte sich im Fernsehen fort. Deutliche Unterschiede zwischen den Kanzlerkandidaten in wichtigen politischen Sachfragen wurden in den Nachrichtenmagazinen kaum thematisiert. Womöglich gab es diese Unterschiede auch nicht. Gleichwohl kann die seltene Thematisierung politischer Sachfragen und damit einhergehend die ausbleibenden Spannungen zwischen der Kanzlerin und ihrem Herausforderer in den TV-Nachrichtenmagazinen als Bonus für die Amtsinhaberin gewertet werden. Gründe für einen Wechsel können so kaum aufkommen.

Schulz versuchte sich als volksnah zu präsentieren, dabei war er stets der ‚Bürgermeister aus Würselen' und nicht der ‚global vernetzte Europäer'. Insofern formte Schulz ein Image in den sozialen Netzwerken, welches im Nachhinein hinterfragt werden kann. Zumal Schulz versuchte politische Sachfragen zu adressieren, jedoch schaffte er es nicht, dies konsequent zu verfolgen. Seine über die sozialen Netzwerke initiierten inhaltlichen Vorstöße fanden so keinen Widerhall in den TV-Nachrichtenmagazinen. Bemerkenswert ist, dass Schulz sich im Erhebungszeitraum stark auf den Themenkomplex Arbeit und Soziales fokussierte und in den Redaktionen – vor allem bei Wulf Schmiese – wegen seines vorherigen Vorstoßes in der Flüchtlingsfrage in Erinnerung blieb.

Für die Fernsehberichterstattung spielt die Performance der Kandidaten eine entscheidende Rolle. In den sozialen Netzwerken gelang es keinem der Kandidaten eine Performance zu zeigen, die die Berichterstattung des Fernsehens beeinflusste. Merkel zeigte in diesem Zusammenhang keinerlei Ambitionen – getreu dem Motto *Sie kennen mich*. Schulz scheiterte mit seinen Versuchen und blieb mit inhaltlichen Vorstößen weitgehend auf die eigenen Kanäle beschränkt. Die TV-Nachrichtenmagazine haben die Merkel'sche Taktik offenbar nicht in eine entsprechend analysierende Berichterstattung ummünzen können. Die Themenlosigkeit der Kanzlerin spiegelte sich weitgehend auch im Fernsehen. Ein genauerer Blick der Politikredaktionen auf die Accounts der Kandidaten bildete sich jedenfalls nicht in der Berichterstattung ab.

In der Folge könnte nun relevant sein, inwieweit sich in Bezug auf andere Spitzenkandidaten andere Ergebnisse beobachten lassen. In den Leitfadeninterviews fiel beispielhaft der Name von FDP-Chef Lindner, auch die Aktivitäten der AfD wurden erwähnt. Betrachtet man die *Parallelen Welten*, also die *Eigendarstellung und die mediale Darstellung weiterer Spitzenkandidaten und ihre Botschaften in sozialen Netzwerken und Fernsehnachrichten*, könnte das Ergebnis bei den Spitzenkandidaten der Parteien im Kampf um Platz 3 ein anderes sein. Nicht zuletzt Donald Trump hat vorgemacht, über welch enorme Thematisierungsmacht Politiker mithilfe sozialer Netzwerke verfügen.

Literatur

ARD/ZDF-Onlinestudie (2016). *WhatsApp/Onlinecommunities Nutzung von WhatsApp und Onlinecommunitys 2016 und 2017*. http://www.ard-zdf-onlinestudie.de/whatsapponlinecommunities/ [PDF]. Zugegriffen: 02. November 2017.

Bieber, Christoph. 2011. *Der Online-Wahlkampf im Superwahljahr 2009*. In *Das Internet im Wahlkampf. Analysen zur Bundestagswahl 2009*, Hrsg. Albrecht, Steffen und E.J. Schweitzer, 69–95. Wiesbaden: Springer VS.

Brosius, Hans-Bernd, A, Haas und F. Koschel. 2012. *Methoden der empirischen Kommunikationsforschung: Eine Einführung*. Wiesbaden: Springer VS.

Bundeswahlleiter. 2017. *Bundestagswahl 2017: Endgültiges Ergebnis*. https://www.bundeswahlleiter.de/info/presse/mitteilungen/bundestagswahl-2017/34_17_endgueltiges_ergebnis.html. Zugegriffen: 08. Dezember 2017.

Dohle, Marco, C. Blank und G. Vowe. 2012. *Wie sehen Parlamentarier den Einfluss der Medien? Ergebnisse einer Befragung der Bundestagsabgeordneten. Zeitschrift für Parlamentsfragen* 43, Nr. 2: 376–388.

Dusch, Andreas, S. Gerbig, M. Lake, S,Lorenz, F. Pfaffenberger und U. Schulze. 2014. *Post, reply, retweet – Einsatz und Resonanz von Twitter im Bundestagswahlkampf 2013*. In *Die Massenmedien im Wahlkampf. Die Bundestagswahl 2013*, Hrsg. Holtz-Bacha, Christina, 275–294. Wiesbaden: Springer VS.

Frank, Arno. 2017. *Danke, das reicht.* http://www.spiegel.de/kultur/tv/tv-duell-zwischen-angela-merkel-und-martin-schulz-so-waren-die-moderatoren-a-1165946.html. Zugegriffen: 08. Dezember 2017.

Früh, Werner. 2015. *Inhaltsanalyse: Theorie und Praxis.* Parderborn, München: UTB GmbH.

Greck, Regina. 2016. *Elitäre Verhältnisse. Selbst- und Fremdbild der Eliten in Journalismus und Politik.* Berlin, Heidelberg, New York: Springer VS.

Hinz, K. (2013). *Die Kandidaten zur Bundestagswahl 2013. Wer ist wie präsent im Web 2.0?* http://regierungsforschung.de/wp-content/uploads/2014/05/050913regierungsforschung_1.de_hinz_kandidatenweb2null.pdf [PDF]. Zugegriffen: 22. Juli 2017.

Jungherr, Alexander und H. Schoen. 2012. *Das Internet in Wahlkämpfen Konzepte, Wirkungen und Kampagnenfunktionen.* Wiesbaden: Springer VS.

Kepplinger, Hans Mathias. 2010. *Medieneffekte.* Wiesbaden: Springer VS.

Kepplinger, Hans Mathias. 2009. *Realitätskonstruktionen.* Wiesbaden: Springer VS.

Krei, Alexander. 2016. *TV-Nachrichten: "Tagesschau" baut Spitzenposition aus.* https://www.dwdl.de/zahlenzentrale/59412/tvnachrichten_tagesschau_baut_spitzenposition_aus/. Zugegriffen: 15. Juli 2017.

Krüger, Udo Michael und T. Zapf-Schramm. 2009. *Wahlinformationen im öffentlich-rechtlichen und privaten Fernsehen 2009.* Media Perspektiven 12: 622–636.

Niemann, Philipp. 2014. *Die Pseudo-Medialisierung des Wahlkampfs. Eine rezipientenorientierte Analyse zweier Onlinewahlkämpfe politischer Parteien.* Wiesbaden: Springer VS.

Otto, Kim, A. Köhler und K. Baars. 2016. *„Die Griechen provozieren!" – Die öffentlich-rechtliche Berichterstattung über die griechische Staatsschuldenkrise.* OBS-Arbeitsheft 87. Frankfurt: Otto-Brenner-Stiftung.

Paasch-Colberg, Sünje. 2016. *Die Bedeutung politischer Themen im Wahlkampf. Mediale Thematisierungswirkungen im Bundestagswahlkampf 2009.* Wiesbaden: Springer VS.

Podschuweit, Nicole und J. Haßler. 2014. *Wahlkampf mit Kacheln, sponsored ads und Käseglocke: Der Einsatz des Internet im Bundestagswahlkampf 2013.* In *Die Massenmedien im Wahlkampf. Die Bundestagswahl 2013*, Hrsg. Holtz-Bacha, Christina, 13–40. Wiesbaden: Springer VS.

Rottbeck, Britta. 2012. *Der Online-Wahlkampf der Volksparteien 2009. Eine empirische Analyse.* Wiesebaden: Springer VS:

Schulz, Winfried. 2014. *Medien und Wahlen.* Wiesbaden: Springer VS.

Schulz, Winfried und R. Zeh. 2010. *Die Protagonisten in der Fernseharena. Merkel und Steinmeier in der Berichterstattung über den Wahlkampf 2009.* In *Die Massenmedien im Wahlkampf. Das Wahljahr 2009*, Hrsg. Holtz-Bacha, Christina, 313–338. Wiesbaden: Springer VS.

Schweitzer, Eva. 2010. *Normalisierung 2.0. Die Online-Wahlkämpfe deutscher Parteien zu den Bundestagswahlen 2002–2009.* In *Die Massenmedien im Wahlkampf. Das Wahljahr 2009*, Hrsg. Holtz-Bacha, Christina, 189–244. Wiesbaden: Springer VS.

Van Eimeren, Birgit und Frees, B. (2014). *79 Prozent der Deutschen online – Zuwachs bei mobiler Internetnutzung und Bewegtbild.* Media-Perspektiven, 7–8: 378–396.

Alle gegen Alle? Die Mehrpersonendebatte der kleinen Parteien in der Analyse

Uwe Wagschal, Thomas Waldvogel, Thomas Metz, Samuel Weishaupt, Linus Feiten, Bernd Becker und Kamal Singh

> **Zusammenfassung**
>
> Der Beitrag analysiert eine TV-Debatte zur Bundestagswahl 2017 mit einem Mehrpersonenpodium unter Beteiligung der „kleinen" Parteien. Auf Basis von Echtzeit- und Umfragedaten formuliert der Beitrag nach eingehender Analyse fünf zentrale Befunde: 1) Je weiter politisch die Debattenteilnehmer auseinanderliegen, desto polarisierter und konfliktiver ist die Debatte. 2) Anhänger, die sich politisch einem Lager zurechnen bewerten auch den bzw. die Repräsentanten dieses Lagers deutlich besser. 3) Debattenteilnehmer anderer politischer Lager werden systematisch schlechter bewertet. 4) Ein

---

U. Wagschal (✉)
Universität Freiburg, Seminar für Wissenschaftliche Politik, Freiburg, Deutschland
E-Mail: uwe.wagschal@politik.uni-freiburg.de

T. Waldvogel
Universität Freiburg, Seminar für Wissenschaftliche Politik, Freiburg, Deutschland
E-Mail: thomas.waldvogel@politik.uni-freiburg.de

T. Metz
Universität Freiburg, Seminar für Wissenschaftliche Politik, Freiburg, Deutschland
E-Mail: thomas.metz@politik.uni-freiburg.de

S. Weishaupt
Universität Freiburg, Institut für Informatik, Freiburg, Deutschland

L. Feiten
Universität Freiburg, Institut für Informatik, Freiburg, Deutschland
E-Mail: feiten@informatik.uni-freiburg.de

B. Becker · K. Singh
Albert-Ludwigs-Universität Freiburg, Institut für Informatik, Freiburg, Deutschland

besonderer Bias durch die Moderation liegt für die untersuchte Debatte nicht vor. 5) Die direkte Bedeutung von TV-Debatten für die Wahlentscheidung ist begrenzt.

1 Einleitung

Live im Fernsehen übertragene Debatten politischer Spitzenkandidaten sind das wohl augenfälligste Kennzeichen massenmedial vermittelter Demokratien. Als US-Import erstmals zur Bundestagswahl 2002 eingesetzt, hat hier vor allem das Duell-Format ein neues, zentrales Wahlkampfelement in Deutschland etabliert (Maier, Faas, und Maier 2014). Allerdings ist das Duell-Format auch immer wieder scharf kritisiert worden (insbesondere Donsbach 2002): Die Fokussierung auf die Spitzenkandidaten der dominierenden Parteien fördere eine systemfremde Personalisierung der Wahl, welche in einem parlamentarischen System wie Deutschland der herausragenden Stellung der Parteien im politischen Willensbildungsprozess widerspreche (für aktuelle Forschungsbeiträge hierzu siehe Maier und Maier 2007; Maier et al. 2017). Damit führten TV-Duelle „zu einer schleichenden Entmachtung der Parteien als zentraler politischer Institution[en]", sodass sich „die Qualitäten des Personals und die Prozesse seiner Auswahl" veränderten (Donsbach 2002, S. 22). Zum einen würde ein simplifizierendes, telegenes Auftreten gegenüber rollennahen Eigenschaften wie Führungsstärke und Sachkompetenz in den Vordergrund treten. Zum anderen würden aber auch die Urteilskriterien der Zuschauer verschoben, da individuelle Urteile zu großen Teilen nicht durch eigene Reflexion, sondern vor allem durch Spindoktoren und mediale Nachberichterstattung geprägt seien. Zudem trage das Duell-Format zu einer Verzerrung des politischen Wettbewerbs bei, da es kleine Parteien strukturell benachteilige und so mittelfristig bestehende Machtverhältnisse perpetuiere (Donsbach 2002, S. 22). Guido Westerwelle, vormaliger Kanzlerkandidat der FDP, nahm zur Bundestagswahl 2002 diese Argumentation zum Anlass, um vor dem Bundesverfassungsgericht gegen seine Nichtberücksichtigung durch die öffentlich-rechtlichen Sendeanstalten in deren Erstauflage des Fernsehevents zu klagen. Auch wenn seine Klage mit Hinweis auf die „abgestufte Chancengleichheit" nicht zur Entscheidung angenommen wurde (Bundesverfassungsgericht 2002, 2 BvR 1332/02), ist die Entscheidung über die Teilnehmerschaft an TV-Diskussionen weiter hoch umstritten (Wagschal et al. 2017; Bachl, Brettschneider und Ottler 2013a) – insbesondere angesichts des Wandels der politischen Landschaft, wie er im Wahljahr 2017 zu beobachten war. Die sich aus dem Duellformat potenziell ergebende Paradoxie wurde insbesondere bei der Landtagswahl 2011 in Baden-Württemberg sichtbar, als nach der Wahl die Grünen mit Winfried Kretschmann den Ministerpräsidenten stellten, der zuvor aber im TV-Duell des SWR gar nicht berücksichtigt worden war (Bachl, Brettschneider und Ottler 2013b).

Wir argumentieren in diesem Beitrag, dass die Fokussierung auf das Duell-Format in der Öffentlichkeit und (wie noch zu zeigen sein wird) in der politikwissenschaftlichen Forschung unzureichend ist. Anhand der Analyse einer Mehrpersonendebatte auf SAT1 („Duell vor dem Duell") zur Bundestagswahl 2017 zeigen wir, dass die Erforschung von TV-Diskussionen mit einem Mehrpersonenpodium unter Beteiligung der „kleinen" Parteien anschlussfähig an das bestehende Methodenrepertoire ist, großes Potenzial für die kommunikationswissenschaftliche Analyse bietet und Kritik an einer scheinbar dogmatischen Fixierung auf das Duell-Format entschärfen kann.

Der Beitrag skizziert zu Beginn den aktuellen Forschungsstand und verknüpft diesen mit der eingangs rezipierten Kritik an TV-Duellen (Donsbach 2002). Daran anschließend werden das Studiendesign sowie das methodische Vorgehen beschrieben: Das Debat-O-Meter als neues Instrument zur Bewertung von politischen Mehrpersonen-Diskussionen wird präsentiert und die Forschungsfragen werden entfaltet, bevor dann die Ergebnisse unserer Studie detailliert vorgestellt werden. Im Mittelpunkt des Beitrages stehen dabei die TV-Debatte am 30. August auf SAT.1 mit Vertretern von vier kleinen Parteien. Die folgenden Forschungsfragen stehen im Mittelpunkt dieses Beitrages:

1. Was waren die thematischen Schwerpunkte der Debatten und wie schnitten die jeweiligen Diskutanten in diesen ab?
2. Finden sich systematische Besonderheiten der Bewertungen durch eigene Anhänger, Gegner oder neutrale Beobachter?
3. Gab es einen Effekt des Moderators auf den Ausgang der Debatte?
4. Welchen Einfluss haben TV-Debatten überhaupt auf die Wahlentscheidung?

Datengrundlage für die Auswertung dieser Fragen sind einerseits die Echtzeitbewertungen der Debatte sowie die begleitenden Vor- und Nachbefragungen der Teilnehmer. Schließlich wird – für die letzte Forschungsfrage – noch eine Nachwahlbefragung herangezogen.

2 Das Debat-O-Meter: Ein neues Instrument zur Analyse von politischen Mehrpersonen-Diskussionen im Fernsehen

Nicht nur in der Öffentlichkeit erfahren TV-Duelle große Aufmerksamkeit, die für gewöhnlich sonst nur sportlichen Großereignissen zu Teil wird. Auch in der Forschung sind diese zentralen Wahlkampfereignisse zu einem Hauptuntersuchungsgegenstand aufgestiegen und haben eine florierende wissenschaftliche Literaturlandschaft hervorgebracht (für den deutschen Kontext siehe z. B. Maurer und Reinemann 2003; Maurer u. a. 2007; Maier und Thorsten 2011; Maier, Faas, und Maier 2014; Bachl, Brettschneider, und Ottler 2013a; Wagschal et al. 2017). Zahlreiche Untersuchungen konnten dabei grundlegende Befunde zur Wahrnehmung und Wirkung von TV-Duellen auf seine Rezipienten zutage fördern (z. B. Bachl 2013, Faas und Maier 2004b, Maier und Faas 2011). Als besonders erkenntnisreich haben sich dabei Arbeiten erwiesen, welche die Echtzeitmessung von Zuschauerreaktionen in den Mittelpunkt ihres Studiendesigns stellen. Diese sogenannten Realtime-Response-Messungen (RTR) erlauben die rezeptionsbegleitende Erfassung individueller Reaktionen auf audiovisuelle Stimuli wie Filme, Werbespots oder eben TV-Duelle in Echtzeit. Probanden können hierbei während eines Duells mithilfe technischer Eingabegeräte kontinuierlich ihren Eindruck über ein vom Forscherteam festgelegtes Konstrukt wiedergeben. Die Messungen werden dabei zumeist von Vor- und Nachbefragungen gerahmt und mit Inhaltsanalysen verbunden. Unter der Berücksichtigung soziodemografischer und politischer Voreinstellungen erlauben derartige Studiendesigns somit eine detaillierte Analyse von Wahrnehmungsprozessen und Wirkmechanismen politischer TV-Debatten auf ein Publikum.

Mag die Fokussierung auf das Duellformat in Wahlkämpfen der starken medialen und öffentlichen Aufmerksamkeit entspringen, findet sie innerhalb der Forschung ihr Pendant in den methodischen Rahmenbedingungen. Viele RTR-Studien beruhen nämlich auf physischen Eingabegeräten wie Dialern (Drehreglern), Slidern (Schiebereglern) und Push-Button-Systemen, wobei vor allem Dialer in der (deutschsprachigen) Forschung den Standard bilden (vgl. Bachl, Brettschneider, und Ottler 2013a; Faas, Maier, und Maier 2017). Dieser bringt allerdings eine Vielzahl von Restriktionen mit sich (Bachl 2014; Metz et al. 2016; Papastefanou 2013; Wagschal et al. 2017; Waldvogel und Metz 2017). In unserem Zusammenhang ist vor allem relevant, dass Dialer bauartbedingt auf ein Bewertungsitem mit zwei Bewertungsobjekten bzw. -polen festgelegt sind (vgl. Bachl 2014; Ottler 2013; Waldvogel und Metz 2017). Die Bewertung von Diskussionen mit mehr als zwei Kandidaten gestaltet sich unter diesen Voraussetzungen durchaus schwierig. Dass dennoch weiterhin auf die Dial-Technik vertraut wird mag auch darin liegen, dass die hohen Anschaffungskosten für das Equipment eine gewisse Pfadabhängigkeit erzwingen. In der Konsequenz führt dies dazu, dass Analysen zu TV-Debatten mit mehr als zwei Personen sehr selten sind (Faas und Maier 2017b) und nicht immer einen vergleichbaren Intensitätsgrad und Detailreichtum wie Analysen zu Duellen erreichen. Hinzu kommen die generellen Probleme der Laborexperimente wie fehlende räumliche Repräsentativität, geringe Teilnehmerzahlen und ein massiver Bias der Teilnehmenden, was die Sozialstruktur und das politische Interesse anbelangt.

In jüngster Zeit hat sich in der RTR-basierten Debattenforschung aber die Tendenz gezeigt, bestehende Kritikpunkte an der physischen Messtechnik aufzugreifen und das Instrumentarium zu virtualisieren (Boydstun et al. 2014; Maier, Hampe, und Jahn 2016; Wagschal u. a. 2017; Waldvogel und Metz 2017). Wesentliche Vorteile dieser Entwicklung sind sicher die gesteigerte Mobilität und Flexibilität sowie die bessere Kosteneffizienz. Virtualisierte Instrumente erlauben es, die RTR-Messung softwareseitig an unterschiedliche Settings anzupassen und bieten der Forschung so einen Zugang zu bisher ungenutzten Medienstimuli wie eben TV-Diskussionen mit mehr als zwei Teilnehmern.

Unabhängig von anderen Anwendungen im Forschungsfeld wurde an der Universität Freiburg von Informatikern und Politikwissenschaftlern gemeinsam das sogenannte Debat-O-Meter entwickelt. Das Debat-O-Meter ist ein Instrument zur Echtzeitbewertung von politischen Diskussionen. Mit ihm kann man über die Tasten „doppel-plus", „plus", „minus" und „doppel-minus" auf dem Bildschirm eines Smartphones, Tablets oder Computers (siehe Abb. 1) jederzeit während der Diskussion eine Einschätzung der Kandidaten abgeben. Die Umsetzung als „Second-Screen-Angebot" ermöglicht es, anders als bei physischen Geräten, dass Teilnehmer nicht mehr in ein Labor kommen müssen, sondern die Diskutanten direkt von zu Hause aus bewerten können, was eine deutliche Kostenersparnis bedeutet. Zudem erlaubt die deutlich geringere Hürde für eine Teilnahme nicht nur eine verbesserte räumliche Abdeckung, sondern auch allgemein eine größere und „buntere" Teilnehmerschaft. Die während einer TV-Debatte aus der ganzen Bundesrepublik eingehenden Bewertungen werden vom Debat-O-Meter sekundengenau erfasst und für die Auswertung auf die Bevölkerung im Wahlalter nach Alter, Geschlecht, Bildung und Region gewichtet.

Gegenüber bisherigen Anwendungen zur Echtzeitmessung (z. B. Maurer und Reinemann 2003; Maurer u. a. 2007; J. Maier und Thorsten 2011; Bachl, Brettschneider, und Ottler 2013; J. Maier, Faas, und Maier 2014), die durch ihre physischen Eingabegeräte an Laborexperimente mit wenigen hundert Teilnehmern gebunden waren verfolgt das Debat-O-Meter damit einen komplementären Ansatz:

Abb. 1 Grafische Oberfläche des Debat-O-Meter beim „Duell vor dem Duell"

Als mobiles RTR-Messinstrument bietet es ein virtuelles Labor, das vorhandene Restriktionen aus dem Einsatz physischer Messgeräte überwindet (Wagschal et al. 2017). Die Messung wird zudem mit einer Vor- und Nachbefragung gekoppelt, sodass man wie in bisherigen Studien detaillierte Informationen über den Gewinner, die Veränderung der Wahlpräferenzen und dergleichen erhält.

3 Die zehn wichtigsten Fragen der Deutschen – Die Debatte auf SAT.1

Im Vorfeld der Bundestagswahl 2017 fanden verschiedene Fernsehdebatten zwischen den Spitzenpolitikern der einzelnen Parteien statt. Das größte mediale Interesse mit über 16 Mio. Zuschauern auf fünf Kanälen erzielte dabei die TV-Debatte zwischen Angela Merkel und Martin Schulz am 3. September. Noch vor dem Kanzler-Duell bildete am 30. August 2017 die SAT.1 Sendung „Die 10 wichtigsten Fragen der Deutschen", die begrifflich etwas missverständlich auch als „Duell vor dem Duell" beworben wurde, den Startpunkt für die heiße Phase des Wahlkampfes. Hier stellten sich die Spitzenkandidaten der „kleinen" Parteien Katja Kipping (Linke), Katrin Göring-Eckardt (Grüne), Christian Lindner (FDP) und Alice Weidel (AfD) dem Moderator Claus Strunz. Die im Titel der Sendung angesprochenen zehn wichtigsten Fragen der Wähler wurden für die Sendung in einer repräsentativen Umfrage ermittelt. Dieses „doppelte Duell vor dem Duell" konnte mit dem Debat-O-Meter durch die Zuseher von zu Hause aus mit dem Smartphone oder dem Tablet in Echtzeit bewertet werden. Eine große Anzahl der Zuseher machte von dieser Möglichkeit rege Gebrauch, denn immerhin mehr als 12.000 Teilnehmer bewerteten die Spitzenkandidaten mit dem Debat-O-Meter, wobei im Verlauf der Sendung insgesamt knapp 600.000 Bewertungen abgegeben wurden.[1] Damit überstieg die Zahl der Teilnehmer beim Debat-O-Meter allein bei dieser Debatte Teilnehmerzahlen in den Laborexperimenten der letzten Jahre um ein Vielfaches.

Welche Themen waren den Nutzern des Debat-O-Meter beim Doppel-Duell auf Sat.1 am wichtigsten? In der Vorbefragung der „Vierer-Debatte" lag die Flüchtlings- und Asylpolitik mit 45,2 % der Nennungen deutlich vorne. Erst weit dahinter folgten die Themen Innere Sicherheit, Kriminalität und Terrorismus (17,7 %), Soziale Gerechtigkeit (11,6 %), Bildung (7,5 %) und Rente (5,1 %). Da der Sender Sat.1 die zehn wichtigsten Themen vorab über eine Umfrage ermittelt hatte gab es inhaltlich keine großen Überraschungen und das Programm folgte weitgehend den Erwartungen des Publikums. Jedoch gelang es dem Sender aufgrund von Zeitproblemen, nur acht der zehn Bereiche anzusprechen.

Beim Thema Asyl- und Flüchtlingspolitik, dem wichtigsten Thema des Abends, wurde Lindner insgesamt am positivsten bewertet. Auch Weidel konnte hier die Teilnehmer überzeugen, wohingegen Kippings und Göring-Eckardts Aussagen weitgehend abgelehnt wurden. Der FDP-Spitzenkandidat ging auch im Themenfeld Innere Sicherheit als Sieger hervor. Weidel wurde leicht negativ bewertet, Kippings und Göring-Eckardts Ausführungen klar zurückgewiesen.

Was waren die stärksten und schwächsten Momente in der Debatte aus Sicht der Teilnehmerschaft als Ganzes? Aufseiten der Linken erhielt Kipping den meisten Zuspruch für die zweideutige Aussage „Arbeitsverträge sind keine Quickies" als sie die Forderung nach Abschaffung der sachgrundlosen Befristung erhob. Ihre schlechteste Bewertung erhielt sie von den Zuschauern dagegen als sie bei der Bekämpfung von Terrorismus eine bessere Zusammenarbeit mit Menschen mit Migrationshintergrund forderte.

---

[1] Bei der bisher größten Messung mit dem Debat-O-Meter zum Duell Merkel vs. Schulz betraten über 44.000 Personen das virtuelle Labor, knapp 28.000 davon schlossen die Einführung ab, füllten die Vorbefragung aus und gaben danach mindestens eine RTR-Bewertung ab. Insgesamt wurden während dieser Debatte über zwei Millionen Bewertungen erfasst. Immerhin rund 15.000 Nutzer durchliefen den gesamten Prozess der Studie und füllten nach der Diskussion auch noch die Nachbefragung aus.

Göring-Eckardt konnte hingegen bei den Teilnehmern mit der Aussage punkten, dass auch Abgeordnete in das solidarische Rentensystem einzahlen sollten. Sie verband diese Forderung mit dem Signal, dass sie auch selber zu diesem Schritt bereit sei. Am schlechtesten kam dagegen ihre Forderung im Themenfeld Terrorismus an: „Wir müssen für die Integration junger Männer sorgen.".

Lindner erhielt den meisten Zuspruch für seine Feststellung angesichts der Flüchtlingssituation, man brauche „keine Einwanderung in die Sozialsysteme". Seine schlechteste Bewertung erhielt er dagegen für die Aussage im Themenfeld Zuwanderung, dass Familiennachzug für Flüchtlinge nun mal „geltendes Recht" sei.

Die höchste Bewertung für Weidel gab es wiederum beim Thema Abschiebungen: Ihre Forderung „Die Frau [gemeint war die Integrationsbeauftragte Özoğuz] ist sofort von ihrem Job zu suspendieren", mit der sie sich auf deren angebliche Tolerierung von 1500 Kinderehen in Deutschland bezog. Der schlechteste Wert für Weidel wurde hingegen für die Aussage „Wir brauchen effektiven Grenzschutz, wir müssen Schengen aussetzen" gemessen.

In der Auswertung zeigt sich, dass die Sat.1-Zuschauer bei den verschiedenen Themenblöcken die Debattenleistung der Kontrahenten mitunter sehr unterschiedlich bewerteten. Es zeigt sich, dass im linken Lager Katja Kipping und Katrin Göring-Eckardt (wie erwartet) positiver bewertet wurden als die beiden Kontrahenten aus dem bürgerlichen bzw. rechten Lager.

Um einer Verzerrung durch die Zusammensetzung der Teilnehmerschaft vorzubeugen werden im Folgenden die Ergebnisse Echtzeit-Bewertungen nach den vier Lagern (Links-orientierte, Bürgerliche, AfD-Anhänger, Unentschlossene) getrennt wiedergegeben.

Katja Kipping überzeugte die sich selbst als links einstufenden Zuschauer am meisten. Auf Platz zwei folgte Katrin Göring-Eckardt, die nur teilweise in ihrem Milieu überzeugen konnte. Bei den links orientierten Wählern wurde insbesondere Alice Weidel durchgängig sehr negativ bewertet. Christian Lindner wurde – im Saldo über alle Themen – eher neutral bewertet. Insofern lässt sich eine klarer Links-Rechts-Trennung in der Bewertung durch linksorientierte Zuschauer identifizieren.

Der Favorit des bürgerlichen Lagers ist eindeutig Christian Lindner. Er schnitt bei allen inhaltlichen Themen in diesem Milieu am besten ab. Punktuell gelang auch Göring-Eckardt eine gute Bewertung, wie etwa beim Thema Altersarmut. Alice Weidel konnte an einigen Stellen, wie etwa beim Thema Abschiebungen, ebenfalls punkten. Am schlechtesten wird durch das bürgerliche Lager Katja Kipping bewertet.

Betrachtet man nur die AfD-Anhänger, dann fällt die durchgehende Ablehnung der linken Disputantinnen Kipping und Göring-Eckardt auf. Alice Weidel wird mit sehr hoher Zustimmung bedacht. Vereinzelt erhält je nach Thema auch Christian Lindner eine positive Bewertung. Die Wucht der Ablehnung gegenüber der Linkspolitikerin und insbesondere Katrin Göring-Eckardt ist doch beachtlich.

Die Befunde zeigen, dass die Polarisierung der kleinen Debatte sehr groß war. Es ist außerdem eine eindeutige Links-Rechts-Trennung der Zuschauer auszumachen. Im Vergleich zur Debatte zwischen Merkel und Schulz einige Tage später ist dies ein großer Unterschied. In der dortigen Debatte gab es im Saldo eine weit ähnlichere Bewertung der beiden Kandidaten, mit einer deutlich geringeren Polarisierung der Debatte.

Generell sind die höchsten Ausschläge bei den Themen Flüchtlingskrise, Zuwanderung und Abschiebungen zu verzeichnen. Auch in den Themenfeldern „Innere Sicherheit" und „Terrorismus" war eine hohe Volatilität in den Daten sichtbar. Insofern fanden die wichtigsten Themen auch ihre Entsprechung in den Daten.

Betrachtet man gesondert noch die Echtzeitbewertungen der Gruppe der Unentschlossenen (vgl. Abb. 2) dann fallen die positiven Bewertungen von Lindner und Weidel auf, während Kipping und Göring-Eckardt im Saldo negativ bewertet werden.

Das Debat-O-meter wertet ein Doppelplus mit zwei (positiven) Punkten, ein Plus mit einem Punkt, ein Minus ergibt einen negativen Punkt und ein Doppelminus zählt zwei negative Punkte. In der folgenden Tab. 1 werden die saldierten Summen, d. h. die Differenzen zwischen den positiven und negativen Bewertungen, für alle Untersuchungsteilnehmer nach den einzelnen Themenfeldern dargestellt. Diese Auswertungsform unterscheidet sich von der (ähnlichen) Frage nach den Siegern der Debatte, die im nächsten Abschnitt behandelt wird. Bei der Auswertung der Tab. 1 stehen die „Klickhäufigkeiten" im Mittelpunkt. Erhält jemand besonders viele Doppelplus in kurzer Zeit, dann schlägt sich dies in der positiven Bewertung nieder.

Insgesamt wurden knapp 600.000 Bewertungen von den TV-Zuschauern abgegeben. Dabei erhielt Weidel am meisten Zustimmung über die fast zweistündige Debatte hinweg (+0,77). Auch Lindner wurde insgesamt positiv bewertet, wohingegen Göring-Eckardt negativ wahrgenommen wurde. Kipping landete auf dem letzten Platz in der Echtzeitbewertung.

Zwar hat Alice Weidel über die gesamte Debatte hinweg die höchste Durchschnittsbewertung erhalten, doch zeigt sich, dass Lindner in drei der vier hier ausgewählten Themenblöcke besser abschnitt. Kipping schneidet insgesamt am schlechtesten ab, was vor allem ihrer Position bei der Flüchtlingskrise und bei den Abschiebungen zuzuschreiben ist. Bei der Inneren Sicherheit und dem sozialpolitischen Thema der Altersarmut liegt sie dagegen vor Göring-Eckardt. Zu

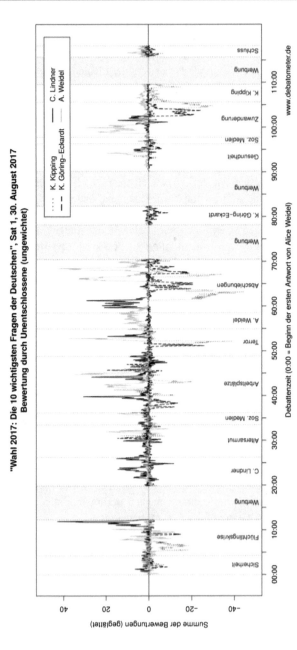

Abb. 2 Echtzeitbewertungen durch die Unentschlossenen

Tab. 1 Durchschnittsbewertungen nach Themenfelder

	Innere Sicherheit	Flüchtlingskrise	Altersarmut	Abschiebungen	Gesamt (8 Themen)
Kipping	−0,58	−0,80	−0,39	−1,37	−0,88
Göring-Eckardt	−0,79	−0,67	−0,51	−0,93	−0,73
Lindner	0,76	1,00	0,46	0,86	0,55
Weidel	−0,02	0,24	0,60	0,88	0,77

Anmerkung: Dargestellt sind die durchschnittlichen (ungewichteten) Differenzen zwischen den positiven und negativen Bewertungen

beachten ist, dass die „Schiefe" bei den Bewertungen auch ein Resultat der unterschiedlichen Mobilisierung der Zuschauer ist. Diese kann über Gewichtungen (siehe nächster Abschnitt) der repräsentativen Situation angepasst werden. Gleichwohl ist es natürlich auch ein Problem für die Repräsentativität, dass in dieser Debatte Vertreter von CDU, CSU und SPD gefehlt haben. Wie sich aber empirisch gezeigt hat, verfolgten gerade die Anhänger dieser drei Parteien nur unterdurchschnittlich die Debatte bzw. haben nur reduziert am Debat-O-Meter teilgenommen.

4 Gewinner und Verlierer im Duell-Doppel

In der Vorabbefragung der Zuschauer waren die Wahlabsichten zwischen den Parteien ungleich verteilt. Bezogen auf die Wahlberechtigten und nach Alter, Geschlecht, Bildung und Ost/West gewichtet war die größte Gruppe mit 45,6 % AfD Wähler, während die nicht im Studio vertretenen Großparteien lediglich auf 3,6 % (CDU/CSU) bzw. 5,5 % (SPD) kamen. Die anderen kleinen Parteien kamen dagegen auf 7,2 % (Linke), 4,6 % (Grüne) und 18,5 % (FDP). Noch unentschlossen waren 14,9 % der Teilnehmerschaft. Insgesamt 0,1 % gaben an, eine andere Partei zu wählen oder gar nicht wählen zu gehen.

In der Vorbefragung wurde auch abgefragt, wie die Politiker auf einer Skala von −2 bis +2 bewertet werden. Dabei schnitt (entsprechend der starken Tendenz der Teilnehmerschaft zur AfD) Weidel mit einem Durchschnittswert von 0,32 am besten ab, knapp gefolgt von Lindner (0,18). Abgeschlagen und deutlich negativ bewertet wurden dagegen Göring-Eckardt (−0,91) sowie Kipping mit einem Wert von −0,93. Als Debattensieger wurde Lindner mit 38,8 % erwartet, knapp vor Weidel mit 34,4 %. Immerhin 18,6 % der Teilnehmer erwarteten keinen klaren Sieger.

Wer konnte die Debatte gewinnen? Von den im Anschluss an die Debatte befragten Zuschauern (rund 30 min nach Ende der Debatte), sahen 39,5 % Lindner vorne. Auf Platz zwei wurde Weidel (30,6 %) gewählt, während Göring-Eckardt mit 11,1 % noch hinter Kipping (11,8 %) auf dem letzten Platz landete. Lediglich 7,1 % sahen keinen Gewinner in der Debatte zwischen den vier Spitzenkandidaten der kleinen Parteien. Insofern haben sich auch hier die Eindrücke von der Debattenleistung klar konkretisiert. Von besonderem Interesse sind selbstverständlich auch die Unentschlossenen, deren Votum noch offen ist. Wie bewerteten diese Zuschauer die Spitzenpolitiker im verbalen Schlagabtausch? Bemerkenswerterweise bestätigt sich die Rangfolge in der Bewertung der Spitzenpolitiker auch unter den Unentschlossenen und zeichnet damit ein konsistentes Bild der Debattenwahrnehmung durch die Zuschauerschaft. Denn innerhalb der Gruppe der Unentschiedenen war die Reihung der wahrgenommenen Gewinner wie folgt: Lindner (33,3 %), Weidel (31,4 %), Kipping (14,7 %), Göring-Eckardt (10,8 %). Keinen Sieger sahen 9,8 %.

Wertet man die Frage nach dem Debattensieger getrennt nach Ost- und Westdeutschland aus, so schnitt Kipping im Osten besser ab als im Westen, Lindner lag dagegen im Westen noch weiter vorne als im Osten, der für die FDP generell ein schwieriges Terrain ist. Auch die westdeutsche Weidel kam im Osten besser an als die ostdeutsche Göring-Eckart, die ihrerseits eher im Westen punkten konnte. Weidel, Lindner und Kipping sind fast gleich alt und jünger als 40 Jahre. Aufgeschlüsselt über die Altersgruppen zeigt sich, dass Lindner vor allem beim jüngeren Teil des Publikums vorne lag, während Weidel die älteren Zusehenden hinter sich wusste.

Im Anschluss an die Debatte wurde zudem gefragt, wie glaubwürdig, sympathisch und kompetent die Kandidaten der kleinen Parteien waren. Von den Zuschauern wurde Lindner am glaubwürdigsten bewertet, gefolgt von Weidel, Göring Eckardt und Kipping. Bei der Sympathiefrage zeigte sich die gleiche Reihung. Politisch am kompetentesten wurde ebenfalls Lindner eingestuft, Weidel, Göring-Eckardt und Kipping folgen in dieser Reihung, allerdings allesamt mit negativen Bewertungen.

Beim Image der Politiker fällt auf, dass Lindner vor allem von jungen Männern in Westdeutschland als glaubwürdig, sympathisch und kompetent angesehen wurde, während Weidel eher bei älteren Männern in Ostdeutschland gut abschnitt. Die beiden Ostdeutschen Kipping und Göring-Eckardt werden durchgehend im Westen besser bewertet, ebenso schnitten beide bei den Frauen besser ab als bei den Männern. Bei Kipping ist bei der Differenzierung nach Alter kein nennenswerter Unterschied festzustellen während Göring-Eckardt bei den Jungen besser abschnitt als bei den Alten.

Im Fall der „10 wichtigsten Fragen der Deutschen" haben sich durch die Diskussion nur geringe Veränderungen der Wahlentscheidung ergeben. Unter den 569 Personen[2], die sowohl die Vor- und Nachbefragung komplett beantwortet und beide Male eine Wahlabsicht angegeben hatten, ließen sich kaum Wanderungsbewegungen zwischen den Parteien feststellen. Von den eingangs noch nicht entschlossenen Teilnehmern entschieden sich 23 % nach der Sendung für die AfD, 16 % gaben an, für die FDP stimmen zu wollen. Kaum profitieren konnten dagegen Linke (acht Prozent) und Grüne. Insgesamt 53 % wussten auch nach der Sendung noch nicht, für wen sie ihre Stimme abgeben wollten.

Die Teilnehmerschaft beim Debat-O-Meter zur Sat.1-Diskussionsrunde war durch eine starke Mobilisierung der AfD- und FDP-Anhänger geprägt. Insofern lohnt sich auch ein Blick darauf, wie die Kandidaten bei ihrer eigenen Anhängerschaft bzw. beim politischen Gegner (operationalisiert als Bewertung durch Anhänger aller anderen Parteien) abschnitten. Diese Form der vergleichenden Betrachtung ist daher – selbst bei einem starken Bias der Befragten – eine adäquate Form dieses Problem zu behandeln.

Im eigenen Lager konnte Kipping bei den acht Themen der Debatte durchgängig gute Bewertungen erzielen. Am besten schnitt sie im Themenfeld Arbeitsmarkt bei ihren Anhängern ab, beim Thema Sicherheit am schlechtesten. Göring-Eckardt erhielt insgesamt nur zaghafte Unterstützung aus den eigenen Reihen. Sie schnitt im Vergleich zu den anderen drei Kandidaten am schlechtesten ab. Am besten kamen noch ihre Aussagen zur Alterssicherung und solidarischen Rente an, während sie bei den Fragen zur Inneren Sicherheit am schlechtesten abschnitt.

Lindner wiederum vermochte, seine Anhängerschaft gut hinter sich zu bringen und erzielte durchgängig positive Bewertungen. Am besten bewertet wurde er beim Themenfeld Abschiebung, den relativ schlechtesten Wert erhielt er beim Eingangsthema Innere Sicherheit. Auch Weidel gelang es gut, ihre eige-

---

[2]Die relativ geringe Zahl ergibt sich aus mehreren Faktoren: Erstens wurde ca. 30 min nach Beginn der Sendung die Vorbefragung abgeschaltet. Später eintreffende Teilnehmer wurden dann direkt in die RTR-Bewertung geleitet, weshalb für sie keine Angaben der Vorbefragung vorliegen. Zweitens war die Diskussion durch relativ hohe Fluktuation im Publikum geprägt. So wurden während der Diskussion kontinuierlich Logins registriert, gleichzeitig beendeten aber auch viele Teilnehmer die Bewertung frühzeitig sodass für sie Angaben aus der Nachbefragung fehlen. Die hohe Fluktuation ist sicherlich auch auf die späte Sendezeit, die mit zwei Stunden relativ lange Dauer des Programms, die mehrfache Unterbrechung durch Werbung und evtl. auch auf die Publikumsstruktur des Senders zurückzuführen.

nen Anhänger zu überzeugen. Sie schnitt gut im Themenfeld Zuwanderung ab, während sie im Bereich Innere Sicherheit Startschwierigkeiten hatte und vergleichsweise schlecht bewertet wurde.

Im Großen und Ganzen kam FDP-Spitzenkandidat Lindner auch im gegnerischen Lager gut weg, wenn auch die Bewertung erwartungsgemäß weitaus niedriger war. In drei der acht Themenfelder erhielt er sogar im Durchschnitt positive Bewertungen. Durchgängig stark negativ sahen dagegen die Zuschauer des gegnerischen Lagers Kipping und Göring-Eckardt, wobei Kipping am schlechtesten bewertet wurde. Beide erhielten besonders schlechte Bewertungen bei den Themen Abschiebung und Zuwanderung. Weidel zog sich einigermaßen achtbar bei den Bewertungen durch ihre Gegner aus der Affäre. Nach den beiden schlecht bewerteten Anfangsthemen Innere Sicherheit und Flüchtlinge wurde sie in den folgenden sechs Themenfeldern lediglich leicht negativ bewertet.

5 Moderatoreneffekte in der Debatte

Politische Medienberichterstattung wird, insbesondere aus dem rechtspopulistischen Lager, immer wieder mit dem Vorwurf konfrontiert, sie sei tendenziell links bzw. grün geprägt. Diese Vorwürfe kulminieren in Schlagwörtern wie „Systempresse" oder gar „Lügenpresse". Aber auch von links gibt es ähnliche Vorwürfe. Sieht man vom Format des politischen Kommentars einmal ab, werfen eindeutige politische Sympathiebekundungen durch Journalisten (egal welcher Richtung) natürlich die Frage professioneller politischer Unabhängigkeit auf, die für das Funktionieren eines demokratischen System von großer Bedeutung ist.[3] Die Unabhängigkeit der Journalisten ist jedenfalls in der Kommunikationsforschung ein wichtiges Thema (Reinemann und Baugut 2014).

Beim Doppel-Duell gab es bei Sat.1 mit Claus Strunz einen einzigen Moderator. Im Hinblick auf seine politischen Ansichten gilt Strunz als ehemaliger Bild-Journalist als linker oder grüner Tendenzen wohl eher „unverdächtig". Verschiedene Kommentatoren unterstellten ihm vielmehr etwa eine besondere

---

[3]Bereits im Mai 2017 wurde die Debatte in Nordrhein-Westfalen zwischen Hannelore Kraft (SPD) und Armin Laschet (CDU) durch das Debat-O-Meter Team bewertet. Die dortige eindeutige Positionierung der beiden Moderatorinnen Sonia Mikich und Gabi Ludwig für die Amtsinhaberin Kraft führte zu vielen Reaktionen der Zuschauer und veranlasste uns auch die journalistische Unabhängigkeit in der Nachbefragung zum Debat-O-Meter abzufragen.

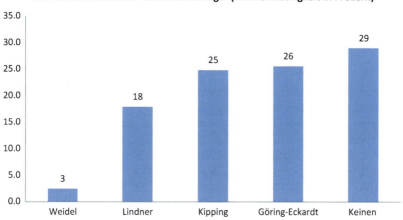

Abb. 3 Bevorzugung durch den Moderator Strunz im „Duell vor dem Duell"

Nähe zur AfD (z. B. Frankfurter Rundschau vom 02.03.2018, Stern-Online vom 04.09.2017). In der Sendung fand das Publikum jedoch keine Voreingenommenheit in dieser Richtung: 29 % sahen keine Bevorzugung einer der vier Politiker und die Anteile derer, die eine Bevorzugung von Lindner, Kipping und Göring-Eckardt sahen, bewegen sich auf ähnlichem Niveau. Lediglich Weidel wurde in den Augen der Zuschauer wohl nicht bevorzugt. Eine besondere AfD-Nähe lässt sich aus dieser Perspektive aber jedenfalls nicht ablesen (vgl. Abb. 3). Statistisch würde man bei einer Unabhängigkeit für jeden „Balken" einen ähnlichen Wert für alle vier Diskutanten erwarten – und bis auf den Wert für Weidel ist dies tatsächlich der Fall.

Neben den Politikern der Debatte wurden die Teilnehmer überdies noch gebeten, die Leistung der Moderation zu bewerten. Für die „10 wichtigsten Fragen" erhielt Strunz als mittlere Bewertung hier den Wert -0.62 auf einer Skala von -2 bis $+2$. Insgesamt kam er als Moderator damit also eher schlecht an. Ein besonders starkes Bias lag jedenfalls nicht vor.

6 Die Bedeutung von TV-Debatten

In der Nachbefragung wurden die Zuschauer noch um weitere Einschätzungen der Debatte auf Sat.1 gebeten (Zustimmung/Ablehnung, jeweils auf einer Skala von -2 bis $+2$). Demnach half die TV-Diskussion den Zuschauern zumindest grundsätzlich, sich ein Bild von den Kandidaten zu machen (Durchschnitt von +0,36) und deren Ideen miteinander zu vergleichen (+0,25). Allerdings schien die Diskussion weniger hilfreich, wenn es darum ging, eine Wahlentscheidung zu treffen (−0,56). Dementsprechend nahmen die Zuschauer die Sendung auch eher als eine Show-Veranstaltung wahr (+0,34).

In der Debattenforschung wird kontrovers diskutiert, wie stabil die Wirkungen der Debattenrezeption, insbesondere auf die Wahlabsicht, sind? In der Wahlforschung werden verschiedene Theorien und Faktoren für die individuelle Wahlentscheidung angeführt (Roth 2008). Im sozialpsychologisches Modell des Wahlverhaltens werden dabei die Sachthemen bzw. Lösungskompetenzen der Parteien, die Parteiidentifikation sowie die Haltung zu den Kandidaten als wichtigste Determinanten der Wahlentscheidung genannt. Welche der Faktoren nun besonders wichtig sind wurde in einer Umfrage des Politikpanel Deutschlands abgefragt, die am Wahlabend ins Feld ging (Feldzeit: 24.09.2017, 19:00 Uhr bis 26.09.2017, 15:30 Uhr) und an der sich über 5200 der im Debat-O-Meter Befragten beteiligten.[4] Die Ergebnisse werden anhand demografischer Faktoren (Alter, Geschlecht, Bildung, Wahlbeteiligung im Bundesland) und der Wahlentscheidung vom 24. September 2017 gewichtet und können damit als repräsentativ für die Bundesrepublik gelten.

Was waren die wichtigsten Gründe für die Wahlentscheidung? Für rund 34,5 % der Befragten war das Parteiprogramm und damit die Themen der Parteien am wichtigsten. Dies gilt vor allem für die Grünen, deren Wähler zu über 50 % die Programmatik als wahlentscheidend ansahen. Von allen Befragten sind 22,7 % Parteimitglieder oder haben schon immer diese Partei gewählt, sie sind also klassische Stammwähler. Für nur 18,9 % der Wähler war der bzw. die Spitzenkandidatin am wichtigsten. Den höchsten Wert kann hier die CDU/CSU verbuchen: Für über 38,8 % ihrer Wähler war Kanzlerin Merkel der wichtigste Grund, die Union zu wählen. Nur 7,6 % wollten mit ihrer Stimme einer anderen Partei einen Denkzettel verpassen. Bei der AfD liegt dieser Wert bei 31,5 % und ist damit mehr als viermal so groß wie der Durchschnitt. Ein deutliches Zeichen für den Protestcharakter der Partei. Weitere Gründe wie etwa die Fernsehdebatten oder mögliche eigene Vorteile durch die Wahl spielten dagegen retrospektiv nur eine untergeordnete Rolle (vgl. Abb. 4). Nur knapp vier Prozent der Befragten nannten die Fernsehduelle als wichtigsten Grund für den Wahlentscheid.

---

[4]Die Umfrage wurde ebenfalls vom Debat-O-Meter Team der Universität Freiburg durchgeführt.

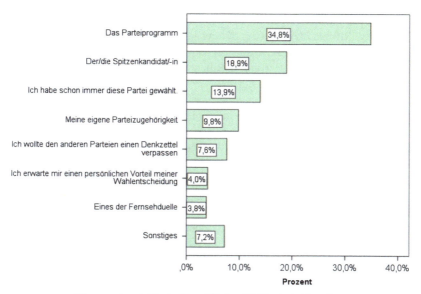

Abb. 4 Die wichtigsten Gründe für die Wahlentscheidung. (Anmerkung: Nachwahlbefragung des Politik Panel Deutschland (n = 4798))

Insgesamt dominiert die klassische Trias der Wahlforschung aus Wahlprogramm, Spitzenkandidat und langfristige Parteipräferenz.

Die Daten zeigen in gewisser Weise eine begrenzte Bedeutung der TV-Debatten. Dies deckt sich mit Befunden, die von einer geringen Stabilität der unmittelbaren Eindrücke und Urteile über TV-Duelle ausgehen und diese im Zeitverlauf zunehmend von der medialen (Nach-)Berichterstattung geprägt sehen (Faas und Maier 2011, 2017a; Maier und Faas 2003, 2006; Reinemann 2007). Dennoch sind Debatten in Zeiten der zunehmenden Personalisierung von Wahlkämpfen und der Abnahme der Wichtigkeit von Parteibindungen und Konfliktlinien wichtig. Indirekte Effekte wie die konzentrierte Abbildung des Wahlkampfes, die Präsentation von Parteiprogrammen und Spitzenkandidaten in politischen TV-Debatten werden zudem nur unzureichend erfasst. Entsprechend sollte hier noch einmal darauf verwiesen werden, dass die retrospektive Selbsteinschätzungen mitunter mit den empirischen Befunden über die Effekte politischer Debatten kontrastieren und dass positive Effekte auf politisches Wissen und das subjektive Kompetenzgefühl (Benoit und Hansen 2004; Benoit, Hansen, und Verser 2003; Faas und

Maier 2011; Gottfried u. a. 2014; Maier 2007; Maier, Faas, und Maier 2013; McKinney, Rill, und Gully 2011; Maurer und Reinemann 2007; McKinney und Warner 2013;) oder die Partizipationsbereitschaft (Faas und Maier 2004a; Maier, Faas, und Maier 2013; McKinney, Rill, und Gully 2011; Klein 2005; Range 2017) nicht vergessen werden sollten. Zwar zeigten sich nur wenige direkte Präferenzwechsel, dafür konnte aber eine substanzielle Abnahme des Anteils Unentschlossener gezeigt werden. Insofern scheint trotz der retrospektiv geringen Bedeutung der Debatten ein gutes Abschneiden in der Diskussion für die politischen Wettbewerber von großer Bedeutung (z. B. Benoit und Hansen 2004; Blumenberg, Hohmann, und Vollnhals 2017; Klein und Pötschke 2005; Klein und Rosar 2007; Maier 2007; Maier, Faas, und Maier 2013; McKinney und Warner 2013). Insgesamt zeigen die Daten des Debat-O-Meters für die verschiedenen Landtagswahlen und die Debatte zwischen Merkel und Schulz, dass sich ein Gutteil der unentschlossenen Wähler doch eine Meinung nach der Debatte gebildet haben. Zudem können Meinungen auch verfestigt werden (Maier 2017).

7 Fazit

Die bestehende Kritik an der Konzentration auf das Duell-Format in Öffentlichkeit und Forschung aufgreifend, hat der Beitrag beispielhaft eine Debatte mit Beteiligung der kleinen Parteien im Vorfeld der Bundestagswahl 2017 in den Blick genommen und dabei gezeigt, dass es nicht immer nur ein Duell der beiden wichtigsten Kandidaten sein muss. Zwar hat die Diskussion keine mit der Debatte Merkel vs. Schulz vergleichbare Aufmerksamkeit erfahren, zeigt aber dennoch bemerkenswerte Befunde. Auch in der Forschung sind „kleine Debatten" mit mehreren Diskutanten bislang ein eher randständiges Phänomen, was auch an der technischen Beschränkung der Drehregler lag. Für die Zuschauer stellen sie jedoch wertvolle Möglichkeiten dar, sich mit dem politischen Personal und deren Positionen zu befassen. Und auch für die Forschung lohnt sich ein genauerer Blick auf die „Kleinen" im Schatten der „Großen". War die Erforschung von Mehrpersonensettings bislang durch die vorhandene Messinfrastruktur erschwert, liegt mit dem Debat-O-Meter nun ein Ansatz vor, auch die Perzeption von Debatten anderer Spielarten zu analysieren, der zudem noch eine weitaus bessere Abdeckung der Bevölkerung erlaubt als bisherige Methoden.

Der vorliegende Beitrag hat dies exemplarisch anhand der TV-Diskussion „Die 10 wichtigsten Fragen der Deutschen" (Sat.1) vollzogen und dabei detailliert die Reaktionen der unterschiedlichen Gruppen im Publikum nachgezeichnet. Die dabei gefundenen Wahrnehmungsmuster und Effekte verlaufen im Großen und

Ganzen analog zu denen, die auch aus der Literatur zu Duellen bekannt sind und sind damit anschlussfähig an die bestehende Arbeit im Forschungsfeld. Gleichwohl verspricht die komplexere Logik mit mehr Parteien ein lohnendes Feld, um bestehende Befunde zur Rezeption und zu Meinungsdynamiken innerhalb der politischen Lager (und nicht mehr nur in der Logik von Amtsinhaber und Herausforderer) zu durchleuchten und weiter auszudifferenzieren. Gerade Beobachtungen wie der teilweise Zuspruch zwischen den Akteuren an den Rändern des Spektrums mag auf dieses Potenzial verweisen, aber auch die Frage, inwieweit „Verbündete" der eigenen Partei (i. e. potenzielle Koalitionspartner) einer dem „eigenen" Kandidaten ähnlichen Logik bewertet werden, erscheint lohnenswert.

Insgesamt zeigen sich neben den deskriptiven Befunden für die Themen und Kandidaten folgende generalisierbare Ergebnisse: 1) Je weiter politisch die Debattenteilnehmer auseinanderliegen, desto polarisierter und konfliktiver ist die Debatte. 2) Anhänger, die sich politisch einem Lager zurechnen bewerten auch den bzw. die Repräsentanten dieses Lagers deutlich besser. 3) Debattenteilnehmer anderer politischer Lager werden systematisch schlechter bewertet. 4) Ein besonderer Moderatorenbias lag für die untersuchte Debatte nicht vor. 5) Die direkte Bedeutung von TV-Debatten für die individuelle Wahlentscheidung ist begrenzt. Indirekte Effekte sind jedoch nicht außer Acht zu lassen.

Literatur

Bachl, Marko. 2013. Die Wirkung des TV-Duells auf die Bewertung der Kandidaten und die Wahlabsicht. In *Das TV-Duell in Baden-Württemberg 2011. Inhalte, Wahrnehmungen und Wirkungen*, Hrsg. Marko Bachl, Frank Brettschneider, und Simon Ottler, 171–98. Wiesbaden: Springer VS.

Bachl, Marko. 2014. *Analyse rezeptionsbegleitend gemessener Kandidatenbewertungen in TV-Duellen Erweiterung etablierter Verfahren und Vorschlag einer Mehrebenenmodellierung*. Universität Hohenheim.

Bachl, Marko, Frank Brettschneider, und Simon Ottler, Hrsg. 2013a. *Das TV-Duell in Baden-Württemberg 2011. Inhalte, Wahrnehmungen und Wirkungen*. Wiesbaden: Springer VS.

Bachl, Marko, Frank Brettschneider, und Simon Ottler. 2013b. Die TV-Duell-Studie Baden-Württemberg 2011. In *Das TV-Duell in Baden-Württemberg 2011*, Hrsg. Marko Bachl, Frank Brettschneider, und Simon Ottler, 7–27. Springer Fachmedien Wiesbaden. http://dx.doi.org/10.1007/978-3-658-00792-8_1.

Benoit, William L., und Glenn J. Hansen. 2004. Presidential Debate Watching, Issue Knowledge, Character Evaluation, and Vote Choice. *Human Communication Research* 30 (1): 121–144. https://doi.org/10.1111/j.1468-2958.2004.tb00727.x.

Benoit, William L., Glenn J. Hansen und Rebecca M. Verser. 2003. A Meta-Analysis of the Effects Viewing U.S. Presidential Debates. *Communication Monographs* 70 (4): 335–350. https://doi.org/10.1080/0363775032000179133.

Blumenberg, Johannes N., Daniela Hohmann, und Sven Vollnhals. 2017. And the winner is…?! Die Entstehung des Siegerbildes bei der TV-Debatte 2013. In: Faas, Thorsten, Maier, Jürgen, Maier, Michaela (Hrsg.): *Merkel gegen Steinbrück*, 59–73. Springer.

Boydstun, Amber E., Rebecca A. Glazier, Matthew T. Pietryka, und Philip Resnik. 2014. Real-Time Reactions to a 2012 Presidential Debate A Method for Understanding Which Messages Matter. *Public Opinion Quarterly* 78 (Special issue): 330–43.

Donsbach, Wolfgang. 2002. Zur politischen Bewertung einer medialen Inszenierung: Sechs Gründe gegen Fernsehduelle. *Die politische Meinung* 296: 19–25.

Faas, Thorsten, und Jürgen Maier. 2004a. Chancellor-Candidates in the 2002 Televised Debates. *German Politics* 13 (2): 300–316.

Faas, Thorsten, und Jürgen Maier. 2004b. Mobilisierung, Verstärkung, Konversion? Ergebnisse eines Experiments zur Wahrnehmung der Fernsehduelle im Vorfeld der Bundestagswahl 2002. *Politische Vierteljahresschrift* 45 (1): 55–72.

Faas, Thorsten, und Jürgen Maier. 2011. Medienwahlkampf. Sind TV-Duelle nur Show und damit nutzlos? In *Der unbekannte Wähler? Mythen und Fakten über das Wahlverhalten der Deutschen*, Hrsg. Evelyn Bytzek und Sigrid Roßteutscher, 99–114. Frankfurt a. M.: Campus.

Faas, Thorsten, Jürgen Maier und Michaela Maier. Hrsg. 2017. *Merkel gegen Steinbrück*. Wiesbaden: Springer VS.

Faas, Thorsten, und Jürgen Maier. 2017a. It's the media, stupid? Die Bedeutung der medialen Nachberichterstattung des Duells. In: Faas, Thorsten, Maier, Jürgen, Maier, Michaela (Hrsg.): *Merkel gegen Steinbrück*, 191–206. Wiesbaden. Springer.

Faas, Thorsten, und Jürgen Maier. 2017b. TV-Duell und TV-Dreikampf im Vergleich: Wahrnehmungen und Wirkungen. In: Faas, Thorsten, Maier, Jürgen, Maier, Michaela (Hrsg.): *Merkel gegen Steinbrück*, 207–217. Wiesbaden. Springer.

Gottfried, Jeffery A., Bruce W. Hardy, Kenneth M. Winneg und Kathleen Hall Jamieson. 2014. All knowledge is not created Equal: knowledge effects and the 2012 presidential debates. *Presidential Studies Quarterly* 44 (3): 389-409.

Klein, Markus. 2005. Der Einfluss der beiden TV-Duelle im Vorfeld der Bundestagswahl 2002 auf die Wahlbeteiligung und die Wahlentscheidung. Eine log-lineare Pfadanalyse auf der Grundlage von Paneldaten. *Zeitschrift für Soziologie* 34 (3): 207–22.

Klein, Markus, und Manuela Pötschke. 2005. Haben die beiden TV-Duelle im Vorfeld der Bundestagswahl 2002 den Wahlausgang beeinflusst? Eine Mehrebenenanalyse auf der Grundlage eines 11-Wellen-Kurzfristpanels. In *Wahlen und Wähler. Analysen aus Anlass der Bundestagswahl 2002*, Hrsg. Jürgen W. Falter, Oscar W. Gabriel, und Bernhard Weßels, 357–70. Wiesbaden: Verlag für Sozialwissenschaften.

Klein, Markus, und Ulrich Rosar. 2007. Wirkungen des TV-Duells im Vorfeld der Bundestagswahl 2005 auf die Wahlentscheidung. KZfSS Kölner *Zeitschrift für Soziologie und Sozialpsychologie* 59 (1): 81–104. https://doi.org/10.1007/s11577-007-0004-3.

Maier, Jürgen. 2007. Erfolgreiche Überzeugungsarbeit. Urteile über den Debattensieger und die Veränderung der Kanzlerpräferenz. In *Schröder gegen Merkel. Wahrnehmung und Wirkung des TV-Duells 2005 im Ost-West-Vergleich*, Hrsg. Marcus Maurer, Carsten Reinemann, Jürgen Maier, und Michaela Maier, 91–109. Wiesbaden: VS Verlag.

Maier, Jürgen. 2017. Der Einfluss des TV-Duells auf die Wahlabsicht. In: Faas, Thorsten, Maier, Jürgen, Maier, Michaela (Hrsg.): *Merkel gegen Steinbrück*, 139–155.
Maier, Jürgen, und Thorsten Faas. 2003. The affected German voter: Televized debates, follow-up communication and candidate evaluations. *Communications* 28 (4): 383–404.
Maier, Jürgen, und Thorsten Faas. 2006. Debates, Media and Social Networks. How Interpersonal and Mass Communication Affected the Evaluation of the Televised Debates in the 2002 German Election. In *Changing Media Markets in Europe and Abroad. New Ways of Handling Information and Entertainment Content*, Hrsg. Angela Schorr und Stefan Seltmann, 43–62. New York: Pabst.
Maier, Jürgen, und Thorsten Faas. 2011. ‚Miniature Campaigns' in Comparison: The German Televised Debates, 2002–09. *German Politics* 20 (1): 75–91. https://doi.org/10.1080/09644008.2011.554102.
Maier, Jürgen, Thorsten Faas, und Michaela Maier. 2013. Mobilisierung durch Fernsehdebatten: zum Einfluss des TV-Duells 2009 auf die politische Involvierung und die Partizipationsbereitschaft. In *Wahlen und Wähler*, Hrsg. Bernhard Weßels, Harald Schoen, und Oscar W. Gabriel, 79–96. Springer Fachmedien Wiesbaden. http://dx.doi.org/10.1007/978-3-658-01328-8_4.
Maier, Jürgen, Thorsten Faas, und Michaela Maier. 2014. Aufgeholt, aber nicht aufgeschlossen: Ausgewählte Befunde zur Wahrnehmung und Wirkung des TV-Duells 2013 zwischen Angela Merkel und Peer Steinbrück. *Zeitschrift für Parlamentsfragen* 45 (1): 38–54.
Maier, Jürgen, J. Felix Hampe, und Nico Jahn. 2016. Breaking Out of the Lab Measuring Real-Time Responses to Televised Political Content in Real-World Settings. *Public opinion quarterly* 80 (2): 542–553.
Maier, Jürgen, und Michaela Maier. 2007. Das TV-Duell 2005: Katalysator für die Personalisierung des Wahlverhaltens? In *Die Bundestagswahl 2005. Analysen des Wahlkampfes und der Wahlergebnisse*, Hrsg. Frank Brettschneider, Oskar Niedermayer, und Bernhard Weßels, 219–32. Wiesbaden: VS Verlag.
Maier, Jürgen, und Faas Thorsten. 2011. Das TV-Duell 2009. Langweilig, wirkungslos, nutzlos? Ergebnisse eines Experiments zur Wirkung der Fernsehdebatte zwischen Angela Merkel und Frank-Walter Steinmeier. In *Am Ende der Gewissheiten: Wähler, Parteien und Koalitionen in Bewegung*, Hrsg. Heinrich Oberreuter, 147–66. München: Olzog.
Maier, Michaela. 2007. Verstärkung, Mobilisierung, Konversion. Wirkungen des TV-Duells auf die Wahlabsicht. In *Schröder gegen Merkel. Wahrnehmung und Wirkung des TV-Duells 2005 im Ost-West-Vergleich*, Hrsg. Marcus Maurer, Carsten Reinemann, Jürgen Maier, und Michaela Maier, 145–65. Wiesbaden: VS Verlag.
Maier, Michaela, Lukas Otto, Katharina Disch, und Carlo Ruppert. 2017. Deutschlandkette statt Sachkompetenz: Führt die Rezeption des TV-Duells zu einer personalisierten Wahrnehmung von Politik? In: Faas, Thorsten, Maier, Jürgen, Maier, Michaela (Hrsg.): *Merkel gegen Steinbrück*, 105–124. Wiesbaden. Springer.
Maurer, Marcus, und Carsten Reinemann. 2003. *Schröder gegen Stoiber: Nutzung, Wahrnehmung und Wirkung der TV-Duelle*. Wiesbaden: Westdeutscher Verlag.
Maurer, Marcus, und Carsten Reinemann. 2007. „Personalisierung durch Priming Die Wirkungen des TV-Duells auf die Urteilskriterien der Wähler". In Schröder gegen Merkel, 111–128. Springer.

Maurer, Marcus, Carsten Reinemann, Jürgen Maier, und Michaela Maier, Hrsg. 2007. *Schröder gegen Merkel. Wahrnehmung und Wirkung des TV-Duells 2005 im Ost-West-Vergleich*. Wiesbaden: VS Verlag.

McKinney, Mitchell S., Leslie A. Rill, und Darin Gully. 2011. Civic engagement through presidential debates: Young citizens attitudes of political engagement throughout the 2008 election. In *Communication in the 2008 U.S. election: Digital natives elect a president*, Hrsg. Mitchell S. McKinney und Mary C. Banwart, 121–41. New York: Peter Lang.

McKinney, Mitchell S., und Benjamin R. Warner. 2013. Do presidential debates matter? *Argumentation and Advocacy* 49 (4): 238–58.

Metz, Thomas, Uwe Wagschal, Thomas Waldvogel, Marko Bachl, Linus Feiten, und Bernd Becker. 2016. Das Debat-O-Meter: ein neues Instrument zur Analyse von TV-Duellen. *ZSE Zeitschrift für Staats-und Europawissenschaften/ Journal for Comparative Government and European Policy* 14 (1): 124–149.

Ottler, Simon. 2013. RTR-Messung: Möglichkeiten und Grenzen einer sozialwissenschaftlichen Methode. In *Das TV-Duell in Baden-Württemberg 2011. Inhalte, Wahrnehmungen und Wirkungen*, Hrsg. von Marko Bachl, Frank Brettschneider, und Simon Ottler, 113–34. Wiesbaden: Springer Fachmedien.

Papastefanou, Georgios. 2013. *Reliability and Validity of RTR Measurement Device*. Working Paper 27. Gesis. Leibniz-Institut für Sozialwissenschaften. http://www.gesis.org/fileadmin/upload/forschung/publikationen/gesis_reihen/gesis_arbeitsberichte/Working-Papers_2013-27.pdf.

Range, Julia. 2017. Wissens-und Partizipations-Gaps: Führte das TV-Duell 2013 zu einer politischen und kognitiven Mobilisierung? In: Faas, Thorsten, Maier, Jürgen, Maier, Michaela (Hrsg.): *Merkel gegen Steinbrück*, 75–86. Wiesbaden. Springer.

Reinemann, Carsten. 2007. Völlig anderer Ansicht. Die Medienberichterstattung über das TV-Duell. In *Schröder gegen Merkel. Wahrnehmung und Wirkung des TV-Duells 2005 im Ost-West-Vergleich*. Hrsg. Marcus Maurer, Carsten Reinemann, Jürgen Maier, und Michaela Maier, 167–94. Wiesbaden: VS Verlag.

Reinemann, Carsten, und Philip Baugut. 2014. Alter Streit unter neuen Bedingungen. Einflüsse politischer Einstellungen von Journalisten auf ihre Arbeit. *Zeitschrift für Politik* 61 (4), 480–505.

Roth, Dieter. 2008. *Empirische Wahlforschung*. Wiesbaden: Springer VS.

Wagschal, Uwe, Thomas Waldvogel, Thomas Metz, Bernd Becker, Linus Feiten, Samuel Weishaupt, und Kamaljeet Singh. 2017. Das TV-Duell und die Landtagswahl in Schleswig-Holstein: Das Debat-O-Meter als neues Instrument der politischen Kommunikationsforschung. *ZParl Zeitschrift für Parlamentsfragen* 48 (3): 594–613. https://doi.org/10.5771/0340-1758-2017-3-594.

Waldvogel, Thomas, und Thomas Metz. 2017. Real-Time-Response-Messungen. In *Neue Trends in den Sozialwissenschaften*, Hrsg. Sebastian Jäckle, 307–31. Springer Fachmedien Wiesbaden. https://doi.org/10.1007/978-3-658-17189-6_11.

Teil IV
Regierungsforschung

Am Ende doch wieder Schwarz-Rot – Die Koalitionsfindung nach der Bundestagswahl 2017 aus koalitionstheoretischer Perspektive

Eric Linhart und Niko Switek

> **Zusammenfassung**
>
> In dem vorliegenden Beitrag untersuchen wir die Regierungsbildung nach der Bundestagswahl 2017 aus koalitionstheoretischer Sichtweise. Eine umfassende Betrachtung möglicher Motivationen der verschiedenen beteiligten Parteien erklärt zunächst die Zurückhaltung von SPD und FDP, Regierungsverantwortung übernehmen zu wollen. Obwohl sie sich in einer strukturell ähnlichen Situation wie die Grünen befinden, haben diese beiden Parteien jüngst Erfahrungen mit massiven Stimmenverlusten im Anschluss an ihre Regierungszeit machen müssen, weswegen sie aktuell offenbar stärker wiederwahlorientiert sind als letztere. Dass das Scheitern der Jamaikasondierungen die Motivation der SPD, eine erneute große Koalition einzugehen, vergrößert hat, lässt sich mithilfe formaler Koalitionstheorien erklären. Doch auch aus Sicht der Union, die zunächst die Bildung einer Jamaikakoalition sondierte, stellt die Neuauflage der großen Koalition die bessere Alternative dar. Insbesondere die CSU besitzt insgesamt kaum Anreize, ein schwarz-gelb-grünes Bündnis einzugehen.

E. Linhart (✉)
Institut für Politikwissenschaft, TU Chemnitz, Chemnitz, Deutschland
E-Mail: eric.linhart@phil.tu-chemnitz.de

N. Switek
Henry M. Jackson School of International Studies & Department of Political Science, University of Washington, Seattle, USA
E-Mail: switek@uw.edu

1 Einleitung

Die Bundestagswahl 2017 war hinsichtlich vieler Faktoren exzeptionell (vgl. Korte 2019, in diesem Band). Einer dieser Faktoren war zweifelsohne die Dauer der Regierungsbildung: Vom Wahltag, dem 24. September 2017, bis zur Wahl und Vereidigung der Bundeskanzlerin am 14. März 2018 vergingen 171 Tage. Noch nie in der Geschichte der Bundesrepublik hat eine Regierungsbildung so viel Zeit in Anspruch genommen. Neben der Dauer überraschte zudem, dass schlussendlich eine Koalition gebildet wurde, die zunächst gar nicht in Betracht gezogen wurde. Die führenden Vertreter der SPD schlossen sowohl vor als auch unmittelbar nach der Bundeswahl kategorisch aus, sich erneut als Juniorpartner an einer CDU-geführten Regierung Merkel zu beteiligen. Erst als im November 2017 die Sondierungen zwischen CDU/CSU, FDP und Grünen über eine gemeinsame Regierung scheiterten, erklärten sich die Sozialdemokraten entgegen früherer Aussagen bereit, über eine erneute schwarz-rote Regierung zu verhandeln und diese letztendlich zu bilden (siehe ausführlich Abschn. 2).

Bei der Regierungsbildung im Anschluss an die 2017er Wahl handelt es sich damit fraglos um einen abweichenden Fall (Hague und Harrop 2010, S. 45), der es Wert ist, näher beleuchtet zu werden, und für den es einer vertieften Analyse bedarf. Dieser Aufgabe nehmen wir uns in dem vorliegenden Beitrag an. Zusätzlich beinhaltet gerade die jüngere Entwicklung von Koalitionsbildungen in Deutschland eine Komponente, deren Bedeutung über den Einzelfall hinausgeht und die Demokratie in ihrem Kern berührt. So bildeten die Parteien nach drei der letzten vier Bundestagswahlen große Koalitionen.[1] Dies ist insofern bemerkenswert, als dieser Koalitionstyp nicht der Struktur des Parteienwettbewerbs entspricht, in dem sowohl die Union als auch die SPD um die Regierungsführung konkurrieren – nimmt man deren Koalitionssignale ernst – vorzugsweise unterstützt durch kleinere Parteien. Während große Koalitionen durchaus Vorteile besitzen mögen, so sind sie bei häufigerem Vorkommen mit gravierenden Problemen verbunden.

---

[1] Der Begriff der „großen Koalition" ist koalitionstheoretisch nicht sauber definiert. In Deutschland versteht man darunter üblicherweise eine Koalition aus CDU und/oder CSU sowie SPD. Streitbar ist die Bezeichnung dann, wenn es sich – wie zum Teil auf Länderebene vorkommend – hierbei nicht um die beiden größten Fraktionen handelt. Da dies auf Bundesebene bisher noch nie der Fall war, nutzen wir den Begriff „große Koalition" analog zu einer Koalition aus Union und Sozialdemokraten.

Erstens wird durch große Koalitionen die demokratisch notwendige Kompetitivität von Wahlen teilweise ausgehebelt: Es konkurrieren nicht eine Oppositionspartei und eine Regierungspartei um die Führung der kommenden Regierung, sondern zwei Regierungsparteien. Geht man von der in Deutschland üblichen Volatilität des Parteiensystems aus, ist damit zweitens die Responsivität eingeschränkt: Die Wählerschaft besitzt faktisch keine Möglichkeit, die Regierung als Ganzes abzuwählen, sondern bestenfalls eine der beiden Regierungsfraktionen. Damit verbunden ist drittens, dass große Koalitionen mit hoher Wahrscheinlichkeit zu Entscheidungssituationen führen, in denen Wähler für Ergebnisse im Sinne ihrer Politikvorstellungen entgegen ihren Partei-Präferenzen stimmen müssen (Linhart 2007, 2009a). So wird die Bildung einer großen Koalition *ceteris paribus* umso wahrscheinlicher, je schwächer die beiden großen Fraktionen sind, da häufig nur starke große Parteien in der Lage sind, Mehrheiten gemeinsam mit kleinen Partnern zu organisieren. Wer zur Beendigung einer großen Koalition beitragen möchte und die an ihr beteiligten Parteien deshalb nicht wählt, begünstigt damit absurderweise genau deren Fortführung.[2] Man müsste Wählern empfehlen, eine Regierungspartei zu wählen, um einen Wechsel herbeizuführen, bzw. eine Oppositionspartei zu wählen – insbesondere eine, die Fundamentalopposition betreibt – um die Fortführung einer großen Koalition zu begünstigen. Solche Handlungsempfehlungen sind freilich weder vermittelbar, noch werden sie üblicherweise von Wählern verstanden (Linhart und Tepe 2015).

Da ein Jamaika-Bündnis (CDU/CSU, FDP, Grüne) nach der aktuellen Wahl die einzige realistische Option bildete, eine große Koalition abzulösen und damit aus dem skizzierten Teufelskreis auszubrechen, ist die Identifikation struktureller Ursachen für das Scheitern von Jamaika in besonderer Weise notwendig. Über den generellen Erklärungsversuch der Koalitionsbildung hinaus werden wir Fragen nach Alternativen zur großen Koalition im Verlauf unseres Beitrags daher gesonderte Aufmerksamkeit widmen. Hierzu geben wir zunächst einen knappen Überblick über den Prozess der Regierungsbildung 2017/2018 (Abschn. 2) und legen unser theoretisches Fundament dar (Abschn. 3), bevor wir unsere Ergebnisse präsentieren und diskutieren (Abschn. 4). Wir schließen mit einem kurzen Fazit (Abschn. 5).

---

[2]Besonders plakativ ist in diesem Zusammenhang die Regierungsbildung nach der Landtagswahl 2016 in Sachsen-Anhalt: Der Verlust der schwarz-roten Mehrheit führte nicht etwa dazu, dass CDU und/oder SPD in die Opposition gingen. Vielmehr war die einzige realistische Option die Fortführung der schwarz-roten Koalition unter Einbindung der Grünen.

2 Der Koalitionsbildungsprozess nach der Bundestagswahl 2017

Dem Lebenszyklusmodell von Koalitionen (Strøm et al. 2008) folgend ist es zum Verständnis einer Regierungsbildung sinnvoll, die vorher amtierende Regierung sowie den Verlauf des Wahlkampfs als unterschwelligen Faktor für die Koalitionsentscheidung zu berücksichtigen. So gründete die breite Ablehnung innerhalb der SPD gegenüber einer Fortführung der großen Koalition nach der Bundestagswahl 2017 darauf, dass man sich in der gemeinsamen Regierung mit der Union trotz inhaltlicher Erfolge (z. B. Mindestlohn, Rente nach 45 Jahren, Mietpreisbremse, Ehe für alle) stark unter Wert verkauft sah. Das verheerende Wahlergebnis 2017 bestätigte diese Einschätzung für viele SPD-Mitglieder schmerzlich. Bereits bei der vorhergehenden Wahl 2013 traten die Sozialdemokraten nur widerstrebend und mit Legitimierung durch einen Mitgliederentscheid in die große Koalition ein. Entsprechend suchte die SPD im Wahlkampf vor der Bundestagswahl 2017 erkennbar die Abgrenzung von der Union. Der Spitzenkandidat Martin Schulz formulierte deutlich Anspruch auf das Kanzleramt – allerdings ohne dafür eine realistische Koalitionsmehrheit anbieten zu können. Insgesamt war der Wahlkampf von einer neuen Unübersichtlichkeit hinsichtlich möglicher Regierungskonstellationen geprägt. Mit dem Aufkommen der Alternative für Deutschland (AfD) als neuem Wettbewerber, der aufgrund problematischer Positionen und unklarer Abgrenzung vom nationalistischen und rechtsextremen Rand des Parteienspektrums für keine der etablierten Parteien als Koalitionspartner infrage kam, schmolzen die Möglichkeit der Mehrheitsfindung zusammen. Aber auch für die FDP galten besondere Rahmenbedingungen: Die Partei verfehlte 2013 erstmals seit Gründung der Bundesrepublik den Einzug in den Bundestag, was eine programmatische und personelle Erneuerung nach sich zog (Treibel 2014). Einerseits ergab sich dadurch eine äußerst hervorgehobene und einflussreiche Position des Parteivorsitzenden und Erneuerers Christian Lindner, andererseits existierte eine skeptische Distanz zur Union und speziell zu Angela Merkel, der man eine gewisse Mitschuld am Absturz zum Ende der gemeinsamen Regierungszeit gab. Im linken Lager stand einer zweifellos gegebenen rot-grünen Nähe eine ambivalente Linkspartei gegenüber. Trotz programmatischer Schnittmengen und einer funktionierenden Zusammenarbeit in den Bundesländern Thüringen und Berlin kamen von den Linken im Wahlkampf wiederholt konfrontative Angriffe auf SPD und Grüne, welche sich kontraproduktiv auf den Aufbau von Vertrauen auswirkten. In der Konsequenz vermieden nahezu alle Wahlkämpfer deutliche Festlegungen auf angestrebte

Koalitionsmodelle und beschränkten sich auf den Ausschluss ohnehin programmatisch weit auseinanderliegender Optionen (z. B. Union und FDP gegenüber der Linken). Die Koalitionssignale fielen damit vage wie selten aus (Best 2017). Das einzig aussagekräftige Signal kam damit seitens der SPD-Führung, die eine erneute große Koalition unter Kanzlerin Merkel ausschloss (Tagesschau.de 2017).

Das Wahlergebnis war für Deutschland eine Zäsur (vgl. Tab. 1). Der FDP gelang die Rückkehr ins Parlament, mit dem Einzug der AfD waren erstmals seit 1953 wieder sechs Fraktionen im Bundestag vertreten. In Deutschland vollzog sich damit eine Entwicklung, die andere europäische Staaten bereits kannten: die Repräsentation einer EU-kritischen bis -feindlichen, auf den Nationalstaat und autoritär-traditionelle Werte fokussierten, rechtspopulistischen Kraft in der höchsten Volksvertretung (Probst 2017). Die Grünen landeten in etwa bei dem Ergebnis von 2013; aufgrund von Umfragewerten teilweise nur knapp über der Fünfprozenthürde feierten sie dies allerdings als Erfolg. Die Linkspartei steigerte sich minimal und landete damit wieder knapp vor den Grünen.

Den kleinen Parteien als Gewinnern standen Union und SPD als Verlierer gegenüber. Der Verlust der SPD von gut 5 Prozentpunkten – für sie das historisch schlechteste Wahlergebnis – überdeckte dabei, dass die Union mit 8,6 Prozentpunkten noch stärker abstürzte und nur einmal (1949) ein schlechteres Ergebnis eingefahren hatte. Interessant waren die Reaktionen der Parteiführungen, die auf unterschiedliche Kulturen in den beiden Parteien hinweisen: Bei der SPD löste das Ergebnis innerparteiliche Bewegung aus, der Parteivorsitzende Schulz konnte sich nur kurz im Amt halten, und die Debatte um das Für und Wider einer großen Koalition erfasste die ganze Partei. Bundeskanzlerin Merkel hingegen – als Amtsinhaberin und Vorsitzende der größten Partei – nahm sich übergangslos den Fragen der Regierungsbildung an („Ich kann nicht erkennen, was wir anders hätten machen müssen", Wittrock 2017).

Zwar wurde nach der Wahl aufgrund der ungewöhnlichen Mehrheitsverhältnisse gelegentlich die Option einer Minderheitsregierung diskutiert (Sirleschtov 2017),

Tab. 1 Wahlergebnis bei der Bundestagswahl 2017

	CDU/CSU	SPD	AfD	FDP	Linke	Grüne
Zweitstimmen (in %)	32,9	20,5	12,6	10,7	9,2	8,9
Gewinne/Verluste (in %-Punkten)	−8,6	−5,2	+7,9	+5,9	+0,6	+0,5
Sitze	246	153	94	80	69	67

Quelle: Bundeswahlleiter (https://www.bundeswahlleiter.de/bundestagswahlen/2017/ergebnisse.html)

die nach den deutschen Verfassungsregeln durch die relative Mehrheit im dritten Wahlgang der Kanzlerwahl bei Zustimmung des Bundespräsidenten auch angelegt ist, letztlich strebten die Parteien aber erkennbar die gängige Variante einer Mehrheitskoalition an. Da SPD-Kandidat Schulz am Wahlabend eine Fortführung der großen Koalition kategorisch ablehnte, ergab sich fast schon ein gewisser Zwang, die neue und ungewöhnliche Kooperation von Union, FDP und Grünen auszuloten. Keiner der potenziellen Koalitionäre hatte diese Variante vor der Wahl ausgeschlossen (obwohl es diese Bestrebungen gab und einzelne Parteivertreter sich in diese Richtung äußerten), sodass sich die Verhandlungsdelegationen ohne Wortbruchvorwürfe zusammensetzen konnten.

Da es auf Bundesebene bislang keine Regierungskoalition aus Union, FDP und Grünen gegeben hatte, gestaltete sich der Ablauf der Sondierungen sowohl was die Ausgestaltung des Verfahrens als auch die inhaltliche Dimension angeht holprig (vgl. ausführlich zum Ablauf des Verfahrens Saalfeld 2019 in diesem Band). Erkennbar fehlten den Sondierern Erfahrungswerte. Eine Besonderheit stellte die ungewöhnlich hohe Transparenz dar, teilweise wurden Sondierungsergebnisse einzelner Arbeitsgruppen im Netz veröffentlicht. Sicher als Information an die Parteimitglieder und Wähler sowie als Korrektiv gegenüber dem Vorwurf von Geheimabsprachen gedacht, erschwerte dieses Vorgehen die Vertrauensbildung und das Ausbalancieren der inhaltlichen Konflikte. Insgesamt wird bei der Betrachtung des Verfahrens deutlich, wie gerade bei neuen, lagerübergreifenden Koalitionen über die Identifikation von Schnittmengen hinaus die Mechanismen der Überführung unterschiedlicher Politikinhalte in ein gemeinsames Regierungsprogramm an Bedeutung gewinnen (Switek 2015). Schließlich bedingte die neue Koalitionskonstellation hinsichtlich der Beteiligung der Parteiorganisationen einige Neuerungen. So ließen sich die Grünen die Aufnahme der Sondierungen von einem kleinen Parteitag bestätigen; ein weiterer Parteitag hätte über die Sondierungsergebnisse und den Einstieg in Koalitionsverhandlungen entschieden. Am Ende des Prozesses hätte sowohl bei den Grünen als auch bei der FDP ein Mitgliederentscheid über die Koalitionsvereinbarung gestanden. Auch die SPD schlug einen ähnlichen Weg ein, indem sie – nachdem sich die Parteispitze unter anderem nach einem Treffen von Schulz mit dem Bundespräsidenten doch zu Gesprächen bereit erklärte – zunächst das (knappe) Votum eines Parteitags für Koalitionsverhandlungen sowie abschließend den Segen aller Mitglieder für den Koalitionsvertrag einholte. Hier deutet sich erkennbar ein Wandel von bislang stark führungs- und eliten-zentrierten Verhandlungen zu einer breiteren Einbeziehung von Parteigremien und Mitgliedschaft ab, was neben der Notwendigkeit von zwei Sondierungsphasen auch die untypische Länge der Regierungsbildung erklärt (Switek 2013, S. 283). Die Forschung ist sich bislang noch uneins, welche Konsequenzen eine solche breitere Partizipation (im Sinne einer Dezentralisierung) auf die Koalitionsentscheidung einer Partei hat: Während Maor (1995) für dezentralisierte und faktionalisierte Parteien Vorteile bei der Koalitionsbildung und -stabilität sieht, da sie einfacher mit der Kooperation verbundene parteiinterne Konflikte aushalten können, kommt Bäck (2008) zu dem Ergebnis, dass Parteien mit stark partizipativ angelegten Entscheidungsverfahren sich seltener für eine Regierungsbeteiligung aussprechen. In Deutschland könnte die innerparteiliche Dimension der Koalitionsfindung in Zukunft an Bedeutung gewinnen, wenn die Parteigremien und -mitglieder regelmäßiger über die abschließende Ratifikation eines Koalitionsvertrages hinaus beteiligt werden.

3 Theorien der Koalitionsfindung

Widmet man sich dem Koalitionsbildungsprozess aus der Perspektive formaler Koalitionstheorien, so lassen sich nach Müller und Strøm (1999) Parteien als im Wesentlichen durch drei Faktoren motiviert charakterisieren. Sie möchten erstens bei Wahlen erfolgreich abschneiden, also möglichst viele Stimmen erhalten. Zweitens streben sie nach der Besetzung öffentlicher Ämter, um einerseits dadurch Macht ausüben zu können, andererseits um ihre Mitglieder zu versorgen. Drittens vertreten Parteien politische Programme, die sie durchsetzen möchten. Diese drei Faktoren – Stimmen, Ämter und Policy – sind für Parteien auch relevant, wenn es um die Entscheidung geht, ob und – falls ja, an welcher – Regierungskoalition sie sich beteiligen. Entsprechend bilden diese Faktoren die Grundlage von Koalitionstheorien.

Ämterorientierte Koalitionstheorien gehen im Kern davon aus, dass sich Parteien bevorzugt solchen Koalitionen anschließen, in denen sie einen möglichst großen Anteil an Ämtern besetzen können. Entsprechend formulieren diese Theorien Erwartungen, dass Koalitionen aus möglichst wenigen Parteien gebildet werden (Leiserson 1968), wobei insbesondere auf Parteien verzichtet wird, die nicht zur Mehrheitsbildung benötigt werden (sogenannte minimale Gewinnkoalitionen, siehe von Neumann und Morgenstern 1944). Von einer Ämterverteilung gemäß der Sitzstärke der an einer Koalition beteiligten Parteien ausgehend (Gamson 1961), sollten ämtermotivierte Parteien vor allem solche Koalitionen eingehen, in denen ihre Partner möglichst schwach sind, um selbst ihre relative Stärke zu maximieren (Riker 1962).

Für policy-orientierte Koalitionstheorien hingegen ist die programmatische Nähe zwischen den einzelnen Parteien ausschlaggebend. Diesen Theorien folgend sollten Parteien bestrebt sein, Koalitionen zu bilden, deren Parteien programmatisch möglichst ähnliche Positionen vertreten (DeSwaan 1973). Darüber hinaus ist es für einzelne Parteien günstig, eine zentrale Position innerhalb einer Koalition einzunehmen, sodass die Suche nach Kompromissen zwischen weiter rechts und weiter links stehenden Koalitionspartnern zu Policies führt, die nahe bei den Vorstellungen der zentralen Partei liegen (Peleg 1981; van Roozendaal 1992). Allgemeiner gesprochen sollten sich Parteien daran orientieren, welche Politikergebnisse von einer Koalition zu erwarten sind, und diese mit ihren eigenen Vorstellungen abgleichen (Morgan 1976).

Hierbei können die Ämter- und die Policy-Orientierung von Parteien bei der Koalitionsbildung sowohl in Einklang miteinander als auch in Widerspruch zueinander stehen. Da beide Motivationstypen für Parteien relevant sind (siehe etwa Bräuninger und Debus 2008; Debus 2008; Linhart 2009b; Shikano und Linhart 2010), berücksichtigen neuere Koalitionstheorien beide Komponenten (z. B. Austen-Smith und Banks 1988; Sened 1995, 1996; Baron und Diermeier 2001; für einen Überblick siehe Linhart 2013). Diese Theorien nehmen an, dass die einzelnen Parteien unterschiedliche Nutzen aus den verschiedenen Koalitionsoptionen ziehen, wobei sich die Nutzenbewertung sowohl auf Ämter als auch auf Policy bezieht. Die Koalition mit dem größten Nutzen für eine Partei sollte dann von dieser angestrebt werden. Gibt es eine Mehrheitskoalition, die für alle an ihr beteiligten Parteien den Nutzen maximiert, so ist diese Koalition als Ergebnis zu erwarten.

Formal sind beide Komponenten in den Nutzenfunktionen üblicherweise additiv miteinander verknüpft, sodass sich der Nutzen u einer Partei p über eine Koalition C darstellen lässt als $u_p(C) = \alpha_p\, u_p^{\text{off}}(C) + \beta_p\, u_p^{\text{pol}}(C)$, wobei u^{off} für den Ämternutzen und u^{pol} für den Policynutzen stehen, den die Partei p in der Koalition C erwarten kann. α_p und β_p sind parteispezifische Gewichtungsfaktoren, die den Grad angeben, zu der die jeweilige Partei ämter- bzw. policy-orientiert ist. Folgt man für die weitere Spezifikation der Ämternutzen-Komponente der oben beschriebenen Logik, so kann eine Partei p in einer Koalition C einen Anteil an Ämtern erwarten, der proportional zu ihrer Sitzstärke ist. Wenn s_p den Sitzanteil einer Partei p notiert und s_C den Gesamtsitzanteil aller an C beteiligten Parteien, so lässt sich der erwartete Ämternutzen durch $u_p^{\text{off}}(C) = s_p/s_C$ schätzen (vgl. Bandyopadhyay und Oak 2008). Die Operationalisierung des Policynutzen-Anteils erfolgt meist analog zu der Logik Morgans (1976): Die Parteiposition y_p einer Partei p wird mit der erwarteten Politik y_C der Koalition C abgeglichen. Je größer diese Diskrepanz, desto geringer der Nutzen: $u_p^{\text{pol}}(C) = -||y_p - y_C||$.

Die dritte Motivation nach Müller und Strøm (1999), das Streben nach möglichst vielen Stimmen, taucht unseres Wissens nach in keiner Koalitionstheorie explizit auf. Dies mag damit zusammenhängen, dass der Akt des Wählens zum Zeitpunkt der Koalitionsbildung bereits abgeschlossen ist, die Stimmanteile der

Parteien durch die Koalitionsbildung also nicht mehr beeinflusst werden können. Allerdings gibt es Hinweise darauf, dass die Frage, welche Koalition eine Partei eingeht oder auch nicht eingeht, sich bei zukünftigen Wahlen auswirkt. So leiten Debus und Müller (2013) die Erwartung ab, dass Parteien bei Folgewahlen schwächer abschneiden, wenn sie lagerübergreifende und/oder programmatisch heterogene Koalitionen eingehen. In ihrer empirischen Analyse bestätigen die Autoren diese Hypothese zumindest partiell. Klecha (2011) stellt fest, dass insbesondere den kleineren Parteien das Eingehen komplexer Koalitionen – bei ihm definiert über die Anzahl der beteiligten Parteien – bei den Folgewahlen schadet. Best (2015) relativiert mit einem Blick ins Detail Klechas Einschätzung, dass die größeren Parteien von komplexen Koalitionen eher profitieren. Er kommt zu dem Schluss, dass „sich komplexe Koalitionen auch aus Volksparteiensicht nicht als ‚sehr ertragreich' einordnen" lassen (Best 2015, S. 94). Darüber hinaus konstatiert er für CDU und SPD tendenziell Stimmeneinbußen nach großen Koalitionen. Auch Bytzek et al. (2012) kommen in einer experimentellen Studie über Auswirkungen unterschiedlicher Koalitionssignale zu dem Ergebnis, dass Wähler häufig diejenigen Parteien meiden, die Bündnisse mit Partnern einzugehen bereit sind, die eher unähnliche Politikvorstellungen besitzen. Vor diesem Hintergrund ergibt es durchaus Sinn, die Stimmenmotivation im Sinne einer „Wiederwahlmotivation" als längerfristig-strategisches Element für kommende Wahlen zu berücksichtigen (Switek 2010; Linhart 2013).

Implizit deutet sich dieser Gedanke bei Sened (1995, 1996) an, indem dort nur für Regierungsparteien ein Nutzen wie oben beschrieben angenommen wird, während Sened Oppositionsparteien stets einen Nutzen von 0 zuweist. Dahinter steckt der Gedanke, dass Oppositionsparteien nicht für die Regierungspolitik verantwortlich gemacht werden und daher auch keinen negativen Policynutzen aus der Regierungspolitik ziehen (siehe ausführlich Linhart 2013). Da der Gesamtnutzen für potenzielle Regierungsparteien sowohl positiv als auch negativ oder gleich 0 sein kann, kann der Gang in die Opposition dieser Logik nach eine rationale Alternative sein, nämlich dann, wenn eine Partei in einer Regierung einen negativen Nutzen zu erwarten hätte, wenn sie also nur wenige Ämter erhielte, dafür aber (zu) große Policykompromisse eingehen müsste.

Während wir diese Sichtweise mit Blick auf die Wiederwahlmotivation grundsätzlich für sinnvoll halten, übersieht die Konzeption einer rein extrinsischen Policymotivation, dass Parteien durchaus intrinsisch durch Policy motiviert sein können. Auch Oppositionsparteien sollten mit Blick auf ihre Policymotivation eine Politik, die ihren Vorstellungen näher kommt, besser bewerten als eine, die ihren Positionen komplett entgegensteht. Die Policydiskrepanz zwischen eigener Position und erwartetem Kompromiss kann demnach im Gesamtnutzen sinnvollerweise zwei Mal auftauchen: erstens, um die echte, intrinsische Policymotivation abzubilden, zweitens um die Wiederwahlmotivation von Regierungsparteien darzustellen (Linhart 2013; Linhart und Shikano 2015). Letztere Komponente fließt nur in den Nutzen von Regierungsparteien ein, während die intrinsische Policymotivation bei allen Parteien auftaucht:

$$u_p(C) = \begin{cases} \alpha_p \cdot {s_p}/{s_C} - \beta_p \cdot ||y_p - y_C|| - \gamma_p \cdot ||y_p - y_C|| & \text{für } p \in C \\ \alpha_p \cdot 0 - \beta_p \cdot ||y_p - y_C|| - \gamma_p \cdot 0 & \text{für } p \notin C \end{cases},$$

wobei α_p den Grad der Ämtermotivation, β_p den Grad der Policymotivation und γ_p den Grad der Wiederwahlmotivation einer Partei p angibt.

Inhaltlich lässt sich diese Modellierung wie folgt zusammenfassen: Je größer der Grad der Ämtermotivation α ist, desto stärker wird eine Partei bestrebt sein, möglichst sitzschwache Koalitionspartner zu finden, um selbst möglichst stark in der Koalition auftreten zu können. Je größer der Grad der Policymotivation β ist, desto stärker wird eine Partei Koalitionen bevorzugen, deren erwartete Policykompromisse nahe an ihren eigenen Vorstellungen liegen – unabhängig davon, ob die Partei selbst Teil dieser Koalition ist. Je größer der Grad der Wiederwahlmotivation γ ist, desto eher wird die Partei Regierungsverantwortung generell ablehnen und desto zurückhaltender wird sie insbesondere gegenüber Koalitionen sein, in denen sie größere Kompromisse eingehen muss.

4 Ergebnisse

4.1 Mehrheitsverhältnisse nach der Bundestagswahl 2017

Bevor wir die geschätzten Bewertungen der möglichen Koalitionsoptionen durch die einzelnen Parteien mit Blick auf die unterschiedlichen Motivationen diskutieren, geben wir zunächst einen Überblick über die Mehrheitsverhältnisse. Bei sechs Fraktionen im Parlament sind $2^6-1=63$ verschiedene Regierungszusammensetzungen möglich – Einparteienregierungen mit eingeschlossen –, von denen 32 über eine parlamentarische Mehrheit verfügen. Von diesen 32 Optionen wiederum sind elf Alternativen minimale Gewinnkoalitionen im Sinne von Neumanns und Morgensterns (1944). Das heißt, sie verfügen über eine Mehrheit, und jede der beteiligten Parteien wird für diese Mehrheit benötigt.

Diese minimalen Gewinnkoalitionen spielen in Deutschland eine besondere Rolle. Minderheitsregierungen ohne parlamentarische Mehrheit wurden auf

Bundesebene noch nie nach Wahlen gebildet, sondern existierten bestenfalls für eine kurze Dauer, nachdem Mehrheitskoalitionen zerbrochen waren. Auch übergroße Koalitionen haben in Deutschland keine Tradition: Das letzte Bündnis dieses Typs zerbrach im Jahr 1960, als die Deutsche Partei (DP) aus der Koalition mit der CDU/CSU unter dem damaligen Kanzler Adenauer austrat (siehe für einen Überblick auch Linhart et al. 2008: 50). Obwohl gerade nach der Wahl 2017 vereinzelt auch die Möglichkeit einer übergroßen Koalition aus Union, SPD und Grünen (Zeit Online 2017) sowie einer CDU/CSU-Minderheitsregierung (siehe Abschn. 2) ins Spiel gebracht wurden, lohnt doch vor allem der Blick auf die möglichen minimalen Gewinnkoalitionen, von denen schließlich auch zwei sondiert und eine gebildet wurden.

Von den elf minimalen Gewinnkoalitionen besteht eine aus zwei Fraktionen, und zwar diejenige, die sich am Ende auch gebildet hat: die schwarz-rote Koalition CS.[3] Sechs weitere umfassen je drei Fraktionen. Sie sind alle unionsgeführt und beinhalten zusätzlich eine beliebige Kombination von zwei der vier kleineren Parteien AfD, FDP, Linke und Grüne (CAF, CAL, CAG, CFL, CFG, CLG). Vier minimale Gewinnkoalitionen schließlich bestehen aus vier Fraktionen, nämlich der SPD sowie einer beliebigen Kombination von drei der vier kleineren Parteien (SAFL, SAFG, SALG, SFLG). Es liegt auf der Hand, dass viele dieser Möglichkeiten freilich politisch nicht realisierbar sind. Da es aber genau Aufgabe der Koalitionstheorie ist, diese zu identifizieren, schließen wir solche Optionen im Vorfeld nicht aus.

4.2 Das Koalitionsgefüge aus der Sicht ämtermotivierter Parteien

Zunächst die elf minimalen Gewinnkoalitionen[4] aus der Sicht ämtermotivierter Parteien in den Blick nehmend, geben wir in Tab. 2 die erwarteten Ämteranteile gemäß einer Ämteraufteilung proportional zur Sitzstärke der Parteien an.

---

[3]Wir benennen im Folgenden die Koalitionen als Kombination der Anfangsbuchstaben der Fraktionen, aus denen sie bestehen. Hierbei steht C für die CDU/CSU, S für die SPD, A für die AfD, F für die FDP, L für die Linke und G für die Grünen. CS bezeichnet daher die große Koalition aus Christ- und Sozialdemokraten, CFG die Jamaikakoalition aus CDU/CSU, FDP und Grünen usw.

[4]Abgesehen davon, dass andere Formate in Deutschland unüblich sind, ergäbe deren Betrachtung hier auch wenig Sinn. Minderheitsregierungen würden natürlich den beteiligten Parteien einen höheren Ämternutzen versprechen, wären aber bei ebenfalls ämtermotivierten Oppositionsparteien nicht durchsetzbar, während sich die Parteien durch übergroße Koalitionen unnötig schlechter stellen würden.

Tab. 2 Ämternutzenanteile unter Annahme proportionaler Ämteraufteilungen

Koalition	CDU/CSU	SPD	AfD	FDP	Linke	Grüne
CS	0,617	0,383	0	0	0	0
CAF	0,586	0	0,224	0,190	0	0
CAL	0,601	0	0,230	0	0,169	0
CAG	0,604	0	0,231	0	0	0,165
CFL	0,623	0	0	0,203	0,175	0
CFG	0,626	0	0	0,204	0	0,170
CLG	**0,644**	0	0	0	0,181	0,175
SAFL	0	0,386	0,237	0,202	0,174	0
SAFG	0	0,388	0,239	0,203	0	0,170
SALG	0	0,399	**0,245**	0	0,180	0,175
SFLG	0	**0,415**	0	**0,217**	**0,187**	**0,182**
SFG	0	0,510	0	0,267	0	0,223
CG	0,786	0	0	0	0	0,214
SLG	0	0,529	0	0	0,239	0,232

Quelle: eigene Berechnungen
Anmerkungen: Die gefetteten Werte stellen jeweils die Maximalwerte für eine Partei unter den minimalen Gewinnkoalitionen dar. Für die Koalitionsakronyme siehe Fn. 3

Wenngleich bei der Aufteilung der Ämter ein gewisser Spielraum besteht, so zeigt sich gerade für Deutschland empirisch eine hohe Korrelation von $r^2 = 0{,}98$ zwischen Sitz- und Ämteranteilen von Koalitionsparteien (Linhart et al. 2008, S. 51; siehe allgemein auch Saalfeld 2011, 2015), sodass die Werte in der Tabelle eine realistische Grundlage für die Abschätzung der Ämternutzen in den einzelnen Koalitionen darstellen.

Die Logik der proportionalen Ämteraufteilung beinhaltet, dass eine Partei einen umso höheren Nutzen realisieren kann, je schwächer ihre Partner in Summe sind. Entsprechend könnte die Union ihren höchsten Ämternutzen in einer Koalition mit den beiden kleinsten Parteien, der Linken und den Grünen, erwarten, die SPD in einem Bündnis mit den drei kleinsten Parteien. Auch FDP, Linke und Grüne haben ihren Maximalwert bei der SFLG-Viererkoalition, die AfD bei SALG.

Während die Betrachtung dieser Maximalwerte aufgrund der kompletten Ausblendung der Policykomponente für die Praxis irrelevant ist, so lassen sich doch wichtige Erkenntnisse aus Tab. 2 ziehen. Erstens zeigt sich für alle Parteien, dass sie in den Koalitionen mit ihrer Beteiligung keine großen Unterschiede hinsichtlich der Ämter erwarten können. Die größte Differenz zwischen Maximum und Minimum findet sich bei der CDU/CSU. Die entsprechende Differenz von 0,058 entspricht bei einer Kabinettsgröße von 16 Personen nicht einmal ganz einem Amt (0,063). Für die anderen Parteien sind die Differenzen noch geringer und liegen zwischen 0,017 bei den Grünen und 0,032 bei der SPD. Unter Berücksichtigung von Rundungen und eines gewissen Spielraums bei der Ämteraufteilung ist daher wichtiger festzuhalten, dass die Parteien aus Ämtersicht (nahezu) indifferent sein sollten zwischen allen Koalitionen, an denen sie beteiligt sind.

Zweitens liegt genau darin ein substanzieller Unterschied zu anderen Koalitionsbildungen der jüngeren Vergangenheit. 2013 hätten sowohl die Union als auch die SPD deutlich mehr Ämter in Bündnissen mit kleinen Parteien erwarten können als in der gemeinsamen großen Koalition (Linhart und Shikano 2015, S. 467). Und auch nach der Wahl 2005, die ebenfalls mit einer schwierigen Regierungsbildung verbunden war, hätten CDU/CSU und SPD durch Dreierkoalitionen ihren Ämternutzen im Vergleich zu Schwarz-Rot klar steigern können (Linhart und Shikano 2013, S. 435). 2017 hingegen ist die große Koalition so klein geworden, dass Koalitionen mit kleineren Parteien aus Ämtersicht nicht zwingend vorteilhaft für die beiden größeren Fraktionen sind.

Drittens haben wir in Tab. 2 neben den minimalen Gewinnkoalitionen drei Minderheitsregierungen aufgeführt, und zwar solche, die auf Länderebene (als Mehrheitskoalitionen) bereits gebildet wurden und somit bei entsprechenden Mehrheitsverhältnissen als Alternativen zur großen Koalition gelten: die Ampel (SFG), Schwarz-Grün (CG) und Rot-Rot-Grün (SLG). Sollte eines dieser Bündnisse bei künftigen Wahlen über eine Mehrheit verfügen und ändert sich am Kräfteverhältnis der beteiligten Parteien untereinander nur wenig, so zeigen die deutlich höheren Werte in den unteren drei Zeilen, dass diese Bündnisse interessante Alternativen für ämtermotivierte Parteien darstellen.

Schließlich sei viertens an dieser Stelle ein Blick auf die tatsächliche Ämterverteilung im Kabinett Merkel IV geworfen. Mitunter wurde der Eindruck vermittelt, die SPD habe die Union bei der Ämtervergabe übervorteilt und angesichts ihres historisch schwachen Wahlergebnisses mehr und wichtigere Posten erhalten als ihr fairerweise zustünden (Sueddeutsche.de 2018). Tatsächlich ignoriert diese Sichtweise, dass die Union noch stärker verloren hat als die Sozialdemokraten, sodass diese sich relativ zur Union im Vergleich zu 2013 sogar marginal verbessert haben.[5] Die sechs SPD-Ministerien entsprechen anteilig zu den 16 Posten

---

[5]Der Sitzanteil, den die SPD 2013 zur großen Koalition beitrug, liegt gerundet ebenfalls bei 0,383 (Linhart und Shikano 2015, S. 467).

insgesamt – die Kanzlerin und den Chef des Bundeskanzleramts als Minister für besondere Aufgaben mit eingerechnet – dem Wert 0,375. Die SPD erhielt also wie schon 2013 einen etwas geringeren Anteil an Posten als ihr gemäß proportionaler Aufteilung in einer Koalition mit der Union zustünde (vgl. Tab. 2). Bei einer separaten Betrachtung von CDU und CSU fällt auf, dass die CDU in der Tat weniger Ämter besetzt (0,438), als es ihrer Stärke (0,501) entspricht. Nutznießer hiervon ist allerdings nicht die SPD, sondern die CSU (Sitzanteil in der Koalition: 0,115; Ämteranteil: 0,188). Auch die medial beachtete Vergabe des Finanzministeriums an die SPD stellt keine Besonderheit dar. Modelliert man bisherige Ämteraufteilungsprozesse derart, dass die stärkste Partei den Kanzler stellt, die zweitstärkste dafür das erste Zugriffsrecht auf ein Ministerium hat, so kommt dies bisherigen Aufteilungen recht nahe (Raabe und Linhart 2015). Neu ist nur, dass dieses Erstzugriffsrecht für das Finanzministerium genutzt wurde.

4.3 „Inhalte vor Macht" – der Blick auf die Policykomponente

Bevor wir uns im nächsten Schritt der Policynutzen-Komponente zuwenden können, müssen wir die Positionen der im Parlament vertretenen Parteien schätzen. Diese Aufgabe ist nicht trivial, da unterschiedliche Methoden zwar zu ähnlichen, aber nur im Ausnahmefall zu exakt identischen Ergebnissen kommen.[6] Wir haben uns dafür entschieden, unserer Analyse Daten von *Voting Advice Applications* (vgl. hierzu Marschall 2011) zugrunde zu legen. Für unsere Analyse ist es ein Vorteil dieser Wahlentscheidungshilfen, dass sie speziell auf eine Wahl zugeschnitten sind und damit Themenverschiebung berücksichtigen bzw. neue Themenfelder abbilden. So spielte gerade bei der Bundestagswahl 2017 der Themenkomplex „Flucht und Migration" eine ungewöhnlich große Rolle in den Programmen der Parteien. Da wir keine Vergleiche zwischen zwei Wahlen vornehmen, sind wir nicht auf ein wahlübergreifendes Schema (wie es etwa das *Comparative Manifesto Project* bietet) angewiesen.

Konkret stützen wir uns auf vier unterschiedliche Wahlhilfen, sodass mögliche Besonderheiten einer einzelnen Wahlentscheidungshilfe im Gesamtbild ausgeglichen werden. Wir nutzen die Daten von Wahl-O-Mat (WOM), ParteieNavi (PN), WahlNavi (WN) und dem Bundeswahlkompass (BWK). Diese Angebote sind alle ähnlich aufgebaut: Sie umfassen eine Liste inhaltlicher Forderung oder

---

[6]Für einen Überblick zur Schätzung von Parteipositionen und Anwendungen für deutsche Parteien siehe Debus (2009).

Thesen, zu welchen sich Benutzer zustimmend, neutral oder ablehnend äußern können. Dadurch ist ein Abgleich der eigenen Präferenzen mit den Politikangeboten der verschiedenen Parteien möglich. Die Parteipositionen sind entweder von Experten auf Grundlage der vorgelegten Wahlprogramme entwickelt (PN) oder in einem zweistufigen Prozess mit den Parteien direkt abgestimmt (WOM, WN, BWK). Mit den Antworten zu den Thesen lassen sich auch die Parteien untereinander systematisch auf Schnittmengen und Differenzen untersuchen. WN und BWK ordnen ihre Thesen zudem einer sozioökonomischen und soziokulturellen Konfliktachse zu, sodass auch eine Verortung der Parteien im zweidimensionalen Raum möglich ist. Ein Unterschied findet sich nur bei der Ausgestaltung der Antwortskalen sowie bei der Zahl der Parteien, die mit einbezogen werden. Letzteres ist für uns irrelevant, da wir in diesem Beitrag ohnehin nur die Parteien betrachten, die den Einzug in den Bundestag geschafft haben.

Da die Schätzung von Policypositionen bzw. -distanzen ein kritisches Unterfangen darstellt, ist es an diesem Punkt besonders zentral, darauf zu achten, dass die Ergebnisse nicht von der Auswahl der Datengrundlage abhängen. Aus diesem Grund replizieren wir nicht einfach Tab. 2 mit Werten für Policynutzen auf Basis einer bestimmten Positionsschätzung, sondern wir schätzen die Distanzen zwischen den Parteipositionen und erwarteten Koalitionspolicies insgesamt 14 Mal und prüfen, welche Ergebnisse unabhängig von der gewählten Datenbasis gültig sind. Die Variation der Schätzungen ergibt sich erstens aus der Nutzung des Materials der vier Wahlhilfen. Da der BWK die Zustimmung zu jeder Aussage als links oder rechts klassifiziert, können gemäß dem BWK Parteipositionen auch auf einer allgemeinen Links-Rechts-Skala aggregiert und entsprechende Distanzen auf dieser Basis geschätzt werden. Zusätzlich gibt der BWK verschiedenstufige Kategorienschemata vor, in die sich die dort genutzten Fragen einordnen lassen, sodass eine Aggregation der Positionen auch für einen zweidimensionalen Politikraum (mit einer sozioökonomischen und einer soziokulturellen Dimension) sowie auf der Ebene einzelner Politikfelder möglich ist (Krouwel et al. 2012). Wir erweitern die obige Schätzung daher zweitens um drei Analysen, die auf entsprechenden Verdichtungen der BWK-Daten basieren: BWK-1, BWK-2 und BWK-PF.[7] Drittens messen wir die Distanzen auf jeweils zwei unterschiedliche Weisen: zum einen mithilfe der normierten L1-Norm (Cityblock-Metrik), die der mittleren Abweichung zwischen der Parteiposition und der erwarteten

---

[7] BWK-1 basiert hierbei auf der Verdichtung auf den eindimensionalen Politikraum, BWK-2 auf dem zweidimensionalen Politikraum und BWK-PF auf der Verdichtung zu Politikfeldern.

Koalitionspolicy entspricht, zum anderen über die L2-Norm (die euklidische Distanz), die auf quadrierten Distanzen der einzelnen Dimensionen basiert. Tab. 3 benennt verschiedene Aussagen, die aus Policysicht für die Bewertung verschiedener Koalitionen durch die einzelnen Parteien relevant sind. Der Wert in Spalte 2 gibt an, gemäß wie vielen der 14 Schätzungen diese Aussage korrekt ist. In Spalte 3 werden die Datenbasen benannt, die zu anderen Ergebnissen führen; Spalte 4 enthält weiterführende Bemerkungen.

Der Vollständigkeit halber sei zunächst ein Blick auf die beiden Parteien geworfen, die am Regierungsbildungsprozess nicht aktiv beteiligt waren. Dass die Linke aus der linkestmöglichen Koalition SFLG und die AfD aus der rechtestmöglichen CAF die höchsten Policynutzen-Werte ziehen, überrascht kaum. Gleichzeitig sind diese maximalen Nutzenwerte so niedrig, dass Linke und AfD die jeweiligen Koalitionen kaum anstreben sollten. Zudem wurden diese beiden Koalitionen von allen daran beteiligten Parteien zuvor ausgeschlossen (Best 2017).

Tab. 3 Bewertungen von Koalitionen durch Parteien aus Policysicht

Aussage	Anzahl Zustimmung	Abweichende Datenbasis	Bemerkung
Die ... erhält den höchsten Policynutzen in einer ...-Koalition!			
CDU/CSU – CS	6	Alle BWK	Abweichend CAF
SPD – CS	4	PN, alle BWK	Abweichend CLG oder Viererkoalitionen
Grüne – CFG	0	Alle	Abweichend meist SFLG oder CLG
FDP – CFG	3	Alle außer PN (L2), BWK (L2), BWK-PF (L2)	Abweichend meist CAF
AfD – CAF	13	PN (L2)	Abweichend CAL
Linke – SFLG	10	WOM (L1), PN, BWK-PF (L2)	Abweichend CLG oder SALG
Im Vergleich bewertet die ... mit Blick auf Policy die Koalition ... besser als die Koalition ...!			
CDU/CSU – CS>CFG	14	Keine	
SPD – CS>CFG	10	BWK-1, BWK-2	
Grüne – CFG>CS	14	Keine	
FDP – CFG>CS	12	BWK-1	

Der Blick auf SPD, FDP und Grüne verdeutlicht, weshalb sich die Regierungsbildung 2017 so schwierig gestaltete: Weder stellt die große Koalition für die SPD noch Jamaika für FDP und Grüne die aus Policysicht bestbewertete Koalition dar. Dies erklärt die Zurückhaltung dieser drei Parteien gegenüber Sondierungsgesprächen mit der Union. Gleichwohl gilt, dass die durch die Parteien jeweils besser bewerteten Koalitionen keine Chance auf Realisierung besaßen. Um dies am Beispiel der Grünen zu verdeutlichen, würden diese ihre höchsten Nutzenwerte aus einer CGL- oder einer SFLG-Koalition ziehen. In einer dieser Konstellationen würden die häufig entgegengesetzten Positionen der Linken einerseits sowie von Union oder FDP andererseits zu erwarteten Policies führen, die unter Einschluss der Grünen selbst sowie im Fall von SFLG zusätzlich der SPD links der Mitte liegen und damit den Vorstellungen der Grünen vergleichsweise nahe kommen. In einer Jamaikakoalition hingegen stünden die Grünen zwei Parteien rechts der Mitte gegenüber, was Politikergebnisse rechts der Mitte erwarten lässt, die die Grünen schlechter bewerten sollten. Gleichzeitig ist klar, dass CGL oder SFLG keine realistischen Optionen darstellen. Bündnisse zwischen der Linken und der Union oder der FDP wurden nicht nur durch Koalitionssignale ausgeschlossen, sie würden auch diesen Parteien geringe Policynutzen erbringen.

Fokussiert man auf den unteren Teil von Tab. 3, der Nutzenvergleiche der beiden realistischen Optionen große Koalition und Jamaika zeigt, so ist zu erkennen, dass SPD, FDP und Grüne zumindest jeweils diejenige der beiden Koalitionen als besser bewerten, an der sie beteiligt sind. Wäre dies nicht der Fall, so hätten diese Parteien nicht nur aus Sicht der Wiederwahlmotivation, sondern zusätzlich aus Sicht der Policymotivation Anreize, in die Opposition zu gehen. In einer Minderheit der Analysen ergibt sich allerdings genau dieses Szenario für die SPD und die FDP. Die abweichenden Fälle finden sich bei den Datenbasen, in denen Positionen weitgehend auf ein- bzw. zweidimensionale Politikdimensionen aggregiert werden. Hieraus lässt sich schließen, dass die entsprechenden Parteien womöglich weniger ein Problem darin sehen, Kompromisse bei aktuell anstehenden Sachfragen zu finden, sondern eher die ideologische Gemengelage in der jeweiligen Koalition generell als problematisch ansehen. Bezeichnenderweise handelt es sich hierbei genau um die Parteien, die zunächst überhaupt keine Sondierungsgespräche führen wollten (die SPD) bzw. die Sondierungsgespräche scheitern ließen (die FDP).

Die Union schließlich führte zunächst Sondierungsgespräche mit der FDP und den Grünen (erfolglos), im Anschluss mit der SPD (erfolgreich). Die Analysen legen nahe, dass die CDU/CSU mit dem tatsächlichen Ergebnis einen höheren erwarteten Policynutzen erzielen konnte als mit der gescheiterten Variante. In der Mehrzahl der Analysen stellt die große Koalition aus Unionssicht sogar die beste Option dar. Lediglich die auf dem BWK basierenden Schätzungen legen ihr ein

Bündnis mit AfD und FDP aus Policysicht nahe. Dass die Union zunächst mit FDP und Grünen sondierte und erst im Anschluss mit der SPD, hatte daher vermutlich weniger mit einer echten Präferenz der Union für Jamaika sondern vielmehr mit der ursprünglichen Verweigerungshaltung der Sozialdemokraten zu tun.

4.4 Gesamtbetrachtung: Ämter-, Policy- und Wiederwahlmotivation im Zusammenspiel

Nachdem die Präferenzstruktur gemäß Ämtern und Policies geklärt ist, stellt sich die Frage, wie die verschiedenen Motivationen im Zusammenspiel wirken. Aufgrund der weitgehenden Indifferenz der Parteien bzgl. der Koalitionen in Hinblick auf die Ämtermotivation, stellt sich an dieser Stelle weniger die Frage, *welche* Koalitionen die einzelnen Parteien anstreben, sondern vielmehr, *ob* sie überhaupt bereit sein möchten, Regierungsverantwortung zu übernehmen. Es ist also nicht nur der sonst häufig geschilderte Gegensatz zwischen Ämter- und Policymotivation festzustellen, sondern auch eine starke Rolle der Wiederwahlmotivation. Diesbezüglich bildet die Modellierung die Realität trefflich ab.

Abb. 1 skizziert, bei welchen Kombinationen an Ämter-, Policy- und Wiederwahlmotivation die einzelnen Parteien welches Ergebnis bevorzugen sollten. Die Darstellungen beruhen auf den Daten des WN (L1), die weitestgehend repräsentativ für die Gesamtheit der Analysen sind. An Stellen, bei denen andere Datengrundlagen zu bedeutsam abweichenden Ergebnissen führen, weisen wir darauf hin.

Die Grafiken sind so zu interpretieren, dass den Spitzen der Dreiecke jeweils zu entnehmen ist, welche Optionen rein ämter-, policy- bzw. wiederwahlorientierte Parteien bevorzugen sollten. Die Ergebnisse für ämter- und policymotivierte Parteien sind bereits aus den vorangegangenen Abschnitten bekannt; rein wiederwahlorientierte Parteien sollten gemäß unserer Operationalisierung überhaupt keine Regierungsverantwortung eingehen. Spannender ist daher die Frage nach dem Zusammenspiel unterschiedlicher Motivationen. Die einzelnen Punkte in einem Dreieck sowie auf dem Dreiecksrand stehen für gemischte Motivationen – je näher ein Punkt relativ an einem Eckpunkt des Dreiecks liegt, desto stärker spielt die entsprechende Motivation eine Rolle.[8] Zur Orientierung sind gestrichelt

---

[8]Policy- und Wiederwahlmotivation werden hierbei über dieselbe Skala gemessen. Dies gilt nicht für die Ämtermotivation, sodass deren Zusammenspiel mit den anderen Motivationen nur eingeschränkt interpretierbar ist. Da die Skalen für alle Parteien gleich sind, lassen sich aber auch diese Ergebnisse relativ gesehen interpretieren.

Am Ende doch wieder Schwarz-Rot 503

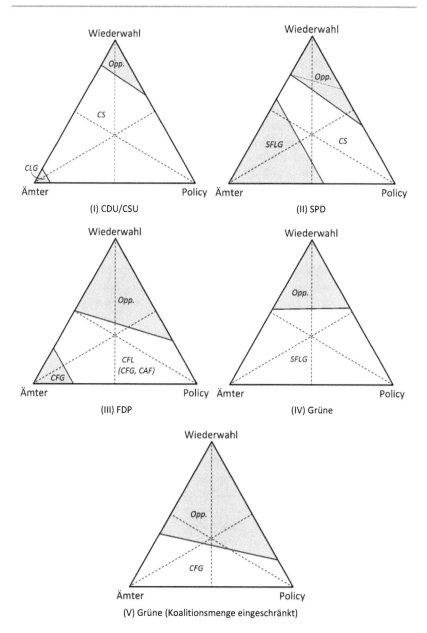

Abb. 1 Nutzenmaximierende Koalitionen bei verschiedenen Kombinationen von Ämter-, Policy- und Wiederwahlmotivation der Parteien auf Grundlage des WahlNavis

die Winkelhalbierenden eingezeichnet. Der Punkt, an dem diese sich schneiden, ist der Mittelpunkt des Dreiecks, der ein komplett ausgewogenes Verhältnis der drei Motivationen repräsentiert.

Als Schätzwert für die Option „Opposition" haben wir jeweils die realistischste Alternative ausgewählt, an der die dargestellte Partei nicht beteiligt ist. Dies ist im Fall der SPD das Jamaika-Bündnis, im Fall von FDP und Grünen die große Koalition. Unter Ausschluss der CDU/CSU verbleiben lediglich die verschiedenen SPD-geführten Vierparteienkoalitionen, die aufgrund ihrer Heterogenität allesamt keine realistische Alternative darstellen. Sie können daher als gleich (un)wahrscheinlich gelten, weshalb für die Union der mittlere Nutzen dieser Bündnisse in die Schätzung eingeht.

Nimmt man die Union in den Blick, so zeigt sich, dass die große Koalition zweifelsohne ein für sie anzustrebendes Ergebnis ist. Nur eine rein oder fast ausschließlich ämtermotivierte CDU/CSU sollte ein Bündnis mit Linken und Grünen eingehen – sobald aber Policy- und/oder Wiederwahlmotivationen minimal vorhanden sind, scheidet dieses Bündnis aus. Und solange sich CDU und CSU nicht fundamentaloppositionell aufstellen und alleine an der Stimmenmaximierung orientiert jeglichen Kompromiss scheuen, scheidet ebenfalls aus, dass sie sich nicht an der Regierung beteiligen. Interessant ist an diesem eindeutigen Bild eher, dass die sondierte Jamaikakoalition überhaupt nicht auftaucht. Würde man unrealistische Koalitionen wie CLG aus der Analyse ausschließen und die Union nur vor die Wahl Opposition, große Koalition oder Jamaika stellen, so sähe das Bild kaum anders aus. Einzig nähme die Jamaikakoalition in der Grafik den Platz von CLG ein.

Auch für große Bereiche in der Grafik der SPD ist das schwarz-rote Bündnis die optimale Lösung. Gleichzeitig ist dieser Bereich für die SPD deutlich kleiner. Der vergleichsweise große SFLG-Bereich sollte nicht so interpretiert werden, dass wir dieses Bündnis für wahrscheinlich hielten. Dass diese unrealistische Viererkoalition einen so großen Bereich in der Grafik einnimmt, verdeutlicht aber, wie vergleichsweise schlecht die SPD die große Koalition bewertet. Relevanter ist hier, dass der Oppositionsbereich deutlich größer ist als bei der Union. Selbst eine stärker policy- als wiederwahlorientierte SPD kann nach der Bundestagswahl 2017 größere Anreize besitzen, in die Opposition zu gehen als in eine Regierung einzutreten. Wir haben in die SPD-Grafik eine zusätzliche gepunktete Linie eingezeichnet. Diese zeigt an, wie sich die Grafik verändern würde, nimmt man nicht Jamaika, sondern ein Rechtsbündnis aus CDU/CSU, AfD und FDP im Fall einer Nicht-Regierungsbeteiligung der Sozialdemokraten an. Wir halten hierbei eine solche CAF-Koalition nicht für realistisch; das Gedankenspiel zeigt aber, dass nach dem Scheitern von Jamaika die große Koalition im Vergleich zur Opposition für die SPD durchaus attraktiver wurde, was wiederum hilft, den Strategiewechsel der Sozialdemokraten zu erklären.

Die Grafiken (III) und (IV), die die Situation aus Sicht von FDP und Grünen zeigen, verdeutlichen die Schwierigkeiten der Bildung einer Jamaikakoalition. Beide Parteien dürfen nicht sonderlich wiederwahlorientiert sein, um sich überhaupt an einer Regierung zu beteiligen. Für die Grünen kommt hinzu, dass CFG bei keiner Motivationskombination die für sie optimale Lösung darstellt. Führt man das gleiche Gedankenspiel wie für die Union durch, indem man die Analyse auf die „machbaren" Koalitionen Schwarz-Rot und Jamaika beschränkt, so zeigt Grafik (V), dass die Grünen durchaus an einer Regierungsbeteiligung interessiert sein können. Der Vorwurf, die Grünen wollten Jamaika nur um der Posten willen, greift jedoch offensichtlich zu kurz. Auch stark policyorientierte Grüne sollten sich eher für Jamaika als für einen erneuten Gang in die Opposition erwärmen.

Für die FDP muss angemerkt werden, dass eine Jamaika-Option vordergründig nur für stark ämterorientierte Liberale infrage kommt. Der große weiße Bereich in Grafik (III), der die unrealistische CFL-Koalition als Optimum anzeigt, ist allerdings insofern irreführend, als die Nutzenwerte für CFL, CFG und CAF so nahe beieinander liegen, dass die FDP als indifferent zwischen diesen Alternativen gelten kann. Geht man von Jamaika als einziger realisierbarer dieser drei Optionen aus, so sollte eine nicht zu wiederwahlorientierte FDP eher ein Interesse am Zustandekommen dieses Bündnisses haben als die Grünen, wie der Vergleich mit Grafik (V) zeigt. Nach den Erfahrungen der letzten schwarz-gelben Koalition und der Bundestagswahl 2013 ist aber nicht erstaunlich, dass die FDP eher wiederwahlorientiert und damit eher im oberen Bereich des Dreiecks zu verorten ist.

An einer wesentlichen Stelle von diesen auf den WN-Daten basierenden Auswertungen abweichende Ergebnisse erhält man für die Union bei den PN-Daten. Diese besitzen den zusätzlichen Vorteil, dass CDU und CSU separat aufgeführt werden und somit auch unterschiedliche Anreize der beiden Schwesterparteien identifiziert werden können. Abb. 2 zeigt die entsprechenden Ergebnisse, die analog zu den Grafiken in Abb. 1 zu lesen sind.

Grafik (I) in Abb. 2 für die CDU unterscheidet sich dabei kaum von Grafik (I) in Abb. 1 für die Union. Dass in Abb. 2 auch die Jamaikakoalition unter den gezeigten Optima auftaucht, zeigt, dass dieses Bündnis aus koalitionstheoretischer Sicht nicht völlig unplausibel ist. Da CFG aber nur durch eine vergleichsweise stark ämterorientierte CDU gegenüber CS bevorzugt wird, sollte dies nicht überbewertet werden.

Interessant ist vielmehr der Blick auf die CSU als einzelne Partei. Ähnlich wie FDP und Grüne besitzt diese vergleichsweise starke Anreize, in die Opposition

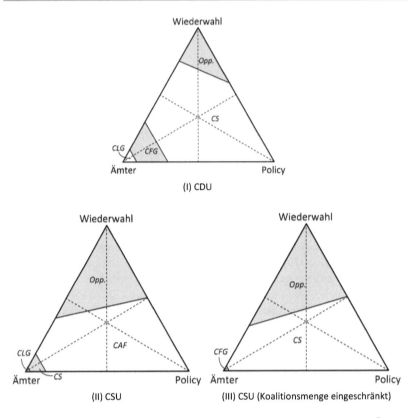

Abb. 2 Nutzenmaximierende Koalitionen bei verschiedenen Kombinationen von Ämter-, Policy- und Wiederwahlmotivation für CDU und CSU auf Grundlage des ParteieNavis

zu gehen. Da – zumindest bislang – CDU und CSU aber nur gemeinsam oder gar nicht regierten, scheidet diese Option für die CSU aus. Die Grafik erklärt möglicherweise, weshalb die CSU sich in der Regierung teilweise wie eine Oppositionspartei geriert. Wenn die CSU aber in eine Regierung eintritt, so zeigt Grafik (II), dass ein Bündnis mit AfD und FDP aus ihrer Sicht deutlich günstiger wäre als eine Koalition unter Einschluss der Sozialdemokraten oder der Grünen. Nur eine vergleichsweise stark ämterorientierte CSU sollte sich mit einer großen Koalition anfreunden können.

Grafik (III) zeigt wieder die Ergebnisse einer Reduktion, in der nur die große Koalition oder Jamaika als Regierungsoptionen für die Union infrage kommen. An dieser Grafik wird die starke Präferenz der CSU gegen Jamaika besonders deutlich. Hier zeigt sich, weshalb auf Bundesebene unter Einschluss der CSU Jamaikakoalitionen nochmals schwieriger zu realisieren sind als auf Länderebene, wo sie immerhin schon zweimal gebildet wurden.

5 Schlussbetrachtungen

Zusammenfassend lässt sich festhalten, dass auch aus einer koalitionstheoretischen Sicht das erneute Zustandekommen einer großen Koalition den erwarteten Ausgang der Regierungsbildung darstellt, während es einiger Fantasie bedurft hätte, die Ergebnisse im Sinne eines Jamaikabündnisses zu erklären. Das Scheitern der Jamaikasondierungen und die Bildung der großen Koalition stehen damit ein Einklang mit unserer Analyse.

Insbesondere drei Schwierigkeiten können für Jamaika identifiziert werden. Erstens besitzt die Union seit der Schwächung der SPD und dem Erstarken der kleineren Parteien aus Sicht der Ämterorientierung kaum noch Anreize, Alternativen zu Schwarz-Rot zu suchen. Zugleich ist auch aus Policyperspektive für sie ein Bündnis mit der SPD besser zu bewerten als eines mit FDP und Grünen. Zweitens gilt dies insbesondere für die CSU. Wo auf Länderebene Jamaikakoalitionen unter günstigen Bedingungen funktionieren können, zeigt die Auswertung für die CSU, dass diese kein Interesse an der Bildung eines schwarz-gelb-grünen Bündnisses haben sollte. Drittens offenbart unsere koalitionstheoretische Erweiterung, dass der bislang weitgehend vernachlässigten Wiederwahlmotivation tatsächlich eine zentrale Rolle zukommt. Insbesondere FDP und Grüne – aber auch die CSU – müssten für Kompromisse Verantwortung übernehmen, die vergleichsweise weit von ihren eigenen Positionen entfernt liegen. Dies erhöht deutlich das Risiko, hierfür bei Folgewahlen abgestraft zu werden.

Welche realistischen Szenarien gibt es, nach der nächsten Bundestagswahl eine andere Regierungszusammensetzung zu erhalten? Selbstverständlich kann eine Verschiebung der Kräfteverhältnisse wieder kleinere Zweierbündnisse – Schwarz-Gelb, Rot-Grün oder auch Schwarz-Grün – ermöglichen. Inwiefern dies realistisch ist, kann zum jetzigen Zeitpunkt nicht abgeschätzt werden. Der grundsätzliche Abwärtstrend der beiden Volksparteien spricht aber eher gegen dieses

Szenario. Insbesondere eine SPD-geführte Regierung ist aktuell nicht absehbar. Scheiden die Linke und die AfD weiterhin als Koalitionspartner für die Union aus, so bliebe als Alternative zur großen Koalition weiterhin nur die Jamaikavariante.

Wenn die beteiligten Parteien diese künftig realisieren möchten, bedarf es unseren Analysen nach – jenseits von atmosphärischen Fragen – vor allem zweier Voraussetzungen. Erstens sollte die CSU nicht versuchen, sich von der CDU abzugrenzen und Positionen der AfD zu übernehmen. Dies würde Kompromissfindungen mit den Grünen unmöglich machen. Zweitens brauchen FDP und Grüne beide den Mut, Kompromisse einzugehen und dafür einzustehen. Damit dieser Wagemut nicht bestraft wird, müssen sie ihre Wähler darauf vorbereiten, dass ein Jamaikabündnis auf Bundesebene mittelfristig vermutlich die einzige Möglichkeit für sie darstellt, Politik umfassender auch durch Regierungsverantwortung gestalten zu können.

Literatur

Austen-Smith, David, und Jeffrey Banks. 1988. Elections, coalitions, and legislative outcomes. *American Political Science Review* 82: 405–422.

Bäck, Hanna. 2008. Intra-party politics and coalition formation: Evidence from Swedish local government. *Party Politics* 14: 71–89.

Bandyopadhyay, Siddhartha, und Mandar P. Oak. 2008. Coalition Governments in a Model of Parliamentary Democracy. *European Journal of Political Economy* 24: 554–561.

Baron, David P., und Daniel Diermeier. 2001. Elections, Governments, and Parliaments in Proportional Representation Systems. *The Quarterly Journal of Economics* 116: 933–967.

Best, Volker. 2015. Komplexe Koalitionen, perplexe Wähler, perforierte Parteiprofile. Eine kritische Revision jüngerer Befunde zur deutschen Koalitionsdemokratie und ein Reformvorschlag. *Zeitschrift für Parlamentsfragen* 46: 82–99.

Best, Volker. 2017. Von der „Ausschließeritis" über die „Ausschweigeritis" zur „Konditionitis" – Koalitionssignale vor der Bundestagswahl 2017. In *regierungsforschung.de*. http://regierungsforschung.de/von-der-ausschliesseritis-ueber-die-ausschweigeritis-zur-konditionitis-koalitionssignale-vor-der-bundestagswahl-2017/. Zugegriffen: 8. Juni 2018.

Bräuninger, Thomas, und Marc Debus. 2008. Der Einfluss von Koalitionsaussagen, programmatischen Standpunkten und der Bundespolitik auf die Regierungsbildung in den deutschen Ländern. *Politische Vierteljahresschrift* 49: 309–338.

Bytzek, Evelyn, Thomas Gschwend, Sascha Huber, Eric Linhart, und Michael Meffert. 2012. Koalitionssignale und ihre Wirkungen auf Wahlentscheidungen. *Politische Vierteljahresschrift* (Sonderheft 45/2011): 393–418.

Debus, Marc. 2008. Party competition and government formation in multilevel settings: Evidence from Germany. *Government and Opposition* 43: 505–538.

Debus, Marc, Hrsg. 2009. *Estimating the Policy Preferences of Political Actors in Germany and Europe: Methodological Advances and Empirical Applications (Special Issue of German Politics 18)*. London: Routledge.

Debus, Marc, und Jochen Müller. 2013. Lohnt sich der Sprung über den Lagergraben? Existenz und Effekte politischer Lager im bundesdeutschen Parteienwettbewerb. In *Die deutsche Koalitionsdemokratie vor der Bundestagswahl 2013*, Hrsg. Frank Decker und Eckhard Jesse, 259–278. Baden-Baden: Nomos.

DeSwaan, Abram. 1973. *Coalition Theories and Cabinet Formations. A Study of Formal Theories of Coalition Formation Applied to Nine European Parliaments after 1918*. Amsterdam: Elsevier.

Gamson, William A. 1961. A theory of coalition formation. *American Sociological Review* 26: 373–382.

Hague, Rod, und Martin Harrop. 2010. *Comparative Government and Politics, 8. Auflage*. Houndmills: Palgrave Macmillan.

Klecha, Stephan. 2011. Komplexe Koalitionen: Welchen Nutzen bringen sie den Parteien? *Zeitschrift für Parlamentsfragen* 42: 334–346.

Korte, Karl-Rudolf. 2019. Die Bundestagswahl 2017: Ein Plebiszit über die Flüchtlingspolitik. In: Korte, Karl-Rudolf/Schoofs, Jan (Hrsg.). Die Bundestagswahl 2017. Anlaysen der Wahl-, Parteien-, Kommunikations- und Regierungsforschung. S. 1–19.

Krouwel, André, Thomas Vitiello, und Matthew Wall. 2012. The practicalities of issuing vote advice: A new methodology for profiling and matching. *International Journal of Electronic Governance* 5: 223–243.

Leiserson, Michael A. 1968. Factions and coalitions in one-party Japan: An interpretation based on the theory of games. *American Political Science Review* 62: 70–87.

Linhart, Eric. 2007. Rationales Wählen als Reaktion auf Koalitionssignale am Beispiel der Bundestagswahl 2005. *Politische Vierteljahresschrift* 48: 461–484.

Linhart, Eric. 2009a. A rational calculus of voting considering coalition signals: The German Bundestag elections 2005 as an example. *World Political Science Review* 5: 1–28.

Linhart, Eric. 2009b. Ämterschacher oder Politikmotivation? Koalitionsbildungen in Deutschland unter gleichzeitiger Berücksichtigung von zweierlei Motivationen der Parteien. In *Jahrbuch für Handlungs- und Entscheidungstheorie, Band 5*, Hrsg. Susumu Shikano, Joachim Behnke und Thomas Bräuninger, 181–222. Wiesbaden, VS Verlag.

Linhart, Eric. 2013. Does an appropriate coalition theory exist for Germany? An overview of recent office- and policy-oriented coalition theories. *German Politics* 22: 288–313.

Linhart, Eric, und Susumu Shikano. 2013. Parteienwettbewerb und Regierungsbildung bei der Bundestagswahl 2009: Schwarz-gelb als Wunschkoalition ohne gemeinsame Marschrichtung? In *Wahlen und Wähler. Analysen aus Anlass der Bundestagswahl 2009*, Hrsg. Bernhard Weßels, Harald Schoen und Oscar W. Gabriel, 426–451. Wiesbaden, Springer VS.

Linhart, Eric, und Susumu Shikano. 2015. Koalitionsbildung nach der Bundestagswahl 2013: Parteien im Spannungsfeld zwischen Ämter-, Politik- und Stimmmotivation. In *Die Bundestagswahl 2013. Analysen der Wahl-, Parteien-, Kommunikations- und Regierungsforschung*, Hrsg. Karl-Rudolf Korte, 457–484. Wiesbaden: Springer VS.

Linhart, Eric, und Markus Tepe. 2015. Rationales Wählen in Mehrparteiensystemen mit Koalitionsregierungen. Eine laborexperimentelle Untersuchung. *Politische Vierteljahresschrift* 56: 44–76.

Linhart, Eric, Franz U. Pappi, und Ralf Schmitt. 2008. Die proportionale Ministerienaufteilung in deutschen Koalitionsregierungen: Akzeptierte Norm oder das Ausnutzen strategischer Vorteile? *Politische Vierteljahresschrift* 49, S. 46–67.

Maor, Moshe. 1995. Intra-party determinants of coalition bargaining. *Journal of Theoretical Politics* 7: 65–91.

Marschall, Stefan. 2011. Wahlen, Wähler, Wahl-O-Mat. *Aus Politik und Zeitgeschichte* 61: 40–46.

Morgan, Michael-John. 1976. *The Modelling of Governmental Coalition Formation: A Policy-Based Approach with Interval Measurement*. University of Michigan: unveröffentlichte Dissertation.

Müller, Wolfgang C., und Kaare Strøm. 1999. *Policy, Office, or Votes? How Political Parties in Western Europe Make Hard Decisions*. Cambridge.

Peleg, Bezalel. 1981. Coalition Formation in Simple Games with Dominant Players. *International Journal of Game Theory* 20: 11–33.

Probst, Lothar. 2017. Steht das deutsche Parteiensystem vor einem Wandel? In *Parteien, Parteiensysteme und politische Orientierungen,* Hrsg. Carsten Koschmieder, 113–132. Wiesbaden: Springer VS.

Raabe, Johannes, und Eric Linhart. 2015. Does substance matter? A model of qualitative portfolio allocation and application to German state governments between 1990 and 2010. *Party Politics* 21: 481–492.

Riker, William H. 1962. *The Theory of Political Coalitions*. New Haven: Yale University Press.

Saalfeld, Thomas. 2011. Coalition Theory. In *The Encyclopedia of Political Science*, Hrsg. George Thomas Kurian, James E. Alt, Simone Chambers, Geoffrey Garrett, Margaret Levi und Paula D. McClain, 258–259. Washington, D.C.: CQ Press.

Saalfeld, Thomas. 2015. Koalition/Koalitionsbildung. In *Kleines Lexikon der Politik (6. Aufl.),* Hrsg. Dieter Nohlen und Florian Grotz, 315–317. München: C.H. Beck.

Sened, Itai. 1995. Equilibria in Weighted Voting Games with Side Payments. *Journal of Theoretical Politics* 7: 283–300.

Sened, Itai. 1996. A Model of Coalition Formation: Theory and Evidence. *Journal of Politics* 58: 360–372.

Shikano, Susumu, und Eric Linhart. 2010. Coalition-formation as a result of policy and office motivations in the German federal states: An empirical estimate of the weighting parameters of both motivations. *Party Politics* 16: 111–130.

Sirleschtov, Antje. 2017. Regieren ohne Mehrheit. Minderheitsregierung – was ist das? https://www.tagesspiegel.de/politik/regieren-ohne-mehrheit-minderheitsregierung-was-ist-das/20637736.html. Zugegriffen: 31. Mai 2018.

Strøm, Kaare, Wolfgang C. Müller, und Torbjörn Bergman, Hrsg. (2008). *Cabinets and Coalition Bargaining: The Democratic Life Cycle in Western Europe*. Oxford: Oxford University Press.

Sueddeutsche.de. 2018. „Ein miserables Verhandlungsergebnis". http://www.sueddeutsche.de/politik/groko-kritik-in-der-cdu-ein-miserables-verhandlungsergebnis-1.3858939. Zugegriffen: 31. Mai 2018.

Switek, Niko. 2010. Neue Regierungsbündnisse braucht das Land! Die strategische Dimension der Bildung von Koalitionen. *Zeitschrift für Politikberatung* 3: 177–196.

Switek, Niko. 2013. Koalitionsregierungen. Kooperation unter Konkurrenten. In *Handbuch Regierungsforschung*, Hrsg. Karl-Rudolf Korte und Timo Grunden, 277–286. Wiesbaden: Springer VS.

Switek, Niko. 2015. *Bündnis 90/Die Grünen. Koalitionsentscheidungen in den Ländern*. Baden-Baden: Nomos.

Tagesschau.de. 2017. Schulz im ARD-Interview: „Eine GroKo unter Merkel hat keine Zukunft". https://www.tagesschau.de/inland/schulz-parteitag-101.html. Zugegriffen: 8. Juni 2018.

Treibel, Jan. 2014. *Die FDP. Prozesse innerparteilicher Führung 2000-2012*. Baden-Baden: Nomos.

Van Roozendaal, Peter J. A. J. 1992. *Cabinets in Multi-party Democracies: The Effect of Dominant and Central Parties on Cabinet Composition and Durability*. Amsterdam: Thesis Publishers.

Von Neumann, John, und Oskar Morgenstern. 1944. *Theory of Games and Economic Behavior*. Princeton: Princeton University Press.

Wittrock, Philipp. 2017. Die CDU nach der Wahl. Merkels Macht bröckelt.,http://www.spiegel.de/politik/deutschland/cdu-nach-der-wahl-angela-merkels-macht-broeckelt-a-1170329.html. Zugegriffen: 8. Juni 2018.

Zeit Online. 2017. SPD-Politiker bringen Schwarz-Rot-Grün ins Gespräch. https://www.zeit.de/politik/deutschland/2017-11/spd-regierungsbildung-wolfgang-thierse-manuela-schwesig. Zugegriffen: 31. Mai 2018.

Koalitionsverhandlungen und Koalitionsvertrag

Thomas Saalfeld, Matthias Bahr, Julian Hohner und Olaf Seifert

Zusammenfassung

Der Aufsatz analysiert die langwierigen Sondierungen und Koalitionsverhandlungen nach der Bundestagswahl 2017. Dabei zeigt sich, dass zwischen den Parteien umstrittene Sachfragen entgegen der Vorhersage vieler Modelle des Konfliktmanagements in Koalitionen nicht besonders ausführlich im Koalitionsvertrag behandelt wurden. Vielmehr ist eine relativ klare thematische Aufteilung von Einflusssphären zu beobachten: In der Aufteilung der Ministerien und Ausschussvorsitze sicherte sich die CDU/CSU Kontrolle über für ihr Profil wichtige Bereiche wie die Innen-, Einwanderungs-, Agrar- und Digitalisierungspolitik, während die SPD überproportionalen Einfluss in der Sozialpolitik erhielt. Wie in früheren Koalitionen beruhte das Konfliktmanagement in hohem Maße auf informellen Koalitionsrunden. Darüber hinaus wurden zahlreiche strittige Fragen mit Prüfaufträgen an Expertenkommissionen überwiesen.

1 Einleitung

Die Koalitionsverhandlungen nach der Bundestagswahl vom 24. September 2017 und die Aushandlung des am 12. März 2018 unterzeichneten Koalitionsvertrags zwischen CDU, CSU und SPD zur Bildung des vierten Kabinetts unter

---

T. Saalfeld (✉)
Institut für Politikwissenschaft, Universität Bamberg, Bamberg, Deutschland
E-Mail: thomas.saalfeld@uni-bamberg.de

M. Bahr · J. Hohner · O. Seifert
Bamberg, Deutschland

Bundeskanzlerin Angela Merkel entsprachen weitgehend den Mustern, die sich in der Geschichte der Bundesrepublik Deutschland herausgebildet hatten (Gassert 2017). Dennoch sind einige Besonderheiten zu verzeichnen: Zwischen dem Wahltag und der Wahl der Bundeskanzlerin lagen 171 Tage. Noch nie hatten die Verhandlungen zur Bildung einer Regierung auch nur annähernd so lange gedauert (Gassert 2017, S. 26; Siefken 2018, S. 434). Nie hatte der Bundespräsident eine solch aktive Rolle in diesem Prozess gespielt (Jesse 2018, S. 187; Siefken 2018, S. 415). Noch nie musste der abgeschlossene Koalitionsvertrag innerparteilich derart umfassend legitimiert werden und noch nie hatten bei der Wahl des Bundeskanzlers[1] nach Artikel 65 des Grundgesetzes (GG) so viele Abgeordnete der Regierungsfraktionen gegen einen Kandidaten oder eine Kandidatin gestimmt (Jesse 2018; Siefken 2018). Der vorliegende Aufsatz beschreibt das Zustandekommen der Regierung Merkel IV und unterzieht die Institutionen des Koalitionsmanagements dieses Kabinetts einer ersten Analyse.

2 Theoretischer Bezugsrahmen[2]

Koalitionsvereinbarungen können als unvollständige Verträge im ökonomischen Sinne interpretiert werden (Salanié 2005), in denen Regierungsparteien politische Gestaltungsmacht an ein Kabinett delegieren, das im vorliegenden Fall gemäß Artikel 62 GG aus Bundeskanzlerin und Bundesministern besteht. Das Grundgesetz und die Gemeinsame Geschäftsordnung der Bundesministerien sind die wichtigsten formalen Institutionen zur Regelung dieses Prozesses. So werden in spezifischen Politikbereichen Befugnisse zur Politikformulierung und Entscheidungsvorbereitung an einzelne Minister übertragen, die für bestimmte, dem Ressortzuschnitt der Regierung entsprechende Geschäftsbereiche zuständig sind. Wegen ihrer Richtlinienkompetenz nach Artikel 65 Satz 1 GG und der Befugnis zur Stellung der Vertrauensfrage nach Artikel 68 Absatz 1 GG hat die Regierungschefin gegenüber Ministern erhebliche Machtbefugnisse zur Setzung der politischen Agenda. Ebenso formalisiert ist das Ressortprinzip nach Artikel

---

[1]Aus Gründen der Übersichtlichkeit und Lesbarkeit sind bei sämtlichen im Text verwendeten Funktions- und Amtsbezeichnungen stets beide Geschlechter umfasst, wenn keine besondere Kennzeichnung erfolgt.

[2]Dieser Abschnitt stützt sich teilweise auf Saalfeld et al. (2018, S. 259–263) und Saalfeld (2015).

65 Satz 2 GG, das auch den einzelnen Ministern in ihrem jeweiligen Geschäftsbereich eigene Gestaltungsmöglichkeiten eröffnet. Die öffentlichen Auseinandersetzungen zwischen der Bundeskanzlerin und dem Bundesinnenminister über die Asylpolitik im Juni und Juli 2018 verdeutlichen das Spannungsverhältnis, in dem diese beiden Prinzipien insbesondere bei Koalitionsregierungen stehen können (Fried und Wittl 2018). Dem Kabinett kommt heute keine große Rolle bei der Koordination zu (Gassert 2017, S. 19), unbeschadet des Artikels 65 Satz 3 GG.

Bei Präferenzunterschieden zwischen den Regierungsparteien und den von ihnen gestellten Ministern oder innerhalb der Regierungsparteien befinden sich Minister in einer starken Stellung, einerseits ihre formale Macht zu nutzen, um die Formulierung der Regierungspolitik im Sinne der eigenen Präferenzen (oder derjenigen der eigenen Partei) auch gegen den Koalitionspartner durchzusetzen. Andererseits haben sie als „Agenten" nicht zuletzt aufgrund des bürokratischen Apparats ihrer Ministerien einen großen Informationsvorsprung vor den Abgeordneten der Regierungsfraktionen als „Prinzipalen" (vgl. zu diesem agenturtheoretischen Ansatz Martin und Vanberg 2011, S. 10–28). Sie haben vor allem dann Anreize, ihre Machtbefugnisse und ihren Informationsvorsprung strategisch zu Lasten der Prinzipale zu nutzen, wenn der vereinbarte Koalitionskompromiss weit von ihrem eigenen politischen Idealpunkt entfernt ist (Martin 2004).

In den letzten Jahren hat sich die Ausgestaltung von Institutionen des Konfliktmanagements zu einem wichtigen Forschungsbereich der Koalitionsforschung entwickelt (Bowler et al. 2016; Carroll und Cox 2012; Falcó-Gimeno 2014; Fernandes et al. 2016; Fortunato et al. 2017; Indridason und Kristinsson 2013). Die meisten dieser Modelle beruhen auf der Annahme, dass Einigungen materiell für alle beteiligten Akteure mit Nutzen und Kosten verbunden sind. Die Kosten steigen mit dem Abstand des Koalitionskompromisses zum eigenen ideologischen Idealpunkt. Außerdem können unpopuläre Standpunkte elektorale Kosten zur Folge haben (Mershon 2002). Wenn dies der Fall ist, haben die Koalitionspartner auch nach Abschluss eines Koalitionsvertrags Anreize, ihre Kosten zu senken. Sie haben Möglichkeiten dazu, wenn sie in der Regierung durch einen Minister ihrer Partei das zuständige Ministerium kontrollieren und dadurch wegen des Ressortprinzips innerhalb des betreffenden Politikbereichs ein hohes Maß an Freiraum erhalten. Zwar können diese potentiellen „Agenturverluste" der anderen Parteien durch Institutionen des Konfliktmanagements gesenkt werden, doch verursachen diese selbst Kosten, beispielsweise wenn intensive wechselseitige Kontrollen zu Effizienzverlusten führen.

Dabei werden oft „Ex-ante-" und „Ex-post-Mechanismen" zur Eindämmung des Risikos von „Agenturverlusten" durch opportunistisches, vom Koalitionsvertrag abweichendes Verhalten von Ministern oder deren Parteien unterschieden

(Strøm et al. 2010). In Deutschland ist der Koalitionsvertrag einer der wichtigsten Ex-ante-Mechanismen, der vor der Wahl des Bundeskanzlers und Ernennung der Minister greift. Hierbei handelt es sich seit den 1990er Jahren um ein vertragsähnliches (wenn auch nicht einklagbares) Dokument, das die handelnden Akteure mittlerweile auch als Vertrag bezeichnen.[3] Ex-post-Mechanismen greifen nach dem Delegationsakt, hier also nach der Wahl der Bundeskanzlerin. Beispielsweise können Koalitionsausschüsse oder Expertenkommissionen zur Aushandlung von Kompromissen in Bereichen beitragen, die entweder aus dem Koalitionsvertrag ausgeklammert worden waren oder erst im Verlauf der Legislaturperiode an politischer Salienz gewannen. Trotz ihres Informationsdefizits verfügen Mitglieder der Regierungsfraktionen als „Prinzipale" der Delegationsbeziehung über eine Reihe formaler, durch rechtliche Normen abgesicherter, parlamentarischer Instrumente, um das Kabinett und dessen Minister gleich welcher Parteicouleur auf die Erfüllung des Koalitionsvertrags zu kontrollieren. Hierzu zählen das mehrstufige Gesetzgebungsverfahren, in das die Fraktionsexperten eingebunden sind, oder das Ausschusswesen des Parlaments, in dem Abgeordnete und Ministerien in engem Kontakt stehen (Saalfeld et al. 2018).

Auf dieser Grundlage haben sich zwei theoretische Argumentationslinien entwickelt: Autoren wie Falcó-Gimeno (2014) gehen – vereinfacht gesagt – davon aus, dass der Nutzen der Aufstellung einer ausführlichen Koalitionsvereinbarung oder Entwicklung eines ausgefeilten Instrumentariums der Partnerbeobachtung und Konfliktschlichtung nur dann die Kosten überwiegt, wenn die Präferenzen der Koalitionspartner in bestimmten Politikfeldern hinreichend weit auseinanderlägen, es sei denn, die Präferenzen der Parteien sind „tangential". Tangentialität meint, dass die Politikbereiche den Parteien unterschiedlich wichtig sind und sie sich diese entsprechend untereinander aufteilen. Darüber hinaus sei von entscheidender Bedeutung, ob von vornherein eine längerfristige Kooperation der Partner beabsichtigt sei (z. B. in der christlich-liberalen Koalition unter Bundeskanzler Helmut Kohl, 1982–1998; Saalfeld 1999). Dann bestünden relativ starke Anreize zur Vertragstreue, sodass anspruchsvolle Vertrags- und Kontrollinstrumente unnötig seien. Bei kurzfristiger angelegten Bündnissen (wie Großen Koalitionen in Deutschland) hingegen sei die Konkurrenz zwischen den Parteien im Hinblick auf die nächste Wahl von Anfang an schärfer. Dann lohne sich für die Partner auch die Investition in einen ausführlichen Koalitionsvertrag.

Bowler und seine Koautoren (2016) leiten aus ihrem ebenfalls formalen Modell eine etwas andere Vorhersage ab. Auch bei ihnen spielt die ideologische

---

[3] Vor 1998 war von „Koalitionsvereinbarungen" die Rede (Gassert 2017, S. 27).

Distanz der Koalitionsparteien eine entscheidende Rolle. Bei großem inhaltlichem Dissens zwischen den Koalitionspartnern würden vor allem kleine Partner einen detaillierten Koalitionsvertrag verlangen. Wo dies nicht möglich sei, bestünden sie auf der Einrichtung von Koalitionsausschüssen oder ähnlichen formalisierten Institutionen des Konfliktmanagements, damit sie die Ausarbeitung und Implementation eines im Koalitionsvertrag ausgeklammerten oder nur vage beschriebenen Vorhabens im Verlauf der Legislaturperiode noch „auf Augenhöhe" beeinflussen könnten und diese nicht vom Regierungschef oder einem Ressortminister der anderen Partei diktiert würden (Bowler et al. 2016).

Bezogen auf den Fall der Großen Koalition von 2018 wären demnach drei Szenarios (oder eine Mischform daraus) denkbar: Erstens könnte ein positiver Zusammenhang zwischen ideologischer Distanz der Regierungsparteien und Ausführlichkeit des Koalitionsvertrags über die verschiedenen Politikbereiche hinweg bestehen: je größer der Abstand, desto ausführlicher der Koalitionsvertrag. Zweitens könnte aber der Koalitionsvertrag umgekehrt in umstrittenen Bereichen kürzer oder vager sein. Immerhin erfolgten die Koalitionsverhandlungen 2018 unter Zeitdruck. In kontroversen, aber nur vage abgehandelten Bereichen wäre dann die Einrichtung institutionalisierter Mechanismen des Konfliktmanagements zu erwarten, die im Verlauf der Legislaturperiode zum Einsatz kommen, z. B. der Koalitionsausschuss oder spezialisierte Expertenkommissionen. Drittens könnte der Koalitionsvertrag auch bei großer Präferenzheterogenität dort kurz sein, wo tangentiale Präferenzen bestehen und das Ministerium der Partei zugewiesen wird, für die der Politikbereich die höchste Salienz besitzt. Im Verlauf dieses Aufsatzes werden die Hypothesen am Beispiel des Koalitionsvertrags von 2018 überprüft.

3 Die Koalitionsverhandlungen von 2017/2018

3.1 Ausgangslage und institutionelle Gestaltung des Verhandlungsprozesses

Die Sondierungen und Koalitionsverhandlungen von Oktober 2017 bis Februar 2018 waren die komplexesten in der Geschichte der Bundesrepublik. Die Wahl hatte allen Parteien der Großen Koalition 2013–2017 eine schmerzhafte Niederlage bereitet. Die Union verbuchte das schwächste Wahlergebnis seit 1953, die SPD gar den geringsten Wähleranteil seit 1949 (Schindler 1999, S. 158 f.; Saalfeld und Schoen 2015, S. 108). Dennoch war die CDU/CSU – so erkannte auch die Kanzlerin schon am Wahlabend – strategisch in einer überragenden

Verhandlungsposition, weil ohne ihre Beteiligung keine Regierungsbildung möglich war (Bauer 2017). Dieser Umstand und die hohen elektoralen Kosten, die sowohl FDP (2009–2013) als auch die SPD (2005–2009 und 2013–2017) für die Regierungsbeteiligung unter Bundeskanzlerin Merkel zu verzeichnen hatten, bestimmten die Dynamik der Verhandlungen. Einerseits gab es angesichts der Koalitionsaussagen vor der Wahl und dem Wahlergebnis keine Alternativen zu einer Koalition aus Union, FDP und Grünen („Jamaika-Koalition") oder einer erneuten Großen Koalition aus CDU/CSU und SPD (Siefken 2018, S. 409). Andererseits war weder für die Liberalen noch für die Sozialdemokraten eine Regierung mit der Union eine uneingeschränkt attraktive Option. Lediglich zwischen CDU/CSU und Grünen schien spätestens seit der Bildung einer Koalition aus CDU, FDP und Grünen in Schleswig-Holstein im Mai 2017 eine gewisse Offenheit für dieses Koalitionsmodell zu bestehen.

Dementsprechend schloss die sozialdemokratische Führung noch am Wahlabend eine Fortsetzung der Großen Koalition aus. So begannen nach internen Verhandlungen zwischen CDU und CSU zur Asylpolitik und der Landtagswahl in Niedersachsen am 15. Oktober 2017 Sondierungsgespräche zwischen CDU, CSU, FDP und Grünen. Diese, den eigentlichen Koalitionsverhandlungen vorgeschalteten, aber bereits hochgradig formalisierten Gespräche (Siefken 2018, S. 413) begannen am 20. Oktober 2017 und endeten am 19. November 2017 mit dem Rückzug der FDP. Der „Trend zur Verrechtlichung, Formalisierung und Verschriftlichung auch des Informellen" (Gassert 2017, S. 25), der seit der rot-grünen Koalition von 1998 immer deutlicher zutage getreten war, setzte sich fort und mag im Falle der Jamaika-Sondierungen zum Scheitern beigetragen haben. Bei komplexen und unterschiedlichen Verhandlungspositionen sind verschiedene Strategien der Einigung möglich. Neben Ansätzen, bei denen zuerst die großen, übergeordneten Differenzen zwischen den verhandelnden Parteien angegangen werden, stehen solche, in denen die Materie in kleinteiligere Aspekte möglichst technischer Natur aufgelöst werden, über die sich die Parteien Stück für Stück einigen. Empirisch orientierte Verhandlungstheoretiker fanden, dass weniger umstrittene Verhandlungsgegenstände geringerer Tragweite zuerst behandelt werden sollten, um dadurch gegenseitiges Vertrauen der Verhandlungspartner zu befördern und Paketlösungen zu ermöglichen (Schelling 1960, S. 45; Balakrishnan et al. 1993, S. 641 f.). Die eingespielte Routine von Koalitionsverhandlungen unter Angela Merkel scheint dem letzteren Ansatz gefolgt zu sein, was nach Auffassung einiger Beobachter dazu führte, dass man sich in den Verhandlungen über eine Jamaika-Koalition auf zu wenige übergreifende „Leitideen" verständigt habe (so z. B. Habeck 2018). Über Fragen der Verhandlungsführung hinaus können aber zwei fundamentale Gründe des Scheiterns identifiziert werden: zum einen die für die meisten formalen Modelle der Koalitionsbildung und -governance zentrale Variable der Präferenzheterogenität zwischen den Verhandlungspartnern und zum anderen der Mangel an Vertrauen, insbesondere der kleineren potentiellen Koalitionspartner, in die Union.

Abb. 1 versucht die Präferenzheterogenität zwischen den verhandelnden Parteien in ausgewählten Politikbereichen abzubilden. Die Daten zur Schätzung der ideologischen Distanzen zwischen CDU, CSU, FDP und Grünen wurden in einer Expertenbefragung im Rahmen eines international vergleichenden Forschungsprojekts erhoben (Geese et al. 2018). Zwischen 25. Januar 2017 und Ende Februar 2018 (also fast zeitgleich zu den Koalitionsverhandlungen) befragte ein Forscherteam der Universität Bamberg insgesamt 751 Experten über deren Einschätzung der Positionen der wichtigsten deutschen Parteien[4] in neun Politikbereichen[5], wobei in Anlehnung an Benoit und Laver (2006) sowohl nach Positionen der Parteien auf einer Skala von 1 bis 20 als auch nach der Salienz des betreffenden Politikbereichs für die jeweilige Partei gefragt wurde.[6] Die Politikbereiche sind nicht auf bestimmte Ministerien der Bundesregierung bezogen, sondern so definiert, dass sie die Vergleichbarkeit mit Befunden der Studie von Benoit und Laver maximieren. Der Rücklauf betrug etwa ein Drittel, wobei 163 Experten die Fragebögen vollständig ausfüllten und 85 vor allem bei einigen kleineren Parteien und Politikbereichen Lücken aufwiesen.[7] Damit kann die Studie auf das Urteil einer höheren Zahl von Experten zurückgreifen als viele ähnliche Untersuchungen.

Die Daten in Abb. 1 spiegeln die Einschätzungen der Experten während der Koalitionsverhandlungen wider. Auf der x-Achse sind die ideologischen Positionen der Parteien im Expertenurteil abgetragen. Auf der y-Achse ist dagegen die

---

[4] Einbezogen wurden die Alternative für Deutschland (AfD), Bündnis 90/Die Grünen, Christlich-Demokratische Union (CDU), Christlich-Soziale Union in Bayern (CSU), Freie Demokratische Partei (FDP), Freie Wähler, Die Linke, Die Partei und die Sozialdemokratische Partei Deutschlands (SPD).

[5] Wirtschaftspolitik (mit gesonderter Frage zur Position der Parteien zur Deregulierung), Gesellschaftspolitik, Umweltpolitik, territoriale Dezentralisierung, Einwanderung und europäischen Integration (mit gesonderten Fragen zu den Positionen der Parteien zur Entwicklung der Machtbefugnisse und demokratischen Rückbindung der EU sowie zur Rolle Deutschlands in militärischen Missionen der EU).

[6] Letzteres ist für die Bestimmung tangentialer Präferenzen notwendig.

[7] Die Response Rate eines Experten fällt im Schnitt um 40,11 % bzw. 45,11 %, wenn es sich nicht um eine der im Bundestag vertretenen Parteien handelt, sondern um die Parteien „Freie Wähler" oder „Die Partei".

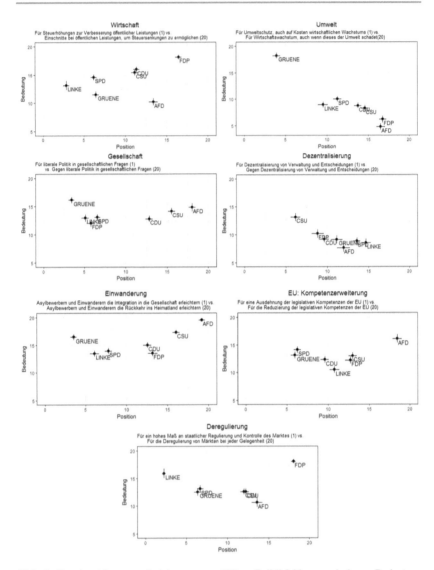

Abb. 1 Parteipositionen auf sieben ausgewählten Politikfeldern und deren Bedeutung für eine Partei. (Anmerkung: Dargestellt sind die arithmetischen Mittelwerte und deren 95-%-Konfidenzintervalle auf der x- und y-Achse.) (Quelle: Geese et al. (2018))

Salienz der jeweiligen Politikfelder angegeben, welche die Experten den einzelnen Parteien zumaßen. Die Punkte in den Diagrammen stellen das arithmetische Mittel der Expertenantworten in beiden Dimensionen dar. Die Linien durch die Mittelwerte repräsentieren 95-%-Konfidenzintervalle, also die aus der Varianz der Mittelwertberechnung geschätzten Unsicherheiten. Die Daten deuten zum Zeitpunkt der Koalitionsverhandlungen auf erhebliche (wahrgenommene) Gegensätze insbesondere zwischen CSU und Grünen in Fragen der Gesellschafts-, Umwelt- und Einwanderungspolitik sowie bei der territorialen Dezentralisierung hin. Während angesichts der Unterschiede in den Salienzen in der Umwelt-, Gesellschafts- und Dezentralisierungspolitik noch Verhandlungslösungen durch die Nutzung dieser unterschiedlichen Bedeutung der einzelnen Politikbereiche für die Parteien denkbar gewesen sein mögen (also „tangentiale" Präferenzen im Sinne Falcó-Gimenos bestanden), war insbesondere der Bereich „Einwanderung" sowohl für die CSU als auch für die Grünen zugleich hochgradig salient. Auch zeigen sich in den Bereichen Gesellschafts- und Einwanderungspolitik sowie Dezentralisierung erhebliche Präferenzunterschiede zwischen CDU und CSU. Kurzum, es gab schon aus ideologischen Gründen erhebliche Zweifel an einer erfolgreichen Verhandlungslösung zwischen CDU, CSU, FDP und Grünen. Dabei sind insbesondere die Unterschiede zwischen CSU und Grünen von Bedeutung.

Transaktionskostentheoretische Ansätze der Politik (Epstein und O'Halloran 1999) lassen erwarten, dass Vertragsabschlüsse sogar bei potentiell hohen Kooperationsgewinnen unwahrscheinlicher werden, wenn a) Anreize zum Bruch des geschlossenen Vertrags oder opportunistischen Verhalten bestehen (z. B. aufgrund starker Präferenzunterschiede), b) die Einhaltung des Vertrags nicht durch externe Akteure (wie Gerichte) durchgesetzt werden kann oder c) eine glaubwürdige Selbstbindung aller Akteure nicht möglich ist. Dieser Punkt ist sowohl für den Ausstieg der FDP aus den Sondierungen für eine Jamaika-Koalition 2017 als auch die spätere Ausgestaltung von Instrumenten des Konfliktmanagements in der letztlich gebildeten Großen Koalitionen zentral, bestand doch ein tief sitzendes Misstrauen gegenüber der Bereitschaft der Union, sich durch einen Koalitionsvertrag wirklich zu binden und nicht in der Regierung die überlegene Regierungserfahrung und das größere numerische Gewicht auszuspielen. Am schärfsten formulierte dies der FDP-Vorsitzende Lindner in der Debatte zur zweiten Lesung des Haushalts der Bundeskanzlerin 2018: „Ich weiß ..., warum CDU und CSU in der Agrarpolitik, in der Klimapolitik, in der Steuerpolitik, in der Europapolitik, in der Einwanderungspolitik den Grünen bei Jamaika jeden Wunsch von den Lippen ablesen konnten: ... weil sie gar nicht die Bereitschaft hatten, das einzulösen, wie man jetzt im Verhältnis zur SPD sieht." (Deutscher Bundestag 2018, S. 4675).

Zusammenfassend scheint das Grundvertrauen in die Bindewirkung eines auszuhandelnden Koalitionsvertrags im November 2017 gefehlt zu haben (Welt Online Ausgabe 2017; Habeck 2018), was die Wirkung der oben diskutierten ideologischen Präferenzunterschiede noch verstärkte.

In den Tagen nach dem Scheitern der Sondierungen zur Bildung einer Jamaika-Koalition kam dem Bundespräsidenten Frank-Walter Steinmeier eine bis dahin in der Geschichte der Bundesrepublik nicht gekannte, aktive Rolle in der Regierungsbildung zu. Es gelang ihm, die SPD-Führung entgegen ihrer öffentlichen Vorfestlegung nach der Bundestagswahl doch noch für Gespräche mit der Union zu gewinnen. Allerdings zeigt die institutionelle Ausgestaltung des Verhandlungsprozesses durch die SPD eine nie dagewesene Absicherung der SPD-Führung, die sich erheblicher innerparteilicher Kritik ausgesetzt sah. Am 7. Dezember 2017 ermächtigte ein eigens einberufener Bundesparteitag der SPD die Parteiführung mehrheitlich zur Aufnahme ergebnisoffener Sondierungsgespräche (Siefken 2018, S. 418), die dann relativ rasch zwischen dem 7. und 12. Januar 2018 abgeschlossen wurden. In einem weiteren Beschluss hatte der genannte Sonderparteitag elf inhaltliche Kernforderungen für die Koalitionsverhandlungen festgelegt, darunter „die Einführung der Bürgerversicherung, die Solidarrente, das Rückkehrrecht von Teil- in Vollzeittätigkeit und die Ablehnung einer Obergrenze in der Flüchtlingspolitik" (Siefken 2018, S. 418). Die Ergebnisse der Sondierungen wurden am 21. Januar 2018 erneut einem SPD-Parteitag zur Abstimmung vorgelegt, der mit 56 % der Delegiertenstimmen die Aufnahme formeller Koalitionsverhandlungen erlaubte. Diese Verhandlungen dauerten vom 26. Januar bis zum 7. Februar 2018 und wurden zwischen dem 20. Februar und dem 2. März 2018 allen SPD-Mitgliedern schriftlich zur Abstimmung vorgelegt. Am 4. März wurde das Ergebnis des Mitgliedervotums bekannt gegeben. Im Vergleich zum Entscheid vor der Großen Koalition 2013–2017 stimmte eine verringerte aber immer noch deutliche Mehrheit der Mitglieder für die Annahme des ausgehandelten Koalitionsvertrags. Auch die CDU legte das Verhandlungsergebnis am 26. Februar 2018 erstmals einem Bundesparteitag zur Abstimmung vor, während die Ratifikation des Koalitionsvertrags bei der CSU durch den Vorstand der Partei, die Landesgruppe im Deutschen Bundestag und die Fraktion der Partei im Bayerischen Landtag bis zum 8. Februar 2018 abgeschlossen war (Siefken 2018, S. 408). Das wechselseitige Misstrauen war allerdings so groß, dass die Vertragsparteien erstmals in der Geschichte von Koalitionsverträgen auf Bundesebene (Siefken 2018, S. 426) eine Evaluation zur Mitte der Wahlperiode (CDU, CSU und SPD 2018, S. 173 f.) vereinbarten.

Wie die Jamaika-Koalition war auch die Fortsetzung der Großen Koalition aufgrund der ideologischen Distanz, vor allem zwischen SPD und CSU, durch erhebliche politische Kosten geprägt. Der Abstand zwischen der SPD und den Unionsparteien war nach Einschätzung der befragten Experten am größten in der Gesellschaftspolitik. Potenzielle Konflikte ergaben sich aus den deutlichen Differenzen zwischen SPD und CSU im Bereich der Einwanderung und Dezentralisierung. Geringer waren die Abstände in der Wirtschafts- und Umweltpolitik sowie in Fragen der Europäischen Integration. Tangentiale Präferenzen waren am stärksten in den Feldern der Dezentralisierung und Einwanderung, die für die CSU einen vergleichsweise hohen Stellenwert hatten.

Anders als bei den Sondierungen zur Bildung einer Jamaika-Koalition erfolgten die Unterredungen für die letztlich gebildete Große Koalition recht rasch. Die Verhandlungsführungen kannten sich aus der Regierung Merkel III (2013–2017) sehr gut. Auch die Organisation der Verhandlungen entsprach in hohem Maße etablierten Mustern, die schon früher erprobt worden waren (Saalfeld 2015; Saalfeld et al. 2018). Die Parteien führten die Verhandlungen in 18 fachlich spezialisierten Arbeitsgruppen (zu den Gremien der Koalitionsverhandlungen siehe die Übersicht bei Siefken 2018, S. 422), wobei in diesen die fachpolitischen Details des Koalitionsvertrags ausgehandelt wurden. Anders als in den Sondierungen zur Jamaika-Koalition bewährte sich diese kleinteilige Organisation zwischen CDU, CSU und SPD. Die Arbeit der Fachleute wurde von einer Steuerungsgruppe koordiniert, die von Peter Altmaier und Helge Braun aus dem Bundeskanzleramt heraus geleitet wurde und die Generalsekretäre der beteiligten Parteien umfasste. Die sogenannte „Große Runde" umfasste insgesamt 33 Vertreter der CDU, 23 der CSU sowie 35 der SPD. Dort wurden gefundene Kompromisse finalisiert. Verbleibende Streitfragen wurden auf höherer Hierarchiestufe in der fünfzehnköpfigen „Kleinen Runde" behandelt. Dieser gehörten neben den drei Parteivorsitzenden Angela Merkel (CDU), Martin Schulz (SPD) und Horst Seehofer (CSU) weitere führende Repräsentanten der Parteien, Fraktionen und Landesregierungen an. An der Spitze stand das Gremium der Parteivorsitzenden, das sich abschließend mit Fragen befasste, zu denen auf den unteren Ebenen keine Einigung erzielt werden konnte. Sieben der 15 Mitglieder der kleinen Runde (Merkel, Kauder, Bouffier, Seehofer, Dobrindt, Nahles und Scholz) hatten bereits an den Verhandlungen von 2013 teilgenommen (Sturm 2014, S. 212). Wie schon damals (Saalfeld et al. 2018) war auch 2018 eine große Repräsentanz der Landesregierungen zu verzeichnen. In der aus 91 Personen bestehenden Großen Runde befanden sich zwölf Regierungschefs und zahlreiche Minister aus Landesregierungen sowie 33 Mitglieder verschiedener Landesparlamente (Siefken 2018, S. 422).

3.2 Koalitionsvertrag der Regierung Merkel IV

Mit einem Umfang von 175 Seiten und knapp 63.000 Wörtern war der Koalitionsvertrag von 2018 ähnlich lang wie das Vertragsdokument der Großen Koalition Merkel III (Abb. 2). Quantitativ nahmen nach einer Auszählung Siefkens (2018, S. 425) Aussagen zur Wirtschaftspolitik den größten Stellenwert ein (über ein Fünftel), gefolgt von bildungspolitischen sowie außen- und verteidigungspolitischen Festlegungen (jeweils über ein Zehntel). Eine erste Analyse zeigt, dass alle drei Parteien wesentliche Projekte im Koalitionsvertrag „unterbringen" konnten: Unter anderem setzte sich die CSU mit der Festschreibung einer Obergrenze für den Zuzug Geflüchteter durch, wobei mit Rücksicht auf die SPD nur von einer „Spanne von jährlich 180 000 bis 220 000" die Rede war, die nicht überschritten werden sollte (CDU, CSU und SPD 2018, S. 15). Der Koalitionsvertrag trägt auch der zentralen Forderung der SPD nach einer Erschwerung der sachgrundlosen Befristung von Arbeitsverträgen sowie eines Rückkehrrechts von Teilzeit- zu Vollzeitarbeit Rechnung. Außerdem fand sich die Forderung der SPD nach der Wiedereinführung paritätischer Beiträge von Arbeitgebern und Arbeitnehmern zur gesetzlichen Krankenversicherung

Quellen: Saalfeld (2015); CDU, CSU und SPD (2018).

Abb. 2 Länge von Koalitionsvereinbarungen und -verträgen 1949–2018. (Quellen: Saalfeld (2015); CDU, CSU und SPD (2018))

im Koalitionsvertrag wieder. Die Einführung eines „Baukindergelds" kam den familienpolitischen Zielen der Union entgegen. Die Festlegung auf eine schrittweise Abschaffung des Solidaritätszuschlags ab 2021 war ebenfalls ein Zugeständnis an die Union. Unstrittig waren Vereinbarungen zum Breitbandausbau, zur Digitalisierung, Verstetigung des Qualitätspakts Lehre und Einführung eines Nationalen Bildungsrats (CDU, CSU und SPD 2018). In der Wahrnehmung der Medien, die Koalitionsverträge ausführlich auf „Gewinner" und „Verlierer" hin auswerteten, wurden die CSU und vor allem die SPD als Gewinner der Koalitionsverhandlungen ausgemacht. Der Tenor lautete, dass die CDU sowohl bei der Vergabe von Ministerien als auch bei sachpolitischen Konzessionen einen hohen Preis für die Behauptung des Kanzleramts zahlen musste.[8] Sowohl bei der CSU als auch bei der SPD trugen vermutlich die frühe Vorfestlegung auf relativ klar definierte Verhandlungsziele und „rote Linien" zum Verhandlungserfolg bei. Wie schon bei den Koalitionsverhandlungen von 2013 versuchte die SPD, diese durch die Koppelung des Koalitionseintritts an ein Mitgliedervotum noch zu stärken.

Während jedoch die Koalitionsparteien 2013 bemüht gewesen waren, weniger Prüfaufträge zu formulieren, als dies in der Vergangenheit der Fall gewesen war (Sturm 2014, S. 213), sieht der Vertrag von 2018 dagegen insgesamt 13 neue Expertenkommissionen vor, während vier schon bestehende Kommissionen fortgeführt werden sollen (vgl. die Zusammenstellung bei Siefken 2018, S. 426–428). Darüber hinaus werden zwei Enquête-Kommissionen eingerichtet. Dies deutet darauf hin, dass die Parteien im Interesse einer schnellen Einigung bei erheblichen Präferenzunterschieden eine Einigung auf die Legislaturperiode verschoben.

Obwohl Verfahrensregeln zum Konfliktmanagement in der Koalition in Deutschland noch nie den Stellenwert hatten, der für andere Demokratien zu beobachten ist (Müller und Strøm 2000), werden solche auch in deutschen Koalitionsverträgen festgeschrieben. Der Koalitionsvertrag von 2018 enthielt derartige Verfahrensregeln, die – zum Teil wortgleich – seit Jahrzehnten auf Bundes- und Länderebene fester Bestandteil deutscher Koalitionsvereinbarungen sind (Kropp 2001). Im Koalitionsvertrag wurde zunächst vereinbart, dass dieser für die Dauer der 19. Wahlperiode gelten solle. Das Konfliktmanagement umfasst wieder die Einrichtung eines Koalitionsausschusses zur Lösung grundsätzlicher

---

[8]Systematisch ausgewertet wurden die Online-Archive von Spiegel, Focus sowie der Welt, der Bild-Zeitung, der Frankfurter Allgemeinen Zeitung, der Süddeutschen Zeitung, der öffentlich-rechtlichen Rundfunkanstalten sowie weiterer regionaler und überregionaler Tageszeitungen.

Streitfragen, das einheitliche Abstimmen im Bundestag sowie die enge und einvernehmliche Koordination der Gesetzgebungstätigkeit im Bundestag, nun aber auch eine Zwischenevaluation der Regierungsarbeit (CDU, CSU und SPD 2018, S. 173).

Vereinbart wurden im Koalitionsvertrag auch Maßnahmen, die dazu dienen sollen, „den Bundestag wieder zum zentralen Ort der gesellschaftlichen und politischen Debatte" zu machen. Hierzu wurden zweimal im Jahr „Orientierungsdebatten" im Plenum zu internationalen und nationalen gesellschaftlichen Themen vereinbart. Außerdem – und hier folgt der Vertrag einer Forderung der SPD – wurde vereinbart, „dass die Bundeskanzlerin dreimal jährlich im Deutschen Bundestag befragt werden kann, und die Regierungsbefragung neu strukturiert wird" (CDU, CSU und SPD 2018, S. 173). Obwohl dies noch weit von einer Fragestunde entfernt ist, soll dadurch dem andauernden Legitimitätsverlust der Politik entgegengewirkt werden.

3.3 Institutionen des Konfliktmanagements

Insgesamt zeigt eine Analyse des Koalitionsvertrags von 2018, dass in vielen Bereichen Einigungen und Kompromisse erzielt wurden, in anderen Bereichen dagegen mit vagen Formulierungen, Prüfaufträgen und Expertenkommissionen gearbeitet wurde, welche die konkrete Ausgestaltung der Politik an die Minister oder andere Fachpolitiker delegierten. Daran schließt sich die Frage an, ob die Koalitionsvereinbarung dort besonders ausführlich war, wo die Parteien ideologisch relativ weit auseinanderlagen, oder die Parteien umgekehrt weniger umstrittenen Fragen viel Raum gaben. Ebenso fraglich sind die Nutzung tangentialer Präferenzen in der Verteilung der Ministerien und die strategische Einsetzung von Expertenkommissionen dort, wo sich die Positionen stark unterschieden, der Koalitionsvertrag aber relativ kurz blieb.

Wie schon in einer früheren Studie zum Koalitionsvertrag der Großen Koalition 2013–2017 (Saalfeld et al. 2018) stützen wir uns auf die Ergebnisse der Chapel-Hill-Expertenbefragung (Bakker et al. 2015), deren 2014 veröffentlichten Daten im relevanten Kalenderjahr 2013 in Deutschland erhoben wurden. Obwohl sie einen etwas größeren zeitlichen Abstand zu den Verhandlungen haben als die von uns selbst erhobenen Expertendaten (Abb. 1), haben sie den Vorteil einer besseren Abbildung der strittigen Politikbereiche. Außerdem liegen sie zeitlich deutlich vor den Verhandlungen. Die in der Chapel-Hill-Expertenbefragung verwendeten Politikbereiche stimmen nicht exakt mit den Ressorts der Bundesregierung überein, sondern sind im Allgemeinen weiter gefasst. In Abb. 3 bilden

Quelle: Chapel-Hill-Expertenbefragung 2014 (Bakker et al. 2015).

Abb. 3 Betrag des maximalen ideologischen Abstandes in der Koalition für 14 Politikbereiche auf einer Skala von 0 bis 10 (2014). (Quelle: Chapel-Hill-Expertenbefragung 2014 (Bakker et al. 2015))

wir für jeden dieser Bereiche den Betrag der maximalen Spanne der Werte für die drei im Jahr 2018 verhandelnden Parteien auf einer Skala von 0 bis 10 ab. Dabei handelt es sich in jedem Bereich außer der internationalen Sicherheit um den Abstand zwischen CSU und SPD. Es zeigt sich, dass die Abstände zwischen CSU und Sozialdemokraten nicht nur in Fragen der Wirtschaftspolitik, sondern vor allem im Bereich gesellschaftspolitischer Fragen größer waren als in anderen Politikfeldern. Insbesondere in der Frage des Stellenwerts von Religion in der Politik und von Multikulturalismus versus Assimilation von Eingewanderten und Minderheiten waren die Abstände relativ groß (jeweils über 4,5 Skalenpunkte). Deutlich geringer waren sie dagegen in der Befürwortung oder Ablehnung des Einsatzes deutscher Truppen (0,55) oder in der Umweltpolitik (1,91).

Aus der Sicht der Forschung zu Konfliktmanagement und Delegation in Koalitionsregierungen ist von Bedeutung, in welchem Umfang Koalitionsverträge strategisch zur Vorfestlegung der Parteien bei umstrittenen Fragen eingesetzt werden. Die eingangs diskutierte theoretische Literatur führt zu zwei nicht völlig identischen Vorhersagen: Modelle wie das von Falcó-Gimeno (2014) basieren auf der Annahme, dass Parteien bei großen ideologischen Abständen ceteris paribus mehr Ressourcen darauf verwenden, eine Einigung vorab herbeizuführen

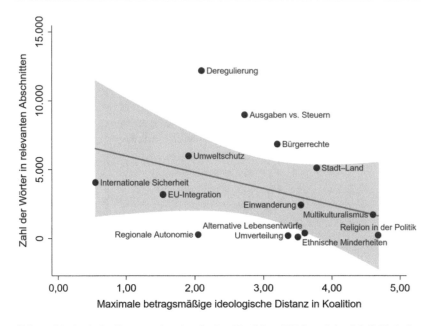

Abb. 4 Ideologische Heterogenität der Großen Koalition (2014) und Ausführlichkeit des Koalitionsvertrags von 2018 in 14 Politikbereichen. (Quellen: Chapel-Hill-Expertenbefragung 2014 (Bakker et al. 2015); CDU, CSU und SPD (2018))

und diese ausführlich im Koalitionsvertrag festzuhalten. Das Modell von Bowler und seinen Koautoren (2016) sagt dagegen neben dem genannten Mechanismus eine alternative Option vorher, nämlich dass strittige Fragen von den Parteien im Koalitionsvertrag ausgeklammert und zur Lösung in der Legislaturperiode an die genannten Akteure delegiert werden.

Die im Betrag maximale ideologische Distanz in der Koalition auf Basis der Chapel-Hill-Expertenbefragung von 2014 in zwölf Politikbereichen bildete die unabhängige Variable in einer Regression (Abb. 4). Die Zahl der Wörter relevanter Abschnitte im Koalitionsvertrag stellte die abhängige Variable dar. Es zeigt sich unter anderem, dass Deregulierungs- und Haushaltsfragen am ausführlichsten im Koalitionsvertrag behandelt wurden, die Themen Einwanderung, ethnische Minderheiten, Multikulturalismus sowie regionale Autonomie kamen hingegen beträchtlich kürzer. Die finanz- und wirtschaftspolitischen Bereiche befinden sich außerhalb des grau hinterlegten 95-%-Konfidenzintervalls beidseits der Regressionsgeraden, wohingegen die Streitpunkte Migration und EU-Integration innerhalb des Bandes liegen. Die geschätzte Regressionsgleichung lautete $Y = 7167{,}51 - 1180{,}42\ x + e$ ($R^2 = 0{,}14$). Mit anderen Worten: Mit jedem Anstieg des ideologischen Abstands in der Koalition um einen Punkt auf der Skala reduzierte sich die Anzahl an Wörtern der für den Politikbereich relevanten Abschnitte um etwa 1180 Wörter. Dieser Befund stützt insgesamt eher die Ergebnisse Bowlers und seiner Koautoren (2016) als die von Falcó-Gimeno (2014). Was Bowler und seine Koautoren im Ländervergleich zeigten, konnte hier in einer Analyse auf der Grundlage von Expertenbefragungen für einzelne Politikbereiche – obschon auf einer schmalen Datenbasis beruhend – bestätigt werden. Allerdings ist der Befund für den Koalitionsvertrag 2018 nicht annähernd so robust wie für die Vereinbarung von 2013.

4 Verteilung von Regierungsämtern, Ausschussvorsitzen und Expertenkommissionen

In einem weiteren Schritt ist daher einerseits zu fragen, ob Regierungsämter bei großen Salienzunterschieden an die Partei vergeben wurden, für die das (möglicherweise ideologisch umstrittene) Politikfeld besonders wichtig war. Andererseits ist zu prüfen, inwieweit bei der Ressortverteilung klassische Methoden der wechselseitigen Überwachung und Abstimmung institutionalisiert wurden. Bei einer Betrachtung der Salienzen auf der Grundlage unserer Expertenbefragung (Abb. 1)[9] zeigt sich, dass 2017/2018 Fragen der Einwanderung für alle Parteien hochgradig salient waren, dies aber für die CSU in besonderem Maße zutraf. Auch Fragen der Dezentralisierung sind für die CSU bedeutend (Abb. 1). Die hohe Salienz der Themen bei teilweise starken ideologischen Differenzen (Abb. 4) hat nicht zu ausführlich ausgearbeiteten Kompromissen im Koalitionsvertrag geführt. Vielmehr scheint man die Ressortverteilung zur Aufteilung der Kompetenzen genutzt zu haben (Tab. 1). So wurden der Union die Ministerien des Inneren, für Bau und Heimat sowie für Ernährung und Landwirtschaft übertragen. Auch die Vorsitzenden der entsprechenden Ausschüsse des Bundestages stellte die Union. Demgegenüber sicherten sich die Sozialdemokraten die Ministerien in den ebenfalls durchaus umstrittenen Politikbereichen Finanzen, Soziales und Familie wie auch die Vorsitzenden der relevanten Parlamentsausschüsse. Ähnlich sicherte sich die CSU sowohl das für Digitalisierung zuständige

---

[9]Die Chapel-Hill-Expertenbefragung bietet nur sehr wenig Information über Salienzen.

Tab. 1 Portfolioallokation der Staatsminister und Parlamentarischen Staatssekretäre im Kabinett Merkel IV (2018)

Amt/Ministerium	Leitung (Partei)	Staatsminister bzw. Parlamentarischer Staatssekretär (Partei)
Bundeskanzlerin	CDU	CDU
		CDU
		CDU
		CSU
Finanzen	SPD	SPD
		SPD
Inneres, Bau und Heimat	CSU	**CDU**
		CDU
		CSU
Auswärtiges	SPD	SPD
		SPD
		SPD
Wirtschaft und Energie	CDU	CDU
		CDU
		CDU
Justiz und Verbraucherschutz	SPD	SPD
		SPD
Arbeit und Soziales	SPD	SPD
		SPD
Verteidigung	CDU	CDU
		CSU
Ernährung und Landwirtschaft	CDU	CDU
		CDU
Familie, Senioren, Frauen und Jugend	SPD	SPD
		SPD
Gesundheit	CDU	CDU
		CDU

(Fortsetzung)

Tab. 1 (Fortsetzung)

Amt/Ministerium	Leitung (Partei)	Staatsminister bzw. Parlamentarischer Staatssekretär (Partei)
Verkehr und digitale Infrastruktur	CSU	**CDU**
		CDU
Umwelt, Naturschutz und nukleare Sicherheit	SPD	SPD
		SPD
Bildung und Forschung	CDU	CDU
		CDU
Wirtschaftliche Zusammenarbeit und Entwicklung	CSU	**CDU**
		CDU
Bundesminister für besondere Aufgaben und Chef des Bundeskanzleramtes	CDU	-

Anmerkung: Fett hervorgehobene Einträge markieren Anwendungsfälle des „Kreuzstichverfahrens".
(Quelle: https://de.wikipedia.org/wiki/Kabinett_Merkel_IV (16.07.2018))

Verkehrsministerium, den einschlägigen Staatsministerposten als auch den entsprechenden Ausschussvorsitz. Weitaus ausgeprägter als in früheren Bundestagen erfolgte eine klare Aufteilung von Einflusssphären zwischen den Parteien.

Weitaus weniger Evidenz findet sich für den Versuch, durch Überkreuzbenennung von Ministern und Ausschussvorsitzenden eine gewisse wechselseitige Kontrolle der Koalitionstreue zu erreichen (Kim und Loewenberg 2005; Saalfeld 2015). Das sogenannte „Kreuzstichverfahren", in dem Kabinettsminister der einen Partei mit hierzulande meist parlamentarischen Staatssekretären anderer Parteizugehörigkeit gepaart werden (Manow 1996; auch zu weiteren Varianten dieses Vorgehens Martin und Vanberg 2011, S. 32–35), wurde auch in der Bundesregierung ab 2018 kaum verwendet. Allerdings führte das Kabinett Merkel IV die bewährte Praxis fort, inhaltlich stark kooperierende Ministerien in der Leitung zwischen den Koalitionsparteien aufzuteilen (Saalfeld 2000, 2010, 2015; Saalfeld et al. 2018). Das heißt beispielsweise, dass dem Finanzminister der SPD ein Wirtschaftsminister der CDU zur Seite gestellt wurde. Ähnlich wurde der von der Union gestellte Innenminister mit einem Justizminister der SPD gepaart. Auch die Aufteilung der Ministerien im sozialpolitischen Bereich (das Arbeits- und Sozialministerium ging an die SPD, das Gesundheitsministerium an die

CDU) folgte teilweise diesem Prinzip. Ebenso waren dem SPD-geführten Außenamt das von der CSU geführte Entwicklungsministerium und das CDU-geführte Verteidigungsministerium gegenübergestellt, sodass alle drei Parteien ein „internationales" Ressort erhielten. Hier zeigt sich eine deutliche Kontinuität zum Kabinett Merkel III (Saalfeld et al. 2018). Zwischen diesen gepaarten Ministerien erfolgt im Gesetzgebungsprozess normalerweise eine enge Zusammenarbeit, sodass bei einer solchen Aufteilung der Ministerien eine frühzeitige Information und Einbindung des Koalitionspartners gewährleistet ist (allgemeiner Fernandes et al. 2016). Wie schon unter ihren Vorgängern konnte sich Bundeskanzlerin Merkel auch auf mehrere Staatsminister im Bundeskanzleramt stützen, die über die üblichen „Spiegelreferate" hinaus zur Koordination der Regierungsarbeit auch in Querschnittsaufgaben beitrugen.

Anders als in früheren Wahlperioden wurde bei der wechselseitigen Überwachung der Vertragstreue weniger stark auf die gezielte Aufteilung der Positionen von Ausschussvorsitzenden zurückgegriffen. Kim und Loewenberg (2005) hatten für den Bundestag vor 2005 nachgewiesen, dass ein überzufälliger statistischer Zusammenhang zwischen der Allokation des Ministerpostens an eine Koalitionspartei und der Position des Ausschussvorsitzenden an die jeweils andere bestand. Da Ausschussvorsitzende Einfluss auf die Zeitplanagenda des Ausschusses haben, ihnen das Ausschusssekretariat zuarbeitet und die Ausschüsse des Deutschen Bundestages im internationalen Vergleich durchaus starken Einfluss auf die gesetzgeberische Umsetzung der Vorhaben der Ministerien haben (Mattson und Strøm 1995; Sieberer 2011), ist dies ein wichtiger Gesichtspunkt des auf formale Institutionen gestützten Konfliktmanagements in Koalitionen, der auch die Experten der Bundestagsfraktionen einbindet (Tab. 2).

In der 17. Wahlperiode des Deutschen Bundestages (2009–2013) unter der christlich-liberalen Koalition hatte die Verteilung der Ausschussvorsitze dem von Kim und Loewenberg für frühere Legislaturperioden beobachteten Muster noch weitgehend entsprochen: Vier der fünf von der FDP geführten Ministerien hatten Ausschüsse gegenübergestanden, deren Vorsitzende Abgeordnete der CDU/CSU waren. Umgekehrt hatten mit einer Ausnahme allen unionsgeführten Ministerien entweder Ausschussvorsitzende der Oppositionsfraktionen oder der FDP gegenübergestanden (Saalfeld 2015). Dieses Prinzip der wechselseitigen Aufteilung von Ressorts und Ausschussvorsitz war in der Großen Koalition zwischen 2013 und 2017 bereits deutlich abgeschwächt und ist für die Große Koalition Merkel IV in der 19. Wahlperiode mit Ausnahme der Ressorts Auswärtiges, Bildung und Verteidigung nicht mehr zu beobachten. Es ist hier nicht abschließend zu klären, ob dies auf die zunehmende Fragmentierung des Parteiensystems im Bundestag

Tab. 2 Partei der Ausschussvorsitzenden und Minister (2018)

Ausschuss	Vorsitzender (Partei)	Zahl der Mitglieder	Minister (Partei)
Ausschuss für Arbeit und Soziales	SPD	46	SPD
Auswärtiger Ausschuss	CDU	45	**SPD**
Ausschuss für Bau, Wohnen, Stadtentwicklung und Kommunen	CDU	24	**CSU**
Ausschuss für Bildung, Forschung und Technikfolgenabschätzung	SPD	43	**CDU**
Ausschuss Digitale Agenda	FDP	21	CSU
Ausschuss für Ernährung und Landwirtschaft	CDU	38	CDU
Ausschuss für die Angelegenheiten der Europäischen Union	CDU	39	**SPD** (Äußeres)
Ausschuss für Familie, Senioren, Frauen und Jugend	LINKE	40	SPD
Finanzausschuss	FDP	41	SPD
Ausschuss für Gesundheit	CDU	41	CDU
Haushaltsausschuss	AfD	44	SPD (Finanzen)
Ausschuss für Inneres und Heimat	CSU	46	CSU
Ausschuss für Kultur und Medien	SPD	18	-
Ausschuss für Menschenrechte und humanitäre Hilfe	FDP	17	-
Petitionsausschuss	CDU	28	-
Ausschuss für Recht und Verbraucherschutz	AfD	43	SPD
Sportausschuss	SPD	18	-
Ausschuss für Tourismus	AfD	18	-

(Fortsetzung)

Tab. 2 (Fortsetzung)

Ausschuss	Vorsitzender (Partei)	Zahl der Mitglieder	Minister (Partei)
Ausschuss für Umwelt, Naturschutz und nukleare Sicherheit	Grüne	39	SPD
Ausschuss für Verkehr und digitale Infrastruktur	FDP	43	CSU
Verteidigungsausschuss	SPD	36	**CDU**
Ausschuss für Wahlprüfung, Immunität und Geschäftsordnung	CDU	14	-
Ausschuss für Wirtschaft und Energie	LINKE	49	CDU
Ausschuss für wirtschaftliche Zusammenarbeit und Entwicklung	CSU	24	CSU

Quelle: https://www.bundestag.de/ausschuesse (16.07.2018) und Unterseiten

(sodass mehr Fraktionen bei der Vergabe zu berücksichtigen sind) oder einen Wandel der Regierungspraxis zurückzuführen ist. Für letzteres spricht, dass Union und SPD den Mechanismus über Kreuz besetzter Ministerien und Ausschussvorsitze schon in der 18. Wahlperiode nicht in demselben Maße genutzt hatten wie die Vorgängerregierungen.

Schließlich ist noch zu fragen, ob kontroverse Politikbereiche durch die Überweisung an Expertenkommissionen auf einen späteren Zeitpunkt in der Legislaturperiode verschoben wurden, wenn sie nicht im Koalitionsvertrag ausführlich behandelt wurden. Hierfür sind zumindest qualitativ durchaus Anhaltspunkte zu finden. So wurden beispielsweise dem sozialdemokratisch geführten Sozialministerium die Hände in der Rentenpolitik teilweise durch die einzurichtende Rentenkommission „Verlässlicher Generationenvertrag" gebunden. Ein Kernanliegen der SPD, die Novellierung der ärztlichen Gebührenordnung, wurde nicht gänzlich dem CDU-geführten Gesundheitsministerium übertragen, sondern sollte zunächst durch eine Kommission zur Reform der ambulanten Honorarordnung in der Gesetzlichen Krankenversicherung und der Gebührenordnung der Privaten Krankenversicherung der Honorierung von Ärzten vorbereitet werden. Auch in der zwischen den Parteien umstrittenen Asyl-, Einwanderungs- und Integrationspolitik, für die das CSU-geführte Innenministerium zuständig ist, wurden mehrere Gremien vorgesehen, nämlich Kommissionen zu „Rahmenbedingungen der Integrationsfähigkeit", „Fluchtursachen" und „Antiziganismus" (vgl. die Zusammenstellung bei Siefken 2018, S. 427). Insgesamt sind Kommissionen nicht nur als Versuch zu werten, die Koalitionsverhandlungen durch die Verschiebung der Ausarbeitung eines Kompromisses auf die Legislaturperiode zu entlasten, sondern zugleich eine Möglichkeit der Parteien, die nicht den Minister stellen, den Prozess der Politikformulierung auch später zu beeinflussen.

5 Schluss

Die Große Koalition Merkel IV wurde von den meisten beteiligten Akteuren als notwendiges Übel angesehen. Beide möglichen Koalitionsoptionen („Jamaika-Koalition" und Große Koalition) hatten entschiedene Gegner, vor allem in der SPD und FDP. Dementsprechend kam es zu dem schwierigsten Versuch einer Regierungsbildung seit 1949, aus dem letztlich „wider Willen" (Siefken 2018) eine erneute Große Koalition hervorging. Die hier verwendeten Daten legen nahe, dass erhebliche Präferenzunterschiede zwischen Union, insbesondere der CSU, und SPD nicht nur in der Wirtschafts- und Sozialpolitik, sondern vor allem in der Gesellschafts- und Einwanderungs- bzw. Integrationspolitik zu diesen Schwierigkeiten beigetragen haben. Dennoch gelang es CDU, CSU und SPD im Koalitionsvertrag von 2018, ein Paket von Projekten zu schnüren, die für ihr jeweiliges Profil wichtig erschienen. Eine erste quantitative Analyse des Koalitionsvertrags, der Verteilung von Ministerien, Ausschussvorsitzen und Expertenkommissionen deutet zugleich darauf hin, dass ausführliche Formulierungen in Koalitionsverträgen nicht unbedingt dazu dienen, bei großen Präferenzunterschieden Vertragstreue zu gewährleisten. Der Koalitionsvertrag von 2018 ging ausführlich auf viele Programmpunkte ein, bei denen die Koalitionsparteien nicht sehr weit auseinanderlagen. Bei Präferenzdifferenzen nutzten die Parteien bis zu einem gewissen Maße tangentiale Präferenzen, um innerhalb der Regierung Schwerpunktbereiche voneinander abzugrenzen. Die Sozialdemokraten überließen der Union wichtige Teile des Bereichs Asyl und Integration, sicherten sich aber großen Einfluss auf den Bereich der Sozialpolitik. Es finden sich auch Hinweise darauf, dass diese wechselseitige Übertragung von Schwerpunkten durch die Einsetzung von Expertenkommissionen in Teilen begrenzt werden sollte. Die Befunde lassen es als vielversprechend erscheinen, weitere Analysen auf größerer Datenbasis vorzunehmen.

Literatur

Bakker, R., C. de Vries, E. Edwards, L. Hooghe, S. Jolly, G. Marks, J. Polk, J. Rovny, M. R. Steenbergen, und M. A. Vachudova. 2015. Measuring Party Positions in Europe: The Chapel Hill Expert Survey Trend File, 1999–2010. *Party Politics* 21 (1): 143–52.

Balakrishnan, P. V. (Sundar), C. Patton und P. A. Lewis. 1993. Toward a Theory of Agenda Setting in Negotiations. *Journal of Consumer Research* 19 (4): 637–54.

Bauer, M. 2017. Elefantenrunde nach der Wahl: Großer Schlagabtausch und kaum Gewinner. *n-tv Online-Ausgabe*, 24.09.2017.

Benoit, K. R., und M. Laver. 2006. *Party Policy in Modern Democracies*. London: Routledge.

Bowler, S., T. Bräuninger, M. Debus und I. H. Indridason. 2016. Let's Just Agree to Disagree: Dispute Resolution Mechanisms in Coalition Agreements. *The Journal of Politics* 78 (4): 1264–78.

Carroll, R., und G. W. Cox. 2012. Shadowing Ministers: Monitoring Partners in Coalition Governments. *Comparative Political Studies* 45 (2): 220–36.

CDU, CSU und SPD. 2018. *Ein neuer Aufbruch für Europa. Eine neue Dynamik für Deutschland. Ein neuer Zusammenhalt für unser Land: Koalitionsvertrag zwischen CDU, CSU und SPD, 19. Legislaturperiode*. Berlin.

Deutscher Bundestag. 2018: *Plenarprotokoll 19/45*. 4. Juli 2018.

Epstein, D., und S. O'Halloran. 1999. *Delegating Powers: A Transaction Cost Politics Approach to Policy Making Under Separate Powers*. Cambridge: Cambridge University Press.

Falcó-Gimeno, A. 2014. The Use of Control Mechanisms in Coalition Governments: The Role of Preference Tangentiality and Repeated Interactions. *Party Politics* 20 (3): 341–56.

Fernandes, J. M., F. Meinfelder und C. Moury. 2016. Wary Partners: Strategic Portfolio Allocation and Coalition Governance in Parliamentary Democracies. *Comparative Political Studies* 49 (9): 1270–1300.

Fortunato, D., L. W. Martin und G. Vanberg. 2017. Committee Chairs and Legislative Review in Parliamentary Democracies. *British Journal of Political Science*. https://doi.org/10.1017/s0007123416000673.

Fried, N., und W. Wittl. 2018. Seehofer: Ich lasse mich nicht von einer Kanzlerin entlassen, die nur wegen mir Kanzlerin ist. *Süddeutsche Zeitung Online Ausgabe*, 2. Juli. https://www.sueddeutsche.de/politik/seehofer-merkel-krisengipfel-1.4037923. Zugegriffen 3. Juli 2018.

Gassert, P. 2017. Bildung und Management von Koalitionen: Die Bundesrepublik Deutschland in historischer Perspektive. In *Koalitionen in der Bundesrepublik: Bildung, Management und Krisen von Adenauer bis Merkel*, Hrsg. P. Gassert und H. J. Hennecke, 11–28. Paderborn: Schöningh.

Geese, L., J. Hohner, und T. Saalfeld. 2018. *Expert Survey of German Political Parties after the Bundestag Election of 2017*. 1/2018. Working Papers. Bamberg.

Habeck, R. 2018. Sondierungsgespräche: Wir waren zu freundlich. *Frankfurter Allgemeine Zeitung Online Ausgabe*, 15. Januar 2018.

Indridason, I. H., und G. H. Kristinsson. 2013. Making Words Count: Coalition Agreements and Cabinet Management. *European Journal of Political Research* 52 (6): 822–46.

Jesse, E. 2018. Die Bundestagswahl 2017 und die Regierungsbildung. *Zeitschrift für Politik* 65 (2): 168–94.

Kim, D.-H., und G. Loewenberg. 2005. The Role of Parliamentary Committees in Coalition Governments: Keeping Tabs on Coalition Partners in the German Bundestag. *Comparative Political Studies* 38 (9): 1104–29.

Kropp, S. 2001. *Regieren in Koalitionen: Handlungsmuster und Entscheidungsbildung in deutschen Länderregierungen*. Wiesbaden: VS Verlag für Sozialwissenschaften.

Manow, P. 1996. Informalisierung und Parteipolitisierung – Zum Wandel exekutiver Entscheidungsprozesse in der Bundesrepublik. *Zeitschrift für Parlamentsfragen* 27 (1): 96–107.

Martin, L. W. 2004. The Government Agenda in Parliamentary Democracies. *American Journal of Political Science* 48 (3): 445–61.

Martin, L. W., und G. Vanberg. 2011. *Parliaments and Coalitions: The Role of Legislative Institutions in Multiparty Governance*. Oxford: Oxford University Press.

Mattson, I., und K. Strøm. 1995. Parliamentary Committees. In *Parliaments and Majority Rule in Western Europe*, Hrsg. H. Döring, 249–307. Frankfurt a. M. und New York: Campus und St. Martin's Press.

Mershon, C. 2002. *The Costs of Coalition*. Stanford: Stanford University Press.

Müller, W. C., und K. Strøm. 2000. Die Schlüssel zum Zusammensein: Koalitionsabkommen in parlamentarischen Demokratien. In *Europäische Politikwissenschaft: Ein Blick in die Werkstatt*, Hrsg. J. W. van Deth und T. König, 136–70. Frankfurt a. M. und New York: Campus.

Saalfeld, T. 1999. Coalition Politics and Management in the Kohl Era, 1982–98. *German Politics* 8 (2): 141–73.

Saalfeld, T. 2000. Coalitions in Germany: Stable Parties, Chancellor Democracy and the Art of Informal Settlement. In *Coalition Government in Western Europe*, Hrsg. W. C. Müller und K. Strøm, 32–85. Oxford: Oxford University Press.

Saalfeld, T. 2010. Regierungsbildung 2009: Merkel II und ein höchst unvollständiger Koalitionsvertrag. *Zeitschrift für Parlamentsfragen* 41 (1): 181–206.

Saalfeld, T. 2015. Koalitionsmanagement der christlich-liberalen Koalition Merkel II: ein Lehrstück zur Wirkungslosigkeit von ‚Ex-Post-Mechanismen.' In *Politik im Schatten der Krise: Eine Bilanz der Regierung Merkel 2009–2013*, Hrsg. R. Zohlnhöfer und T. Saalfeld, 191–221. Wiesbaden: Springer VS.

Saalfeld, T., M. Bahr und O. Seifert. 2018. Koalitionsmanagement der Regierung Merkel III: Formale und informelle Komponenten der Koordination und wechselseitigen Kontrolle. In *Zwischen Stillstand, Politikwandel und Krisenmanagement: Eine Bilanz der Regierung Merkel 2013–2017*, Hrsg. R. Zohlnhöfer und T. Saalfeld, 257–89. Wiesbaden: Springer VS.

Saalfeld, T., und H. Schoen. 2015. Party politics and electoral behavior. In *The Routledge Handbook of German Politics and Culture*, Hrsg. S. Colvin, 105–118, London: Routledge.

Salanié, B. 2005. *The Economics of Contracts: A Primer*. Cambridge, MA: MIT Press.

Schelling, T. C. 1960. *The Strategy of Conflict*. Cambridge, MA: Harvard University Press.

Schindler, P. 1999. *Datenhandbuch zur Geschichte des Deutschen Bundestages 1949-1999*. Baden-Baden: Nomos.

Sieberer, U. 2011. The Institutional Power of Western European Parliaments: A Multidimensional Analysis. *West European Politics* 34 (4): 731–54.
Siefken, S. T. 2018. Regierungsbildung „wider Willen" – der mühsame Weg zur Koalition nach der Bundestagswahl 2017. *Zeitschrift für Parlamentsfragen* 49 (2): 407–36.
Strøm, K., W. C. Müller und D. M. Smith. 2010. Parliamentary Control of Coalition Governments. *Annual Review of Political Science*, 13: 517–35.
Sturm, R. 2014. Die Regierungsbildung nach der Bundestagswahl 2013: lagerübergreifend und langwierig. *Zeitschrift für Parlamentsfragen* 45 (1): 207–30.
Welt Online Ausgabe. 2017. Jamaika-Aus: Die Absage von FDP-Chef Christian Lindner im Wortlaut. *Die Welt*, 20. November 2017.

Blockierte Regierungsbildung
Institutionelle Transformationsprozesse der Regierungsorganisation 2018

Martin Florack

Zusammenfassung

Niemals zuvor dauerte eine Regierungsbildung länger als die nach der Bundestagswahl 2017. Eine Blockade konnte diesmal nur mithilfe des Bundespräsidenten und gegen den Widerstand koalitionsunwilliger Partner überwunden werden. Wie organisiert die ungeliebte Neuauflage der Großen Koalition ihre kollektive Handlungsfähigkeit? Wie kann es gelingen, die selbstgesteckten Ziele seriösen Regierungshandwerks einerseits und einer Belebung der demokratischen Debattenkultur andererseits gleichzeitig zu erreichen? Oder abstrakter formuliert: Wie etablieren die Regierungspartner ein funktionierendes Koordinations- und Entscheidungssystem? Wo zeigt sich langfristige Stabilisierung, wo organisatorischer Wandel der Regierungsorganisation und der Kernexekutive? Ausgehend von der Annahme, dass sich Konsequenzen eines Regierungswechsels in organisatorischer Hinsicht als hybride Mischung sowohl stabilisierender wie auch verändernder Institutionalisierungsprozesse zeigen, geht der vorliegende Beitrag diesen Fragen in drei Schritten nach: Erstens erfolgt eine analytische Präzisierung des Gegenstands der Regierungsorganisation über ihre begriffliche Rahmung als kernexekutives Kommunikations-, Entscheidungs- und Koordinationssystem einer Regierungsformation. Zweitens wird ein gegenstandsbezogener Analyseansatz präsentiert, der an jüngere institutionentheoretische Arbeiten anschließt. Drittens schließlich wird vor diesem Hintergrund die Neuauflage der Großen Koalition empirisch in den Blick genommen.

M. Florack (✉)
Institut für Politikwissenschaft, Universität Duisburg-Essen, Duisburg, Deutschland
E-Mail: Martin.Florack@uni-due.de

Regierungswechsel nach Wahlen gehören zum Wesenskern der Demokratie: Auf Zeit verliehene Macht wird demokratisch legitimiert neu vergeben. „Schon deshalb gilt: Um verlorenes Vertrauen zurückzugewinnen, wird ein schlichter Neuaufguss des Alten nicht genügen. Diese Regierung muss sich neu und anders bewähren", formulierte Bundespräsident Steinmeier (Steinmeier 2018) seine konkreten Anforderungen an die neue Bundesregierung bei der Überreichung der Ernennungsurkunden an die neuen Kabinettsmitglieder im März 2018. Angesichts des für die Nachkriegsgeschichte einzigartig langwierigen Prozesses der Regierungsbildung handelte es sich im Anschluss an die Bundestagswahl 2017, und darauf zielte die mahnende Formulierung des Bundespräsidenten in besonderer Weise ab, keinesfalls um den demokratischen Normal- oder gar Routinefall einer nach Wahlen üblichen Regierungsbildung.[1] Vielmehr standen trotz der schlussendlichen Neuauflage der Großen Koalition bislang für sicher gehaltene Wahrheiten zur Disposition, galten scheinbare politische Gesetzmäßigkeiten nur noch begrenzt. Der Topos einer die Regierungsbildung begleitenden fundamentalen Demokratiekrise setzte sich in den Monaten nach der Bundestagswahl 2017 als journalistisches Motiv durch. So zeugt es nicht von besonderem Alarmismus, sondern von einer weit verbreiteten medialen Perspektive auf die aktuellen Herausforderungen, wenn beispielsweise in der ZEIT zu lesen war: „Das wichtigste Projekt der großen Koalition steht nicht im Koalitionsvertrag, (…). Nein, das wichtigste Projekt dieser Koalition ist so heikel, dass es nirgendwo niedergeschrieben wurde, es lautet: Rettung der Demokratie, wie wir sie kannten, indem der Polarisierung zu den Rändern hin eine Polarisierung in der Mitte entgegengesetzt wird. Das ist, vorsichtig gesagt, eine komplizierte Versuchsanordnung: Man will zwar noch einmal zusammen regieren, sich dabei aber zugleich voneinander abgrenzen und gegeneinander Profil gewinnen. (…) Eigentlich ein unmögliches Unterfangen". Denn daraus ergebe sich ein unauflöslicher Zielkonflikt aus „Koalieren versus Polarisieren" (*Die ZEIT v.* 22.03.2018).

Aber nicht nur medial, auch in der Selbstbeschreibung der neuen Koalitionäre findet sich dieser demokratische Krisenmodus als Rechtfertigungsmotiv für die Neuauflage der ungeliebten Großen Koalition: „Das Vertrauen der Bürgerinnen und Bürger in die Handlungsfähigkeit von Politik wollen wir wieder stärken, indem wir Erneuerung und Zusammenhalt in den Mittelpunkt unserer Arbeit stellen", postuliert die Präambel des Koalitionsvertrages, um dann zugleich offensiv und merkwürdig verzagt fortzufahren: „Wir wollen eine stabile und handlungsfähige Regierung bilden, die das Richtige tut. Dabei streben wir einen politischen Stil an,

---

[1] Für eine chronologische, deskriptive Gesamtdarstellung des Regierungsbildungsprozesses siehe Siefken 2018.

der die öffentliche Debatte belebt, Unterschiede sichtbar lässt und damit die Demokratie stärkt" (Koalitionsvertrag 2018, S. 5). Dennoch folgt diese selbstauferlegte Mission widerstreitenden Logiken (Siefken 2018, S. 424 f.): die Herstellung kollektiver Handlungsfähigkeit wird ebenso zum Ziel, wie die gleichzeitige Sichtbarmachung fortexistierender Differenzen. Die langfristige innere Stabilisierung der Regierung trifft auf den Anspruch einer Belebung der öffentlichen Debatte durch öffentliche Debatten. Und die Herausforderungen alltäglichen praktischen Regierungshandwerks zielen auf eine systemische Stärkung der Demokratie. Nicht zuletzt die Erfahrungen der ersten Monate der neuen Bundesregierung haben deutlich gemacht, dass diese Zielkonflikte echte Dilemmata heraufbeschwören, die sich gerade nicht widerspruchsfrei auflösen lassen. Folglich stellt sich in besonderer Weise die Frage nach den Fähigkeiten, aber auch dem Willen der neuen Regierung zur Herstellung kollektiver Handlungsfähigkeit und der hierfür vorgesehenen organisatorischen und institutionellen Weichenstellungen.

1 Die Herausforderung kollektiver Handlungsfähigkeit für die Regierungsorganisation nach Wahlen

Mit Wahlen verbundene Regierungswechsel ziehen ein auf unterschiedlichen Ebenen angesiedeltes Spannungsfeld von Kontinuität und Wandel nach sich, egal, ob es sich um einen Regierungswechsel oder die Bestätigung einer amtierenden Regierung handelt: So fragt die Politikwissenschaft einerseits nach den Folgen eines Regierungswechsels für die materielle Politikgestaltung und nach dem hierfür maßgeblichen parteilichen Einfluss. Diesen Fragen nach Art und Umfang eines Politikwechsels nach einem Regierungswechsel unter der Überschrift „Do Parties Matter" (Schmidt 1996; Zohlnhöfer 2001) steht andererseits ein auf die institutionellen und organisatorischen Folgen eines Regierungswechsels gerichtetes Erkenntnisinteresse gegenüber. Hier werden die Konsequenzen der Amtsübernahme einer neuen Regierungsformation für die Regierungsorganisation und das damit verbundene Institutionensystem thematisiert (Derlien und Murswieck 2001a; Florack 2013[2]; Helms 2005; König 1999; König 2002;

---

[2]Die Abschnitte dieses Beitrags zur Definition der kernexekutiven Gegenstandsbereiche sowie die Darstellung des gegenstandsbezogenen Analyseansatzes basieren in weiten Teilen auf einer bereits veröffentlichten Studie zur Regierungsorganisation in Nordrhein-Westfalen (Florack 2013) sowie einem Artikel zur Regierungsbildung nach der Bundestagswahl 2013 (Florack 2015).

Savoie 1993). Denn Regierungswechsel setzen auch im parlamentarischen Regierungssystem[3] die Regierungsorganisation unter Anpassungsdruck: Wie organisiert eine neue Regierungsformation ihre kollektive Handlungsfähigkeit? Wie kommt sie zur dauerhaften Institutionalisierung eines sowohl nach innen als auch nach außen gerichteten formalen und informellen Kommunikations-, Koordinations- und Entscheidungssystems? Wo und warum zeigt sich mithin institutionelle Stabilität, wo dominiert Veränderung?

Diesen Fragen geht der vorliegende Beitrag am Fall des Regierungsbildungsprozesses im Anschluss an die Bundestagswahl 2017 nach. Dauer und Umstände der vergangenen Regierungsbildung machen aus dieser einen besonders interessanten Fall. Denn während es sich angesichts der Neuauflage der Großen Koalition einerseits um einen rein formalen Regierungswechsel, aber nicht um einen politischen „Machtwechsel" handelt (Korte 2001), dominiert in der Wahrnehmung der Akteure und Beobachter die Erwartung eines doch deutlichen Strukturbruchs? Insofern ergibt sich die Frage, wie stark die Veränderungsprozesse waren, denen die Regierungsorganisation ab dem März 2018 ausgesetzt waren.

Welche abstrakten Erwartungen verbinden sich also mit den Konsequenzen dieser Regierungsbildung für die Regierungsorganisation? Analytisch verdichtet stehen sich zwei Positionen gegenüber (Florack 2013, S. 24 ff.): Das „Stabilitätsnarrativ" betont die auf Dauerhaftigkeit und Kontinuität angelegte Struktur der Regierungsorganisation und bestreitet einen transformativen Einfluss von Regierungswechseln auf dieselbe, institutionelle Anpassungsprozesse erfolgen bestenfalls langfristig, inkrementell und sind primär von Pfadabhängigkeiten und weniger von gezielten Veränderungsimpulsen politischer Akteure geprägt. Das „Veränderungsnarrativ" hingegen begreift einen Regierungswechsel als kritische Wegmarke („critical juncture") mit kurzfristigen und zugleich transformativen Impulsen für die Regierungsorganisation. Die Folge sind von Akteuren schnell herbeigeführte, institutionelle Veränderungsprozesse im Zuge der Regierungsbildung, welchen dann längere Phasen institutioneller Stabilität auf der Ebene der Regierungsorganisation folgen.

Der vorliegende Beitrag argumentiert, dass sich die Konsequenzen eines Regierungswechsels auf der Ebene der Regierungsorganisation als hybride

---

[3]In einer Regierungssysteme vergleichenden Perspektive wird meist darauf verwiesen, dass sich parlamentarische Regierungssysteme gegenüber präsidentiellen Regierungssystemen durch eine deutlich geringere Veränderungsdynamik auszeichnen (Derlien und Murswieck 2001b, S. 7 f.).

Mischung sowohl verändernder als auch stabilisierender Institutionalisierungsprozesse zeigen: Stabilität existiert nicht einfach, sie bedarf bewusster Stabilisierung. Wandel wiederum ist nicht per se akteursinduziert oder wird durch kritische Wegmarken ausgelöst, sondern kann sich auch als ungesteuerter Entwicklungsprozess in Folge sich langsam verändernder Rahmenbedingungen vollziehen. Statt einer dichotomen Polarität zwischen Stabilität und Wandel ergibt sich folglich eine nicht-lineare Transformationsdynamik der Regierungsorganisation.

Diese am Beispiel der Regierungsbildung 2017/2018 illustrierte Argumentation wird in drei Schritten entwickelt: Erstens wird der Begriff der Regierungsformation (Grunden 2014, S. 17) eingeführt, um die relevanten Teilakteure einer Regierung im parlamentarischen Regierungssystem begrifflich zu integrieren. Mit dieser analytischen Entgrenzung korrespondiert ein kernexekutives Verständnis (Dunleavy und Rhodes 1990; Rhodes 1995) von Regierungsorganisation als nach innen und außen gerichtetes formales und informelles Kommunikations-, Koordinations- und Entscheidungssystems (Florack 2013, S. 34 ff.; Gebauer 2006, S. 143; vgl. Abschn. 2). Aus diesen Begriffsklärungen ergeben sich wiederum konkrete Gegenstandsbereiche der Regierungsorganisation für die empirische Analyse. Neben formalen Institutionen wie Kabinett und Regierungszentrale rücken auch informelle Institutionen, Regeln, Praktiken und Konventionen ins Blickfeld. Dazu gehören insbesondere die das Koalitionsmanagement einer Regierungsformation umfassenden Regelsysteme, welche eine dauerhafte Handlungseinheit von Akteuren aus Exekutive, Parlament und Parteien überhaupt erst konstituieren.

Bevor die Regierungsbildung der Kernexekutive seit der Bundestagswahl 2017 analysiert wird (Abschn. 4), gilt es jedoch zunächst, einen gegenstandsbezogenen Analyseansatz zu skizzieren, der als analyseleitende Heuristik für diese Darstellung dient (Abschn. 3). Anknüpfend an jüngere institutionentheoretische Ansätze (Mahoney und Thelen 2010a; Streeck und Thelen 2005a; Thelen 2004; Mahoney 2017) steht dabei das Spannungsverhältnis von Institutionenentwicklung und Institutionendesign im Zentrum der Überlegungen. Dieses konstituiert sich durch das Wechselspiel handlungsbegrenzender und -ermöglichender und von Pfadabhängigkeiten geprägten Institutionen auf der einen Seite und als institutionellen Change- und Stabilisierungsagenten wirkenden Akteuren und ihren Koalitionen auf der anderen Seite.

Angesichts des bislang limitierten Beobachtungszeitraums seit der Bundestagswahl 2017 formuliert der abschließende Ausblick vor allem aus den bisherigen Erkenntnissen ableitbare Erwartungen an die weiteren Entwicklungsperspektiven der großkoalitionären Regierungsorganisation.

2 Die Kernexekutive einer Regierungsformation: Gegenstandsbereiche eines exekutiven Kommunikations-, Koordinations- und Entscheidungssystems

Im Prozess der Regierungsbildung rückt meist das Kabinett als Synonym von Regierung in den Mittelpunkt der Betrachtung (Andeweg 2003, S. 40 f.). Abweichend von dieser begrifflichen Engführung wird in diesem Beitrag von einer *Regierungsformation* als Handlungseinheit aus Exekutive, Mehrheitsfraktionen und Regierungsparteien gesprochen. Sie umfasst all jene kollektiven Akteure, „von deren kontinuierlichen Verständigung über Sach- und Personalfragen die Stabilität der Regierung und die Herstellung verbindlicher Entscheidungen in parlamentarischen Regierungssystemen abhängig ist" (Korte und Grunden 2010). Diese Definition (Florack 2013, S. 36 ff.; Grunden 2014, S. 17) hebt den nur in staatsrechtlich-formaler Hinsicht schlüssigen Gegensatz zwischen Exekutive und Legislative auf und stellt diesem die Vorstellung einer vergleichsweise heterogenen Ansammlung korporativer und individueller Akteure, die wiederum als Repräsentanten korporativer und kollektiver Akteure in Erscheinung treten, entgegen (Pannes 2011, S. 37 f.). Das Konglomerat von Exekutivakteuren, Mehrheitsfraktionen und den sie stützenden Parteien konstituiert eine Regierungsformation im parlamentarischen Regierungssystem.

Mit dieser begrifflichen Entgrenzung geht ein kernexekutives Verständnis der Regierungsorganisation als ein die Regierungsformation unterstützendes institutionelles Regelsystem einher. Die Kernexekutive und die sie umfassenden Gegenstandsbereiche werden nicht inhaltlich-systematisch, sondern funktionsbezogen über die von ihr erbrachten Koordinationsleistungen definiert. Die „core executive" (Dunleavy und Rhodes 1990; Rhodes und Dunleavy 1995; Peters et al. 2000) umfasst insofern

> all those organisations and procedures which coordinate central government policies, and act as final arbiters of conflict between different parts of the government machine, in brief, the ‚core executive' is the heart of the machine, covering the complex web of institutions, networks and practices surrounding the prime minister, cabinet, cabinet committees and their official counterparts, less formalised ministerial ‚clubs' or meetings, bilateral negotiations and interdepartmental committees. It also includes coordinating departments (…) (Rhodes 1995, S. 12).

Das damit einhergehende erweiterte Institutionenverständnis führt dazu, dass sowohl formale Organisationen und Organisationseinheiten als auch informelle Regelsysteme, Praktiken, Konventionen und Spielregeln analytisch eingeschlossen werden. Das Spektrum der Kernexekutive reicht folglich von einer Regierungszentrale, die per definitionem der „Kern der ‚Kernexekutive'" (Blätte 2011, S. 312) bildet, bis zu informellen Praktiken der Abstimmung innerhalb einer Regierungsformation. Die Etablierung eines Koalitionsausschusses mit seinen Mitgliedschafts- und Beratungsregeln stellt ein Beispiel für einen institutionellen Baustein einer Kernexekutive dar. Gerade das Wechselspiel aus formalen und informellen Elementen prägt ein solch kernexekutives Verständnis von Regierungsorganisation. Dabei lösen sich die vermeintlich starren Grenzen zwischen formalen und informellen Arrangements auf und diese werden zu hybriden Regelsystemen mit unterschiedlichen Formalitäts- und Informalitätsgraden verwoben.

Hierauf aufbauend erschließt sich auch der Charakter der Kernexekutive einer Regierungsformation als sowohl nach innen als auch nach außen gerichtetes formales und informelles Kommunikations-, Koordinations- und Entscheidungssystems. Denn: „Regierung ist (…) nicht nur ein Norm- und Organisationssystem, sondern auch Kommunikations- und Entscheidungssystem (…)." Die Leistung einer Regierungsformation ergibt sich in organisatorischer Perspektive aus ihrer Fähigkeit, „ein verlässliches und lernfähiges Kommunikations- und Entscheidungssystem vorzuhalten: zur Gewinnung, Verarbeitung und Vermittlung von Informationen" (Gebauer 2006, S. 143).

Mit Blick auf die empirische Analyse stellt sich vor dem Hintergrund dieser definitorischen Überlegungen die Frage nach den relevanten Untersuchungsgegenständen. Auch wenn es nie nur eine, sondern multiple Kernexekutiven gibt (Rhodes 1995, S. 26), und die Identifikation von jeweils zur Kernexekutive gehörenden Institutionen damit vorrangig zu einer forschungspraktischen Aufgabe wird, so lassen sich allgemeiner gefasst doch drei zentrale Gegenstandsbereiche identifizieren, die auch für die Regierungsbildung seit 2017 zentral sind: Eine erste Gruppe bilden formale Organisationseinheiten, denen aufgrund rechtlicher Normierung und entsprechender Formalisierung eine Rolle als regierungsformationsinterne Koordinationsinstanz zugeschrieben wird. Dazu gehört für den vorliegenden Fall insbesondere das Bundeskanzleramt (Bröchler und Blumenthal 2011; Busse 2017; Florack und Grunden 2011; Knoll 2004; Sturm und Pehle 2007), aber auch für das Politikmanagement relevante Organisationeinheiten in anderen Ressorts sind Bestandteil der Kernexekutive.

Koalitionen auf Bundesebene sind bislang immer Koalitionsregierungen gewesen. Die Koalitionsdemokratie (Korte und Fröhlich 2009, S. 96 ff.; Schmidt 2008; Gassert und Hennecke 2017) lässt sich nicht zuletzt daher als Strukturmerkmal des Regierens in Deutschland bezeichnen. Aktives Koalitionsmanagement (Miller und Müller 2010; Müller und Strøm 2000; Kropp 2001b; Sturm und Kropp 1999) ist eine zentrale Kernexekutivaufgabe jeder Regierungsformation.

Mehr noch: Erst eine zumindest vorübergehende Institutionalisierung des Koalitionsmanagements ermöglicht eine längerfristige Dosierung des grundsätzlich fortbestehenden Parteienwettbewerbs zwischen den Regierungspartnern (Florack 2010; Müller 2005). Diese koalitionsdemokratisch induzierten Regelsysteme sind damit ein zweiter Gegenstandsbereich kernexekutiver Analyse.

Drittens schließlich zeigt sich eine weitergehende Institutionalisierung informeller Regelsysteme, welche an der heterogenen Struktur einer Regierungsformation ansetzen. Dazu gehören interfraktionelle Koordinationsmechanismen genauso wie die Einbindung parteilicher Teilakteure einer Regierungsformation. Dieses Kommunikations-, Koordinations- und Entscheidungssystem mit seiner häufig fluiden institutionellen Struktur bildet den dritten kernexekutiven Gegenstandsbereich.

3 Institutionalisierungsprozesse zwischen gesteuertem Institutionendesign und inkrementeller Institutionenentwicklung: Eine gegenstandsbezogene Heuristik

Analytisch abstrakt formuliert, umfasst die Bildung der Kernexekutive sowohl Stabilisierungs- als auch Veränderungsprozesse der sie konstituierenden institutionellen Regelsysteme. Die Frage, wie, warum und in welcher Geschwindigkeit sich Institutionen verändern oder stabil bleiben, ist eine schon beinahe klassische Frage der neueren Institutionentheorie (Hall und Taylor 1996; Mahoney und Thelen 2010a; Pierson 2004; Schmidt 2008; Thelen und Steinmo 1992; Streeck und Thelen 2005a). Neo-institutionalistische Ansätze stellen daher einen geeigneten Ausgangspunkt für die Entwicklung eines gegenstandsbezogenen Analyseansatzes zur Erfassung von Transformationsprozessen kernexekutier Regelsysteme dar. Ein solcher *Ansatz* ersetzt weniger empirisch erhobene Daten durch theoretische Annahmen, sondern dient vielmehr als theoretisch grundierte Forschungsheuristik, welche die Aufmerksamkeit gezielt auf bestimmte Aspekte des jeweiligen Untersuchungsgegenstandes lenkt (Mayntz und Scharpf 1995, S. 39; Scharpf 2000, S. 64 f.).

Vier Strukturelemente prägen den diesem Beitrag zugrunde liegenden Analyseansatz (nachfolgend Florack 2013, S. 101 ff.; siehe Abb. 1):

Erstens spielt „Zeit" im Sinne zeitlicher Abläufe, längerfristiger Entwicklungsprozesse, pfadabhängiger Entwicklungen und als zeithistorischer Kontext für institutionelle Transformationsprozesse eine herausragende Rolle. Die mit einem Regierungswechsel verbundenen Transformationsprozesse der

Blockierte Regierungsbildung

Abb. 1 Ein gegenstandsbezogener Analyseansatz. (Quelle: Modifizierte Darstellung auf Basis von Florack 2013, S. 157)

Kernexekutive vollziehen sich, so die Annahme, grundsätzlich über einen längeren Zeitraum hinweg. Das Spannungsverhältnis institutioneller Strukturen und in und mit ihnen handelnder Akteure ist dabei zeitlich von vorne und von hinten eingebettet. Die damit verbundenen längerfristigen Herausforderungen an eine Regierungsformation beschreiben folglich einen Rahmen, innerhalb dessen das kernexekutive Institutionensystem sowie die relevanten Akteure lokalisiert sind. Der Ansatz geht insofern über die allgemeine Annahme hinaus, dass Zeit eine wichtige Einflussgröße ist, als dass sowohl mit Blick auf den Institutionen- als auch Akteursbegriff theoretische Aspekte dieser temporalen Dimension integriert werden (Pierson 2004; Mayntz 2002).

Zweites Strukturelement des Ansatzes ist ein Verständnis von Institutionen als begrenzenden und ermöglichenden Einflussfaktoren (Scharpf 2000, S. 76 ff.). Das Institutionensystem der Kernexekutive wird sowohl zur unabhängigen als auch zur abhängigen Variable, indem es einerseits Akteure, deren Handeln und ihre Interaktion prägt, aber von diesen wiederum auch absichtsvoll verändert werden kann. Diese Vorstellung löst sich prinzipiell von einem stark „kryptodeterministischen" Institutionenverständnis (Mayntz und Scharpf 1995, S. 45;

ähnlich Thelen und Steinmo 1992, S. 13 ff.; Mahoney und Thelen 2010b, S. 5 ff.), welches vor allem die Stabilität institutioneller Regelsysteme betont. Allerdings werden über dieses Postulat hinaus zwei konkrete Erweiterungen des Institutionenverständnisses integriert, mit deren Hilfe sowohl Stabilität als auch Wandel von Institutionen konzeptualisiert werden können: Zum einen folgt der Ansatz einem erweiterten Institutionenbegriff, der formale und informelle Institutionen einschließt. Während formale Institutionen durch ihren formalisierten Verbindlichkeitsgrad tendenziell stabiler sind, lassen sich informelle Regelsysteme leichter verändern, wenngleich auch von ihnen prinzipiell Sanktionspotenzial und Verbindlichkeit ausgeht. Damit ergibt sich trotz des grundsätzlich stabilisierenden Charakters von Institutionen, welches in der Institutionentheorie dominiert, das Potenzial für institutionelle Veränderungen. Zum anderen tritt die Differenzierung zwischen formalen und informellen Regelsystemen auf der einen und ihrer konkreten Anwendung auf der anderen Seite hinzu (Benz 2004, S. 20; Mahoney und Thelen 2010b, S. 11 ff.; Streeck und Thelen 2005b, S. 9 ff.). Als Regelsysteme verstandene Institutionen erlangen nicht automatisch Geltung, sondern müssen angewandt und umgesetzt werden. Diese Regelanwendung wiederum ermöglicht begrenzte Abweichungen, gezielte Regelverstöße und Anpassungsprozesse der relevanten Akteure. Die Folge ist auch hier ein gegenüber Veränderungen aufgeschlossenes Institutionenverständnis. Der prinzipiell umkämpfte Charakter politischer Institutionen, der ihnen angesichts der mit ihnen verbundenen machtverteilenden Wirkungen innewohnt, trägt schließlich auch zu einer erhöhten Dynamik kernexekutiver Regelsysteme bei (Czada und Schimank 2001, S. 242 ff.; Hall und Taylor 1996, S. 939 f.; Pierson 2004, S. 34).

Das dritte Strukturelement des Ansatzes ist eine über die Erweiterung des Institutionenbegriffs hinausreichende Integration einer expliziten Akteurskonzeption. Nicht Institutionen, sondern Akteure handeln (Mayntz und Scharpf 1995, S. 49). Akteure können sich als Treiber institutioneller Veränderungen auf die in Regelsystemen angelegte Dynamik beziehen, indem sie im Spannungsverhältnis zwischen formalen und informellen Regeln und ihrer Anwendung ansetzen. Akteure werden damit zu Katalysatoren institutionellen Wandels. Als „Change-Agents" (Mahoney und Thelen 2010b, S. 22 ff.) und institutionelle Unternehmer (DiMaggio und Powell 1983; Levy und Scully 2007) betreiben sie intentionales Institutionendesign und damit Institutionenpolitik (Pierson 2004, S. 102 ff.; Benz 2004), individuelle Akteure agieren mit Blick auf die Kernexekutive häufig als Repräsentanten kollektiver oder korporativer Akteure oder Teilakteure einer Regierungsformation und bilden als Treiber von Institutionenpolitik möglicherweise explizit oder implizit Koalitionen (Mayntz und Scharpf

1995, S. 44; Grunden 2009, S. 56). Gleichwohl verschiebt diese ergänzende Akteurskonzeption den Fokus nicht vollständig zugunsten intentional handelnder Akteure, institutionelle Transformationsprozesse können auch aufgrund nichtintendierter Nebenfolgen von Akteurshandeln oder auch als Folge ungesteuerter Institutionenentwicklung ablaufen. Genau dieses Spannungsfeld von Institutionenentwicklung und -design füllt den analytischen Raum zwischen Institutionen und Akteuren.

Dieses Wechselspiel wiederum speist das vierte Strukturelement des Ansatzes, fünf Modi institutioneller Transformation (Streeck und Thelen 2005b, S. 19 ff.; Mahoney und Thelen 2010b, S. 15 ff.; Abb. 2).

Diese Typologie beschreibt unterschiedliche Ausprägungen institutioneller Transformationsprozesse im Spannungsverhältnis von Institutionen und Akteuren. Sie bricht mit der Dichotomie von Stabilität und Wandel, wie sie für einige Ansätze der Institutionentheorie kennzeichnend ist, und überführen diese in ein Kontinuum unterschiedlicher Grade von Stabilisierung und Wandel. Sie stellen zudem eine Heuristik dar, mit deren Hilfe institutionelle Transformationsprozesse analysiert werden können, was längerfristige Analysen kernexekutiver Regelsysteme voraussetzt. Hierfür ist der bislang verfügbare Beobachtungszeitraum seit der Bundestagswahl 2017 allerdings noch nicht ausreichend.

Modus	Displacement	Layering	Drift	Conversion	Exhaustion
Definition	Ursprüngliche institutionelle Regeln werden durch neue Regeln ersetzt	Neue institutionelle Regeln ergänzen bestehende und verändern damit Institutionen	Vernachlässigung bestehender Regeln trotz externer Veränderungen, wodurch sich Institutionen schrittweise wandeln	Bestehende institutionelle Regeln werden neu definiert und dienen nun anderen Zwecken	Schrittweiser Zerfall von Institutionen über einen längeren Zeitraum hinweg
Beseitigung alter Regeln	Ja	Nein	Nein	Nein	Ja/Nein
Vernachlässigung alter Regeln	-	Nein	Ja	Nein	Ja
Veränderte Bedeutung / Inkraftsetzung alter Regeln	-	Nein	Ja	Ja	Nein
Einführung neuer Regeln	Ja	Ja	Nein	Nein	Nein

Abb. 2 Modi institutioneller Transformation. (Quelle: Zusammenfassung auf Basis von Mahoney und Thelen 2010b, S. 16; Streeck und Thelen 2005b, S. 31)

4 Kernexekutive Transformationsprozesse: Neuauflage und Fortsetzung der Großen Koalition 2017/2018

„Der Regierungsbildungsprozess hat 171 Tage gedauert, so lange wie noch nie in der Geschichte der Bundesrepublik Deutschland. Schon allein diese schwierigen Umstände deuten darauf hin, dass sich in unserem Land ganz offenkundig etwas verändert hat (…)", formulierte Angela Merkel in ihrer Regierungserklärung am 21. März 2018 (Deutscher Bundestag 2018, S. 1811). Hatte bereits die Bildung der Großen Koalitionen im Jahr 2005 65 Tage und nach der Bundestagswahl 2013 86 Tage gedauert, so verging zwischen der Bundestagswahl im September 2017 und der Vereidigung des neuen Kabinetts im März 2018 eine rekordverdächtig lange Zeitspanne von rund sechs Monaten (Siefken 2018).

Die außergewöhnliche Dauer des Regierungsbildungsprozesses ist auf unterschiedliche Einflussfaktoren zurückzuführen. Hierzu trugen sowohl die veränderte politische Ausgangslage nach der Bundestagswahl, als auch bewusste Entscheidungen der handelnden Akteure sowie die besondere Dynamik der weiteren Entwicklungen bei. Für die Neuauflage der Großen Koalition war dabei von besonderer Bedeutung zunächst der kategorische Ausschluss eines solchen Regierungsbündnisses durch den SPD-Vorsitzenden Martin Schulz noch am Wahlabend. Damit blieb angesichts der neuen Mehrheitsverhältnisse als realistisches Szenario zunächst alleine die Option einer „Jamaika-Koalition" aus CDU/CSU, Grünen und FDP übrig. Doch statt unmittelbar in die Verhandlungen zur Bildung einer solchen Koalition einzutreten, entschied sich insbesondere die Union, zunächst die Landtagswahl in Niedersachsen am 15. Oktober abzuwarten. Neben dem Wunsch, den dortigen Wahlkampf ohne politische Vorfestlegungen in Berlin zu Ende zu führen, spielten die programmatische Differenzen zwischen CDU und CSU in der Flüchtlingspolitik hierfür eine entscheidende Rolle. Erst nach der Herbeiführung einer zwischenzeitlichen Einigung in dieser Frage am 9. Oktober sahen sich die Unionsparteien in der Lage, in Sondierungsgespräche mit Grünen und FDP einzutreten. Diese begannen am 20. Oktober, scheiterten aber am 19. November mit dem Ausstieg der FDP aus diesen Gesprächen ergebnislos. Erst eine öffentliche Intervention von Bundespräsident Steinmeier am 20. November brachte wiederum die SPD-Spitze dazu, von ihrer zwischenzeitlich erneuerten Absage an eine Große Koalition abzurücken und schließlich am 6. Dezember 2017 einen Parteitagsbeschluss über die ergebnisoffene Aufnahme von Sondierungsgesprächen mit der Union herbeizuführen. Somit wurden die ersten Gespräche über die Neuauflage der Großen Koalition erst rund drei Monate nach der Bundestagswahl aufgenommen. Der Einfluss dieser besonderen zeitlichen

Dynamik auf die Koalitionsverhandlungen, die damit verbundenen Lerneffekte der politischen Akteure und die Konsequenzen auch für die weitere Regierungsbildung der Kernexekutive können nicht hoch genug eingeschätzt werden.

4.1 Institutionalisierung des dosierten Parteienwettbewerbs: Institutionen des Koalitionsmanagements in der Großen Koalition

Eine Institutionalisierung des Koalitionsmanagements geht üblicherweise mit dem Aufbau spezifischer Kontrollmechanismen zwischen den Koalitionspartnern einher (Müller und Meyer 2010, S. 1073 ff.). Während die Entscheidung über wichtige Personalien und die Ausgestaltung des Koalitionsvertrages zu den ex ante-Kontrollmechanismen zählen, gehören der Aufbau von Monitoring-Institutionen und die Etablierung institutioneller „checks and balances" zu den ex post-Mechanismen. Müller und Meyer (2010, S. 1083 ff.) argumentieren zudem, dass die spezifischen Kontextbedingungen direkten Einfluss auf die jeweilige Ausgestaltung dieser Regelsysteme nehmen.[4]

Der Einfluss der besonderen Ausgangslage bei der Aufnahme der Koalitionsgespräche im Dezember 2017 auf diese Regelsysteme ist klar nachweisbar. So entwickelte sich über einen bereits langfristig bestehenden Trend zur Formalisierung von Koalitionsbildungen hinaus eine weitere Formalisierungsstufe. Das Ergebnis war die „informale Vorbereitung (Vorgespräche) der informalen Vorbereitung (Sondierung) der informalen Vorbereitung (Koalitionsverhandlungen) der formalen Regierungsbildung" (Siefken 2018, S. 433). Hatten die Koalitionsverhandlungen 2013 das Instrument ausführlicher Sondierungsgespräche hervorgebracht (Florack 2015), so schalteten Union und SPD diesen nun vom 20. bis 22. Dezember 2017 eine zusätzliche Runde von Gesprächen vor *(Layering)*. Bei diesen primär von den Fraktionsführungen bestrittenen vertraulichen Vorsondierungen verständigte man sich vor dem Hintergrund des Scheiterns der Jamaika-Verhandlungen auf gemeinsame Regeln für die weiteren Gespräche (Siefken 2018, S. 418): So sollten die am 7. Januar beginnenden Sondierungen bereits am 12. Januar 2018 abgeschlossen sein. Man betonte zudem den besonderen Arbeitscharakter dieser Sondierungen und vereinbarte

---

[4]Die mit dieser Annahme verbundenen Hypothesen (Müller und Meyer 2010, S. 1083 ff.) werden unmittelbar in die nachfolgende Darstellung integriert.

den Verzicht auf öffentliche Inszenierungen und eine mediale Begleitung, welche die Jamaika-Gespräche zu quasi-öffentlichen Verhandlungen hatten werden lassen. Zugleich erwies sich diese Sondierungsrunde als bereits teilformalisiertes Format mit deutlichen Anleihen bei bisherigen Koalitionsverhandlungen. Der nächtliche Abschluss der Sondierungsgespräche nach einem 24stündigen Verhandlungsmarathon (hierzu FAZ v. 13.01.2018) machte deutlich, dass hier nicht alleine über grundsätzliche Fragen, sondern konkrete politische Vorhaben bereits im Detail gerungen wurde. Die Ergebnisse wurden folglich in Form eines ersten Papiers auf 26 Seiten zusammengefasst. Für das weitere Koalitionsmanagement von besonderer Bedeutung war, dass bereits dieses Sondierungspapier Festlegungen zur künftigen Arbeitsweise der Koalition beinhaltete (Siefken 2018, S. 419). Zudem erwiesen sich die in 15 Abschnitten zusammengefassten Punkte als wichtige inhaltliche Vorstrukturierung für die am 26. Januar aufgenommenen Koalitionsverhandlungen. Der beträchtliche Formalisierungszuwachs der Sondierungsgespräche zeigt sich überdies darin, dass die SPD aufgrund des großen parteiinternen Widerstandes gegen den Wiedereintritt in das Regierungsbündnis mit der Union am 21. Januar einen Parteitagsbeschluss zur Aufnahme von Koalitionsgesprächen auf der Grundlage des Sondierungspapiers fasste. Das Ergebnis mit Blick auf das Koalitionsmanagement ist eine durchaus weitreichende Konversion von Sondierungsgesprächen: aus informellen Vorgesprächen wurden formalisierte Teilverhandlungen für die weitere Koalitionsbildung *(Conversion)*.

Der Blick auf die „eigentlichen" Koalitionsverhandlungen, die sich vom 26. Januar bis zum 7. Februar anschlossen, zeigt, dass hier sowohl eine Stabilisierung als auch teilweise Ergänzung *(Layering)* bereits 2013 etablierter Verfahren zu beobachten ist. Die Struktur der Verhandlungen ähnelte der von 2013 (Siefken 2018, S. 420 f.): Neben den drei Parteivorsitzenden von CDU, CSU und SPD als Verhandlungsführern („Dreierrunde") wurde eine Spitzenrunde mit 15 Mitgliedern gebildet. Diese umfasste alle wichtigen Teilgruppen der künftigen Regierungsformation, indem Partei-, Fraktionsführung sowie die Länder über wichtige Ministerpräsidenten vertreten waren. Gleiches gilt für die 91 Mitglieder umfassende Hauptverhandlungsrunde („Große Runde"), die im Sinne einer umfassenden Mehrebenenverflechtung auch Mitglieder des Europaparlaments integrierte. Die in 18 Arbeitsgruppen stattfindenden fachlichen Verhandlungen entsprachen langfristig etablierten Strukturelementen von Koalitionsverhandlungen (Kropp 2001a). Eine institutionelle Stabilisierung erfuhr das bereits 2013 eingeführte Format einer ergänzenden „Steuerungsgruppe", der als Redaktionsteam koordinierende und Texte finalisierende Aufgaben zukamen. Neben dem fortgesetzten Trend zur Ausweitung und zum

Wachstum der Verhandlungsgremien wiederholte sich 2018 damit ein starker und unmittelbarer Einfluss von Vertretern der Länder. Mutmaßliche Rückkopplungseffekte zwischen Bundes- und Landespolitik werden folglich von Beginn an bei der Institutionalisierung des Koalitionsmanagements antizipiert, was sich auch bei weiteren Institutionen der Kernexekutive zeigt (siehe Abschn. 4.3). Eine weitere Formalisierungsebene schließlich ergab sich dadurch, dass erstmals auch die CDU am 26. Februar einen Parteitag über den vorliegenden Koalitionsvertrag befinden ließ. Ob es sich dabei um die einmalige Abmilderung parteilichen Widerstands oder um eine längerfristige Institutionalisierung handelt, bleibt noch abzuwarten. Die aus 2013 übernommene Praxis der SPD, 2018 erneut einen Mitgliederentscheid über den endgültigen Eintritt in die Regierung abzuhalten, deutet jedenfalls darauf hin, dass einmal eingeführte Praktiken nicht ohne Weiteres aufgegeben werden können, sondern langfristige Pfadabhängigkeiten nach sich ziehen.

Der am 8. Februar vorgelegte und nach den entsprechenden Parteibeschlüssen am 12. März unterzeichnete Koalitionsvertrag stellte an sich bereits ein wichtiges Regelsystem für das Koalitionsmanagement dar (Kropp und Sturm 1998). Der erneut gestiegene Umfang des Koalitionsvertrages – er ist mit 175 Seiten die längste aller bisherigen Vereinbarungen auf Bundesebene (Siefken 2018, S. 424) – deutet darauf hin, dass er von den Akteuren als wichtiger ex ante-Kontrollmechanismus verstanden wird. Er enthielt über die materiellen Festlegungen hinaus explizite Regeln zur „Arbeitsweise der Koalition", die zum Teil über die 2013 vereinbarte Institutionalisierung hinausgingen und diese in einigen Punkten modifizierte und ergänzte. Man einigte sich erneut – an vielen Stellen gleichlautend zu 2013 – auf strikte Koalitionsdisziplin, das Verbot wechselnder parlamentarischer Mehrheiten, einen Koalitionsausschuss als institutionellen Konfliktmanagementmechanismus, die Konsensherstellung bei allen Verfahrens-, Sach- und Personalfragen, interfraktionelles Einvernehmen in der parlamentarischen Arbeit und die konsensuale Beschlussfassung im Kabinett, bei „Fragen, die für einen Koalitionspartner von grundsätzlicher Bedeutung sind". Anders als 2013 beinhaltete der Koalitionsvertrag allerdings bereits die Vereinbarungen zur künftigen Ressortverteilung. Es entfiel hingegen ein Hinweis auf die besondere Wahrung von Oppositionsrechten. Angesichts der neuen Mehrheitsverhältnisse im Bundestag hatte sich dieser Passus von selbst erledigt, bildete die neue Große Koalition doch nur noch eine vergleichsweise kleine parlamentarische Mehrheit. Eine institutionelle Erweiterung (Layering) erfuhr der Koalitionsvertrag jedoch durch die Einführung eines Passus zur Evaluation „zur Mitte der Legislaturperiode". Diese solle den Umsetzungsstand des Koalitionsvertrages genauso umfassen wie die Prüfung, ob „aufgrund aktueller Entwicklungen neue Vorhaben vereinbart werden" müssten (Koalitionsvertrag 2018, S. 174).

Während damit weitgehende Kontinuität in der formalisierten Ausgestaltung der institutionellen Regelsysteme dominierte, zeigten sich bei der Regelanwendung in den ersten Monaten der Regierungszeit gravierende Abweichungen von den vereinbarten Verfahrensweisen. Diese betrafen insbesondere den Koalitionsausschuss als Kernelement des Koalitionsmanagements. Der Koalitionsvertrag sah vor, dass sich die Koalitionspartner „laufend und umfassend miteinander abstimmen und zu Verfahrens-, Sach- und Personalfragen Konsens herstellen" sollten. „Im Konfliktfall und zur Lösung streitiger grundsätzlicher Probleme" sah dieser Koalitionsgespräche im Koalitionsausschuss vor. Dieser sollte zusätzlich auch auf Wunsch eines Koalitionspartners einberufen werden können (Koalitionsvertrag 2018, S. 173). Erneut erwies sich der Koalitionsausschuss in der Praxis des Regierungshandelns allerdings als reines Krisenbewältigungsinstrument. Eine erste Zusammenkunft des Gremiums erfolgt im Juni 2018, als der unionsinterne Streit über die Ausgestaltung der Flüchtlingspolitik bereits eskaliert war und sich zu einer umfassenden Regierungskrise entwickelt hatte. Die SPD schließlich berief sich explizit auf den Koalitionsvertrag, um eine Sitzung des Koalitionsausschusses zu verlangen (*FAZ v.* 15.06.2018). Als kernexekutives Koordinationsinstrument zur Herstellung kollektiver Handlungsfähigkeit hatte das Gremium sich erneut nicht erwiesen. Vielmehr zeigte sich seine Nutzung als nachgelagertes Krisenschutzinstrument – allerdings mit begrenzter Langzeitwirkung, wie das weiterhin hohe Konfliktniveau der Koalition 2018 zeigte.

Ebenfalls unter Druck geriet kurzfristig die Regel des Verbots wechselnder Mehrheiten. Die SPD hatte noch vor Abschluss der Sondierungsgespräche mit der Union einen Gesetzentwurf zur Abschaffung des Werbeverbots bei Schwangerschaftsabbrüchen in den Bundestag eingebracht. Sie hatte in den Verhandlungen mit der Union zunächst durchgesetzt, dass dieser im parlamentarischen Verfahren zur Abstimmung kommen sollte, obwohl offenkundig kein Einvernehmen zwischen den Koalitionären in dieser Sache herzustellen war. Der fraktionsinterne Widerstand innerhalb der Union wuchs jedoch so stark, dass nach langen Verhandlungen die beiden Fraktionsvorsitzenden, Andrea Nahles (SPD) und Volker Kauder (CDU/CSU), dieses Vorhaben der SPD zurückgestellt wurde. Allerdings stand die Vermutung im Raum, dass diese drohende Regelverletzung *(Drift)* nur angesichts der bevorstehenden Kanzlerwahl und der gemeinsamen Befürchtung von Abweichlern bei derselben abgewendet werden konnte (FAZ v. 08.03.2018; FAZ v.15.03.2018).

Schließlich führte die langwierige Regierungsbildung zu deutlichen Veränderungen in der parlamentarischen Praxis des Bundestags, die sich schon 2013 angedeutet hatten. Ähnlich wie vier Jahre zuvor richtete der Bundestag im

November 2017 einen Hauptausschuss sowie weitere wichtige Ausschüsse ein, bevor die Regierungsbildung abgeschlossen war. Allerdings führt die Dauer der Verhandlungen auch dazu, dass im Januar 2018 erstmals auch die Fachausschüsse des Bundestages eingerichtet wurden, obwohl die Koalitionsverhandlungen noch nicht beendet waren (Siefken 2018, S. 412, 420). Hier deutet sich insofern der dauerhafte Ersatz langfristig existierender Regelsysteme mit Bezug zu kernexekutiven Koordinationserfordernissen an *(Displacement)*.

4.2 Zwischen Formalität und informeller Machtarchitektur: Ressortzuschnitt und Kabinettbildung

Anders als 2013, als insbesondere Angela Merkel angesichts des Wahlerfolgs der Union aus einer Position der Stärke heraus agieren konnte, zeigte sich beim Ressortzuschnitt und der Kabinettsbildung die neue und veränderte Machtarchitektur der Koalition. War es vier Jahre zuvor insbesondere aufseiten der CDU zu einer starken Zentralisierung der personellen Entscheidungsfindung gekommen, erwies sich die Dynamik 2017 als völlig verändert (Florack 2015, S. 498 f.): Zum einen nutzte die SPD ihre Verhandlungsposition, um in der letzten Verhandlungsrunde der Koalitionsgespräche einen „Poker um die Ministerposten, wie es ihn in dieser Härte wohl noch nie gegeben hat", zu liefern (SZ v. 09.02.2018). Sie stellte mit der ultimativen Forderung nach einer Besetzung des Finanzministeriums, des Auswärtigen Amtes und des Arbeits- und Sozialministeriums eine Maximalposition auf, denen sich die beiden anderen Koalitionsparteien nur um den Preis eines Scheiterns der Verhandlungen hätten widersetzen können, insbesondere Angela Merkel sah sich gezwungen, für die CDU schmerzhafte Zugeständnisse an die SPD, aber durchaus auch an die CSU zu machen. Jenseits des Amts der Bundeskanzlerin blieb allein die Ressortverantwortung für das Wirtschaftsministerium als darstellbarer Erfolg für die CDU übrig. Die tiefe Unzufriedenheit über die Ressortverteilung, die nach Aussagen CDU-parteiinterner Kritiker im Widerspruch zu „allen Regeln" stand und „jede Ausgewogenheit" vermissen ließ (zit. nach FAZ v. 10.02.2018), konnte Merkel nur mit Hilfe einer über das Kabinett hinausreichende Personalrochade adressieren. Das Ausscheiden von Peter Tauber als CDU-Generalsekretär nutzte Angela Merkel wenige Tage vor dem CDU-Parteitag zur Beschlussfassung über den Koalitionsvertrag, um mit Angela Kramp-Karrenbauer eine in der Partei überaus beliebte und akzeptierte Nachfolgerin vorzuschlagen und damit der Kritik an der Ressortverteilung den Wind aus den Segeln zu nehmen (FAZ v. 18.02.2018; FAZ v. 22.04.2018).

Die Einbindung innerparteilicher Kritiker, hier insbesondere Jens Spahn als Gesundheitsminister, in die Kabinettsdisziplin komplettierte das personelle Gesamtpaket.

Auf der Seite der SPD wiederum nutzte die neue Parteiführung das Personaltableau der CDU ihrerseits, personelle Weichenstellungen im Kabinett mit innerparteilicher Machtdurchsetzung zu verbinden. Die von den parteiinternen Kritikern der Großen Koalition eingeforderte Erneuerung der Partei und der zukunftsweisende Schachzug der Kanzlerin im Adenauer-Haus wurden von der SPD genutzt, um Siegmar Gabriel nicht wieder als Außenminister zu nominieren und stattdessen auf eine besondere personelle „Team-Logik" im Kabinett zu verweisen (*FAZ* v. 02.03.2018). Nicht zuletzt bot diese Rochade eine Möglichkeit, Olaf Scholz als Finanzminister und Vizekanzler als Schwergewicht im Kabinett zu positionieren (SZ v. 01.08.2018) und eine entsprechende Arbeitsteilung mit Andrea Nahles als Partei- und Fraktionsvorsitzende zu etablieren, insofern macht die Ressortverteilung deutlich, dass jenseits von fachpolitischer Zuständigkeit und personeller Besetzung damit auch konkrete Erwartungen hinsichtlich der künftigen Regierungskoordination und -steuerung waren.

Das für die Bundesrepublik eher untypische „Kreuzstichverfahrens" (Thies 2001; Manow 1996, S. 96 ff.; Miller und Müller 2010, S. 160 ff.), welches 2013 bei der Besetzung von Staatssekretärsposten relevant gewesen war, wurde auf der Ebene der Parlamentarischen Staatssekretäre bzw. Staatsminister wieder beendet. Die CDU erhielt im Koalitionsvertrag den Zuschlag für die Besetzung dieser Ämter im Bundeskanzleramt, während die Staatsminister im Auswärtigen Amt künftig nur noch von der SPD bestellt werden sollten. Als angesichts unionsinterner Proporzüberlegungen im Kanzleramt noch das Amt einer Staatsministerin für Digitalisierung geschaffen und mit Dorothee Bär (CS) besetzt wurde, erhielt die SPD abweichend vom Koalitionsvertrag noch einen dritten Staatsminister im AA zugesprochen (FAZ v. 13.05.2018). Damit wurde auch ein eigentlich klassischer Mechanismus des Koalitionsmanagements (Miller und Müller 2010, S. 160 ff.) abgewickelt und andere Koordinationsmechanismen zwischen den parteipolitisch nun wieder klar getrennten Ressorts gestärkt. Diese Herausforderung zeigt sich ebenfalls im Bereich der Kulturpolitik, wo künftig zwischen Monika Grütters (CDU) und Michelle Müntefering (SPD) trotz klarer Aufgabetrennung im Koalitionsvertrag in der Praxis eine starke Koordination der Aufgabenwahrnehmung stattfinden muss. Prädestiniert ist dazu das Bundeskanzleramt in seiner institutionellen Rolle als „Kern der Kernexekutive", aber auch das nun institutionell und personell stark veränderte Finanzministerium unter Führung von Olaf Scholz.

4.3 Der Kern der Kernexekutive: Die Regierungszentrale zwischen Machtzentralisierung und kernexekutiver Verflechtung

„Je geringer die Machtzentralisierung, desto größer ist der Koordinierungsbedarf in der Kernexekutive", formuliert Glaab (Glaab 2010, S. 130) die Erwartungen an das Bundeskanzleramt unter den Bedingungen einer großen Koalition. Trotz einer üblicherweise stark pfadabhängigen und auf Kontinuität ausgerichteten Entwicklungsdynamik der Regierungszentrale (Sturm und Pehle 2007, S. 61 ff.; Knoll 2004) deuten eine Reihe von Veränderungen darauf hin, dass das Kanzleramt auf die veränderte politische Lage durch Anpassungen der Organisationsstruktur neu ausgerichtet werden soll. Dabei gehen bei stark leitungsorientierten Organisationen wie einer Regierungszentrale institutioneller und organisatorischer Wandel oftmals von personellen Veränderungen aus (Florack 2013, S. 440). „Informalitätskulturen" (Pannes 2011, S. 76) etablieren sich dann gewissermaßen rund um die vorhandene Formalstruktur entlang personeller Netzwerke. Dies gilt im Kanzleramt in besonderer Weise für den jeweiligen Chef. Bei der Besetzung dieses Amts bleibt sich Angela Merkel auch 2018 treu: die bisherigen Kanzleramtschefs während ihrer Kanzlerschaft blieben immer nur vier Jahre im Amt (FAZ v. 18.03.2018). Folglich verließ auch der bisherige Amtsinhaber Peter Altmaier das Kanzleramt und wurde zum neuen Wirtschaftsminister berufen. Die Berufung des bisherigen Staatsministers im Kanzleramt, Helge Braun, zu seinem Nachfolger erscheint vor dem Hintergrund des Aufgabenprofils folgerichtig: Er war von 2013 an im Kanzleramt für die Bund-Länder-Beziehungen zuständig und eng in die Verhandlungen zur Neuordnung der Finanzbeziehungen zwischen Bund und Ländern eingebunden gewesen. Die Tatsache, dass in der vergangenen Legislaturperiode trotz komplizierter Mehrheitsverhältnisse zwischen Bundestag und Bundesrat nur drei Vermittlungsverfahren notwendig geworden waren, wurde auch als sein Verdienst wahrgenommen (FAZ v. 18.03.2018). Da er zudem seit geraumer Zeit allgemeine Koordinationsaufgaben von Peter Altmaier übernommen hatte, erschien seine Berufung folgerichtig. Hinzu kam aber auch noch eine politikfeldbezogene Begründung: Der Koalitionsvertrag sah nicht nur einen Schwerpunkt im Bereich der Digitalisierung vor, sondern auch eine entsprechende personelle und inhaltliche Konzentration diesbezüglicher Aufgaben im Kanzleramt. Die Berufung von Dorothee Bär als hierfür zuständiger Staatsministerin machte eine enge Abstimmung mit der Hausspitze nötig. Da Braun sich in diesem Politikfeld auch bereits während der Koalitionsverhandlungen positioniert hatte, erschien er auch unter diesem Gesichtspunkt als besonders geeignet (FAZ v. 19.03.2018; FAZ v. 26.02.2018; FAZ v. 18.03.2018).

Hinzu kam eine weitere policy- und personalpolitisch bedingte Organisationsveränderung. Die schon lange mit politischer Planung betraute und persönliche Vertraute der Kanzlerin, Eva Christiansen, erhielt in einer neu zugeschnittenen Abteilung 6 des Kanzleramts die Zuständigkeit sowohl für die politische Planung als auch für Digitalpolitik, insofern ergaben sich hier angesichts der oben beschriebenen Policy-Akzentuierung zusätzliche Verschränkungen zur Hausspitze. Diese inhaltliche, personelle und organisatorische Akzentverschiebung wurde auch dadurch deutlich, dass zugleich mit der Auflösung des „Koordinierungsstabes Flüchtlingspolitik" das die vorangegangene Legislaturperiode prägende Großthema in institutioneller Hinsicht wieder abgewickelt wurde (*SZ* v. 24.04.2018). Hinzu kommen beinahe routinemäßige Personalpatronage vonseiten der Hausspitze. So wurde beispielsweise der langjährige stellvertretende Büroleiter der Kanzlerin, Bernhard Kotsch, zum Leiter der für die Nachrichtendienste zuständigen Abteilung 7, nachdem der Vorgänger altersbedingt ausgeschieden war (FAZ v. 16.03.2018).

Für eine klare Einschätzung, welche institutionellen Entwicklungsprozesse und informelle Regelsysteme sich vor diesem Hintergrund langfristig entfalten, ist es derzeit noch zu früh. Allerdings zeichnete sich bereits eine weitere kernexekutive Netzwerkbildung ab, die ebenfalls zum Kernbestand der regierungsinternen Koordinationsroutinen in der Bundespolitik gehört: Die Übernahme des Finanzministeriums durch Olaf Scholz und seine Funktion als Stellvertreter der Bundeskanzlerin führten dazu, dass diesem Ressort künftig die Rolle eines „Nebenkanzleramts" zukommt. Ein entsprechender Bedeutungszuwachs lässt sich auch daran ablesen, dass von insgesamt 209 nach dem Regierungswechsel neu beantragten Stellen der Regierungsadministration beim Haushaltsausschuss, 41 dieser Stellen auf einen neu strukturierten Leitungsbereich im Finanzministerium entfallen sollten (Siefken 2018, S. 432). Ziel war es, das Ressort zur „Machtzentrale der Sozialdemokraten" (*SZ* v. 01.08.2018; *Die ZEIT* v. 28.03.2018) auszubauen, in dieses Bild passt auch, dass Scholz langjährige Vertraute als Staatssekretäre berief und keine Mitarbeiter im unmittelbaren Leitungsbereich von seinem Vorgänger übernahm. Vielmehr ging es darum, „aus den sozialdemokratisch geführten Häusern eine schlagkräftige Einheit [zu] formen und dafür [zu] sorgen, dass Scholz zu allen relevanten politischen Themen mit der nötigen Expertise versorgt wird" (*Die ZEIT* v. 28.03.2018). Das würde zur bisher eingeübten Praxis passen, das Ressort des „Vizekanzlers" zu einer kernexekutiven Schaltstelle neben dem Kanzleramt werden zu lassen (Glaab 2010, S. 136 f.). Angesichts der Arbeitsteilung mit der neuen SPD-Vorsitzenden und Fraktionsvorsitzenden Andrea Nahles ergeben sich darauf aber wiederum kernexekutive Abstimmungsnotwendigkeiten zwischen Regierungsadministration und -fraktionen.

4.4 Parteiliche und parlamentarische Absicherung: Parteiliche Vertretungsmacht und interfraktionelle Koordinierung

Interfraktionelle Koordinationsstrukturen sind essenzieller Bestandteil der Kernexekutive. Entsprechende institutionelle Mechanismen sind beinahe schon klassische Gegenstandsbereiche von Koalitionsvereinbarungen, sorgen sie doch für die notwendige parlamentarische Rückbindung exekutiver Entscheidungen und Schwerpunktsetzungen. Dementsprechende Praktiken beinhaltete auch der Koalitionsvertrag von 2018: Ihm zufolge wird über „das Verfahren und die Arbeit im Parlament [...] Einvernehmen zwischen den Koalitionsfraktionen hergestellt". Auch die Übermittlung der Kabinettstagesordnungen an die Fraktionen wird dort festgehalten, um ein Mindestmaß an Informationsaustausch zu garantieren.

Bereits die Vorgespräche zu den Sondierungen hatte deutlich gemacht, dass den Fraktionsführungen der Koalitionspartner auch bei der Neuauflage der Großen Koalition eine bedeutsame Rolle zukommen würde. Dabei sorgten insbesondere die personellen Veränderungen bei SPD und CSU für Veränderungsdruck gegenüber der vorangegangenen Legislaturperiode. Mit dem Wechsel in der Fraktionsführung von Thomas Oppermann zu Andrea Nahles wurde allerdings die Erwartung einer funktionierenden Arbeitsbeziehung verbunden (so FAZ v. 08.01.2018). Zudem war zu erwarten, dass angesichts der Zusammenführung von Fraktions- und Parteiführung aufseiten der SPD auch eine größere Verbindlichkeit interfraktioneller Abstimmungen die Folge ist. Der Wechsel von Alexander Dobrindt aus dem Kabinett in das Amt des CSU-Landesgruppenchefs markierte wiederum seinen Aufstieg in eine bedeutsame Koordinationsfunktion zwischen den Koalitionären. Die Wiederwahl von Volker Kauder aufseiten der CDU gewährleistete zum einen personelle Kontinuität und eingespielte Abstimmungsroutinen auf Seiten der CDU (FAZ v. 27.09.2017; *FAZ* v. 26.08.2018). Gleichwohl machte das vergleichsweise schlechte Ergebnis Kauders bei seiner Wahl im September 2017 deutlich, dass der innerfraktionelle Druck auf ihn kontinuierlich zunahm und dieser angesichts der absoluten Loyalität Kauders gegenüber der Kanzlerin auch auf diese abzielte (FAZ v. 27.09.2017), insofern erschien es beinahe folgerichtig, dass mit Ralph Brinkhaus einer seiner Stellvertreter signalisierte, im September 2018 als Gegenkandidat antreten zu wollen (*FAZ* v. 31.08.2018). Eine eigenständigere Gestaltungsrolle der CDU/CSU-Fraktion hatte sich bereits im Juni 2018 angedeutet, als nicht zuletzt ihre Positionierung im Streit zwischen CDU und CSU eine wichtige Rolle für die Beilegung der Auseinandersetzung spielte, insgesamt deuten die Erfahrungen der ersten Monate der neuen Regierungsformation allerdings darauf hin, dass insbesondere die

Abstimmungsprozesse zwischen CDU und CSU bislang nur unzureichend funktionieren. Das fortgesetzt hohe Konfliktniveau der vergangenen Monate macht deutlich, dass die Große Koalition faktisch eine Dreierkoalition ist.

Jenseits dieser stark machtpolitischen Implikationen konnte sich die interfraktionelle Zusammenarbeit aber weiterhin auf etablierte Routinen stützen, derer sich auf die neuen Fraktionsführungen bedienten. Dazu gehörten beispielsweise Klausurtagungen der Geschäftsführenden Fraktionsvorstände (FAZ v. 08.05.2018). Sie wahren damit trotz der Handlungseinheit von Regierung, Mehrheitsfraktionen und den sie tragenden Parteien ein gewisses Maß an Eigenständigkeit. Jenseits der funktionalen Anforderungen an institutionelle Regelsysteme werden hiermit auch ihr machtverteilender Charakter und die damit verbundenen Kämpfe zwischen Akteuren deutlich.

5 Ausblick

Institutionelle Regelsysteme, Kernexekutivstrukturen, Informalitätskulturen und Formalstrukturen durchwirkende „informelle Machtarchitekturen" (Grunden 2014) entwickeln sich inkrementell und über längere Zeiträume hinweg. Im von Institutionen und Akteuren geprägten Spannungsfeld aus ungesteuerter Institutionenentwicklung und intentionalem Institutionendesign zeigen sich dabei aufeinander bezogene Transformationsmodi, die sowohl zu institutioneller Stabilisierung und Veränderung führen. Die Regierungsbildung der Kernexekutive ist insofern auch nicht nach einer bestimmten Frist abgeschlossen. Sie verändert sich im Laufe einer Legislaturperiode unter veränderten Rahmenbedingungen und angesichts personeller Wechsel an Schlüsselstellen. Es bleibt daher abzuwarten, ob die seit der Bundestagswahl erkennbaren Strukturmuster der Kernexekutive Bestand haben werden. Eines ist jedenfalls jetzt schon erkennbar: die neue Große Koalition wird auch in kernexekutiver Hinsicht kein Aufguss des Alten.

Literatur

Andeweg, Rudy. 2003. On Studying Governments. In *Governing Europe*, Hrsg. J. Hayward, A. Menon, 39–60. Oxford: Oxford University Press.
Bannas, G. 2017. An Tagen wie diesen. *Frankfurter Allgemeine Zeitung 226 (03)*.
Bannas, G. 2018. Bruch eines hehren Grundsatzes. *Frankfurter Allgemeine Zeitung 57 (08)*.
Bannas, G., M. Wehner, und M. Sattar. 2018a. Wenn das Unaussprechliche passieren sollte. *Frankfurter Allgemeine Zeitung 52 (04)*.

Bannas, G., P. Carstens, und M. Sattar. 2018b. Dröhnende Stille. *Frankfurter Allgemeine Zeitung 63 (03)*.
Bannas, G., und M. Sattar. 2018. Ergebnisoffen. *Frankfurter Allgemeine Zeitung 11 (03)*.
Benz, Arthur. 2004. Institutionentheorie und Institutionenpolitik. In *Institutionenwandel in Regierung und Verwaltung*, Hrsg. A. Benz, H. Siedentopf, K.-P. Sommermann, 19–31. Berlin: Duncker & Humblot.
Blätte, Andreas. 2011. Akteure, seht die Signale! Mobilisierungsprobleme und Symbolpolitik in Politikbereichen mit Querschnittscharakter. In *Regierungszentralen. Organisation, Steuerung und Politikformulierung zwischen Formalität und Informalität*, Hrsg. M. Florack, und T. Grunden, 311–332. Wiesbaden: Springer VS.
Bröchler, S., und J. von Blumenthal, Hrsg. 2011. *Regierungskanzleien im politischen Prozess*, Wiesbaden: Springer VS.
Brost, M., P. Dausend, T. Hildebrandt, und P. Pinzler. 2018. Dagegenregierung. *Die ZEIT 13/2018*.
Busse, Volker. 2017. *Bundeskanzleramt und Bundesregierung. Aufgaben, Organisation, Arbeitsweise*, Heidelberg: C.F. Müller.
Carstens, P., und F. Pergande. 2018a. Narkosearzt im Kanzleramt. *Frankfurter Allgemeine Zeitung 11 (04)*.
Carstens, P., und F. Pergande. 2018b. "Ich erwarte Digitalkompetenz in jedem Ministerium". *Frankfurter Allgemeine Zeitung 66 (02)*.
Czada, R. und U. Schimank. 2001. Der "Neue Institutionalismus". Hagen.
Dausend, P., und M. Schieritz. 2018. Das Gegenkanzleramt. *Die ZEIT 14/2018*.
Derlien, H.-U., und A. Murswieck, Hrsg. 2001a. *Regieren nach Wahlen*, Opladen: Leske+Budrich.
Derlien, H.-U., und A. Murswieck. 2001b: Regieren nach Wahlen. Phasen, Konstellationen und Dimensionen der Transition. In *Regieren nach Wahlen*, H.-U. Derlien und A. Murswieck, 7–14. Opladen: Leske+Budrich.
Deutscher Bundestag. 2018. *Plenarprotokoll 19/22*.
DiMaggio, P. J., und W. W. Powell. 1983. The Iron Cage Revisited, institutional Isomorphism and Collective Rationality in Organizational Fields. *American Sociological Review* 48: 2: 147–160.
Dunleavy, P., und R. A. W. Rhodes. 1990. Core Executive Studies in Britain. *Public Administration* 68: 1: 3–28.
Florack, M., und T. Grunden, Hrsg. 2011. *Regierungszentralen. Organisation, Steuerung und Politikformulierung zwischen Formalität und Informalität*. Wiesbaden: Springer VS.
Florack, Martin. 2010. Institutionalisierung eines dosierten Parteienwettbewerbs. Eine institutionentheoretische Analyse des Koalitionsmanagements in Nordrhein-Westfalen 1995–2010. In *Koalitionsregierungen in den Ländern und Parteienwettbewerb*, Hrsg. J. Oberhofer, und R. Sturm, 142–168. München: Allitera.
Florack, Martin. 2013. *Transformation der Kernexekutive. Eine neo-institutionalistische Analyse der Regierungsorganisation in NRW 2005–2010*. Wiesbaden: Springer VS.
Florack, Martin. 2015. Regierungsbildung der Kernexekutive, institutionelle Transformationsprozesse der Regierungsorganisation zur Herstellung kollektiver Handlungsfähigkeit. In *Die Bundestagswahl 2013. Analysen der Wahl-, Parteien-, Kommunikations- und Regierungsforschung*, Hrsg. Karl-Rudolf Korte, 485–507. Wiesbaden: Springer VS.

Frasch, T. 2018. Gipfel der Symbolik. *Frankfurter Allgemeine Zeitung 106 (02).*
Gammelin, C. 2018. Still an die Spitze. *Süddeutsche Zeitung 175 (05).*
Gassert, P. L., und H. J. Hennecke, Hrsg. 2017. *Koalitionen in der Bundesrepublik. Bildung, Management und Krisen von Adenauer bis Merkel.* Paderborn: Ferdinand Schöningh.
Gebauer, Klaus-Eckart. 2006: Landesregierungen. In *Landespolitik in Deutschland. Grundlagen – Strukturen – Arbeitsfelder,* Hrsg. H. Schneider und H. G. Wehling, 130–147. Wiesbaden: VS Verlag für Sozialwissenschaften.
Glaab, Manuel. 2010. Political Leadership in der Großen Koalition. Führungsressourcen und -stile von Bundeskanzlerin Merkel. In *Die zweite Große Koalition. Eine Bilanz der Regierung Merkel 2005 – 2009,* Hrsg. C. Egle und R. Zohlnhöfer, 123–155. Wiesbaden: VS Verlag für Sozialwissenschaften.
Grunden, Timo. 2009: *Politikberatung im Innenhof der Macht. Zu Einfluss und Funktion der persönlichen Berater deutscher Ministerpräsidenten.* Wiesbaden: VS Verlag für Sozialwissenschaften.
Grunden, Timo. 2014. Informelle Machtarchitekturen im parlamentarischen Regierungssystem – Zur Analyse der Entstehung, Funktion und Veränderung informeller Institutionen. In *Informelle Politik. Konzepte, Akteure und Prozesse,* Hrsg. T. Grunden und S. Bröchler, 17–49. Wiesbaden: Springer VS.
Hall, P. A., und R. C. R. Taylor. 1996. Political Science and the Three New Institutionalisms. *Political Studies* 44: 4: 936–957.
Helms, Ludger 2005: *Regierungsorganisation und politische Führung in Deutschland.* Wiesbaden: VS Verlag für Sozialwissenschaften.
Knoll, Thomas. 2004. *Das Bonner Bundeskanzleramt. Organisation und Funktionen von 1949–1999.* Wiesbaden: VS Verlag für Sozialwissenschaften.
Koalitionsvertrag 2018. *Ein neuer Aufbruch für Europa. Eine neue Dynamik für Deutschland. Ein neuer Zusammenhalt für unser Land. Koalitionsvertrag zwischen CDU, CSU und SPD.* 12.03.2018.
König, K. 1999. Regierungsbildung und Regierungsapparat. *Gegenwartskunde* 48: 1: 45–56.
König, Klaus 2002: *Verwaltete Regierung. Studien zur Regierungslehre.* Köln: Heymanns.
Korte, K.-R. und T. Grunden. 2010. *Informelle Institutionen zur Herstellung kollektiver Handlungsfähigkeit durch Regierungszentralen in deutschen Bundesländern. Eine vergleichende Analyse zur Etablierung und Veränderung informeller Regelsysteme* (Unveröffentlichter Antrag auf Förderung eines Forschungsvorhabens an die DFG). Duisburg.
Korte, Karl-Rudolf, und M. Fröhlich. 2009. *Politik und Regieren in Deutschland. Strukturen, Prozesse, Entscheidungen.* Paderborn: UTB.
Korte, Karl-Rudolf. 2001. Der Anfang vom Ende. Machtwechsel in Deutschland. In *Aufstieg und Fall von Regierungen. Machterwerb und Machterosion in westlichen Demokratien,* Hrsg. G. Hirscher und K.-R. Korte, 23–64. München: Olzog.
Kropp, Sabine, und R. Sturm. 1998. *Koalitionen und Koalitionsvereinbarungen. Theorie, Analyse und Dokumentation.* Opladen: Leske+Budrich.
Kropp, Sabine. 2001a. Koalitionsverhandlungen nach Wahlen. Akteure, Strukturen, Programme. In *Regieren nach Wahlen,* Hrsg. H.-U. Derlien und A. Murswieck, 59–83. Opladen: Leske+Budrich.
Kropp, Sabine. 2001b. *Regieren in Koalitionen. Handlungsmuster und Entscheidungsbildung in deutschen Länderregierungen.* Wiesbaden: Westdeutscher Verlag.

Levy, D., und M. Scully. 2007. The Institutional Entrepreneur as Modern Prince. The Strategic Face of Power in Contested Fields. *Organization Studies* 28: 7: 971–992.

Mahoney, J. 2017. Shift Happens. The Historical Institutionalism of Kathleen Thelen. *Political Science & Politics* 50 (04): 1115–1119.

Mahoney, J. K. A. Thelen, Hrsg. 2010a. *Explaining Institutional Change. Ambiguity, Agency, and Power*. Cambridge: Cambridge University Press.

Mahoney, J., und K. Thelen. 2010b. A Theory of Gradual Institutional Change. In *Explaining Institutional Change. Ambiguity, Agency, and Power*, Hrsg. J. Mahoney und K. A. Thelen, 1–37. Cambridge: Cambridge University Press.

Manow, P. 1996. Informalisierung und Parteipolitisierung. Zum Wandel exekutiver Entscheidungsprozesse in der Bundesrepublik. *Zeitschrift für Parlamentsfragen* 27: 1: 96–107.

Mayntz, R., und F. W. Scharpf. 1995. Der Ansatz des akteurzentrierten Institutionalismus. In *Gesellschaftliche Selbstregelung und politische Steuerung*, Hrsg. R. Mayntz und F. W. Scharpf, 39–72. Frankfurt/Main: Campus.

Mayntz, Renate. 2002. Zur Theoriefähigkeit makro-sozialer Analysen. *In Akteure – Mechanismen – Modelle. Zur Theoriefähigkeit makro-sozialer Analysen*, Hrsg. Renate Mayntz, 7–43. Frankfurt/Main: Campus.

Miller, B., und W. C. Müller. 2010. Koalitionsmechanismen in einer Großen Koalition: Das Beispiel der Regierung Merkel. In *Die zweite Große Koalition. Eine Bilanz der Regierung Merkel 2005 – 2009*, Hrsg. C. Egle, und R. Zohlnhöfer, 156–179. Wiesbaden: VS Verlag für Sozialwissenschaften.

Müller, W. C. und T. M. Meyer. 2010. Meeting the Challenges of Representation and Accountability in Multi-Party Governments. *West European Politics* 33: 5: 1065–1092.

Müller, W. C., K. Strøm. 2000. Coalition Governance in Western Europe. An Introduction. In *Coalition Governments in Western Europe*, Hrsg. W. C. Müller und K. Strøm, 1–31. Oxford: Oxford University Press.

Müller, Wolfgang C. 2005. Die Relevanz von Institutionen für Koalitionstreue. Theoretische Überlegungen und Beobachtungen zur Bundesrepublik Deutschland. In *Mechanismen der Politik. Strategische Interaktion im deutschen Regierungssystem*, Hrsg. S. Ganghof, und P. Manow, 73–107. Frankfurt/Main: Campus.

o. A. 2018a. Tiefe Unzufriedenheit in den CDU-Landesverbänden. *Frankfurter Allgemeine Zeitung 35 (02). 10.02.2018*.

o. A. 2018b. Merkel zieht Digitalisierung ins Kanzleramt. *Frankfurter Allgemeine Zeitung 48 (17). 26.02.2018*.

o. A. 2018c. Aufsicht über Geheimdienste im Kanzleramt neu geordnet. *Frankfurter Allgemeine Zeitung 64 (04). 16.03.2018*.

o. A. 2018d. Streit in Union wird zur Regierungskrise. *Frankfurter Allgemeine Zeitung 136 (01). 15.06.2018*.

o. A. 2018e. Die Rettung des Volker Kauder. *Frankfurter Allgemeine Zeitung 34 (26). 26.08.2018. 24.04.2018*.

o. A. 2018f. Posten für Merkel-Vertraute. *Süddeutsche Zeitung 96 (05)*.

Pannes, Tina. 2011. Dimensionen informellen Regierens. In *Regierungszentralen. Organisation, Steuerung und Politikformulierung zwischen Formalität und Informalität*, Hrsg. M. Florack und T. Grunden, 35–92. Wiesbaden: VS Verlag für Sozialwissenschaften.

Pergande, F. 2018. Der General. *Frankfurter Allgemeine Zeitung 16 (02)*.

Peters, B. G., R. A. W. Rhodes, V. Wright, Hrsg. 2000. *Administering the Summit. Administration of the Core Executive in Developed Countries*, London: Palgrave Macmillan.
Pierson, Paul. 2004. *Politics in time. History, institutions, and social analysis*. Princeton: Princeton University Press.
Rhodes, R. A. W., P. Dunleavy, Hrsg. 1995. *Prime minister, cabinet and core executive*, New York: St. Martin's Press.
Rhodes, Roderick A. W. 1995. From Prime Ministerial Power to Core Executive. In *Prime minister, cabinet and core executive*, Hrsg. R. A. W. Rhodes, P. Dunleavy, 11–37. New York: St. Martin's Press.
Rossmann, R. 2018. Schweigen, nichts als Schweigen. *Süddeutsche Zeitung 33 (02)*.
Rudzio, W. 2008. Informelles Regieren. Koalitionsmanagement der Regierung Merkel. *Aus Politik und Zeitgeschichte* 16: 11–17.
Sattar, M. 2018. In neuer Rolle. *Frankfurter Allgemeine Zeitung 6 (08)*.
Savoie, D. J., Hrsg. 1993. *Taking Power. Managing Government Transition*. Toronto: Institute of Public Administration of Canada.
Schäfers, M. 2018. Machtanspruch. *Frankfurter Allgemeine Zeitung 202 (08)*.
Scharpf, Fritz W. 2000. *Interaktionsformen. Akteurzentrierter Institutionalismus in der Politikforschung*. Opladen: Leske+Budrich.
Schmelcher, A. 2018. Doppeltes Lottchen. *Frankfurter Allgemeine Zeitung 19 (05)*.
Schmidt, M. G. 1996. When Parties Matter. A Review of the Possibilities and Limits of Partisan Influence on Public Policy. *European Journal of Political Science* 30: 2: 155–184.
Schmidt, Manfred G. 2008a. Germany. The Grand Coalition State. In *Comparative European politics,* Hrsg. Colomer, Josep Maria, 58–93. London: Routledge.
Schmidt, V. A. 2008b. Discursive Institutionalism: The Explanatory Power of Ideas and Discourse. *Annual Review of Political Science* 11: 303–326.
Siefken, S. T. 2018. Regierungsbildung „wider Willen" – der mühsame Weg zur Koalition nach der Bundestagswahl 2017. *Zeitschrift für Parlamentsfragen* 49 (2): 407–436.
Steinmeier, Frank-Walter. 2018. Ernennung des Bundeskabinetts. http://www.bundespraesident.de/SharedDocs/Reden/DE/Frank-Walter-Steinmeier/Reden/2018/03/180314-Ernennung-Bundeskabinett.html. Zugegriffen: 14.09.2018.
Streeck, W., K. Thelen, Hrsg. 2005a. *Beyond continuity, institutional change in advanced political economies*. Oxford: Oxford University Press.
Streeck, W., K. Thelen. 2005b. Introduction, institutional Change in Advanced Political Economies. In *Beyond continuity, institutional change in advanced political economies,* Hrsg. W. Streeck und K. Thelen, 1–39. Oxford: Oxford University Press.
Sturm, R., S. Kropp, Hrsg. 1999. *Hinter den Kulissen von Regierungsbündnissen. Koalitionspolitik in Bund, Ländern und Gemeinden*. Baden-Baden: Nomos.
Sturm, R., und H. Pehle. 2007. Das Bundeskanzleramt als strategische Machtzentrale. In *"Jenseits des Ressortdenkens". Reformüberlegungen zur Institutionalisierung strategischer Regierungsführung in Deutschland,* Hrsg. Bertelsmann Stiftung, 56–106. Gütersloh.
Thelen, K. A., und S. Steinmo. 1992. Historical Institutionalism in Comparative Politics. In *Structuring politics. Historical institutionalism in comparative analysis,* Hrsg. S. Steinmo, K. Thelen, und F. Longstreth, 1–32. Cambridge: Cambridge University Press.

Thelen, Kathleen. 2004. *How institutions evolve. The Political Economy of Skills in Germany, Britain, the United States, and Japan.* Cambridge: Cambridge University Press.

Thies, M. F. 2001. Keeping Tabs on Partners. The Logic of Delegation in Coalition Governments. *American Journal of Political Science* 45: 3: 580–598.

Wehner, M. 2018. Am Ende fehlte ihm die Autorität. *Frankfurter Allgemeine Zeitung 42 (04).*

Zohlnhöfer, Reimut. 2001. Politikwechsel nach Machtwechseln. Die Wirtschaftspolitik der Regierungen Kohl und Schröder im Vergleich. In *Regieren nach Wahlen*, Hrsg. H.-U. Derlien, und A. Murswieck, 167–193. Opladen: Leske+Budrich.

Who is who in der Großen Koalition? Zur Rollenverteilung von CDU, CSU und SPD in der Großen Koalition im Bereich der Außen- und Sicherheitspolitik

Sven Morgen

Zusammenfassung

Große Koalitionen werden in der Außenpolitikanalyse meist als Zweiparteienkoalitionen (Union und SPD) modelliert. Dies verkennt jedoch die Eigenständigkeit der CSU, die in der dritten Großen Koalition (2013–2017) auch in der Außenpolitik eigenständige Positionen formulierte. Mit Hilfe von Analyseansätzen, die den Einfluss von Juniorpartnern auf außenpolitische Entscheidungen untersuchen, wird in einem innovativen Ansatz und aus Perspektive einer Dreiparteienkoalition der Einfluss der CSU als zweiter Juniorpartner auf die Außenpolitik Deutschlands untersucht. Dies geschieht am Beispiel der Sanktionspolitik gegenüber Russland und der Reaktion Deutschlands auf die Flüchtlingsbewegung 2015/2016. Die CSU hat hier versucht, die Entscheidungen zu beeinflussen, ist aber trotz vielfältigster Taktiken gescheitert.

1 Einleitung

Außenpolitik als vornehmlich exekutive Domäne ist ganz entscheidend von den Machtkonstellationen und Entscheidungsprozessen innerhalb von Regierungskoalitionen abhängig. Die Frage, wie Koalitionen außen- und sicherheitspolitische Entscheidungen treffen und damit internationale Politik beeinflussen, wurde

---

S. Morgen (✉)
Institut für Politikwissenschaft, Friedrich-Schiller-Universität, Jena, Deutschland
E-Mail: sven.morgen@uni-jena.de

© Springer Fachmedien Wiesbaden GmbH, ein Teil von Springer Nature 2019
K.-R. Korte und J. Schoofs (Hrsg.), *Die Bundestagswahl 2017*,
https://doi.org/10.1007/978-3-658-25050-8_24

bislang in der Forschung nur wenig aufgegriffen und selten systematisch untersucht.[1] Dies gilt insbesondere für Große Koalitionen in Deutschland – unter anderem, weil es bislang nur drei von ihnen gab (1966–1969; 2005–2009 und 2013–2017). Die meisten Beiträge, die sich mit Großen Koalitionen aus außenpolitischer Perspektive befassen, fokussieren entweder auf die Wiedergabe einer außenpolitischen Policy-Bilanz (bspw. Gareis 2010) oder fragen, ob Große Koalitionen eine befähigende oder hemmende Wirkung auf die Außen- und Sicherheitspolitik haben (bspw. Schieder 2008 und Harnisch 2010). Wie die strukturellen Eigenheiten einer Großen Koalition die außenpolitischen Entscheidungsprozesse beeinflussen, wurde bislang jedoch noch nicht untersucht.

Ansatzpunkt hierfür sind die Fragen, ob und wie kleinere Koalitionspartner Einfluss auf außenpolitische Entscheidungsprozesse nehmen können. Die Arbeiten von Kaarbo (1996 und 2012) sind hier grundlegend und wurden von Oppermann und Brummer (2014) sowie Oppermann et al. (2016) mit Bezug zu Deutschland aufgenommen und weiterentwickelt. Der Beitrag schließt hier an und will diese Ansätze durch die Anwendung auf die dritte Große Koalition (2013–2017) erweitern.

Große Koalitionen sind mittlerweile keine historischen Ausnahmen mehr und müssen spätestens mit der vierten Großen Koalition seit 2018 und in Folge der Zersplitterung des Parteiensystems als ein reguläres Phänomen des deutschen Regierungssystems verstanden werden.

Ausgangspunkt für den Beitrag ist die Feststellung, dass allen empirischen und theoretisch-konzeptionellen Untersuchungen zum Einfluss von Koalitionen auf Außen- und Sicherheitspolitik in Deutschland gemein ist, dass sie sowohl in *normalen* Koalitionen (ein großer und ein kleiner Partner) als auch bei Großen Koalitionen grundsätzlich die Union, also CDU und CSU, als *eine* Partei beziehungsweise als *ein* Akteur erfassen. Dies hat zur Folge, dass in Großen Koalitionen allein die SPD als Juniorpartner charakterisiert wird[2] und eine potenziell eigenständige Rolle der CSU auf dem Feld der Außen- und Sicherheitspolitik nicht erfasst und analysiert werden kann.

Für diese *Verengung* auf Union vs. SPD in der Analyse von Großen Koalitionen gibt es drei Gründe: 1) Die erste Große Koalition (1966–1969) war von einem

---

[1]Vgl. Kaarbo (2012), insbesondere S. 8; Harnisch (2010); eine gute Übersicht geben Oppermann und Brummer (2014).
[2]Bpsw. untersucht Kaarbo (1996) die Auseinandersetzung in der ersten Großen Koalition 1966–1969 bzgl. der Frage der Ostpolitik und charakterisiert dabei allein die SPD als Juniorpartner. Die CSU findet keine direkte Erwähnung.

deutlichen Antagonismus zwischen der konservativen Union und der linken SPD geprägt, der in der Außenpolitik deutlich wurde (z. B. die neue Ostpolitik) und zu einer starken Lagerbildung von CDU und CSU gegenüber der SPD führte. 2) Nach der Wende hat sich dieser Antagonismus abgeschwächt und *zu einem parteiübergreifenden Konsens in der Außen- und Sicherheitspolitik* geführt (Ausnahme sind hier Die Linke und die AfD), der insbesondere in der zweiten Großen Koalition (2005–2009) deutlich wurde. So charakterisiert Gareis die Außen- und Sicherheitspolitik der zweiten Großen Koalition als „harmonisch" und stellt eine „weitreichende Übereinstimmung der beiden Koalitionspartner in der Bewertung wie auch im Umgang mit den wesentlichen [außen]politischen Herausforderungen für Deutschland" (Gareis 2010, S. 240 f.) heraus. 3) Die „Erosion der CSU während der [zweiten] Großen Koalition" (Oberreuter 2010, S. 285) hat dazu geführt, dass *die CSU aufgrund interner Probleme, Macht und Einfluss auf die Bundespolitik verloren hat* und deswegen auch auf dem Feld der Außen- und Sicherheitspolitik nicht nachhaltig als eigenständiger Akteur in Erscheinung treten konnte.

Dass die CSU jedoch grundsätzlich auf bundespolitischer Ebene als eigenständige Partei gesehen und analysiert werden sollte, hat bereits Deiß (2003) nachgewiesen, indem er den ständigen Machtkampf der beiden Parteien innerhalb der Union um Personal-, Strategie- und Sachfragen herausgearbeitet hat. Für Deiß ist das Verhältnis von CDU und CSU als „rivalisierende Konkurrenz" zu charakterisieren (Deiß 2003, S. 150). In der Literatur wird sogar vom „CSU-Problem" und von einer in den Gen-Pool dieser Partei eingeschriebenen Profilierungssucht gesprochen (Horst 2017, S. 853), welche die spezifische Konstruktion der Union als „besonders konfliktbehaftet" (Bukow und Seemann 2010, S. 15) erscheinen lässt. Diese Konstellation führte bereits in der zweiten Großen Koalition (2005–2009) zu einem „konfrontative[n] Kurs der CSU gegenüber der CDU" (Glaab 2010, S. 135), in der das „ebenso vielschichtige wie dynamische Spannungsverhältnis zur Schwesterpartei CSU […] einen restriktiven Faktor" (Glaab 2010, S. 141) in der Regierungsarbeit darstellte.

2 Übertragung auf den Bereich der Außenpolitik

Dieses inhärente Konkurrenzverhalten der CSU gegenüber der CDU lässt sich auch für den Bereich der Außenpolitik feststellen. So gab es bereits in den 1960er Jahren in der CDU/CSU einen außenpolitischen Konflikt und innerparteilichen Machtkampf zwischen „Atlantiker gegen Gaullisten" (vgl. Geiger 2008). Ebenso beispielhaft ist der unionsinterne Streit über die Einführung der Währungsunion 1997, bei dem die CSU unter dem bayerischen Ministerpräsidenten Edmund

Stoiber den Zeitpunkt der Euro-Einführung gegen den Willen von Bundeskanzler Helmut Kohl verschieben wollte (Deiß 2003, S. 98–102).

Auch in der dritten Großen Koalition betonte die CSU „in besonderem Maße ihre Eigenständigkeit" (Sturm 2014, S. 217), kündigte ein eigenes außenpolitisches Profil an und forderte ein Mitsprache- und Mitbestimmungsrecht in der Außenpolitik (Süddeutsche Zeitung 2014a, S. 5; Knaup et al. 2015, S. 27; Müller 2016, S. 271). Seehofer erklärte, dass er kraft seines Amtes als bayerischer Ministerpräsident an der Außenpolitik der Bundesregierung mitwirken will (Müller 2016, S. 272). Insbesondere nach der für die CSU enttäuschenden Europawahl 2014 reagierte Seehofer auf innerparteiliche Kritik über das fehlende außenpolitische Profil der CSU und richtete den Blick auf die Außenpolitik (Müller und Szymanski SZ 2014, S. 45). Seehofer entdeckte für sich die Außenpolitik als „neues Lebensabschnittsthema" und sah sich selbst „nun verstärkt als Außen- und Europapolitiker" (Müller 2014, S. 43). Diesen Schwenk vollzog auch die Partei im Dezember 2014 auf einem Parteitag in Nürnberg, auf dem eigenständige außenpolitische Positionen beschlossen wurden (Leitantrag „Außenpolitik – Sicherheit- Europa" CSU 2014). Grundsätzlich sollte also die CSU in einer Großen Koalition im Bereich der Außen- und Sicherheitspolitik als eigenständiger Akteur berücksichtigt werden, der eigene Positionen entwickelt und dementsprechend versucht, in außenpolitischen Entscheidungsprozessen Einfluss zu nehmen.

Inwieweit die CSU in der dritten Großen Koalition (2013–2017) im Bereich der Außenpolitik wirklich eine eigenständige Akteursqualität entwickeln, Einfluss auf die außenpolitischen Entscheidungsprozesse nehmen und so vielleicht die Außenpolitik Deutschland (entscheidend) prägen konnte, soll nachfolgend untersucht werden. Dabei soll auch geprüft werden, ob Große Koalitionen als Zwei- oder als Drei-Parteien-Koalitionen[3] gedacht werden müssen und ob die bisherigen Analyseansätze angewendet werden können oder weiterentwickelt werden müssen.

---

[3]Die Konzeptualisierung der Großen Koalition als Dreiparteienkoalition und die Erfassung der Einflussmöglichkeiten und -praktiken in einer solchen Dreiparteienkoalition kann auch für die (außen- und sicherheitspolitischen) Entscheidungsprozesse in *normalen* Drei- oder Mehrparteienkoalitionen (bspw. eine Ampelkoalition aus Schwarz-Gelb-Grün oder Rot-Rot-Grün) gewinn- und erkenntnisbringend sein.

3 Theoretischer Zugang

Grundlage für die Analyse soll der Ansatz von Kaarbo (1996) sein, die auf die kleinen Koalitionspartner (Juniorpartner) fokussiert und deren strukturelle Einflussmöglichkeiten auf Entscheidungen im Bereich der Außen- und Sicherheitspolitik untersucht (u. a. auch die Große Koalition 1966–1969). Kaarbo definiert „junior partner" anhand des Merkmals, dass eine Partei weniger Parlamentssitze als die andere hat (Kaarbo 1996, S. 504). Weitere Differenzierungen werden nicht vorgenommen.

Oppermann und Brummer (2014) ergänzen die Arbeit von Kaarbo und führen eine Typologisierung ein, die danach unterscheidet, ob der Juniorpartner ein im Bereich der Außen- und Sicherheitspolitik relevantes Ministerium besetzt. Daraus ergeben sich für die Juniorpartner unterschiedliche Strategien der Einflussnahme auf Außenpolitik, die wiederum zu unterschiedlichen Außenpolitiken führen können (Oppermann und Brummer 2014, S. 560).

Oppermann et al. (2016) differenzieren dann diesen Ansatz weiter aus, in dem sie darauf hinweisen, dass bei Analysen der Einflussnahme von Juniorpartnern zu berücksichtigen ist, ob es sich jeweils um eine Ministerial- oder Kabinettsregierung handelt. Hält der Juniorpartner kein außenpolitisch relevantes Ministerium, sind seine Einflussmöglichkeiten in einer Kabinettsregierung eher gering und in einer Ministerialregierung quasi nicht vorhanden. Je nachdem wie Kanzler-, Ressort- und Kabinettsprinzip aus Art. 65 GG in den einzelnen Regierungskoalitionen gewichtet werden, sind grundsätzlich beide Varianten in Deutschland denkbar.

Kombiniert man die Differenzierung von Oppermann et al. (2016) mit der von Oppermann und Brummer (2014) und wendet diese auf eine Dreiparteienkoalition an, ist hypothetisch Tab. 1 zu modellieren:

Demnach müsste die CSU als Typ 2 oder 4 (Tab. 1) klassifiziert werden, da die CSU in der dritten Großen Koalition kein für die Außen- und Sicherheitspolitik relevantes Ministerium besetzte. Inwieweit in der dritten Großen Koalition die Logik des Kanzler-, Ressort- oder Kabinettprinzips Anwendung findet, soll nachfolgend geklärt werden. Ebenfalls soll gefragt werden, wie genau Juniorpartner in Koalitionen Einfluss auf die Entscheidungsprozesse nehmen können.

3.1 Strategien und Taktiken der Einflussnahme

Kaarbo (1996 und 2012) arbeitet in ihren vergleichenden Studien eine große Bandbreite an Strategien und Taktiken heraus, die Juniorpartner anwenden

Tab. 1 Typen von Koalitionskonstellationen im Bereich der Außen- und Sicherheitspolitik

Verteilung der Ministerien im Bereich der Außen- und Sicherheitspolitik		Juniorpartner hält mindestens ein Ministerium im Bereich der Außen- und Sicherheitspolitik	Juniorpartner hält *kein* Ministerium im Bereich der Außen- und Sicherheitspolitik
Regierungstyp	Ministerialregierung (Kanzler- und/oder Ressortprinzip)	**Typ 1:** starkes Profil und große Einflussmöglichkeiten in der Außenpolitik (issue ownership, hijacking und Politisierung)	**Typ 2:** minimales Profil und fast bzw. gar keine Einflussmöglichkeiten in der Außenpolitik
	Kabinettsregierung (Kabinettsprinzip)	**Typ 3:** begrenzte Einflussmöglichkeiten, anfällig für Blockaden	**Typ 4:** schwaches Profil und eher geringe Einflussmöglichkeiten (Korrektivfunktion, Einfluss hinter den Kulissen)

Eigene Darstellung nach Oppermann und Brummer 2014 sowie Oppermann et al. 2016 können, um den außenpolitischen Entscheidungsprozess zu beeinflussen. Dabei waren in ihrer ersten Untersuchung (1996) der „locus of authority" (Ort der Entscheidung), „unanimity" (Geschlossenheit der jeweiligen Position der Akteure) und „strategy of influence" (Strategie der Einflussnahme, z. B. durch Drohung mit Bruch der Koalition) die entscheidenden Faktoren für erfolgreiche Einflussnahme von kleineren Koalitionspartnern (Kaarbo 1996, S. 517–22). Später identifizierte Kaarbo (2012) dann auch „party disunity" (Uneinigkeit bei der Seniorpartei), „issue divisibility" (Teilbarkeit des Themas), „political calculations" (politische Abwägungen, z. B. Tauschhandel) und „consistency of the junior party's position" (Kohärenz der Position der Juniorpartei) als Faktoren, die die Einflussnahme des Juniorpartners auf die außenpolitische Position der Koalition begünstigen (S. 236).

Haben Juniorpartner gar keinen und nur wenig ministerielle Einflussmöglichkeiten, können sie versuchen, diesen strukturellen Nachteil dadurch zu kompensieren, dass Entscheidungen nicht in den Ressorts, sondern in anderen Gremien getroffen werden. Dort können Juniorpartner dann auf deren Zusammensetzung einwirken, sodass beispielsweise politische Gegner ausgeschlossen oder wohlgesonnene Akteure inkludiert werden. Ebenso ist die Reduzierung der Entscheidungsgruppengröße denkbar, damit das (zahlenmäßige) Kräfteverhältnis zwischen Senior- und Juniorpartner an- oder sogar ausgliechen wird. Dies ist beispielsweise dann der Fall, wenn Entscheidungen nicht im Kabinett (Kabinettsprinzip), sondern in paritätisch besetzten Koalitionsausschüssen oder sogar in Spitzengesprächen zwischen den Parteivorsitzenden getroffen werden. Ebenso können Juniorpartner darauf einwirken, die Entscheidungsregeln von Mehrheitsbeschlüssen hin zu Konsens- oder Einstimmigkeitsbeschlüssen zu verändern (vgl. Kaarbo 2012, S. 21 f.), um so bspw. in Deutschland das Kanzler- und Ressortprinzip aufzuheben.

Besonders prozedurale Änderungen sind für Juniorpartner attraktiv, da diese damit ihr Gewicht in den Entscheidungsprozessen stärken und überproportional viel Einfluss hinter den Kulissen ausüben können. Ebenso sind prozedurale Änderungen relativ leicht zu erreichen (Kaarbo 2012, S. 22) und lösen geringere Abwehrreaktionen als direkte Konfrontationen oder Einflussnahmen aus (S. 243).

Juniorpartner können grundsätzlich die außenpolitischen Entscheidungen mitbestimmen, ihr Einfluss erfolgt jedoch nicht automatisch, sobald die oben genannten Faktoren gegeben sind.

3.2 Strukturelle Ausgangslage in der dritten Großen Koalition

Große Koalitionen stellen aufgrund ihrer strukturellen Eigenheiten „besondere Anforderungen [an] das Koalitionsmanagement" (Miller und Müller 2010, S. 156) und erfordern deswegen besondere Mechanismen der Entscheidungsfindung, die nachfolgend aufgearbeitet und hinsichtlich der Beeinflussbarkeit durch die Juniorpartner bewertet werden.

3.2.1 Ressortverteilung

Im Bereich der Außen- und Sicherheitspolitik folgte die Ressortverteilung der dritten Großen Koalition der traditionellen Postenverteilung, in der die CDU als Seniorpartner die Bundeskanzlerin und den Bundeskanzleramtschef stellte sowie das Verteidigungsministerium besetzte. Auch das Innenministerium wurde von der CDU besetzt – dies ist für die Themen relevant, in denen die Grenzen von innerer und äußerer Sicherheit verschwimmen (z. B. transnationaler Terrorismus oder [illegale] Migrationsbewegungen). Die SPD stellte als zweitgrößter Juniorpartner den Vizekanzler und den Außenminister. Die CSU besetzte das Ministerium für wirtschaftliche Zusammenarbeit und Entwicklung, welches lediglich im Sinne eines erweiterten Sicherheitsverständnisses (Daase 2010) zum Bereich der Außen- und Sicherheitspolitik gezählt werden kann (Morgen und Biermann 2016). Nichtsdestotrotz sollte das Entwicklungshilfeministerium den CSU-Einfluss auf die Außenpolitik sichern. Seehofer bezeichnete nach der Ressortverteilung das Entwicklungsministerium unter anderem als „kleines Außenministerium" (Müller 2016, S. 273).

Zusammenfassend ist für die dritte Große Koalition festzuhalten, dass die CSU im Kabinett zahlenmäßig eine sehr schwache Position einnimmt. Insgesamt konnte die CSU nur drei, die CDU sieben und die SPD sechs von insgesamt 16 Ministerien besetzen. Dies war für den Parteivorsitzenden Seehofer insofern akzeptabel, als er davon ausging, „in Zukunft durch Präsenz in Berlin und Dreiergespräche der Parteivorsitzenden beziehungsweise im Koalitionsausschuss Kabinettsentscheidungen im Sinne der CSU mitbestimmen zu können" (Sturm 2014, S. 226).

3.2.2 Entscheidungsprozesse

Ein zentrales Dokument für die Große Koalition ist der Koalitionsvertrag, der neben inhaltlichen auch prozessuale Festlegungen enthält (Miller und Müller 2010, S. 160). Der Koalitionsvertrag von 2013 verweist auf den Koalitionsausschuss, der „Angelegenheiten von grundsätzlicher Bedeutung [berät], die zwischen den Koalitionspartnern abgestimmt werden müssen, und [...] in Konfliktfällen Konsens herbei[führt]" (Koalitionsvertrag S. 184). Der Koalitionsausschuss hat sich schon in früheren (Großen) Koalitionen bewährt (siehe bspw. Glaab 2010, S. 138) und dient als ein Entscheidungsgremium, in dem auch „Akteure mit eingebunden sind, die innerhalb der Koalitionsparteien wichtige Rollen einnehmen, aber nicht unbedingt im Kabinett sitzen" (Miller und Müller 2010, S. 160; hier auch grundlegend Rudzio 2005). Bei wechselnder Zusammensetzung wurde jedoch stets auf eine paritätische Besetzung geachtet. Insgesamt kann dem Koalitionsausschuss in der dritten Großen Koalition jedoch nur eine nebensächliche Rolle zugestanden werden. Stattdessen trafen sich die drei Parteivorsitzenden Angela Merkel (CDU), Horst Seehofer (CSU) und Sigmar Gabriel (SPD) regelmäßig zu Abstimmungs- und Verhandlungsrunden. „Die dritte Große Koalition ist dadurch gekennzeichnet, dass sie von drei Vorsitzenden gesteuert wird [...] und auf regelmäßige Sitzungen eines Koalitionsausschusses verzichten können" (Horst 2017, S. 857). Diese Zuspitzung der Entscheidungsprozesse macht das Regieren weniger aufwendig und ist auch für Indiskretionen weniger anfällig (Niclauß 2015 S. 414), setzt aber auch faktisch das Kabinettsprinzip außer Kraft.

Ebenso wurde im Koalitionsvertrag festgelegt, dass „in Fragen, die für einen Koalitionspartner von grundsätzlicher Bedeutung sind, keine Seite überstimmt" (Koalitionsvertrag S. 184) werden darf. Es wurde also ein faktisches Vetorecht für jede Partei etabliert und somit die Richtlinienkompetenz außer Kraft gesetzt. Bereits Korte (2010) verwies darauf, dass eine Große Koalition „nur ohne Richtlinienkompetenz funktionieren kann" (S. 106). Grundsätzlich agierten damit die unterschiedlich großen Koalitionsparteien auf gleicher Augenhöhe (Horst 2017, S. 852).

Im europapolitischen Bereich vereinbarten die Koalitionspartner, ein geschlossenes Auftreten der Bundesregierung gegenüber den europäischen Partnern und Institutionen. Hierfür sollten „sich die Koalitionspartner unter Beibehaltung der bewährten Zuständigkeitsverteilung innerhalb der Bundesregierung eng abstimmen." (Koalitionsvertrag, S. 185). Damit wurde in der dritten Großen Koalition das Ressort- sowie Kabinettsprinzip im Bereich Europa gestärkt.

Für die Außen- und Sicherheitspolitik der dritten Großen Koalition muss darauf hingewiesen werden, dass dies die dritte Amtszeit von Angela Merkel als Kanzlerin war. Bereits in der zweiten Großen Koalition hat sich die Kanzlerin stark in die Außenpolitik eingebracht und diese im Sinne der Kanzlerdemokratie dominiert. Außenminister Frank-Walter Steinmeier (SPD) spielte „unter diesen Bedingungen nur eine untergeordnete Rolle" (Niclauß 2015, S. 359). Dies wiederholte sich auch in der dritten Großen Koalition, in der die Kanzlerin ihre internationale Führungsposition ausbauen konnte. Niclauß diagnostizierte eine „informelle Arbeitsteilung", in der die Kanzlerin die wichtigen Themen (Verhältnis zu USA und Russland sowie Gipfeltreffen) für sich beanspruchte und Steinmeier „für die unteren Regionen" zuständig war (Niclauß 2015, S. 416).

3.3 Zusammenfassung

Es lässt sich festhalten, dass die CSU im Bereich der Außen- und Sicherheitspolitik kaum ministeriellen Einfluss – lediglich über das Entwicklungshilfeministerium – nehmen konnte und somit als Typ 2 oder 4 Juniorpartner zu klassifizieren ist. Etwaige Einflussnahme musste also auf indirektem Wege hinter den Kulissen stattfinden. Hierfür war die Ausgangslage allerdings überaus positiv. Die im Koalitionsvertrag festgelegten Entscheidungsprozesse begünstigten die Einflussnahme der Juniorpartner in hohem Maße. Insbesondere das faktische Vetorecht und die Fokussierung auf die Spitzengespräche zwischen den drei Parteivorsitzenden als Entscheidungsgremium erhöhte den potenziellen Einfluss der CSU. Inwieweit die CSU damit das Kanzler- und Ressortprinzip aushebeln, die Arbeitsteilung zwischen Merkel und Steinmeier aufbrechen und außenpolitische Entscheidungen beeinflussen konnte, soll nachfolgend analysiert werden.

4 Außenpolitische Einflussnahme der CSU?

Mit welchen Mitteln die CSU in der dritten Großen Koalition versucht hat, die Außenpolitik Deutschlands zu beeinflussen, soll nachfolgend anhand von zwei Fällen untersucht werden. Kaarbo setzt als Bedingung für die Fallauswahl in ihrer grundlegenden Untersuchung „cases [which] are critical junctures in [...] German foreign policy at which a junior coalition partner attempted to influence the direction of the state's foreign policy" (Kaarbo 1996, S. 513). Dabei wird davon ausgegangen, dass eine Einflussnahme vorlag, wenn die Außenpolitik der Koalition ganz oder zumindest teilweise auf die Präferenz eines Juniorpartners zurückzuführen ist (Oppermann und Brummer 2014, S. 558). „If the final decision only reflects the wishes of the senior party, no influence has occured" (Kaarbo 1996, S. 507).

In der Zeit der dritten Großen Koalition 2013–2017 stellten insbesondere die Annexion der Krim durch Russland 2014 und die Flüchtlingskrise ab 2015 kritische Ereignisse (critical junctures) dar, in denen die CSU und ihr Parteivorsitzender Horst Seehofer explizit eigenständige Positionen vertreten und versucht hat, das außenpolitische Handeln Deutschlands zu beeinflussen. Insbesondere die angewandten Taktiken und Strategien sowie die anhaltende Vehemenz der versuchten Einflussnahme der CSU machen diese beiden Fälle interessant. Inwieweit der CSU es gelang, die Außenpolitik Deutschlands in ihrem Sinne zu beeinflussen, wird nachfolgend geprüft.

4.1 Russland-Sanktionen

Die Annexion der Krim durch Russland 2014 und die von Russland militärisch unterstützten Sezessionsbewegungen im Osten der Ukraine haben eine Neuordnung der Sicherheitslage Europas nach sich gezogen, auf die auch Deutschland Antworten finden musste. Bundeskanzlerin Merkel und Außenminister Steinmeier haben diesen Prozess auf europäischer und internationaler Ebene maßgeblich beeinflusst und unter anderem den Minsk-Prozess und das Sanktionsregime gegen Russland initiiert. Es wurde auf europäischer Ebene ein Drei-Stufen-Plan für Sanktionen beschlossen, der auch von der Bundesregierung mitgetragen wurde (Wehner 2014, S. 4 und Bannas 2014a, S. 2). Im Zuge der weiteren Eskalation der Ereignisse im Osten der Ukraine im Verlauf des Jahres 2014 wurden die Sanktionen sukzessive bis auf Wirtschaftssanktionen ausgeweitet. Dabei vertrat Deutschland die Position, dass die Annexion der Krim völkerrechtswidrig sei und deswegen nicht anerkannt und akzeptiert werden könne. Ebenso müsse das aggressive Verhalten Russlands auf der Krim in der Ostukraine mit Sanktionen beantwortet werden (Sattar 2014, S. 1). Die geltenden Restriktionen dürfen „nur in dem Maße wegfallen, in dem ihre Gründe verschwinden" (Schuller 2015, S. 8).

Da niemand damit rechnet, dass Russland die Krim zurückgeben werde, gilt in Berlin, „dass auch alle Sanktionen, die mit diesem Fall in Verbindung stehen, auf lange Zeit Geltung behalten" (ebd.). Anders sieht es beim Industriegebiet Donbass aus, wo Separatisten mit russischer Hilfe zwei nicht anerkannte „Volksrepubliken" ausgerufen haben. Je nach Entwicklung gäbe es hier die Möglichkeit, die diesbezüglichen Restriktionen zu lockern oder zu verschärfen (ebd.). Entscheidend ist hier die Erfüllung und Einhaltung der Minsk-Abkommen. Das übergeordnete Ziel der Bundeskanzlerin ist dabei „die Wiederherstellung der territorialen Unversehrtheit der Ukraine. Solange es erforderlich ist, sind dazu Sanktionen unvermeidlich, aber wir werden auch weiterhin keine Mühen scheuen, eine diplomatisch-politische Lösung des Konflikts zu finden, und zwar mit der Ukraine und mit Russland." (Angela Merkel zitiert nach Kohler 2015, S. 3).

Mit jeder weiteren Eskalationsstufe des Konflikts in der Ukraine wurde in der EU über die Beibehaltung und Ausweitung der Sanktionen verhandelt. Merkel hat sich hier immer wieder als Befürworterin und Verfechterin des Sanktionskurses hervorgetan (bspw. Sattar und Schmidt 2014, S. 5). Diesen Kurs der Kanzlerin hat auch Außenminister Frank-Walter Steinmeier (SPD) mitgetragen und vertreten, obwohl er und große Teile der SPD als russlandfreundlich gelten (Lau 2013) und die Sanktionen in der SPD nicht unumstritten sind (vgl. hier bspw. Dobbert 2016). CDU und SPD arbeiteten in der Sanktionspolitik aber weitgehend mit- und nicht gegeneinander (Blome et al. 2014, S. 25). Steinmeier konnte sich zwar in einzelnen Detailfragen im Rahmen seines Amtes gegen die Kanzlerin durchsetzen, hat aber immer das Rational der Sanktionspolitik mitgetragen.

Auch die CSU hat die Sanktionspolitik anfänglich befürwortet. Seehofer kritisierte sogar im November 2014 Außenminister Steinmeier für seine „Nebenaußenpolitik", als dieser die Notwendigkeit des Dialogs mit Russland betonte und sich gegen weitere Eskalationen aussprach, nachdem Merkel im Rahmen des G20-Gipfels in Brisbane (Australien) den russischen Präsidenten Putin für sein Verhalten in der Ukraine hart kritisierte (Bannas 2014b, S. 2). Seehofer brachte diesen Punkt auf die Agenda des nachfolgenden Koalitionsausschusses, um dort den Außenminister zu disziplinieren. Sein Vorgehen begründete Seehofer damit, dass es auch in seiner Partei „russlandfreundliche Strömungen" gebe und deswegen alle an der Koalition beteiligten Parteien an einem Strang ziehen müssten (Süddeutsche Zeitung 2014b, S. 5).

Im Dezember 2015 begann Seehofer jedoch damit, die Sanktionen grundsätzlich zu kritisieren: „Die Frage müsse gestellt werden, ob die Sanktionen gegen Russland auf unbegrenzte Zeit bestehen bleiben oder ob es nicht an der Zeit sei, ‚darüber zu reden'" (Staibl 2015, S. 4). Seehofer kündigte zu dieser Zeit auch ein persönliches Treffen mit dem russischen Präsidenten Vladimir Putin an, welches im Februar 2016 stattfand. Die Reise wurde als Provokation gegenüber Kanzlerin Merkel verstanden, da Seehofer öffentlichkeitswirksam die Lockerung der Sanktionen forderte, ohne dabei Bezug auf die Erfüllung und Einhaltung der Minsker Abkommen zu verweisen. Der Besuch war zwar formal mit der Kanzlerin abgestimmt, aber Seehofer setzte sich in der Sache explizit von der Kanzlerin ab und formulierte eine außenpolitische Position, die den Zielen der Bundesregierung und der EU widersprach. Seehofer verteidigte sich damit, dass die CSU trotz „Skepsis" in der Regierungskoalition den Maßnahmen zwar zugestimmt habe, im Grunde genommen jedoch nicht an die Wirksamkeit von Sanktionen glaube (Schmidt 2016, S. 3). Hier wird deutlich, dass das Kabinettsprinzip innerhalb der Großen Koalition bedeutungslos war.

Seehofer hat mit seinem öffentlichkeitswirksamen Besuch in Russland, also einer Art *Nebenaußenpolitik,* versucht, die strukturell schwache Position der CSU auszugleichen und die Sanktionspolitik Deutschlands zu beeinflussen. Er signalisierte Putin, dass die Position der Bundesregierung nicht mehr so geschlossen ist, wie zu Beginn des Sanktionsregimes 2014 und ein unkonditionierter Sanktionsabbau im Bereich des Möglichen zu liegen schien. Seehofer schwächte so die deutsche Position innerhalb der EU, in der einige Staaten kritisch gegenüber den Sanktionen eingestellt waren. Seehofer versuchte auch das Kanzler- und das Ressortprinzip zu unterminieren, indem er in Russland Positionen vertrat, die nicht mit denen der Bundesregierung übereinstimmten. Bei einem erneuten Besuch bei Putin im Jahr 2017 ist Seehofer wieder auf die Linie der Bundesregierung eingeschwenkt, indem er „,intensiv' für das [Minsker] Abkommen geworben [habe], das ‚Voraussetzung' für ein Ende der Sanktionen sei" (Schmidt 2017, S. 3).

Insgesamt lässt sich festhalten, dass Seehofers Besuche als Mittel zur Beeinflussung der außenpolitischen Position nicht den gewünschten Erfolg brachten und er keinen Einfluss auf die Sanktionspolitik der Bundesregierung nehmen konnte. Die Sanktionen wurden weder teilweise noch vollständig zurückgenommen, da weder die Annexion der Krim rückgängig gemacht, noch die Minsker Abkommen erfüllt und eingehalten wurden. Die Sanktionspolitik wurde im Sinne des Kanzler- und des Ressortprinzips vornehmlich auf europäischer Ebene durch Bundeskanzlerin Merkel und Außenminister Steinmeier ausgestaltet. Der *locus of auth*ority lag damit klar bei Merkel (CDU) und Steinmeier (SPD). Dass es eine explizite Thematisierung oder grundsätzliche Diskussion der Sanktionspolitik im Spitzengespräch zwischen den drei Parteivorsitzenden von CDU, CSU und SPD gab, ist nicht ersichtlich. Die CSU und Seehofer hatten somit keinen Zugriff auf den Ort der Entscheidung und konnten also weder hinter den Kulissen noch durch öffentliches und herausforderndes Verhalten Einfluss auf die Sanktionspolitik Deutschlands gewinnen. Es gab auch innerparteiliche Kritik von der CSU-Landesgruppe im Bundestag an Seehofers Sanktions-Politik (Neukirch 2016, S. 22), womit die parteiinterne Geschlossenheit *(unamity)* nicht gegeben war und sich somit die Einflussmöglichkeiten der CSU verschlechterten. Zusammenfassend ist die CSU in diesem Fall als Typ 2-Juniorpartner zu klassifizieren, da sie keinerlei Einfluss auf die Sanktionspolitik Deutschlands nehmen konnte.

4.2 Die Bewältigung der Flüchtlingskrise

Das Thema Flüchtlingskrise und die damit verbundene Fragen nach Grenzschließung und Obergrenze sind zwar primär von innenpolitischer Bedeutung, jedoch haben sie auch eine außen-, sicherheits- und geopolitische Dimension (vgl. Münkler 2016). Grenzschließungen in Deutschland hätten einen Dominoeffekt auf dem Balkan ausgelöst, der die Balkanstaaten überfordert und dort das zwischenstaatliche Konfliktpotenzial erhöht hätte (vgl. Münkler 2015). Ebenso wären auch die von Merkel in der Griechenland- und Eurokrise erzielten Erfolge massiv gefährdet gewesen, da Griechenland als letztes Glied in der Kette die Hauptlast des Flüchtlingsandrangs hätte schultern müssen und wahrscheinlich unter dem Druck der Flüchtlingskrise endgültig zusammengebrochen wäre (Manow 2018, S. 7).

Eine mögliche Einflussnahme der CSU auf die außenpolitischen Entscheidungen in der seit 2015 virulenten Flüchtlingskrise soll anhand von zwei miteinander verbundenen Entscheidungen geprüft werden: 1) Die Entscheidung, auch über den 5. September hinaus die Grenzen offen zu halten und 2) die Grundsatzentscheidung, ob die Flüchtlingsbewegung durch nationales Handeln (Schließung der Balkanroute) oder mithilfe einer europäischen Lösung (EU-Türkei-Abkommen) gestoppt werden soll.

4.2.1 Offene Grenzen

Bundeskanzlerin Merkel wurde im September 2015 durch den ungarischen Ministerpräsidenten Viktor Orbán unter Druck gesetzt, als dieser die Weiterreise der in Budapest verweilenden Flüchtlinge aktiv unterstütze und mit Bussen nach Österreich und Deutschland schickte (Blume et al. 2016). Merkel musste in der Nacht vom 4. auf den 5. September entscheiden, ob 7000 bis 8000 Flüchtlinge an der deutschen Grenze abzuweisen sind oder ihnen die Einreise zu gewähren ist. Bei ihrer Entscheidung hielt sie telefonisch Rücksprache mit Außenminister Steinmeier und dem SPD-Parteivorsitzenden Gabriel. Den CSU-Parteivorsitzenden Horst Seehofer konnte sie in die Entscheidungsfindung nicht einbeziehen, da dieser für die Kanzlerin weder per Telefon noch per SMS zu erreichen war (Alexander 2017, S. 57 und Blume et al. 2016). Inwieweit jedoch Seehofer Merkels Entscheidung wirklich hätte beeinflussen können, ist fraglich: „Es sei nicht darum gegangen, [Seehofer] in die Entscheidung einzubeziehen, er sollte nur unterrichtet werden, so wie Gabriel auch. Und womöglich habe Seehofer gewusst, dass er nichts hätte ändern können, vielleicht habe er es deshalb vorgezogen, nicht zu antworten" (Blume et al. 2016). Im Nachhinein verurteilte Seehofer die Entscheidung als „Jahrhundertfehler" (Alexander 2017, S. 59).

Merkel ließ sich ihre Entscheidung nachträglich im Koalitionsausschuss von allen Regierungsparteien als Ausnahme bestätigen (Alexander 2017, S. 65), jedoch hielt die Flüchtlingsbewegung nach Deutschland weiterhin an, da keine direkten Maßnahmen getroffen wurden, den Ausnahmefall zu beenden und die Einreise der Flüchtlinge zu unterbinden (Alexander, S. 19–26). Die Kanzlerin präferierte eine europäische Lösung, die jedoch erst mittel- und langfristig wirksam werden würde. So müsste Deutschland nicht in einem nationalen Alleingang seine Grenzen schließen und könnte das Schengen-System der offenen Grenzen aufrechterhalten. Die CSU und große Teile der Union favorisierten hingegen eine nationale Lösung, bei der die Flüchtlinge an der deutsch-österreichischen Grenze zurückgewiesen werden sollten. Über diese Politik gab es innerhalb der CDU grundsätzliche Meinungsverschiedenheiten *(party disunity)*, was wiederum die Einflussmöglichkeiten der CSU erhöhte.

Nachdem Seehofer sich der ursprünglichen Entscheidung durch Abwesenheit entzogen hat und danach die Kanzlerin öffentlich für ihr Handeln kritisierte, war für die CSU eine Einflussnahme hinter den Kulissen nicht mehr möglich. Die CSU versuchte deswegen, mit verschiedensten konfrontativen Taktiken ihren Lösungsansatz durchzusetzen und die Entscheidungen der Bundesregierung zu beeinflussen. Dafür wollte Seehofer „die Kanzlerin so lange attackieren, bis sie ihren Kurs korrigiert" (Hengst et al. 2015, S. 25). So hat die CSU unter anderem damit gedroht, die Fraktionsgemeinschaft mit der Union aufzulösen (Alexander 2017, S. 149–151) und notfalls die Kanzlerin zu stürzen (Alexander 2017, S. 125 und Feldenkirchen und Pfister 2016, S. 13). Es sollten die CSU-Minister aus der Regierung abgezogen (Alexander 2017, S. 158 und Amann et al. 2015b, S. 20) und eine Klage beim Bundesverfassungsgerichtshof eingelegt werden (Amann et al. 2015b, S. 20). Seehofer drohte mit einem Akt „wirksamer Notwehr" (Alexander 2017, S. 158). Es wurde offen diskutiert, ob die CSU eine erneute Kanzlerkandidatur von Merkel im Bundestagswahlkampf 2017 unterstützen könnte. Ebenso hat die CSU der Kanzlerin Fristen gesetzt, um die „angeblich rechtsfreie Situation an den Grenzen in Ordnung zu bringen" (S. 158), die die Kanzlerin ohne eine Reaktion ihrerseits verstreichen ließ. Insgesamt lässt sich festhalten, dass die CSU die Frage der offenen Grenzen zu einem unteilbaren Konflikt machten *(issue divisibility)* und so die Auseinandersetzung darüber versuchte zu kapern *(hijacking)* sowie in hohem Maße zu politisieren – alles Faktoren, die die Einflussmöglichkeiten von Juniorpartnern eigentlich begünstigen.

Obwohl die CSU keines der in dieser Frage relevanten Ministerien besetzte (Auswärtiges Amt und Innenministerium) konnte die CSU den *locus of authority* zu ihren Gunsten bestimmen. Die Frage der offenen Grenzen wurde in diversen Spitzentreffen zwischen den Unionschefs Merkel und Seehofer sowie den drei Parteivorsitzenden von CDU, CSU und SPD diskutiert und verhandelt. Die CSU konnte hier zwar kleinere Zugeständnisse erreichen, schaffte es jedoch nicht, die Politik der Kanzlerin grundsätzlich zu ändern. Beispielsweise vereinbarten Merkel und Seehofer bilateral in einer unionsinternen Vorbesprechung für Koalitionsverhandlungen, dass Transitzonen – das Gegenmodell zum Konzept der offenen Grenzen – geschaffen werden sollten. Dieses Zugeständnis wurde jedoch im darauffolgenden Spitzengespräch der drei Parteivorsitzenden von der SPD kategorisch abgelehnt und deswegen nicht umgesetzt (Alexander 2017, S. 169). Inwieweit Merkel bei den Transitzonen nachgegeben hat und der CSU einen Scheinsieg zubilligte, weil sie wusste, dass die SPD diese nicht akzeptieren würde oder weil Seehofer wirklich bei der Kanzlerin einen Kurswechsel durchsetzen konnte, bleibt ungeklärt. Letztlich ist festzuhalten, dass die CSU auch hier keinen substanziellen Einfluss auf die Entscheidungsfindung in der *gesamten* Großen Koalition nehmen konnte.

Neben innenpolitischen Mechanismen der Einflussnahme hat Seehofer auch versucht, mit diplomatischen Mitteln eine Nebenaußenpolitik zu etablieren. Damit hat er sich international gegen die Kanzlerin gestellt und auf diesem Wege versucht, Einfluss auf die außenpolitischen Entscheidungsprozesse zu nehmen. So hat Seehofer im September 2015 den ungarischen Ministerpräsidenten Viktor Orbán zu einer CSU-Klausurtagung eingeladen. Also den Mann, der durch sein Verhalten die Kanzlerin zur Aufnahme der Flüchtlinge faktisch gezwungen hat, indem er sie von Budapest aus Richtung Deutschland ziehen ließ (Blume et al. 2016). Orbán nutzte diese Bühne dann auch, um die deutsche Flüchtlingspolitik und damit Merkel scharf zu kritisieren. Seehofer bekräftigte diese Kritik an der Kanzlerin durch den Schulterschluss mit dem ungarischen Regierungschef (Deutschlandfunk 23.09.2015) und stellte so die CSU „offen auf die Seite des europäischen Hauptgegners der Kanzlerin" (Alexander 2017, S. 17).

Insgesamt ist festzuhalten, dass Merkel sich trotz einiger Zugeständnisse grundsätzlich ihre Position der offenen Grenzen durchsetzen konnte, obwohl „Seehofer und große Teile der CDU […] Merkel zu einer anderen Politik zwingen" (Amann et al. 2015c, S. 44) wollten. Merkel konnte die Grenzschließung verhindern und sich so Handlungsspielraum für eine europäische Lösung schaffen (vgl. Müller et al. 2016, S. 34). Die CSU ist in dieser Frage als Typ 2-Juniorpartner zu klassifizieren, da sie – trotz massiver Versuche vielfältigster Art – keinen substanziellen Einfluss ausüben konnte.

4.2.2 Das Abkommen mit der Türkei

Merkel präferierte zur Lösung der Flüchtlingskrise ein Abkommen zwischen der Europäischen Union und der Türkei, da so die Flüchtlingsbewegung bereits in der Türkei gestoppt wäre und die innereuropäischen Grenzen gemäß des Schengen-Systems offen gehalten werden könnten (Amann et al. 2015a, S. 28). Merkel traf diese Grundsatzentscheidung – gemäß der Logik des Kanzlerprinzips – ohne die Koalitionspartner zu konsultieren und verfolgte diese Option auf der internationalen Ebene seit Mitte September 2015 (Alexander 2017, S. 205). Seehofer erfuhr erst in der zweiten Oktoberhälfte von der Türkei-Option, als Merkel bereits weitreichende Verhandlungen geführt und Zusagen gegenüber den Türken gemacht hatte (Alexander 2017, S. 156 f.) und so die „kopernikanische Wende der deutschen Türkeipolitik" (S. 205) einleitete. Merkel setzte ihre Koalitionspartner über die Tragweite der Verhandlungen und ihrer Entscheidungen nicht ins Bild. Stattdessen ließ sie sich in einem Koalitionsausschuss mit den Vorsitzenden von SPD und CSU am 5. November 2015 ihr außenpolitisches Vorgehen bestätigen, ohne dass Seehofer und Gabriel begriffen, dass Merkels Vorgehen auf eine grundsätzliche Lösung der Flüchtlingskrise abzielte.

Merkel schaffte es auch, im Austausch für ihre Zustimmung zu den von Seehofer geforderten Transitzonen, sich die Grundzüge des späteren EU-Türkei-Deals von Seehofer bestätigen und unterschreiben zu lassen. „Seehofer glaubt[e], dies seien nur Nebenpunkte der europäischen Lösung [...], die er sowieso für illusorisch hält" (S. 168 f.). „Als die CSU später gegen die vielen Zugeständnisse an Erdogan wütet, kann Merkel mit Recht darauf verweisen, dass Seehofer allem schon vor Monaten zugestimmt hat" (Alexander 2017, S. 169; ebenso Amann 2015b, S. 20). Seehofer schaffte es nicht, diese Einflussmöglichkeit hinter den Kulissen zu nutzen und die Entscheuungen im Sinne der CSU mitzuprägen.

Die CSU sprach sich mehrfach gegen eine europäische Lösung mit der Türkei aus und präferierte stattdessen die Schließung aller Grenzen auf der Balkanroute für Flüchtlinge. Dabei unterstützt die CSU wiederholt den österreichischen Außenminister Sebastian Kurz, der intensiv für die Schließung der Balkanroute eintrat und auf europäischer Ebene die Gruppe der Merkel-Gegner anführte (S. 228). Als dann Österreich im Frühjahr 2016, an der Europäischen Union vorbei, die Schließung der nationalen Grenzen auf dem Balkan durchsetzt, reagierte die Bundesregierung darauf mit scharfer Ablehnung. Seehofer jedoch begrüßte „ausdrücklich die Entscheidung Österreichs" (Amann et al. 2016, S. 31) und untergrub damit die Position Deutschlands in der EU.

Merkel erreichte ihre europäische Lösung durch ein Abkommen mit der Türkei, welches sie in direkten Verhandlungen mit dem türkischen

Ministerpräsidenten Davutoğlu aushandelte und dafür auf dem EU-Gipfel am 18. März 2016 die Zustimmung der europäischen Staats- und Regierungschefs einholte. Im Sinne der Kanzlerdemokratie (Niclauß 2015) verhandelte sie dieses Abkommen ohne die Rücksprache mit ihren Koalitionspartnern (Alexander 2017, S. 266). Bereits im Vorfeld dieses Abkommens hatte die CSU immer wieder deutlich gemacht, dass sie hier im Dissens zur Kanzlerin steht (Heckmann 2016) und eine Zusammenarbeit mit der Türkei in der Flüchtlingsfrage „skeptisch" sehe (Deutschlandfunk 2016). Seehofer hatte sogar versucht, die Kanzlerin zu kontrollieren, in dem er verlangte, dass es vor dem entscheidenden EU-Gipfel ein Spitzentreffen der Parteivorsitzenden gibt, um die Frage zu klären, „welche Vereinbarungen auf europäischer Ebene schon stehen und welche weiterverfolgt werden" (Amann et al. 2016, S. 32).

Ebenso versuchte er zum wiederholten Male, durch Nebenaußenpolitik die Position der Kanzlerin auf europäischer Ebene zu schwächen, indem er kurz vor dem entscheidenden EU-Gipfel zu Viktor Orbán reiste. Dieser Besuch wurde als „Statement eigenständiger Politik" (Löwenstein 2016, S. 2) aufgefasst. Mit dieser „subnationalen Außenpolitik" konterkariert und torpedierte Seehofer die deutsche Europa- und Flüchtlingspolitik (Prantl 2016, S. 4), indem er Orbán ein Forum gab, auf dem dieser seine kritische Haltung gegenüber Merkel publikumswirksam präsentieren konnte (Borchard 2016).

Auch nachdem das Türkei-Abkommen, „Merkels größtes außenpolitisches Projekt" (Hoffmann et al. 2016, S. 27), beschlossen wurde, blieb die CSU auf Konfrontationskurs. Seehofer formulierte als rote Linie der CSU, dass es „eine Vollmitgliedschaft in der EU und die komplette Visa-Freiheit [mit der CSU] nicht geben [wird]" (Capellan 2016). Damit stellte er die wichtigsten Punkte der Vereinbarung zwischen Merkel und Davutoglu und somit die Umsetzung des Türkeiabkommens infrage.

Zusammenfassend lässt sich festhalten, dass die CSU in der Flüchtlingskrise quasi alle zur Verfügung stehenden Mittel eingesetzt hat, um substanziellen Einfluss auf die Entscheidungen im Rahmen der Flüchtlingskrise zu bekommen. Dabei wurde die Kanzlerin sowohl auf der innen- als auch auf der außenpolitischen Ebene offen attackiert, es wurde mit Fraktions- und Koalitionsbruch gedroht, Tauschhandel angeboten und Spitzengespräche in kleinsten Kreisen geführt.

Obwohl sehr viele Faktoren gegeben waren, die den Einfluss eines Juniorpartners auf die Entscheidungsfindung des Seniorpartners eigentlich begünstigen – eigene Geschlossenheit *(unamity),* Zerrissenheit der CDU *(party disunity),* höchst aggressive Strategie der CSU und die Politisierung zu einem unteilbaren Konflikt (Kaarbo 1996, S. 520 f.) – konnte die CSU sich bis auf kleinere (taktische) Zugeständnisse nicht durchsetzen. Die Flüchtlingspolitik als außenpolitisches Thema wurde im Sinne der Kanzlerdemokratie nach Niclauß (2015) von Bundeskanzlerin Merkel dominiert und durch ihr Handeln auf europäischer Ebene entscheidend geprägt. Die CSU hatte keinen Zugriff auf den eigentlichen *locus of authority*, da Merkel im Sinne der Richtlinienkompetenz, die wesentlichen Entscheidungen alleine auf internationale Ebene traf. Dort, wo die CSU im Sinne des Koalitionsprinzips (vgl. Hellmann et al. 2014, S. 58 f.) in Spitzentreffen hinter den Kulissen Einfluss erhielt, konnte oder wollte Seehofer diese Einflussmöglichkeiten nicht nutzen.

5 Fazit

Die CSU hat sich im Bereich der Außen- und Sicherheitspolitik nachweisbar als eigenständiger Akteur positioniert und versucht, die Entscheidungen zu beeinflussen. Sie muss deshalb als zweiter einflusssuchender Juniorpartner in einer Großen Koalition, die als Dreiparteienkoalition zu modellieren ist, verstanden werden. Die CSU konnte in den zwei untersuchten Fällen die Außenpolitik Deutschlands nicht signifikant beeinflussen. Es ist nicht erkennbar, dass die Bundesregierung in den untersuchten Fällen grundsätzlich von ihrer Position abgewichen ist und CSU-Positionen umgesetzt hat. Das Sanktionsregime gegen Russland blieb bestehen und die Flüchtlingskrise wurde im Sinne Merkels mit einem Abkommen zwischen der Europäischen Union und der Türkei entschärft sowie das Schengen-System der offenen Grenzen beibehalten.

Strukturell ist die CSU in der dritten Großen Koalition entweder als Typ 2 oder 4-Juniorpartner zu charakterisieren (vgl. Tab. 1), da sie kein Ministerium mit (direkten) außen- und sicherheitspolitischem Bezug besetzte. Ausgehend von den zwei untersuchten Fällen muss die CSU als Typ 2-Juniorpartner charakterisiert werden, da sie, wenn überhaupt, nur minimalsten Einfluss auf die Außenpolitik nehmen konnte. Dies ist damit zu erklären, dass die dritte Koalition auf dem Feld der Außen- und Sicherheitspolitik eher dem ministeriellen Regierungstyp entsprach. Die ist zurückzuführen auf 1) die historisch gewachsene starke Stellung von Bundeskanzlerin Merkel auf dem Feld der Außenpolitik (vgl. hierfür Kornelius 2013; Dempsey 2013; Bierling 2014), die dem Kanzlerprinzip und damit der These der Kanzlerdemokratie nach Niclauß (2015) entspricht und 2) die Arbeitsteilung zwischen Bundeskanzlerin Merkel und Außenminister Steinmeier, die das Ressortprinzip betont. Somit wurden die Einflussmöglichkeiten der CSU auf die Entscheidungsprozesse maßgeblich eingeschränkt. Merkel und Steinmeier haben in enger Arbeitsteilung auf internationaler Ebene Entscheidungen getroffen und vorangetrieben, die wiederum Pfadabhängigkeiten generierten und deswegen auf innenpolitischer Ebene nur sehr schwer beeinflusst werden konnten. Das Kalkül von Horst Seehofer, die schwache Präsenz der CSU in den außen- und sicherheitspolitischen Ressorts durch die Spitzengespräche zwischen den Parteivorsitzenden (Einfluss hinter den Kulissen) auszugleichen, konnte somit nicht aufgehen.

Im konkreten Verhalten der versuchten Einflussnahme war nicht erkennbar, dass die CSU ihre außenpolitische Positionen durch durchgesetzt oder die außenpolitischen Entscheidungen in korrigierender und moderierender Art und Weise beeinflusst hat. Vielmehr konnten im Verhalten der CSU Merkmale des Typ 1-Juniorpartners nachgewiesen werden. Idealtypisch versuchen diese durch *issue ownership, hijacking* und *Politisierung* die Außenpolitik zu beeinflussen. Die CSU hat in beiden untersuchten Fällen aggressiv und öffentlichkeitswirksam versucht, auf die außenpolitischen Positionen und Entscheidungen der Großen Koalition einzuwirken. Die CSU hat unter Seehofer besonders in der Flüchtlingskrise jede erdenkliche Drohung eingesetzt und so versucht, die außenpolitische Entscheidungsfindung zu kapern. Durch die direkten und anhaltenden Attacken auf die Kanzlerin und das Bestehen auf Maximalpositionen, wurde die Flüchtlingsfrage in höchstem Maße politisiert. Mit den Einladungen von und Besuchen bei ausgesprochenen Merkel-Gegnern, hat Seehofer jeweils auch auf Mittel zurückgegriffen, die als Nebenaußenpolitik zu charakterisieren und eigentlich den außen- und sicherheitspolitischen Ressorts vorbehalten sind. Seehofer hat auf internationaler Ebene Positionen eingenommen, die explizit nicht den Positionen der Bundesregierung entsprachen und so versucht, außenpolitische Sachfragen öffentlichkeitswirksam zu politisieren.

Es konnte gezeigt werden, dass die CSU in der dritten Großen Koalition auf dem Feld der Außen- und Sicherheitspolitik sich als eigenständiger Akteur positioniert hat, aber keinen substanziellen Einfluss auf die außenpolitischen Entscheidungen ausüben konnte. Um dieses Verhalten konzeptionell-analytisch erfassen zu können, wurden die bestehenden Ansätze von Kaarbo (1996 und 2012), Oppermann und Brummer (2014) sowie Oppermann et al. (2016) von einer impliziten Zwei- auf eine Dreiparteienlogik adaptiert. Dabei konnte gezeigt werden, dass ein zweiter Juniorpartner sinnvoll konzeptionell verortet werden kann und somit Annahmen bezüglich seiner Einflussmöglichkeiten getätigt werden können.

Ergebnis ist, dass die CSU als zweiter Juniorpartner in der dritten Großen Koalition (2013–2017) ohne die Besetzung eines außen- und sicherheitspolitisch relevanten Ministeriums in einer am Kanzler- und Ressortprinzip orientieren Ministerialregierung nur sehr geringen beziehungsweise gar keinen Einfluss auf die außenpolitischen Entscheidungsprozesse nehmen konnte, obwohl die CSU alle erdenklichen Formen der Einflussnahme versucht hat. Inwieweit dies mit der starken Stellung von Bundeskanzlerin Merkel in der Außenpolitik, mit der Eigenlogik der Großen Koalition oder anderen Faktoren zu begründen ist, muss in weiteren Untersuchungen geprüft werden. Die konzeptionellen Grundlagen für eine Außenpolitikanalyse von Großen Koalitionen bzw. Dreiparteienkoalitionen in Deutschland wurde im vorliegenden Beitrag gelegt. Für weitere Untersuchungen bieten sich folgende Fälle an: 1) andere Große Koalitionen (bspw. die erste, zweite oder vierte Große Koalition), 2) *normale* Koalitionen unter Unionsführung, die bislang als Zweiparteienkoalitionen modelliert wurden, in denen jedoch eine eigenständige Rolle der CSU auch denkbar ist (z. B. Schwarz-Gelbe Koalitionen in den 1990er Jahren oder von 2009–2013) oder 3) zukünftige normale Mehrparteienkoalitionen auf Bundesebene (bspw. Rot-Rot-Grün etc.).

Literatur

Alexander, R. 2017. *Die Getriebenen. Merkel und die Flüchtlingspolitik: Report aus dem Innern der Macht.* München: Siedler Verlag.
Amann, M., H. Gude, H. Knaup, P. Müller, R. Neukirch, M. Sauga, J. Schindler, B. Schmid, H. Stark, A. Ulrich. 2015a. An der Grenze. *Der Spiegel 41.*
Amann, M., M. Bartsch, J. Friedmann, K. von Hammerstein, B. Hengst, H. Knaup, R. Neukirch, M. Sauga und S. Winter. 2015b. An der Grenze. *Der Spiegel 45.*
Amann, M., H. Knauo, R. Neukirch und R. Pfister. 2015c. Die stille Kapitulation. *Der Spiegel 48.*
Amann, M., J. Fleischhauer, K. von Hammerstein, P. Müller, R. Neukirch, R. Pfister, W. Wiedmann-Schmidt. 2016. „CDU in Lederhose". *Der Spiegel 9.*
Bannas, G. 2014a. In Reih und Glied. *Frankfurter Allgemeine Zeitung* Nr. 68.
Bannas, G. 2014b. Minister weinen nicht. *Frankfurter Allgemeine Zeitung* Nr. 276.
Bierling, S. 2014. *Vormacht wider Willen. Deutsche Außenpolitik von der Wiedervereinigung bis zur Gegenwart.* München: C.H.Beck.
Blome, N., P. Müller, C. Neef, R. Neukirch, C. Schult. 2014. Am Nullpunkt. *Der Spiegel 48.*
Blume, G., M. Brost, T. Hildebrandt, A. Hock, S. Klormann, A. Köckritz, M. Krupa, M. Lau, G. von Randow, M. Theile, M. Thumann und H. Wefing. 2016. Was geschah wirklich?. *Die Zeit* Nr. 35.
Borchard, R. 2016. Umstrittener Brückenbauer. *Deutschlandfunk.*
Bukow S. und W. Seemann. 2010. Große Koalitionen in Deutschland. In *Die Große Koalition.*, Hrsg. S. Bukow und W. Seemann, 9–40. Wiesbaden: VS Verlag für Sozialwissenschaften.
Capellan, F. 2016. Seehofer bleibt skeptisch. *Deutschlandfunk.*
CSU. 2014. *Leitantrag „Außenpolitik – Sicherheit- Europa"*
Daase, C. 2010. *Der erweiterte Sicherheitsbegriff.* Working Paper 1. Sicherheitskultur im Wandel.

Deiß, M. 2003. *Die Führungsfrage. CDU und CSU im zwischenparteilichen Machtkampf.* München: Forschungsgruppe Deutschland am Centrum für Angewandte Politikforschung.

Dempsey, J. 2013. *Das Phänomen Merkel. Deutschlands Macht und Möglichkeiten.* Hamburg: Edition Körber Stiftung.

Deutschlandfunk. 2016. Flüchtlingspolitik: Merkel und Seehofer bleiben uneinig. *Deutschlandfunk.*

Dobbert, S. 2016. SPD-Mitglieder gründen Arbeitskreis gegen Gabriels Ostpolitik. *Die Zeit.* https://www.zeit.de/politik/2016-05/russland-sanktionen-spd-gabriel-ostpolitik-arbeitskreis. Zugegriffen: 30. Januar 2018

Feldenkirchen, M. und R. Pfister. 2016. Egal wie es ausgeht... *Der Spiegel 4.*

Gareis, S. B. 2010. Die Außen- und Sicherheitspolitik der Großen Koalition. In *Die Große Koalition,* Hrsg. S. Bukow und W. Seemann, 228–243. Wiesbaden: VS Verlag für Sozialwissenschaften.

Geiger, T. 2008. *Atlantiker gegen Gaullisten. Außenpolitischer Konflikt und innerparteilicher Machtkampf in der CDU/CSU 1958–1969.* München: Oldenbourg.

Glaab, M. 2010. Political Leadership in der Großen Koalition. Führungsressourcen und -stile von Bundeskanzlerin Merkel. In *Die zweite Große Koalition. Eine Bilanz der Regierung Merkel 2005-2009,* Hrsg. C. Egle und R. Zöhlnhöfer, 123–155. München: Springer Verlag.

Harnisch, S. 2010 Die Große Koalition in der Außen-und Sicherheitspolitik: die Selbstbehauptung der Vetospieler. In *Die zweite Große Koalition. Eine Bilanz der Regierung Merkel 2005-2009,* Hrsg. C. Egle und R. Zöhlnhöfer, 503–529. München: Springer Verlag.

Heckmann, D. 2016. „Es gibt einen gewissen Dissenz" zur Position der Kanzlerin. *Deutschlandfunk.* 29.02.2016.

Hellmann, G, W. Wagner und R. Baumann. 2014. Deutsche Außenpolitik. Eine Einführung. Wiesbaden: Springer VS.

Hengst, B., P. Müller, R. Neukirch, C. Neumann und R. Pfister. 2015. Kein Fall für zwei. *Der Spiegel 42.*

Hoffmann, C., H. Knaup, P. Müller, R. Neukirch, M. Oppp, C. Schult. 2016. „Devoter Umgang". *Der Spiegel 20.*

Horst, P. 2017. Das Management der dritten Großen Koalition in Deutschland 2013 bis 2015: unangefochtene Dominanz der drei Parteivorsitzenden. *Zeitschrift für Parlamentsfragen Heft* 4: 852–873.

Kaarbo, J. 1996. Power and Influence in Foreign Policy Decision Making: The Role of Junior Coalition Partners in German and Israeli Foreign Policy. *International Studies Quarterly* 40: 4, 501–530.

Kaarbo, J. 2012. *Coalition Politics and Cabinet Decision Making. A Comparative Analysis of Foreign Policy Choices.* Ann Arbor: The University of Michigan.

Knaup, H., P. Müller und C. Schmergal 2015. „Den Emir haben wir". *Der Spiegel 17.*

Kohler, B. 2015. „Eine Islamisierung Deutschlands sehe ich nicht". *Frankfurter Allgemeine Zeitung* Nr. 13.

Kornelius, S. 2013. *Angela Merkel. Die Kanzlerin und ihre Welt.* Hamburg: Hoffmann und Campe.

Korte, K. 2010. Präsidentielles Zaudern. Der Regierungsstil von Angela Merkel in der Großen Koalition 2005-2009. In *Die Große Koalition*, Hrsg. S. Bukow und W. Seemann, 102–119. Wiesbaden: VS Verlag für Sozialwissenschaften

Lau, J. 2013. Warum er nicht ins Auswärtige Amt sollte. *Die Zeit*, Nr. 41.

Löwenstein, S. 2016. Die Abwesenheit einer Dame, *Frankfurter Allgemeine Zeitung* Nr. 55.

Manow, P. 2018. Links und rechts – zwei Spielarten des Populismus. *Frankfurter Allgemeine Zeitung* Nr. 24.

Morgen, S. und R. Biermann. 2016. Sicherheit, Sicherheitspolitik. In *Evangelisches Soziallexikon. 9. Auflage*, Hrsg. J. Hübner, J. Eurich, M. Honecker, T. Jähnichen, M. Kulessa und G. Renz, 1378-1382. Suttgart: Kohlhammer.

Müller, F. 2014. Ein Bayer von Welt. *Süddeutsche Zeitung 18.07.2014.*

Müller, P. 2016. *Der Machtkampf. Seehofer und die Zukunft der CSU*. München: Deutsche Verlagsanstalt.

Müller, P., M. Popp und C. Schult. 2016. Gefangen im Krieg. *Der Spiegel 5*.

Müller, F. und M. Szymanski. 2014. Und jetzt die große Welt. *Süddeutsche Zeitung 18.10.2014.*

Miller, B. und W. C. Müller. 2010. Koalitionsmechanismen in einer Großen Koalition: Das Beispiel der Regierung Merkel. In *Die zweite Große Koalition. Eine Bilanz der Regierung Merkel 2005-2009*, Hrsg. C. Egle und R. Zöhnhöfer, 156–179. München: Springer Verlag.

Münkler, H. 2015. Unheilvolle Dynamik. *Der Freitag*, 46 – https://www.freitag.de/autoren/der-freitag/unheilvolle-dynamik. Zugegriffen: 30. Januar 2018

Münkler, H. 2016. Wie ahnungslos kluge Leute doch sein können. *Die Zeit*, Nr. 7/2016. – https://www.zeit.de/2016/07/grenzsicherung-fluechtlinge-peter-sloterdijk-ruediger-safranski-erwiderung. Zugegriffen: 30. Januar 2018

Neukirch, R. 2016. Sanfte Töne Richtung Moskau. *Der Spiegel 26*.

Niclauß, K. 2015. *Kanzlerdemokratie. Regierungsführung von Konrad Adenauer bis Angela Merkel. 3., aktualisierte und erweiterte Auflage*. Wiesbaden: Springer VS.

Oppermann, K. und K. Brummer. 2014. Patterns of Junior Partner Influence on the Foreign Policy of Coalition Governments. *The British Journal of Politics and International Relations* 16, 555–571.

Oppermann, K., K. Brummer, N. van Willigen. 2016. Coalition Governance and Foreign Policy Decision Making. *European Political Science 4*: 489–501.

Oberreuter, Heinrich (2010) „Von Krise zu Krise. Die Erosion der CSU während der Großen Koalition", 2009. In *Die Große Koalition.*, Hrsg. S. Bukow und W. Seemann, 285–298. Wiesbaden: VS Verlag für Sozialwissenschaften.

Prantl, H. 2016. Subnational. Süddeutsche Zeitung, 05.03.2016.

Rudzio, W. 2005. *Informelles Regieren. Zum Koalitionsmanagement in deutschen und österreichischen Regierungen*. Wiesbaden: VS Verlag für Sozialwissenschaften.

Sattar, M. 2014. Zweierlei Geopolitik. *Frankfurter Allgemeine Zeitung* Nr. 103.

Sattar, M. und F. Schmidt. 2014. Widerstand in der EU gegen weitere Sanktionen. *Frankfurter Allgemeine Zeitung* Nr. 257.

Schieder, S. 2008. Deutsche Außenpolitik unter neuen Vorzeichen: Eine erste Bilanz der schwarz-roten Koalition In *Internationale Beziehungen. Aktuelle Forschungsfelder, Wissensorganisation und Berufsorientierung* Hrsg. A. Brand und S. Robel, Stefan, 287–315. Dresden: TUDpress Verlag der Wissenschaften.

Schmidt, F. 2016. Ein ausgesprochener höflicher Gast. *Frankfurter Allgemeine Zeitung* Nr. 30.
Schmidt, F. 2017. Moskauer Harmonien. *Frankfurter Allgemeine Zeitung* Nr. 65.
Schuller, K. 2015. Nur nicht schwächeln. *Frankfurter Allgemeine Zeitung* Nr. 6.
Süddeutsche Zeitung. 2014a. CSU setzt auf Außenpolitik. Süddeutsche Zeitung 01.07.2014.
Süddeutsche Zeitung. 2014b. Die Nuancen der Russland Politik, Süddeutsche Zeitung 24.11.2014.
Staib, J. 2015. Seehofer will mit Putin sprechen. *Frankfurter Allgemeine Zeitung* Nr. 295.
Sturm R. 2014. Die Regierungsbildung nach der Bundestagswahl 2013: lagerübergreifend und langwierig. *Zeitschrift für Parlamentsfragen Heft* 1: 207–230.
Wehner, M. 2014. Steinmeiers große Illusion. *Frankfurter Allgemeine Sonntagszeitung* Nr. 11.

Krise, Stillstand und Reformen: Das Policyprofil der dritten Regierung Merkel

Reimut Zohlnhöfer

> **Zusammenfassung**
>
> Die Policybilanz der dritten Großen Koalition ist gemischt. Nur in wenigen Politikfeldern, wie der Umwelt- oder der Gesundheitspolitik, herrschte Stillstand. Dagegen zeichnete sich in der Sozial- und Wirtschaftspolitik eine zunehmende Bereitschaft zur Staatsintervention ab. Gesellschaftspolitisch dominierte die Reaktion auf die Flüchtlingskrise, die ähnlich wie die Reform der doppelten Staatsangehörigkeit, aber auch die Gesetzgebung zu gleichgeschlechtlichen Paaren liberal ausfiel. Angetrieben wurde die Arbeit der Regierung Merkel III von Problemdruck, insbesondere ausgelöst durch die Flüchtlingskrise, der gleichzeitig Reformen in anderen Politikfeldern erschwerte. Doch auch programmatische Positionen der Regierungsparteien fanden ihren Niederschlag, wenngleich dieser durch Rücksichtnahmen auf Koalitionspartner begrenzt blieb.

1 Einleitung

Die Koalition aus CDU/CSU und SPD, die 2013 als Ergebnis der bis zu jenem Zeitpunkt längsten Koalitionsverhandlungen in der deutschen Nachkriegsgeschichte gebildet wurde, rief von Anfang an wenig Begeisterung hervor – weder in der öffentlichen Meinung noch in den beteiligten Parteien (Sturm 2014,

---

R. Zohlnhöfer (✉)
Institut für Politische Wissenschaft, Universität Heidelberg, Heidelberg, Deutschland
E-Mail: reimut.zohlnhoefer@ipw.uni-heidelberg.de

© Springer Fachmedien Wiesbaden GmbH, ein Teil von Springer Nature 2019
K.-R. Korte und J. Schoofs (Hrsg.), *Die Bundestagswahl 2017*,
https://doi.org/10.1007/978-3-658-25050-8_25

S. 223; Murswiek 2017, S. 122).[1] Ähnlich wie Anfang 2018 bei der Bildung der vierten Regierung Merkel war auch schon 2013 die Sorge verbreitet, dass sich in einer Großen Koalition nur wenige Reformen würden durchsetzen lassen und der kleinste gemeinsame Nenner dominieren würde. Gerade angesichts der ähnlichen Ausgangslage im Jahr 2018 gewinnt ein Blick auf die Reformbilanz der Vorgängerregierung, die ja von den gleichen Parteien gebildet wurde, an Aktualität: Die Antwort auf die Frage, ob die dritte Regierung Merkel Reformen zustande brachte, kann womöglich einige Hinweise darauf geben, was für die vierte Große Koalition zu erwarten sein wird.

Im Folgenden Aufsatz argumentiere ich, dass für die dritte Große Koalition nicht generell von Stagnation und Stillstand gesprochen werden kann. Während diese Charakterisierung für einige Politikfelder wie die Umwelt- oder die Gesundheitspolitik zutrifft, lassen sich etwa in der Wirtschafts- und Sozialpolitik durchaus Reformimpulse feststellen – und zwar im Sinne eines Endes oder zumindest einer Unterbrechung der Liberalisierungspolitik der zwei vorangegangenen Dekaden. Auch gesellschaftspolitisch sind durchaus einige Reformen durchgesetzt worden, wenngleich die zweifellos größte gesellschaftspolitische Veränderung, die liberale Flüchtlingspolitik, eher durch äußeren Problemdruck und einen dezidiert ungeordneten Willensbildungsprozess zustande kam. Dennoch zeigt sich insgesamt in vielen sozial- und gesellschaftspolitischen Bereichen eine deutlich sozialdemokratisch-libertäre Handschrift, die durch die Mehrheitsverhältnisse im Bundestag, die nur der SPD alternative Gesetzgebungsmehrheiten ermöglichten, zu erklären ist. Dagegen spielten die klassischen Vetoakteure des deutschen politischen Systems eine eher untergeordnete Rolle.

Der Aufsatz ist wie folgt gegliedert: Bevor in Abschnitt drei eine Bestandsaufnahme der Reformtätigkeit der dritten Regierung Merkel geliefert wird, werden die Leistungen der dritten Großen Koalition im OECD-Ländervergleich mittels der Daten der Sustainable Governance Indicators kontextualisiert. Der vierte Abschnitt diskutiert zentrale Erklärungsfaktoren für das Reformprofil der schwarz-roten Koalition: den Problemdruck, das Regieren in einer Großen Koalition unter den Bedingungen von Parteienkonkurrenz sowie die institutionellen Bedingungen.[2] Der letzte Abschnitt fasst die wichtigsten Ergebnisse zusammen.

---

[1] Lisa Galvagno ist für hilfreiche Unterstützung und Kommentare zu danken.
[2] Abschn. 3 und 4 basieren auf Zohlnhöfer 2019.

2 Ein quantitativ-vergleichender Blick auf das Regieren in Deutschland 2013–2017

Eine erste vergleichend-quantitative Einschätzung der Reformtätigkeit der dritten Großen Koalition erlaubt ein Blick auf die Sustainable Governance Indicators der Bertelsmann-Stiftung. Dabei handelt es sich um eine seit 2014 jährlich stattfindende Erhebung zur Nachhaltigkeit der Regierungsführung sämtlicher 41 Staaten, die Mitglieder der OECD oder EU sind. Von den drei untersuchten Bereichen Policies, Demokratie und Governance ist im Folgenden lediglich der zuerst genannte von Interesse. Die Policy-Performanz der untersuchten Länder wird in drei Pfeiler unterteilt:

- Wirtschaftspolitik: Hier wird die allgemeine Wirtschaftspolitik, die Entwicklung des Arbeitsmarktes, der Steuern und des öffentlichen Haushalts, die Politik zu Forschung und Entwicklung sowie das einschlägige internationale Engagement eines Landes im Bereich Wirtschaft (z. B. in der Handelspolitik) betrachtet.
- Gesellschaftspolitik: Hier werden Maßnahmen zur sozialen Inklusion, zur Bildungs-, Gesundheits- und Familienpolitik, Entscheidungen hinsichtlich Rente, Integration von Migranten und zur inneren Sicherheit sowie das Internationale Engagement, etwa durch Entwicklungshilfe, bewertet.
- Umweltpolitik: In diesem Pfeiler spielt sowohl die nationale Umweltpolitik als auch das einschlägige internationale Engagement eine Rolle.

Die Bewertungen der nachhaltigen Regierungsführung erfolgt durch die Kombination aus Experteneinschätzungen und quantitativen Indikatoren, wobei insgesamt 81 Indikatoren für den Policy-Bereich zur Verfügung stehen. Diese können auf unterschiedlich hoher Aggregationsebene betrachtet werden, von einer Aggregation über sämtliche Policy-Indikatoren über die Betrachtung der einzelnen Pfeiler bis hin zu Werten für einzelne Politiken, die auf der Basis qualitativer Einschätzungen von Experten vergeben werden.[3] Für die Bilanzierung der Reformtätigkeit der dritten Regierung Merkel bietet sich ein Vergleich der Werte der SGI 2014 und der SGI 2018 an, da der 2014er Bericht die Entwicklung bis zum 15.05.2013, also kurz vor der Bundestagswahl 2013, erfasst, während der

---

[3]Für Details und detaillierte Ergebnisse vgl. www.sgi-network.org.

Beobachtungszeitraum des Berichts von 2018 am 08.11.2017, und damit nur wenige Tage nach der Bundestagswahl 2017, endet.

Betrachtet man zunächst die aggregierten Indikatorenbündel, ergibt sich ein für Deutschland insgesamt positives Bild relativer Stabilität. Bei der gesamten Policy-Performanz konnte die Bundesrepublik ihren sechsten Platz (von 41 Ländern) verteidigen, wobei der Punktwert 2018 sogar noch höher als 2014 lag, der Abstand zum führenden Land (jeweils Schweden) allerdings unverändert geblieben ist. Betrachtet man dagegen die einzelnen Politikbereiche getrennt, so fallen nennenswerte Unterschiede auf. In der Wirtschaftspolitik konnte sich Deutschland vom fünften auf den vierten Platz vorarbeiten, was mit einer leichten Verbesserung des Punktwertes einherging; deutlicher fiel die Verbesserung in der Gesellschaftspolitik aus, wo die Bundesrepublik den neunten Platz erreichte, nachdem sie 2014 noch auf dem 13. Rang rangiert hatte. Diese Verbesserung korrespondierte mit einer Erhöhung des Punktwertes sowie mit einer Verkürzung des Rückstandes auf das in dieser Kategorie führende Land (Norwegen). Auch in der Umweltpolitik konnte die Bundesrepublik ihre Platzierung nochmals verbessern (von fünf auf drei), wenngleich hier der Abstand auf das erfolgreichste Land, Schweden, leicht gewachsen ist.

Um auszuschließen, dass der Erfolg Deutschlands allein der Entwicklung quantitativer Indikatoren, wie etwa der Arbeitslosenquote, dem Schuldenstand, der Fertilitäts- oder der Mordrate geschuldet ist, die in die Aggregatwerte einfließen, aber kurzfristig schwer politisch zu steuern sind, soll im nächsten Schritt noch ein Blick auf die Experteneinschätzungen zu einzelnen Politikfeldern geworfen werden. Wie Tab. 1 zu entnehmen ist, haben sich die Werte nur in acht Politikfeldern und lediglich marginal verändert (auf einer Skala von 1–10 jeweils nur um einen Punkt). Insgesamt sind also nur begrenzte Veränderungen zu erkennen. In fünf der acht Fälle wurde dabei eine Verbesserung, in dreien eine Verschlechterung konstatiert (zum Folgenden Rüb et al. 2018).

Tab. 1 Veränderungen bei qualitativen Policy-Indikatoren zwischen SGI 2014 und 2018

Verschlechterung um einen Punkt	Verbesserung um einen Punkt
Rente	Forschung und Entwicklung
Integration	Bildung
Innere Sicherheit	Familie
	Entwicklungszusammenarbeit
	Internationale Umweltzusammenarbeit

Quelle: Rüb et al. 2014, 2018

Inwiefern ist die Bundesregierung für die jeweiligen Veränderungen verantwortlich? Bei der Familienpolitik wird die Verbesserung in erster Linie in der Abschaffung des Betreuungsgeldes gesehen, was Folge einer Entscheidung des Bundesverfassungsgerichts war. Ebenso wenig wird man die Bundesregierung für die bessere Bewertung der Bildungspolitik verantwortlich machen wollen, liegen die meisten bildungspolitischen Kompetenzen doch bei den Bundesländern. Das Lob für die Erfolge bei Forschung und Entwicklung muss die Bundesregierung zumindest mit anderen Akteuren teilen, in diesem Fall vor allem mit privaten Unternehmen. Auf der anderen Seite schlugen sich auch in der Verschlechterung der Einschätzung der inneren Sicherheit vor allem die Zunahme ausländerfeindlicher Gewalt sowie einzelne Terroranschläge nieder, wofür die Bundesregierung ebenfalls kaum die Hauptverantwortung trägt. Ähnlich verhält es sich bei der Integrationspolitik: Hier resultiert die Verschlechterung nicht aus einem Politikwechsel, sondern im Gegenteil aus einer zu geringen Veränderung der bestehenden Politik, die als unzureichend angesichts der stark veränderten Herausforderungslage eingeschätzt wurde.

Die Veränderungen, die unmittelbar auf Politikänderungen der Bundesregierung reagieren, beziehen sich somit auf die Rente, die Entwicklungszusammenarbeit sowie die internationale Zusammenarbeit in Umweltfragen. Bei der internationalen Kooperation wurde insbesondere die positive Rolle Deutschlands bei der UN-Klimakonferenz in Paris 2015 und die Zunahme der Entwicklungshilfebemühungen einschließlich des Erreichens der von den Vereinten Nationen angestrebten Quote für Entwicklungshilfeausgaben von 0,7 % am Bruttoinlandsprodukt belohnt. Die schlechtere Einschätzung des deutschen Rentensystems ist dagegen nicht zuletzt Folge der expansiven Rentenpolitik der dritten Großen Koalition, die von den Gutachtern als nicht nachhaltig eingeschätzt wurde.

Auch dieser weniger hoch aggregierte Blick auf die deutsche Reformtätigkeit verweist auf dezidierte Stabilität, man könnte auch sagen: Stillstand – allerdings auf einem im internationalen Vergleich sehr hohen Niveau nachhaltiger Regierungsführung. Dieser Blick durch die Brille der SGI-Daten weist einige Vorteile auf, ist er doch international vergleichend und basiert auf dem Urteil verschiedener Gutachter. Er hat jedoch auch Nachteile. So verleitet mein Fokus auf Veränderungen der Scores dazu, den Blick auf große Veränderungen zu verengen, während Details – oder sich wechselseitig in der Bewertung aufhebende Veränderungen – unberücksichtigt bleiben. Auch die normative Basis, auf deren Grundlage die Punkte bei den SGI vergeben werden, muss nicht notwendigerweise geteilt werden. Daher betrachte ich im nächsten Schritt den Reformoutput der dritten Regierung Merkel desaggregierter, als dies die SGI erlauben.

3 Der Reformoutput der dritten Großen Koalition

Den Reformoutput der Großen Koalition zwischen 2013 und 2017 kann man vermutlich cum grano salis am ehesten mit vier Begriffen zusammenfassen: ein bisschen mehr Staat in der Wirtschafts- und Sozialpolitik – ein wenig mehr Liberalisierung in der Gesellschaftspolitik – einiges an Stillstand etwa in der Gesundheits- und der Umweltpolitik – und viele Krisenreaktionen.

3.1 Abkehr von der wirtschafts- und sozialpolitischen Liberalisierung

Zwischen 2013 und 2017 wurde eine Reihe von Reformen verabschiedet, die den Sozialstaat ausweiteten und generöser machten (zum Folgenden Voigt 2019). Zu denken ist dabei etwa an verschiedene Rentenreformen wie die – unter bestimmten Bedingungen gewährte – Rente mit 63 oder die sogenannte „Mütterrente", aber auch Verbesserungen bei der Pflegeversicherung. Hinzu kam in der regulativen Sozialpolitik die Mietpreisbremse und in der Arbeitsmarktpolitik der Mindestlohn sowie die verschärfte Regulierung der Leiharbeit. Zudem ist in diesem Zusammenhang die Geschlechterquote in Aufsichtsräten zu nennen, da auch hier der Staat zur Erreichung sozialer Ziele deutlich intervenierte.

Das sind keine ganz neuen Entwicklungen – auch die vorangegangenen Merkel-Regierungen hatten immer wieder einzelne sozialpolitisch expansive Maßnahmen vorgenommen, etwa verschiedene „außerplanmäßige" Rentenerhöhungen und die Verlängerung der Bezugsdauer des Arbeitslosengeldes I für ältere Arbeitnehmer durch die erste Merkel-Regierung oder die Abschaffung der Praxisgebühr durch die christlich-liberale Koalition bis 2013. Dennoch ist das Ausmaß der Expansion bemerkenswert und kündet von einer (vorläufigen?) Abkehr von der Liberalisierungspolitik, die die deutsche Wirtschafts- und Sozialpolitik mindestens seit Mitte der 1990er Jahre dominiert hatte.

Ein Stück weit zeigt sich dies auch finanzpolitisch (zum Folgenden Rixen 2019). Zwar kamen die u. a. von der SPD geforderten Steuererhöhungen nicht zustande, doch blieben auch nennenswerte Steuerreformen aus – wenn man einmal von der mageren (und vom Bundesverfassungsgericht erzwungenen) Erbschaftsteuerreform und der Anpassung der Einkommensteuer an die sogenannte kalte Progression absieht. Statt die Steuern (oder Sozialversicherungsbeiträge) substanziell zu senken, konzentrierte sich die dritte Regierung Merkel zum einen auf die Haushaltskonsolidierung, was ihr mit dem Erreichen des Haushaltsausgleichs und der Senkung des Schuldenstandes auch gelang; zum anderen wurden die Staatsausgaben erhöht. So flossen nennenswerte Mittel in den Erhalt und Ausbau der Infrastruktur, aber auch selbst gesteckte Ausgabenziele bei der Entwicklungshilfe und den Ausgaben für Forschung und Entwicklung wurden erreicht, anderen (nämlich bei den Verteidigungsausgaben) näherte man sich zumindest an. Auch die BAföG-Finanzierung übernahm der Bund. Und schließlich waren auch die erheblichen Mittel für die Versorgung und Integration einer sehr großen Zahl von Migranten zu schultern. Insofern zeigt sich auch beim Haushalt, dass die Bundesregierung in der 18. Legislaturperiode zumindest nicht danach strebte, ihre wirtschafts- und sozialpolitischen Aktivitäten einzuschränken.

3.2 Gelegentlich extensive Reformen in der Gesellschaftspolitik

In der Gesellschaftspolitik fanden sich einige extensive, also Rechte erweiternde Reformen. Davon profitierten nicht zuletzt gleichgeschlechtliche Paare. So wurde zunächst die sogenannte Sukzessivadoption eingeführt. Demnach können nun homosexuelle Partner ein Kind adoptieren, das der andere Partner bereits vorher adoptiert hatte. Gegen Ende der Wahlperiode wurde dann sogar die sogenannte Ehe für alle beschlossen, die eine Eheschließung nun auch für Homosexuelle ermöglicht.

Auch die 2014 verabschiedete Reform des Staatsangehörigkeitsrechts muss als extensive Politik klassifiziert werden. Mit diesem Gesetz wurde die Optionspflicht für in Deutschland aufgewachsene Kinder ausländischer Eltern abgeschafft. Dadurch müssen sich diese Menschen nicht mehr zwischen der deutschen und ihrer weiteren Staatsangehörigkeit entscheiden. Noch wesentlich weiterreichende Folgen in der Migrations- und Integrationspolitik dürfte zweifellos die Entscheidung aus dem Spätsommer 2015 haben, die Grenzen für Flüchtlinge zu öffnen (bzw. das Dublin-Verfahren auszusetzen). Dabei handelt es sich zweifellos ebenfalls um eine extensive gesellschaftspolitische Entscheidung – und zudem um eine, die in einer gewissen Tradition migrationspolitischer Liberalisierung über die vorangegangenen anderthalb Dekaden steht (Laubenthal 2019).

Andere rechtspolitische Entscheidungen waren allerdings weniger extensiv, ja, Wenzelburger und Staff (2019) haben ausgezählt, dass die dritte Regierung Merkel die Law-and-Order-Gesetzgebung stärker verschärft hat als irgendeine andere Bundesregierung seit 1994. Hierin schlagen sich Maßnahmen zur Terrorabwehr, zur Verschärfung des Asylrechts (in Reaktion auf die sogenannte Flüchtlingskrise), aber auch die Verschärfung des Sexualstrafrechts mit der Etablierung des Grundsatzes „Nein heißt nein" nieder.

Eine weitere gesellschaftspolitische Frage wurde in freier Abstimmung, also ohne Fraktionsdisziplin, entschieden, nämlich die nach dem Verbot gewerbsmäßiger Sterbehilfe. Auch hier kam es interessanterweise zu einer Verschärfung des geltenden Rechts.

3.3 Stillstand in Teilbereichen

Einige Politikfelder zeichneten sich dagegen durch nur vergleichsweise geringe Veränderungen aus. Ein Beispiel ist die Umweltpolitik. Annette Elisabeth Töller (2019) etwa stellt der dritten Regierung Merkel ein bescheidenes Zeugnis aus, deren umweltpolitische Bilanz „kein Grund zum Feiern" sei. Der Atomausstieg wurde zwar vorangetrieben und das Erneuerbare-Energien-Gesetz novelliert, doch zentrale Fragen, etwa danach, wie die Zukunft der Kohle aussehen und wie mit dem Abgasskandal umgegangen werden sollte, blieben unbeantwortet. Dass in den Koalitionsverhandlungen zur 19. Wahlperiode dann auch noch fast offiziell festgehalten wurde, dass die Bundesrepublik ihre Klimaschutzziele für 2020 wohl nicht erreichen wird, passt in die Wahrnehmung einer (zu) wenig ambitionierten Umweltpolitik.

Auch in der Gesundheitspolitik im engeren Sinne (ohne die Pflegepolitik) ist im Wesentlichen Stillstand zu konstatieren. Die große Debatte um die Finanzierung der Krankenversicherung über Bürgerversicherung oder Gesundheitsprämie, die die vorangegangenen Koalitionen ausgefochten hatten, ruhte während der dritten Amtszeit von Angela Merkel.

Eine schwere Geburt mit ungewissem Ausgang war auch die Einführung einer Pkw-Maut (dazu Bandelow und Vogeler 2019). Hierzu wurde im Mai 2015 ein Gesetz beschlossen, gegen das aber die EU-Kommission vor dem Europäischen Gerichtshof klagte. Nach Verhandlungen zwischen Bundesregierung und Kommission wurde dann das schon beschlossene Gesetz noch vor seiner Implementierung im März 2017 wieder geändert. Ob die Maut letztlich wirklich kommen wird, ist nicht zuletzt angesichts möglicher europarechtlicher Probleme noch immer ungewiss – und ob der Maut-Effekt, falls sie eingeführt werden sollte, signifikant sein wird, ist ebenfalls umstritten. Insofern kann diese Reform zum Zeitpunkt des Schreibens am ehesten unter Stillstand gefasst werden – wobei sich diese Zuordnung mittelfristig bei einem Erfolg der Politik noch ändern könnte.

3.4 Krisenreaktion

Wie schon die beiden vorangegangenen Legislaturperioden, als die Finanz- und die Eurokrise zumindest phasenweise die Agenda dominierten, war auch die 18. Wahlperiode dadurch gekennzeichnet, dass sich die Bundesregierung in erheblichem Umfang mit Krisenmanagement auseinandersetzen musste. Nach 2013 erlebte die Eurokrise zeitweise noch einmal weitere Höhepunkte – ohne dass sich allerdings an der Position der neu zusammengesetzten Bundesregierung in nennenswertem Umfang etwas geändert hätte (Lim et al. 2018). Weiterhin wurde finanzielle Unterstützung für Griechenland nur im Austausch gegen Reformen und Konsolidierung akzeptiert.

Spätestens ab August 2015 löste die Migrationspolitik die Eurorettung als bestimmendes Thema ab. Auf die Tatsache, dass immer mehr Flüchtlinge und Migranten Europa erreichten und nicht mehr in Südeuropa verblieben, reagierte die Bundesregierung mit der Suspendierung des Dublin-Verfahrens – woraus sich eine zunehmende Migrationsdynamik entwickelte. Damit waren in kurzer Zeit hunderttausende Menschen zunächst einmal zu versorgen; aber es musste auch entschieden werden, welche Migranten im Land bleiben durften und welche nicht; und es musste sichergestellt werden, dass diejenigen, die bleiben, auch in die Gesellschaft, und vor allem in den Arbeitsmarkt, integriert werden konnten. Faktisch waren aber nahezu alle Politikfelder von den Folgen der Grenzöffnung betroffen – neben der Arbeitsmarkt- und Bildungspolitik auch bspw. die Rechts- und Finanz-, aber sogar die Außen- und Europapolitik – und die entsprechenden Aufgaben sind sicherlich noch nicht annähernd abgearbeitet.

4 Was erklärt die Reformbilanz der dritten Regierung Merkel?

Im Folgenden soll der gerade beschriebene Reformoutput der dritten Regierung Merkel mittels dreier zentraler Faktoren erklärt werden: dem Problemdruck, dem Agieren von Parteien und der Rolle von Vetopunkten.

4.1 Politik in Reaktion auf Problemdruck

Von außen kommende Krisen wie die Euro-, vor allem aber die Flüchtlingskrise spielten in der 18. Wahlperiode eine bedeutende Rolle. Angesichts einer riesigen

Zahl von Menschen, die sich über die sogenannte Balkanroute auf den Weg nach Europa – und nicht zuletzt Deutschland – gemacht hatten, war politisches Handeln unabdingbar. Ob die Politiken, mit denen die Bundesregierung auf diese Herausforderung reagierte, alternativlos waren, wie es nicht zuletzt die Bundeskanzlerin immer wieder bekräftigte (Alexander 2017), ist umstritten. Doch nachdem die Entscheidung für die Grenzöffnung gefallen war, dominierte das Thema die politische Agenda für die weitere Legislaturperiode fast vollständig. Obwohl das Thema Ausländer/Integration/Flüchtlinge nach den Daten des Politbarometers bereits ab Mitte 2014 als das wichtigste Problem Deutschlands wahrgenommen wurde, sprangen die entsprechenden Werte im zweiten Halbjahr 2015 sogar auf über 80 % der Befragten (Bauer-Blaschkowski et al. 2019). Dieses Thema brannte also praktisch der gesamten Wählerschaft unter den Nägeln.

Das hatte zwei Folgen. Erstens musste die Bundesregierung in diesem Bereich eine Vielzahl von Aktivitäten entfalten. So sollte die Zahl der Migranten reduziert werden – hier wurde einerseits auf eine Umverteilung der Flüchtlinge in der EU und ein Abkommen mit der Türkei gesetzt sowie mehr in die Bekämpfung der Fluchtursachen investiert, u. a. durch eine Ausweitung der Entwicklungshilfe; gleichzeitig mussten die schon im Land befindlichen Menschen versorgt und, soweit eine Bleibeperspektive bestand, in die deutsche Gesellschaft integriert werden.

Zweitens hatte die enorme Bedeutung der Flüchtlingspolitik zur Folge, dass andere Politikfelder weniger Aufmerksamkeit erhielten als es sonst der Fall gewesen wäre. Angesichts der knappen Zeit und der begrenzten politischen und kognitiven Ressourcen von Spitzenpolitikern (wie aller anderen Menschen) hatten diese nur noch in sehr eingeschränktem Umfang überhaupt die Kapazitäten, sich anderen politischen Projekten neben der Bewältigung der Flüchtlingsproblematik zu widmen. Hinzu kam, dass die Migrationspolitik auch die politischen Ressourcen der Regierungsparteien weitgehend erschöpfte, war doch die Mehrheit der Befragten mit der Flüchtlingspolitik der Bundesregierung unzufrieden, was sich in Auseinandersetzungen in der Koalition, vor allem aber im Erstarken der AfD niederschlug (Bauer-Blaschkowski et al. 2019). Insofern waren gerade in der zweiten Hälfte der Wahlperiode insbesondere die Chancen für größere Reformprojekte, die in der Wählerschaft umstritten waren, ausgesprochen schlecht.

Umgekehrt war in anderen Bereichen der Problemdruck gering, sodass hier von vornherein wenig Aktivität zu erwarten war. Das gilt insbesondere für die Wirtschafts- und Sozialpolitik. Angesichts eines relativ stabilen Wirtschaftswachstums, kontinuierlich fallender Arbeitslosigkeit und stetig steigender Steuereinnahmen lösten sich viele Probleme, die die Wählerinnen und Wähler üblicherweise als besonders wichtig betrachten, fast von allein und erlaubten es sogar, noch sozialpolitisch aktiv zu werden. Die stabile Arbeitsmarktentwicklung ließ die Einführung des Mindestlohns und die Regulierung der Leiharbeit vertretbar erscheinen und die sprudelnden Staatseinnahmen schufen die Grundlagen für Erhöhungen der Renten- und Pflegeausgaben. All diese Maßnahmen waren zudem unter der Wählerschaft populär, was die Wiederwahlchancen ebenso erhöhen konnte wie die gesamte positive wirtschaftliche Entwicklung, für die die Regierung ebenfalls die Verantwortung reklamierte. Ob sie dies zu Recht tat, sei an dieser Stelle dahingestellt, aber günstige Rahmenbedingungen wie niedrige Zinsen, ein niedriger Eurowechselkurs, ein niedriger Ölpreis und erfolgreiche Reformen vorangegangener Regierungen dürften zumindest ebenfalls eine Rolle gespielt haben.

Interessant ist auch die Umweltpolitik, die angesichts des Fehlens eines größeren fokussierenden Ereignisses, das Aufmerksamkeit auf das Politikfeld hätte lenken können (Birkland und Warnement 2016), in der 18. Wahlperiode kaum in Erscheinung trat. Der Abgasskandal konnte wegen der großen Bedeutung der deutschen Automobilindustrie nicht in gleicher Weise wie etwa das Atomunglück in Fukushima in der vorangegangenen Legislaturperiode wirken. Und mit dem Konsens über den Atomausstieg fehlte der deutschen Umweltdebatte zudem ein polarisierendes Thema, das das Politikfeld auf die Agenda hätte tragen können.

4.2 Großkoalitionäres Regieren unter den Bedingungen von Parteienkonkurrenz

Politik reagiert nicht nur auf externe Herausforderungen, sondern Regierungen versuchen auch, Gesellschaften nach ihren programmatischen Vorstellungen zu gestalten. Hinzu kommt, dass es, wie schon am Beispiel der Flüchtlingskrise angesprochen, nicht zwangsläufig nur eine mögliche Reaktion auf Herausforderungen gibt – und wiederum könnte die Reaktion von den programmatischen Positionen der Regierungsparteien beeinflusst worden sein. Umgekehrt orientieren sich Parteien bei den Politiken, die sie durchsetzen, nicht allein an ihren programmatischen Positionen, sondern sie achten auch darauf, wie sich diese Politiken auf ihre Wiederwahlchancen auswirken (Strøm 1990). In Koalitionsregierungen wie der Großen Koalition müssen sie zudem noch die eigenen Vorstellungen gegen die Ideen des Koalitionspartners behaupten. Wie wirkte sich diese Gemengelage auf die Politik der dritten Regierung Merkel aus?

Schon während der Regierungsbildung im Jahr 2013 erklärten die Parteien, dass sie in bestimmten Fragen nicht kompromissbereit sein würden. Nach Sturm (2014, S. 219) bildeten für die SPD der Mindestlohn, die Reform der doppelten

Staatsangehörigkeit, die sogenannte Rente mit 63, die Regulierung der Leiharbeit, die Gleichstellung von Ehe und gleichgeschlechtlichen Lebenspartnerschaften sowie die Geschlechterquote in Aufsichtsräten solche „roten Linien". Umgekehrt lehnte die Union Steuererhöhungen und die Abschaffung des Ehegattensplittings kategorisch ab und verlangte eine „Mütterrente". Speziell die CSU machte zudem den Fortbestand des Betreuungsgeldes und die Einführung einer Pkw-Maut zur Bedingung einer Koalition.

Praktisch alle diese Bedingungen wurden auch tatsächlich erfüllt – mit Ausnahme des Betreuungsgeldes, das entgegen der Vorstellungen der CSU abgeschafft wurde. Hierfür war allerdings ein Urteil des Bundesverfassungsgerichts (1 BvF 2/13) und nicht eine parlamentarische Abstimmung verantwortlich. Dagegen war die Gleichstellung von Ehe und gleichgeschlechtlichen Lebenspartnerschaften (auch „Ehe für alle" genannt), und damit eine der Kernforderungen der SPD, zwar nicht in den Koalitionsvertrag aufgenommen worden, schaffte es aber schließlich doch ins Bundesgesetzblatt.

Die „Ehe für alle" stellt allerdings einen Sonderfall dar. Hier wurde die Mehrheit der Unionsfraktion in einer freien Abstimmung tatsächlich von ihrem Koalitionspartner mithilfe der Bundestagsopposition überstimmt (BT-PlPr. 18/244, S. 25117 ff.). In allen anderen Fällen stimmten die Regierungsparteien den zentralen Projekten ihres jeweiligen Koalitionspartners zu – wenngleich nicht selten nur zähneknirschend. Der Union könnten manche Konzessionen insofern leichter gefallen sein, als sie sich schon vor den Koalitionsverhandlungen in verschiedenen Bereichen auf die SPD zubewegt hatte. Das gilt für die Geschlechterquote in Aufsichtsräten, für die sich die Union in erster Linie aufgrund des großen innerparteilichen Drucks insbesondere der Frauen Union am Ende der christlich-liberalen Regierungszeit schon in ihrem Wahlmanifest 2013 einsetzte (Henninger und von Wahl 2015, S. 464). Das gilt aber auch für den Mindestlohn, der sich als so populär erwies, dass die Union zumindest eine abgeschwächte Form in das eigene Wahlprogramm aufnahm (Zohlnhöfer und Engler 2015, S. 159). Ähnliches lässt sich für die Mietpreisbremse zeigen (Voigt 2019). Auch die Zustimmung zur Rente mit 63 dürfte der Union vor allem dadurch leichter gefallen sein, dass das Projekt ausgesprochen populär war, sprachen sich doch 81 % der Befragten für diese Politik aus (Politbarometer März II 2014). Insbesondere der Wirtschaftsflügel der Union hielt dennoch gerade die genannten sozialpolitischen Expansionen meist für problematisch (Oppelland 2019).

Andere Konzessionen fielen der Union aber noch ungleich schwerer. So forderte etwa der CDU-Bundesparteitag im Jahr 2016 sogar, die erst 2014 beschlossene Reform des Staatsangehörigkeitsrechts wieder zurückzunehmen – ein Beschluss, der allerdings von der Parteispitze zurückgewiesen wurde (Galvagno 2018). Auch die

Gleichstellung homosexueller Lebenspartnerschaften mit der Ehe war für viele in CDU und CSU schwer zu akzeptieren, was sich nicht nur daran zeigt, dass die Mehrheit der Unionsabgeordneten in der namentlichen Abstimmung zur „Ehe für alle" mit Nein stimmten, sondern was sich auch in 77 persönlichen Erklärungen von Unionsabgeordneten zu dieser Abstimmung niederschlug (BT-PlPr. 18/244, S. 25211–25249). Die „Ehe für alle" kam überhaupt nur zustande, weil die Oppositionsparteien gemeinsam mit der SPD geschlossen für den Gesetzentwurf stimmten. Daher monierten auch einige Unionsabgeordnete einen Bruch des Koalitionsvertrages („Im Bundestag und in allen von ihm beschickten Gremien stimmen die Koalitionsfraktionen einheitlich ab"; CDU/CSU/SPD 2013, S. 128) – der formal allerdings dadurch umgangen wurde, dass die Abstimmung als freie Abstimmung gehandhabt wurde, wenngleich nur in der Unionsfraktion nicht einheitlich abgestimmt wurde.

Die meisten Autoren konstatieren, dass die SPD in den Koalitionsverhandlungen mehr ihrer Forderungen durchsetzen konnte als die Union (Horst 2015; Oppelland 2019). Da die Union über 60 % der Abgeordneten stellte, die die Große Koalition hinter sich hatte, ist dies ein erklärungsbedürftiger Befund. Ein Blick auf die Mehrheitsverhältnisse im Bundestag hilft, diese Auffälligkeit zu verstehen. Projekte wie die „Ehe für alle", die Reform des Staatsangehörigkeitsrechts oder der Mindestlohn, gegen die es in der Union deutliche Vorbehalte gab, fanden bei den Oppositionsparteien Grüne und Linke starke Zustimmung, sodass es hierfür jeweils eine Mehrheit im Bundestag auch ohne die CDU und CSU gegeben hätte. Mit der (impliziten) Drohung, diese Gesetzgebungsmehrheit zu aktivieren, konnte die SPD in den meisten der genannten Fälle die Union zur Zustimmung bewegen (z. B. Sturm 2014, S. 217).

Doch auch die SPD musste Kompromisse eingehen, wie beispielsweise in der Finanzpolitik. Zwar konnten dank der sprudelnden Einnahmen auch ohne Steuererhöhungen erheblich höhere Staatsausgaben beschlossen werden, während gleichzeitig die Schulden zurückgingen; die steuerpolitischen Umverteilungsmaßnahmen, die die SPD (2013, S. 67 f.) in ihrem Wahlprogramm gefordert hatte, etwa einen höheren Spitzensteuersatz, eine höhere Besteuerung von Kapitalerträgen oder eine Vermögensteuer, blieben aber auf der Strecke. Weitere Projekte, die die SPD mittragen musste, obwohl sie nicht unbedingt ihren Prioritäten entsprachen, waren die „Mütterrente" sowie die „schwarze Null", also der ausgeglichene Bundeshaushalt.

Andere Konzessionen, die sie viel lieber vermieden hätte, versuchte die SPD zu unterlaufen. Das Betreuungsgeld akzeptierte sie zwar formal und unternahm keine parlamentarischen Aktivitäten zu seiner Abschaffung; doch es war kein Zufall, dass es eine SPD-geführte Landesregierung war, die das Bundesverfassungsgericht mit dem Ziel anrief, das Gesetz als nicht verfassungskonform zu verwerfen – mit Erfolg. Ähnliches ließ sich bei der Pkw-Maut beobachten. Die SPD akzeptierte einerseits grundsätzlich den Beschluss, eine solche Abgabe einzuführen; andererseits formulierte sie verschiedene, schwer in Einklang miteinander zu bringende Bedingungen, die erfüllt sein müssten, damit sie der Maut zustimmen könne – womit sie den Handlungsspielraum des Verkehrsministers stark eingrenzte. Dazu gehörte neben den auch im Koalitionsvertrag niedergelegten Forderungen nach Europarechtskonformität und danach, dass „kein Fahrzeughalter in Deutschland stärker belastet wird als heute" (CDU/CSU/SPD 2013, S. 29), auch die Bedingung, dass die Maut „nennenswerte Einnahmen bringen muss" (SPD 2017). Ob es dem Verkehrsminister tatsächlich gelungen ist, all diese Bedingungen einzuhalten, wird sich erst abschätzen lassen, wenn die Maut tatsächlich erhoben werden sollte.

Wie oben schon dargestellt konnte sich auch die dritte Regierung Merkel nicht auf die Umsetzung der Inhalte des Koalitionsvertrages beschränken; vielmehr erforderten die externen Herausforderungen kurzfristige, aber potenziell weitreichende Entscheidungen. Hier ist einerseits an die Eurokrise zu denken, die allerdings im Koalitionsvertrag bereits abgehandelt wurde, da sie bereits in der vorangegangenen Wahlperiode umfassend bearbeitet worden war (CDU/CSU/SPD 2013, S. 110).

Andererseits musste die Koalition auf die Flüchtlingskrise reagieren. Zwar dürften die Akteure auch auf diese Herausforderung nicht gänzlich unvorbereitet gewesen sein, war doch eine Zunahme der entsprechenden Migrationsströme von verschiedenen Seiten prognostiziert worden (Alexander 2017, S. 12 ff.; Kepplinger 2019); doch das dramatische Ausmaß der Krise war wohl schwer absehbar. Dass die entsprechende Politik ausgesprochen liberal ausfiel und die Grenzen für Flüchtlinge geöffnet wurden und offen blieben, ist zumindest auf den ersten Blick überraschend: erstens, weil die Union traditionell zuwanderungsskeptisch war, und zweitens, weil auch die Bundeskanzlerin sich in diesen Fragen lange Zeit und bis in den Sommer 2015 hinein eher zurückhaltend geäußert hatte (Alexander 2017, S. 27–44).

Warum verfolgte die Bundeskanzlerin dann diese überraschende Politik, die sich zudem als wahlpolitische Herausforderung, wenn nicht Belastung für die Regierungsparteien erwies (Bauer-Blaschkowski et al. 2019)? In der einschlägigen Literatur herrscht in Bezug auf diese Frage keine Einigkeit. Laubenthal (2019) sieht in dieser Politik im Wesentlichen ein Überschwappen von Ideen aus den angrenzenden Politikfeldern der Integrations- und Arbeitsmigrationspolitik, die schon seit Anfang der 2000er zunehmend liberaler ausgestaltet worden sind. Dabei nimmt die Autorin an, dass die Flüchtlinge zumindest zunächst als Teil einer Lösung des Problems des Fachkräftemangels betrachtet wurden – was allerdings eine sehr optimistische Einschätzung der Qualifikationen der ins Land kommenden Flüchtlinge voraussetzen würde. Helms et al. (2019) sehen in der Grenzöffnung dagegen eine Umsetzung der persönlichen Überzeugungen der Bundeskanzlerin (ähnlich Mushaben 2017) – wobei sich allerdings dann die Frage stellt, warum sich diese Überzeugungen nicht schon früher gezeigt haben. Im Gegensatz dazu argumentiert Kepplinger (2019), dass Merkel in der Flüchtlingspolitik stark dem liberalen Medientenor gefolgt sei und schließlich keine Chance mehr hatte, eine restriktivere Politik zu betreiben. Dieses Argument passt gut zur detaillierten Darstellung Alexanders (2017), die den Eindruck vermittelt, dass der entsprechende Politikprozess wenig strukturiert unter hoher Zeitknappheit und erheblicher Unsicherheit vorangetrieben wurde.

Obwohl man theoretisch erwarten könnte, dass der zentrale Konflikt in migrationspolitischen Fragen entweder zwischen Regierung und Opposition oder zwischen den Koalitionspartnern CDU/CSU auf der einen und SPD auf der anderen Seite stattfinden würde, lässt sich empirisch weder die eine noch die andere Vermutung bestätigen. Vielmehr war die Öffnung der Grenzen innerhalb des Parlaments kaum umstritten und insbesondere die Oppositionsparteien Bündnis 90/Die Grünen und Die Linke trugen die liberale Ausrichtung der Migrationspolitik weitestgehend mit (Bauer-Blaschkowski et al. 2019). Allenfalls von der CSU gab es – gelegentlich durchaus scharfe – Kritik an dieser Politik, für die nicht zuletzt die Vorsitzende der Schwesterpartei CDU, Bundeskanzlerin Merkel, stand (Bandau 2019). Diese Position blieb allerdings in vielen Fällen ohne größere Auswirkungen, weil die CSU regional auf Bayern begrenzt ist und sie nicht zuletzt aufgrund der engen Verflechtung mit der CDU auch nicht hinreichend konfliktfähig war, um ihren Forderungen mehr Gewicht zu verleihen.

Folglich ergab sich unter den im Bundestag vertretenen Parteien fast ein Konsens über die Ausrichtung der Migrationspolitik – ein Konsens, der, wenn man Umfragen folgen möchte, in der Bevölkerung nicht bestand. Die Meinungsforschung ermittelte nämlich, dass eine Mehrheit der Befragten mit der Flüchtlingspolitik der Bundesregierung nicht zufrieden war (Bauer-Blaschkowski et al. 2019). Insofern zeigte sich gerade in dem Bereich, der von der Bevölkerung als das mit Abstand wichtigste Problem der Wahlperiode betrachtet wurde, eine deutliche Divergenz zwischen Bevölkerungseinschätzung und im Bundestag repräsentierten Positionen.

Diese „Repräsentationslücke" (Patzelt 2017) dürfte eine zentrale Rolle bei der Stärkung von außerparlamentarischen Oppositionsparteien im Laufe der 18. Wahlperiode gespielt haben. Das betrifft zu einem gewissen Grad die FDP, vor allem aber die AfD. Gerade letztere Partei lehnte die liberale Migrationspolitik vehement ab – und sicherte sich auf diese Weise Erfolge bei Landtagswahlen und

2017 schließlich auch den Einzug in den Bundestag. Die wachsende Bedeutung der AfD in den Umfragen scheint sich aber auch unmittelbar auf die migrations- und flüchtlingspolitischen Aktivitäten der Bundesregierung ausgewirkt und eine restriktivere Ausrichtung der entsprechenden Politiken ausgelöst zu haben (Bauer-Blaschkowski et al. 2019). Dennoch mochte die dritte Regierung Merkel und nicht zuletzt die Bundeskanzlerin selbst ihre Politik der offenen Grenzen aber auch unter dem Eindruck des zunehmenden Erfolgs der AfD nicht aufgeben.

4.3 Die Bedeutung von Vetopunkten: Bundesrat und Bundesverfassungsgericht

Das politische System der Bundesrepublik ist geprägt von vielen Vetopunkten, die das „Durchregieren", also das Durchsetzen der eigenen programmatischen Positionen ohne Kompromisse, sehr schwer machen – mit entsprechenden Folgen für die Staatstätigkeit (Schmidt 2016; Zohlnhöfer und Tosun 2019). Wie die Betrachtung der Koalitionskompromisse im vorangegangenen Abschnitt deutlich gemacht hat, konnte keine Partei die eigenen Vorstellungen uneingeschränkt durchsetzen. Doch wie sah es mit der Bedeutung anderer Vetoakteure, nämlich des Bundesrats und des Bundesverfassungsgerichts, während der dritten Regierung Merkel aus? Haben diese Akteure auch deren Policyprofil mitgeprägt oder gelang es der Großen Koalition, diese Institutionen zu „umspielen"?

Die Parteien der Großen Koalition waren im Verlauf der 18. Legislaturperiode nie auch nur in der Nähe einer eigenen Mehrheit im Bundesrat; das heißt, zu keinem Zeitpunkt hatten diejenigen Landesregierungen, die entweder aus Alleinregierungen von CDU, CSU oder SPD oder einer Großen Koalition bestanden, auch nur annähernd die 35 Bundesratsstimmen, die für eine Mehrheit in der Länderkammer notwendig sind. Umgekehrt war aber auch die Opposition denkbar weit davon entfernt, ihrerseits den Bundesrat zu kontrollieren; vielmehr war an jeder einzelnen der 16 Landesregierungen mindestens eine Partei beteiligt, die auch auf Bundesebene mitregierte. Insofern war die Situation im Bundesrat parteipolitisch unklar, sodass die Bundesregierung nicht davon ausgehen konnte, dass ihre Vorhaben ohne weiteres den Bundesrat passieren würden.

Empirisch finden sich allerdings wenige Hinweise darauf, dass die Politik der dritten Regierung Merkel tatsächlich durch den Bundesrat geprägt worden ist. Gerade einmal drei Gesetze wurden während der 18. Wahlperiode im Vermittlungsausschuss behandelt, von denen wiederum nur eines, die Reform des Asylbewerberleistungsgesetzes, scheiterte. Eine weitere Reform, die Einstufung Algeriens, Marokkos und Tunesiens als sichere Herkunftsstaaten, scheiterte am

Widerstand des Bundesrates, ohne dass der Vermittlungsausschuss angerufen wurde (Murswieck 2017, S. 127).

Warum war der Einfluss des Bundesrates, gemessen über die Anrufung des Vermittlungsausschusses, zwischen 2013 und 2017 so gering? Das dürfte zum einen daran gelegen haben, dass der Anteil zustimmungsbedürftiger Gesetze an allen vom Bundestag verabschiedeten Gesetzen mit 35,8 % so niedrig lag wie nie zuvor seit 1949. Das bedeutet, dass der Bundestag angesichts einer Mehrheit für die Große Koalition von mehr als 80 % der Sitze in zwei Dritteln aller Gesetzgebungsprojekte das Vorhaben auch gegen einen Einspruch des Bundesrates durchsetzen konnte – und zwar selbst dann, wenn alle Länder im Bundesrat gegen das entsprechende Gesetz gestimmt hätten. Für den größeren Teil der Gesetzesvorhaben hatte der Bundesrat mithin gar kein eigenständiges Veto.

Zum anderen waren auch die programmatischen Unterschiede zwischen den Partnern der Großen Koalition selbst in vielen Bereichen erheblich (dazu Saalfeld und Zohlnhöfer 2019). Wenn der Großen Koalition Kompromisse gelangen, die diese Unterschiede überbrückten – und das ist ja die Voraussetzung für einen Gesetzesbeschluss des Bundestages –, dürfte der Kompromiss auch für die Bundesratsmehrheit annehmbar gewesen sein. Dagegen müssten dieser Logik zufolge solche Reformen, die im Bundesrat auf Widerstand gestoßen wären, schon vorher im koalitionsinternen Aushandlungsprozess gescheitert sein.

Zum dritten wurden mögliche föderale Konflikte informell gelöst, ohne den Vermittlungsausschuss anzurufen. Ein Beispiel hierfür ist die zweite Runde der Verabschiedung der Pkw-Maut im März 2017, als Bayern durch die Drohung, die Verhandlungen um den Länderfinanzausgleich zu blockieren, die Anrufung des Vermittlungsausschusses verhinderte (Zohlnhöfer 2019).

Aber nicht nur hinsichtlich des Bundesrates machte die übergroße Bundestagsmehrheit der Großen Koalition das Regieren leichter, gleiches gilt auch für das Bundesverfassungsgericht. Um das Bundesverfassungsgericht im Rahmen einer abstrakten Normenkontrollklage anzurufen, bedarf es eines Viertels der Mitglieder des Bundestages (Art. 93 Abs. 1 Nr. 2 GG) – ein Quorum, das auch Linke und Grüne gemeinsam in der 18. Wahlperiode nicht erreichten. Dennoch blieb das Bundesverfassungsgericht für die dritte Regierung Merkel durchaus relevant – man denke an die Entscheidungen zum Europawahlrecht oder zum NPD-Verbot. Doch diese Entscheidungen betrafen keine programmatisch zentralen Positionen (mindestens) eines Koalitionspartners, sodass sie relativ wenig parteipolitische Auseinandersetzungen auslösten.

Anders war dies beim Urteil des Bundesverfassungsgerichts, dass das Betreuungsgeldgesetz unvereinbar mit dem Grundgesetz sei. Beim Betreuungsgeld handelte es sich einerseits um ein zentrales Prestigeprojekt der CSU, während andererseits die SPD diese Leistung als kontraproduktiv strikt ablehnte. Immerhin konnte die CSU aber ein Landesbetreuungsgeld in Bayern einführen, da das Bundesverfassungsgericht lediglich entschieden hatte, dass dem Bund eine Gesetzgebungskompetenz für eine entsprechende Sozialleistung fehle (Bandau 2019). Ebenso stellt die Erbschaftsteuerreform eine Reaktion auf ein Urteil des Bundesverfassungsgerichts dar, das die entsprechende Reform der vorangegangenen Großen Koalition (2005–2009) für unvereinbar mit dem Grundgesetz erklärt hatte – wobei besagte Reform ihrerseits Reaktion auf ein Verfassungsgerichtsurteil gewesen war. Da auch in diesem Fall sehr unterschiedliche programmatische Positionen zusammengeführt werden mussten, wurde auch hier nur ein Kompromiss auf dem kleinsten gemeinsamen Nenner gefunden (Rixen 2019). Im gesellschaftspolitischen Bereich schließlich ging die Einführung der Sukzessivadoption für gleichgeschlechtliche Paare auf ein Urteil des Bundesverfassungsgerichts zurück, ohne das die entsprechende Reform angesichts der Bedenken, die insbesondere in der Union und sogar bei der Bundeskanzlerin bestanden (vgl. Henninger und von Wahl 2019), womöglich ausgeblieben wäre.

5 Fazit

Die dritte Regierung unter Angela Merkel wurde wenig euphorisch begrüßt und viele Beobachter erwarteten, dass sich die Partner der Großen Koalition blockieren würden. Eine differenzierte Betrachtung des Reformoutputs der Jahre 2013–2017 kann diese Blockadethese in ihrer Allgemeinheit nicht bestätigen. Neben Stillstand, etwa in der Umweltpolitik, sind auch bemerkenswerte Veränderungen zu konstatieren, etwa eine generösere Sozial- oder eine extensivere Gesellschaftspolitik. Letztere spiegelte sich auch in der Reaktion auf die Flüchtlingskrise wider, die deutlich liberaler ausgefallen ist als in vielen anderen Ländern. Zu bedenken ist auch – darauf macht der vergleichende Blick auf die SGI-Daten aufmerksam –, dass die Bundesrepublik schon vor dem Amtsantritt der dritten Merkel-Regierung vergleichsweise gut aufgestellt war, sodass der Reformbedarf insgesamt nur begrenzt und damit das Ausbleiben umfassender Reformen verkraftbar war.

Durch die Flüchtlingskrise ist allerdings neuer Reformbedarf entstanden. Auf der Policy-Ebene betrifft das insbesondere die Integration solcher Zuwanderer, die eine Bleibeperspektive haben. Hier wird vor allem die Bildungs- und Arbeitsmarktpolitik gefordert sein. Die große Zuwanderungswelle hat zugleich das Parteiensystem gehörig durcheinandergewirbelt, weil die Teile der Bevölkerung, die der liberalen Zuwanderungspolitik der Großen Koalition skeptisch gegenüberstanden, im 18. Deutschen Bundestag praktisch nicht repräsentiert waren und sich entsprechend einer neuen Partei, der AfD, zugewandt haben. Deren Erstarken wiederum hatte schon in der 18. Wahlperiode nachweisbare Auswirkungen auf die migrations- und integrationspolitischen Aktivitäten der Großen Koalition – und es erscheint nicht unwahrscheinlich, dass dieser Einfluss auch in der 19. Wahlperiode bestehen bleiben könnte.

Literatur

Alexander, Robin. 2017. *Die Getriebenen. Merkel und die Flüchtlingspolitik: Report aus dem Inneren der Macht*. Berlin: Siedler Verlag.
Bandau, Frank. 2019. Zwischen Regierungsverantwortung und Oppositionshaltung – die CSU in der Großen Koalition 2013–2017. In *Zwischen Stillstand, Politikwandel und Krisenmanagement. Eine Bilanz der Regierung Merkel 2013–2017*, Hrsg. Reimut Zohlnhöfer und Thomas Saalfeld, 87–109. Wiesbaden: Springer VS.
Bandelow, Nils C., und Colette S. Vogeler. 2019. Koalitionsverhandlungen als Entscheidungsfenster im deutschen politischen System? – Das Beispiel PKW-Maut. In *Zwischen Stillstand, Politikwandel und Krisenmanagement. Eine Bilanz der Regierung Merkel 2013–2017*, Hrsg. Reimut Zohlnhöfer und Thomas Saalfeld, 533–548. Wiesbaden: Springer VS.
Bauer-Blaschkowski, Svenja, und Fabian Engler, und Reimut Zohlnhöfer. 2019. Parteienwettbewerb und Politikentscheidungen in der 18. Wahlperiode: Euro- und Flüchtlingskrise im Vergleich. In *Zwischen Stillstand, Politikwandel und Krisenmanagement. Eine Bilanz der Regierung Merkel 2013–2017*, Hrsg. Reimut Zohlnhöfer und Thomas Saalfeld, 111–140. Wiesbaden: Springer VS.
Birkland, Thomas A., und Megan K. Warnement. 2016. Refining the Idea of Focusing Events in the Multiple-Streams Framework. In *Decision-Making under Ambiguity and Time Constraints: Assessing the Multiple-Streams Framework*, Hrsg. Reimut Zohlnhöfer und Friedbert W. Rüb, 91–107. Colchester: ECPR Press.
CDU/CSU/SPD. 2013. Deutschlands Zukunft gestalten. Koalitionsvertrag zwischen CDU, CSU und SPD, 18. Legislaturperiode. https://www.cdu.de/sites/default/files/media/dokumente/koalitionsvertrag.pdf. Zugegriffen: 09. Mai 2018.
Galvagno, Lisa. 2018. *Der Doppelpass – kalkulierte Eskalation? Eine Analyse der Debatten um die Reform des Staatsangehörigkeitsrechts in der 18. Legislaturperiode des Bundestags anhand des Multiple-Streams-Ansatzes*. (unveröffentlichte Wissenschaftliche Arbeit für die Erste Staatsprüfung für das Lehramt an Gymnasien). Heidelberg.
Helms, Ludger, und Demke van Esch, Demke, und Beverly Crawford. 2019. Politische Führung aus dem Kanzleramt: „conviction leadership" statt Pragmatismus? In *Zwischen Stillstand, Politikwandel und Krisenmanagement. Eine Bilanz der Regierung Merkel 2013–2017*, Hrsg. Reimut Zohlnhöfer und Thomas Saalfeld, 169–194. Wiesbaden: Springer VS.
Henninger, Annette, und Angelika von Wahl. 2015. Drei Schritte vor und zwei zurück? Familien- und Gleichstellungspolitik 2009–2013. In *Politik im Schatten der Krise. Eine*

Bilanz der Regierung Merkel, 2009–2013, Hrsg. Reimut Zohlnhöfer und Thomas Saalfeld, 451–468. Wiesbaden: Springer VS.

Henninger, Annette, und Angelika von Wahl. 2019. Verstetigung des Modernisierungskurses bei Gegenwind von rechts: Bilanz der Familien- und Gleichstellungspolitik 2013–2017. In *Zwischen Stillstand, Politikwandel und Krisenmanagement. Eine Bilanz der Regierung Merkel 2013–2017*, Hrsg. Reimut Zohlnhöfer und Thomas Saalfeld, 469–485. Wiesbaden: Springer VS.

Horst, Patrick. 2015. Das Management der dritten Großen Koalition in Deutschland 2013 bis 2015: unangefochtene Dominanz der drei Parteivorsitzenden. *Zeitschrift für Parlamentsfragen* 46: 852–873.

Kepplinger, Mathias. 2019. Die Mediatisierung der Migrationspolitik und Angela Merkels Entscheidungspraxis. In *Zwischen Stillstand, Politikwandel und Krisenmanagement. Eine Bilanz der Regierung Merkel 2013–2017*, Hrsg. Reimut Zohlnhöfer und Thomas Saalfeld, 195–217. Wiesbaden: Springer VS.

Laubenthal, Barbara. 2019. Spillover in der Migrationspolitik. Die Asylpolitik der dritten Merkel-Regierung und der Wandel Deutschlands zum Einwanderungsland. In *Zwischen Stillstand, Politikwandel und Krisenmanagement. Eine Bilanz der Regierung Merkel 2013–2017*, Hrsg. Reimut Zohlnhöfer und Thomas Saalfeld, 513–531. Wiesbaden: Springer VS.

Lim, Darren J., und Michalis Moutselos, und Michael McKenna. 2018. Puzzled out? The Unsurprising Outcomes of the Greek Bailout Negotiations. *Journal of European Public Policy*. https://doi.org/10.1080/13501763.2018.1450890.

Murswieck, Axel. 2017. Vier Jahre Schwarz-Rot: eine Bilanz. *Bürger und Staat* 67: 122–131.

Mushaben, Joyce Marie. 2017. Wir schaffen das! Angela Merkel and the European Refugee Crisis. *German Politics* 26: 516–533.

Oppelland, Torsten. 2019. Profilierungsdilemma einer Regierungspartei in einem fragmentierten Parteiensystem: Die CDU während der Amtszeit der Regierung Merkel III. In *Zwischen Stillstand, Politikwandel und Krisenmanagement. Eine Bilanz der Regierung Merkel 2013–2017*, Hrsg. Reimut Zohlnhöfer und Thomas Saalfeld, 63–85. Wiesbaden: Springer VS.

Patzelt, Werner J. 2017. Der 18. Deutsche Bundestag und die Repräsentationslücke. Eine kritische Bilanz. *Zeitschrift für Staats- und Europawissenschaften* 15: 245–285.

Rixen, Thomas. 2019. Die Verwaltung des Überschusses – Die Fiskalpolitik der Großen Koalition, 2013–17. In *Zwischen Stillstand, Politikwandel und Krisenmanagement. Eine Bilanz der Regierung Merkel 2013–2017*, Hrsg. Reimut Zohlnhöfer und Thomas Saalfeld, 345–372. Wiesbaden: Springer VS.

Rüb, Friedbert W., und Friedrich Heinemann, und Tom Ulbricht, und Reimut Zohlnhöfer. 2014. Country Report Germany, Sustainable Governance Indicators 2014. http://www.sgi-network.org/2014/Germany. Zugegriffen: 09. Mai 2018.

Rüb, Friedbert W., und Friedrich Heinemann, und Reimut Zohlnhöfer. 2018. Country Report Germany, Sustainable Governance Indicators 2018. http://www.sgi-network.org/2017/Germany. Zugegriffen: 09. Mai 2018.

Saalfeld, Thomas und Reimut Zohlnhöfer. 2019. Die Große Koalition 2013–2017: Eine Koalition der „Getriebenen"? In *Zwischen Stillstand, Politikwandel und Krisenmanagement. Eine Bilanz der Regierung Merkel 2013–2017*, Hrsg. Reimut Zohlnhöfer und Thomas Saalfeld, 1–13. Wiesbaden: Springer VS.

Schmidt, Manfred G. 2016. *Das politische System Deutschlands. Institutionen, Willensbildung und Politikfelder.* München: Verlag C.H. Beck.

SPD. 2013. Das Wir entscheidet. Das Regierungsprogramm 2013–2017. https://www.spd.de/fileadmin/Dokumente/Beschluesse/Bundesparteitag/20130415_regierungsprogramm_2013_2017.pdf. Zugegriffen: 09. Mai 2018.

SPD. 2017. Warum die SPD-Fraktion der Pkw-Maut zugestimmt hat. https://www.spdfraktion.de/themen/spd-fraktion-pkw-maut-zugestimmt-hat. Zugegriffen: 09. Mai 2018.

Strøm, Kaare. 1990. A Behavioral Theory of Competitive Political Parties. *American Journal of Political Science* 34: 565–598.

Sturm, Roland. 2014. Die Regierungsbildung nach der Bundestagswahl 2013: lagerübergreifend und langwierig. *Zeitschrift für Parlamentsfragen* 45: 207–230.

Töller, Annette Elisabeth. 2019. Kein Grund zum Feiern! Die Umwelt- und Energiepolitik der dritten Regierung Merkel (2013–2017). In *Zwischen Stillstand, Politikwandel und Krisenmanagement. Eine Bilanz der Regierung Merkel 2013–2017*, Hrsg. Reimut Zohlnhöfer und Thomas Saalfeld, 569–590. Wiesbaden: Springer VS.

Voigt, Linda. 2019. Let the good times roll – Eine Bilanz der Sozialpolitik der dritten Großen Koalition 2013–2017. In *Zwischen Stillstand, Politikwandel und Krisenmanagement. Eine Bilanz der Regierung Merkel 2013–2017*, Hrsg. Reimut Zohlnhöfer und Thomas Saalfeld, 415–443. Wiesbaden: Springer VS.

Wenzelburger, Georg und Helge Staff. 2019. Im Zweifel für mehr Sicherheit. Law-and-Order-Politik zwischen Terror und Flüchtlingskrise. In *Zwischen Stillstand, Politikwandel und Krisenmanagement. Eine Bilanz der Regierung Merkel 2013–2017*, Hrsg. Reimut Zohlnhöfer und Thomas Saalfeld, 549–568. Wiesbaden: Springer VS.

Zohlnhöfer, Reimut. 2018. Zwischen Stagnation, Reform und Krisenreaktion: Eine Bilanz der Politik der dritten Regierung Merkel. In *Zwischen Stillstand, Politikwandel und Krisenmanagement. Eine Bilanz der Regierung Merkel 2013–2017*, Hrsg. Reimut Zohlnhöfer und Thomas Saalfeld, 645–663. Wiesbaden: Springer VS.

Zohlnhöfer, Reimut, und Fabian Engler. 2015. Politik nach Stimmungslage? Der Parteienwettbewerb und seine Policy-Implikationen in der 17. Wahlperiode. In *Politik im Schatten der Krise. Eine Bilanz der Regierung Merkel, 2009–2013*, Hrsg. Reimut Zohlnhöfer und Thomas Saalfeld, 137–167. Wiesbaden: Springer VS.

Zohlnhöfer, Reimut, und Jale Tosun. 2019. Policy Styles in Germany: Still Searching for the Rationalist Consensus? In *Policy Styles and Policy-Making: Exploring the National Dimension*, Hrsg. Michael Howlett und Jale Tosun, 45–69. London: Routledge.

Große Koalition, kleine Opposition. Oppositionsstrategien zwischen konstruktiver Mitarbeit und Blockadehaltung

Arne Jungjohann und Niko Switek

Zusammenfassung
Der Beitrag untersucht, welche Konsequenzen die große Koalition auf die Oppositionsarbeit von Bündnis 90/Die Grünen und Die Linke in der 18. Wahlperiode hatte. Wie nutzten die beiden kleinen Fraktionen die ihnen zur Verfügung stehenden Instrumente im Bundestag? Welche Veränderungen lassen sich im Vergleich zur vorhergehenden Legislaturperiode herausstellen? Wo agierten die beiden Parteien gemeinsam? Zweitens weitet der Beitrag den Blick über den Bundestag hinaus. Anhand von Bündnis 90/Die Grünen werden die Mechanismen einer föderal-strukturierten Parteiorganisation zwischen Bundespartei, Landesverbänden und weiteren innerparteilichen Akteuren herausgearbeitet. Am Fallbeispiel der Reform des Erneuerbaren-Energien-Gesetzes (EEG) untersucht der Beitrag, wie sich Vertreter grüner Landesregierungen untereinander abstimmten und unterschiedliche Interessen ausbalancierten, um die Gesetzgebung zu beeinflussen.

Der Beitrag stützt sich auf erste Ergebnisse des Forschungsprojektes „Ökologisch Regieren" von Arne Jungjohann, welches die Heinrich-Böll-Stiftung 2019 veröffentlicht hat.

A. Jungjohann (✉)
Stuttgart, Deutschland
E-Mail: mail@arnejj.org

N. Switek
Henry M. Jackson School of International Studies & Department of Political Science, University of Washington, Seattle, USA
E-Mail: switek@uw.edu

1 Einleitung

Im Rückblick auf eine Legislaturperiode werden häufig Bilanzen der Regierungsarbeit verfasst, indem die Gesetzgebungstätigkeit in einzelnen Politikfeldern aufgearbeitet, die Umsetzung der in Koalitionsvereinbarungen niedergelegten Ziele überprüft oder das Koalitions- und Konfliktmanagement der Regierungsparteien nachgezeichnet werden. Ebenso interessant – jedoch deutlich seltener anzutreffen – ist der Blick auf die Bilanz der Opposition. Dabei ist es gerade der Dualismus von Regierung und Opposition, welcher Demokratien im Allgemeinen und parlamentarische Regierungssysteme im Speziellen prägt (Korte und Fröhlich 2009).

Eine solche Oppositionsbilanz ist besonders für die zurückliegende Legislaturperiode von Interesse, da in Deutschland von 2013 bis 2017 eine Große Koalition mit einer übergroßen Mehrheit regierte, was im Umkehrschluss eine historisch kleine Opposition im Bundestag bedeutete. Im deutschen politischen System bleibt die Oppositionsarbeit aufgrund der verbindenden Logik der Parteiendemokratie aber nicht auf die parlamentarische Arena im Bundestag beschränkt. Auch im Bundesrat wirken Parteien mittels der Vertreter der Landesregierungen auf die Gesetzgebung ein.

Allerdings wäre es verkürzt, eine Partei als unitarischen Akteur zu begreifen, der in Bundestag und Bundesrat stets kohärent handelt. Eine Partei teilt sich in verschiedene föderale Ebenen, in Parteiführung, parlamentarische Vertretung und Basis sowie in Strömungen und Flügel (Köllner et al. 2006; Detterbeck 2011). Es ist alles andere als trivial, eine gemeinsame, von allen Landesparteien geteilte Position herzustellen.

Vor diesem Hintergrund nimmt sich dieser Beitrag zwei Fragestellungen an. Einerseits wird mit einer Perspektive der Regierungsforschung und dem Blick auf die Mechanismen von Regieren und Opponieren in einer Rückschau auf die 18. Wahlperiode gefragt, welche erkennbaren Konsequenzen die ungewöhnlich große Koalition aus Union und Sozialdemokraten auf die Oppositionsarbeit von Bündnis 90/Die Grünen und Die Linke hatte. Wie nutzten die beiden kleinen Fraktionen die ihnen zur Verfügung stehenden Instrumente im Bundestag? Welche Veränderungen lassen sich im Vergleich zur vorhergehenden Legislaturperiode herausstellen? Wo agierten die beiden Parteien gemeinsam? Die daran anschließende zweite Fragestellung weitet den Blick über den Bundestag hinaus, um einen Eindruck von Oppositionsstrategien einer föderal-strukturierten Partei im Mehrebenensystem zu erhalten. Anhand von Bündnis 90/Die Grünen, die aufgrund ihrer zahlreichen Regierungsbeteiligungen in den Ländern in eine zunehmend einflussreiche Stellung gelangten, wird nachgezeichnet, mit welchen Mechanismen einheitliche Positionen in einer fragmentierten Parteiorganisation zwischen Bundespartei, Landesverbänden und weiteren innerparteilichen Akteuren hergestellt werden (Switek 2015). Am Fallbeispiel der Novellierung des Erneuerbaren-Energien-Gesetzes (EEG) soll illustriert werden, wie unter Ausgleich von Länder- und Parteiinteressen versucht wurde, die Bundesgesetzgebung zu beeinflussen. Wie stimmten sich die Vertreter grüner Landesregierungen untereinander ab und wie balancierten sie dabei die unterschiedlichen Interessen?

Unser Blick auf die parlamentarische Kontrolltätigkeit gegenüber einer Großen Koalition im Bund sowie das Agieren einer Partei in der Spannung von Regierungsbeteiligung in den Ländern und Opposition im Bundestag zeichnet ein Bild der Oppositionsaktivitäten und -strategien in der 18. Wahlperiode und ergänzt damit eine oft vernachlässigte, aber zweifelsohne relevante Perspektive der Regierungsforschung.

2 Parlamentarische Kontrolle und Opposition im Mehrebenensystem

Für eine moderne Demokratie ist eine institutionalisierte Opposition als ständige legitime Kraft innerhalb des politischen Systems ein wesentliches Element (Thränhardt 2003, S. 454). In parlamentarischen Systemen hat sich in der Verfassungspraxis eine gewisse Abweichung bzw. Verschiebung vom klassischen Modell der Gewaltenteilung ergeben. Es stehen sich nicht die exekutive und legislative Gewalt gegenüber, sondern entlang eines „neuen Dualismus" (Rudzio 2015, S. 213 ff.) existieren ein Block aus Regierung und der sie stützenden Mehrheitsfraktionen im Parlament auf der einen und ein Block aus nicht an der Regierung beteiligten Oppositionsfraktionen auf der anderen Seite. Die Opposition bündelt und formuliert Widerspruch zum Handeln der Regierung, leistet dies aber im System und mit Akzeptanz für die dafür festgelegten Regeln. Ihre Aufgabe ist es, Inhalte und Personal der Regierung zu kritisieren und gleichsam zu kontrollieren, ob die Regierung die ihr übertragenen Aufgaben korrekt erfüllt. „Opposition in diesem Sinne ist die ständige Alternative zur Regierung, die nach konstitutionellen Regeln, insbesondere durch Wahlen, Mehrheit werden will und kann." (Thränhardt 2003, S. 454).

Helms (2004) stuft Deutschland aufgrund der konstitutionellen Ausgestaltung als Prototyp einer parlamentszentrierten Opposition mit starken Veto- und Mitregierungs-Kompetenzen für die Minderheitenfraktionen ein. Er begründet das mit dem Einfluss auf die Themensetzung durch den Ältestenrat, in dem alle Parlamentsfraktionen vertreten sind, sowie mit den den Oppositionsfraktionen proportional zustehenden Sitzen in den Ausschüssen (Helms 2004, S. 30 ff.). Die

Ausgestaltung des deutschen Parlaments mit dem Fokus auf Ausschussarbeit bedingt für ihn einen deliberativen und konsensualen Politikstil. Zugleich fasst Helms die Möglichkeiten der parlamentarischen Opposition weiter als nur auf den Bundestag bezogen, indem er auf die einflussreiche Rolle des Bundesrats als Länderkammer verweist. Vertreter der Landesregierungen können dort auf das Gesetzgebungsverfahren einwirken, den Prozess verlängern, den Vermittlungsausschuss einschalten oder Initiativen komplett ablehnen (Leunig und Träger 2012). Zugleich äußert sich wieder die Logik der Parteiendemokratie, da die Zusammensetzung der Landesregierungen die regionalen Parteiensysteme spiegelt. Da im Bund wie in den Ländern die gleichen Parteien aktiv sind, können diese versuchen, ihre inhaltlichen Ziele über die Regierungsbeteiligungen in den Ländern im Bundesrat einzubringen bzw. missliebige Reformvorschläge zu blockieren.

Einige Arbeiten beziehen den Bundespräsidenten als Akteur der Machtkontrolle und -begrenzung ein, da er durch seine Kompetenzen zur Prüfung der Verfassungsmäßigkeit die Möglichkeit hat, Gesetzinitiativen seine Unterschrift zu verweigern (Lorenz 2010, S. 78 ff.). Schließlich ließe sich noch das Bundesverfassungsgericht als kontrollierender Akteur anführen (Stüwe 2001; Helms 2004, S. 31; Lorenz 2010, S. 66 f.). An der Grenze von politischer und verfassungsrechtlicher Sphäre können bei grundsätzlichen Bedenken gegen ein Gesetz unter anderem ein Viertel der Bundestagsabgeordneten oder eine Landesregierung eine abstrakte Normenkontrollklare anstrengen. An der Schnittstelle von Regierungs-, Oppositions- und Parteienforschung liegt der Fokus in diesem Beitrag allerdings ausschließlich auf dem Handeln von Bündnis 90/Die Grünen und Linkspartei in Bundestag und Bundesrat als Opposition gegenüber einer Großen Koalition aus Union und SPD.

Das parlamentarische Kontrollinstrumentarium der Opposition ist im Grundgesetz (u. a. Recht auf Einsetzung von Untersuchungsausschüssen nach Art. 44) sowie der Geschäftsordnung des Bundestags verankert. Letztere definiert institutionalisierte Minderheitenrechte, wie große und kleine Anfragen sowie mündliche und schriftliche Einzelfragen von Abgeordneten. Auch die Beantragung einer namentlichen Abstimmung zählt hierzu, da diese bei strittigen Themen eine eindeutige Zuweisung von Verantwortung erlaubt. Insgesamt ist der Blick auf das Stimmverhalten der Abgeordneten bzw. Fraktionen von Relevanz (Korte 2014). Werden Gesetzesinitiativen und Anträge der Bundesregierung und der Mehrheitsfraktionen prinzipiell abgelehnt, oder wird sachorientiert bei Übereinstimmung mit der eigenen Parteiprogrammatik zugestimmt? Schließlich lässt sich die Themensetzung als ein übergreifendes Ziel oppositioneller Parlamentsarbeit sehen (Hohl 2017). Die Minderheitsfraktionen versuchen auf die Priorisierung von Themen einzuwirken oder Punkte auf die Tagesordnung zu setzen, die von der Regierung – ob intentional oder nicht – ignoriert werden. Anfragen liefern damit nicht nur Antworten über das Handeln der Regierung und der Ministerien, sondern generieren Aufmerksamkeit für bestimmte Themen.

Nimmt man den Bundesrat als zweite Kammer der Gesetzgebung hinzu, so variieren die Möglichkeiten der Einflussnahme, je nachdem ob es sich um Einspruchs- oder Zustimmungsgesetze handelt (Leunig und Träger 2012). Gleichzeitig besteht aufgrund der parteipolitisch-gefärbten Zusammensetzung der Landesregierungen ein latentes Spannungsverhältnis zwischen Länder- und Parteiinteressen. Die Führung einer Partei, die sich im Bund in der Opposition befindet, mag auf die Ablehnung einer Initiative drängen, während sich für das von der gleichen Partei regierte Bundesland aus Sicht der Landesregierung möglicherweise Vorteile ergeben. Hinzu kommt die Praxis der Festlegung einer Bundesratsklausel in so gut wie allen Koalitionsverträgen in den Ländern, die eine Zustimmung im Bundesrat an eine Einigung der Koalitionäre knüpft (Kropp 2001). Auch kleine Parteien können damit als Juniorpartner in den Ländern Entscheidungen auf Bundesebene potenziell blockieren. Hier verbinden sich gewissermaßen die Stränge von Oppositions- und Parteienforschung. Parteien in Deutschland sind demokratisch verfasste und föderal-strukturierte Mehr-Ebenen-Organisationen, die aufgrund ihrer hochgradigen Fragmentierung bisweilen als lose-verkoppelte oder organisierte Anarchien (Wiesendahl 2010) bezeichnet werden. So besitzen Landesparteien beispielsweise eine gewisse Autonomie in programmatischen Fragen, die Programmanalysen der zu Landtagswahlen vorgelegten Wahlprogramme nach durchaus genutzt wird (Bräuninger und Debus 2012).

Insgesamt befördert die Ausgestaltung des deutschen politischen Systems als verhandelnde Wettbewerbsdemokratie kooperative Strategien (Korte 2014). Allerdings weist Lorenz darauf hin, dass abhängig von programmatischer Nähe und Distanz der Parteien unterschiedliche Vorgehensweisen sinnvoll sein können: „Oppositionskräfte, die eine Chance darauf hatten, mit Teilnehmern der Großen Koalition zu kooperieren, sollten sich auf eine punktuelle, öffentlich sichtbar gemachte Kontrolle bei profilbildenden Themen konzentrieren, andere auf eine breitere Kontrolle unter Beharrung auf moralischen Überzeugungen" (Lorenz 2010, S. 63).

Schließlich hat der Blick auf die Oppositionsbilanz Relevanz für die Koalitionsforschung. Unter Berücksichtigung des Lebenszyklusmodells von Koalitionen (Müller et al. 2008) lässt sich fragen, inwieweit sich durch die gemeinsame Oppositionsarbeit eine Annäherung oder Vorbereitung einer Zusammenarbeit ergibt. Durch eine gelungene Kooperation können Fraktionen Nähe herstellen und Vertrauen ausbilden. Zeigen sich Muster der Vorbereitung einer Koalition? Aufgrund programmatischer Differenzen und einer teils aggressiven Rhetorik der Linken gegenüber SPD und Grünen werden die Chancen für die Verwirklichung eines rot-rot-grünen Bündnisses auf Bundesebene immer noch als gering eingestuft (Switek 2015; Oppelland und Träger 2016). Somit lässt sich in diesem Beitrag fragen, ob die Rolle von Grünen und Linken als einzige und gemeinsame Opposition gegen eine sehr große Koalition diese möglicherweise näher zusammengebracht hat.

3 Oppositionsbilanz im Bundestag

Die Entscheidung für die Bildung einer Großen Koalition fiel Union und SPD 2013 alles andere als leicht (Linhart und Shikano 2015). Eine solche Konstellation wird von vielen Akteuren und Beobachtern als Sonderfall und Notlösung angesehen sowie aufgrund des Bündnisses der beiden großen Parteien im Parteiensystem und ihrer großen Mehrheit als kritisch eingeschätzt. Besonders die SPD haderte mit diesem Modell, da sie sich in der Juniorrolle als Verlierer gefangen sah (weshalb sie eine Große Koalition im Wahlkampf 2017 und nach der Wahl zunächst kategorisch ausschloss). 2013 tönten die kritischen Stimmen besonders laut, da sich aufgrund der ungewöhnlichen Größe (504 von 631 Sitzen) eine erdrückende Übermacht andeutete. Da die Oppositionsfraktionen von Bündnis 90/Die Grünen und Die Linke zusammen nicht auf ein Viertel der Abgeordneten kamen, fehlten ihnen zunächst die Möglichkeiten, Untersuchungsausschüsse einzurichten oder Normenkontrollklagen beim Verfassungsgericht einzureichen. Bröchler sprach von einer „Opposition ohne Stachel" (Bröchler 2013, S. 2).

Die öffentliche Skepsis blieb nicht ohne Konsequenzen: Union und SPD nahmen zu Beginn der Legislatur Änderungen an der Geschäftsordnung vor (Deutscher Bundestag 2014a). Minderheitenrechte wie das Recht auf Einsetzung eines Untersuchungsausschusses oder einer Enquete-Kommission konnten für die Dauer der Legislaturperiode bereits auf Antrag von 120 Abgeordneten wahrgenommen werden. Auch die Redezeit im Bundestag wurde durch Vereinbarungen im Ältestenrat angepasst.

Wie gehabt standen Grünen und Linken die klassischen Kontrollinstrumente einer Opposition zur Verfügung: Große und Kleine Anfragen sowie Einzelfragen von Abgeordneten (Lorenz 2010, S. 65 f.). Während Einzelfragen oft der Profilierung der Abgeordneten in ihren Wahlkreisen dienen, stellen die Anfragen typische von der Opposition genutzte Möglichkeiten zur Richtungskontrolle und

Tab. 1 Parlamentarische Kontrolltätigkeit von Bündnis 90/Die Grünen und Die Linke in der 17. und 18. Wahlperiode

		Große Anfragen	Kleine Anfragen	Einzelfragen von Abgeordneten		
				Mündlich	Schriftlich	Dringlich
Bündnis 90/ Die Grünen	17. WP (MdB: 68)	13	1442	2278	5814	38
	18. WP (MdB: 63)	6 (−53,8 %)	1723 (+19,5 %)	1745 (−23,4 %)	6918 (+16 %)	9 (−76,3 %)
LINKE	17. WP (MdB: 76)	14	1682	1376	5572	50
	18. WP (MdB: 64)	9 (−35,7 %)	2184 (+23 %)	1297 (−6,1 %)	5660 (+1,6 %)	11 (−78 %)

Quelle: Deutscher Bundestag

Informationsgewinnung dar (Rudzio 2015, S. 235 f.). Durch den Einsatz der umfassenden Großen Anfragen kann ein Thema auf die Agenda gesetzt und die Regierung öffentlich kritisiert werden (Ismayr 2006, S. 337–338). Die Opposition kann die Beratung der Großen Anfragen im Plenum erwirken. Wie wurden diese eingesetzt und wie veränderten sich diese im Hinblick auf die Arbeit gegenüber einer schwarz-gelben Bundesregierung? (Tab. 1).

Beide Fraktionen sind im Vergleich zur Wahlperiode zuvor geschrumpft. Als zusätzliche Erschwernis waren damit gegenüber der Großen Koalition weniger Ressourcen für die Oppositionsarbeit und die Nutzung der Kontrollinstrumente vorhanden. Interessanterweise zeigen sich bei beiden Fraktionen aber genau die gleichen Muster, was durchaus für einen Effekt der Großen Koalition auf das Oppositionsverhalten spricht. Im Vergleich zur vorhergehenden Wahlperiode halbierte sich bei den Grünen die Zahl der großen Anfragen, bei der Linkspartei sanken diese immerhin um 35 % auf nur noch 9. Umgekehrt wuchs aber die Zahl der kleinen Anfragen, die bei beiden Fraktionen um etwa ein Fünftel anstieg. Auch bei den Einzelfragen der Abgeordneten zeigen sich ähnliche Muster. Die Zahl mündlicher Fragen sank, bei den Grünen sogar fast um ein Viertel. Besonders massiv fiel der Einbruch bei den dringlichen Fragen aus, die insgesamt um fast 80 % weniger genutzt werden. Nur die schriftlichen Einzelfragen stiegen zumindest leicht an.

Welche Themenschwerpunkte setzten die beiden Fraktionen bei den Kleinen Anfragen? Entlang des Arguments der Aufmerksamkeitsökonomie und der

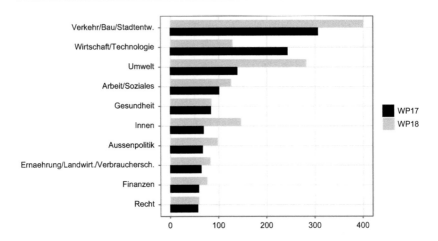

Abb. 1 Themen der Kleinen Anfragen von der Fraktion Bündnis 90/Die Grünen in der 17. und 18. Wahlperiode. (Quelle: Daten von Bundestag.de; eigene Zuordnung der Themen)

Profilierung ist anzunehmen, dass sich die Parteien auf ihre Kernbereiche fokussieren, um die Sichtbarkeit zu maximieren (Abb. 1).

Für das Themenspektrum der Kleinen Anfragen der grünen Bundestagsfraktion bestätigt sich die Annahme, dass klassische ökologische Themen vermehrt in den Vordergrund rückten. Die Zahl der Anfragen im Themenfeld Umwelt verdoppelte sich und beim eng verwandten Komplex von Verkehr, Bau und Stadtentwicklung fanden sich ebenfalls etwa 100 Anfragen mehr als in der Wahlperiode zuvor. Eine Verdopplung zeigte sich außerdem bei innenpolitischen Fragen, was sich auf die historisch hohe Zahl von Flüchtlingen im Jahr 2015 gründet (z. B. Anfragen zu Asyl, Integration, Abschiebungen) (Abb. 2).

Weniger eindeutig fällt das Bild für die Linkspartei aus. Wie bei den Grünen stiegen im Verlauf der Flüchtlingskrise die Kleinen Anfragen für den Verantwortungsbereich des Innenministeriums an. Das gleiche gilt für die thematisch damit verbundenen Felder Außenpolitik und EU. Anders als zu erwarten, engagierten sich die Abgeordneten jedoch nicht verstärkt in den Bereichen Arbeit und Soziales oder Gesundheit, was für eine Profilierung hinsichtlich sozialer Gerechtigkeit sprechen würde. Am ehesten in diese Richtung ging die Verdopplung kleiner Anfragen im Feld Wirtschaft und Technologie.

Insgesamt lassen sich damit unterschiedliche Profilierungsstrategien erkennen. In der 17. Wahlperiode fanden sich unter den fünf häufigsten Themen bei beiden

Große Koalition, kleine Opposition.

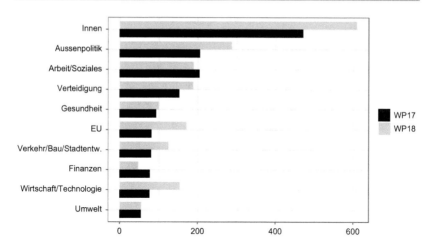

Abb. 2 Themen der Kleinen Anfragen von der Fraktion Die Linke in der 17. und 18. Wahlperiode. (Quelle: Daten von Bundestag.de, eigene Zuordnung der Themen; 10 häufigste Themen)

Fraktionen Arbeit und Soziales sowie Gesundheit, ansonsten setzten die Fraktionen andere Schwerpunkte. So dominierten bei den Grünen Anfragen zu erneuerbaren Energien, atomarer Endlagerung, Mobilität und Umweltschutz, während die Linke den Fokus auf innen- sowie außen- und sicherheitspolitische Themen legte. Das Muster blieb in der darauffolgenden Legislaturperiode erhalten, nur die Dominanz flüchtlingspolitischer Themen führte bei beiden zu einem höheren Engagement bei Anfragen an das Innenministerium. Letztlich bestätigen sich damit die Ergebnisse von Rudzio: „Die erfolgreichen [Oppositionsfraktionen] besetzen konsequent ein oder wenige Themenfelder und profilieren sich auf diese Weise: so die FDP mit Wirtschaft und Steuern, die Grünen mit Ökologie und Pazifismus, der BHE lange mit Vertriebenen- und die PDS mit ostdeutschen Belangen. Solche ‚Nischen' ermöglichen das Überleben" (Rudzio 2015, S. 246).

Über den Einsatz der parlamentarischen Kontrollinstrumente hinaus lässt sich bei der Gesetzgebungstätigkeit nach der Konfliktorientierung nicht an der Regierung beteiligter Parteien fragen. Die Koalitionspartner bemühen sich nicht sonderlich um Stimmen der Opposition und setzen auf die ihnen zur Verfügung stehende Mehrheit. Die Opposition kann sich einerseits so positionieren, dass sie alle Vorlagen und Anträge grundsätzlich ablehnt. Andererseits kann sie sich kooperativ verhalten, je nach Sachlage entscheiden und teilweise zustimmen, wenn sie Übereinstimmung mit den eigenen Politikzielen sieht. Ein solcher,

Abb. 3 Zustimmung/Ablehnung der Fraktion Bündnis 90/Die Grünen zu Initiativen der Bundesregierung bei namentlichen Abstimmungen. (Anmerkung: Positive Zahlen Ja-Stimmen, negative Zahlen Nein-Stimmen). (Quelle: Daten von Abgeordnetenwatch.de und von Bundestag.de; n = 156)

kooperativer Stil schafft Nähe und erleichtert nach einer Wahl möglicherweise eine Koalitionsbildung (Abb. 3).

Auf den ersten Blick fällt auf, dass die Grünen keine Strategie prinzipieller Ablehnung von Vorhaben der Regierungskoalition verfolgten. Bei immerhin 38 Initiativen aus dem Regierungslager stimmten sie zu. Ein großer Teil davon betraf die Gesetzgebung zur Euro-Rettungspolitik als Reaktion auf die Eurokrise (z. B. Finanzhilfen für Griechenland). Selbst wenn die Fraktion sich in Einzelpunkten zu diesen Vorhaben kritisch äußerte, überwog das übergeordnete Interesse des Erhalts der Währungsunion. Ein zweiter Block bezog sich auf Bundeswehreinsätze und Mandatsverlängerungen. Hatten sich die Grünen aufgrund ihrer pazifistischen Wurzeln lange Zeit schwer mit solchen Einsätzen getan, ist man inzwischen zu einer fast routinemäßigen Zustimmung übergegangen (nur bei NATO-Einsätzen bleibt man ablehnender). Auch die bereits erläuterte Änderung der Minderheitenrechte im Bundestag erzielte eine breite Zustimmung bei den Grünen. Als eine gemäßigte Form der Ablehnung enthielt sich die grüne Fraktion fast geschlossen in etwa zehn Fällen. In 68 Fällen setzte man auf eine klare Ablehnung. Uneinheitlichen Stimmabgaben gab es zwischen 2013 und 2017 bei 7 Abstimmungen, in allen ging es um Auslandseinsätze der Bundeswehr. Gegen Ende der Legislaturperiode deutete sich das Muster an, dass vermehrt Ablehnungen der Regierungspolitik vorkamen, was für den Versuch einer Profilierung für die nahende Bundestagswahl spricht. Zusammenfassend lässt sich für die Fraktion von Bündnis 90/Die Grünen (zumindest ausgehend von den namentlichen Abstimmungen) eindeutig eine kompromissorientierte Oppositionsstrategie identifizieren. Allerdings bezieht sich diese vorrangig auf die Politikfelder der Außen- und Sicherheitspolitik sowie der Europäischen Integration (Abb. 4).

Ergänzt man das Abstimmungsverhalten der Fraktion Die Linke so zeigt sich eindrücklich der Unterschied zum kooperativen Verhalten der Grünen. Die Linke

Abb. 4 Zustimmung/Ablehnung der Fraktion Die Linke zu Initiativen der Bundesregierung bei namentlichen Abstimmungen. (Anmerkung: Positive Zahlen Ja-Stimmen, negative Zahlen Nein-Stimmen). (Quelle: Daten von Abgeordnetenwatch.de und von Bundestag.de; n = 156)

schlug einen Kurs der Fundamentalopposition ein. Nur in sehr wenigen Fällen stimmte die Fraktion geschlossen einer Regierungsinitiative zu. Dazu zählten etwa das Gesetzgebungsvorhaben zur Abgeordnetenbestechung, welches vom Bundestag fast einstimmig angenommen wurde, sowie die Verlängerung der Stabilitätshilfe für Griechenland auf Antrag des Finanzministeriums im Februar 2015. In 100 von 156 namentlichen Abstimmungen lehnte die Links-Fraktion Vorlagen aus dem Regierungslager geschlossen ab (und damit in fast Zwei-Drittel der Fälle).

Neben dem Verhalten der Oppositionsfraktionen gegenüber der Regierung und der sie tragenden Fraktionen ist ein Blick auf das gemeinsame Abstimmungsverhalten von Grünen und Linken interessant. Die Annahme ist, dass ein ähnliches Abstimmungsverhalten Nähe andeutet. Anhand der bereits aufgeführten Abbildungen zeigt sich, dass bei Initiativen der Bundesregierung aufgrund der niedrigen Zustimmungsraten der Linken nur wenig Raum für Übereinstimmung existierte. Aber wie gestaltet sich das Bild, wenn die übrigen Initiativen hinzukommen, die entweder von Linken oder Grünen, aus dem Bundesrat oder von mehreren Fraktionen gemeinsam kommen? Die folgenden Abbildungen tragen jeweils die prozentuale Zustimmung von Bündnis 90/Die Grünen auf der horizontalen und der Linkspartei auf der vertikalen Achse ab. Jeder Punkt steht für eine namentliche Abstimmung, der obere rechte Quadrant versammelt somit gemeinsame Zustimmung von Grünen und Linken, der linke untere Quadrant entsprechend gemeinsame Ablehnungen (Abb. 5).

Der Vergleich des Abstimmungsverhaltens bestätigt die bekannt hohe Fraktionsdisziplin im Bundestag, die bereits bei der vorhergehenden Analyse zutage getreten war. Beide Fraktionen stimmen in der Mehrheit der Fälle mit hoher Geschlossenheit ab, weshalb sich die Punkte stark gruppieren. Interessant

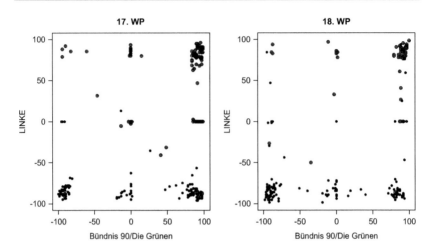

Abb. 5 Übereinstimmung von Ja-/Nein-Stimmen der Fraktionen Bündnis 90/Die Grünen und Die Linke bei namentlichen Abstimmungen in der 17. und 18. Wahlperiode. (Quelle: Daten von Abgeordnetenwatch.de und von Bundestag.de; Ja-/Nein-Stimmen der Fraktionen in Prozent; •=Initiative der Regierung/Regierungsfraktionen ⊕=Initiativen mit anderen Urhebern 17. WP n=234 18. WP n=212)

ist aber die Aufteilung der Initiativen nach Urheber: Während sich Grüne und Linke bei Vorlagen der Regierung in ihrem Verhalten wenig ähneln, fällt die Übereinstimmung ansonsten höher aus. Tatsächlich steigt diese Übereinstimmung von der 17. zur 18. Wahlperiode noch einmal an. In der 17. Wahlperiode zeigte sich bei den Grünen – ganz im Sinne ihrer kooperativen Strategie – eine hohe Zustimmungsrate, während bei der Linken Ablehnungen oder Enthaltungen dominieren. Eine weitere Gruppe von Anträgen umfasst die geschlossene Enthaltung der Grünen bei voller Zustimmung der Linksfraktion. Nur bei 5 Vorlagen, denen fast alle Linken-Abgeordneten zustimmten, sprach sich die grüne Fraktion geschlossen dagegen aus. Dieses Bild wandelte sich in der gemeinsamen Oppositionsarbeit gegenüber der Großen Koalition von 2013 bis 2017. Die Grünen lehnten nur noch drei Initiativen, die nicht von der Regierung kamen und denen die Linke geschlossen zustimmte, ab; die Linkspartei nur eine einzige. Die Mehrheit bildeten gemeinsame Zustimmungen beider Fraktionen oder zumindest Enthaltungen. Bei 49 von 73 Initiativen stimmt mehr als die Hälfte der beiden Fraktionen zu. Das ist als Fingerzeig für eine Annäherung zu deuten.

4 Grüne Oppositionsstrategien im Mehrebenensystem

Inwieweit ist es nun sinnvoll, für eine Rekonstruktion der Oppositionsstrategien den Bundesrat und damit die Ebene der Bundesländer mit einzubeziehen? Wir fokussieren hier die Partei Bündnis 90/Die Grünen, da deren Einfluss auf die Gesetzgebung im Bund mit der Zunahme an Regierungsbeteiligungen in den Bundesländern gewachsen ist. 2013 waren die Grünen an sieben Koalitionen beteiligt, zwischenzeitlich wuchs diese Zahl auf elf an. Darüber hinaus erlaubt es seit 2011 die Teilnahme des baden-württembergischen Ministerpräsidenten Winfried Kretschmann an den Treffen der Ministerpräsidentenkonferenz (MPK) sowie den vorgeschalteten Konferenzen der Chefinnen und Chefs der Staatskanzleien, sach- und parteipolitischen Interessen frühzeitig einzubringen (Abb. 6).

Aufgrund der Möglichkeit zur Einflussnahme im Bundesrat und auf der MPK hat die parteiinterne Bund-Länder-Abstimmung der Grünen an Bedeutung gewonnen (sogenannte G-Koordination). Für ein nach außen hin geschlossenes Auftreten einer Partei zu wichtigen Gesetzesinitiativen im Bundesrat ist eine komplexe Abstimmungsleistung der Beteiligten über vertikale und horizontale

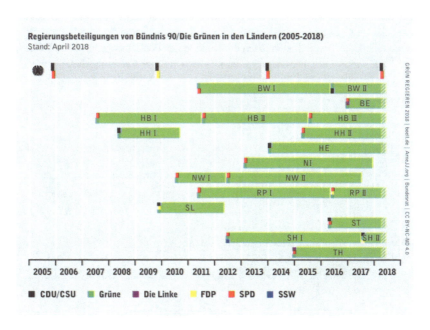

Abb. 6 Regierungsbeteiligungen von Bündnis 90/Die Grünen in den Ländern seit 2005

Ebenen hinweg erforderlich: zum Koalitionspartner, zwischen den Landesregierungen, der Bundestagsfraktion und dem Bundesvorstand der Partei (Kropp 2001). Ziel der Koordination ist ein geschlossenes Auftreten der Partei. Zum einen soll uneinheitliches Abstimmungsverhalten in Bundestag und Bundesrat vermieden werden. Zum anderen soll eine enge Abstimmung zwischen der Bundes- und Landesebene dazu beitragen, Initiativen im Bundesrat anzustoßen und gemeinsame, Ebenen übergreifende thematische Schwerpunkte zu setzen.

5 Entwicklung der G-Koordination

Die G-Koordination wurde in den letzten zehn Jahren Schritt für Schritt aufgebaut und hat einen Prozess der Professionalisierung durchlaufen: Arbeitsstrukturen wurden gefestigt, Zuständigkeiten vereinbart und die Teilnahme an den Runden verbindlicher. Die Strukturen sind nicht statisch, sondern entwickeln sich permanent weiter. Bündnis 90/Die Grünen schließen damit zu CDU/CSU und SPD auf, die vergleichbare Strukturen schon seit Jahrzehnten nutzen. Die Entwicklung der G-Koordination hat vier Phasen durchlaufen (vgl. Abb. 7):

In der *Vorlaufphase (2007–2010)* regierten Bündnis 90/Die Grünen in drei Ländern: in Bremen (Rot-Grün), in Hamburg (Schwarz-Grün) und im Saarland (Jamaika). Die Bund-Länder-Koordination wurde damals von der Bundestagsfraktion angestoßen, die Telefonkonferenzen organisierte und den Ländern fachliche Expertise zur Verfügung stellte. Die Tatsache, dass es sich um drei Regierungsbeteiligungen in

Abb. 7 Professionalisierung der G-Koordination von Bündnis 90/Die Grünen

unterschiedlichen Konstellationen handelte, machte die Abstimmung nicht einfacher. Die drei Länder sind zudem vergleichsweise klein und verfügen damit über wenig administrative Ressourcen, was die Koordination auf ein Minimum reduzierte.

Der Start der rot-grünen Minderheitsregierung in Nordrhein-Westfalen im Mai 2010 markiert einen Einschnitt in die Bund-Länder-Koordination der Grünen. Damit stieß ein großes, politisch einflussreiches und ressourcenstarkes Land in den Kreis der G-Länder. In dieser *Phase der Etablierung (2011–2013)* zogen die NRW-Grünen die Organisation der Koordination an sich. Die Telefonkonferenzen wurden durch regelmäßige Treffen in Berlin ersetzt. Das als G-Kamin bezeichnete Treffen der Mandatsträger/innen fand zunächst nur unregelmäßig statt, ab Herbst 2011 übernahm man den Sitzungsrhythmus des Bundesrats. Mit den Landtagswahlen im Frühjahr 2011 kamen Rheinland-Pfalz (Rot-Grün) sowie Baden-Württemberg (Grün-Rot) in den Kreis der G-Länder hinzu. Es dauerte eine Zeit, bis Baden-Württemberg mit seinem Ministerpräsidenten Winfried Kretschmann eine Führungsrolle innerhalb der G-Länder einnahm. Kretschmann selbst sah nach dem überraschenden Einzug in das Stuttgarter Staatsministerium seine oberste Priorität zunächst darin, sich im Land als Regierungschef zu behaupten. Auch war grünintern nicht unumstritten, die Koordination einem Land zu übertragen, das sich in sachpolitischen Fragen und der Ausrichtung der Flügel deutlich von anderen Landesverbänden unterscheidet. Nordrhein-Westfalen und Baden-Württemberg teilten sich zunächst die Aufgaben der Koordination.

Auch wenn bis 2013 das Gewicht der G-Länder durch den Zuwachs an Regierungsbeteiligungen stieg, dominierten in dieser Phase die Bundesgrünen die Auseinandersetzungen im G-Kamin. Der schwarz-gelben Koalition im Bund stand eine rot-grüne Mehrheit im Bundesrat gegenüber. Die Zeit war geprägt durch eine öffentlich sehr sichtbare Konfrontation der beiden politischen Lager. Rot-Grün verfolgte das Interesse, die Mehrheit im Bundesrat dafür zu nutzen, der schwarz-gelben Koalition eigene Politikentwürfe entgegen zu setzen. Diese Konstellation versetzte die grüne Bundesebene in eine starke Rolle. Rot-grüne Initiativen im Bundesrat (z. B. zur eingetragenen Lebenspartnerschaft und Einwanderung) erhöhten den parteiinternen Abstimmungsbedarf.

Die folgenden Jahre stehen für eine *Phase der Institutionalisierung (2014–2016)*. Nach einer beeindruckenden Serie von Wahlerfolgen seit der Bundestagswahl 2009 für die Gesamtpartei – mit dem Einzug in alle 16 Landtage, mehrerer Regierungsbeteiligungen und dem ersten grünen Ministerpräsidenten – folgte dem Höhenflug ernüchternde 8,4 % bei der Bundestagswahl 2013. Damit verfehlten die Grünen nicht nur die zum Ziel erklärte Regierungsbeteiligung, sondern zogen zum dritten Mal in Folge nur als kleinste Fraktion in den Deutschen Bundestag ein.

Innerparteilich wurde das Wahlergebnis vor allem der Bundesseite angekreidet. Viele Regierungsgrüne in den Ländern waren mit der Schwerpunktsetzung im Wahlkampf unzufrieden. Auf der Bundesseite vollzog sich ein Generationenwechsel. Der personelle Neuanfang und die Rolle als kleinste Oppositionspartei gegenüber einer omnipräsenten Großen Koalition taten ihr Übriges dazu, dass die Bundesseite parteiintern an Gewicht verlor. In 2015 und 2016 rückten die Interessen der Länder in den Vordergrund, auch im Hinblick auf die anstehenden Landtagswahlen.

Nach dem Verlust mehrerer Regierungsbeteiligungen brach damit eine *Phase der Konsolidierung (ab 2017)* an. Die Landtagswahlen und die Bundestagswahl 2017 markierten den nächsten Einschnitt für die Bund-Länder-Koordination der Grünen.

Zum einen verloren die Grünen mit der Regierungsbeteiligung in Nordrhein-Westfalen ein großes Land, das bis dahin eine wichtige organisatorische Rolle für die parteiinterne Koordination spielte. Zum anderen verschoben die Landtagswahlen 2017 die koalitionspolitische Zusammensetzung der G-Länder in ihrer Summe. 2013 regierten die Grünen in sechs Koalitionen mit der SPD in den Ländern. Sie ordneten sich alle der A-Seite zu. Dazu zählten große und politisch einflussreichere Länder wie Baden-Württemberg, Nordrhein-Westfalen und Niedersachsen. Ende 2017 ordneten sich nur noch fünf G-Länder der A-Seite zu, mittlerweile aber schon vier der B-Seite (vgl. Abb. 8). In der Summe regieren

Koalitionskonstellationen der G-Länder
Stand: April 2018

	Koalition	Anzahl	Bundesländer	Stimmgewicht Bundesrat
A-Länder	SPD/Grüne	2	Bremen, Hamburg	3 3
	SPD/Linke/Grüne	1	Berlin	4
	SPD/FDP/Grüne	1	Rheinland-Pfalz	4
	Linke/SPD/Grüne	1	Thüringen	4
B-Länder	Grüne/CDU	1	Baden-Württemberg	6
	CDU/Grüne	1	Hessen	5
	CDU/SPD/Grüne	1	Sachsen-Anhalt	4
	CDU/Grüne/FDP	1	Schleswig-Holstein	4

Abb. 8 Koalitionskonstellationen der G-Länder

die Grünen also fast gleich häufig mit CDU und SPD. Auch wenn die Partei den „Kurs der Eigenständigkeit" mit „einer klaren Verortung als Partei der linken Mitte" (Bündnis 90/Die Grünen 2017) fortsetzen will, dürfte die Komplexität der internen Koordination zwischen den Regierungsgrünen in den Ländern steigen. Auch im parteiinternen Bund-Länder-Verhältnis sind weiterhin Interessenkonflikte zu erwarten, weil die Grünen im Bundestag als Opposition zur Großen Koalition auftreten, die Regierungsgrünen der Länder dagegen die Möglichkeit sehen, im Bundesrat Kompromisse mit der Bundesregierung auszuhandeln.

5.1 Aufgaben und Funktion der G-Koordination

Die wesentlichen Elemente der in den letzten Jahren aufgebauten G-Koordination bilden eine Fachkoordination und die G-Koordination auf Arbeitsebene durch Mitarbeiter/innen sowie zwei Kaminrunden der Spitzenpolitiker/innen (vgl. Abb. 9).

Für die Politikfelder, in denen die Grünen bundesweit mehrere Ministerien verantworten, wurden thematische Arbeitskreise gebildet, zum Beispiel Umwelt, Energie, Verkehr und Justiz. In dieser *Fachkoordination* stimmen die Bundesratsreferent/innen das Abstimmungsverhalten ihrer Landesministerien für die Ausschüsse des Bundesrates ab. In den meisten Fällen sind die Referent/innen in der jeweiligen Vertretung des Landes beim Bund in Berlin angesiedelt, in einigen Fällen aber auch im Fachressort in der Landeshauptstadt. Zur Verzahnung zwischen Landes- und Bundesgrünen wirken an dieser Koordination auch Referent/innen der Bundespartei und der Bundestagsfraktion mit. Für die Koordination müssen fachliche, koalitionäre und parteipolitische Positionierungen berücksichtigt und weitgehend in Einklang gebracht werden. Die Referent/innen identifizieren mögliche Konflikte, die auf Ebene der G-Koordination bzw. der politischen Spitzenrunden behandelt werden sollen. Neben diesen fest etablierten Arbeitskreisen der Fachkoordination bilden sich immer wieder ad hoc Arbeitsgruppen für politisch dringliche Themen, wie zum Beispiel zur Flüchtlingspolitik oder zum Datenschutz.

Die *G-Koordination auf Arbeitsebene* bereitet die Kaminrunden des politischen Spitzenpersonals vor. Sie gilt als der Maschinenraum grüner Politik in der Bund-Länder-Abstimmung. Die Mitarbeiter/innen aus den Vertretungen der Länder beim Bund bilden zusammen mit den Mitarbeiter/innen aus der Bundestagsfraktion, dem Bundesvorstand und der grünen Fraktion im Europäischen Parlament die Arbeitsebene der G-Koordination. Zum einen werden hier die Ergebnisse und Empfehlungen der Fachkoordination zusammengeführt. So

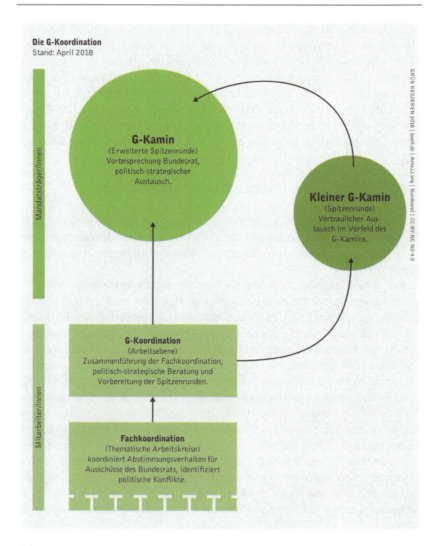

Abb. 9 Die G-Koordination

können einzelne G-Länder auf die inhaltliche Expertise anderer G-Länder zurückgreifen, die sie selbst nicht leisten könnten. Insofern schafft die G-Koordination Synergien und bietet gerade kleineren G-Ländern einen konkreten Nutzen. Zum anderen bereitet die G-Koordination auf Arbeitsebene die Kaminrunden der Spitzenpolitiker/innen vor und leistet eine politisch-strategische Beratung. Das beinhaltet die frühzeitige Identifizierung möglicher innergrüner Konflikte, Vorschläge für eigene Initiativen im Bundesrat und darüber hinaus (z. B. gemeinsamer Brief grüner Landesumweltminister an die EU-Kommission) sowie die Abstimmung über weitergehende Fragen der Einflussnahme wie zum Beispiel die Neubesetzung von Richtern am Bundesverfassungsgericht.

Auf politisch höchster Ebene erfolgt die G-Koordination in zwei Kaminrunden. Der sogenannte G-Kamin wurde im April 2011 gegründet und tagt donnerstags am Vorabend der Bundesratssitzung. Seine wichtigste Aufgabe liegt darin, den Austausch über politisch besonders relevante Fragen der Tagesordnung des Bundesrates zu ermöglichen und ein Forum dafür zu bieten, Konflikte zu moderieren und Kommunikationslinien zwischen Bundes- und Landesgrünen abzustimmen. Für die Regierungsgrünen aus den Ländern nehmen Ministerpräsident Kretschmann, die stellvertretenden Ministerpräsident/innen sowie weitere Minister/innen teil. Darüber hinaus haben die Fraktionsvorsitzenden der grünen Landtagsfraktionen, wo die Grünen mitregieren, Zutritt. Die Bundesseite wird durch die Doppelspitzen von Partei und Bundestagsfraktion und deren Geschäftsführer/innen vertreten, die europäische Ebene durch zwei bis drei führende Abgeordnete aus der grünen Europagruppe. Darüber hinaus haben leitende Mitarbeiter/innen Zugang zum G-Kamin. Anfangs noch eine überschaubare Runde, ist die Teilnehmerzahl des G-Kamins auf mittlerweile rund 50 Personen angewachsen. Er gilt damit als erweiterte Spitzenrunde.

Weil die mittlerweile beachtliche Größe des G-Kamins eine Diskussion in vertraulicher Atmosphäre erschwert, wurde im Jahr 2015 der Kleine G-Kamin gegründet, der den Sitzungen des G-Kamins vorgeschaltet ist. Er wird auch MP-Runde genannt, da an ihm lediglich der Ministerpräsident, die stellvertretenden Ministerpräsident/innen sowie die Spitzen der Bundespartei, Bundestagsfraktion und der deutschen Grünen im Europäischen Parlament teilnehmen. Mitarbeiter/innen haben nur in Ausnahmefällen Zutritt. Durch seine Zusammensetzung gilt der Kleine G-Kamin als die zentrale Spitzenrunde von Bündnis 90/Die Grünen in der Bund-Länder-Koordination. Er ermöglicht den vertraulichen Austausch auf höchster Ebene zwischen Bundes- und Landesgrünen.

In beiden Kaminrunden werden Themen von hoher politischer Bedeutung besprochen. Neben den Abstimmungsprozessen für die Arbeit im Bundesrat und der Verständigung zu geplanten grünen Initiativen sind die Treffen eine wichtige Plattform für den länderübergreifenden Austausch der Regierungsgrünen. Grüne Landesverbände in der Opposition sind nicht eingebunden. Die Organisation und inhaltliche Vorbereitung beider Kaminrunden erfolgt durch Baden-Württemberg und dessen Bevollmächtigten beim Bund, Volker Ratzmann.

5.2 Einfluss auf Bundesgesetzgebung – das Beispiel EEG-Reform 2014

Um die Abstimmungsprozesse in einer Partei als Teil der Oppositionstätigkeit im Mehrebenensystem verstehen zu können, ziehen wir im Folgenden ein Fallbeispiel heran, um diese Mechanismen exemplarisch zu illustrieren. Hierfür eignet sich ein Blick auf die Reform des Erneuerbare-Energien-Gesetzes (EEG) im Jahr 2014. Die Reform war ein zentrales Gesetzesvorhaben der Großen Koalition in einem Politikfeld, das zur Kernkompetenz der Grünen gehört. Obendrein regierten die Grünen damals in sieben Koalitionen in den Ländern mit und stellten den jeweils zuständigen Energie- bzw. Umweltminister (Jungjohann 2016). Im Unterschied zu den beiden anderen Oppositionsparteien FDP und Linkspartei beeinflussten sie den Diskurs zur EEG-Reform 2014 mit öffentlichen Interventionen maßgeblich mit (Bahnsen et al. 2016, S. 117).

Im Vergleich zu früheren Reformen war die Ausgangslage für diese EEG-Novelle durch drei Merkmale geprägt, die die Beratungen stark beeinflussen sollten. Erstens lag die alleinige Federführung innerhalb der Bundesregierung bei Sigmar Gabriel (SPD), der als Bundeswirtschaftsminister, Vizekanzler und SPD-Parteivorsitzender eine einflussreiche Position besaß und der auf dem Weg einer möglichen Kanzlerkandidatur zum Erfolg verdammt war. In den Koalitionsverhandlungen hatte die SPD dafür gesorgt, dass der Geschäftsbereich für erneuerbare Energien vom Umwelt- in das von ihm geführte Wirtschaftsministerium wechselte. Mit diesem Neuzuschnitt sollten die früher oft öffentlich ausgetragenen Konflikte zwischen Wirtschafts- und Umweltminister der Vergangenheit angehören. Dass Gabriel ausgerechnet den Grünen Rainer Baake zu seinem Staatssekretär ernannte, kann als kluger Schachzug gewertet werden. Als Staatssekretär unter dem damaligen Bundesumweltminister Jürgen Trittin (Bündnis 90/Die Grünen) verfügte Baake nicht nur über Erfahrung und Kompetenz, sondern kannte viele der Umwelt- und Energieminister der Länder persönlich, was sich für die Bund-Länder-Verhandlungen als Vorteil erwiesen haben dürfte. Er stellte die Grünen auf Bundesebene vor ein gewisses Dilemma, weil sein Parteibuch ihnen die Oppositionsarbeit erschwerte (Haas 2017, S. 194).

Zweitens spielte die EU-Kommission eine einflussreiche Rolle in den Beratungen. Obwohl ihr als supranationaler Akteur de facto keine formale Funktion in der Gesetzgebung zukommt, hat sie die Reform aus dem Hintergrund heraus inhaltlich stark geprägt. Seit Jahren schon versuchte sie nationale Fördersysteme für den Ausbau der erneuerbaren Energien zu harmonisieren und EU-weit den Umstieg auf Ausschreibungen voranzutreiben. Mit der Überarbeitung ihrer

Leitlinien für staatliche Beihilfen erhöhte die Kommission den Druck auf die Mitgliedsstaaten (Ohlhorst 2016, S. 8). Infolge dessen leitete sie im Dezember 2013 ein Vertragsverletzungsverfahren gegen das deutsche Fördersystem mit festen Einspeisevergütungen ein. Neben dem Systemwechsel waren der Kommission insbesondere die großzügigen Industrierabatte im EEG ein Dorn im Auge (European Commission 2013).

Drittens setzte eben jenes Beihilfeverfahren die Bundesregierung unter Zugzwang. Denn ohne Einigung mit der Kommission hätten die Rabatte für die Industrie im Folgejahr nicht mehr gewährt werden dürfen (Bauchmüller 2014). Um einer Verurteilung zuvorzukommen war es Gabriels ehrgeiziges Ziel, das Gesetzgebungsverfahren noch vor der Sommerpause abzuschließen, damit das neue EEG zum 1. August 2014 in Kraft treten könne (BMWi 2014). Die Zielmarke erhöhte den Zeitdruck. Weil es sich beim EEG um ein Einspruchsgesetz handelt, war Gabriel nicht auf die Zustimmung des Bundesrats angewiesen. Doch dieser hätte Einspruch erheben und ein zeitaufwendiges Vermittlungsverfahren einleiten können (Rave 2016). Um den engen Zeitplan nicht zu gefährden, musste die Bundesregierung daher den Schulterschluss mit den Ländern suchen. Dazu muss man wissen, dass sich fast alle Länder Ziele zum Ausbau der erneuerbaren Energien gesetzt haben, die in der Summe über dem Ziel der Bundesregierung liegen. Folglich drängen die Länder gegenüber dem Bund auf einen verstärkten Ausbau der erneuerbaren Energien. Weil die windreichen Nordländer (Brandenburg, Bremen, Hamburg, Mecklenburg-Vorpommern, Niedersachsen) allesamt SPD-geführt waren, konnte Wirtschaftsminister Gabriel auf sie als Verbündeten für eine ehrgeizige Reform setzen. Obendrein hatten sie über die SPD im Koalitionsvertrag verankert, dass die Bundesregierung vor Überarbeitung des Gesetzentwurfes erst den Konsens mit den Ländern suchen müsse, sodass die Reform „von vornherein zu einem Chefthema zwischen Bundeskanzlerin, dem Bundeswirtschaftsminister und den Ministerpräsidenten der Länder"[1] wurde. Demgegenüber stand die Bundestagsfraktion von CDU/CSU, in deren Reihen der Wirtschaftsflügel die Debatte dominierte, der einem schnellen Ausbau der erneuerbaren Energien skeptisch gegenüber stand. Durch den Zeitdruck und die Notwendigkeit der Einbindung der Länder war klar, dass die Ministerpräsidentenkonferenz (MPK) eine zentrale Rolle bei den Beratungen spielen würde.

---

[1] Stefan Studt (Chef der Staatskanzlei Schleswig-Holstein 2012–2014. Telefonisches Interview am 20. Februar 2018).

Die EEG-Reform stellte die Grünen vor eine Grundsatzfrage. Sollten sie versuchen, ihre Regierungsverantwortung in den Ländern dafür zu nutzen, die Reform in ihrem Sinne zu beeinflussen? Oder sollten sie als Oppositionsfraktion im Bund mit Angriffen gegen die Große Koalition ihr Profil für die Bundestagswahl 2017 schärfen? Während die Bundesseite für einen schärferen Oppositionskurs warb, befürworteten die Regierungsgrünen in den Ländern die Doppelstrategie, aus der Opposition heraus gleichzeitig über die Länder mitzuregieren (Kade 2014).

Nach wochenlanger parteiinterner Abstimmung zwischen Bundespartei, Bundestagsfraktion und den Länderministern legten die Grünen am 17. Januar 2014 ein detailliertes Konzept *Energiewendeagenda 2020* (Bündnis 90/Die Grünen 2014) vor. „Die Energiewende ist eine Erfolgsgeschichte grüner Politik." Mit diesem Einstiegssatz markierten die Grünen den Anspruch, das Thema nicht der Großen Koalition zu überlassen. Im Konzept machten sie konkrete Vorschläge für die Weiterentwicklung des EEG. Das ist insofern beachtlich, weil sich die energiepolitischen Interessen der Bundesländer zum Teil deutlich unterscheiden, selbst wenn man ein gemeinsames Ziel (wie zum Beispiel die Vollversorgung durch erneuerbare Energien) unterstellt. Soll die Windkraft vorrangig an den windreichen und damit kostengünstigen Standorten im Norden oder auch im windärmeren Süden gefördert werden? Welche Rolle spielen Biomasse und Solarkraft, die vor allem in Baden-Württemberg und Bayern zum Zug kommen? Wie stark sollen die Privilegien der energieintensiven Industrien, von denen viele in Nordrhein-Westfalen und Rheinland-Pfalz angesiedelt sind, abgebaut werden? Obwohl die Fragen in einem Spannungsverhältnis stehen, einigten sich die Grünen in weiten Teilen auf eine gemeinsame Linie.

Das grüne Konzept war ein Angebot an die Bundesregierung zur Zusammenarbeit. Damit erreichten die Grünen das Ziel, ihre Positionen noch vor Bundeswirtschaftsminister Gabriel zu veröffentlichen, der zwei Tage später mit eigenen Eckpunkten für die EEG-Reform folgte (Bauchmüller 2014). Auch die Tonlage grüner Landespolitiker in den folgenden Tagen legt nahe, dass sie ihre Rolle nicht als Totalopposition sahen, sondern sich als konstruktiver Verhandlungspartner verstanden. So betonte Schleswig-Holsteins Energiewendeminister Robert Habeck (2014), dass Gabriels Pläne „Anknüpfungspunkte" bieten. Der baden-württembergische Energieminister Franz Untersteller (2014) markierte „Nachbesserungsbedarf" als Reaktion auf den ersten Arbeitsentwurf der Novelle im Februar.

In den Wochen zwischen Veröffentlichung der Eckpunkte und der für den 01. April 2014 angesetzten MPK arbeiteten die Beamten des Bundeswirtschaftsministeriums unter Hochdruck am Gesetzentwurf. Unterdessen loteten der Minister und sein Staatssekretär in Absprache mit dem Bundeskanzleramt Kompromisslinien mit den Landesregierungen aus. So traf Staatssekretär Rainer Baake in der letzten Märzwoche u. a. mit den grünen Umwelt- und Energieministern aus den sieben G-Ländern zusammen. Zeitgleich suchte Gabriel mit der EU-Kommission eine Einigung über die notwendige Reform, die das Beihilfeverfahren beenden sollte. In den Tagen vor der MPK-Konferenz forderten die Regierungschefs mehrerer Länder „weitreichende Nachbesserungen" zu den bis dahin bekannt gewordenen Plänen und drohten gar „mit Blockade" (Balser 2014). Schließlich legte das Wirtschaftsministerium am 31. März einen überarbeiteten Referentenentwurf vor und erstellte eine politische Vorlage für die MPK.[2]

Eine Konferenz der Ministerpräsident/innen ist eine großkoalitionäre Angelegenheit. Auf der MPK am 01. April 2014 war Ministerpräsident Winfried Kretschmann (Baden-Württemberg) der einzige Vertreter, der nicht aus den Reihen von CDU/CSU und SPD kam. Andererseits vertreten die Regierungschefs in diesen Verhandlungen vorrangig die Interessen ihres Landes und bzw. der jeweiligen Landesregierung. Weil die Grünen in allen Regierungsbeteiligungen das Umwelt- bzw. Energieressort der jeweiligen Koalition verantworteten, bestimmten sie maßgeblich die Verhandlungsposition ihres/r Ministerpräsidenten/in mit. Dabei unterschied sich die koalitionsinterne Abstimmung zur MPK von Land zu Land. Für diese Arbeit geführte Gespräche deuten an, dass die SPD-geführten Staatskanzleien in Niedersachsen, Schleswig-Holstein und Rheinland-Pfalz ihren grünen Koalitionspartner eng eingebunden haben. Demgegenüber war die koalitionsinterne Abstimmung in Nordrhein-Westfalen durch die Einrichtung einer Steuerungsgruppe unter Leitung der Staatskanzlei und Beteiligung des Wirtschafts- und des Umweltministeriums zwar besonders stark formalisiert; allerdings liefen die Interessen der Koalitionspartner weit auseinander und am Ende setzte sich die NRW-Ministerpräsidentin auf der MPK vor allem für den Erhalt der Industrierabatte ein.

Am Ende verständigten Bund und Länder sich auf einen Kompromiss, der in der Summe auf einen schnelleren Ausbau der erneuerbaren Energien hinausläuft. Die Länder konnten „viele ihrer Forderungen durchsetzen" (Kreutzfeldt 2014), wie etwa höhere Ausbauziele der Windkraft, eine bessere Förderung der Windkraft an Land und auf dem Meer sowie bessere Bedingungen für den Ausbau von Biomasse-Kraftwerken. Dies waren Verbesserungen, die im Sinne der Grü-

---

[2]Hierbei handelt es sich um ein sogenanntes non-paper, über das die Beamten des Bundeswirtschaftsministeriums zwar informiert wurden, in den üblichen Akten des Ministeriums ist es jedoch nicht hinterlegt.

nen ausfielen. Mit der Einigung hatte die Bundesregierung die wichtigste Hürde genommen, um das Verfahren bis zur Sommerpause abzuschließen. Schleswig-Holsteins Ministerpräsident Thorsten Albig signalisierte im Anschluss an die MPK, dass die Reform den Bundesrat passieren würde (Kreutzfeldt 2014).

Der Beschluss einer MPK entfaltet eine starke Bindekraft, die verfassungsrechtlich nicht unbedenklich ist.[3] Es ist politisch kaum vorstellbar, dass der Bundesrat oder der Bundestag eine dort getroffene Vereinbarung infrage stellt. Spielraum gibt es allenfalls noch in Detailfragen, wo der MPK-Beschluss ungenau ist. Aus diesem Grund war der Beschluss für die Bundesregierung ein Erfolg, der grundsätzlichen Änderungswünschen von den Grünen, aber auch den Koalitionsfraktionen im Bundestag einen Riegel vorschieben würde.

In der darauf folgenden Woche verabschiedete das Bundeskabinett den überarbeiteten Gesetzentwurf, der den Kompromiss der MPK berücksichtigte. Daran schlossen sich intensive Beratungen zwischen Bundesregierung, Koalitionsfraktionen, Landesregierungen und EU-Kommission an. Auf der Zielgeraden des Verfahrens legten die Partei- und Fraktionschefs der Großen Koalition am 22. Juni 2014 bei einem Spitzentreffen im Kanzleramt noch einmal Hand an den EEG-Entwurf, bevor der Wirtschaftsausschuss des Deutschen Bundestages die letzten Änderungen verabschiedete (Haverkamp und Dehmer 2014).

Am 26. Juni beschloss der Bundestag in einer namentlichen Abstimmung mit großer Mehrheit die Reform. Während die Koalitionsfraktionen fast geschlossenen mit Ja stimmten, votierten alle anwesenden Abgeordneten von Bündnis 90/Die Grünen (wie auch der Linkspartei) gegen die Reform (Deutscher Bundestag 2014b). Die Grünen kritisierten die Reform und den Wirtschaftsminister scharf. Fraktionsvize Oliver Krischer erklärte, Gabriel sei „die Abrissbirne, die die erneuerbaren Energien in diesem Land kaputt macht" (Deutscher Bundestag 2014c). Keine zwei Wochen später stand der Entwurf auf der Tagesordnung im Bundesrat. Die Ländergrünen kritisierten die Reform als unzureichend, aber in erkennbar milderer Tonlage als ihre Parteikollegen im Bundestag. Nordrhein-Westfalens Umweltminister Johannes Remmel monierte den Zeitdruck, den die Bundesregierung bei der Novellierung ausgeübt habe

---

[3]Die Ministerpräsidentenkonferenz als Treffen der Regierungschefs von Bund und Ländern ist in der Verfassung nicht vorgesehen. In den letzten Jahren hat ihre Bedeutung für die Politikformulierung in einzelnen Politikfeldern stark zugenommen, was auch Beteiligte kritisch sehen. Der damalige Chef der Staatskanzlei Schleswig-Holsteins Stefan Studt (2018) sagt etwa: „Es erstaunt, dass diese Entwicklung bislang so wenig Diskussionen hervorgerufen hat.".

und bedauerte, dass der Bundestag nur wenige vom Bundesrat angemahnte Änderungen übernommen hätte (PV Magazine 2014). Der niedersächsische Grünen-Umweltminister Stefan Wenzel kritisierte, dass mit der EEG-Reform die eigentlichen Probleme im Zuge der Energiewende nicht angegangen werden. Er lobte die Nachbesserungen, die die Länder im Zuge der Novellierung noch erreicht hätten, etwa eine leichte Verbesserung für die Fotovoltaik (PV Magazine 2014). Die Sitzungsleitung stellte fest, dass zum Gesetzesentwurf kein Antrag zur Anrufung des Vermittlungsausschusses vorlag.[4] Damit passierte die Reform den Bundesrat und trat wie geplant am 01. August 2014 in Kraft.

Das Ziel, über die Länder die EEG-Reform 2014 in ihrem Sinne zu beeinflussen, haben die Grünen erreicht. So nimmt man für sich in Anspruch, Verbesserungen für die Fotovoltaik und den Ausbau der Windkraft an Land erreicht zu haben, insbesondere für windschwache Standorte im Süden des Landes. Verschlechterungen für effiziente Kraft-Wärme-Kopplungsanlagen im Industriesektor wurden verhindert[5]. Insgesamt gelang es den Grünen bei der EEG-Reform, inhaltliche Differenzen zwischen ihren Ländern und zwischen Bundes- und Landesgrünen zu überbrücken. Aus Sicht einer an den Verhandlungen beteiligten Person aus der Ministerialbürokratie habe dies die Position der Grünen gegenüber der Großen Koalition gestärkt: „Dadurch haben es die G-Länder geschafft, einige Punkte durchzusetzen, sodass sie auch die Reform als Ganzes mitgetragen haben"[6]. Dabei ist zu berücksichtigen, dass der potenzielle Einfluss auf die Bundesgesetzgebung bei Einspruchsgesetzen wie dem EEG deutlich geringer ausfällt als bei zustimmungspflichtigen Gesetzen. Nach Leunig und Träger (2017, S. 268) kann eine Bundestagsoppositionspartei bei einer hohen Zahl an Regierungsbeteiligungen in den Ländern zwar einen starken verhindernden, aber vermutlich nur schwachen gestaltenden Einfluss auf die Gesetzgebung des Bundes ausüben. Das Fallbeispiel bestätigt diese Vermutung insofern, als dass die Grünen zwar leichte Verbesserungen, aber keine substanziellen Änderungen am Gesetz erreicht haben. Das Fallbeispiel belegt zugleich die Grenzen der

---

[4]Für eine erfolgreiche Anrufung des Vermittlungsausschusses muss im Bundesrat eine Mehrheit von mindestens 35 Stimmen dafür votieren. Da Union und SPD die Reform befürworteten und sich Landesregierungen im Zweifelsfall ihrer Stimme enthalten, war für die Grünen von vornherein klar, dass ein Antrag auf Einspruch aussichtslos wäre.
[5]Anonym (Interview eines/r Mitarbeiter/in der G-Koordination am 06. Dezember 2017, Berlin).
[6]Anonym (Interview eines/r Mitarbeiter/in der Bundesregierung am 07. Februar 2018, Berlin).

Koordination, die unterschiedliche Wahrnehmungen und Interessen von Bundes- und Landesgrünen nicht einfach „wegkoordinieren" kann. Die Grünen im Bundestag sendeten mit ihrer schroffen Ablehnung an einer aus ihrer Sicht höchst kritikwürdigen EEG-Reform ein anderes Signal als die Landesgrünen, die glaubhaft reklamieren konnten, Verbesserungen erreicht zu haben. Das ist ein Hinweis darauf, dass der Versuch einer konsistenten Doppelstrategie – über die Länder mitregieren, über den Bund zu opponieren – ein schwieriger Spagat für die Partei bleibt.

6 Fazit

Unsere Analyse zeigt, dass sich aufgrund der Dominanz der großen Koalition die Nutzung der parlamentarischen Kontrollinstrumente verändert hat. Die Zahl der aufwendigen großen Anfragen brach ein, während die Zahl der kleinen Anfragen bei Grünen und Linken deutlich stieg. Zugleich suchten die Parteien bei der Themensetzung der kleinen Anfragen vermehrt Anknüpfung an ihre Kernthemen, bei den Grünen Umwelt, Energie, Mobilität sowie bei den Linken Innen-, Verteidigungs- und Europapolitik. Im Abstimmungsverhalten schlugen die beiden Fraktionen unterschiedliche Wege ein: Die Grünen optierten für einen kooperations- und kompromisswilligen Kurs und stimmten häufig Regierungsvorlagen zu, während die Linken stringent so gut wie alle Initiativen geschlossen ablehnte. Interessant war aber der Blick auf Initiativen, die nicht von der Bundesregierung oder den sie stützenden Fraktionen stammten. Hier findet sich in der 18. Wahlperiode eine höhere Übereinstimmung im Abstimmungsverhalten bei Grünen und Linken im Vergleich zur gemeinsamen Opposition gegenüber einer Unions-FDP-Regierung in der Wahlperiode zuvor. Es deutet sich erkennbar eine Annäherung der beiden Fraktionen an.

Mit dem Blick speziell auf die Grünen und dem Fallbeispiel der EEG-Reform 2014 wurde zudem gezeigt, wie eine föderale Partei im Mehrebenensystem versucht, divergierende Interessen der verschiedenen Ebenen zu koordinieren. Die Grünen schufen mit dem G-Kamin vor den Bundesratssitzungen ein informelles Gremium, das mit der dazugehörigen G-Koordination den organisatorischen Unterbau von Abstimmungsverfahren in der Partei als Ganzes veränderte. Im Vorteil waren dabei die grünen Landesverbände mit Regierungsbeteiligungen, sowie besonders die baden-württembergischen Grünen, da Ministerpräsident Kretschmann als einziger Grüner an Ministerpräsident/innen-Konferenzen teilnimmt. Das Fallbeispiel hat aber ebenso gezeigt, dass eine gemeinsame Linie nur schwer zu halten ist und die unterschiedlichen Interessen zwischen Landes- und Bundesgrünen bzw. zwischen Regierungs- und Oppositionsgrünen ein Spannungsverhältnis für die Partei als Ganzes bilden. Das Fallbeispiel deutet an, welche Mechanismen eine der Parteien hierfür anwendet; allerdings wären hier weitere Arbeiten an der Schnittstelle von Oppositions- und Parteienforschung wünschenswert, vor allem mit einem vergleichenden Blick auf mehrere Parteien und deren Prozessen zur parteiinternen Bund-Länder-Koordination.

Literatur

Bahnsen, O., E. Linhart, und J. Tosun. 2016. Wer mit wem in der Energiepolitik? Eine Analyse des öffentlichen Diskurses über die Novelle des Erneuerbare-Energien-Gesetzes 2014. *dms – der moderne staat* 9 (1): 109–134.
Balser, M. 2014. Wind von vorn. *Süddeutsche Zeitung* vom 01.04.: 19.
Bauchmüller, M. 2014. Wenn der Wind sich dreht. *Süddeutsche Zeitung* vom 20.01.: 2.
Bräuninger, Thomas, und M. Debus. 2012. *Parteienwettbewerb in den deutschen Bundesländern*. Wiesbaden: Springer VS.
Bröchler, S. 2013. Opposition ohne Stachel. *Süddeutsche Zeitung* vom 22.10: 2.
Bündnis 90/Die Grünen. 2014. Energiewendeagenda 2020. Pressekonferenz am 17.01. https://www.gruene-bundestag.de/fileadmin/media/gruenebundestag_de/themen_az/energie/PDF/F_14-14_Gru_ne_Reform_EEG_01.pdf. Zugegriffen: 12.7.2018.
Bündnis 90/Die Grünen. 2017. Zukunft wird aus Mut gemacht. Beschluss des Länderrats. Berlin. 30.09. www.gruene.de/fileadmin/user_upload/Dokumente/Beschluesse_Laenderrat/Zukunft_wird_aus_Mut_gemacht_-_BUENDNIS_90_DIE_GRUENE_nach_der_Bundestagwahl.pdf. Zugegriffen: 11.04.2018.
Bundesministerium für Wirtschaft und Energie (BMWi). 2014. Eckpunkte für die Reform des EEG. Berlin, 21.01.
Detterbeck, Klaus. 2011. *Parteien und Parteiensystem*. Konstanz und München: UVK-Verl.
Deutscher Bundestag. 2014a. Minderheitenrechte im Parlament neu geregelt. 03.04. https://www.bundestag.de/dokumente/textarchiv/2014/50128110_kw14_de_minderheitenrechte/216634. Zugegriffen: 01. Juni 2018.
Deutscher Bundestag. 2014b. Namentliche Abstimmung zur Reform des Erneuerbare-Energien-Gesetzes. 27. 06. https://www.bundestag.de/parlament/plenum/abstimmung/abstimmung/?id=285. Zugegriffen: 20. Juli 2018.
Deutscher Bundestag. 2014c. Bundestag billigt Reform des EEG. Textarchiv. https://www.bundestag.de/dokumente/textarchiv/2014/kw26_de_eeg/283688. Zugegriffen: 20. Juli 2018.
European Commission. 2013. State aid: Commission opens in-depth inquiry into support for energy-intensive companies benefitting from a reduced renewables surcharge. Pressemitteilung. Brüssel. 18.12. http://europa.eu/rapid/press-release_IP-13-1283_en.htm?locale=en. Zugegriffen: 20. Juli 2018.
Haas, Tobias. 2017. *Die politische Ökonomie der Energiewende*. Wiesbaden: Springer VS.
Habeck, R. 2014. Das macht die Systematik der Energiewende kaputt. Interview im Deutschlandfunk 21.01. https://www.deutschlandfunkkultur.de/umweltpolitik-das-macht-die-systematik-der-energiewende.1008.de.html?dram:article_id=275171. Zugegriffen: 19. Juli 2018.

Haverkamp, L. und D. Dehmer. 2014. Brüssel bringt Berlin ins Schwitzen. *Der Tagesspiegel* vom 25.06.
Helms, L. 2004. Five Ways of Institutionalizing Political Opposition: Lessons from the Advanced Democracies. *Government and Opposition*, 39 (1): 22–54.
Hohl, Karina. 2017. *Agenda Politics im Parlament. Das Themen- und Tagesordnungsmanagement der Opposition im Landtag von NRW*. Wiesbaden: Springer VS.
Ismayr, Wolfgang. 2006. *Der Deutsche Bundestag im politischen System der Bundesrepublik Deutschland*. Wiesbaden: Springer VS.
Jungjohann, A. 2016. Grün regieren. Eine Analyse der Regierungspraxis von Bündnis 90/ Die Grünen. Reihe *Heinrich Böll Stiftung. Schriften zur Demokratie*. Berlin.
Kade, C. 2014. Das neue Problem der Grünen mit der Energiepolitik. *Die Welt* vom 03.01. https://www.welt.de/politik/deutschland/article123519229/Das-neue-Problem-der-Gruenen-mit-der-Energiepolitik.html. Zugegriffen: 20. Juli 2018.
Korte, K-R. 2014. Über das Politikmanagement einer modernen Opposition. *Aus Politik und Zeitgeschichte* (38–39): 8–14.
Korte, Karl-Rudolf, und M. Fröhlich. 2009. *Politik und Regieren in Deutschland: Strukturen, Prozesse, Entscheidungen*. 3. Aufl. Paderborn: Schöningh.
Köllner, P., M. Basedau, und G. Erdmann, Hrsg. 2006. *Innerparteiliche Machtgruppen: Faktionalismus im internationalen Vergleich*. Frankfurt a.M.: Campus.
Kreutzfeldt, M. 2014. Fast überall Gewinner. *Taz* vom 03.04.: 4.
Kropp, S. 2001. *Regieren in Koalitionen: Handlungsmuster und Entscheidungsbildung in deutschen Länderregierungen*. Wiesbaden: Westdeutscher Verlag.
Leunig, S. und H. Träger, Hrsg. 2012. *Parteipolitik und Landesinteressen: Der deutsche Bundesrat 1949-2009*. Berlin: Lit.
Leunig, S. und H. Träger. 2017. Grüne Parteipolitik im Bundesrat: Eine Analyse der Koalitionsvereinbarungen auf Landesebene seit der Bundestagswahl 2013. In *Jahrbuch des Föderalismus 2017. Band 18*, Hrsg. Europäisches Zentrum für Föderalismus-Forschung Tübingen (EZEF), 265–278. Baden-Baden: Nomos.
Linhart, E. und S. Shikano. 2015. Koalitionsbildung nach der Bundestagswahl 2013: Parteien im Spannungsfeld zwischen Ämter-, Politik- und Stimmenmotivation. In *Die Bundestagswahl 2013. Analysen der Wahl-, Parteien-, Kommunikations- und Regierungsforschung*, Hrsg. K-R. Korte, 457–484. Wiesbaden: Springer VS.
Lorenz, A. 2010. Schutz vor der Mehrheitstyrannei? Parlamentarische Opposition, Bundesverfassungsgericht und Bundespräsident als Kontrolleure der Zweidrittelmehrheit. In *Die Große Koalition*, Hrsg. S. Bukow und W. Seemann, 59–84. Wiesbaden: Springer VS.
Müller, W., T. Bergman, und K. Strøm. 2008. Coalition Theory and Cabinet Governance: An Introduction. In *Cabinets and Coalition Bargaining: The Democratic Life Cycle in Western Europe*, Hrsg. K. Strøm, W.C. Müller und T. Bergman, 1–50. Oxford: Oxford University Press.
Ohlhorst, Dörte. 2016. Die Umstellung auf Ausschreibungen im Zuge der EEG-Novelle 2014 – Auswirkungen auf Bürgerbeteiligung und Vielfalt der Akteure in der Energieversorgung. FFU-Report 01-2016. https://refubium.fu-berlin.de/bitstream/handle/fub188/19772/FFU-Report_01-2016_Ohlhorst_Akteursvielfalt_final.pdf?sequence=1. Zugegriffen: 19. Juli 2018.

Oppelland, T. und H. Träger. 2016. Ein neuer Koalitionstyp: Voraussetzungen für rot-rote bzw. rot-rot-grüne Koalitionen unter Führung der Linken auf Landesebene *Zeitschrift für Politik* 63 (1): 24 – 44

PV Magazine. 2014. Bundesrat stimmt für EEG-Reform. 11.07. https://www.pv-magazine.de/2014/07/11/bundesrat-stimmt-fr-eeg-reform/. Zugegriffen: 19. Juli 2018.

Rave, T. 2016: *Der Ausbau Erneuerbarer Energien im Föderalismus und Mehrebenensystem. Neoklassische und neoinstitutionalistische Perspektiven.* München: ifo Institut (ifo Forschungsberichte, 75).

Rudzio, Wolfgang. 2015. *Das politische System der Bundesrepublik Deutschland.* Wiesbaden: Springer VS.

Stüwe, K. 2001. Das Bundesverfassungsgericht als verlängerter Arm der Opposition? Eine Bilanz seit 1951. *Aus Politik und Zeitgeschichte* (37–38): 34–44.

Switek, N. 2015. *Bündnis 90/Die Grünen. Koalitionsentscheidungen in den Ländern.* Baden-Baden: Nomos.

Thränhardt, Dietrich. 2003. Opposition. In *Handwörterbuch des politischen Systems der Bundesrepublik Deutschland,* Hrsg. U. Andersen und W. Woyke, 454–458. Opladen: VS Verlag.

Untersteller, F. 2014. EEG-Entwurf mit Schwachstellen. Pressemitteilung, gemeinsam mit Ministerpräsident Winfried Kretschmann vom 18.02. https://um.baden-wuerttemberg.de/de/service/presse/pressemitteilung/pid/eeg-entwurf-mit-schwachstellen/. Zugegriffen: 19. Juli 2018.

Wiesendahl, Elmar. 2010. Der Organisationswandel politischer Parteien. Organisations- und wandlungstheoretische Grundlagen. In *Parteien als fragmentierte Organisationen. Erfolgsbedingungen und Veränderungsprozesse,* Hrsg. U. Jun und B. Höhne, 35–64. Opladen: Budrich.